Berichte der Deutschen Gesellschaft für Internationales Recht · Band 51

Berichte
der Deutschen Gesellschaft
für Internationales Recht

Band 51

37. Tagung in Heidelberg
9. bis 11. März 2022

Abkehr vom Multilateralismus – Internationales Recht in Gefahr?

Herausgegeben von

Anne Peters, Stephan Hobe,
Eva-Maria Kieninger

Referate und Thesen von

Jochen von Bernstorff, Martin Gebauer, Matthias Weller,
Sigrid Boysen, Christine Budzikiewicz, Christina Binder,
Michael Stürner, Hans-Georg Dederer

mit Diskussion

with English Summaries
of the Reports

C.F. Müller

Bibliografische Information der Deutschen Nationalbibliothek
Die Deutsche Nationalbibliothek verzeichnet diese Publikation in der Deutschen National-
bibliografie; detaillierte bibliografische Daten sind im Internet über <https://portal.dnb.de>
abrufbar.

ISBN 978-3-8114-5910-6

E-Mail: kundenservice@cfmueller.de
Telefon: +49 6221 1859 599
Telefax: +49 6221 1859 598

www.cfmueller.de

© 2023 C.F. Müller GmbH, Heidelberg

Satz: Strassner ComputerSatz, Heidelberg
Druck: Stückle Druck und Verlag, Ettenheim

Vorwort

Die Deutsche Gesellschaft für Internationales Recht veranstaltete vom 9. bis 11. März 2022 ihre 37. Zweijahrestagung an der Universität Heidelberg. Sie war dem Generalthema „Abkehr vom Multilateralismus – Internationales Recht in Gefahr?" gewidmet. Wegen der Covid-19 Pandemie musste die Tagung vom ursprünglich geplanten Termin im März 2021 um ein Jahr verschoben werden. Leider blieb das Tagungsthema unvermindert aktuell. Die russische Invasion in der Ukraine, die zwei Wochen vor der Tagung begann, gaben dem Oberthema eine zusätzliche Brisanz, die sich insbesondere im Vorabendpanel, aber auch in den Hauptreferaten und Diskussionen niederschlug.

Vorstand und Rat der DGIR hatten bereits am Abend des 24. Februars 2022 folgende Erklärung zur Ukraine abgegeben:

„Die Charta der Vereinten Nationen verpflichtet alle Mitglieder, in ihren internationalen Beziehungen jede gegen die territoriale Unversehrtheit oder die politische Unabhängigkeit eines Staates gerichtete Anwendung von Gewalt zu unterlassen (Art. 2 Abs. 4 UN-Charta).

Der bewaffnete Angriff der Russischen Föderation auf die Ukraine verletzt dieses grundlegende Prinzip des Völkerrechts, auf dem die gegenwärtige internationale Ordnung beruht. Die Deutsche Gesellschaft für Internationales Recht fördert die Forschung, Lehre und Rechtsgestaltung im Bereich des Völkerrechts. Wir halten fest, dass die Sprache des Völkerrechts von Russland missbraucht wird, um juristisch nicht haltbare Rechtsbehauptungen vorzubringen. Wir fordern alle Staaten und internationalen Akteure auf, diese Scheinargumente zu entlarven. Russland ist verpflichtet, weitere militärische Gewalt zu unterlassen, sich aus dem Staatsgebiet der Ukraine zurückzuziehen und sich gemeinsam mit der Ukraine um eine friedliche Beilegung der Streitigkeit zu bemühen. Alle Staaten sind verpflichtet, zusammenzuarbeiten, um die schwerwiegende Verletzung des Gewaltverbots als zwingende Norm des allgemeinen Völkerrechts mit rechtmäßigen Mitteln zu beenden."

Diese Erklärung wurde in der Mitgliederversammlung vom 9. März 2022 einhellig begrüßt und als Erklärung der gesamten Vereinigung angenommen.

Wegen der pandemiebedingten Verschiebung der Jahrestagung wurden im Jahr 2022 keine Nachwuchspreise verliehen. Die Preisverleihungen hatten bereits 2021 online stattgefunden. Der Gerhard-Kegel-Preis 2020/21 ging an Adrian Hemler (Max-Planck-Institut für ausländisches und internationales Privatrecht Hamburg) für seine Dissertation „Die Methodik der ‚Eingriffsnorm' im modernen Kollisionsrecht: Zugleich ein Beitrag zum Internationalen Öffentlichen Recht und zur Natur des ordre public" (Mohr Siebeck 2019). Mit dem Hermann-Mosler-Preis wurde 2020/21 Maria Monnheimer (Universität München) für ihre Arbeit „Due Diligence Obligations of States in International Human Rights Law" (Cambridge University Press 2021) ausgezeichnet.

Die Jahrestagung 2022 wurde im Hybridformat abgehalten. Angemeldet waren 100 Teilnehmer in Präsenz und 60 Remote-Teilnehmer. Den in der Mitgliederversammlung vom 9. März neu aufgenommenen Mitgliedern wurde die Teilnahme, dem Format der Tagung entsprechend, remote angeboten.

Nach der Mitgliederversammlung begrüßte der geschäftsführende Direktor des Max-Planck-Instituts für ausländisches öffentliches Recht und Völkerrecht, Armin von Bogdandy, alle Teilnehmer in der neuen Aula der Universität Heidelberg.

Das wissenschaftliche Programm begann mit einem Panel hochrangiger Vertreter aus Völkerrechtspraxis und –wissenschaft, die nicht der DGIR angehören, unter Leitung der Vorsitzenden Anne Peters. Die Diskussion verband das Oberthema der Tagung mit den aktuellen Ereignissen unter der Überschrift: „The Attack on Ukraine and the Future of the International Legal Order". Es diskutierten Thomas Bagger (Ministerialdirektor am Bundespräsidialamt, Berlin), Ambassador Daniel Benjamin (Präsident der American Academy in Berlin) und Rein Müllerson (Professor em. an der Universität Tallinn). Im Anschluss lud der Oberbürgermeister der Stadt Heidelberg, Eckart Würzner, zu einem Empfang ins Rathaus.

Am Donnerstag wurde das Hauptprogramm durch den Rektor der Ruprecht-Karls-Universität Heidelberg, Bernhard Eitel, und den Dekan der juristischen Fakultät, Wolfgang Kahl, eröffnet. Die Themen der Hauptreferate waren so gewählt, dass sie den beiden Hauptfächern unserer Gesellschaft, dem Völkerrecht und dem Internationalen Privatrecht, gleich viel Raum boten.

Der erste Block war mit „Internationalität und Re-Nationalisierung" überschrieben. Jochen von Bernstorff fragte in seinem Referat: „Hat das universelle Völkerrecht eine Zukunft?" Danach sprach Martin Gebauer zu „Internationalisierung versus Europäisierung und Re-Nationalisierung im IPR".

Am Nachmittag wurde das Thema „Nationale und internationale Ordnung: Zusammenspiel und Antagonismus" aus der Perspektive beider Fächer beleuchtet. Matthias Weller sprach zur „Krise des Einheitsrechts". Sigrid Boysen hielt das Referat zu „Natürliche Ressourcen im internationalen Verteilungskampf". Nach den Aussprachen zu den Vorträgen fand das Konferenzdinner im Palais Prinz Carl am Kornmarkt statt.

Der dritte Konferenztag wurde mit dem Block „Überdehnung der internationalen Menschenrechte?" eröffnet. Christine Budzikiewicz hielt das Referat zum „Einfluss der Menschenrechte auf das IPR". Aus völkerrechtlicher Perspektive sprach Christina Binder zu „Internationale und regionale Menschenrechte im Gegenwind".

Der Nachmittag stand unter der Überschrift „Reform der Schiedsgerichtsbarkeit und Krise der staatlichen Gerichtsbarkeit". Zu „Krise und Zukunft der staatlichen Gerichtsbarkeit als Instrument der Streitbeilegung im internationalen Handel" sprach Michael Stürner. Die „Reform der Schiedsgerichtsbarkeit aus völkerrechtlicher Sicht" wurde von Hans-Georg Dederer analysiert. Die Tagung klang mit einem Sektempfang in der Friedrich-Ebert-Gedenkstätte in Heidelberg aus.

Die Gesellschaft bedankt sich für die vielfältige Unterstützung bei ihren institutionellen Förderern, dem Max-Planck-Institut für ausländisches öffentliches Recht und Völkerrecht, der Universität Heidelberg und ihrer Juristischen Fakultät sowie den Verlagen Berliner Wissenschaftsverlag, C.F. Müller, Duncker & Humblot, Fachinformationsdienst Recht, Nomos und Springer.

Ganz besonders herzlich möchten wir als Herausgeber und Vorstandsmitglieder allen Mitarbeiterinnen und Mitarbeitern danken, die unsere Jahrestagung durch ihr außerordentliches Engagement gelingen ließen. Henriette Beisel-Welti und Anette Kreutzfeld (beide vom Max-Planck-Institut für ausländisches öffentliches Recht und Völkerrecht) trugen die Hauptlast der Organisation. Die pandemiebedingte Verschiebung, die zahlreichen Sondervorkehrungen, die aufgrund des Pandemierechts zu treffen waren und das hybride Format stellten zusätzliche und neuartige Herausforderungen dar, die von beiden persönlichen Assistentinnen unter der Federführung von Henriette Beisel-Welti mit Bravour und außerordentlichem Einsatz gemeistert wurden.

Ebenso danken wir Caroline Schaeffer und Richard Dören (beide Max-Planck-Institut für ausländisches öffentliches Recht und Völkerrecht) für die Begleitung der Online-Sitzung und die souveräne Moderation des Zoom-Chats. Die Mitarbeiterinnen des MPIL-Eventteams (Birgit Bürgy und Ute Emrich) sowie zahlreiche studentische Hilfskräfte des Max-Planck-Instituts (Katharina Faber, Sarah Gebel, Lukas Hemmje, Henri Kreutzfeld, Regina Mosebach, Jakob Mühlfelder, Viola Sauter, Lisa Schultze-Rhonhof, Leon Seidl, Marieke Simons und Charlotte Sperber) haben zu einem reibungslosen Ablauf der gesamten Tagung beigetragen. Moritz Pollack danken wir für schöne Fotos.

Das gesamte Hiwiteam der Abteilung Peters am Max-Planck-Institut hat die Diskussionsbeiträge transkribiert, deren Weiterverarbeitung dann Caroline Schaeffer übernahm. Wir danken schließlich Anette Kreutzfeld und ihrem Team für vielfältige Unterstützung bei der Endredaktion der Manuskripte sowie Koordination und Finalisierung der Buchpublikation.

Heidelberg, Köln und Würzburg, am 9. Januar 2023

Anne Peters, Stephan Hobe, Eva-Maria Kieninger

Inhaltsverzeichnis

Panel
„The Attack on Ukraine and the Future of the International Legal Order"

TeilnehmerInnen des Panels:

Dr. Thomas Bagger, Ministerialdirektor am Bundespräsidialamt in Berlin
Botschafter Daniel Benjamin, Präsident der American Academy in Berlin
Prof. Dr. em. Rein Müllerson, Universität Tallinn
Prof. Dr. Anne Peters, Max-Planck-Institut für ausländisches öffentliches Recht
und Völkerrecht, Heidelberg (Moderation)

Das Panel begann mit kurzen Inputs der Teilnehmer.

Rein Müllerson hatte ursprünglich Ausführungen zu enttäuschten Erwartungen an eine *rule of law*-basierte internationale Ordnung geplant. Er hatte nicht damit gerechnet, dass ein russischer Krieg gegen die Ukraine Thema würde. Natürlich gab es nach dem Zweiten Weltkrieg bereits andere Kriege und Konflikte in Europa, so den Krieg im Kosovo. Zudem finden an verschiedenen Orten der Welt tödliche Auseinandersetzungen statt, sodass die Herausstellung dieses Krieges rassistische Untertöne hat. Der Angriff auf die Ukraine im Februar 2022 ist eine humanitäre Tragödie und auch geopolitisch unklug. Rechtliche Argumente in diesem Kontext sind schwierig, so Müllerson.

Müllerson sprach sodann zunächst zu der ukrainischen Geschichte der letzten Jahrzehnte. Vor 2004 war die Ukraine von Russland abhängig. Dies änderte sich nach 2004 mit der Orangenen Revolution. Unter Präsident Wiktor Juschtschenko fand eine Annäherung an die NATO und die EU statt. Später versuchte Präsident Wiktor Janukowytsch, sowohl mit dem Westen als auch mit Russland zusammenzuarbeiten. Nach seiner Amtsenthebung 2014 reagierte Russland geopolitisch motiviert gewalttätig. Damit verletzte es das Völkerrecht. Selenskyj wollte das große Problem der Korruption bekämpfen und den seit 2014 andauernden Krieg beenden. Dies war aber aufgrund der Oligarchen und extremer nationalistischer Bewegungen nicht möglich, auch wenn letztere nicht so stark sind, wie die russische Propaganda es behauptet. Deutschland und Frankreich wirkten auf die Einhaltung des Minsker Abkommens hin. Sie belegten aber nur Russland mit Sanktionen für Brüche des Abkommens, während vor allem die Ukraine es – mit Rückhalt der USA – nicht vollständig einhielt. Während nichts den russischen Angriff rechtfertigen kann, ist es für eine vollständige Analyse dennoch wichtig, auf die internationalen Machtstrukturen bezüglich des Minsker Abkommens hinzuweisen.

Auch Entwicklungen seit dem Ende des Kalten Krieges sind für die heutige Situation verantwortlich: Das internationale Recht war für die Befolgung seiner Regeln – wie Gewaltverbot und Nichteinmischung – schon immer auf ausgeglichene Machtverhältnisse angewiesen. Diese gab es nach dem Ende der bipolaren Machtstruktur nach dem Kalten Krieg nicht mehr. Es gab den Versuch, eine unipolare Ordnung zu errichten, in der das Gewaltverbot durch Lehren von gerechten Kriegen ersetzt wurde.

1

Zuletzt warf Müllerson die Frage nach Auswegen aus dem Krieg auf, indem er den Wiener Kongress von 1815 und den Frieden von Versailles von 1919 gegenüberstellte. Letzterer versuchte Frieden zu erreichen, indem Deutschland von einem „Konzept Europas" ausgeschlossen wurde. Frankreich wurde hingegen beim Wiener Kongress in das „Konzept Europas" integriert. Das Ende des Kalten Krieges ähnelte eher dem Vertrag von Versailles, da Russland trotz eigener Bemühungen durch die USA und die NATO ausgegrenzt wurde. Während der Vertrag von Versailles zum Ausbruch des Zweiten Weltkrieges beitrug, ist nun die Folge des Friedens nach dem Kalten Krieg der Krieg in der Ukraine. Im Fall des Ukraine-Krieges stellt sich wieder die Frage, wie ein nachhaltiger Frieden hergestellt werden kann. Unzweifelhaft muss Russland sich aus der Ukraine zurückziehen und den Krieg beenden, und die einzige Option für die Ukraine ist wohlmöglich Neutralität. Den Satz „fiat iustitia et pereat mundo" fand Müllerson noch nie überzeugend.

Den zweiten Input-Vortrag hielt Thomas Bagger. Er sprach hinsichtlich des Angriffs-kriegs von einem „seismischen Schock". Dessen Konsequenzen, insbesondere die welt-weiten Folgen der Sanktionen und eine mögliche Ausweitung des Konflikts auf andere Länder, sind noch nicht absehbar. Diese „Zeitenwende" ist in Deutschland stark spür-bar, da hier eine besonders idealisierende Lesart der Zeit nach 1989 vorherrschte. Diese ging von einem linearen Fortschritt im Sinne eines Völkerrechts der Kooperation statt eines bloßen Rechts der Koexistenz aus, und diese Sichtweise wurde durch den Angriff auf die Ukraine grundlegend erschüttert.

Es stellt sich die Frage, welche Auswirkungen der Krieg auf das internationale Recht haben wird. Putin fordert das Völkerrecht auf eine besondere Art und Weise heraus, indem er zur Begründung des Krieges vorgeblich rechtliche Argumente bemüht. Es ist auch denkbar, dass wegen der massiven wirtschaftlichen Folgen und des Ansehens-verlusts Russlands langfristig das Völkerrecht gestärkt wird. In der UN-Generalver-sammlung stimmten 2022 deutlich mehr Staaten für die territoriale Unversehrtheit der Ukraine als noch im Jahr 2014 nach der Annexion der Krim. Die enormen Konse-quenzen für Russland könnten in Zukunft dazu führen, dass Staaten das Risiko eines Angriffskrieges nicht eingehen wollen.

Außerdem ist fraglich, wie sich das internationale Recht zu einer (unwahrscheinli-chen) diplomatischen Lösung zwischen der Ukraine und Russland verhalten würde, die möglicherweise eine Aufgabe der Krim und des Donbass beinhalten würde. Wäre eine solche Belohnung Russlands für seinen Völkerrechtsbruch mit internationalem Recht vereinbar? Baggers Input endete mit der Feststellung, dass der Konflikt gerade erst begonnen hat und die schwierigsten Entscheidungen noch bevorstehen.

Auch der dritte Panelist Daniel Benjamin hielt es für unmöglich, den weiteren Ver-lauf des Konflikts vorherzusagen. Einen zusätzlichen Cyber-Konflikt hielt er für wahr-scheinlich. Sein Inputvortrag drehte sich um die Frage, wie die internationale Ordnung nach dem Ukraine-Krieg gestaltet werden könnte: Durch den Krieg sind die multi-lateral ausgerichteten Staaten so geeint wie schon lange nicht mehr, was sich unter anderem in den Abstimmungen in der Generalversammlung der UN zeigt. Zur Lösung des Konflikts ist daher ein multilateraler Ansatz sinnvoll. Trotz des großen Einflusses von Nationalismus und Populismus wird – so Benjamin – nach dem Krieg mehr Mul-tilateralismus und eine konsequentere Befolgung des Völkerrechts (insbesondere auch durch die USA) stehen. Dies wäre für die einzelnen Staaten aufgrund ihrer Positionie-rung in der Staatengemeinschaft sinnvoll. Beispielsweise dürften die USA aufgrund ihres Machtverlustes an mehr Zusammenarbeit mit anderen Staaten interessiert sein. Ob daraus ein globaler Multilateralismus wird, hängt jedoch von der Positionierung Chinas ab. China wird diese neue Einigkeit des Westens in seine internationale Politik einbeziehen.

In der Diskussionsrunde sprach als erster Thomas Cottier zum humanitären Völkerrecht. Die Völkerrechtswidrigkeit von Russlands Angriff ist offensichtlich. Die schwierigere Frage ist, ob eine Verpflichtung besteht, die Ukraine zu unterstützen. Zwar ist ein Eingreifen im Sinne der *responsibility to protect* gegen eine Atommacht nicht möglich. Dennoch ist aufgrund der russischen Verletzungen des humanitären Völkerrechts eine juristische Rechtfertigung der Unterstützung der Ukraine möglich und nötig.

Michael Bothe erwiderte hierauf, dass das humanitäre Völkerrecht zwar wichtige Fragen aufwirft, der Schwerpunkt des Panels aber das Gewaltverbot ist. Rein rechtlich ist der Völkerrechtsverstoß offensichtlich. Entscheidend ist aber, wie das Gewaltverbot in der aktuellen politischen Realität bestehen kann. Bothe beschrieb die historische Entwicklung der Ablehnung von Krieg, die kulturell und politisch nach dem Ersten Weltkrieg begonnen und Jahre später zum Gewaltverbot in der UN-Charta geführt hat. Diese Ächtung wurde jedoch seit dem Ende des Kalten Krieges zunehmend in Frage gestellt – nicht nur durch Russland. Die aktuellen Entwicklungen führen möglicherweise dazu, dass die Ratio des Gewaltverbots und der Ächtung des Krieges aktualisiert werden. Hierfür muss auch die Völkerrechtswissenschaft sorgen.

Stephan Hobe ging näher auf das Verhältnis des Rechts der Koexistenz und des Rechts der Kooperation ein. Die Hoffnung auf eine Entwicklung hin zu einem Kooperationsrecht wurde enttäuscht. Daher stellt sich die Frage, wie das internationale Recht nach der potentiellen Entstehung verschiedener Machtzentren (in Russland, China, den USA und vielleicht auch in Europa) ausgestaltet werden könnte.

Matthias Hartwig sprach zu den Grenzen des Rechts auf Selbstverteidigung. Es besteht ein hohes Risiko der Eskalation des Konflikts. Das könnte zu einem Einsatz von Atomwaffen durch Russland und damit zu extremen Schäden führen. Hartwig fragte, welche Bedeutung das Recht der Ukraine auf Selbstverteidigung vor diesem Hintergrund noch hat – ist es wegen unverhältnismäßiger Konsequenzen nicht legal ausübbar?

In der ersten Antwortrunde adressierte Daniel Benjamin zunächst die Frage von Matthias Hartwig. Mögliche Eskalationen sind unberechenbar. Allerdings ist es moralisch und politisch geboten, der Ukraine bei ihrem Freiheitskampf zu helfen. Besorgniserregend ist, dass zum Beispiel die Waffenlieferungen eskalierend wirken könnten. Die Schwierigkeit der Gratwanderung zeigt sich an der Debatte um die Lieferungen von polnischen MiG-29 an die Ukraine. Bezüglich der von Hobe genannten Machtzentren wird entscheidend sein, wie das Verhältnis zwischen der „atlantischen Sphäre", welche die USA und Europa umfassen könnte, und der „chinesischen Sphäre" ausgestaltet wird.

Im Anschluss daran besprach Rein Müllerson nochmal die Unterscheidung des Rechts der Kooperation und des Rechts der Koexistenz: Zuerst muss das letztere ausgebaut werden, dann kann man sich der Zusammenarbeit (Kooperation) zuwenden. Zudem gibt es – wie nach Ende des Kalten Krieges erhofft – so etwas wie einen „linearen Fortschritt" der Weltordnung nicht. Es kann nicht vorhergesagt werden, was auf die liberalen Demokratien folgt. Jedenfalls wird es nicht das „Ende der Geschichte" sein, da ein solches nicht existiert. Müllerson argumentierte daraufhin, dass zwar viele

Kriegsverbrechen und Verbrechen gegen die Menschlichkeit in der Ukraine verübt werden, jedoch kein Völkermord vorliegt. Fraglich ist, welche Wirkungen die Sanktionen haben werden. Zwar treffen sie die russische Wirtschaft, sie könnten jedoch auch zu einer Solidarisierung der russischen Bevölkerung mit ihrer Regierung führen; und sie leiten wahrscheinlich auch keinen politischen Wandel oder Regimewechsel ein. Schließlich spielt China eine wichtige Rolle. China unterstützt einerseits Russland gegen die NATO-Erweiterungen, ist aber andererseits mit dem Krieg gegen die Ukraine nicht zufrieden.

Thomas Bagger antwortete zunächst auf die historische Einordnung des Gewaltverbots durch Michael Bothe: Aus den beiden Weltkriegen sind wichtige Lehren gezogen worden. Gleichermaßen kann auch der russische Bruch des Gewaltverbots dazu führen, dass die Norm in Zukunft mehr Wirkung erlangt.

Nach dem Ende des Kalten Krieges bestanden viele Hoffnungen und es gab damals tatsächlich eine Entwicklung hin zu mehr Demokratie. Allerdings wurde diese Entwicklung fälschlich als kausal und linear verstanden. Die Hoffnungen sind insofern enttäuscht worden. Hinsichtlich der Schutzverantwortung (*responsibility to protect*) wies Bagger auf das Beispiel Libyens (Resolution 1973 des UN-Sicherheitsrats vom 17.3.2011) hin: Derartige Interventionen können zur Destabilisierung ganzer Regionen führen. Hier ist das Schädigungsverbot (*no-harm-principle*) zentral zu beachten.

Zum Beitrag von Matthias Hartwig unterstrich Bagger die Problematik, einerseits der Ukraine helfen zu wollen und andererseits keine weitere Eskalation oder sogar einen dritten Weltkrieg auslösen zu wollen. Die Ukraine ist nicht Mitglied der NATO, sodass keine Rechtspflicht zum militärischen Eingreifen besteht. Vor Kriegsbeginn wurde durch Androhung von Sanktionen versucht, den Krieg zu verhindern. Um nicht unglaubwürdig zu werden, muss man diese nun umsetzen, auch wenn durch den wirtschaftlichen Druck kurzfristig keine Änderungen der russischen Politik zu erwarten sind. Daher ist nun militärische Unterstützung nötig, allerdings ohne Kriegspartei zu werden. Diese Zurückhaltung wirft große moralische Fragen auf, die noch verschärft werden könnten, sollte Russland den Krieg noch aggressiver führen. Die grundlegende Frage ist daher, wie man einen noch massiveren Konflikt verhindern kann, ohne der Zerstörung einfach zuzuschauen.

Die zweite Fragerunde wurde durch Jochen Frowein eingeleitet. Er hält einen Vergleich der Handlungen des Westens im Konflikt in der Ukraine mit dem Kosovokrieg für unangemessen. Zudem berechtigt Art. 51 UN-Charta zur kollektiven Selbstverteidigung. Die Waffenlieferungen Deutschlands sind hiervon jedenfalls umfasst. Ferner bestand zwar bei der Beendigung des Kalten Krieges die Vorstellung, dass die NATO nicht über die östlichen Grenzen Deutschlands hinaus erweitert werden würde. Allerdings gab es diesbezüglich keine rechtliche Verpflichtung. So konnten sich nach dem Zerfall der Sowjetunion viele souveräne Staaten der NATO und der EU anschließen.

Christian Tomuschat merkte an, dass die bisherige Diskussion eher eine politische als eine rechtliche war. Er zog zwei Schlüsse aus dem Konflikt: Erstens hat Russland durch den Angriffskrieg seine mit dem Vetorecht im UN-Sicherheitsrat einhergehende besondere Verantwortung für internationalen Frieden und Sicherheit verletzt. Dieser Machtmissbrauch führt nach einem allgemeinen Rechtsgrundsatz zu einer Verwirkung des Vetorechts. Zweitens besteht zwar ein Recht auf kollektive Selbstverteidigung. Das internationale Recht läuft hier aber durch die nukleare Bedrohung faktisch leer.

Laut Wolfgang Benedek könnte das Völkerrecht durch den Krieg auch gestärkt werden. Dies zeigt sich daran, dass es zurzeit in vielen Diskussionen eine zentrale Rolle spielt und die Bedeutung seiner Einhaltung hervorgehoben wird. Die Sanktionen treffen die russische Wirtschaft hart, was die Gefahr eines Atomkrieges erhöht. Zuletzt kommentierte Benedek die Entscheidung des Europarats, Russland von der Parlamentarischen Versammlung und dem Ministerkomitee zu suspendieren. Damit wollte der Europarat nicht bezwecken, dass Russland aus der Organisation austritt, da die russische Bevölkerung so den Schutz durch den EGMR verlieren würde.

Heike Krieger fragte zunächst, welche Handlungsoptionen den Vereinten Nationen und dem Sicherheitsrat offenstehen und ob westliche Staaten auf eine Anwendung von Art. 27 (3) UN-Charta hinwirken sollten. Die zweite Frage drehte sich um den Handlungsspielraum der Generalversammlung: Ist diese auf die *Uniting for Peace Resolution* beschränkt oder sollte sie noch weitere Schritte unternehmen, sich etwa für Sanktionen einsetzen?

Nico Krisch bezeichnete den Vergleich der Friedensprozesse von 1919 und 1990 als provokant und nicht ganz richtig, aber dennoch anregend. Wichtig ist, wie sehr sich die Machtverhältnisse nach 1990 verändert haben. Die starken Veränderungen der Weltordnung führen zu einem Wandel des Völkerrechts. Viele Regionen der Welt stehen dem Völkerrechtsverständnis der westlichen Länder kritisch gegenüber, da diese das Recht in der Vergangenheit oft gebrochen haben. Die Resolution zur Ukraine hat in der Generalversammlung nicht auf jedem Kontinent gleichermaßen Zustimmung erfahren. Ziel muss ein Völkerrecht sein, das durch Kompromisse geprägt ist. Dieses wäre womöglich insgesamt schwächer ausgestaltet, dafür würde es ohne Kriege befolgt werden.

Müllerson stimmte zu, dass der Ukraine-Krieg sich von der Situation im Kosovo unterscheidet, diese Einschätzung wird aber nicht überall geteilt. Zudem sind die politischen Realitäten hochrelevant für die Anwendung des Völkerrechts: Das Völkerrecht kann nicht rein theoretisch und isoliert von Machtstrukturen betrachtet werden. Zuletzt schließt ein Recht der Koexistenz im Verhältnis zu manchen Staaten nicht aus, dass mit anderen Staaten die Kooperation vertieft wird, wie in der EU. Dennoch ist eine Kooperation auch mit solchen Staaten erforderlich, zu denen in politischer Hinsicht deutliche Unterschiede bestehen.

Daniel Benjamin befürwortete die Verwirkung des Vetorechts als Rechtsidee, sie ist aber politisch unrealistisch. Abschließend wies er daraufhin, dass die US-Regierung unter Bill Clinton versuchte, beim Friedensprozess nach dem Kalten Krieg einen zweiten Vertrag von Versailles zu vermeiden. Eine wichtige Frage ist, ob nicht jeder derartige Zerfall eines Imperiums unausweichlich zu revanchistischen Bewegungen führt.

Thomas Bagger beantwortete Christian Tomuschats Frage nach der Bedeutung des Rechts mit einem Hinweis auf das Eilverfahren zum Ukraine-Krieg vor dem IGH. Dieses hat das Potential, die russische Scheinbegründung des Krieges zu widerlegen. Hier kann das Völkerrecht einen wichtigen Beitrag leisten. Er widersprach Tomuschats Einschätzung, dass die nukleare Bedrohung das Völkerrecht irrelevant werden lässt. Die Gefahr einer nuklearen Eskalation kann durchaus eingehegt werden, was sich an den vielen wirksamen rechtlichen Beschränkungen des Gebrauchs von Atomwaffen nach 75 Jahren des Kalten Krieges zeigt. Dennoch ist es natürlich keine rechtliche Frage, wie man aktuell ihren Gebrauch verhindern kann.

Bagger beendete die Paneldiskussion mit dem Appell, die Zukunft der Welt nicht übermäßig pessimistisch zu sehen. Es droht keine weltweite Anarchie. Eine internationale Rechtsordnung wird weiterhin bestehen – an manchen Orten mehr im Sinne eines Rechts der Zusammenarbeit, an anderen mehr als Recht der Koexistenz –, möglicherweise fragmentiert, aber dennoch beständig.

Caroline Schaeffer und *Anne Peters*

Begrüßung

Introductory thoughts on dangers to international law and multilateralism

Armin von Bogdandy

Liebe Kolleginnen und Kollegen, dear colleagues,

welcome to Heidelberg. As I understand that some of you on this first day don't speak German, I will continue in English.

Why do I stand here? I am currently the managing director of the MPI for comparative public law and international law. As this Institute is organizing this event, our president Anne Peters thought that its managing director should open this conference. I do so happily. But let me stress that she has organized the event, so all recognition and thanks are owed to her.

This conference is important for many reasons. Let me just name three. First: The conference is important for our Max Planck Institute. The *Deutsche Gesellschaft für Internationales Recht* is an academic society that is of crucial importance to us because in the German-language world it is a key forum of the discussion of problems and challenges in international law. Therefore, being honored with the task of organizing the 37. *Zweijahrestagung* is an important sign of trust shown in us by our peers. And by putting much effort into the organization of this event, this is the best way that we can reciprocate back to the *Deutsche Gesellschaft für Internationales Recht*. This event is also important in the eternal process of feeding, nurturing, and developing academic bonds. It has been some time since we last had this opportunity, noting that that opportunity was back in 1973. I will come back to this later in my opening address. The second reason is this: we finally meet! Finally we come together physically. Over the two years of the pandemic, we have learnt the hard way how important it is to meet in person. I wish and hope that the joy, the enthusiasm, and the pleasure of finally getting together will deeply mark this conference and will give it a special place in our collective memory for many years to come. The third reason goes to the topic of our conference. Let me share some thoughts on its title. The title is: *Abkehr vom Multilateralismus – Internationales Recht in Gefahr?*

So, it has two components: The first is: *Abkehr vom Multilateralismus*, that means: a departure or a retreat or even, to use a biblical word, an exodus from multilateralism. And it shows that multilateralism is a very good thing indeed, something worth maintaining, even defending. The second component of the title is: *Internationales Recht in Gefahr?* International law in danger, in peril, under threat? Importantly, there is a question mark at the end. That is a wonderful title as it addresses deep questions. Let me discuss just two to open this conference and fill my fifteen-minute slot. The first question is whether the title's question mark only refers to the second part or also to the first part of the title. In other words, do the words „retreat from multilateralism" ask a question or do they state a fact? If it is a question, here is my answer: I do not see a retreat from multilateralism as a general tendency that marks international law as such.

True, there are some countries, particularly under some specific leaders, who have an aversion towards multilateralism.

But many other countries, indeed the vast majority, do not retreat from multilateralism. If that is true: do we think that Trump or Putin can dictate the overall development of international law? If we stand by the idea of a pluralist, a non-hegemonic, an inclusive, a universal international law, I think the answer is: no. Just two countries cannot dictate the development of international law.

My second thought gives an answer to the second part of the title's question. So, is international law in danger on account of Trump's or Putin's retreat from multilateralism? Again, my answer is: no. International law is *unkaputtbar*, to use a word made famous as a quality of one of Heidelberg's most famous sons, namely Boris Becker. *Unkaputtbar* means indestructable. International law is a normative form that is but the other side of modern statehood. As long as there is modern statehood in at least two polities on the globe, there will be international law. Of course, it might be the case that this international law is not exactly the „international law" that we strive for. That is particularly the case if we want to conceive of international law as a legal order that is imbued with the same values as our German constitution.

But even if we think of international law as a value-based legal order or even a constitutionalized legal order, my answer is that such thinking has a future. One key to that future comes from Wolfgang Friedmann's book *The changing structure of international law* of 1964. Friedmann's core insight was to distinguish different layers. As so often is the case, the exercise of differentiation and distinguishing provides a forward-looking answer. There is an international law on very thin grounds which Friedmann calls the international law of coexistence. For being thin, it provides a seasoned normative framework that allows the US, Germany, and, indeed, Ukraine to frame, to hedge, and perhaps even to pacify their relations with Putin's Russia, even if there are few common values left between them. I think that the current negotiations show the enormous value of this „thin international law". But, as Friedmann shows, there can be further, much thicker layers of international law with other countries, and indeed there are. He called them the law of cooperation. He also ventured to call them an „international law of integration". On these two layers, value-based international law and perhaps even international constitutionalism may continue vigorous. And so does multilateralism. But of course, international law in general and multilateralism in particular are to be adapted, developed, and perhaps even reconstructed in light to the current challenges. This is why I think that the Vorstand got our topic right. How to adapt, develop, reconstruct? Let's listen to Rein Müllerson, Daniel Benjamin, Jochen von Bernstorff, Martin Gebauer, Matthias Weller, Sigrid Boysen, Christine Budzikiewicz, Christina Binder, Michael Stürner and Hans Georg Dederer.

I certainly do not want to minimize the challenges and even dangers that we are confronting, nor the sense of disorientation. But there is hope. Let's come back to 1973, when the *Deutsche Gesellschaft* last met in Heidelberg. The context of that conference was as dark as that of our conference today. To refresh your memory, here are five flashbacks.

1) The Report of the Club of Rome of 1972 on the limits of economic growth was just sinking in. It gave rise to predictions that were no less dire than those today for climate change. 2) The Oil Crisis was starting to bite hard. It was so sharp that the

German government limited in 1973 speed on highways to 100 kmh. Km, not miles! It also prohibited driving on the *Autobahn* on Sundays. 3) The Red Army Faction had just unleashed its first wave of terror. 4) The Chinese Cultural Revolution was in full swing, which, in turn, inspired those in Germany who thought Soviet communism was too tame and too bureaucratic. 5) Just 5 years before, the Soviet Union had invaded Czechoslovakia, and, not to forget, with German help.

The tensions between the West and the Soviet Union were sky high. I remember from those years the tests of sirens for an atomic attack. So the 1973 Heidelberg conference of our Society took place in a situation no less difficult. We should not forget that the magnitude of our challenges is not unprecedented. Nor should we forget what happened two years after the 1973 conference. In 1975, all the relevant states for Security and Co-operation in Europe concluded the Helsinki Final Act. The rest, as they say, is history.

Thank you for your attention.

Hat das universelle Völkerrecht noch eine Zukunft?

Anmerkungen zum Krieg in der Ukraine und dem völkerrechtlichen Gewaltverbot

von Prof. Dr. Jochen von Bernstorff, LL.M., Tübingen[*]

I. Einleitung

Beginnen möchte ich mit einem Zitat von *Josef L. Kunz,* der im Jahr 1929 auf der Kölner Tagung unserer Vereinigung zur Zukunft des Völkerrechts nach dem Briand-Kellogg-Pakt sprach: *„Das Völkerrecht steht heute an einem Wendepunkt […], weil die Welt eine andere geworden ist. Diese andere Welt verlangt gebieterisch in unser aller Interesse die Eliminierung des Krieges."*[1]

Es sei wichtig, offen die Schwächen des Briand-Kellogg-Pakts anzusprechen, wie zum Beispiel sein fehlendes Sanktionssystem, ohne dabei seine Vorzüge zu vergessen, so der Wiener Privatdozent und *Kelsen-*Schüler.

Geprägt haben den Begriff des „universellen Völkerrechts" bekanntlich vor allem *Alfred Verdross* und *Bruno Simma.* Sie sprachen bereits im Jahr 1976 nach dem Abschluss der formalen Dekolonisierung in der ersten Auflage ihres „Universellen Völkerrechts" vom

---

[*] Professor für Staatsrecht, Völkerrecht, Verfassungslehre und Menschenrechte an der Eberhard Karls Universität Tübingen, Email vonbernstorff@jura.uni-tuebingen.de. Der hier verschriftlichte Vortrag ist mit Blick auf die nachfolgend zitierte Literatur und den weiteren Kriegsverlauf auf dem Stand der Tagung vom 09.03.2022.
1 *Josef L. Kunz,* Der Kellogg-Pakt, Mitteilungen der Deutschen Gesellschaft für Völkerrecht 9 (1929), S. 75-101 (98).

„Verfassungsrecht der universell gewordenen Staatengemeinschaft" und von den im Rahmen der Vereinten Nationen (VN) erzeugten *„Normen des neuen Völkerrechts"*.[2]

Bei der Beantwortung der mir vom Vorstand übertragenen Frage geht es um das Heute und Morgen des Völkerrechts als Rechtsordnung, und damit immer auch um seine Geschichte – verstanden als bereits vergangene Zukunft. Gleichzeitig bedarf es der Rückbindung an ein konkretes, für die Menschheit existentielles Referenzgebiet: Krieg, Klimakrise und globale Ungleichheit, die drei apokalyptischen Reiter des 21. Jahrhunderts, drängen sich thematisch auf.

Angesicht dieser existentiellen Bedrohungen wird das universelle Völkerrecht sich als Kommunikations- und Kooperationsordnung bis zur Jahrhundertmitte bewähren und weiterentwickeln müssen, oder mit einer durch kriegerische Verteilungskämpfe zerrissenen und in vielen Regionen klimabedingt unbewohnbaren Welt untergehen.[3] Basale Grundregeln der Staatenordnung wie das Gewaltverbot müssen dabei re-stabilisiert werden. Gleichzeitig bedarf es eines dynamischen Ausbaus der rechtsbasierten Kooperation zum Schutze des Klimas und der natürlichen Lebensgrundlagen auf diesem Planeten. Eng verwoben mit der Bewältigung dieser Aufgaben ist die Entwicklung eines neuen Adaptions-Völkerrechts, welches eine Umverteilungsordnung zugunsten derjenigen Staaten und Bevölkerungsgruppen errichtet, die von Klimakrise, exzessiver spätkapitalistischer Ressourcenausbeutung und bewaffneter Gewalt am stärksten betroffen sind. Entweder die staatenbasierte Ordnung öffnet sich in neuer Radikalität für diese Fragen der ökonomisch-sozialen Ungleichheit, oder sie wird durch Umweltveränderungen und Gewalt massiv unter Druck geraten oder, schlimmer noch, gleichsam implodieren.

Knapp zwei Wochen nach dem Beginn des offenen Aggressionskrieges der Russischen Föderation in der Ukraine, dem während ich hier spreche weiter unschuldige Menschen zum Opfer fallen, werde ich mich heute ganz auf das Gewaltverbot, d. h. auf den ersten Aspekt des Erhaltens bzw. der Re-stabilisierung basaler Regeln der Staatenordnung fokussieren. Beginnen möchte ich erstens mit einem Blick zurück auf die Entstehung des Gewaltverbotes als Teil des universellen Völkerrechts (II.). In einem zweiten Schritt werde ich versuchen, den aktuellen Zustand des Gewaltverbotes mit Blick auf mögliche Erosionstendenzen näher zu analysieren (III.). Es folgt drittens eine kurze Schlussbetrachtung mit einigen weiterführenden Überlegungen zur Zukunft des universellen Völkerrechts (IV.).

II. Die vertraglich formalisierte Rechtsrevolution

Ich beginne also mit der Entstehung des Gewaltverbotes als Grundpfeiler des universellen Völkerrechts im Jahr 1945. Die Aufnahme eines weiten, sich vom Kriegsbegriff lösenden Verbotes bewaffneter Gewalt in Art. 2 Abs. 4 der Charta der Vereinten Nationen (VN-Charta) mit nur zwei Ausnahmen, kodifiziert in Art. 51 und Art. 42, war nichts anderes als eine vertraglich formalisierte Revolution mit folgenden rechtlichen Inhalten:

---

2 *Alfred Verdross/Bruno Simma*, Universelles Völkerrecht, Berlin: Duncker & Humblot 1976, 5.
3 Siehe den jüngsten IPCC-Bericht, *Intergovernmental Panel on Climate Change*, Climate Change 2022: Impacts, Adaptation and Vulnerability, 2022 (abrufbar unter <www.ipcc.ch>).

Erstens die Bestätigung des im Interbellum entstandenen Annexionsverbotes nach dem Zweiten Weltkrieg. Zweitens die Ächtung der unilateralen bewaffneten Repressalie bzw. der *„measures short of war"*, dem damals zentralen Mittel der westlichen Großmächte, um ihre ökonomischen bzw. geostrategischen Einflusszonen militärisch zu kontrollieren; sowie die hiermit eng verbundene Ächtung der aus dem 19. Jahrhundert überkommenen Praxis der *„intervention de l'humanité"* der europäischen Großmächte in den sog. „halbzivilisierten Staaten" wie zum Beispiel im Osmanischen Reich aus vermeintlichen oder tatsächlichen humanitären Motiven. Hinzu kommt drittens die durch den Briand-Kellogg-Pakt[4] vorbereitete endgültige Ausmusterung einer ganzen Liste von vor dem Ersten Weltkrieg noch anerkannten legalen Kriegsgründen, wie zum Beispiel dem Notstand, der Ehre des Staates, oder dem Rekurs auf vitale staatliche Interessen.

1. Das System kollektiver Sicherheit unter der VN-Charta

In dieser Zeit kann auch als Nachklang der Verhandlungen zur Charta in San Francisco von einem restriktiven Konsens bei der Auslegung von Art. 2 Abs. 4 und Art. 51 VN-Charta gesprochen werden. Dieser restriktive Konsens war geprägt durch ein weites Verständnis des Verbotes und ein enges Verständnis der Ausnahmen, insbesondere des Selbstverteidigungsrechtes. Der institutionelle Preis für das weite Gewaltverbot war jedoch die präzedenzlose Stellung der ständigen Mitglieder im Sicherheitsrat, sie erhielten einzeln die Möglichkeit, Maßnahmen kollektiver Sicherheit durch ihr Veto zu blockieren (Art. 27 Abs. 3 VN-Charta). Anders aber als im Völkerbundrat konnten sie über Verbündete bzw. sog. „Klientelstaaten" wegen des Mehrheitsprinzips im Rat grundsätzlich machtvoll agieren. *Franklin D. Roosevelt* hatte sich früh gegen Vetorechte der alliierten Siegermächte im Sicherheitsrat und für eine starke VN-Armee im Sinne eines globalen Gewaltmonopols ausgesprochen. Gleichzeitig sollten alle Mitgliedstaaten demilitarisiert werden.[5] *Stalin* machte aber bekanntlich das Vetorecht zur Bedingung für die VN-Mitgliedschaft der Sowjetunion, die vier weiteren ständigen Sicherheitsratsmitglieder nahmen dieses institutionelle Privileg nach dem Tode *Roosevelts* im April 1945 dann gerne an.

Durch den Verzicht auf eine ständige VN-Armee, die eingeräumten Vetorechte und ohne rechtstaatliche Kontrollen des Sicherheitsrats, blieb das kollektive Sicherheitssystem völkerrechtlich unvollendet und in den Worten *Quincy Wrights* ein institutioneller Zustand *„half-way between unorganized diplomacy, seeking to maintain the balance of power and world government, enforcing a general rule of law upon individuals and governments throughout the world community."*[6]

In der Tat war damit die Tätigkeit des Sicherheitsrats in der VN-Charta weitgehend entkoppelt von völkerrechtlichen Fragen.[7] Es gibt weder in Kapitel VI noch in Kapitel

---

4 Treaty between the United States and other Powers providing for the Renunciation of War as an Instrument of National Policy (Briand-Kellogg-Pakt) v. 27.08.1928, LNTS 97, 57.

5 *Lloyd C. Gardner*, How We 'Lost' Vietnam, 1940-54, in: David Ryan/Victor Pungong (Hrsg.), The United States and Decolonization: Power and Freedom, Basingstoke: Macmillan 2000, 121-139 (126-129).

6 *Quincy Wright*, Collective Security in the Light of the Korean Experience, Proceedings of the American Society of International Law at its Annual Meeting 45 (1951), 165-181 (175 f.).

7 Vgl. dazu *Anne Peters*, in: Bruno Simma u.a. (Hrsg.), The Charter of the United Nations: A Commentary, 3. Auflage, Oxford: OUP 2012, Band I, Art. 24, Rn. 57, Art. 25 Rn. 56-60.

VII eine Pflicht, die rechtlichen Aspekte des Konflikts zu berücksichtigen;[8] es gibt auch keine Pflicht des Sicherheitsrates, den Internationalen Gerichtshof (IGH) zu konsultieren;[9] und es gibt keine regelmäßige gerichtliche Kontrolle von Resolutionen des Sicherheitsrats und ihrer Umsetzung. Gleichzeitig wurden die Kompetenzen des Sicherheitsrates in der VN-Charta insbesondere in den Art. 39–42 sehr weit („Bedrohung des Friedens") gefasst.[10] Aus einer *rule of law*-Perspektive war das gesamte kollektive Sicherheitssystem der VN von Beginn an also durch eine Abwesenheit von rechtlicher Einhegung und Kontrolle sowie von einer institutionell präzedenzlosen Dominanz der „P5" geprägt.[11]

2. Die Behauptung des restriktiven Konsenses

Im Blick auf das weite Gewaltverbot und die enge Fassung des Selbstverteidigungsrechtes war es interessanterweise die US-Delegation, die in San Francisco den restriktiven Ansatz mit einer großen Koalition kleinerer Staaten gegen insbesondere französischen und britischen Widerstand durchsetzte.[12] Der IGH bestätigte 1949 im *Corfu Channel Case* das weite Verständnis von Art. 2 Abs. 4 VN-Charta bei gleichzeitiger enger Auslegung der Ausnahmen explizit, indem er die bewaffnete Repressalie als ein altes und mittlerweile illegalisiertes „Privileg" der großen Militärmächte klassifizierte.[13]

Gegen diverse Versuche, die Ausnahmen zum Gewaltverbot weiter zu interpretieren, wurde der restriktive Konsens im Kalten Krieg institutionell behauptet: erstens gegen ideologiebasierte Raumkonzepte der beiden Supermächte, wie sie sowohl in Rechtfer-

---

8 Vgl. *Christian Tomuschat*, in: Simma (Fn. 7), Band I, Art. 33, Rn. 42-46; *Nico Krisch*, in: Simma (Fn. 7), Band II, Art. 39, Rn. 4-6.

9 Im Kapitel VI ist der einzige Verweis auf das Völkerrecht in 36 Abs. 3 VN-Charta. Dort heißt es zu den Empfehlungen des Sicherheitsrats zu Verfahren und Methoden der Streitbeilegung, dieser *"should also take into consideration that legal disputes should as a general rule be referred by the parties to the International Court of Justice, in accordance with the provisions of the Statute"*.

10 Es sei hinzugefügt, dass der rechtsstaatliche *nemo iudex in re sua*-Grundsatz, der zumindest für Kap. VI-Resolutionen in Art 27 Abs. 3 VN-Charta niedergelegt ist, in der Praxis des Sicherheitsrates regelmäßig missachtet wird, hierzu *Enrico Milano*, Russia's Veto in the Security Council: Whither the Duty to Abstain under Art. 27(3) UN Charter?, ZaöRV 75 (2015), 215-231.

11 Mit der ersten umfassenden Kritik *Hans Kelsen*, The Law of the United Nations: A Critical Analysis of its Fundamental Problems, 2. Abdr., London: Stevens 1951; näher hierzu *Jochen von Bernstorff*, The Decay of the International Rule of Law Project (1990-2015), in Heike Krieger/Georg Nolte/Andreas Zimmermann (Hrsg.), The International Rule of Law: Rise or Decline?, Oxford: OUP 2019, 33-55 (41-44).

12 Laut Protokoll eines Treffens der vier Siegermächte und des *International Secretariat* vom 12.05.1945 reagierten die beiden US-Hauptunterhändler, *John F. Dulles* und *Harold Stassen* auf einen britischen Vorschlag zu einer weiteren Fassung von Art. 51 wie folgt: „*Mr. Dulles said, that in his view, Mr. Eden [United Kingdom] wanted to go further in his proposal than the United States did and that if he understood correctly, Mr. Eden disliked the United States proposal because of its limitations on the right of self-defense. Mr. Stassen stated that with a proviso such as suggested by the British draft, the international organization would fail before it started; that the British amendment could not be written into the Charter without destroying the Organization in advance.*" (abrufbar unter <www.history.state. gov>).

13 IGH, *Corfu Channel Case (UK v. Albania)*, Merits, Urteil v. 09.04.1949, ICJ Reports 1949, S. 4 (35): *"The Court can only regard the alleged right of intervention as the manifestation of a policy of force, such as has, in the past, given rise to most serious abuses and such as cannot, whatever be the present defects in international organization, find a place in international law. Intervention is perhaps still less admissible in the particular form it would take here; for, from the nature of things, it would be reserved for the most powerful States, and might easily lead to perverting the administration of international justice itself."*

tigungen der Sowjetunion für unilaterale Militärintervention in sog. „sozialistischen Bruderländern" zum Ausdruck kamen (Stichwort Breschnew-Doktrin); als auch bei US-Interventionen in Lateinamerika, um sozialistisch orientierte Regierungen zu stürzen (Stichwort Johnson-Doktrin).[14] Diese außenpolitischen Doktrinen der Supermächte negierten faktisch die territoriale Souveränität und politische Unabhängigkeit der betroffenen Staaten im jeweiligen deklarierten Einflussgebiet, wenn deren Regierungspolitik den vermeintlich essentiellen Interessen der jeweiligen Supermacht entgegenstanden. Und zweitens behauptete sich der restriktive Konsens auch gegen Versuche der großen Militärmächte im Kalten Krieg, unilaterale militärische Interventionen über eine extensive Interpretation des Selbstverteidigungsrechtes im Sinne der alten bewaffneten Repressalie als vermeintliche Intervention auf Einladung durch Gegenregierungen oder auch über die behauptete ungeschriebene Ausnahme der Rettung eigener Staatsangehöriger zu rechtfertigen. Beispiele sind die Suezkrise 1956, eine Reihe von US-Interventionen in Lateinamerika und das militärische Eingreifen der Sowjetunion in sog. sozialistischen Bruderländern bis hin zur sowjetischen Afghanistanintervention ab 1979.

Bei der Verteidigung des frühen restriktiven Konsenses zum Gewaltverbot spielte eine Koalition aus Regierungen kleinerer Staaten eine zentrale Rolle. Diese Koalition setzte sich in den Neunzehnhundertsiebzigerjahren vor allem aus den Gruppen der neuen unabhängigen, der lateinamerikanischen und der skandinavischen Staaten zusammen. Es gelang dieser breiten Staatenkoalition, mit Unterstützung durch den IGH, über mehrere Jahrzehnte die Grundbausteine der Rechtsrevolution von 1945 mittels über lange Zeiträume ausgehandelter Konsensdeklarationen der Generalversammlung zu erhalten.[15] Weder die beiden Supermächte noch die ehemaligen Kolonialmächte konnten sich in dieser Phase mit expansiveren Doktrinen zum Gewaltverbot bzw. zum Selbstverteidigungsrecht in den Vereinten Nationen durchsetzen. Was sind die wichtigsten Wegmarken dieses Kampfes um den restriktiven Konsens im 20. Jahrhundert? Nennen möchte ich hier neben dem *Corfu Channel Case* nur die *Friendly Relations Declaration* von 1970[16], *die Definition of Aggression* von 1974[17] und natürlich das Nicaragua-Urteil aus dem Jahr 1986[18].

Wie steht es aber nun heute – 35 Jahre später – um die Grundelemente der universellen Rechtsrevolution von 1945, um das Annexionsverbot, um das Verbot der bewaffne-

---

14 *Leonid Breschnew*, Rede auf dem Parteitag der Polnischen Vereinigten Arbeiterpartei, 12.11.1968, abgedruckt in Europa-Archiv 24 (1969), Folge 11, D 256-D 259: *„Und wenn innere und äußere dem Sozialismus feindliche Kräfte die Entwicklung eines sozialistischen Landes zu wenden und auf eine Wiederherstellung der kapitalistischen Zustände zu drängen versuchen, wenn also eine ernste Gefahr für die Sache des Sozialismus in diesem Lande, eine Gefahr für die Sicherheit der ganzen sozialistischen Gemeinschaft entsteht – dann wird dies nicht nur zu einem Problem für das Volk dieses Landes, sondern auch zu einem gemeinsamen Problem, zu einem Gegenstand der Sorge aller sozialistischen Länder.";* *Lyndon B. Johnson*, Radio and Television Report to the American People on the Situation in the Dominican Republic, 02.05.1965: *"The American nations cannot, must not, and will not permit the establishment of another Communist government in the Western Hemisphere.",* abrufbar unter <www.presidency.ucsb.edu>.

15 Vgl. *Nehal Butha/Rebecca Mignot-Mahdavi*, Dangerous Proportions: Means and Ends in Non-Finite War, in: Nehal Bhuta/Florian Hoffmann/Sarah Knuckey, The Struggle for Human Rights: Essays in Honour of Philip Alston, Oxford: OUP 2021, 301-327.

16 UN, GV Resolution 2625, 24.10.1970, A/RES/2625 (XXV).

17 UN, GV Resolution 3314, 14.12.1974, A/RES/3314(XXIX).

18 IGH, *Case concerning Military and Paramilitary Activities in and against Nicaragua (Nicaragua ./. United States of America)*, Merits, Urteil v. 27.06.1986, ICJ Reports 1986, 14.

ten Repressalie und um die historisch enge Fassung des Selbstverteidigungsrechts aus Art. 51 VN-Charta als einziger unilateraler Ausnahme vom Gewaltverbot? Ist der restriktive Konsens zur Bedeutung der Art. 2 Abs. 4 und Art. 51 VN-Charta mittlerweile erodiert? Und welche Folgen wird insbesondere die Aggression der Russischen Föderation gegenüber der Ukraine in diesem Zusammenhang zeitigen?

III. Die Erosionsfrage

Im Blick auf die Erosionsfrage bedarf es zunächst einer Begriffsklärung. Was verstehe ich unter dem Begriff der Erosion von Normen? Mit einem aufgeklärten normtheoretischen Verständnis, welches zumindest von einer relativen Unbestimmtheit von Rechtsnormen ausgeht, wird die Bedeutung der Norm erst in ihrer Anwendung konstituiert; d. h. die Bedeutung einer Norm kann sich im Rechtsdiskurs verändern, sie kann nach *Ingo Venzke* auch Gegenstand von semantischen Kämpfen sein.[19] Die „Erosion" von Art. 2 Abs. 4 VN-Charta bedeutet nach diesem Verständnis einen im Völkerrechtsdiskurs zu beobachtenden Bedeutungswandel, der die inhaltliche Reichweite des Verbots verkleinert oder aber die Ausnahmen erweitert.[20] Aus einer stärker rechtssoziologischen Sicht kann zudem von „Erosion" gesprochen werden, wenn die Norm in ihrem stabilisierten Bedeutungsgehalt von Staaten in der Praxis immer wieder missachtet wird, und zwar ohne dass ein unabhängiges Gericht oder eine andere autorisierte universelle Institution diese Rechtsverletzungen erkennbar als solche markiert. Der Erosionsbegriff setzt ferner einen zeitlichen Ausgangspunkt voraus, von dem aus ein geänderter Bedeutungsinhalt von Normen untersucht und beschrieben werden kann. Dieser Ausgangspunkt ist für mich das Nicaragua-Urteil aus dem Jahr 1986, in dem der IGH die über die *Friendly Relations Declaration* und die *Definition of Aggression* stabilisierten Bedeutungsgehalte von Art. 2 Abs. 4 und Art. 51 VN-Charta bestätigte.

1. Das Annexionsverbot

Historisch geht die Entstehung des Annexionsverbots dem Gewaltverbot aus der VN-Charta voraus. Die Annexion ist die intensivste Form des Verstoßes gegen das Gewaltverbot, weil vom Aggressor eine dauerhafte Einverleibung des fremden Staatsgebietes angestrebt wird. Vertragsrechtlich wurde das Verbot vorbereitet über die Völkerbundsatzung[21] und den Briand-Kellogg-Pakt, außenpolitisch bekanntlich über die Stim-

---

19 *Ingo Venzke*, How Interpretation Makes International Law, Oxford: OUP 2012.
20 Mit differierenden Verständnissen der „Erosion" von Völkerrechtsnormen gibt es ungezählte Beiträge zum jeweiligen Status des Art. 2 Abs. 4 VN-Charta über die letzten 50 Jahre; auch metaphorisch stilbildend war hier *Thomas M. Franck*, Who Killed Art. 2 (4)? or: Changing Norms governing the Use of Force, AJIL 64 (1970), 809-837; aktuell zur Erosionsfrage mit eigenen bzw. anderen normtheoretischen Vorannahmen aus dem deutschen Schrifttum: *Helmut P. Aust/Mehrdad Payandeh*, Praxis und Protest im Völkerrecht, JZ 73 (2018), 633-643; *Christian Marxsen*, Völkerrechtsordnung und Völkerrechtsbruch: Theorie und Praxis der Illegalität im ius contra bellum, Tübingen: Mohr Siebeck 2021; *Claus Kreß*, Zur Lage des völkerrechtlichen Gewaltverbots, Zeitschrift für Außen- und Sicherheitspolitik 12 (2019), 453-476.
21 Satzung des Völkerbunds, 28.04.1919, AJIL Supplement 13 (1919), 128-139, Art. 10 S. 1: „*Die Bundesmitglieder verpflichten sich, die Unversehrtheit des Gebiets und die bestehende politische Unabhängigkeit aller Bundesmitglieder zu achten und gegen jeden äußeren Angriff zu wahren.*", Art. 16 Abs. 1: „*Schreitet ein Bundesmitglied entgegen den [...] übernommenen Verpflichtungen zum Kriege, so wird es ohne weiteres so angesehen, als hätte es eine Kriegshandlung gegen alle anderen Bundesmitglieder*

son-Doktrin und institutionell über die Reaktionen des Völkerbundes auf den japanischen Überfall auf die Mandschurei im Jahr 1931 und die Abessinien-Annexion durch Mussolinis Italien 1935/36. Die schrittweise Ächtung der Annexion im Interbellum brachte die neue binäre Leitunterscheidung zwischen Aggression und Selbstverteidigung im Völkerrecht hervor, mit weitreichenden Konsequenzen für das hergebrachte Kriegs- und Neutralitätsverständnis.[22]

Gleichzeitig beginnt genau hier historisch der Prozess der Begrenzung der zulässigen Kriegsgründe auf die Selbstverteidigung und den kollektiven Sanktionskrieg, das *Aggression Self-Defence*-Paradigma. Nach dem ersten Einsatz von Atomwaffen in Hiroshima und Nagasaki und dem Inkrafttreten der VN-Charta wurden Verstöße gegen das Gewaltverbot mit dem Ziel der Eingliederung des Gebietes in das eigene Staatsgebiet immer seltener. Andere Formen der zeitlich begrenzten oder auch nur indirekten militärischen Gewalt mit dem Ziel der Destabilisierung oder Kontrolle ausländischer Regierungen lösten im Kalten Krieg den klassischen Annexionskrieg weitgehend ab. Die Reaktionen der Staatengemeinschaft auf Ausnahmen von dieser Regel waren jeweils eindeutig, wie zum Beispiel auf die Annexion der Golanhöhen und der Eroberung Ostjerusalems durch Israel nach dem sog. Sechstagekrieg 1967[23] oder in der Nordzypernfrage[24]. Auch die Annexion Kuwaits durch die irakische Regierung unter Saddam Hussein führten bekanntlich 1990/91 zu einer klaren Verurteilung durch die Vereinten Nationen und zu einer Wiederbelebung des zuvor über Jahrzehnte dysfunktionalen kollektiven Sicherheitssystems unter Kapitel VII der VN-Charta.[25]

Zu Anfang des neuen Millenniums schien der Annexionskrieg dann vor allem in Europa nur noch ein historisches Phänomen zu sein. Es war die russische Annexion der Krim im Jahr 2014, die mit der trügerischen Gewissheit brach, dass die gewaltsame Verschiebung von Grenzen zwischen anerkannten Nationalstaaten zumindest in Europa nicht mehr stattfinden würde.[26] Die institutionalisierte Reaktion der Staatengemeinschaft war jedoch im Vergleich zu früheren Annexionen eher verhalten, die Generalversammlung verurteilte die russische Annexion, konnte dafür aber nur 100 Ja-Stimmen bei 58 Enthaltungen und 11 Gegenstimmen mobilisieren, hinzu kamen 24 bei der

---

begangen. *Diese verpflichten sich, unverzüglich alle Handels- und Finanzbeziehungen zu ihm abzubrechen, [...].*" (amtliche deutsche Übersetzung, Reichsgesetzblatt Nr. 140 von 1919).

22 *Jochen von Bernstorff*, From Versailles to the Kellogg-Briand Pact: Prohibiting and Justifying Aggression in the Interbellum, GYIL 62 (2021), 211-243.

23 UN, GV Resolution 2253, 5th Emergency Special Session, 04.07.1976, A/RES/2253 (ES-V); GV Resolution 2254, 5th Emergency Special Session, 14.07.1976, A/RES/2254 (ES-V); SR Resolution 242, 22.11.1967, S/RES/242; SR Resolution 497, 17.12.1981, S/RES/497.

24 *Stefan Talmon*, Kollektive Nichtanerkennung illegaler Staaten: Grundlagen und Rechtsfolgen einer international koordinierten Sanktion, dargestellt am Beispiel der Türkischen Republik Nord-Zypern, Tübingen: Mohr Siebeck 2006; UN, SR Resolution 353, 20.07.1974, S/RES/353; SR Resolution 360, 16.08.1974, S/RES/360.

25 UN, SR Resolution 678, 29.11.1990, S/RES/678.

26 *Christian Walter*, Postscript: Self-Determination, Secession, and the Crimea Crisis 2014, in: Christian Walter/Antje von Ungern-Sternberg/Kavus Abushov (Hrsg.), Self-determination and secession in international law, Oxford: OUP 2014, S. 293-311; *Wolfgang Graf Vitzthum*, Russland und das Völkerrecht, AdV 54 (2016), 239-260.

Abstimmung abwesende Staaten.[27] 2019 erkannten zudem die USA die annektierten Golanhöhen als israelisches Territorium an.[28]

a) Zur Völkerrechtswidrigkeit des russischen Angriffskriegs

Wie verhält es sich nun mit der andauernden russischen Aggression in der Ukraine, die im Schatten des angedrohten Einsatzes von russischen Nuklearwaffen geführt wird? Soll sie zu einer Annexion der gesamten Ukraine oder zumindest der Donbas-Region führen? Aus den bisherigen Äußerungen des russischen Präsidenten ist dies nicht klar erkennbar. Die Anerkennung der beiden separatistischen „Volksrepubliken" Donezk und Luhansk deutet aber darauf hin, dass zumindest diese Gebiete im Osten der Ukraine später auch annektiert werden sollen. Bereits die Anerkennung der beiden Separatistenrepubliken vom 21. Februar stellte einen Verstoß gegen das Interventionsverbot dar. Wir haben hier keinen Fall der sog. *remedial secession*. Es gibt keine Hinweise auf repressive Formen der Diskriminierung einer russischsprachigen Minderheit oder fehlende Möglichkeiten der inneren Selbstbestimmung, geschweige denn auf einen Genozid. Hinzu kommt, dass der Bürgerkrieg im Donbas zuvor durch finanzielle, politische und militärische Einflussnahme der russischen Föderation initiiert und am Laufen gehalten worden war.

Neben der Einladung durch die Separatistenführer beruft sich Präsident Putin explizit auf ein Recht auf Selbstverteidigung. Die Bedrohung, die von einer zukünftigen NATO-Mitgliedschaft der Ukraine ausgehe, sei so „existentiell", dass diese jetzt schon abgewehrt werden müsse. Hier scheint semantisch die US-Doktrin zur *„preemptive self-defense"* aus dem Jahr 2002 Pate zu stehen, die allerdings in der Staatengemeinschaft seinerzeit ganz überwiegend auf Ablehnung gestoßen war.[29] Aus einer noch nicht einmal in die Wege geleiteten potentiellen NATO-Mitgliedschaft des Nachbarstaates auf einen *„armed attack"* im Sinne von Art. 51 VN-Charta zu schließen, sprengt den Rahmen vertretbarer Interpretationen dieser Norm. Eine Rechtfertigung des schweren Verstoßes gegen das Gewaltverbot ist also ausgeschlossen.

Hinzu kommen noch die sich gerade vor unseren Augen quantitativ ausweitenden Verletzungen des Unterscheidungsprinzips und anderer zentraler Normen des Humanitären Völkerrechts durch Bombardierungen der belagerten Städte. Es gibt eine lange Liste von russischen Völkerrechtsverstößen im postsowjetischen Raum über die letzten 15 Jahre, die einem bestimmten Muster folgen: ein von Moskau zumindest mit-initiierter Bürgerkrieg bereitet eine separatistische Unabhängigkeitserklärung vor, es folgt eine Anerkennung der Separatisten durch den Kreml[30] und eine Einladung an die Russische Föderation zu intervenieren. Diese wird dann ggf. noch humanitär verbrämt als Rettung der russischsprachigen Bevölkerung vor Ort. Die Ziele waren bislang verschieden – eingefrorene Konflikte wie in Georgien oder Moldau als bilaterales oder geopolitisches Faustpfand oder eine handstreichartige vollständige Annexion wie im Falle der Krim.

---

27 UN, GV Resolution 68/262, 27.03.2014, A/RES/68/262; zu den Stimmverhältnissen: UN, GV 80th Plenary Meeting, Official Records, 27.03.2014, A/68/PV.80, 17.

28 *Donald J. Trump*, Proclamation on Recognizing the Golan Heights as Part of the State of Israel, 25.03.2019 (verfügbar unter <https://il.usembassy.gov>); weitere Äußerungen hierzu abgedruckt unter: United States Recognizes Israeli Sovereignty Over the Golan Heights, AJIL 113 (2019), 613-619.

29 *US National Security Council*, The National Security Strategy, September 2002 (PDF-Version verfügbar unter <https://georgewbush-whitehouse.archives.gov>).

30 Eine Ausnahme hierzu stellt das auch nicht von Russland anerkannte *de facto*-Regime Transnistrien auf moldauischem Territorium dar.

Ermöglicht werden sie auch dadurch, dass die Russische Föderation über das größte und ausdifferenzierteste Atomwaffenarsenal der Welt verfügt, einschließlich hochmoderner taktischer Atomwaffen, und hierdurch jede Form der kollektiven Selbstverteidigung zu einem Nuklearkrieg führen kann. Unabhängig vom Vetorecht Russlands im Sicherheitsrat ist ein kollektiver Sanktionskrieg gegen eine Nuklearmacht faktisch keine Option. Ohne atomare Abrüstung gibt es also auch kein kollektives Sicherheitssystem, welches diesen Namen verdient. US-Präsident *Franklin D. Roosevelt* hatte diesem Problem mit seinen umfangreichen Demilitarisierungsplänen aus der Endphase des Zweiten Weltkrieges begegnen wollen.

Sowohl die Russische Föderation als auch die USA haben sich ja bekanntlich in den letzten 15 Jahren praktisch allen völkerrechtlichen Abrüstungs- und Verifikationsbindungen entzogen.[31] Hier zeigt sich auch, dass bilaterale Abrüstungsverträge allein nicht ausreichen, um der latenten Bedrohung durch größer werdende Nuklearwaffenarsenale Herr zu werden. Es bedarf stattdessen der Schaffung universeller oder regionaler Konsense zur vollständigen Ächtung bestimmter Waffen und zur Schaffung entsprechender institutioneller Sicherungen.[32] Nur so kann durch breite Staatenkoalitionen und zivilgesellschaftliche Akteure völkerrechtlich Druck auf große Militärmächte ausgeübt werden, dauerhaft Abrüstungsschritte zu unternehmen.

Alle genannten Interventionen der Russischen Föderation im postsowjetischen Raum beruhen zudem auf einer gemeinsamen ideologischen Grundlage. Die völkerrechtliche Literatur verweist in diesem Zusammenhang schon länger auf ein besonderes Verständnis von einer russisch-orthodoxen „Zivilisation" im Kreml, aus welchem heraus Ansprüche auf die Beherrschung eines bestimmten Raumes erhoben werden.[33] Diese Annahme bezieht sich auf die gleichlautenden Äußerungen von Präsident Putin und erscheint plausibel. Auf den zweiten Blick aber fällt eine strukturelle Ähnlichkeit zu alten sowjetischen Argumentationsmustern auf. Die vermeintliche Bedrohung durch den westlichen Kapitalismus und die NATO aus der Sowjetzeit wurde im letzten Jahrzehnt durch eine vermeintliche Bedrohung durch „degenerierte" westliche Werte, Faschismus und immer noch die NATO ersetzt. Die Hinwendung zum Westen im deklarierten Einflussgebiet wird nun nicht mehr wie im Prager Frühling als kapitalistische „Konterrevolution" bezeichnet, sondern als „neonazistische" Machtübernahme. Die alten „sozialistischen Brudervölker" sind nun „russische Brudervölker". Strukturell und in den erhobenen realpolitischen Ansprüchen ist der streckenweise wirre Rekurs von Präsident Putin auf den Raum russisch-orthodoxer Zivilisation, der angeblich durch den Westen bedroht wird, also der Breschnew-Doktrin und anderen ideologischen Raumdoktrinen aus dem kalten Krieg durchaus ähnlich. Der ideologische Rekurs auf historische Narrative, die sich auf einen imperialen Status der russischen Nation vor der russischen

---

31 US-amerikanische Kündigung des INF-Vertrags (1987) im Jahr 2019. Ausstieg der USA (2020) und Russlands (2021) aus dem Open Skies-Abkommen (1992). Der New START-Vertrag (2010) wurde Anfang 2021 verlängert (mindestens) bis 2026. Siehe auch die frühere Debatte zur Rüstungskontrolle in dieser Vereinigung anlässlich der 21. Tagung in Hamburg, 1989, Berichte der Deutschen Gesellschaft für Völkerrecht 30 (1989), mit Vorträgen von *Michael Bothe* (S. 31-93) und *Wolfgang Graf Vitzthum* (S. 95-149) zum Thema „Rechtsfragen der Rüstungskontrolle im Vertragsvölkerrecht der Gegenwart" und anschließender Diskussion (S. 151-186).

32 Mit dieser Stoßrichtung Treaty on the Prohibition of Nuclear Weapons v. 07.07.2017, A/CONF.229/2017/8, UN Registration Number 56487.

33 Vgl. hierzu umfassend *Lauri Mälksoo*, Russian Approaches to International Law, Oxford: OUP 2015.

Revolution beziehen, kann übrigens in ähnlicher Form auch beim chinesischen und beim türkischen Präsidenten beobachtet werden.

Historische Raum-, Volks- und Zivilisationsnarrative, die wir in Europa in der vermeintlich „postnationalen Konstellation" bereits für ein Relikt des späten 19. und des 20. Jahrhunderts hielten, sind nicht nur bei diesen Regierungen weiter sehr präsent – sie gehören inzwischen ja auch zum Begriffsarsenal rechtspopulistischer Parteien in westlichen Staaten. Einher geht diese imperiale Mythenbildung in Moskau und vor allem auch in Peking mit dem ständigen Verweis auf zwischenzeitlich erlittene Demütigungen durch den „Westen" sowie mit einer dramatisierenden Untergangs- bzw. Wiederauferstehungsmetaphorik. Dies sind revisionistische Ideologien mit einem klaren Freund-Feind-Schema, mit denen die Verletzung von grundlegenden Prinzipien des Völkerrechts gerechtfertigt werden soll. Schon weil sie für den deklarierten imperialen Raum das Prinzip der souveränen Gleichheit aus Art. 2 Abs. 1 VN-Charta negieren, kann man sie als völkerrechtliches Argument natürlich nicht akzeptieren, genauso wenig übrigens wie das alteuropäische Gleichgewichtsdenken, die *„balance of power"*. Sie bilden aber einen ideologischen Argumentationshaushalt, der in einer staatlich zensierten Medienlandschaft bei einem nicht unerheblichen Teil der eigenen Bevölkerung durchaus verfängt. Das 19. Jahrhundert scheint zurückzukehren; das von kleinen Staaten im 20. Jahrhundert erkämpfte Prinzip der souveränen Gleichheit wird in Europa durch eine Großmacht offen in Frage gestellt. Aber auch in den derzeitigen Reaktionen in den Medienlandschaften des Westens sind beunruhigende Rückfälle in nationalistische Topoi, wie z. B. die Annahme einer Art Kollektivschuld aller „Russen" an diesem Aggressionsakt, beobachtbar.

b) Erosionstendenzen und Verteidigung

Kommen wir damit aber zurück zur Erosionsfrage: welche Rückwirkungen hat die russische Aggression auf die Norm des Gewaltverbotes aus Art. 2 Abs. 4 VN-Charta? Nach dem eingangs dargelegten rechtssoziologischen Erosionsverständnis kommt es entscheidend auf die institutionalisierten Reaktionen auf den Rechtsbruch an. Zunächst also ein Blick auf mögliche gerichtliche Reaktionen. Eine gerichtliche Aufarbeitung der russischen Aggression in der Ukraine steht natürlich noch aus. Vor dem IGH hat die Ukraine drei Tage nach der russischen Invasion ein Verfahren auf Grundlage der Genozidkonvention angestrengt, welches nicht etwa ein genozidales russisches Vorgehen angreift, sondern sich auf die unwahre russische Rechtfertigung bezieht, dass im Donbas ein Genozid an der russischsprachigen Bevölkerung stattgefunden habe.[34] Der Ausgang des Verfahrens ist trotz der klaren Verstöße Russlands gegen das Gewalt- und Interventionsverbot wegen der schmalen Jurisdiktionsgrundlage nicht vollständig vorhersehbar. Vor dem Internationalen Strafgerichtshof (IStGH) könnte es zudem mittelfristig zu einer völkerstrafrechtlichen Aufarbeitung von begangenen Kriegsverbrechen kommen. Die *„mother of all crimes"* aber, das Agressionsverbrechen selbst, wird nicht abgeurteilt werden können. Seine Verfolgung setzt bekanntlich in allen Verfahrensvarianten, einschließlich des Wegs über den Sicherheitsrat, eine Zustimmung der Russischen Föderation voraus.[35] Hier treten die strukturellen Grenzen der konkreten Kodifi-

---

34 IGH, *Allegations of Genocide under the Convention on the Prevention and Punishment of the Crime of Genocide (Ukraine v. Russian Federation)*, Application instituting Proceedings, 26.02.2022.
35 Römisches Statut des Internationalen Strafgerichtshofs v. 17.07.1998, i.d.F. vom 20.02.2013, BGBl. 2013 II 139-150, Art. 15bis, insb. Abs. 5.

zierung des Aggressionsverbrechens im Römischen Statut deutlich zu Tage. Von einem bedeutungsvollen strafrechtlichen Beitrag zur Stabilisierung des Gewaltverbotes durch den IStGH ist kurz- und mittelfristig nicht auszugehen.

Ich komme nun zu den nicht-gerichtlichen Organen der Vereinten Nationen. Als zunächst zuständiges Exekutivorgan (vgl. Art. 24 VN-Charta) hat der Sicherheitsrat die Situation selbst am 27.02.2022 an die Generalversammlung überwiesen, und damit diesmal von sich aus die *11. Emergency Special Session* im Sinne der *Uniting for Peace*-Resolution[36] ausgelöst. Hier zeigt sich, wie wichtig der 1950 etablierte *Uniting for Peace*-Mechanismus für die Vereinten Nationen ist, er verhindert regelmäßig, dass wegen der Vetorechte eine institutionelle Reaktion auf Völkerrechtsbrüche ausbleibt – er kann zudem über Gutachtenanfragen den IGH wieder mit ins Spiel bringen.[37] Die GV-Resolution von letzter Woche (02.03.2022)[38] bekräftigt eingangs die universelle Magna Charta der Aggressionsächtung, d. h. Art. 2 Abs. 4 VN-Charta und die beiden zentralen Konsensresolutionen zum Gewaltverbot – die *Friendly Relations Declaration* und die Aggressionsdefinition. Die Resolution verurteilt die russische Aggression in starker Sprache und bestätigt das Annexionsverbot. Sie ist zudem darauf bedacht, klare Aussagen zu weiteren völkerrechtlich relevanten Aspekten zu machen. So wird sowohl die russische Anerkennung der beiden Separatistenrepubliken als auch die Beteiligung von Belarus als völkerrechtswidrig gekennzeichnet. 141 Ja-Stimmen, 35 Enthaltungen und 5 Gegenstimmen sind ein eindeutiges Ergebnis, zeigen aber auch, dass eine Gruppe von über 30 Staaten, darunter China, Indien, Brasilien und eine Reihe afrikanischer Staaten sich der klaren Verurteilung der Aggression nicht angeschlossen hat.[39] Die Resolution enthält auch keine Aufforderung zu dezentralen Sanktionen, eine solche hätte das Abstimmungsergebnis wahrscheinlich deutlich verschlechtert.

Die eingangs erwähnten Reaktionen des Völkerbundes in den Neunzehnhundertdreißigerjahren auf Japans Annexion der Mandschurei und auf die italienische Annexion von Abessinien waren deutlich geschlossener. Zudem enthielt die Resolution im Falle Abessiniens auch eine kollektive Aufforderung zu Wirtschaftssanktionen gegen Italien, die seinerzeit allerdings bestenfalls halbherzig durchgeführt worden waren.[40] Trotzdem wurden diese beiden Fälle häufig als der Beginn des Untergangs des kollektiven Sicherheitssystems und der Autorität des Völkerbunds angesehen. Ein Wort noch an dieser Stelle zu den nicht VN-mandatierten dezentralen Sanktionspaketen, die von westlicher Seite unter US-Führung geschnürt und letzte Woche gemeinsam auf den Weg gebracht wurden. Selbst wo diese *prima facie* Völkerrechtsverletzungen beinhalten, wie zum Beispiel aufgrund von Immunitätsregeln beim Einfrieren von Geldern der russischen Staatsbank, können sie, wenn verhältnismäßig, völkerrechtlich in der Regel gerechtfertigt werden. Insbesondere bei einer militärischen Beteiligung am Konflikt kommt es nicht auf die umstrittene Frage an, ob ein nicht-verletzter Staat nach Art. 48 und 54

36 UN, GV Resolution 377 (V), Uniting for Peace, 03.11.1950, GA/RES/377 (V).
37 Vgl. das IGH-Gutachten zum israelischen Mauerbau auf Anfordern der VN-Generalversammlung durch Resolution ES-10/14 vom 08.12.2003, IGH, *Legal Consequences of the Construction of a Wall in the Occupied Palestinian Territory*, Advisory Opinion v. 09.07.2004, ICJ Reports 2004, 136.
38 UN, GV Resolution ES-11/1, 11th Emergency Special Session, 02.03.2022, A/RES/ES-11/1.
39 Weitere 12 Staaten nahmen an der Abstimmung nicht teil.
40 Vgl. Report of the League of Nations Council Committee, 07.10.1935, AJIL Supplement 30 (1936), 37-40; zu Sanktionen und deren Durchsetzung siehe *Quincy Wright*, The Test of Aggression in the Italo-Ethiopian War, AJIL 30 (1936), 45-56 (46 ff.); siehe auch *von Bernstorff*, From Versailles to the Kellogg-Briand Pact (Fn. 22).

ILC Articles on State Responsibility (2001) Gegenmaßnahmen ergreifen kann. Denn zumindest Sanktionen mit militärischem (*ius ad bellum*) Bezug könnten ohnehin *a maiore ad minus* im Falle eines bewaffneten Angriffs auch als kollektive Selbstverteidigung im Sinne von Art. 51 VN-Charta gerechtfertigt werden.[41] Damit eröffnen auch Waffenlieferungen an die Ukraine kein Recht auf einen militärischen Gegenschlag. Der waffenliefernde Staat wird hierdurch auch nicht zur Kriegspartei im Sinne des Neutralitätsrechts. Die 1945 bestätigte binäre Leitunterscheidung zwischen Aggression und Selbstverteidigung aus dem Interbellum schlägt hier auf das Haager Neutralitätsrecht durch. Genau für Hilfeleistungen gegenüber dem Opfer der Aggression wurde schon in den Dreißigerjahren des 20. Jahrhunderts die Kategorie des *„non-belligerent"* entwickelt. Dieser sollte zu Hilfeleistungen wie zum Beispiel Waffenlieferungen in der Lage sein, ohne hierdurch Kriegspartei im Sinne des Neutralitätsrechts zu werden.[42]

Die ökonomischen Sanktionen westlicher Staaten sind in ihrer Breite und Tiefe beeindruckend und in Teilen präzedenzlos. Auch sie bestätigen damit das Gewaltverbot, gleichzeitig bleiben diese Reaktionen bislang aber fast ausschließlich auf eine westliche Staatengruppe beschränkt. Insgesamt ist eine Erosion des Gewaltverbotes durch die völkerrechtlich eindeutige Verurteilung durch die GV zunächst aufgehalten worden, ein Problem bleiben aber die 35 Enthaltungen und diejenigen Staaten, die der Abstimmung einfach fernblieben. Dass die möglichst geschlossene „kollektive Nichtanerkennung" einer erfolgten Annexion auch einem zynischen Gewaltherrscher wie Präsident Putin nicht völlig gleichgültig zu sein scheint, zeigt die Tatsache, dass eine seiner aktuellen Forderungen für die Aufnahme von Friedensverhandlungen die offizielle Anerkennung der russischen Einverleibung der Krim von Seiten der Ukraine ist.[43]

Besonders wichtig für sowohl das *ius contra bellum* als auch das *ius in bello* bleibt also eine zukünftige vollständige gerichtliche Aufarbeitung der erfolgten Aggression, einschließlich aller dokumentierten schweren Verstöße gegen das Humanitäre Völkerrecht der beiden Konfliktparteien. Denn der institutionell unmarkiert gebliebene Rechtsbruch kann eine diskursive Erosionsspirale in Gang setzen, wenn spätere Aggressoren aus dem ungesühnten rechtswidrigen Verhalten der Anderen diskursives Kapital zu schlagen versuchen.[44] Dies betrifft auch die vorgebrachten Rechtfertigungen für den Aggres-

---

41 *Alfred Verdross/Bruno Simma*, Universelles Völkerrecht: Theorie und Praxis, 3. Auflage, Berlin: Duncker & Humblot 1984, S. 908. Aus dieser auf Art. 51 VN-Charta gestützten Argumentation darf und kann jedoch keine Blankettermächtigung für jegliche Völkerrechtsverletzung gegenüber dem Aggressor im Sinne eines das Recht verdrängenden „Ausnahmezustands" (C. Schmitt) hergeleitet werden; skeptisch bzgl. einer Ausdehnung des Rechts auf Selbstverteidigung auf nicht-militärische Maßnahmen *Oliver Dörr*, in: Knut Ipsen (Hrsg.), Völkerrecht, 7. Auflage, München: C.H. Beck 2018, § 30, Rn. 40.

42 Vgl. *Stefan Talmon*, Waffenlieferungen an die Ukraine als Ausdruck eines wertebasierten Völkerrechts, Verfassungsblog, 9.3.2022; *Henry L. Stimson*, Neutrality and War Prevention, Proceedings of the American Society of International Law at Its Annual Meeting 29 (1935), 124-133; *International Law Association*, The Effect of the Briand-Kellogg Pact of Paris on International Law: Report of the Committee on Conciliations between Nations, Report of the Thirty-Eigth Conference, Budapest 1934, 1-70.

43 Ich verdanke diesen Gedanken einem Gespräch mit *Wolfgang Graf Vitzthum*.

44 Dies erklärt die Prominenz der US-geführten völkerrechtswidrigen Intervention im Irak 2003 in den aktuellen Debatten um die russische Aggression in der Ukraine, so zum Beispiel in Präsident Putins Rechtfertigung, UN, Letter from the Permanent Representative of the Russian Federation to the United Nations addressed to the Secretary-General, 24.02.2022, S/2022/154; vgl. zu diesem Problemkomplex *Nico Krisch*, After Hegemony: The Law on the Use of Force and the Ukraine Crisis, EJIL:Talk!, 02.03.2022.

sionsakt. Sie wirken nicht an für sich schon normstabilisierend, nur weil sie performativ in einer weit verstandenen Semantik des Völkerrechts vorgetragen wurden. Stattdessen haben sie als diskursive Irritationen erhebliches erodierendes Potential, vor allem wenn sie institutionell unwiderlegt bleiben. Dieses Potential kann durch spätere diskursive Bezugnahmen dann aktualisiert werden (Erosionsspirale). Destabilisierend wirken insbesondere auch Rechtfertigungen, die in Form der „Mimikry" frühere Rechtsbrüche des politischen Kontrahenten und dessen Rechtfertigungen parodierend nachahmen und damit die Autorität der Rechtsordnung insgesamt in Abrede stellen. Diese Form der „Rechtfertigungsmimikry" ist ebenfalls gut zu beobachten in der aktuellen Rechtfertigung der Russischen Föderation für den Aggressionsakt in der Ukraine.[45]

2. Ausweitung der Ausnahmen von Art. 2 Abs. 4?

Lassen Sie mich nun zum zweiten Teil meiner Statusanalyse von Art. 2 Abs. 4 VN-Charta kommen, d. h. zu der Frage, ob seit dem Nicaragua-Urteil eine Normerosion durch eine Ausweitung der Ausnahmen vom Gewaltverbots oder gar durch neue ungeschriebene Ausnahmen stattgefunden hat.

a) Methodische Vorbemerkungen

Beginnen möchte ich hier mit einer folgenreichen methodischen Positionierung zur Frage der für die Erosionsthematik relevanten Rechtsquellen. Konkreter geht es mir um die problematische und im Ergebnis abzulehnende Annahme eines „überholenden Gewohnheitsrechts", also um die methodische Annahme, es könne neben der Charta und ihren institutionalisierten Interpretationen noch weitere vom Charta-Recht divergierende gewohnheitsrechtliche Inhalte und Ausnahmen des Gewaltverbotes geben, die die geschriebenen Charta-Normen verdrängen können.

Wie *Rudolf Bernhardt* betont hat, steht dieser Konzeption des „überholenden Gewohnheitsrechts" insbesondere bei Charta-Normen Art. 103 VN-Charta entgegen. Die Regeln der Charta sollten aus *Bernhardts* Sicht Vorrang vor anderen Normen des Völkerrechts genießen, und zwar über den Wortlaut hinaus auch vor dem Gewohnheitsrecht.[46] Dies ist eine Interpretation von Art. 103 VN-Charta, die die International Law Commission (ILC) 2006 explizit bestätigen sollte.[47] Ein weit verstandener Vorrang der Charta ist auch ein wichtiger und meines Erachtens erhaltenswerter Bestandteil diverser konsti-

---

45 UN, Letter from the Permanent Representative of the Russian Federation (Fn. 44): *"After the collapse of the Soviet Union, a de facto redivision of the world began, and the rules of international law that had been developed by then – the key, fundamental ones adopted in the aftermath of the Second World War and largely consolidating its outcomes – began to get in the way of the self-proclaimed winner of the Cold War. [...] There is no need to look far to find examples. First, without any authorization from the United Nations Security Council, it started with a bloody military operation against Belgrade using aircraft and missiles right in the very heart of Europe. [...] Then came the turn of Iraq, Libya and Syria. [...]".*

46 *Rudolf Bernhardt*, in: Bruno Simma u.a. (Hrsg.), The Charter of the United Nations: A Commentary, 2. Auflage, Oxford: OUP 2002, Band II, Art. 103 Rn. 21; sich anschließend *Andreas Paulus/Johann Leiß*, in: Simma (Fn. 7), Band II, Art. 103 Rn. 68; a.A. *Karl Zemanek*, The Legal Foundations of the International System: General Course on Public International Law, Recueil des Cours 266 (1997), 9-335 (232); *Albrecht Randelzhofer/Georg Nolte*, in: Simma (Fn. 7), Band II, Art. 51, Rn. 4, und neuerdings auch *Marxsen* (Fn. 20), 143.

47 *ILC*, Fragmentation of International Law: Difficulties arising from the Diversification and Expansion of International Law. Report of the Study Group of the International Law Commission, 13.04.2006, ILCYB 2006, Vol. II, Part One, UN-Doc A/CN.4/L.682, Rn. 345.

tutionalistischer Ansätze im Völkerrecht.[48] *Bernhardt* war sich hier übrigens mit *Ian Brownlie* einig, der, in seiner bis heute unübertroffenen Monographie zum Gewaltverbot, seine prinzipielle Ablehnung der Figur des derogierenden Gewohnheitsrechts mit folgender rhetorischer Frage abschloss: „*Why have treaty provisions at all?*"[49]

Natürlich kann neue Praxis die Interpretation der Normen aus Art. 2 Abs. 4 und Art. 51 VN-Charta beeinflussen, aber nur in den engen Grenzen der hergebrachten völkerrechtlichen Interpretationsregeln, die sich auch in Art. 31 und Art. 32 Wiener Vertragsrechtskonvention (WVK) widerspiegeln.[50] Die Annahme eines „überholenden Gewohnheitsrechts" neben der Charta dagegen, welches dann über die *lex posterior*-Regel Charta-Regeln verdrängen kann, trägt zu einer latenten Destabilisierung von institutionell abgesicherten Bedeutungsgehalten einzelner Normen der Charta bei. Teilweise soll im Schrifttum sogar die Praxis einzelner Staaten und das Schweigen der Verbündeten bereits ausreichen, um neue Ausnahmen von Art. 2 Abs. 4 VN-Charta herzuleiten oder um zumindest dynamische „Graubereiche" zu statuieren.[51] Historisch leitet die Identifizierung eines neuen rechtlichen „Graubereiches" durch die Literatur oder Staatenvertreter dort, wo vorher ein gerichtlich oder institutionell festgestellter Norminhalt akzeptiert war, in der Regel neue diskursive Rechtfertigungsstrategien für gewaltsame unilaterale Maßnahmen ein. „*Wer grau sagt, lügt*" wäre in diesem Kontext eine polemische Überspitzung, trifft aber das Problem der instrumentellen Schaffung von neuen Rechtsunsicherheiten.[52]

Besonders problematisch sind in diesem Kontext die weit beachteten neueren Ansätze aus New Haven bzw. Michigan wie zum Beispiel der von *Monica Hakimi* und *Jacob Katz Cogan*. Neue völkerrechtliche Normen bzw. deren vermeintliche Entstehung werden hier aus Verletzungen institutionalisierter Konsense durch große westliche Staaten und das Schweigen ihrer Verbündeten hergeleitet. Um nicht von Völkerrechtsbrüchen durch Großmächte sprechen zu müssen, werden dogmatische Chiffren eingeführt wie die einer vermeintlichen „*operational practice*" oder eines „*state code*", die in „Konkurrenz" zu institutionalisierten Konsensen über Norminhalte stehen.[53] Über die erzeugte Parallelität zwischen divergierender Praxis und institutionalisierter Interpretation der Norm wird der Inhalt des Gewaltverbotes destabilisiert und grundlegend

---

48 So auch *Bernhardt* (Fn. 46), Art. 103 Rn. 21, 37.

49 *Ian Brownlie*, International Law and the Use of Force, Oxford: Clarendon Press 1963, S. 273.

50 So auch *Christian J. Tams*, Embracing the Uncertainty of Old: Armed Attacks by Non-State Actors Prior to 9/11, in: Anne Peters/Christian Marxsen (Hrsg.), Self-Defence against Non-State Actors: Impulses from the Max Planck Trialogues on the Law of Peace and War, MPIL Research Paper Series No. 2017-07, 53-56, der allerdings im Ergebnis Art. 31 III b WVK (und den dort statuierten engen Grenzen der Interpretation mit nachfolgender Praxis) über ein weites Verständnis der Anwendung von Art. 32 WVK seiner eigenen normativen Wirkung weitgehend "beraubt". Zu *subsequent practice* in der Vertragsinterpretation siehe ILC, Draft conclusions on subsequent agreements and subsequent practice in relation to the interpretation of treaties, 2018, abgedruckt in UN, GV Resolution 73/202, 20.12.2018, A/RES/73/202.

51 Zur Frage der *acquiescence* aufschlussreich *Paulina Starski*, Silence within the Process of normative Change and Evolution of the Prohibition on the Use of Force: Normative Volatility and legislative Responsibility, Journal on the Use of Force and International Law 4 (2017), 14-65.

52 *Christian Marxsen* hat die Debatte um strategische Rechtsbrüche im Völkerrecht kürzlich mit weiteren Nachweisen umfassend analysiert und anspruchsvoll systematisiert. Es fehlt aus der hier vertretenen Sicht aber an einer klaren wissenschaftlichen Abkehr von der Idee der „überholenden Praxis" und vom ideologischen Begriff der „Graubereiche" des Rechts, diese werden in ein ambivalent gehaltenes Konzept „legislativer Illegalität" und seiner vermeintlichen „Potenziale und Gefahren" integriert. Kritisches Potenzial geht damit konzeptionell verloren, vgl. *Marxsen* (Fn. 20), S. 275-282.

53 *Monica Hakimi/Jacob K. Cogan*, The Two Codes on the Use of Force, EJIL 27 (2016), 257-291.

in Frage gestellt. Das Recht verändere sich „dynamisch", so die Argumentation, und nehme beides (*state code* und verschriftlichte und gerichtlich interpretierte Norminhalte) in sich auf, der Ausgang dieses Prozesses sei offen.[54] Deswegen wird das in Spannung zur Rechtsprechung stehende Großmachtverhalten von den beiden Autoren dann auch nicht mehr als rechtswidrig bezeichnet, sondern immer nur als Element eines konflikthaften Normgenerierungsprozesses, d. h. aus rechtmäßig und rechtswidrig bzw. schwarz und weiß wird jetzt ein permanentes grau. Großmächte haben hier methodisch eine Art Immunität vor dem Verdikt des Rechtsbruches, da sie in einer parallelen Normwelt existieren, in der sie selbst durch eigene Praxis die auf sie anwendbaren Normen permanent neu erschaffen können. Hier gibt es methodisch kein universelles Völkerrecht mehr, sondern nur noch ein deformalisiertes Recht des Stärkeren.

Mit der hier präferierten skeptischen Haltung gegenüber jeder Form des disziplinären „Kultes" um die vermeintlich „überholende" Praxis der Großmächte, kann auch Großbritanniens explizite Anerkennung der humanitären Intervention trotz des Schweigens vieler Staaten zu dieser Frage nicht zu einer neuen ungeschriebenen Ausnahme vom Gewaltverbot stilisiert werden.[55]

b) Selbstverteidigung: aktuelle Entwicklungen

Ich komme nun zur einzigen in der VN-Charta vorgesehenen unilateralen Ausnahme vom Gewaltverbot, dem Selbstverteidigungsrecht aus Art. 51. Hat hier eine Ausdehnung der Ausnahme im Vergleich zu den restriktiven Voraussetzungen aus dem Nicaragua-Urteil stattgefunden? Vorausgeschickt sei auch hier methodisch, dass jede neue Praxis unter Art. 51 VN-Charta zunächst an den engen Grenzen der Art. 31 Abs. 3 und Art. 32 WVK gemessen werden muss, um sie überhaupt in die Interpretation dieser Charta-Norm miteinfließen lassen zu können. Es geht hier natürlich um das hochumstrittene neue Verständnis des Selbstverteidigungsrechts im Kampf gegen den internationalen Terrorismus. Ist es also insbesondere aufgrund der Praxis der letzten beiden Jahrzehnte unter Art. 51 VN-Charta möglich, zum Beispiel Drohnenschläge auf nicht-staatliche Akteure im Ausland ohne Zustimmung der betroffenen Territorialstaaten völkerrechtlich zu rechtfertigen?

Die bekannte, in Ihrem Verlauf durchaus komplexe Debatte um „*preemptive self-defense*", „*pin-prick doctrine*" und „*unwilling or unable*" mit ihren ausdifferenzierten Argumenten für und wider, kann ich hier aus Zeitgründen nur anreißen,[56] wichtig erscheint mir aber festzuhalten, dass wir nach 2001 im Kontext eines postulierten Krieges gegen den islamistischen Terrorismus, verkörpert durch Al-Qaida und später den sog. Islamischen Staat, zum ersten Mal eine breitere Anerkennung einer erheblichen Ausdehnung des Selbstverteidigungsrechts unter einzelnen Staaten des Globalen Nordens beobachten können.[57] Das betrifft tatsächlich auch die souveränitätsbeschrän-

---

54 *Hakimi* and *Cogan* zum Beispiel argumentieren im Blick auf das Verbot der bewaffneten Repressalie relativierend wie folgt: „*The state code is more lenient.*", *Hakimi/Cogan* (Fn. 53), 275.
55 Genauso wenig übrigens wie die in der Literatur vorgeschlagene spitzfindige Uminterpretation der humanitären Intervention in ein unter Art. 51 gerechtfertigtes kollektiviertes Selbstverteidigungsrecht der bedrohten Bevölkerung gegen den eigenen Staat, vgl. *Claus Kreß*, (Fn. 20), 469–472.
56 Detaillierter hierzu *Jochen von Bernstorff*, Drone strikes, Terrorism and the Zombie: On the Construction of an Administrative Law of Transnational Executions, ESIL Reflections Vol. 5, Issue 7 (2016); siehe die konzise Übersicht über die Debatte in *Andreas von Arnauld*, Völkerrecht, 4. Auflage, Heidelberg: C.F. Müller 2019, Rn. 1117-1131; kritisch auch *Dörr* (Fn. 41), § 30, Rn. 39.
57 Siehe die verschiedenen Beiträge in Peters/Marxsen (Fn. 50).

kende *unwilling or unable*-Doktrin, die ursprünglich aus der berüchtigten imperialen Version der *Monroe*-Doktrin aus dem Jahr 1904 stammt.[58] Die vermeintliche „Unfähigkeit" oder „Unwilligkeit" von Staaten in der Peripherie, sicherheitsrelevante Aktivitäten auf dem eigenen Staatsgebiet zu unterbinden, die den Interessen die „zivilisierten" Großmächte zuwiderliefen, war ein weit verbreiteter Interventionsgrund in der Phase des westlichen Hochimperialismus.[59] In der aktuellen Debatte um das Selbstverteidigungsrecht gegen Terrorgruppen soll die Verletzung der territorialen Souveränität des durch die Selbstverteidigungshandlung betroffenen Staates ebenfalls durch die Annahme geheilt werden, es komme auf die Zustimmung nicht an, falls der Staat nicht verhindern wolle oder könne (*„unwilling or unable"*), dass Terroristen sein Territorium als Rückzugsgebiet nutzen.

Unabhängig von der Historie sollte es bei der heute geforderten weiten Anwendung des Selbstverteidigungsrechts im Terrorbereich aber erst einmal misstrauisch machen, dass hierfür alle institutionell-stabilisierten Voraussetzungen dieser Ausnahmebestimmung neu interpretiert werden müssen: aus einem zweipoligen Verhältnis Angreifer und Verteidiger wird im Ergebnis ein dreipoliges gemacht; es wird ein neues – viel weiteres – Verständnis des *„armed attack"* benötigt sowie ein neues viel weiteres Verständnis des zeitlichen Zusammenhangs von Angriff und Verteidigung; und drittens, was am schwersten wiegt, muss im Ergebnis das Recht auf territoriale Integrität des von der Selbstverteidigungshandlung betroffenen – aber selbst nicht angreifenden – (nicht-westlichen) Staates schlichtweg negiert werden.

Kein Stein der im Nicaragua-Urteil gerichtlich stabilisierten und institutionell bereits durch die *Definition of Aggression* vorgezeichneten Interpretation von Art. 51 VN-Charta bleibt hier auf dem anderen. Aufgrund der dem Recht inhärenten Idee der formalen Gleichheit bzw. seiner Verallgemeinerungsfähigkeit, die das Völkerrecht von jeder außenpolitischen Doktrin oder Wertekonfiguration unterscheidet, müsste dieses neue Verständnis der Selbstverteidigungsausnahme zudem auch Russland, China und Indien zugestanden werden. Würden wir nicht-konsentierte chinesische Drohnenschläge gegen Uiguren-Netzwerke auf deutschem Territorium hinnehmen?

Nicht vergessen sollte man zudem aus der Erosionsperspektive, dass das vermeintliche Selbstverteidigungsrecht gegen nichtstaatliche Akteure zumindest aus US-Sicht nur der Anfang einer größeren Ausweitung des Selbstverteidigungsrechtes zu sein scheint. Dies hat der US-Angriff auf den iranischen General *Soleimani* auf irakischem Territorium im Jahr 2020 gezeigt. Dieser Militärschlag wurde von den Vereinigten Staaten unter Berufung auf das Selbstverteidigungsrecht gerechtfertigt, obwohl von einem „bewaffneten Angriff" im Sinne von Art. 51 VN-Charta auf die USA durch den Irak in diesem Fall nicht gesprochen werden konnte.[60] Dieser Angriff hatte wie westliche Militäreinsätze in Reaktion auf Giftgaseinsätze in Syrien[61] eher bestrafenden Charakter und äh-

---

58 *Theodore Roosevelt*, Annual Message to the Congress: Corollary to the Monroe Doctrine, 06.12.1904 (abrufbar unter <www.archives.gov>).

59 *Jochen von Bernstorff*, The Use of Force in International Law before World War I: On Imperial Ordering and the Ontology of the Nation-State, EJIL 29 (2018), 233-260.

60 *US Mission to the United Nations*, Letter dated 8 January 2020 from the Permanent Representative of the United States of America to the United Nations addressed to the President of the Security Council, 09.01.2020, S/2020/20.

61 Vgl. dazu *Aust/Payandeh* (Fn. 20); *Andreas Kulick*, Die humanitäre Repressalie – Rechtsbruch zur Rechtsdurchsetzung?, AdV 56 (2018), 303-323.

nelte darin den alten „*measures short of war*", d. h. dem bevorzugten Mittel westlicher Imperialmächte vor 1945, um in ihrer Peripherie militärische Kontrolle auszuüben.

Die Öffnung der Selbstverteidigungsausnahme im Kampf gegen den internationalen Terrorismus mit all seinen dogmatischen Umgestaltungen erscheint immer mehr als ein Trojanisches Pferd, welches in die lange belagerte, aber institutionell durchaus wehrhafte Festung des Gewaltverbotes eingelassen werden soll. Hier liegt also ein weiteres zukünftiges Erosionspotential für Art. 2 Abs. 4 VN-Charta. Glücklicherweise lässt aber die bisherige – durchaus heterogene – Praxis von unter zehn Staaten zur *unwilling or unable*-Doktrin nicht ansatzweise auf eine Übereinstimmung der VN-Mitglieder zur Ablösung der institutionell bestätigten „Zurechnungslösung" unter Art. 51 VN-Charta schließen.[62] Der eingangs zitierte *Josef L. Kunz* hatte aus gutem Grund schon in den Fünfzigerjahren die Anwendung von Art. 51 UN Charta auf nicht-staatliche Akteure kategorisch ausgeschlossen.[63]

III. Schlussbetrachtung

Hat das universelle Völkerrecht noch eine Zukunft? Vielleicht befindet sich die Welt tatsächlich wieder an einem Wendepunkt, denn Krieg, Klimakrise und globale Ungleichheit bedrohen unsere planetaren Existenzgrundlagen und verlangen deshalb tiefgreifende institutionelle Reformen. Insgesamt hat die Mehrheit der Weltbevölkerung von der Globalisierungsepoche wenig oder gar nicht profitiert, leidet aber disproportional an den verursachten ökologischen und sozialen Schäden. Wie ich aufzuzeigen versucht habe, sind zudem basale Regeln des universellen Völkerrechts wie das Gewaltverbot in einer Erosionsspirale begriffen.

Für das universelle Völkerrecht als Rechtsordnung führt diese Ausgangssituation zu einer fast unlösbaren Aufgabe: Das universelle Völkerrecht muss zum einen in einer heterogenen und krisengeschüttelten Staatengemeinschaft stabilisierte Konsense über grundlegende Regeln verteidigen. Das macht insbesondere die aktuelle russische Aggression und die Debatte um das Selbstverteidigungsrecht deutlich. Hier wird es nicht zuletzt auch auf unseren zukünftigen Umgang mit spektakulären Rechtsbrüchen und devianter Großmachtpraxis ankommen. Es gibt bei Völkerrechtsbrüchen keinen Rabatt für die richtige Regierungsform. Den *moral highground* der Rechtstreue in den internationalen Beziehungen muss man sich durch glaubwürdiges eigenes Verhalten erst verdienen.

Zum anderen bedarf es neben dem Erhalt basaler Regeln aber gleichzeitig auch radikaler Reformen auf der Basis völkerrechtlicher Institutionen: zur Bewältigung der Klimakrise, zur friedlichen Angleichung von Lebenschancen zwischen Arm und Reich als notwendiges Korrelat global entfesselter Marktkräfte und zur Abrüstung und Ver-

---

62 Im Ergebnis so auch *Jutta Brunnée/Stephen J. Toope*, Self-Defence against Non-State Actors: Are Powerful States Willing but Unable to Change International Law?, International and Comparative Law Quarterly 67 (2018), 263-286; *Christian Marxsen/Anne Peters*, Introduction: Dilution of Self-Defence and its Discontents, in: Peters/Marxsen (Fn. 50), 1-13.

63 *Josef L. Kunz*, Individual and Collective Self-defense in Article LI of the Charter of the United Nations, in: Josef L. Kunz (Hrsg.), The Changing Law of Nations: Essays on International Law, Columbus 1968, S. 563-574.

trauensbildung zwischen den großen Militärmächten; um nur drei der nicht mehr aufschiebbaren institutionellen Herausforderungen zu benennen.

Erschwerend hinzu kommt, dass die bestehenden Institutionen des universellen Völkerrechts auf diese Herausforderungen denkbar schlecht vorbereitet sind. Nicht nur, dass in der zu Ende gehenden Phase der westlichen Hegemonie universelle Institutionen politisch vernachlässigt bzw. bewusst geschwächt wurden.[64] Die institutionelle Ausgestaltung des universellen Völkerrechts leidet zudem aus völkerrechtlicher Sicht an erheblichen strukturellen Schwächen, die seit der Gründung der VN nicht reformiert werden konnten. Das betrifft wie hier dargelegt auch den Sicherheitsrat, der durch die Vetorechte, fehlende rechtliche Kontrollen und unzureichende atomare Abrüstungsbemühungen heute als weitgehend dysfunktional angesehen werden muss. Hinzu kommt die schwache Stellung des wichtigsten völkerrechtlichen Spruchkörpers, des IGH, im heutigen Staatensystem, der noch immer über keine obligatorische Zuständigkeit verfügt und dem leider auch von Teilen der Völkerrechtswissenschaft häufig weniger Autorität bei der Entwicklung und Feststellung des Völkerrechts beigemessen wird als einer neuen Großmachtpraxis.

Die zentrale Herausforderung für das universelle Völkerrecht ist also nicht der heute vielerorts beschworene Antagonismus zwischen den Autokratien (z. B. Russland und China) und den Demokratien, sondern die Bewältigung der genannten Herausforderungen mit einer reformbedürftigen institutionellen Ausstattung. Das Völkerrecht musste seit 1945 durchgehend mit einer bestehenden hohen Pluralität von Regierungsformen sowie konflikthaften globalen und regionalen Interessenkonstellationen operieren. Historisch waren dabei einschneidende Reformschritte, wie die universale Rechtsrevolution des Gewaltverbotes, immer nur auf der Grundlage großer quasi-universeller Staatenkoalitionen auf Initiative von kleineren Staaten und globaler zivilgesellschaftlicher Kräfte zu realisieren. Für ein Zurückfallen in ein Lager- oder Blockdenken oder für Versuche der dauerhaften Isolation von Staatengruppen, wie dies im Kalten Krieg phasenweise versucht wurde, ist der globale Handlungsdruck in den kommenden Jahrzehnten zu hoch.

Es geht demnach darum, durch möglichst universelle Konsense, getragen von einer globalen Zivilgesellschaft, den Druck auch auf große Staaten so zu erhöhen, dass sowohl basale Regeln erhalten, als auch radikale Reformen der Institutionen möglich werden. Dazu gehört auch, dass die Gewinner der jüngsten Globalisierungsepoche nicht nur bereit sind, für basale Regeln wirklich einzustehen, sondern auch anfangen, ihren Wohlstand substantiell zu teilen und ihren Lebensstil und ihre Art zu wirtschaften radikal zu ändern. Das „universelle Völkerrecht" wird sich daran messen lassen müssen, ob es bis zur Mitte dieses Jahrhunderts zum Erhalt der unmittelbar bedrohten Existenz der Menschheit und ihrer Umwelt auf diesem Planeten maßgeblich beitragen konnte.

---

64 Dazu *von Bernstorff*, The Decay of the International Rule of Law Project (Fn. 11).

Thesen

zum Referat von Jochen von Bernstorff,
Eberhard Karls Universität, Tübingen

1. Der russische Angriffskrieg gegen die Ukraine verletzt das Gewaltverbot als grundlegendes Strukturprinzip des Völkerrechts und ist völkerrechtlich nicht zu rechtfertigen. Die Rechtfertigung durch die russische Föderation bezieht sich auf frühere völkerrechtswidrige Interventionen des Westens und deren Begründungen. Diese Form der „Rechtfertigungsmimikry" untergräbt die Autorität des Völkerrechts als Rechtsordnung und deutet auf eine Erosionsspirale hin.

2. Mit der VN-Charta wurde 1945 eine umfassende Ächtung der Anwendung bewaffneter Gewalt in den zwischenstaatlichen Beziehungen bei gleichzeitig eng begrenzten Ausnahmen geschaffen. Dieser restriktive Konsens wurde in den darauffolgenden Jahrzehnten durch die Rechtsprechung des IGH und wichtige Konsensdeklarationen der VN-Generalversammlung bestätigt und gestärkt.

3. Der Begriff der „Erosion" des Gewaltverbots bezeichnet einen Bedeutungswandel im völkerrechtlichen Diskurs, infolgedessen die inhaltliche Reichweite des Verbots eingeschränkt oder dessen Ausnahmen erweitert werden.

4. Für die Verteidigung des restriktiven Konsenses ist eine deutliche Verurteilung durch die Staatengemeinschaft wie auch die institutionelle Reaktion, insb. in den VN-Organen, von großer Bedeutung. Institutionell unmarkiert bleibende Völkerrechtsverstöße besitzen ein erodierendes Potential, welches durch spätere diskursive Bezugnahmen aktualisiert werden kann (Erosionsspirale).

5. Unilaterales Handeln in Reaktion auf den russischen Angriffskrieg, wie Sanktionen gegen Russland oder Waffenlieferungen an die Ukraine, sind grundsätzlich völkerrechtlich rechtfertigbar. Das Interventionsverbot und das Neutralitätsrecht werden insoweit durch das Recht zur verhältnismäßigen Gegenmaßnahme sowie bei militärischem Handeln durch das Recht der kollektiven Selbstverteidigung bzw. durch die binäre Leitunterscheidung Aggression/Selbstverteidigung aus der VN-Charta überlagert.

6. Das Verbot der Annexion fremden Territoriums aus dem Interbellum fand in den jeweiligen Anwendungsfällen nach dem Zweiten Weltkrieg bis zum Ende des 20. Jahrhunderts wiederholte Bestätigung im völkerrechtlichen Diskurs. Die russische Annexion der Krim (2014) und der russische Angriffskrieg gegen die Ukraine jedoch führen deutlich vor Augen, dass auch in Europa die Unverletzlichkeit der Grenzen keine Selbstverständlichkeit mehr ist.

7. Das kollektive Sicherheitssystem der Vereinten Nationen hat sich auch im derzeitigen Konflikt als weitgehend dysfunktional erwiesen. Dies liegt an den Vetorechten und den fehlenden rechtstaatlichen Sicherungen der weiten Kompetenzen des Sicherheitsrats. Die Generalversammlung kann diese strukturellen Schwächen nur begrenzt durch das *Uniting for Peace*-Verfahren ausgleichen.

8. Ein effektives kollektives Sicherheitssystem ist auf universeller Ebene ohne eine weltweite Ächtung und Abrüstung von Massenvernichtungswaffen auch deswegen nicht

denkbar, da jeder kollektive Sanktionskrieg gegen eine Nuklearmacht ein nukleares Armageddon auslösen könnte.

9. Das System der VN-Charta, insb. Art. 103, steht methodisch der vorschnellen Annahme sog. „überholenden Gewohnheitsrechts" durch völkerrechtswidrige Praktiken entgegen. Die extensive Annahme neuer Ausnahmen zum Gewaltverbot aufgrund der Praxis von Großmächten besitzt erhebliches erodierendes Potential und trägt zur latenten Destabilisierung institutionell abgesicherter Bedeutungsgehalte bei. Dasselbe gilt für die häufig instrumentelle Annahme von neuen „Graubereichen" durch die Literatur bei der Interpretation von basalen Völkerrechtsnormen, wie z. B. bei Art. 51 und der *unwilling or unable*-Doktrin.

10. Krieg, Klimakrise und globale Ungleichheit bedrohen im 21. Jahrhundert die Menschheit in bisher kaum gekannter Weise und verlangen nach tiefgreifenden institutionellen Reformen unter gleichzeitiger Stärkung basaler Grundprinzipien des Völkerrechts. Ein Zurückfallen in ein Lager- oder Blockdenken, wie der vielfach herbeizitierte Kampf der Demokratien gegen autokratisch regierte Staaten, steht der Bewältigung dieser Herausforderungen entgegen.

Summary

Does Universal International Law Still Have a Future? Reflections on the War in Ukraine and the Prohibition of the Use of Force

by Jochen von Bernstorff, Eberhard Karls Universität, Tübingen

1. The ongoing Russian war of aggression against Ukraine violates the prohibition of the use of force as a fundamental structural principle of international law and cannot be legally justified. The Russian justification-attempts refer to previous illegal Western interventions and their justifications. This form of „justification mimicry" undermines the authority of international law as a legal order and hints at the existence of an erosion-spiral.

2. The UN Charter in 1945 established a comprehensive ban on the use of armed force in interstate relations, with narrowly defined exceptions. This restrictive consensus was confirmed and strengthened in subsequent decades by ICJ jurisprudence and important consensus declarations of the UN General Assembly.

3. The term „erosion" of the prohibition of the use of force refers to a change of meaning in international legal discourse, as a result of which the substantive scope of the prohibition is restricted or its exceptions are expanded.

4. Clear condemnation by the community of states and institutional reactions, especially in the UN bodies, are of great importance for the defense of the restrictive consensus. Violations of international law that remain institutionally unmarked have an eroding potential that can be realized through subsequent discursive references.

5. Unilateral action in response to the Russian war of aggression, such as sanctions against Russia or arms deliveries to Ukraine, is in principle justifiable under international law. The prohibition of intervention and the right of neutrality are overridden by the right to take proportionate countermeasures and, in the case of military action, by the right of collective self-defense. Regarding the latter, the binary aggression/self defense paradigm supersedes applicable neutrality rules.

6. The prohibition of annexation of foreign territory from the Interbellum found repeated confirmation in international legal discourse after the Second World War until the end of the 20th century. The Russian annexation of Crimea (2014) and the Russian war of aggression against Ukraine, however, clearly demonstrate that the inviolability of borders is, even in Europe, no longer sacrosanct.

7. The collective security system of the United Nations has proven to be largely dysfunctional, even in the current conflict. This is due to the veto rights and the lack of rule of law-safeguards for the Security Council's broad powers. The General Assembly can compensate for these structural weaknesses only to a limited extent through the *Uniting for Peace* mechanism.

8. An effective collective security system is inconceivable at the universal level without a worldwide outlawing and disarmament of weapons of mass destruction, if only because any collective military enforcement action against a nuclear power could always trigger a nuclear Armageddon.

9. The system of the UN Charter, especially Article 103, is methodologically opposed to hasty adoptions of so-called „overtaking customary law" by new (illegal) state practice. The extensive adoption of new exceptions to the prohibition of the use of force based on the practice of great powers contains considerable eroding potential and contributes to the latent destabilization of an institutionally secured normative content of Charter rules. The same applies to the often instrumental adoption of new „grey areas" in the interpretation of basic norms of international law in the literature, such as in the case of Art. 51 and the „*unwilling or unable*" doctrine.

10. War, climate crisis and global inequality threaten humanity in the 21st century in an unprecedented way and call for far-reaching institutional reforms while strengthening basic principles of international law. Falling back into camp or bloc mentality, such as the often-invoked struggle of democracies against autocratically governed states, stands in the way of meeting these challenges.

Internationalisierung versus Europäisierung und Re-Nationalisierung im IPR

von Prof. Dr. Martin Gebauer, Tübingen, RiOLG Stuttgart

I. Einleitung

Die drei Komponenten meines Themas – international, europäisch, national – entsprechen exakt den drei Rechtsquellen, aus denen das Internationale Privatrecht in den Mitgliedstaaten der Europäischen Union heute fließt. Ergänzt sind diese Komponenten in meinem Thema jeweils durch das Suffix „ierung". Es geht um Internationalisierung, Europäisierung und Nationalisierung. Damit sollen offenbar Entwicklungen zum Ausdruck gebracht werden. In der Gesellschaft für Internationales Recht wird man der Internationalisierung nicht mit besonderen Vorbehalten entgegentreten. Das Multilaterale und die Internationalität erscheinen uns zunächst als das Normale, Erstrebenswerte. Vielleicht lässt sich so auch erklären, warum die Nationalisierung mit der Vorsilbe „Re-" versehen wurde. Die Re-Nationalisierung deutet eine umkehrende Tendenz an, eine Abkehr vom Multilateralen.

Man kann nun die Nationalisierung, Internationalisierung und Europäisierung streng von den Rechtsquellen her begreifen. So kann etwa dort, wo früher nationale Normen galten, heute europäisches Recht gelten, dann hat insofern eine Europäisierung vormals nationalen Rechts stattgefunden. Man kann diese Entwicklungen aber auch abstrakter als einen geistigen und methodischen Prozess begreifen. So lässt sich beispielsweise europäisches Recht nationalisieren oder re-nationalisieren, indem man es nach lokalen Kriterien begreift und deutet. Ebenso lassen sich umgekehrt aber Methoden und Denkformen auch internationalisieren oder europäisieren, ohne dass sich an den geschriebenen Rechtsquellen etwas ändern müsste.

Da es im Internationalen Privatrecht stets um die Koordinierung mehrerer Rechte geht, kommt ihm immer eine Vermittlerrolle zu, die es dazu prädestiniert, gleichsam über den Rechtsordnungen zu stehen und zwar unabhängig davon, welchem Recht das Kollisionsrecht selber angehört. Diese eigenartige Metaebene kann es nahelegen, die in Betracht kommenden Rechte zunächst einmal als tendenziell gleichwertig einzustufen[1] oder sie doch jedenfalls in ihrer Eigenart ernst zu nehmen. Als ethisches Minimum des Internationalen Privatrechts bezeichnet es *Ralf Michaels*, zunächst überhaupt auf die Herausforderungen durch das fremde Recht einzugehen, sich mit dem Anderen, mit dem Fremden auseinanderzusetzen und sich zu ihm in irgendeiner Weise zu verhalten.[2]

Auf der anderen Seite gehört eben jedes Kollisionsrecht auch einer bestimmten Rechtsordnung an, zu deren Wertungen es deshalb eine besondere Beziehung hat. Daraus entsteht ein dem Fach wohl eigenes Spannungsverhältnis, das sich einerseits durch Weltoffenheit, andererseits aber auch durch Grenzen der Toleranz, vielleicht aber auch durch Provinzialität auszeichnet. In dem Maß, in dem sich ein Kollisionsrecht den Wertungen einer der Rechtsordnungen, zwischen denen es vermitteln soll, besonders verpflichtet fühlt, findet in dem beschriebenen Sinne auch ein Nationalisierungsprozess statt.[3] In dem Maß hingegen, in dem es sich von den Wertungen der Rechtsordnungen emanzipiert, deren mögliche Anwendung im Raum steht, findet in diesem Sinne ein Internationalisierungsprozess statt. Die nur begrenzte Offenheit gegenüber dem anderen, dem fremden Recht macht wohl die Dialektik des Internationalen Privatrechts selbst aus.

1 Diese Gleichwertigkeit im Sinne einer neutralen Haltung gegenüber den kollidierenden Sachrechten wird nach einem heute verbreiteten Narrativ vor allem dem „klassischen" Kollisionsrecht zugeschrieben. Vgl. hierzu *Martin Gebauer*, Zur sogenannten Wertneutralität des klassischen IPR, in: Martin Gebauer/Stefan Huber (Hrsg.), Politisches Kollisionsrecht – Sachnormzwecke, Hoheitsinteressen, Kultur: Symposium zum 85. Geburtstag von Erik Jayme, Tübingen: Mohr Siebeck 2021, 36-73 (45 ff.). Zum Ideal der Gleichbehandlung aller staatlichen Rechtsordnungen als Grundlage des Verweisungsrechts und zur Verknüpfung dieser Grundlage mit dem verfassungsrechtlichen Gleichheitssatz vgl. *Heinz-Peter Mansel*, Privatrechtsdogmatik und Internationales Privatrecht, in: Auer u.a. (Hrsg.), Festschrift für Claus-Wilhelm Canaris zum 80. Geburtstag, Berlin/Boston: De Gruyter 2017, 739-787 (743, mit Fn. 28).

2 *Ralf Michaels*, Private International Law as an Ethic of Responsivity, in: Ruiz Abou-Nigm/Noodt Taquela (Hrsg.), Diversity and Integration in Private International Law, Edinburgh: Edinburgh University Press 2019, S. 11–27; *ders.*, Antrittsvorlesung „Das marginale Recht", in: Max-Planck-Institut für ausländisches und internationales Privatrecht (Hrsg.), Zur Amtseinführung von Ralf Michaels, Hamburg 2020, 19-36 (27 f.).

3 *Ralf Michaels* hebt hervor, dass es sich beim Vorbehalt des *ordre public* nicht so sehr um einen Gegensatz zwischen Singularität (der lex fori) und Gleichheit der Rechtsordnungen handele. Vielmehr stünden unterschiedliche Gleichheitssätze – formale Gleichheit zwischen den Rechtsordnungen als Gleichwertigkeit einerseits, inhaltliche Gleichheit zwischen den Rechtsordnungen als Anwendungserfordernis andererseits – im Widerspruch, vgl. *Ralf Michaels*, Gleichheit bei Rechtsvielfalt? Rechtsvergleichung, Rechtsvereinheitlichung, Internationales Privatrecht, in Martin Gebauer/Stefan Huber (Hrsg.), Freiheit und Gleichheit im Zivilrecht, Tübingen: Mohr Siebeck 2022, 119-197 (147-148). Aber den Bezugspunkt der inhaltlichen Gleichheit werden regelmäßig die Wertungen der eigenen Rechtsordnung liefern, soweit beim Vorbehalt des *ordre public* nicht Bezug genommen wird auf Menschenrechte mit einem universellen Geltungsanspruch.

Kein Kollisionsrecht kommt ohne Kontrollmechanismen gegenüber den Rechtsfolgen aus, die durch die Anwendung fremder Sachnormen ausgelöst werden. Der Ausspruch des Anwendungsbefehls steht unter ähnlichen Vorbehalten wie die Vollstreckbarerklärung (oder überhaupt die Anerkennung) fremder Entscheidungen im Inland; insofern ähnelt das „Applicatur" dem „Exequatur".[4] Aber die Schwelle für die Rücknahme oder Korrektur des Anwendungsbefehls kann auf einem sehr unterschiedlichen Niveau angesetzt werden.

II. Ideologische und politische Prägungen in der Ideengeschichte des IPR

Diesen gedanklichen Prozess der stärkeren Ausrichtung nach außen oder nach innen auch jenseits der Rechtsquellen möchte ich in die folgenden Überlegungen einbeziehen. Ob das Pendel eher in die eine oder andere Richtung ausschlägt, ob sich ein Kollisionsrecht in dem beschriebenen Sinne eher introvertiert oder extrovertiert gibt, ob es sich dem Fremden gegenüber als tolerant erweist oder ihm mit Skepsis begegnet, das hängt maßgeblich von ideologischen und politischen Faktoren ab, die über die Normgebung und über die Wissenschaft Einfluss nehmen auf die Rechtsanwendungspraxis. Dieser Befund einer ideologischen und politischen Prägung des IPR dürfte keineswegs ein Alleinstellungsmerkmal unserer Zeit sein.[5] Stets fand diese Prägung ihren Ausdruck auch in den dogmatischen Details des Kollisionsrechts. Scheinbar so technische Rechtsinstitute wie die Qualifikation sind aus einer heftigen ideologischen Auseinandersetzung hervorgegangen.[6]

Auf der achten Jahresversammlung unserer Vereinigung in Dresden vor 95 Jahren, im Juni 1927, hielt *Max Gutzwiller* einen Vortrag zum Thema „Norm, Richterspruch, Wissenschaft im Internationalen Privatrecht".[7] Er hatte einen Monat vor dem Dresdner Vortrag im Mai 1927 seine Heidelberger Antrittsvorlesung[8] gehalten und sollte dann kurze Zeit später auch Direktor des Instituts hier nebenan in der Augustinergasse 9 werden.[9] Die erste Kernthese seines Dresdner Vortrags 1927 lautete, dass die Ent-

---

4 Zu dieser Parallele vgl. *Matthias Weller*, Mutual Trust: A Suitable Foundation for Private International Law in Regional Integration Communities and Beyond, Recueil de Cours/Collected Courses, Volume 423, 2022, Rn. 105.

5 Vgl. *Martin Gebauer/Stefan Huber*, Politisches Kollisionsrecht: eine Einführung, in: Martin Gebauer/ Stefan Huber (Hrsg.), Politisches Kollisionsrecht – Sachnormzwecke, Hoheitsinteressen, Kultur: Symposium zum 85. Geburtstag von Erik Jayme, Tübingen: Mohr Siebeck 2021, VII-XIX. Zur politischen und gesellschaftlichen Prägung des Kollisionsrechts im historischen Kontext der verschiedenen Epochen siehe monographisch *Cedric Hornung*, Internationales Privatrecht zwischen Wertneutralität und Politik, Tübingen: Mohr Siebeck 2021, 63 ff.

6 Vgl. BeckOGK/*Gebauer*, AllgIPR, C. (Anknüpfung und Qualifikation), Rn. 73-137.

7 *Max Gutzwiller*, Norm, Richterspruch, Wissenschaft im internationalen Privatrecht, Mitteilungen der Gesellschaft für Völkerrecht, Heft 8, 1927, 86 ff.

8 *Max Gutzwiller*, Über Gegenwart und Zukunft der Privatrechtswissenschaft, Tübingen: J.C.B. Mohr (Paul Siebeck) 1927. Zur Bedeutung dieser Antrittsvorlesung siehe *Herbert Kronke*, in: Christian Baldus/Herbert Kronke/Ute Mager (Hrsg.), Heidelberger Thesen zu Recht und Gerechtigkeit, Tübingen: Mohr Siebeck 2013, 463-484 (466-469).

9 Im November 1929 wurde *Gutzwiller* Direktor des Instituts, vgl. hierzu *Reinhart*, Das Institut für ausländisches und internationales Privat- und Wirtschaftsrecht der Universität Heidelberg 1917-1967, in: Wahl/Serick/Niederländer (Hrsg.), Rechtsvergleichung und Rechtsvereinheitlichung, Festschrift zum fünfzigjährigen Bestehen des Instituts für ausländisches und internationales Privat- und Wirtschafts-

wicklungsstufen der Internationalprivatrechts-Geschichte stets aus ideologischer Wurzel entstanden seien. Das bezog *Gutzwiller* dann auf den Einfluss der Statutentheorie, auf die Comity-Lehre, die Abhandlung *Savignys*, das Nationalitätsprinzip italienischer Prägung sowie die deutsche positivistische Lehre.[10] Noch zwei Jahrzehnte früher hatte *Eugen Ehrlich*, ein Vertreter der sog. Freirechtsbewegung,[11] in einem großen Aufsatz über das Internationale Privatrecht im Jahre 1906 betont, dass in der Vergangenheit „jede Zeit das internationale Privatrecht hatte, das der jeweilig herrschenden Auffassung von der Natur des Staats und der Natur seines Rechts entsprach."[12]

Um das Verhältnis von Internationalisierung, Europäisierung und Nationalisierung im Kollisionsrecht vor diesem Hintergrund auszuloten, möchte ich hier drei verschiedene Epochen auf die Frage hin beleuchten, wie sich in ihnen das Universale, das Europäische und das Partikulare jeweils realisierten bzw. heute zueinander verhalten. Die Bezeichnungen universal und partikular erscheinen für einen übergreifenden Vergleich sinnvoller als die Worte international und national, die doch einen staatlichen Rechtsbegriff voraussetzen. Die Einbeziehung und Gegenüberstellung verschiedener Epochen erscheinen mir geboten, weil sich in der Gegenwart verwendete Argumente und Denkformen heute oft auf angebliche Kontraste mit der Vergangenheit beziehen, tatsächlich aber Vieles wiederkehrt, oft in anderem Gewand.

Zunächst möchte ich den hier gewählten Zuschnitt von drei Epochen kurz erläutern (III.), um mich dann in einem zweiten Schritt den einzelnen Epochen mit ihren Ausprägungen von universalen und partikularen Tendenzen zuzuwenden. Zwei vergangene Epochen (IV. und V.) möchte ich dabei der Gegenwart als dritter Epoche (VI.) gegenüberstellen. In allen diesen drei Epochen spielen der jeweilige Rechtsbegriff und die Funktion der Normgeber eine Rolle, aber auch die Wissenschaft und die Rechtspraxis. Für das IPR der Gegenwart und seine Wissenschaft sollen vor dem Hintergrund der für die verschiedenen Epochen gefundenen Ergebnisse einige Schlussfolgerungen gezogen werden (VI.3.).

III. Zuschnitt der behandelten Epochen

Zunächst also zu dem hier gewählten Zuschnitt der zeitlich sehr unterschiedlich langen Epochen. Die erste Epoche möchte ich mit etwa einem halben Jahrtausend ansetzen, die letzte mit nur etwa einem halben Jahrhundert, die Epoche dazwischen mit knapp zweihundert Jahren. Der Grund für diese Einteilung und die gezogenen Zäsuren liegt in der zentralen europäischen Fragestellung des Themas.

Als erste Epoche des Kollisionsrechts sehe ich die Zeit des Ius Commune mit den Lehren der Statutentheorie, die sich spätestens um das Jahr 1300 etabliert hatten und

---

recht der Universität Heidelberg, 1967, S. 23, 36; zu den eigenen Erinnerungen *Gutzwillers* an diese Zeit *Gutzwiller*, Aus der Frühgeschichte des Heidelberger Instituts für Auslandsrecht (1917-1936), ibidem S. 13, 19. Zu *Max Gutzwillers* Heidelberger Jahren zwischen 1926-1935 und den Umständen seines Wegzugs in die Schweiz nach den Bedrängungen im Nationalsozialismus ausführlich *Kronke* (Fn. 8).

10 Mitteilungen der Gesellschaft für Völkerrecht, Heft 8, 1927, 86, „Leitsätze" dort abgedruckt unter in der Sternchenfußnote.

11 Vgl. hierzu etwa *Jan Schröder*, Recht als Wissenschaft, Tübingen: Mohr Siebeck, 3. Auflage 2020, Band 1, 339 ff.

12 *Ehrlich*, Internationales Privatrecht, Deutsche Rundschau, Band CXXVI (1906), 419, 428.

danach sehr europäisch entwickelten (IV.). Den Beginn der zweiten Epoche verorte ich um das Jahr 1800 mit den damaligen Kodifikationswellen und einem gewandelten Grundverständnis des Kollisionsrechts (V.). Meine dritte Epoche ist die Gegenwart der vergangenen 50 Jahre, denn damals in den siebziger Jahren des vergangenen Jahrhunderts setzte die Rechtsprechung des Europäischen Gerichtshofs zu privatrechtlichen und zivilprozessualen Fragen mit grenzüberschreitendem Bezug ein (VI.).

Der Übergang von der ersten zur zweiten Epoche ist von einer Nationalisierung des IPR geprägt; man streifte den ursprünglich europäischen Charakter ab. Der Übergang von der zweiten zur dritten Phase ist wiederum von einer Europäisierung des Kollisionsrechts gekennzeichnet, wenn hier auch eine andere Europäisierung am Werk war als in der ersten Phase. Den Übergang von der zweiten zu dieser dritten Phase der Gegenwart möchte ich nicht erst beim Vertrag von Amsterdam aus dem Jahre 1997 festmachen, durch den die Kompetenzen im Bereich der Justiziellen Zusammenarbeit vergemeinschaftet wurden.[13] Vorausgegangen waren zwei für die Struktur des Europäischen Kollisionsrechts gewissermaßen als Blaupause bis heute besonders einflussreiche Staatsverträge zwischen den Mitgliedstaaten, die Übereinkommen von Brüssel (EuGVÜ von 1968) und Rom (EVÜ von 1980).

Nach dem Inkrafttreten des Brüsseler Übereinkommens vor einem halben Jahrhundert setzte bald die Rechtsprechung des Europäischen Gerichtshofs zu privatrechtlichen Fragen mit grenzüberschreitendem Bezug ein, zunächst im Internationalen Zivilprozessrecht. Hier möchte ich deshalb den Beginn der Gegenwartsepoche des Internationalen Privatrechts unter begrifflichem Einschluss des Internationalen Zivilprozessrechts verorten.

Die gewählte Einteilung ist willkürlich und sie passt von vornherein allenfalls für Europa und hier für die Mitgliedstaaten der Europäischen Union. Schon in der Schweiz und im Vereinigten Königreich müsste sie anders erfolgen. Erst recht ergäbe sie aus der Perspektive echter Drittstaaten kaum einen Sinn.

Spricht man über verschiedene Epochen im IPR, begegnen einem begriffliche Schlachtfelder[14] und Antagonismen überall. Territorialismus versus Personalismus, Unilateralismus versus Multilateralismus, Universalismus versus Partikularismus. Solche „ismen" zu verwenden, ist häufig unglücklich, unscharf und holzschnittartig, es übertreibt gelegentlich auch die Gegensätze und wird nicht selten als historische Kulisse eingesetzt, vor deren Hintergrund dann der Kontrast mit einer bestimmten gegenwartsbezogenen Position noch deutlicher hervortreten soll.[15] Als besonders schillernd erwies sich die immer wiederkehrende und an die Statutentheorie anknüpfende Unterscheidung von „personal" und „territorial".[16] Dennoch werden sich solche „ismen" bei meinem Thema nicht ganz vermeiden lassen, vor allem bei dem hier zentralen Streit zwischen den so genannten Internationalisten und den so genannten Nationalisten, die man besser auch

---

13 Zum IPR im Binnenmarkt vgl. *Michael Stürner*, Europäisches Vertragsrecht, Berlin/Boston: De Gruyter 2021, 615 f.

14 Vgl. das aufschlussreiche Kapitel „Conflict of Laws as a Conceptual Battlefield" bei *Nikitas E. Hatzimihail*, Preclassical Conflict of Laws, Cambridge: Cambridge University Press 2021, 139 ff.

15 Vgl. *Hatzimihail* (Fn. 14), 140.

16 *Max Gutzwiller*, Internationalprivatrecht, in: Rudolf Stammler (Krsg.), Das gesamte deutsche Recht in systematischer Darstellung, I, De Gruyter: Berlin 1931, 1515-1664 (1574-1577, im Kontext des ordre public); *Hatzimihail* (Fn. 14) 140-151.

Aprioristen einerseits beziehungsweise Autonomisten bzw. Positivisten andererseits nennen kann.[17]

IV. Vorklassisches Kollisionsrecht

Nun aber zu den vergangenen Epochen und hier zunächst zur Vorklassik mit ihrer Statutentheorie.[18] Sie war keineswegs nur das Produkt von Gelehrsamkeit, vielmehr ist ihre Entwicklung in der Gutachten- und Entscheidungspraxis über die Jahrhunderte hinweg ziemlich gut überliefert.[19] Nicht nur durch die Aktenversendung, sondern auch durch die Spruchpraxis der Fakultäten und die Besetzung der Gerichte bestand ein reger Austausch zwischen Wissenschaft und Rechtspraxis.[20] Dagegen traten lokale Gesetzgeber im Kollisionsrecht nur vereinzelt in Erscheinung.[21]

Die Statutentheorie bewältigte auf dem europäischen Kontinent eine Rechtsvielfalt, die aus heutiger Sicht kaum noch vorstellbar ist.[22] Für das Verständnis dieser Statutentheorie,[23] für ihre politischen Hintergründe und ihre zentrale Funktion bei der Bewältigung dieser ungeheuren Rechtsvielfalt erscheinen drei Punkte besonders wichtig. Erstens der eigenartige Rechtsbegriff des Ius Commune, also des gelehrten römisch-kanonischen Rechts, auch Gemeines Recht genannt.[24] In dieses Ius Commune wird das Partikularrecht durch die Statutentheorie eingegliedert. Damit hängt zweitens der im Grunde

---

17 Zu diesen Begriffen etwa *Gerhard Kegel/Klaus Schurig*, Internationales Privatrecht, 9. Auflage, München: C.H.Beck 2004, 186 f.

18 Die vorklassische Periode soll hier begriffen werden als die Blütezeit der Statutentheorie vom Spätmittelalter bis weit in die Neuzeit, etwa bis zur Wende zum neunzehnten Jahrhundert. Mit der klassischen Periode sollen dann entsprechend die allmähliche Abkehr von den Methoden der Statutentheorie und die verstärkte Ausrichtung auf nationale Rechtsquellen umschrieben werden. Zum Begriff der Vorklassik in diesem Sinne auch *Hatzimihail* (Fn. 14), 15.

19 Vgl. *Hermann Lange*, Ius Commune und Statutarrecht in Christoph Besolds Consilia Tubingensis, in: Dieter Medicus/Hans Hermann Seiler (Hrsg.), Festschrift für Max Kaser zum 70. Geburtstag, München: C.H. Beck 1976, 636-655; *Peter Oestmann*, Rechtsvielfalt vor Gericht – Rechtsanwendung und Partikularrecht im Alten Reich, Frankfurt am Main: Vittorio Klostermann 2002, 424-426 zur Entscheidungsliteratur; zu den kommentierten Entscheidungssammlungen der beiden Richter am Reichskammergericht *Joachim Mynsinger von Frundeck* und *Andreas von Gaill* vgl. *John P. Dawson*, The Oracles of the Law, Ann Arbor: The University of Michigan Law School 1968, 218 ff.; *Christian von Bar/Peter Mankowski*, Internationales Privatrecht, Band I, 2. Auflage, München: C.H. Beck 2003, § 6 Rn. 25.

20 Zur Aktenversendung und spezifisch zum Spannungsverhältnis zwischen Fakultätsrechtsprechung und Partikularrechtsanwendung vgl. *Oestmann* (Fn. 19), 590 ff.

21 *Martin Gebauer*, Grundfragen der Europäisierung des Privatrechts, Heidelberg: Universitätsverlag C. Winter 1998, 35 f.

22 *Oestmann* (Fn. 19), 681.

23 Siehe grundlegend auch *Cedric Hornung*, Internationales Privatrecht zwischen Wertneutralität und Politik, Tübingen: Mohr Siebeck 2021, 99 ff.

24 Zu den Unschärfen im Begriff des Ius commune vgl. etwa *Oestmann* (Fn. 19), 29 ff.: Je nach Diskussionszusammenhang konnte sich das gemeine Recht nur auf das universale römische und kanonische Recht beziehen oder darüber hinaus auch die eigenen, lokalen Rechtsnormen mit einbeziehen. Vor allem im Usus modernus kam es verstärkt zu einer lokalen Differenzierung des europäischen Gemeinrechts, vgl. hierzu auch *Klaus Luig*, Institutionenlehrbücher des nationalen Rechts im 17. und 18. Jahrhundert, Referat aus dem Jahre 1969, in: Klaus Luig, Römisches Recht, Naturrecht, Nationales Recht, Goldbach: Keip 1998, 361-394. Zu Frankreich und der dort bereits in der humanistischen Rechtswissenschaft des sechzehnten Jahrhunderts etwa von *Molinaeus* vertretenen Einbeziehung der *Coutumes* in den Begriff des Ius Commune dort auch S. 371 f. sowie *Martin Gebauer*, Charles Dumoulin zum 450. Todestag, ZEuP 2016, 928-949 (933 f.).

sehr universelle Charakter des statutentheoretischen Ansatzes zusammen. Und drittens kommt es dann im späteren Ius Commune mit der zunehmenden Bedeutung staatlicher Souveränität zu einem Wandel des Rechtsbegriffs. Dadurch wird die Anwendung fremden Rechts zum begründungsbedürftigen Ausnahmefall mit massiven Konsequenzen auch für das Kollisionsrecht.

1. Rechtsbegriff des Ius Commune und Statutentheorie – lokale Vielfalt

Erstens also zur grundsätzlich akzeptierten Rechtsvielfalt. Man entwickelt die Kollisionsregeln als gelehrtes Recht an den Universitäten und in der Praxis, zunächst vor allem in Oberitalien. Den politischen und sozialen Hintergrund der Statutentheorie bilden hier aufstrebende, mächtige Stadtstaaten mit einem eigenen Normsetzungsanspruch. Ihre Statuten sollen auch das Gemeine Recht derogieren.[25] Auf die durch diesen Anspruch ausgelöste Kollision reagiert die Statutentheorie. Sie umfasst die für das Zustandekommen, die Geltung und die Interpretation des nicht-gemeinen Rechts aufgestellten Regeln.[26] Die Statutentheorie wird im Mittelalter entwickelt und den justinianischen Quellen entnommen oder auch etwas künstlich in diese Quellen hineingelesen.[27] Auch in Deutschland werden zum nicht-gemeinen Recht später zahlreiche Stadt- und Landrechte gehören,[28] im Norden Frankreichs die zahlreichen, auch schriftlich gefassten und hoch entwickelten Gewohnheitsrechte, die *Coutumes*.[29]

Auf der einen Seite akzeptiert nun die Statutentheorie mit ihrem zentralen Subsidiaritätsprinzip einen Vorrang des Partikularrechts vor dem Ius Commune.[30] Auf der anderen Seite drängt die Statutentheorie das lokale Recht aber massiv zurück.[31] Das ist auch einer ihrer wesentlichen Zwecke.[32] Zu den Mechanismen der Einhegung lokalen Rechts gehört sicher die gemeinsame Sozialisierung im gelehrten Recht, welches ziemlich homogen an allen Universitäten des Kontinents unterrichtet und rezipiert wird. Dazu gehören – jedenfalls zunächst – auch eine engere Interpretation des nicht-gemeinen Rechts[33] und eine Art Inhaltskontrolle,[34] die den räumlichen Anwendungsbereich des lokalen Rechts davon abhängig macht, wie weit es inhaltlich vom Ius Commune abweicht: Widerspricht es dem Gemeinen Recht, kann sein räumlicher Anwendungsbereich deutlich schrumpfen.[35] Dazu gehören schließlich auch prozessuale Mechanismen,

---

25 Zu Entwicklung und Struktur der städtischen Statuten, die vor allem ab dem 13. Jahrhundert in rascher Folge entstanden: *Hermann Lange/Maximiliane Kriechbaum*, Römisches Recht im Mittelalter, Band II: Die Kommentatoren, München: C.H. Beck 2007, 225-227.

26 *Wolfgang Wiegand*, Studien zur Rechtsanwendungslehre der Rezeptionszeit, Ebelsbach: Verlag Rolf Gremer 1977, 7, mit Fn. 22.

27 Vgl. *Werner Niederer*, Einführung in die allgemeinen Lehren des internationalen Privatrechts, Zürich: Polygraphischer Verlag, 2. Auflage 1956, 38; *Max Gutzwiller*, Geschichte des Internationalprivatrechts, Basel/Stuttgart: Helbig & Lichtenhahn 1977, 25; *Helmut Coing*, Europäisches Privatrecht, Band 1: Älteres Gemeines Recht (1500-1800), München: C.H. Beck 1985, 139; *Gebauer* (Fn. 21), 33.

28 *Oestmann* (Fn. 19), 6.

29 Zu den allgemeinen Charakteristika dieser lokalen und territorialen Rechte etwa *Coing* (Fn. 27), 111 ff.

30 *Francesco Calasso*, Introduzione als diritto comune, Milano: Giuffrè editore 1951 (Ristampa 1970), 74; *Gebauer* (Fn. 21), 35 ff.

31 *Oestmann* (Fn. 19), 7 f.

32 *Niederer* (Fn. 27), 35 f.

33 Vgl. *Winfried Trusen*, Römisches und partikuläres Recht in der Rezeptionszeit, in: Kurt Kuchinke (Hrsg.), Festschrift für Heinrich Lange zum 70. Geburtstag, München: C.H. Beck 1970, 97-122 (110 f.).

34 *Oestmann* (Fn. 19), 7.

35 *Gebauer* (Fn. 21), 39 ff., 42 f.

die eine Beweisbedürftigkeit jedenfalls für fremdes lokales Recht vorsehen, während für die Regeln des Ius Commune und auch für die eigenen Statuten gilt, dass dem Gericht diese Rechte bekannt sind: *Iura novit curia* gilt also nur für den einen Bereich des geltenden Rechts.[36] Partikularrecht, jedenfalls fremdes, muss hingegen als Tatsache im Prozess bewiesen werden.[37] Das erschwert seine Anwendung.[38] Und Lücken werden inhaltlich mit dem Ius Commune geschlossen.[39]

Alle diese Mechanismen beruhen aber darauf, dass Rechtsvielfalt grundsätzlich akzeptiert ist. Darin unterscheidet sich das Gemeine Recht des Kontinents grundlegend vom Common Law englischer Prägung. In England erwies sich das Common Law schon frühzeitig als viel einheitsstiftender, lokale Rechte wurden zurückgedrängt und verschwanden schließlich ganz.[40] Durch diese Rechtsvereinheitlichung kam es zu kollisionsrechtlichen Fragen in England nur dann, wenn ein Fall Berührungspunkte zu Schottland oder zum Kontinent aufwies, also vergleichsweise selten. Darin dürfte auch der Grund liegen, warum sich ein Kollisionsrecht in England erst sehr spät ab dem achtzehnten Jahrhundert entwickelte[41] und auch danach von kontinentaleuropäischen Strömungen weitgehend entkoppelt blieb.[42]

Nähert man sich der Statutentheorie des Kontinents vom modernen Kollisionsrecht her, so wird ihr Hauptanliegen meistens so beschrieben, dass sie die Koordinierung von verschiedenen lokalen Rechten zum Gegenstand gehabt habe. Das ist in der Tat eine zweite Aufgabe der Statutentheorie.[43] Hier spielt dann auch eine Rolle, ob das fragliche Statut ein personales, ein reales oder ein gemischtes ist.[44] Aber ganz zentral geht es dem Kollisionsrecht doch zunächst um die Koordinierung des lokalen und des gemeinen Rechts. Nachgelagert ist dann die Frage, welches von verschiedenen lokalen Rechten ggf. gelten soll. Beide Seiten der Statutentheorie fließen ineinander, wenn die

---

36 *Oestmann* (Fn. 19), 8.

37 *Gebauer* (Fn. 21), 37 ff.

38 Zur Aufwertung des Ius Commune durch die Interpretations-, Allegations- und Beweismechanismen der Statutentheorie vgl. *Lange* (Fn.19).

39 „Ubi cessat statutum habet locum ius civile": Baldus, in Dig. vet. I, 1, 9 n. 1, zitiert nach *Calasso* (Fn. 30), 74.

40 *Coing* (Fn. 27), 88 f.; *Uwe Kischel*, Rechtsvergleichung, München: C.H. Beck 2015, § 5 Rn. 56 f.; *Niederer* (Fn. 27), 55 f.

41 Vgl. *Kegel/Schurig* (Fn. 17), 179 f. Zur Entwicklung des schottischen und englischen IPR vgl. *Alexander Dexter James Critchley*, The application of foreign law in the British and German courts, Oxford: Hart Publishing 2023, 52 ff., 65 ff.

42 Zur Geschichte des englischen Kollisionsrechts vgl. etwa *Paul L.C. Torremans* (Hrsg.), *Cheshire, North & Fawcett*, Private International Law, Oxford: Oxford University Press, 15. Auflage 2017, 17 ff. Zur Bedeutung von *Lord Kames* und *Lord Mansfield* (beide mit schottischen Wurzeln) für die Entwicklung des englischen Kollisionsrechts vgl. *Kurt H. Nadelmann*, Some Historical Notes on the Doctrinal Sources of American Conflicts Law, in: Juristische Fakultät der Universität Fribourg (Hrsg.), Festgabe zum 70. Geburtstag von Max Gutzwiller, Basel: Helbig & Lichtenhahn 1959, 263-282, hier zitiert nach Conflict of Laws: International and Interstate, Selected Essays by Kurt H. Nadelmann, The Hague: Nijhoff 1972, with a Foreword and Introductory Essays by David F. Cavers, Arthur T. von Mehren and Donald T. Trautmann, 1, 14 ff.

43 Vgl. *Kristin Boosfeld*, Die beiden Statutenlehren – Geschichte eines rechtshistorischen Missverständnisses, ZRGG 136 (2019), 76-93.

44 Zur Bedeutung der Dreiteilung in statuta realia, personalia und mixta, insbesondere seit Argentré vgl. *Felix Berner*, Kollisionsrecht im Spannungsfeld von Kollisionsnormen, Hoheitsinteressen und wohlerworbenen Rechten, Tübingen: Mohr Siebeck 2017, 25 ff.

Anwendung eines fremden Rechts etwa mit der Begründung eingeschränkt wird, es widerspreche inhaltlich dem gemeinen Recht.[45]

2. Universeller, multilateraler Charakter der Statutentheorie

Eine Folge dieser Einbettung der Statutentheorie in das Gemeine Recht ist nun zweitens der universelle Charakter ihres kollisionsrechtlichen Ansatzes.[46] Die Statutentheorie ist selbst Teil des Ius Commune mit einem einheitlichen und allgemeingültigen Kollisionsrecht.[47] Zwar akzeptiert ihr zentrales Subsidiaritätsprinzip den Vorrang des Partikularrechts.[48] Aber sie selbst steuert diese Rechtsanwendung und legt sie nicht etwa in fremde Hände. Als unilateral kann man sie allenfalls von ihrem Gegenstand her begreifen. Sie setzte eben bei der Art von Normen an, die wir heute Sachnormen nennen.[49] Aber diese Normen wurden aufgrund ihres Inhalts in das Kollisionsrecht eingeordnet, nicht aufgrund eines eigenen Anwendungswillens.[50]

Vereinzelt kam es allerdings vor, dass das Partikularrecht selbst eigene Kollisionsnormen aufstellte und auf diese Weise die Statutentheorie zu ergänzen versuchte. Ein kurioses Beispiel bilden die Statuten von Ferrara aus dem Jahre 1567. Ihre Einführungsbestimmungen enthalten Vorgaben für andere Städte, die unter dem Einfluss von Ferrara stehen. Bevor diese anderen Stadtrechte Rückgriff auf das subsidiär geltende Ius Commune nehmen, sollen sie zunächst die Statuten von Ferrara anwenden.[51] Auf diese Weise schieben sich die Statuten von Ferrara selbst zwischen die anderen Stadtrechte und das Gemeine Recht, um den eigenen Anwendungsbereich zu erweitern.[52]

Auch wenn darin sicher eine unilaterale Festlegung des eigenen Anwendungsbereichs zu sehen ist, ändern solche Ausnahmen nichts an dem grundsätzlich universellen und multilateralen Zugriff der Statutentheorie an sich. Sogar diejenigen, die wie *Argentré* für die Bretagne ab dem 16. Jahrhundert den territorialen Charakter der Statuten besonders in den Vordergrund rückten, stellten die Allgemeingültigkeit der Statutentheorie nicht in Frage.[53] Sie bleibt eine durch und durch europäische Lehre.

---

45 Zu diesen Konstellationen etwa *Lange* (Fn.19); *Gebauer* (Fn. 21), 42 ff. *Boosfeld* (Fn. 43) 78 betont, dass man trotz gewisser inhaltlicher Berührungspunkte die beiden Grundfragen in der Zeit der Statutentheorie von Anfang an getrennt behandelt habe. Zu den beiden Fragestellungen und ihrer gelegentlichen Vermengung aus heutiger Sicht siehe auch *Cedric Hornung*, Internationales Privatrecht zwischen Wertneutralität und Politik, Tübingen: Mohr Siebeck 2021, 101.

46 *Niederer* (Fn. 27), 38 ff.; *Klaus Schurig*, Kollisionsnorm und Sachrecht, Berlin: Duncker & Humblot 1981, 110 ff.; *Kristin Boosfeld*, Zu den Arten von Kollisionsnormen in der Lehre von der Statutentheorie, ZRGG 138 (2021), 276-282 (280).

47 *Coing* (Fn. 27), 35.

48 *Calasso* (Fn. 30), 74.

49 *Gebauer*, Wertneutralität (Fn. 1), 35, 41 f., mit Fn. 34. Für einen unilateralen Ansatz der Statutentheorie in diesem Sinne, dass für eine bestimmte Sachnorm ihr Anwendungsbereich bestimmt werde, vgl. etwa *Stéphanie Francq*, Unilateralism, in: Jürgen Basedow/Giesela Rühl/Franco Ferrari/Pedro de Miguel Asensio (Hrsg.), Encyclopedia of Private International Law, Cheltenham, UK/Northampron, MA, USA: Edward Elgar 2017, Volume II, 1779, 1780; *Giesela Rühl*, Unilateralismus, in: Jürgen Basedow/Klaus J. Hopt/Reinhard Zimmermann, Handwörterbuch des Europäischen Privatrechts, München: C.H. Beck 2009, Band II, 1551, 1553.

50 *Schurig* (Fn. 46), 110 ff.

51 *Gebauer*, Grundfragen (Fn. 21), 35-37, mit dem zitierten Wortlaut der Statuten; *Erik Jayme*, Il diritto internazionale privato estense, Riv.dir.int.priv.proc. 1996, 5 ff.

52 *Jayme* (Fn. 51), 5, 8.

53 Friedrich *Korkisch*, Einführung, in: Oskar Hartwieg/Fredrich Korkisch (Hrsg.), Die geheimen Materialien zur Kodifikation des deutschen Internationalen Privatrechts, Tübingen: Mohr Siebeck 1973, 1, 4.

3. Bedeutung der Souveränität und Wandel des Rechtsbegriffs

Allerdings findet drittens eine wichtige Akzentverschiebung vor allem bei den niederländischen Juristen des siebzehnten Jahrhunderts statt. Für sie tritt der Souveränitätsanspruch des Normgebers in den Vordergrund.[54] Es geht nunmehr vor allem auch um das Verhältnis der Rechtsordnungen verschiedener selbständiger Staaten zueinander, nicht mehr so sehr um die Einordnung von Partikularrechten.[55] Im Territorium eines Staates gilt grundsätzlich sein Recht, und zwar umfassend. Das Recht wird zum Ausdruck eines staatlichen Willens, es wird durch ein staatliches Richteramt verwaltet.[56]

Daraus wird nun aber nicht etwa geschlossen, dass fremdes Recht im eigenen Territorium gänzlich irrelevant sei. Aber die Gründe für seine Anwendung nehmen einen ganz anderen Ton an und erhalten hier nun erstmals einen deutlich völkerrechtlichen Anstrich: Der Staat schuldet dem Menschen als solchem etwas und damit auch dem Ausländer.[57] Mit Hilfe der *Comitas* wird fremdes Recht freundlich zugelassen. Bei der *Comitas gentium* geht es um eine – wie *Gutzwiller* sich ausdrückt – „auch bei der Anwendung fremden Rechts zu beobachtende Artigkeit."[58] Im Ausland erworbene Rechte der Parteien sollen respektiert werden als wohlerworbene Rechte.[59]

Interessant ist aber auch zu sehen, dass selbst bei den nationalbewussten Niederländern des siebzehnten Jahrhunderts das IPR nun nicht etwa als nationales Recht begriffen wird.[60] Es wird weiterhin universell gedacht und erstmals völkerrechtlich aufgeladen. Es geht also nicht nur um „Artigkeit", sondern um eine in der internationalen Ordnung angelegte Pflicht.[61]

Auf diese Weise ließ sich der aufkommende Souveränitätsgedanke mit dem überlieferten universellen Ansatz des Kollisionsrechts zunächst in einem Einklang halten.[62] Ab dem achtzehnten Jahrhundert sollten die kollisionsrechtlichen Ansätze der Niederländer dann vor allem auch das angloamerikanische IPR beeinflussen und nachhaltig prägen.[63] Aus der Theorie der wohlerworbenen Rechte bei den Niederländern entwickelte man vor allem in den USA die Theorie der „Vested rights".[64] Deren strenge territoriale Orientierung führte dazu, dass sich das traditionelle US-amerikanische Kollisionsrecht als deutlich starrer erwies als das vergleichsweise elastische Kollisionsrecht kontinentaleuropäischer Prägung.[65]

---

54 *Hatzimihail* (Fn. 14), 477 ff., 488 ff., im Kontext der Comitas-Lehre bei *Huber* und *Johannes Voet*.

55 Das betont etwa *Eugen Ehrlich*, Internationales Privatrecht, Deutsche Rundschau, Band CXXVI (1906), 419, 424.

56 *Ehrlich* (Fn. 55), 419, 425.

57 *Ehrlich* (Fn. 55), 419, 425 f.

58 *Gutzwiller*, Norm, Richterspruch, Wissenschaft (Fn. 7), 86 ff., 93.

59 *Gutzwiller*, Norm, Richterspruch, Wissenschaft (Fn. 7), 86 ff., 93 f. Näher zu den historischen Dimensionen der wohlerworbenen Rechte, insbesondere bei *Ulrik Huber*, siehe *Berner* (Fn. 44), 65 ff.

60 *Boosfeld*, Zu den Arten von Kollisionsnormen in der Lehre von der Statutentheorie, Zeitschrift der Savigny-Stiftung für Rechtsgeschichte: Germanistische Abteilung, Band 138 (2021), S. 276, 280.

61 *Niederer* (Fn. 27), 52; *Korkisch* (Fn. 53), 1, 5.

62 *Korkisch* (Fn. 53), 1, 4 f.

63 *Nadelmann* (Fn. 42), 1, 4 f.; *Cedric Hornung*, Internationales Privatrecht zwischen Wertneutralität und Politik, Tübingen: Mohr Siebeck 2021, 113.

64 *Berner* (Fn. 44), 60 ff.

65 Vgl. *Ernest G. Lorenzen/Raymond J. Heilman*, The Restatement of the Conflict of Laws, University of Pennsylvania Law Review 83 (1935), 555, 558, mit Fn. 10. Siehe hierzu auch *Peter Hay*, On the Road to a Third American Restatement of Conflicts Law, IPRax 2022, 205, 206 f.; *Gebauer*, Wertneutralität (Fn. 1), 35, 46 ff.

Auf dem Kontinent blieb das Kollisionsrecht aber während der gesamten Vorklassik über die Zeitspanne von etwa einem halben Jahrtausend erstaunlich europäisch homogen und geprägt von einem regen Austausch zwischen Wissenschaft und Praxis, während die Gesetzgebung noch nicht nennenswert in Erscheinung trat.

V. Klassisches Kollisionsrecht

Den echten Wandel hin zu einer Nationalisierung gerade auch in der der Normsetzung erleben wir mit dem Übergang vom vorklassischen zum klassischen Kollisionsrecht. Mit der Nationalisierung des IPR geht die Distanzierung von seinem in der Vorklassik deutlich europäischen Charakter einher. Wir befinden uns in einer Zeit der nationalen Kodifikationswellen. Das Vernunftrecht der Aufklärung strebt nach Vereinheitlichung und Rationalisierung. Vereinheitlichung nach innen bedeutet aber immer auch Abgrenzung nach außen[66] und damit hier zunächst eine Distanzierung von den universellen und europäischen Ansätzen der Vergangenheit. Dass damit als Souverän der Rechtsetzung grundsätzlich der einzelstaatliche Gesetzgeber in den Vordergrund tritt, musste auch das Grundverständnis des Kollisionsrechts berühren.

Einige Umbrüche in Gesetzgebung und Wissenschaft leiteten eine neue Epoche zu Beginn des neunzehnten Jahrhunderts auch im Kollisionsrecht ein (1.). Überraschen mag die Beobachtung, dass sich dabei nun keineswegs alles in Richtung einer Nationalisierung bewegte. Vielmehr ist gerade das neunzehnte Jahrhundert von einer heftigen Auseinandersetzung um den universalen Charakter des Internationalen Privatrechts geprägt (2.). Und schließlich erlebt das Fach gegen Ende des neunzehnten Jahrhunderts eine besondere Blütezeit, in der sich die moderne Dogmatik des Kollisionsrechts entfalten konnte (3.). Was wir heute dem Allgemeinen Teil des IPR zurechnen, hat hier seinen Ursprung. Bemerkenswert daran ist, dass uns solche Probleme des Allgemeinen Teils wie etwa die Qualifikation heute eher als etwas Technisches erscheinen, während sie historisch das Produkt genau dieser heftigen Auseinandersetzungen um die Grundlagen des IPR sind. Gerade in diesen dogmatischen Details verbergen sich offenbar die dauernden Gegensätze im IPR, das Internationale und das Nationale, das Andere, das Fremde, das Ähnliche und das Eigene.

1. Umbrüche an der Wende zum 19. Jahrhundert und in seinem Laufe

Zunächst also zu den Umbrüchen, die wir um das Jahr 1800 erleben. Drei besonders einflussreiche Kodifikationen treten innerhalb von zwei Jahrzehnten in Kraft, die preußische 1794, die französische 1804 und die österreichische 1811. Alle enthalten sie Kollisionsnormen. Schon das Preußische Landrecht kennt allseitig formulierte Kollisionsnormen,[67] die nach dem verbreiteten Narrativ von einer späteren „kopernikanischen Wende"[68] und einer Überwindung der Statutentheorie durch *Wächter* und *Savigny* dort

---

66 Vgl. für die Rechtsvergleichung etwa *Michaels*, Gleichheit bei Rechtsvielfalt? (Fn. 3), 142, 150 ff. und passim.

67 Vgl. *Korkisch* (Fn. 53), 1, 7.

68 Zu der durch *Paul Heinrich Neuhaus* im Jahre 1949 geprägten Formulierung einer durch *Savigny* eingeleiteten „kopernikanischen Wende" und dem damit verbundenen Bild von Savigny als einem Vollender des klassischen Kollisionsrechts vgl. *Gebauer*, Wertneutralität (Fn. 1), 35, 50 ff.

eigentlich noch gar nicht stehen dürften.[69] Ein Beispiel bildet die Formkollisionsnorm des Preußischen Landrechts von 1794:

„Die Form eines Vertrags ist nach den Gesetzen des Orts, wo er geschlossen worden, zu beurtheilen. Ist aber der Vertrag unter Abwesenden bloß durch Briefwechsel ohne Errichtung eines förmlichen Instruments geschlossen worden, und waltet in den Wohnörtern der Contrahenten eine Verschiedenheit der gesetzlichen Formen ob, so ist die Gültigkeit der Form nach den Gesetzen desjenigen Orts zu beurtheilen, nach welchem das Geschäft am besten bestehen kann."

Auch wenn die in Art. 3 des Code civil zusammengefassten Kollisionsnormen deutlich unilateraler angelegt sind als die eben zitierte Alternativanknüpfung, wird doch in allen diesen Kodifikationen deutlich, dass es immer der jeweilige Gesetzgeber ist, der die Kollisionsnormen nunmehr zu verantworten hat. Fremdes Recht ist nur dann anzuwenden, wenn innerstaatliche Vorschriften dies anordnen,[70] die Geltung des eigenen Rechts dagegen versteht sich gleichsam von selbst.

Neben den Gesetzgebern tritt in dieser Epoche aber auch die Wissenschaft besonders hervor. Dies umso mehr, als sich in vielen Ländern der Gesetzgeber lange Zeit zurückhält, wie in Deutschland. Auf das Konto der Wissenschaft gehen viele der geistigen Umbrüche, die bis heute nachwirken. Es ist wohl wieder die Antinomie zwischen den neuen Quellen des Kollisionsrechts einerseits und seiner Funktion andererseits, die innerhalb kurzer Zeit zahlreiche Untersuchungen über das Internationale Privatrecht und seine Grundlagen auf den Plan rufen.[71] Innerhalb von nur drei Jahrzehnten erscheinen zwischen 1834 und 1862 die Abhandlungen von *Story*[72], *Schaeffner*[73], *Wächter*[74], *Foelix*[75], *Savigny*[76], *Mancini*[77], *Westlake*[78] und *von Bar*[79], um nur einige besonders einflussreiche zu nennen.

---

69 Vgl. siehe *Berner* (Fn. 44), 44 ff., ab 46 ff. dort auch zu anderen Kodifikationen der Zeit.

70 *Korkisch* (Fn. 53), 1, 6.

71 *Korkisch* (Fn. 53), 1, 12.

72 *Joseph Story*, Commentaries on the Conflict of Laws, Boston: Hilliard, Gray, and Company 1834.

73 *Wilhelm Schaeffner*, Entwicklung des internationalen Privatrechts, Frankfurt am Main: Druck und Verlag von Johann David Sauerländer 1841. Zu ihm etwa Stefan Wagner, Wilhelm Peter Schaeffner (1815-1897), 73-76.

74 *Carl Georg von Wächter*, Ueber die Collision der Privatrechtsgesetze verschiedener Staaten, AcP 24 (1821), 230-311, AcP 25 (1842), 1-60, 161-200, 361-419.

75 *Jean-Jacques G. Foelix*, Traité du Droit International Privé, Paris: Joubert, Libraire de la Cour de Cassation 1843. Zu ihm monographisch: *Tanja Guddat*, Ein europäischer Jurist des 19. Jahrhunderts, Berlin: Duncker & Humblot 2006.

76 *Friedrich Carl von Savigny*, System des heutigen Römischen Rechts, Achter Band, Berlin: Veit und Comp. 1849.

77 *Mancini*, Della nazionalità come fondamento del diritto delle genti, Prelezione al corso di diritto pubblico esterno ed internazionale privato, pronunziata nella R. Università di Torino, dal Professor Pasquale Stanislao Mancini, il 22 gennaio 1851, in: Erik Jayme (Hrsg.), Della nazionalità come fondamento del diritto delle genti, Ristampa riveduta e corretta dalla prima edizione, Torino: Giappichelli Editore 2000, 21-67, mit einer Einführung von *Erik Jayme*, 5-17.

78 *John Westlake*, A Treatise on Private International Law, or the Conflict of Laws, with principal reference to its practice in England, London: Maxwell 1858 (1. Auflage); deutsche Übersetzung nach der 2. Auflage (1880) von *Franz von Holzendorff*, Lehrbuch des internationalen Privatrechts, mit besonderer Berücksichtigung der englischen Gerichtspraxis, Berlin: Verlag von Carl Habel 1884.

79 *Ludwig von Bar*, Das internationale Privat- und Strafrecht, Hannover: Hahn 1862.

2. „Internationalismus" vs. „Nationalismus", Universalismus vs. Autonomismus

Bei der hier interessierenden Frage nach dem staatlichen oder überstaatlichen Geltungsgrund des IPR leiten in dieser Phase in Deutschland *Wächter* und *Savigny* eine besonders weitreichende Diskussion ein. Damit bin ich auch bei den problematischen Stichworten des „Internationalismus" und des „Nationalismus" angekommen.[80] *Savigny* rückt in seiner Abhandlung von 1849 das in den Mittelpunkt, was wir heute den internationalen Entscheidungseinklang nennen, dass also ein gegebenes Rechtsverhältnis möglichst überall die gleiche Behandlung erfährt und damit dem gleichen Recht unterliegt, unabhängig davon, ob dieses Recht das eigene oder ein fremdes ist.[81] Den Geltungsgrund seines Kollisionsrechts sieht *Savigny* aber nicht etwa im einzelstaatlichen Recht, sondern in der „[v]ölkerrechtlichen Gemeinschaft der miteinander verkehrenden Nationen", wie er es nennt.[82]

*Max Gutzwil*ler betonte in seinem Dresdner Vortrag 1927, dass *Savigny* seinen Ausgangspunkt von der völkerrechtlichen Gemeinschaft im notwendigen Halbdunkel gelassen habe.[83] Aber das störte bei der Rezeption *Savignys* wohl vor allem deshalb nicht weiter, weil sich jedenfalls das praktische Ziel des Entscheidungseinklangs allgemeiner Zustimmung gewiss sein konnte, auch bei den Gegnern *Savignys.* Als Grund seiner völkerrechtlichen Gemeinschaft, die auch Staatsverträge in den Schatten stellen sollte,[84] nannte *Savigny* schließlich noch den Einfluss des Christentums, „welches als gemeinsames Band des geistigen Lebens die verschiedenen Völker" umschlinge und die „eigenthümlichen Unterschiede derselben mehr in den Hintergrund treten" lasse.[85]

Allerdings nimmt *Savigny* sehr große Teile des Rechts insgesamt von dieser Offenheit wiederum aus. Bei den Gesetzen von „streng positiver, zwingender Natur"[86] handelt es sich für ihn um „anomalisches" Recht, wie er es neun Jahre zuvor bereits im ersten Band seines Systems nennt.[87] Die „besondere Natur" dieser Gesetze widerstrebe, wie er nun sagt, „einer so freien Behandlung der Rechtsgemeinschaft unter verschiedenen Staaten".[88] Der „anomalische", dem Kollisionsrecht komplett entzogene Teil, für den sich die Maßgeblichkeit des eigenen Rechts von selbst versteht,[89] ist bei *Savigny* erstaunlich groß: Er umfasst nicht nur das gesamte Deliktsrecht, sondern auch weitere

---

80 Siehe hierzu grundlegend auch *Peter Mankowski*, Das Verhältnis von Internationalem Privatrecht und Völkerrecht in der Entwicklung, in: Nina Dethloff/Georg Nolte/August Reinisch (Hrsg.), Berichte der deutschen Gesellschaft für Internationales Recht, Band 49, C.F. Müller: Heidelberg 2018, 45-128 (55-70).

81 *Savigny* (Fn. 76), 27: „[...] daß auch die Rechtsverhältnisse, in Fällen einer Collision der Gesetze, dieselbe Beurtheilung zu erwarten haben, ohne Unterschied, ob in diesem oder jenem Staate das Urtheil gesprochen werde.".

82 *Savigny* (Fn. 76), 27, 117.

83 *Gutzwiller*, Norm, Richterspruch, Wissenschaft (Fn. 7), 88; vgl. auch zuvor schon *Max Gutzwiller*, Der Einfluß Savignys auf die Entwicklung des Internationalprivatrechts, Freiburg (Schweiz): Universitäts-Buchhandlung 1923, 43 ff.

84 *Savigny* (Fn. 76), 30 f.

85 *Savigny* (Fn. 76), 17.

86 *Savigny* (Fn. 76), 33.

87 *Friedrich Carl von Savigny*, System des heutigen Römischen Rechts, Erster Band, Berlin: Veit und Comp. 1840, 57, 61.

88 *Savigny* (Fn. 76), 32 f.

89 Vgl. *W.-H. Roth*, Öffentliche Interessen im internationalen Privatrechtsverkehr, AcP 220 (2020), 458, 460 ff.; *Ivo Schwander*, Lois d'application immediate, Sonderanknüpfung, IPR-Sachnormen und andere Ausnahmen von der gewöhnlichen Anknüpfung im internationalen Privatrecht, Zürich: Schulthess 1975, 129 ff.

Bereiche aus dem Obligationenrecht, dem Familien- und dem Erbrecht.[90] Vor allem aber schließt *Savigny* aus seinem IPR von vornherein alle fremden Rechtsinstitute aus, die dem eigenen Recht unbekannt sind.[91] *Savignys* Kollisionsrecht setzt also eine Welt voraus, die aus ziemlich homogenen Rechten besteht.[92]

Die Jahrzehnte nach *Savigny* bringen eine Reihe weiterer, völkerrechtlich angelegter Systeme des IPR hervor. *Mancinis* Nationalitätsprinzip gehört dazu, das für ihn die Grundlage sowohl des öffentlichen wie auch des privaten Internationalen Rechts bildet.[93] Die Anwendung fremden Privatrechts ist für ihn völkerrechtliche Pflicht.[94] In Deutschland gehören zur sogenannten internationalistischen Schule etwa *von Bar* und *Zitelmann*, die ein universal angelegtes Überrecht behaupten.[95] Stets präsent ist auch die Gegenmeinung, die positivistisch auf dem autonomen Charakter des IPR und der Regelungsfreiheit des nationalen Gesetzgebers besteht.[96]

Das Internationale Privatrecht blüht in diesem letzten Drittel des 19. Jahrhunderts enorm auf, zunächst vor allem in Frankreich und Italien, gegen Ende des Jahrhunderts dann auch in Deutschland. Wir befinden uns in dieser heute oft unterschätzten Epoche in einer echten Hochphase des IPR.[97] Das Zurückbleiben Deutschlands hinter Italien und Frankreich thematisiert *Niemeyer* im Jahre 1894,[98] und *Kahn* bemerkt vier Jahre später, „daß heute die romanische Literatur wohl 90 % der Gesamtliteratur des internationalen Privatrechts ausmachen dürfte."[99]

---

90 Für eine Übersicht vgl. *Schwander* (Fn. 89), 132 ff.

91 *Savigny* (Fn. 76), 33: „Rechtsinstitute eines fremden Staates, deren Dasein in dem unsrigen überhaupt nicht anerkannt ist"; diese Rechtsinstitute haben für *Savigny* aufgrund ihrer Fremdheit „auf Rechtsschutz in unserem Staate keinen Anspruch".

92 *Gebauer*, Wertneutralität (Fn. 1), 64. Kritisch zu dieser Deutung und den *ordre public*-ähnlichen Ausnahmecharakter der Herausnahme einzelner Rechtsinstitute aus der Verweisung bei *Savigny* betonend: *Cedric Hornung*, Internationales Privatrecht zwischen Wertneutralität und Politik, Tübingen: Mohr Siebeck 2021, 133 f.

93 *Mancini* (Fn. 77).

94 *Erik Jayme*, Völkerrecht und Internationales Privatrecht – eine entwicklungsgeschichtliche Betrachtung, in: Stefan Leible/Matthias Ruffert (Hrsg.), Völkerrecht und IPR, Jena: Jenaer Wissenschaftliche Verlagsgesellschaft 2006, 23 ff.; auch abgedruckt und hier zitiert nach *Erik Jayme*, Gesammelte Schriften, Band IV, Internationales Privatrecht, Heidelberg: C.F. Müller 2009, 158-174 (158 f.).

95 Vgl. *Ludwig von Bar*, Theorie und Praxis des internationalen Privatrechts, Erster Band, Hannover: Hahn'sche Buchhandlung 1889, 4 ff.; *Ernst Zitelmann*, Internationales Privatrecht, Erster Band, Leipzig: Verlag von Duncker & Humblot 1897, 25 ff.

96 Vgl. bereits die Nachweise bei *Franz Kahn*, Gesetzeskollisionen (1891), in: *Otto Lenel/Hans Lewald* (Hrsg.), Abhandlungen zum internationalen Privatrecht, Band I, München und Leipzig: Verlag von Duncker & Humblot 1928, 1-123 (3, mit Fn. 2). Siehe auch die Motive *Gebhards* zum Ersten Entwurf von 1881, in: *Theodor Niemeyer*, Zur Vorgeschichte des Internationalen Privatrechts im Deutschen Bürgerlichen Gesetzbuch („Die Gebhardschen Materialien"), München und Leipzig: Verlag von Duncker und Humblot 1915, 23, 39: „Die Entscheidung darüber, ob mit Rücksicht auf die internationale Beschaffenheit des Verhältnisses das Recht des Inlandes oder des Auslandes anwendbar ist, steht der inländischen Rechtsordnung zu. [...] Das fremde Recht wird zugrunde gelegt, nicht weil es maßgebend sein will, sondern weil es von der inländischen Rechtsordnung für maßgebend erklärt ist." Hierzu auch *Korkisch* (Fn. 53), 1, 15.

97 *Helmut Weber*, Die Theorie der Qualifikation, Tübingen: Mohr Siebeck 1986, 75.

98 *Theodor Niemeyer*, Das in Deutschland geltende Internationale Privatrecht, Leipzig: Verlag von Duncker & Humblot 1894, 1: „Es ist befremdlich, daß Deutschland bis heute noch keinen Lehrstuhl für internationales Privatrecht hat, während Frankreich, Belgien, Holland, England, Italien, die Schweiz, die Vereinigten Staaten von Nordamerika nicht nur Lehrstühle dafür geschaffen, sondern die Disciplin auch zum obligatorischen Prüfungsgegenstand erhoben haben."

99 *Franz Kahn*, Die Lehre vom ordre public (1898), in: *Lenel/Lewald* (Fn. 96), 161, 164.

Wir sind hier auch in einer sehr optimistischen Epoche, das *Institut de Droit International* wird 1873 gegründet,[100] zwanzig Jahre später die Haager Konferenz für Internationales Privatrecht im Jahre 1893. Hinter allen in der Wissenschaft behandelten Themen bleibt aber die Auseinandersetzung um die Grundlagen des Kollisionsrechts die treibende Kraft. Die Begriffe „international" und vor allem „national" sind aus heutiger Sicht gewiss nicht glücklich und ziemlich missverständlich. Sie beziehen sich in der Epoche damals einzig auf die Rechtsquellen und haben nichts mit einer gegenüber der Anwendung des ausländischen Rechts offenen oder restriktiven Haltung zu tun,[101] auch nichts mit unilateralen oder multilateralen Grundansätzen im IPR.

3. Dogmatische Entfaltung des klassischen IPR ab dem späten 19. Jahrhundert

Es sind aber tatsächlich vor allem diese Autonomisten oder Positivisten, die in ihrer Reibung an den universalistischen Grundannahmen ihrer Gegner einen Funken zünden, der die dogmatische Entwicklung des IPR kurz vor der Jahrhundertwende enorm vorantreibt. *Etienne Bartin* schreibt 1899 im Vorwort zu einem Band, der drei seiner zentralen Aufsätze über *Qualifikation*, *Renvoi* und *Ordre public* vereint, dass die von ihm vertretene positivistische Sicht[102] die innere Verknüpfung zwischen diesen Aufsätzen bilde.[103]

Diese positivistisch ausgerichteten Autoren leugneten eine Ableitbarkeit sämtlicher Kollisionsnormen aus dem ungeschriebenen Völkerrecht und damit ein universelles, vorstaatliches IPR. Zu ihnen gehören in der Tradition *Wächters* neben *Theodor Niemeyer* besonders pointiert auch *Franz Kahn* sowie *Etienne Bartin*, nicht zufällig also die beiden „Entdecker" des Qualifikationsproblems.[104] Mit dem Abstand von einigen Jahrzehnten konnte *Robert Neuner* 1932 schreiben: „Die Qualifikationstheorie ist offenbar die logische Konsequenz der nationalistisch-positivistischen Theorie des internationalen Privatrechts."[105]

Ein Thema wie die Qualifikation mag uns heute eher technisch erscheinen. Zwar erkennen wir wohl, dass die spannenden Entscheidungen des EuGH eigentlich alle mit Qualifikation zu tun haben. Wir verstehen auch, dass die Qualifikation im Rahmen einer europäischen Kollisionsnorm methodisch wohl anders verläuft als die Qualifikation

---

100 Siehe hierzu die Genfer Rede von *Mancini*, in der er die multilaterale Vereinheitlichung des Internationalen Privatrechts fordert, abgedruckt in *Jayme* (Hrsg.) (Fn. 77), 129-174.

101 *Edoardo Vitta*, Il principio dell'uguaglianza tra „lex fori" e diritto straniero, Rivista Trimestrale di Diritto e Procedura Civile XVIII (1964), 1578, 1588, mit Fn. 11: „I concetti di «internazionalismo» e «nazionalismo» giuridico come impiegati nel testo non hanno nulla a che fare con la distinzione tra c.d. teorie internazionalistiche e nazionalistiche del diritto internazionale privato."

102 *Etienne Bartin*, Études de Droit International Privé, Paris : A. Chevalier Marescq 1899, Preface, S. II : «Dans cette conception, les règles de conflit sont des règles nationales, dans chaque pays […]».

103 *Bartin* (Fn. 102), S. II : « C'est cette seconde conception, vraie ou fausse, qui sert de lien aux trois études dont se compose ce volume, et qui en fait l'unité. Les difficultés de qualification, que la première de ces études a pour objet, prouvent que des règles identiques de conflit peuvent conduire, dans deux pays différents, et pour deux législations internes différentes, aux solutions les plus opposées. ».

104 *Martin Gebauer*, Zu den methodischen Ursprüngen funktionaler Rechtsvergleichung – Sachnorm, Kollisionsnorm und Qualifikation, in: Christoph Benicke/Stefan Huber (Hrsg.) Festschrift für Herbert Kronke zum 70. Geburtstag, Bielefeld: Gieseking 2020, 813-833 (821).

105 *Robert Neuner*, Der Sinn der internationalprivatrechtlichen Norm, 1932, S. 9; vgl. auch *Aleksandr N. Makarov*, Internationales Privatrecht und Rechtsvergleichung, Tübingen: Mohr 1949, 29.

im Rahmen einer deutschen Kollisionsnorm.[106] Aber das nehmen wir heute alles mit einer gewissen Entspannung und Gelassenheit zur Kenntnis. Vor 130 Jahren erhitzte es die Gemüter.

Bei näherem Hinsehen überrascht das auch nicht. Denn in der Qualifikation geht es wiederum um die Kernfrage des IPR nach der Reichweite des Fremden im Kontrast mit dem Eigenen, also um die Gestattung von Diversität. Wie fremd darf etwas sein, damit wir es nicht gänzlich ignorieren, weil es sozusagen wieder aus dem IPR herausfällt? Der Kontrast mit dem Eigenen tritt umso stärker hervor, je unmittelbarer das Kollisionsrecht in der eigenen Rechtsordnung verwurzelt scheint und jedenfalls bei den Rechtsquellen eben nicht mehr auf einer Metaebene liegt. Vor diesem Hintergrund wird auch verständlich, warum die Schriften von *Kahn* und *Bartin* so provozieren konnten und ideologischen Sprengstoff lieferten.

Provozieren musste vor allem die sowohl von *Kahn* als auch von *Bartin* unabhängig voneinander gewonnene Erkenntnis, dass alle Bestrebungen zur Vereinheitlichung des IPR im Grunde sinnlos sind, und zwar auch bei international gleichlautenden Kollisionsnormen. Vier Jahre nach Gründung der *Haager Konferenz für Internationales Privatrecht* schreibt *Bartin*, dass wir das Ziel der Vereinheitlichung niemals erreichen werden.[107]

Auch bei *Kahn* erscheinen schon 1891 die von ihm so genannten „latenten" Kollisionen als die eigentlich problematischen Gesetzeskollisionen. Sie entstehen bei dem, was er das „Angeknüpfte" nennt, also beim Gegenstand der Anknüpfung. Diese latenten Kollisionen umschreiben im Grunde die unterschiedlichen dogmatischen Konzepte, mit denen wir uns in den verschiedenen Rechtsordnungen einer Rechtsfrage nähern. Sie gehen für *Kahn* hervor aus der, wie er es nennt, „territorial verschiedenen Natur der Rechtsverhältnisse".[108] Und aus dieser Diversität geht für ihn „das internationale Privatrecht selbst" hervor.[109]

Wie wir eine Frage sachrechtlich erfassen, färbt ab auf unsere kollisionsrechtliche Einordnung, das sind die „latenten Gesetzeskollisionen". So gelangen wir auch bei identischen Kollisionsnormen zu unterschiedlichen Ergebnissen. *Bartin* veranschaulicht das an dem Qualifikationsklassiker der Abgrenzung von Erbstatut und Ehegüterstatut,[110] der vor ein paar Jahren auch schon den EuGH beschäftigt hat.[111]

Der internationalistische Gegenschlag auf die Provokation durch *Bartin* lässt nicht lange auf sich warten. Nur ein knappes Jahr später erscheint ebenfalls im *Journal Clunet* 1898 die ziemlich empörte Erwiderung auf *Bartin*. *Frantz Despagnet* wendet sich darin gegen die *lex fori* als Qualifikationsstatut und entwickelt als universalistisches Gegenmodell die Qualifikation nach dem fremden oder dem anwendbaren Recht,[112] also genau das, was *Martin Wolff* in Deutschland später in den dreißiger Jahren die

---

106 Zu den Besonderheiten der Qualifikation im EU-Kollisionsrecht vgl. BeckOGK/*Gebauer*, AllgIPR, C. (Anknüpfung und Qualifikation), Rn. 192-214.
107 *Bartin* (Fn. 102), 1 : „Le but [...] ne sera donc jamais atteint", (= Journal *Clunet* 1897, 225).
108 *Kahn*, Gesetzeskollisionen (1891), in: *Lenel/Lewald* (Fn. 96), 92.
109 *Kahn*, Gesetzeskollisionen (1891), in: *Lenel/Lewald* (Fn. 96), 92.
110 *Bartin* (Fn. 102), 3 ff., 5 f.
111 EuGH, 1.3.2018, C- 558/16 – Doris Mahnkopf, NJW 2018, 1377.
112 *Frantz Despagnet*, Des conflits de lois relatifs à la qualification des rapports juridiques, Journal Clunet 1898, 253, 264.

Qualifikation nach der *lex causae* nennen sollte.[113] Die Qualifikation *lege causae* erscheint aus der universalistischen Perspektive durchaus konsequent. Denn gibt es *a priori* weltweit nur eine richtige Anknüpfung, dann spricht nichts dagegen, dem berufenen Recht auch die genaueren Einordnungen zu überlassen.[114]

Auf die These und die Antithese erfolgt aber eine Synthese, und sie erfolgt wiederum innerhalb kürzester Zeit. Die autonome Qualifikation wird von dem Italiener *Gemma*[115] und dem Deutschen *Kahn* noch am Ausgang des neunzehnten Jahrhunderts entwickelt.[116] In zwei Beiträgen aus den Jahren 1899 und 1900 löst sich *Franz Kahn* jetzt entschieden von einer an den Sachnormen der *lex fori* orientierten Qualifikation. Er betont nun besonders die Sachrechtsvergleichung für die Qualifikation und begründet damit, wie er es nennt, als „dritte Richtung" neben der „nationalistischen" und der „internationalistischen" eine wörtlich „rechtsvergleichende Methode" im Kollisionsrecht.[117]

„Nur wenn wir die Ziele nicht nur unserer, sondern auch der in erster Reihe kollidierenden ausländischen Sachnormen kennen", schreibt Kahn im Jahre 1899, „sind wir in der Lage, zu beurteilen, […] welche Kollisionsnorm möglicherweise berufen erscheint, den Zusammenstoß friedlich zu lösen, welche Anknüpfung am ehesten Aussicht hat, die Gesetzesharmonie herbeizuführen oder vorzubereiten."[118]

Nunmehr wollte *Kahn* nach einem Sinneswandel auch solche Rechtsinstitute in die kollisionsrechtliche Betrachtung einbeziehen, die dem eigenen Recht ganz unbekannt sind. Das hatten *Savigny* und die ihm folgende Lehre kategorisch ausgeschlossen.[119] „Wo sind die Grenzen", fragt *Kahn* jetzt genau 50 Jahre nach *Savigny*, „zwischen einem nicht anerkannten Rechtsinstitut (bei welchem das internationale Privatrecht aufhören soll) und einem fremden Rechtssatze (bei welchem das internationale Privatrecht erst anfängt)?"[120]

Damit sprengte *Kahn* die Grenzen, die *Savigny* dem Kollisionsrecht gesetzt hatte.[121] Liest man heute kollisionsrechtliche Texte von *Kahn* oder auch von *Theodor Niemeyer*, so sticht ihre moderne Sprache ins Auge. Das liegt daran, dass diese beiden Autoren wie kaum andere in Deutschland unsere Fachsprache geprägt haben. *Ralf Michaels* sagte bei seiner Hamburger Amtseinführung, wir haben im IPR mehr Worte für die Verweisung als die Eskimos für den Schnee.[122] Das stimmt, und eine gute Zahl dieser Wörter geht auf das Konto von *Kahn* und *Niemeyer*. Die „Weiterverweisung" beispielsweise führte *Kahn* ein,[123] und er tat es nicht ganz ohne Ironie, denn er war kein Freund

---

113 *Martin Wolff,* Internationales Privatrecht, 1. Auflage, Berlin: Verlag von Julius Springer 1933, 37; dazu auch *Weber* (Fn. 97), 131.

114 Vgl. *Weber* (Fn. 97), 55; *Gebauer,* Funktionale Rechtsvergleichung (Fn. 104), 813, 825 f.

115 *Scipione Gemma,* La cosiddetta teoria delle qualificazioni in relazione ad alcuni più generali problemi del diritto internazionale privato, in: Propedeutica al Diritto Internazionale Privato, da un corso libero tenuto nella R. Università di Bologna nell'anno 1897-98, Bologna: Zanichelli 1899, 89 ff.

116 *Gebauer,* Funktionale Rechtsvergleichung (Fn. 104), 813, 826 ff.

117 *Franz Kahn,* Bedeutung der Rechtsvergleichung mit Bezug auf das internationale Privatrecht (1900), in: *Lenel/Lewald* (Fn. 96), 491.

118 *Franz Kahn,* Über Inhalt, Natur und Methode des internationalen Privatrechts (1899) in: *Lenel/Lewald* (Fn. 96), 255, 316.

119 *Savigny* (Fn. 76), 33.

120 *Kahn,* Über Inhalt, Natur und Methode des internationalen Privatrechts (1899), in: *Lenel/Lewald* (Fn. 96), 255, 312.

121 Vgl. *Schurig,* Das Fundament trägt noch, in: Mansel (Hrsg.), Internationales Privatrecht im 20. Jahrhundert, Tübingen: Mohr Siebeck 2014, 5, 10.

122 *Michaels,* „Das marginale Recht" (Fn. 2), 22.

123 *Kahn,* Gesetzeskollisionen (1891), in: *Lenel/Lewald* (Fn. 96), 1, 21.

des Renvoi. Für die Weiterverweisung gab es in der französischen Sprache keine Entsprechung, so dass sie teilweise in der französischen Literatur unter dem deutschen Begriff aufgenommen wurde.[124]

Von *Niemeyer* stammen nicht nur der Ausdruck Kollisionsnorm selbst, sondern auch viele Derivate, so die ausdrückliche, die konkludente, die versteckte, die einseitige und die vollkommene Kollisionsnorm.[125] Die Sachnorm bekam ihren Namen wiederum von *Kahn*.[126] *Kahn* sprach auch vom Anknüpfungspunkt bzw. vom Anknüpfungsbegriff,[127] *Niemeyer* bevorzugte das Anknüpfungsmoment.[128] Das „bildliche Wort"[129] von der Anknüpfung, das *Kahn* 1891 prägte, fand auch rasch Eingang in andere Rechtsprachen.[130] Das ist alles in seiner Bedeutung auch für die Gegenwart nicht zu unterschätzen. Mit der begrifflichen und theoretischen Durchdringung der Anknüpfungsvorgänge und eben zentral auch des „Angeknüpften" öffnet sich die Tür zu den meisten Fragen, die wir heute dem „Allgemeinen Teil" des Internationalen Privatrechts zuordnen und die im Kollisionsrecht unserer Tage nichts an ihrer Aktualität eingebüßt haben.

VI. Gegenwart

Die Qualifikation und die Begriffsbildung im IPR führen uns zur Gegenwart. Ich möchte ihren Beginn, wie eingangs gesagt, etwa in den siebziger und achtziger Jahren des vorigen Jahrhunderts verorten und sie zeitgeschichtlich an der Europäisierung durch innereuropäische Rechtsakte und durch den Beginn kollisionsrechtlicher Rechtsprechung des EuGH festmachen. Die Übergänge aus der klassischen Phase und die zunehmenden Überlagerungen der mitgliedstaatlichen Kollisionsrechte sind sicher fließend.

Auch in der Wissenschaft tritt ab den achtziger Jahren vermehrt das Europäische Kollisionsrecht als solches in den Vordergrund. Mit „Europäischem Kollisionsrecht" waren in Deutschland auch die Jahresberichte in IPRax ab den achtziger Jahren überschrieben, damals zunächst verfasst von *Erik Jayme* und *Christian Kohler*, immer in Heft 6. Sie hatten Titel wie „Die Abendstunde der Staatsverträge"[131] oder auch „Windstille im Erntefeld der Integration"[132]. Bis heute werden diese Jahresberichte von Meisterhand

---

124 *Weber* (Fn. 97), 21, mit Nachweisen in Fn. 45.

125 Siehe die Nachweise bei *Gebauer*, Wertneutralität (Fn. 1), 35, 55.

126 *Franz Kahn*, Die Lehre vom ordre public (1898), in: *Lenel/Lewald* (Fn. 96), 161, 161.

127 *Kahn*, Gesetzeskollisionen (1891), in: *Lenel/Lewald* (Fn. 96), 1, 48.

128 *Theodor Niemeyer*, Vorschläge und Materialien zur Kodifikation des Internationalen Privatrechts, Leipzig: Duncker & Humblot 1895, 102, mit Fn. 1.

129 *Robert Neuner*, Die Anknüpfung im internationalen Privatrecht, Zeitschrift für ausländisches und internationales Privatrecht 8 (1934), 81, 82: „Das Wort „Anknüpfung" hat als bildliches Wort dazu verleitet die Frage zu stellen, was denn anzuknüpfen ist und hier beginnen nun die Widersprüche, deren man sich nicht einmal immer bewusst wurde."

130 Für einen Sprachvergleich gegenüber „Anknüpfungsmoment" und „Anknüpfungspunkt" vgl. etwa *Roberto Ago*, Teoria del Diritto Internazionale Privato, Padova: CEDAM 1934, 190 f., der hier insbesondere auch auf *Niemeyer* und *Kahn* Bezug nimmt.

131 *Erik Jayme/Christian Kohler*, Europäisches Kollisionsrecht 1999: Die Abendstunde der Staatsverträge, IPRax 1999, 401.

132 *Erik Jayme/Christian Kohler*, Europäisches Kollisionsrecht 2007: Windstille im Erntefeld der Integration, IPRax 2007, 493.

fortgeführt und bilden das ab, worauf es jeweils im Jahresrückblick des Europäischen Kollisionsrechts ankommt.

Auch in dieser hier etwas weiter verstandenen Gegenwart sollen jeweils Gesetzgebung, Rechtsprechung und Wissenschaft in Beziehung gesetzt werden zu Internationalisierung, Europäisierung und Nationalisierung. Vor allem bei der Rechtsprechung und bei der Wissenschaft wird sich zeigen, dass die Diversifizierung während des 20. Jahrhunderts auch im Umgang mit dem Europäischen Kollisionsrecht tiefere Spuren hinterlassen hat.

1. Gesetzgebung

a) Europäische und internationale Ebene

Beginnen wir mit der Gesetzgebung und hier zunächst mit der europäischen und internationalen Ebene. Der Wechsel vom internationalen zum supranationalen Recht ging im IPR klar zu Lasten des Völkerrechts.[133] Im Europäischen Kollisionsrecht beherrschen Verordnungen das Feld, glücklicherweise nicht Richtlinien. Vor zwanzig Jahren trat am 1. März 2002 die verfahrensrechtliche Brüssel I-Verordnung in Kraft. Mittlerweile haben etwa 15 Verordnungen in Anzahl und Dichte auch im materiellen Kollisionsrecht ein Maß an Vereinheitlichung erreicht, von dem man selbst in der besonders optimistischen Phase des späten neunzehnten und ganz frühen zwanzigsten Jahrhunderts nicht zu träumen gewagt hätte.

aa) Methodische Neuerungen und Kontinuitätslinien

Verbunden mit dem historischen Einschnitt für das Europäische Kollisionsrecht durch die Kompetenzverlagerung im Vertrag von Amsterdam waren gewiss einige rechtspolitische Akzentverschiebungen in der Normsetzung und in der Ausgestaltung von Anknüpfungstechniken. So sind manche übergreifende Ansätze sicherlich auch der Binnenmarktlogik geschuldet, wie etwa die Mobilitätsförderung, die Diskriminierungsfreiheit, die Effizienz und der soziale Schutz.[134] Die Grundfreiheiten fördern den Aspekt der wohlerworbenen Rechte im unvereinheitlichten Bereich des IPR und werfen alte kollisionsrechtliche Fragen neu auf.[135]

Die Palette möglicher Anerkennungswirkungen reicht heute weit und betrifft nicht nur gerichtliche Entscheidungen, sondern eventuell auch fremde Verwaltungsakte,[136] Beweiswirkungen eines ausländischen Rechts mit den korrespondierenden materiellen Vermutungswirkungen, Vereinbarungen sowie schlichte Rechtslagen, die im Ausland gelten. Das kann sich auch auf Statusänderungen beziehen, wie etwa bei den inländi-

---

133 *Mankowski* (Fn. 80), 79.

134 *Sophia Schwemmer*, Anknüpfungsprinzipien im Europäischen Kollisionsrecht, Tübingen: Mohr Siebeck 2018, 7, 64 ff., 85 ff., 107 ff., 138 ff.

135 Zum Anerkennungsprinzip *Heinz-Peter Mansel*, Methoden des internationalen Privatrechts – Personalstatut: Verweisung und Anerkennung, in: Martin Gebauer/Heinz-Peter Mansel/Götz Schulze (Hrsg.), Die Person im Internationalen Privatrecht, 2019, 27 ff. Zu den historischen Dimensionen der wohlerworbenen Rechte, den Gefahren des Zirkelschlusses und der Bedeutung der wohlerworbenen Rechte im geltenden Recht *Berner* (Fn. 44), 60 ff., 86 ff., 139 ff.

136 Zum Prinzip gegenseitiger Anerkennung im Verwaltungsrecht vgl. *Ann-Katrin Kaufhold*, Grundsätze der gegenseitigen Anerkennung und des gegenseitigen Vertrauens, in: Wolfgang Kahl/Markus Ludwigs (Hrsg.), Handbuch des Verwaltungsrechts, Band II, Heidelberg: C.F. Müller 2021, § 48, Rn. 19 ff.

schen Wirkungen einer außergerichtlichen Scheidung durch Rechtsgeschäft im Ausland, sei es mit oder ohne die Beteiligung einer Behörde oder eines Notars. Solchen grenzüberschreitenden Wirkungsanordnungen widmen sich auch sekundärrechtliche Rechtsakte, wie die seit August 2022 geltende Brüssel IIb-Verordnung. Sie sieht in ihrem Art. 65 Abs. 1 die Anerkennung von registrierten „Vereinbarungen über […] eine Ehescheidung" vor, die „im Ursprungsmitgliedstaat rechtsverbindliche Wirkung haben". Die Deutungsmöglichkeiten für solche Anerkennungsnormen reichen weit,[137] bis hin zu einer „Quasikollisionsnorm" des Inhalts, „dass auf in öffentlichen Urkunden oder in Vereinbarungen verkörperte Privatscheidungen das Recht desjenigen Mitgliedstaats [einschließlich dessen Kollisionsrechts] Anwendung findet, in dem die Urkunde errichtet oder eingetragen wurde".[138]

Trotz dieser sehr unterschiedlichen Formen im Umgang mit Rechtspluralität in Europa haben die Entwicklungen der vergangenen beiden Jahrzehnte doch kaum zu einem kompletten Neubeginn geführt, nicht zu einem methodischen *Reset*, wie er vor zwanzig Jahren teilweise befürchtet oder auch herbeigesehnt wurde. Dass sich das Europäische Kollisionsrecht an längeren Kontinuitätslinien orientieren konnte, verdanken wir zu einem guten Teil sicher den Übereinkommen von Brüssel, Lugano und Rom, die ein kollisionsrechtliches Grundmodell und ein Gerüst bildeten, um das herum sich auch familien- und erbrechtliche Verordnungen errichten ließen.

Wir wissen seit 130 Jahren, dass sich die latenten Gesetzeskollisionen selbst durch Kollisionsrechtsvereinheitlichung nicht ohne weiteres aus der Welt schaffen lassen. Auch haben sich im Laufe des neunzehnten und zwanzigsten Jahrhunderts recht eigenwillige methodische Ansätze und Qualifikationstraditionen in den Mitgliedstaaten entwickelt. Der europäische Gesetzgeber fand diese Situation diversifizierter Ansätze vor und versuchte ihr zu begegnen durch im Grunde sehr sinnvolle Qualifikationsnormen. Sie definieren regelmäßig in den ersten beiden Artikeln der einzelnen Verordnungen deren sachlichen Anwendungsbereich und grenzen ihn von anderen Verordnungen ab. Hinzu treten im materiellen Kollisionsrecht weitere europäische Normen, welche die Reichweite des jeweiligen Statuts umreißen sollen. So kann beispielsweise Art. 12 der Rom I-Verordnung dem EuGH wie den mitgliedstaatlichen Gerichten Anhaltspunkte für die Reichweite des Vertragsstatuts geben.[139] Dabei erscheinen solche Bündelungsnormen vor allem auch deshalb hilfreich, weil das europäische Kollisionsrecht wegen seines universellen Charakters auch drittstaatliche Sachnormen beruft, die „infolge ihrer funktionalen Ähnlichkeit gleiche kollisionsrechtliche Interessen implizieren."[140]

bb) Kohärenz und Kodifikation

Ein Problem der europäischen Gesetzgebung im IPR liegt in ihrer nicht immer optimalen Kohärenz. Das betrifft vor allem das Verhältnis der verschiedenen Rechtsakte zueinander. Um nur ein Beispiel zu nennen, sind einige Unterschiede in den Rechts-

---

137 Vgl. den Überblick bei *Martin Gebauer*, LMK 2021, 813492.

138 *Anatol Dutta*, FamRZ 2020, 1428, 1429 f., dort auch zu den Konsequenzen des Ansatzes und zum systematisch sinnvoll gewählten Standort dieser Kollisionsnorm in der Brüssel IIb-VO statt in der Rom III-VO.

139 Zu den negativen und positiven gesetzlichen Qualifikationszuweisungen vgl. *Mansel* (Fn. 1), 759, 761 f.

140 Vgl. zum Bündelungsmodell *Schurig* (Fn. 46), 285 und passim, insbesondere auch 94 ff., 102 ff., 222 ff.

wahlvorschriften der Verordnungen Rom I und Rom II kaum nachvollziehbar und vielleicht einfach zufällig. Dann stellt sich die methodische Unsicherheit ein, ob eher der Umkehrschluss oder die Analogie angezeigt erscheint.

Das betrifft auch den Gedanken der Kodifikation des IPR, der erstens in den einzelnen Mitgliedstaaten vermutlich nicht in identischem Maße als drängend empfunden wird und zweitens auch in der Logik der europäischen Gesetzgebung jedenfalls bisher nicht die oberste Priorität hatte. Zersplitterung ist aber ein Problem, das sich beispielsweise auch dann realisiert, wenn die Zession sowohl in der Rom I-VO als auch in einer Spezialverordnung untergebracht wird. All diese Kohärenzfragen haben seit etwa zehn Jahren die Diskussion um eine Rom 0 bzw. Brüssel 0 Verordnung angeregt.[141] Hier wird man wahrscheinlich noch Geduld aufbringen müssen. Wir wissen nicht, wie die europäische IPR-Gesetzgebung in zwanzig oder dreißig Jahren aussieht.

cc) Europäisierung vs. Internationalisierung

Die Kohärenz- und Zersplitterungsfragen leiten auch über zum gesetzgeberischen Konflikt zwischen der Europäisierung einerseits und der Internationalisierung andererseits. Der europäische Gesetzgeber fand in den meisten Gebieten des IPR bereits existierende völkerrechtliche Übereinkommen vor, an denen einzelne oder mehrere Mitgliedstaaten beteiligt waren. Man beließ diesen bereits existierenden bilateralen oder multilateralen Übereinkommen den Vorrang. Das führte zu der nicht seltenen und doch paradoxen Situation, dass durch Rechtsvereinheitlichung Rechtszersplitterung geschaffen wird. Durch die Koexistenz paralleler Kollisionsrechtswelten wird der internationale Entscheidungseinklang in Europa empfindlich gestört. So gelten etwa für Straßenverkehrsunfälle in Frankreich andere Kollisionsnormen als in Deutschland. In Deutschland werden sie von der Rom II-VO erfasst, in Frankreich vom Haager Übereinkommen über das auf Straßenverkehrsunfälle anzuwendende Recht von 1971.[142] In Deutschland wird die Erbrechtsverordnung verdrängt oder doch überlagert durch das hierzulande praktisch herausragend bedeutsame Nachlassabkommen mit der Türkei.[143] Bedeutsam ist es durch die große Anzahl von Menschen mit türkischen Wurzeln, die in Deutschland leben; in der Türkei spielt es dagegen keine vergleichbare Rolle.[144] Bei solchen bi- oder multilateralen Konventionen liegt es an den Mitgliedstaaten, ob sie die Spannung mit dem Europarecht durch Kündigung der völkerrechtlichen Bindung auflösen wollen oder nicht.[145]

Auf einer anderen Ebene liegt es, wenn der europäische Gesetzgeber selbst und für die gesamte Union den Anschluss an die Welt da draußen sucht und auf diese Weise

---

141 Siehe etwa die Beiträge in Stefan Leible/Hannes Unberath (Hrsg.), Brauchen wir eine Rom 0-Verordnung?, Jenaer Wissenschaftliche Verlagsgesellschaft 2013; vgl. m.w.N. auch Martin Gebauer, Die EuErbVO im System des Europäischen Internationalen Privat- und Verfahrensrechts: Mehr „Brüssel Rom-0" nach der Revision?, GPR 2023, im Erscheinen.

142 Abgedruckt bei *Erik Jayme/Rainer Hausmann* (Hrsg.), Internationales Privat- und Verfahrensrecht, 20. Auflage, München: C.H. Beck 2020, Nr. 100.

143 Anlage zum Konsularvertrag zwischen dem Deutschen Reich und der Türkischen Republik aus dem Jahre 1929, abgedruckt in Jayme/Hausmann (Fn. 142), unter Nr. 62.

144 *Martin Gebauer*, Das deutsch-türkische Nachlassabkommen im Sog des Europäischen Kollisionsrechts, IPRax 2018, 345-351 (346).

145 Vgl. *Anatol Dutta/Wolfgang Wurmnest* (eds.), European Private International Law amd Member State Treaties with Third States, Cambridge/Antwerp/Chicago: Intersentia 2019, 319, 329 ff.

das Europarecht internationalisiert und anschlussfähig macht.[146] Das erscheint umso dringlicher, als Vereinheitlichung nach innen stets auch eine Abgrenzung nach außen bedeutet. Kohärenzfördernde Techniken der Verzahnung durch den europäischen Gesetzgeber kennen wir beispielsweise im Unterhaltsrecht und bei der Kindesentführung.[147] Neben der Verzahnung des Europarechts mit völkerrechtlichen Konventionen bietet sich auch die Wahrnehmung der Außenkompetenz mit einem Beitritt der EU zu völkerrechtlichen Konventionen an. Das ist beispielsweise geschehen bei dem Haager Übereinkommen über Gerichtsstandsvereinbarungen von 2005. Die EU-Kommission empfiehlt auch den Anschluss an das Haager Gerichtsstandsübereinkommen von 2019.[148] Die USA haben dieses Übereinkommen im März 2022 gezeichnet. Zu den sonstigen Staaten, die es bisher gezeichnet haben, gehören sowohl die Ukraine als auch Russland.[149]

Eine praktische Aufwertung könnten die internationalen Übereinkommen im innereuropäischen Verkehr vor allem auch durch den Brexit erfahren. Ratlos steht man allerdings vor der Mitteilung der EU-Kommission aus dem vergangenen Jahr zum Ersuchen des Vereinigten Königreichs, dem Luganer Übereinkommen beizutreten.[150] Durch einen solchen Beitritt wären eine Reihe grenzüberschreitender Probleme gebannt, die sich derzeit in der Praxis stellen, etwa die Frage des Umgangs mit einer anderweitigen Rechtshängigkeit vor britischen Gerichten. Derlei Fragen werden in der Mitteilung aber beiseitegeschoben.[151] Stattdessen versucht die Kommission offenbar, eine Re-Europäisierung der innereuropäischen Beziehungen zu verhindern.

b) Mitgliedstaatliche Ebene

Auf der mitgliedstaatlichen Ebene bei der Gesetzgebung können wir sowohl Nationalisierungs- als auch Europäisierungstendenzen beobachten. Eine offensichtliche Nationalisierung erfolgt bei Gesetzen mit einer politischen Agenda, die ihren Kampfauftrag schon im Titel führen. Man nennt sie manchmal tatsächlich „Gesetz zur Bekämpfung" von etwas.[152] Sind sie dann noch zugeschnitten auf grenzüberschreitende Sachverhalte, dann zeichnen sie sich regelmäßig durch eine starre Berufung der *lex fori* sowie durch eine Unterbindung richterlicher Abwägung aus.[153]

Nicht zu unterschätzen sind subtilere Nationalisierungsprozesse durch die verschiedenen Brillen, durch die wir das Europarecht in den einzelnen Mitgliedstaaten lesen. Das betrifft neben der Gesetzgebung vor allem auch die Rechtsprechung und die Wis-

---

146 Monographisch hierzu *Richard Johannes Bader*, Koordinationsmethoden im Internationalen Privat- und Verfahrensrecht, Tübingen: Mohr Siebeck 2019.

147 Zu den inhaltlichen Beziehungen zwischen EU- und völkervertraglichen IPR- und IZVR-Rechtsakten *Bader* (Fn. 146), 147 ff.

148 Vgl. *Heinz-Peter Mansel/Karsten Thorn/Rolf Wagner*, Europäisches Kollisionsrecht 2021: Digitalisierung als Aufgabe, IPRax 2022, 97, 110.

149 Vgl. *Mansel/Thorn/Wagner* (Fn. 148), 110.

150 Mitteilung der Kommission vom 4.5.2021 an das Europäische Parlament und den Rat: Bewertung des Ersuchens des Vereinigten Königreichs Großbritannien und Nordirland um Beitritt zum Lugano-Übereinkommen von 2007, Dok. COM (2021) 222 final. Hierzu und zu der kurz danach erfolgten, abschlägigen Mitteilung der Kommission an den Depositar des LugÜ 2007 *Christian Kohler*, Ein europäischer Justizraum in Zivilsachen ohne das Vereinigte Königreich?, ZEuP 2021, 781-791 (783) sowie *Mansel/Thorn/Wagner* (Fn. 148), 101.

151 Vgl. *Kohler* (Fn. 150), 788 f.; *Mansel/Thorn/Wagner* (Fn. 148), 101 f.

152 Beispielsweise Gesetz zur Bekämpfung von Kinderehen vom 17.07.2017, BGBl. 2017 I, 2429.

153 Vgl. *Gebauer*, Wertneutralität (Fn. 1), 35, 70 ff.

senschaft. Aber schon die vielen Sprachfassungen der Verordnungen laden bisweilen dazu ein, ganz unterschiedliche Konzepte an die Verordnungen heranzutragen, je nach Herkunft, Sprache und eben auch Rechtssprache. Ein Beispiel hierfür sind die Eingriffsnormen, etwa in Art. 9 der Rom I-VO. Sie bilden natürlich schon ohnehin ein Einfallstor für Nationalisierungsprozesse. Aber wir sollten auch nicht meinen, dass es einen gemeineuropäischen Begriff davon gibt, welche Art von Normen in diesen Artikeln überhaupt angesprochen sind.

Aus deutscher Sicht nicht ganz leicht zu begreifen ist die herausragende Bedeutung, welche die Gesetze des *ordre public* in Ländern wie Italien, Belgien, Frankreich oder Spanien hatten. Ganze kollisionsrechtliche Systeme wurden seit dem späten neunzehnten Jahrhundert um diese Gesetze des *orde public* herum aufgebaut.[154] In Deutschland sprach man damals von Prohibitivgesetzen,[155] sie hatten hier aber keine vergleichbare Bedeutung wie der *ordre public* in den romanischen Rechtsordnungen. Auch im zwanzigsten Jahrhundert spielten die sogenannten Gesetze mit einer unmittelbaren Anwendung im französischen Kollisionsrecht eine sehr große Rolle, vor allem seit den späten fünfziger Jahren. Bereits der Code civil von 1804 hatte in seinem Art. 3 Abs. 1 die sogenannten „lois de police" für allgemeinverbindlich erklärt.[156]

Ebenso wie im Code civil lautet heute die Überschrift zu Art. 9 der Rom I-Verordnung in der französischen Fassung: „lois de police". Und in der italienischen Fassung lesen wir „norme di applicazione necessaria", also den identischen Ausdruck wie in der italienischen IPR-Kodifikation.[157] Dieser Ausdruck nimmt ebenfalls auf die kollisionsrechtliche Notwendigkeit der Anwendung solcher Normen Bezug und knüpft damit an das Konzept des *ordre public* an, wie es in der italienischen Schule entwickelt worden war. Das deutsche Konzept der Eingriffsnorm geht wohl auf *Karl Neumeyer* zurück.[158] Der vierte und letzte Band seines Internationalen Verwaltungsrechts war dem Allgemeinen Teil gewidmet und erschien 1936, zu einer Zeit also, als er bereits zwangsemeritiert war und einem Vorlesungsverbot unterlag.[159] In diesem vierten Band sprach *Neumeyer* von Eingriffen „in das Privatrechtsverhältnis [...] aus Gründen, die außerhalb des einzelnen Rechtsverhältnisses liegen." Als wichtigstes Indiz für solche Normen erschien ihm „die Verschiedenheit der *lex causae*, die für das private Rechtsverhältnis sonst gilt, von dem Geltungsbereich, der für den eingreifenden Rechtssatz in Betracht kommt."[160]

Die europäischen Verordnungen laden uns also dazu ein, je nach Sprachversion altbekannte und stark variierende Vorverständnisse an das Europarecht heranzutragen. Das

---

154 Vgl. zur italienischen Schule seit *Mancini*: *Gebauer/Huber*, Politisches Kollisionsrecht (Fn. 5), S. VII, XI f.

155 *Gebauer/Huber*, Politisches Kollisionsrecht (Fn. 5), S. VII, X, mit Fn. 14.

156 *Gebauer/Huber*, Politisches Kollisionsrecht (Fn. 5), S. VII, X f.

157 Vgl. zu den „norme di applicazione necessaria" in der italienischen Doktrin *Andrea Bonomi*, Le norme imperative nel diritto internazionale privato, Zürich: Schulthess 1998, 78 ff.; *Gian Paolo Romano*, L'unilateralismo nel diritto internazionale privato moderno, Zürich: Schulthess 2014428 ff. Zu den verschiedenen Sprachversionen siehe auch *Johannes Ungerer*, Explicit legislative characterization of overriding mandatory provisions in EU Directives: Seeking for but struggling to achieve legal certainty, JPIL 17 (2021), S. 399, 407 f.

158 *Gebauer/Huber*, Politisches Kollisionsrecht (Fn. 5), S. IX f.

159 Vgl. hierzu *Dagmar Coester-Waltjen*, Die Geschichte des Münchner Instituts für Rechtsvergleichung, in: Stefan Lorenz/Peter Kindler/Anatol Dutta, Einhundert Jahre Institut für Rechtsvergleichung an der Universität München, Tübingen: Mohr Siebeck 2018, 1, 11 ff., 17 f.

160 *Karl Neumeyer*, Internationales Verwaltungsrecht, 4. Band, Allgemeiner Teil, München: Schweizer 1936, 228 ff., 243 ff., 244.

Phänomen ist nicht eigentlich eine Frage der mitgliedstaatlichen Gesetzgebung. Aber es demonstriert, dass sich selbst in sprachlichen Übersetzungen Nationalisierungsprozesse vollziehen.

Jeder mitgliedstaatliche Gesetzgeber, der das IPR kodifizieren möchte, steht heute vor der besonderen Herausforderung, das Europarecht mit dem Restbereich zu koordinieren, in dem eine eigene Regulierungsmöglichkeit verbleibt. Der deutsche Gesetzgeber neigt hier ähnlich wie im Richtlinienprivatrecht zu einer überschießenden Europäisierung durch Ausdehnung europarechtlicher Inhalte in das autonome Recht hinein.[161] So ordnet beispielsweise Art. 25 EGBGB die entsprechende Anwendung der materiellen Kollisionsnormen der Erbrechtsverordnung für den Fall an, dass ein erbrechtlicher Sachverhalt nicht in den Anwendungsbereich der Verordnung fällt. Das erklärte Ziel des deutschen Gesetzgebers für diese entsprechende Anwendung der Erbrechtsverordnung jenseits ihres eigenen Anwendungsbereichs war es, einen möglichst weitreichenden Gleichlauf des erbrechtlichen Kollisionsrechts im Europarecht und im nationalen Recht zu realisieren.[162]

Eine ganz ähnliche Extension des Europarechts ordnet Art. 17 Abs. 2 EGBGB für die kollisionsrechtliche Anknüpfung von Scheidungen an, die nicht in den Anwendungsbereich der Rom III-VO fallen.[163] Solche Koordinierungsbemühungen mögen in erster Linie der Kohärenz innerhalb der eigenen Rechtsordnung und damit dem internen Entscheidungseinklang dienen. Aber sie bedeuten eben auch eine autonome Rechtsangleichung an das Europarecht und damit eine inhaltliche Europäisierung durch den mitgliedstaatlichen Gesetzgeber. Auffallend ist schließlich, dass der deutsche Gesetzgeber in den vergangenen Jahren bei den personenbezogenen Kollisionsnormen des deutschen Rechts das Anknüpfungsmoment mehr und mehr von der Staatsangehörigkeit auf den gewöhnlichen Aufenthalt verlagert hat und damit offenbar den Gleichlauf mit dem Europarecht sucht.

2. Rechtsprechung

Wenden wir den Blick von der Gesetzgebung auf die Rechtsprechung der Gegenwart, so lassen sich wiederum die europäische und die mitgliedstaatliche Ebene voneinander unterscheiden. Beide Ebenen fließen aber im Vorabentscheidungsverfahren auch zusammen.

---

161 Vgl. zu solchen Extensionen des unionsrechtlichen Regelungsgehalts in den Bereich des autonomen Rechts *Martin Gebauer/Christoph Teichmann*, Methoden und Formen europäischer Rechtsangleichung, in: Gebauer/Teichmann (Hrsg.) Europäisches Privat- und Unternehmensrecht, Enzyklopädie Europarecht, Band 6, 2. Auflage, Baden-Baden: Nomos 2022, § 1, Rn. 51 ff.

162 Entwurf der Bundesregierung für ein Gesetz zum Internationalen Erbrecht und zur Änderung von Vorschriften zum Erbschein sowie zur Änderung weiterer Vorschriften, BT-Drs. 18/4201, 66 v. 4.3.2015: „Soweit das auf die Rechtsnachfolge von Todes wegen anzuwendende Recht nicht in den Anwendungsbereich der ErbVO fällt, bleibt Raum für nationales Recht. Artikel 25 bestimmt aus Gründen eines möglichst weitgehenden Gleichlaufs des erbrechtlichen Kollisionsrechts, dass insoweit die Vorschriften des Kapitels III der ErbVO entsprechend gelten."

163 *Gebauer/Teichmann* (Fn. 161), Rn. 55.

a) Europäische Ebene

Die Rechtsprechung des Gerichtshofs kanalisiert die vielfältigen mitgliedstaatlichen Einflüsse und kann ihnen eine gemeinsame europäische Ausrichtung geben. Sie kann auch Nationalisierungstendenzen kontrollieren, etwa bei den Eingriffsnormen und beim *ordre public*. Sie ist ihrerseits aber angewiesen auf die Vorlagebereitschaft und die Offenheit der mitgliedstaatlichen Gerichte. In der Auseinandersetzung mit dieser Rechtsprechung durch die Wissenschaft entsteht wiederum ein europaweiter Diskurs über die vom EuGH verfolgten Ansätze. Umgekehrt erfolgt zwar kaum eine Rezeption der Wissenschaft durch den Gerichtshof, allenfalls mittelbar über die generalanwaltlichen Schlussanträge. Auf jeden Fall prägt aber die Rechtsprechung des EuGH seit fast einem halben Jahrhundert die rechtsordnungsübergreifende Fortbildung des Kollisionsrechts. Sie dürfte in dieser Funktion weltweit einmalig sein und wird auch über die europäischen Grenzen hinweg in der Wissenschaft wahrgenommen.

b) Mitgliedstaatliche Ebene

Ob die einzelstaatliche Rechtsprechung eher international, europäisch oder auch national ausgerichtet ist, hängt zunächst einmal von zwei prozessualen Faktoren ab: Erstens von der *Behandlung des Kollisionsrechts* im Verfahren und zweitens von der prozessualen *Behandlung des fremden Rechts*, wenn dieses fremde Recht kollisionsrechtlich zur Anwendung berufen ist. Ist das im Inland geltende Kollisionsrecht also vom Gericht nur dann in Betracht zu ziehen, wenn eine Partei die Rechtsanwendungsfrage aufwirft, oder auch schon dann, wenn der Parteivortrag einen entsprechenden Auslandsbezug als Tatsache enthält?[164] Diese Frage wird in den Mitgliedstaaten ebenso unterschiedlich beantwortet[165] wie der prozessuale Umgang mit dem fremden Recht, wenn seine kollisionsrechtliche Anwendbarkeit einmal feststeht.[166] Soll dann das anwendbare fremde Recht einer Tatsache gleichgestellt werden mit der Konsequenz, dass sein Inhalt von der Partei zu beweisen ist, die einen bestimmten Inhalt dieses Rechts behauptet? Ist im Zweifel vielleicht sogar davon auszugehen, dass das fremde Recht dem eigenen gleicht?[167] Wird das fremde Recht am Ende sogar durch seine Anwendung im Inland selbst zu einem Teil der eigenen Rechtsordnung?[168]

---

164 Die in Deutschland geltende Pflicht zur amtswegigen Anwendung des im Inland geltenden Kollisionsrechts bedeutet nicht, dass das Gericht von sich aus auch Tatsachen ermitteln müsste, aus denen sich die Anwendbarkeit ausländischen Rechts ergeben könnte. Nur dort, wo der Untersuchungsgrundsatz gilt, wie etwa in Ehesachen, kann es eine Ermittlungspflicht auch für Anknüpfungstatsachen geben. Zu dieser Unterscheidung vgl. *Haimo Schack*, Internationales Zivilverfahrensrecht, 8. Auflage, Berlin/Boston: Walter de Gruyter 2021, Rn. 754.

165 Zu den nicht vereinheitlichten prozessualen Rahmenbedingungen der Kollisionsrechtsanwendung im EU-Kollisionsrecht und den damit zusammenhängenden Fragen des *effet* utile und der Verfahrensautonomie der Mitgliedstaaten siehe *M. Stürner* (Fn. 13), S. 620 ff.

166 Monographisch zu beiden Fragen aus der Perspektive des englischen, schottischen und deutschen Rechts: *Critchley* (Fn. 41); vgl. Wieczorek/Schütze-*Gebauer*, Kommentar zur Zivilprozessordnung, 5. Auflage, Berlin/Boston: Walter de Gruyter 2023, § 293 ZPO, Rn. 21 f.

167 Hierzu aus englischer Sicht etwa *Richard Fentiman*, Foreign Law as Local Law: a Case of Mistaken Identity?, in: Magdalena Pfeiffer, Jan Brodec, Petr Bríza and Marta Zavadilová (eds.), Liber Amicorum Monika Pauknerová, Praha: Wolters Kluwer 2021, 143 ff.

168 Zur in Deutschland überwiegenden Auffassung, wonach das ausländische Recht auch bei Anwendung im Inland seinen Charakter als ausländisches Recht behält, vgl. *Schack* (Fn. 162), Rn. 755, 785; kritisch hierzu und vertiefend aus kollisionsrechtlicher Sicht: *Boris Schinkels*, Normsatzstruktur des IPR, Tübingen: Mohr Siebeck 2007, 63 ff.; vgl. auch *Kurt Siehr*, Die *lex-fori*-Lehre heute, in: Rolf

Diese Vorstellung hatte sich in Italien nach dem ersten Weltkrieg bei den Vertretern der so genannten Inkorporationslehre durchgesetzt,[169] in verblüffender Übereinstimmung mit zeitgenössischen Entwicklungen in den USA.[170] Von der Beantwortung solcher Einbettungsfragen hängt entscheidend ab, wie stark die jeweilige sachrechtliche *lex fori* die Rechtsanwendung auch in den Fällen dominiert, in denen eine Anwendung fremden Rechts jedenfalls im Raum steht.

Aber auch jenseits solcher prozessualen Vorgaben und rechtstheoretischen Einbettungen lassen sich ganz unterschiedliche Tendenzen in der Rechtsprechung ausmachen. Als ein methodisches Nationalisierungsbeispiel interessant ist eine jüngere Entscheidung des BGH aus dem Jahre 2014 zur Qualifikation der italienischen gerichtlichen Aufrechnung unter der Rom I-VO.[171] Interessant ist diese Entscheidung im Nationalisierungskontext deshalb, weil der BGH hier wie selbstverständlich die sachrechtliche *lex fori* des BGB heranzieht, um im Rechtsvergleich dann das fremde Recht kollisionsrechtlich einzuordnen. Die Qualifikation der italienischen Bestimmungen richte sich danach, „ob die dort bestimmten Voraussetzungen für die Aufrechnung in ihrem sachlich-rechtlichen Gehalt den in §§ 387 ff. BGB als Teil des materiellen Rechts geregelten deutschen Aufrechnungsvoraussetzungen gleichkommen […]."[172]

In diesem „Gleichkommen", wie es der BGH formuliert, steckt der von der deutschen Rechtsprechung seit vielen Jahrzehnten geforderte funktionale Rechtsvergleich, bezogen auf die sachrechtliche *lex fori*. Dieser Vergleich mit dem eigenen Recht bei der Qualifikation entstand aber in einer Zeit, in der die Kollisionsnormen ganz überwiegend dem gleichen Rechtssystem angehörten wie die sachrechtliche *lex fori*. Bei Anwendung einer europäischen Kollisionsnorm im Jahre 2014 wäre die besondere Bedeutung gerade der §§ 387 ff. BGB aber doch begründungsbedürftig gewesen.

Umgekehrt zeigen sich aber auch in der Rechtsprechung des BGH immer wieder autonome Europäisierungstendenzen. In den vergangenen Jahrzehnten wurden nicht nur durch den Gesetzgeber, sondern immer wieder auch durch die Rechtsprechung europäische Konzepte in das deutsche Recht hinein ausgedehnt. Beispiele hierfür finden sich bei der Auslegung besonderer Gerichtsstände in der ZPO, auch im Verbraucher- und im Versicherungsprozessrecht.[173] Dabei orientiert sich die Rechtsprechung dann

Serick/Hubert Niederländer/Erik Jayme (Hrsg.), Albert A. Ehrenzweig und das internationale Privatrecht, Heidelberg: Carl Winter 1986, 35, 39 f.; *Mansel* (Fn. 1), 739, 743.

169 Hierzu im Anschluss an *Dionisio Anzilotti* insbesondere *Ago* (Fn. 130), 94 ("un vero e proprio diritto speciale"), 106 ff.; dazu auch *Schinkels* (Fn. 168), 22 ff., 24.

170 Vgl. *Walter Wheeler Cook*, The Logical and Legal Bases of the Conflict of Laws, Yale Law Journal 33 (1924), 457, 473: "If my observations of fact have been accurate, must we not say that in *Milliken v. Pratt* all that the Massachusetts court did was to adopt as the Massachusetts law a rule of decision identical in scope with the Maine "domestic rule"?"; *Erik Jayme*, Dionisio Anzilotti und das deutsche internationale Privatrecht, in *Jayme*, Gesammelte Schriften, Band 3: Internationales Privatrecht und Völkerrecht, Heidelberg: C.F. Müller 2003, 86 ff., 91: „*Anzilotti* entwickelt also eine Art „Local Law-doctrine". Zu der "bemerkenswerten Ähnlichkeit" in der Stellung Cooks mit der zeitgenössisch in Italien vertretenen Auffassung siehe auch *Paolo Picone/Wilhelm Wengler* (Hrsg.), Internationales Privatrecht, Darmstadt: Wissenschaftliche Buchgesellschaft 1974, 59.

171 BGH, 14.5.2014, NJW 2014, 3156; JZ 2015, 48, mit Anm. *Mankowski*, JZ 2015, 50; IPRax 2016, 606, mit Anm. *Wendelstein*, IPRax 2016, 572.

172 BGH, 14.5.2014, NJW 2014, 3156, 358, Rn. 23.

173 Vgl. zu § 32 ZPO BGH 28.2.1996 – NJW 1996, 1411 = IPRax 1997, 187 ff., mit Anmerkung *Mankowski* 173 ff.; vgl. hierzu auch *Martin Gebauer*, Interne Harmonisierung durch autonome Rechtsangleichung, Jahrbuch Junger Zivilrechtswissenschaftler 2000, Stuttgart: Boorberg 2001, 201, 209 f.; zur richterlichen Prägung der deutschen Gerichtsstände durch das Muster des Europäischen Zivil-

an unionsrechtlichen Parallelnormen, die für den konkreten Fall gerade nicht zur Anwendung berufen sind.[174] Methodisch interessant ist der offenbar vermutete Gleichlauf mit dem Europarecht. Er kommt in der wiederkehrenden Formulierung des BGH zum Ausdruck, dass keine Anhaltspunkte dafür ersichtlich seien, dass der deutsche Gesetzgeber bei der Ausgestaltung der nationalen Schutzvorschriften für außerhalb des Geltungsbereichs des europäischen Zuständigkeitsrechts liegende Sachverhalte hinter deren Schutzbereich habe zurückbleiben wollen.[175]

3. Wissenschaft

Abschließend noch ein Wort zur Rolle der Wissenschaft. Auch hier ist der Eindruck ein ambivalenter. Die Kollisionsrechtswissenschaft war seit dem Mittelalter europäisch ausgerichtet. Ab dem neunzehnten Jahrhundert erfuhr sie dann eine starke Diversifizierung auch innerhalb Europas. Das ist bis heute spürbar. Nationale oder regionale Prägungen des IPR werden im Umgang mit dem Unionsrecht fortgesetzt. Es beginnt bei den Literaturgattungen, durch die sich die Wissenschaft ausdrückt und eventuell auch den Austausch mit der Praxis sucht. Hier spielt in Deutschland traditionell der Kommentar eine herausragende Rolle,[176] mit dem wir uns auch die europäischen Verordnungen erschließen. In den Fußnoten deutscher Kommentare tauchen ausländische Judikate und Lehrmeinungen nicht allzu häufig auf. Über unsere Kommentare exportieren wir die deutsche Sicht auf das Europarecht. Das wird sogar noch verstärkt, wenn wir sie auf Englisch schreiben.

Vorbildliche Gegenbeispiele sind Kommentare und auch Enzyklopädien, die bewusst ein internationales Team an Autorinnen und Autoren zusammenführen. Natürlich ist alleine dadurch der Binnenaustausch noch nicht gewährleistet, denn die Verantwortung für Stichworte oder Normengruppen wird eben aufgeteilt. Aber es mag doch das Bewusstsein eine Rolle spielen, mit einem internationalen Autorenkreis auch einen internationalen Leserkreis anzusprechen.

Dass ganz verschiedene Themen und Fragestellungen an das IPR herangetragen werden, die zum Teil aus lokal begrenzten oder einzelstaatlichen Diskursen stammen, ist nicht an sich ein Problem. Es kann den europäischen und den internationalen Diskurs auch bereichern. Zum Problem wird es erst dann, wenn es unreflektiert geschieht, wenn wir also die Methoden und Fragen, die wir mit uns führen, nicht daraufhin überprüfen, ob sie sich übertragen lassen auf eine veränderte Quellenlage. In den Kommentaren zur Formanknüpfung von Verträgen wird etwa regelmäßig die Frage behandelt, ob in einer Wahl des Schuldstatuts nicht regelmäßig auch die stillschweigende Abbedingung des Ortsrechts zu sehen ist, wie dies der BGH vor fünfzig Jahren annahm.[177] Hier wird man heute das Eindeutigkeitserfordernis für eine Rechtswahl in Art. 3 der Rom I-VO zu thematisieren und danach zu fragen haben, ob an einen konkludenten Willen zur Abwahl

prozessrechts im geltenden Recht s. auch *Martin Gebauer*, Das System der Schutzgerichtsstände in Versicherungs- und Verbrauchersachen im Deutschen und Europäischen Zivilprozessrecht – Vorbild Europa?, in 56. Deutscher Verkehrsgerichtstag, Köln: Luchterhand 2018, 117, 126 ff.

174 *Gebauer/Teichmann* (Fn. 161), Rn. 56.

175 *Gebauer/Teichmann* (Fn. 161), Rn. 58 f., mwN.

176 Monographisch hierzu: *David Kästle-Lamparter*, Welt der Kommentare, Tübingen: Mohr Siebeck 2016.

177 BGH 57, 337 = NJW 1972, 385, 386; dazu Jayme NJW 1972, 1618 (1619): „Die vom BGH vertretene Lösung führt – trotz des „strengen Maßstabs" – praktisch dazu, in der bloßen Vereinbarung des Schuldstatuts bereits den Ausschluß des Art. 11 Abs. 1 Satz 2 EGBGB zu sehen."

des Ortsrechts heute strengere Anforderungen zu stellen sind, als dies vielleicht früher in einer anderen Quellenlage der Fall war.[178]

Inhaltlich liegt ein wissenschaftliches Desiderat in der verstärkten Auseinandersetzung mit den Grundlagen und Theorien des Kollisionsrechts, auch mit seiner Geschichte, deren Erzählung weder in Europa noch weltweit eine einheitliche ist.[179] Die Auseinandersetzung mit diesen Grundlagen kann dazu beitragen, im grenzüberschreitenden Diskurs Missverständnissen vorzubeugen und auch die Dogmatik des geltenden Rechts zu bereichern.

Optimistisch stimmen neuere Zeitschriften, Jahrbücher, Internetforen und Vereinigungen im IPR, die dem grenzüberschreitenden Austausch der Kollisionsrechtswissenschaft gewidmet sind und dabei ganz bewusst auch die Welt außerhalb Europas einbeziehen. Eine sehr wichtige Tagung wurde vor einigen Jahren in Berlin veranstaltet zu der Frage, wie europäisch das europäische Internationale Privatrecht eigentlich ist.[180] Letztlich aus dieser Tagung ist die Europäische Vereinigung für Internationales Privatrecht hervorgegangen. Alle diese Aktivitäten sind Hoffnungsträger für eine europäische und gleichzeitig weltoffene Wissenschaft des Internationalen Privatrechts.

---

178 Vgl. Beck OGK-*Gebauer*, Art. 11 Rom I-VO, Rn. 119.
179 *Hatzimihail* (Fn. 14), 51 ff.
180 *Jan von Hein/Eva-Maria Kieninger/Giesela Rühl* (eds.), How European is European Private International Law?, Cambridge: Intersentia 2019.

Thesen

zum Referat von Prof. Dr. Martin Gebauer, Tübingen, RiOLG Stuttgart

1. Methodenvielfalt ist nichts Beunruhigendes und nichts Neues. Sie war im Internationalen Privatrecht seit dem Mittelalter präsent.

2. Das kontinentaleuropäische Kollisionsrecht entwickelte früh eine besondere Offenheit im Umgang mit Rechtspluralität. Stets gingen damit aber inhaltliche Grenzen der Toleranz gegenüber dem fremden und partikularen Recht einher. Zur rationalen Begrenzung des partikularen Rechts wurden kollisionsrechtliche Kontrollmechanismen entwickelt, sowohl im materiellen Recht als auch im prozessualen Umgang mit dem fremden Recht.

3. Kollisionsrechtliche Entwicklungen waren stets von politischen und ideengeschichtlichen Einflüssen geprägt. Sie schlugen sich immer auch in der Rechtsdogmatik nieder. In der Kollisionsrechtsdogmatik werden die dem IPR eigenen Gegensätze handhabbar gemacht: das Universelle, das Partikulare, das Fremde und das Inakzeptable, das Ähnliche und das Eigene.

4. Die jeweiligen Funktionen von Normsetzung, Wissenschaft und Rechtsprechung variierten in den verschiedenen Epochen des Kollisionsrechts und wandelten sich mit dem Rechtsbegriff. Alle diese drei Akteure waren aber beteiligt an den Nationalisierungs- und Internationalisierungstendenzen in den verschiedenen Epochen, ebenso am Auf und Ab der europäischen Prägung des Kollisionsrechts. Ideengeschichtliche Traditionen bewusst zu machen, kann dabei helfen, versteckte Nationalisierungsprozesse offenzulegen.

5. In der Gegenwart neu sind die einheitliche europäische Gesetzgebung und Rechtsprechung. Partikulare Denktraditionen, die auch in der Wissenschaft gepflegt und über Gesetzesänderungen hinweg fortgeführt werden, bilden eine Herausforderung, können aber auch als Chance begriffen werden.

Summary*

Internationalization versus Europeanization and Renationalization in Private International Law

by Prof. Dr. Martin Gebauer, Tübingen, Judge at the Court of Appeal in Stuttgart

1. A diversity of approaches towards private international law is neither concerning nor new. Such diversity has been a feature of private international law since the Middle Ages.

2. At an early stage, the private international law of continental Europe developed a remarkable openness in respect of its approach to legal plurality. However, this was always accompanied by limits to the tolerance of substantive foreign and particular law, e. g., the law applying only to a specific geographical area as opposed to the *ius commune*. For the rational delimitation of particular law, control mechanisms in the form of rules of private international law were developed, both in terms of substantive law and the procedural approach taken towards foreign law.

3. Developments in private international law were always influenced by the relevant historical political developments and ideological concerns. Such developments and concerns were also consistently reflected in legal dogmatics. So far as the dogmatics of private international law are concerned, its inherent contradictions were made manageable: the universal, the particular, the foreign, the unacceptable, the similar and the peculiar.

4. The respective functions of legislation, jurisprudence and legal practice differed throughout the various epochs of private international law and transformed themselves with the changing concept of law, i. e., whether law derived from the legislature or some other body. All three actors were involved to varying extents in the respective national and international tendencies of the various epochs, together with the rise and fall of the European influence on private international law. Increasing awareness of the ideological traditions of the respective epochs can assist to reveal the rise of hidden national approaches.

5. European private international law in the present is strongly influenced by new, uniform European legislation and case law. Particular schools of thought, which have been cultivated in jurisprudence and have persisted beyond developments in law, constitute a possible challenge to the coherency of the system, but can also be viewed as an opportunity.

---

* I am grateful for the kind assistance of Dr. Alexander DJ Critchley, Edinburgh, with this translation.

Diskussion

zu den Referaten von Bernstorff und Gebauer

Herr Hobe: Wir beginnen jetzt die Aussprache. Frau Coester-Waltjen, bitte.

Frau Coester-Waltjen: Vielen Dank zunächst für die beiden hervorragenden Vorträgen an diesem Vormittag. Ich habe zwei kurze Fragen an Sie, Herr Gebauer. Habe ich Sie richtig verstanden, dass Sie einer Internationalisierung des internationalen Privatrechts eher skeptisch gegenüberstehen? Ich stimme Ihnen durchaus darin zu, dass mit der von Ihnen aufgezeigten Entwicklung nicht unbeträchtliche Gefahren verbunden sind. Aber werden diese nicht durch eine leichtere Vorhersehbarkeit und eine einfachere Handhabung, also letztlich durch mehr Rechtssicherheit aufgewogen, während die stärkere Konzentration auf eine Europäisierung und erst recht auf eine Re-Nationalisierung viele – und zwar nicht nur praktische – Probleme aufwerfen würde? Die zweite Frage betrifft letztlich dieselbe Problematik. Bedeutet die Spaltung des IPR in europakonzentrierte Kollisionsnormen und in Normen, die gegenüber drittstaatlichen Sachverhalten nur begrenzt die Anwendung ausländischen Rechts erlauben, nicht zusätzlich zu der Komplizierung durch zwei unterschiedliche Systeme einen enormen Rückschritt für die – trotz aller Bedenken – in einer Weltgemeinschaft notwendige Toleranz und Akzeptanz gegenüber anderen Gesellschaften?

Herr Hobe: Eva-Maria, bitte.

Frau Kieninger: Das schließt eigentlich unmittelbar an das an, was Frau Coester-Waltjen gerade schon gefragt hat. Auf den ersten Blick könnte man ja vielleicht annehmen, dass die beiden Referate heute Morgen wenig miteinander zu tun hatten, bei näherem Hinsehen würde ich das aber anders sehen. Herr von Bernstorff hat besonders zum Ende seines Referats die drei apokalyptischen Reiter, die bewaffneten Konflikte, den Klimawandel und die Ungleichheit zwischen Nord und Süd genannt, und ich denke, dass das Privatrecht, vermittelt durch das Kollisionsrecht, in manchen Punkten einen Beitrag zur Lösung leisten kann. Wir können als Einzelstaaten mit privatrechtlichen Instrumenten jedoch nur dann etwas bewirken, wenn dieses Recht auch anwendbar ist. Es gibt jedoch eine gewisse kollisionsrechtliche Blindheit des nationalen Gesetzgebers, gegen die wir als Kollisionsrechtler anarbeiten müssen. Dazu war das Grundsatzreferat von Herrn Gebauer ganz besonders geeignet. Ich möchte das an zwei Beispielen exemplifizieren:

Das erste Beispiel betrifft das Lieferkettensorgfaltspflichtengesetz: Während des Gesetzgebungsverfahrens traf ich bei einer Veranstaltung mit dem jetzigen Vorsitzenden des Arbeits- und Sozialausschusses im Deutschen Bundestag zusammen. Ich habe seinerzeit mehrere Anläufe unternommen, um ihm zu erklären, dass die Sorgfaltspflichten des Lieferkettengesetzes wegen der Rom-II-Verordnung möglicherweise nicht anwendbar seien. Es ist mir nicht gelungen. Mir schien, er stünde einfach auf dem Standpunkt, dass alles, was der deutsche Gesetzgeber sage, für deutsche Unternehmen gelten müsse. Dass das aber nicht der Fall ist, war nicht zu vermitteln.

Das zweite Beispiel knüpft jetzt noch unmittelbarer an das an, was Herr von Bernstorff uns zum Ukrainekrieg vorgetragen hat: Eine der wenigen Möglichkeiten, die der Westen angesichts der atomaren Bedrohung durch Russland hat, sind ja Wirtschaftssanktionen und insbesondere der Versuch, über den Druck auf die „Oligarchen" Einfluss auf das innenpolitische Geschehen in Russland zu nehmen. Das setzt aber voraus, dass die Behörden und Gerichte in Deutschland und in anderen Ländern wissen, wem welche Vermögenswerte gehören. Warum ist das so schwierig? Weil das deutsche Geldwäschegesetz in Umsetzung der Transparenzrichtlinie keine adäquaten kollisionsrechtlichen Vorschriften enthält. Es ist nur anwendbar auf in Deutschland registrierte Gesellschaften. Nur sie müssen ihren wirtschaftlich Berechtigten nachweisen. Wenn es sich aber, wie in der Praxis üblich, um Cayman-Islands-Gesellschaften und Isle-of-Man-Gesellschaften handelt, ist unser Geldwäschegesetz mit seinem Transparenzregister gar nicht anwendbar.

Daran schließt sich meine Frage an Herrn Gebauer an: Sie haben ja die Diskrepanz und die Europäisierung beschrieben. Angewendet auf das Gesellschaftsrecht heißt das doch, dass für die drittstaatlichen Gesellschaften nach wie vor die Sitztheorie gilt. Könnte man diese in der strikten Form anwenden, d. h. nicht in ihrer modifizierten Form, wie sie der Gesellschaftsrechtssenat von 2001 angewendet hat, nämlich mit der Umdeutung in eine deutsche Personengesellschaft, die dann auch wieder rechtsfähig ist, sondern in der ursprünglichen Form, sodass die Existenz der Cayman-Islands-, Jungferninseln- oder Isle-of-Man-Gesellschaften zu negieren wäre: wäre das eine Lösung, wenn aus Sicht des deutschen Rechts – wenn sich tatsächlich diese Vermögenswerte in Deutschland befinden – diese Gesellschaft gar nicht anerkennungsfähig wäre? Die Rechtsprechung des EuGH stünde jedenfalls nicht im Wege.

Herr Hobe: Herzlichen Dank, auch für diesen aktuellen Bezug. Herr Gebauer, bitte.

Herr Gebauer: Vielen Dank. Ich glaube die letzte Frage von gerade hat auch etwas zu tun mit der zweiten Frage von Frau Coester-Waltjen, nämlich die Fragen zum Drittstaatenbezug einerseits und innereuropäischen Bezügen andererseits.

Die erste Frage betraf die Grenzen einer Internationalisierungsfähigkeit von Kollisionsnormen im Angesicht der von Kahn so genannten latenten Kollisionen, also der sachrechtlich bedingten Unterschiede im Systemverständnis. Sowohl Kahn als auch Bartin sahen hier unüberwindbare Grenzen bei der Kollisionsrechtsvereinheitlichung. Ich denke aber, dass ihre Äußerungen zu einem guten Teil als Provokation gedacht und nicht als allgemeines Argument gegen jeden Versuch einer gesetzgeberischen Kollisionsrechtsvereinheitlichung gemeint waren. Gerade Franz Kahn zeigte sich dann auch sehr interessiert an den um die Jahrhundertwende stattfindenden Haager Konferenzen mit ihren Vereinheitlichungsprojekten im Internationalen Privatrecht. Ich denke, dass die Vereinheitlichung schon damals gerade auch aus der positivistischen Perspektive erstrebenswert erschien, wenn auch mit der bis heute aktuellen Warnung davor, dass es da noch einen Restbereich gibt, in dem die Vereinheitlichung aufgrund der unterschiedlichen Systemverständnisse in den Rechtsordnungen nur eingeschränkt funktioniert.

Die zweite Frage betraf, wenn ich Sie richtig verstanden habe, den Bereich, der dem autonomen, mitgliedstaatlichen Kollisionsrecht noch verbleibt, in Drittstaatenkonstellationen oder vor allem auch dann, wenn der sachliche Anwendungsbereich des Europarechts endet. Hier kann potentiell ein zweites Regime auf mitgliedstaatlicher Ebene eröffnet werden. Und dann stellt sich in der Tat die Folgefrage, ob wir die Konkurrenz der Regime verhindern oder ob wir sie ausbauen wollen: Man reduziert Komplexität, indem man die beiden Regime versucht zusammenzuführen, also das mitgliedstaatliche Regime an das europäische anpasst. Das kann aber natürlich dann auch an Grenzen dort stoßen, wo das europäische Recht an sich gedacht ist für einen rein innereuropäischen Bezug. Also gerade dort, wo es etwa um Anerkennungswirkungen geht, etwa bei gerichtlichen Entscheidungen, bei Verwaltungsakten, bei Beweiswirkungen, die in Urkunden zum Ausdruck kommen, bei Rechtswirkungen, wie sie in Artikel 65 der neuen Brüssel-IIa-Verordnung zum Ausdruck kommen, wonach die Rechtswirkungen, die eine urkundlich erfasste Scheidung in einem Mitgliedstaat hat, anerkannt werden. Bei der Anerkennung gibt es also ganz verschiedene Reichweiten, an die wir denken können, aber all dies ist natürlich innereuropäisch gedacht: Da bringen wir gegenseitiges Vertrauen entgegen, das wir drittstaatlichen Rechtslagen, Entscheidungen und so weiter nicht ohne Weiteres entgegenbringen. Von daher ist wohl auch von vornherein eine gewisse Spaltung nahegelegt zwischen den zwei verschiedenen Welten, also der innereuropäischen einerseits und der Welt der drittstaatlichen Verknüpfungen andererseits.

Es gibt aber umgekehrt durchaus auch Bereiche, in denen das gerade nicht der Fall ist, weil das europäische Kollisionsrecht selbst drittstaatlich angelegt ist. Die EU-Verordnungen gelten ja grundsätzlich universell und soweit das der Fall ist, spricht eigentlich gar nichts dagegen, sie dann sachlich jenseits ihres eigenen Anwendungsbereichs einfach nur in das mitgliedstaatliche Recht hinein auszudehnen und auf diese Weise die potentielle Spaltung zu vermeiden. Deshalb muss man wahrscheinlich danach unterscheiden, ob die Wertungen des Europarechts auf den innereuropäischen Verkehr beschränkt sind, oder ob sie sich auch auf Drittstaatenkonstellationen ausdehnen lassen. Lassen sie sich in der Wertung ausdehnen, dann erscheinen solche Anpassungsmechanismen des mitgliedstaatlichen Gesetzgebers durchaus vernünftig. Beispiele hierfür bilden in Deutschland etwa die Art. 17 Abs. 2, 25 EGBGB. Aber auch die Angleichung von Anknüpfungsmomenten des autonomen Rechts etwa in den Art. 7 und 14 EGBGB an die im Europarecht verwendeten führt zu einer vergleichbaren Parallelisierung, die zur Vereinfachung der Rechtsanwendung führen kann.

Das leitet dann über zu dem dritten Punkt der Politisierung des Internationalen Privatrechts und der Frage, ob wir – etwas überspitzt formuliert – der gesamten Welt die Werte unserer *lex fori* aufdrängen sollten. Einerseits muss es sicherlich für den Gesetzgeber möglich sein, dass man auf Phänomene reagiert, die unerwünscht sind, die typischerweise in grenzüberschreitenden Konstellationen auftreten und die man für inakzeptabel hält im Inland. Damit sagt man nicht, es müsse auch auf der ganzen Welt so gelten, aber dass hier für uns selbst eine Grenze erreicht ist, an der wir stets bei entsprechendem Inlandsbezug – nicht nur aufgrund der abstrakten Wichtigkeit einer Norm, sondern nur bei entsprechendem Inlandsbezug – auch verfassungsrechtliche Werte durchsetzen, die wir eben nicht anders durchsetzen können als über die Durchsetzung der *lex fori* auch in solchen drittstaatenverknüpften Sachverhalten. Ich glaube, generell zu bekämpfen ist dieses Phänomen nicht; es ist aber stets mit Gefahren verbunden, die vom Gesetzgeber vielleicht nicht immer hinreichend durchdacht werden, und das betrifft alle Fragen, die mit Abwägung zu tun haben. Gerade grundrechtsrelevante Konstellationen müssen, um sinnvoll entschieden zu werden, abgewogen werden, ohne einfach nur mit scharfer Klinge Rechtsbeziehungen zu kappen. Bei Rechtsverhältnissen, die man vermeiden möchte, mag es sinnvoll sein, wenn sie präventiv verhindert werden; aber wenn das Kind aus einer Leihmutterschaft geboren ist, wenn Personen, die jahrelang verheiratet gelebt haben, ins Inland kommen und im Ausland bereits Erwartungen begründet haben, eine Beziehung gelebt haben, ist das etwas anderes, dem eben häufig nur mit Abwägungsmechanismen sinnvoll begegnet werden kann. Das Erschreckende an einigen dieser Gesetze zur Bekämpfung von etwas Unerwünschtem ist das Kappen jeder Abwägung. Aber grundsätzlich gestattet muss es dem Gesetzgeber natürlich sein, bei entsprechendem Inlandsbezug auch eigene Wertungen durchzusetzen, und das leitet auch über zu den Lieferketten-Fragen von Eva-Maria Kieninger.

Unter welchen Voraussetzungen finden hier eigentlich unsere Vorstellungen oder unsere Normen, die man kollisionsrechtsblind in die Welt gesetzt hat, überhaupt Anwendung? Wenn der Gesetzgeber das wirklich will, dann scheint es aber doch zu gehen, wie jetzt auch der neue Richtlinienvorschlag zu den Sorgfaltspflichten von Unternehmen und ihrer zivilrechtlichen Haftung zeigt – ich glaube er ist vom 23. Februar 2022 und es ist dort wohl der Art. 22 Abs. 5 des Vorschlags. Sinngemäß besagt er, dass die Maßstäbe, die hier in der Richtlinie vorgegeben sind und in den Mitgliedsstaaten umgesetzt werden, dann als Eingriffsnormen im Sinne der jeweiligen Verordnungen anzusehen sind, wenn ansonsten ein drittstaatliches Recht zur Anwendung berufen wäre. Das bedeutet wohl, dass eine Überlagerung des drittstaatlichen Rechts stattfindet mit den Haftungsnormen, die wir eingriffsartig durchzusetzen haben. Das ist auch eine interessante Art der „Nationalisierung", gewissermaßen auf europäischer Ebene. Es fließen Europäisierung und Nationalisierung eigentlich zusammen; es wird auf europäischer Ebene zwingend das Europarecht behandelt wie nationale Eingriffsnormen, die dann zur Anwendung der *lex fori* führen sollen.

Die letzte Frage bezog sich auch auf Transparenz, Geldwäsche und die Kontrollmöglichkeiten bei Unternehmen aus Drittstaaten. Wie kommt man an Informationen heran oder wie bringt man solche Konstellationen unter das deutsche Recht, wenn das deutsche Recht das eben eigentlich nicht regelt? Was ich dabei nicht ganz genau verstanden habe, war die Bedeutung der Sitztheorie in diesem Zusammenhang. Denn sie mag zwar zum inländischen Recht führen, wenn der effektive Verwaltungssitz im Inland liegt. Unter welchen Voraussetzungen aber die inländischen Normen einen Sachverhalt regeln oder nicht regeln, dürfte keine kollisionsrechtliche Frage mehr sein, allenfalls vielleicht eine Frage der Substitution.

Herr Hobe: Ganz herzlichen Dank, lieber Herr Gebauer. Und damit kommen wir jetzt zu den Fragen an Jochen von Bernstorff, und das sind viele. Und damit wir das in der zur Verfügung stehenden Zeit von gut 65 Minuten einigermaßen in den Griff kriegen, darf ich alle wirklich um äußerste Disziplin bei der Fragestellung bitten. Ich möchte jetzt so vorgehen, dass wir immer Blöcke von ungefähr fünf nehmen und Dir, lieber Jochen, dann die Gelegenheit geben, darauf zu antworten. Ich nenne schon mal die ersten drei der Intervenienten, damit man sich bereit machen kann. Die ersten drei sollen sein: zunächst Herr Kollege Frowein, dann Herr Kollege Klein und dann Bruno Simma. Herr Frowein, bitte.

Herr Frowein: Herr Vorsitzender, vielen Dank. Ich fand das Referat von Herrn von Bernstorff in vielen Punkten sehr eindrucksvoll. Ich möchte mich dem Problem widmen, in dem ich vor mehr als fünfzig Jahren die These vertreten habe, dass das, was ich das sogenannte befriedete *de-facto*-Regime genannt habe, sowohl aktiv als auch passiv an das Gewaltverbot gebunden beziehungsweise durch es geschützt wird. Sie erinnern sich, dass damals die Deutsche Demokratische Republik zwar seit längerem bereits existierte, aber von uns und vielen anderen nicht als staatliches Subjekt anerkannt wurde. Heute ist dieses Problem von enormer Bedeutung für einen Quasi-Staat mit mehr als zwanzig Millionen Einwohnern, nämlich für Taiwan. Und ich halte es für vollkommen eindeutig inzwischen völkerrechtlich, dass hier das Gewaltverbot aktiv und passiv anwendbar ist. Der Internationale Gerichtshof hat in der *Wall*-Entscheidung, die den israelischen Mauerbau betrifft, eigentlich eine erstaunliche Wendung gemacht, indem er praktisch abzulehnen schien, dass hier überhaupt eine Frage auftreten kann. Das hat sich in dem *Kongo*-Fall deutlich anders dargestellt. Der IGH hat gesagt, er ist hier nicht dazu aufgerufen, zu entscheiden, wie es wäre, wenn ein solcher Angriff eines nicht-staatlichen Akteurs quasi-staatliche Auswirkungen hätte. In meinen Augen muss man das genau lesen, um zu verstehen, dass hierin ein deutliches Caveat liegt. Ich bin aber auch der Meinung und würde das gerne noch einmal sehr deutlich sagen, dass die Anwendbarkeit von zentraler Bedeutung für das Gewaltverbot ist, und das scheint mir auch generell heute anerkannt zu sein. Weiter wollte ich noch ein Wort sagen zu dem Problem der Entwicklung von Ausnahmen zu der gegenwärtig geltenden Regelung des Art. 2 (4). Ich wäre sehr viel vorsichtiger als Herr von Bernstorff, zu dem Ergebnis zu kommen, dass das, was so generell als humanitäre Intervention bezeichnet wird, niemals eine Rechtfertigung sein kann. Ich finde, wir müssen uns klar machen, dass es wirklich ganz extreme Fälle geben kann, wo Völkermord eine Qualität bekommt. Und wenn ein hoher Konsens unter Staaten vorhanden ist, glaube ich nicht, dass man das als irrelevant bezeichnen kann. Zum Abschluss noch ein kurzes Wort zu den Problemen, die wir in der Syrienintervention sehr deutlich kennengelernt haben. Wie ist das mit dem *unable* und *unwilling* und was kann das bedeuten. Ich glaube, auch da muss man wirklich sehr differenziert hinschauen und sehen, was bedeutet das? Wenn es bedeutet, dass eine Gewaltanwendung grenzüberschreitend stattfindet, die nicht abgewehrt wird, weder vom Territorialstaat noch von einem anderen Staat, dann glaube ich, dass die Betroffenen in der Tat ein Abwehrrecht haben. Danke schön.

Herr Hobe: Herzlichen Dank, Herr Frowein. Herr Klein, bitte.

Herr Klein: Herr Vorsitzender, das Völkerrecht hat sich ja immer mit Krieg und Frieden befasst. Natürlich war der Blick auf den Krieg verschieden in diesen Zeiten, aber auch unter der heutigen Situation, wo völkerrechtlich ein klares Angriffskriegsverbot besteht, wird der Krieg ja mitgedacht. Ich glaube, und das ist nur eine erste Bemerkung, dass wenn von dieser Ausnahme vom heutigen Recht oder von diesem Bruch des heutigen Rechts gesprochen wird, obwohl die Reaktionen hierauf in dem geltenden Recht normiert sind, dass man dann in keinem Fall von einer Gefährdung prinzipiell des Völkerrechts sprechen kann. Denn wenn dessen Normen dann zur Anwendung kommen, ist es gerade eben natürlich etwas, das das Völkerrecht selber vorsieht. Dass das Entsetzen hier gerade in Europa besonders groß ist, zeigt, dass die bisherigen großen Kriege weitgehend in Europa stattfanden oder von europäischen Mächten ausgelöst worden sind und dass das Völkerrecht eben in gewisser Weise nach wie vor europäisch geprägt ist. Das führt mich zu der folgenden Frage: Herr von Bernstorff, Sie haben gesagt, dass das heutige Recht sich auch, also das Kriegsverbot, sich auch auf das Neutralitätsrecht ausgewirkt hat, so dass ökonomische Sanktionen zulässig sind von Drittstaaten, ohne dass sie damit ihren Neutralitätsstatus verlieren. Wenn das für ökonomische Sanktionen zutrifft, trifft es ja möglicherweise auch für Waffenhilfe zu. Und in der Tat, viele europäische Staaten leisten ja der Ukraine diese Waffenhilfe. Aber offenbar nur bestimmte Waffen. Warum nicht Flugzeuge? Warum nicht bewaffnete Drohnen und derartige Dinge? Warum weigern sich da einige Staaten dies zu tun? Und daran angeschlossen die Frage: Ist dieser Standpunkt oder wäre dieser Standpunkt denn überhaupt haltbar, wenn Russland nicht einen Staat wie die Ukraine angreift, sondern Finnland und Schweden? Und die dritte oder die zweite Frage, und damit komme ich zum Abschluss, betrifft das, was Sie gesagt haben über die Unmöglichkeit, wenn ich das richtig verstanden habe, dass durch Gewohnheitsrecht das Charta-Recht geändert werden kann. Das würde natürlich bedeuten, dass das Charta-Recht schon etwas wie, ja, viele nennen das ja auch so, eine echte Verfassung der Völkerrechtsgemeinschaft ist, für die andere Regeln gelten als für sonstige völkerrechtliche Regeln. Aber unabhängig davon: Es gibt ja einen Fall, der jedenfalls dieser gewohnheitsrechtlichen Änderung nahekommt. Nach dem Untergang der Sowjetunion ist die Russische Föderation in die Rechte, die UN-Rechte, einschließlich ständigem Sitz und Veto-Recht, eingerückt, obwohl damals der Präsident Jelzin von einem Untergang der Sowjetunion ausging, also keine Identität mit der Russischen Föderation da war. Also hätte ja Russland eigentlich eine Aufnahme in die Vereinten Nationen erstreben müssen. Das ist nicht geschehen, und zwar deshalb, wie wir alle wissen, weil mit einer Note der russischen Regierung, der alle Staaten zugestimmt oder jedenfalls nicht widersprochen haben, diese Nachfolge für Russland in Anspruch genommen wurde. Dieser konsensuale Beitritt kommt ja doch einem gewohnheitsrechtlich fundierten Beitritt nahe. Aber wenn das so möglich war, warum sollte dann eine gewohnheitsrechtliche Änderung der Charta ausgeschlossen sein? Danke schön.

Herr Hobe: Vielen Dank, Herr Klein. Und jetzt kommen wir virtuell zu Bruno Simma. Bruno, Deine Fragen bitte.

Herr Simma: Ich möchte Herrn von Bernstorff für dieses hervorragende Referat danken und habe dazu zwei Fragen. Die erste Frage kommt der von Herrn Klein gestellten nahe. Es geht dabei um die sogenannte „*non-belligerence*"-Doktrin und -Praxis, die sich im Anschluss an den Briand-Kellogg-Pakt in den späten Dreißigerjahren und dann zu Beginn des Zweiten Weltkriegs entwickelt hat. Meine Frage wäre: Welchen rechtlichen Status, Herr von Bernstorff, würden Sie diesen Regeln heute, also unter Geltung des Gewaltverbots, beimessen? Gegenwärtig wird die folgende Frage wieder und wieder gestellt: Wo verläuft denn die rote Linie, jenseits derer ein Staat, der die Ukraine mit der Lieferung von Waffen unterstützt, von Russland zur Konfliktpartei erklärt und dann dementsprechend behandelt werden darf? Gibt es hierfür irgendwelche juristischen Grenzen, lässt sich dafür aus der „*non-belligerence*"-Praxis, die sich vor und zu Beginn des Zweiten Weltkriegs herausgebildet hat, für die Gegenwart noch etwas gewinnen? Mir ist dazu ein interessanter Fall eingefallen. Es war im Jahr 1940, glaube ich, also doch geraume Zeit vor dem formellen Kriegseintritt der USA, dass die USA Großbritannien 50 relativ bejahrte, aus dem Ersten Weltkrieg stammende Zerstörer nicht direkt verkauften, sondern gegen Nutzungsrechte an britischen überseeischen Territorien eintauschten. Vielleicht könnte man ja eine gewisse Verwandtschaft zwischen dem Beispiel dieser alten Kriegsschiffe und den MiG-29 feststellen, die Polen kürzlich von uns als Ersatz für die Maschinen bekommen hat, die Polen seinerseits an die Ukraine geliefert hat. Nochmals: Gibt es da auch etwas juristisches zu gewinnen oder läuft es auf das hinaus, was Sie zu Beginn Ihres Vortrags so prägnant formuliert haben: Der ganze Komplex der kollektiven Sicherheit ist gelähmt, solange es keine nukleare Abrüstung gibt, oder, wie ich etwas pointierter sagen würde, wenn ein Nuklearstaat, der ein Vetorecht im Sicherheitsrat hat, als Friedensbrecher auftritt?

Meine zweite Frage betrifft die „*unable-unwilling*"-Doktrin. Der Internationale Gerichtshof hat in Paragraph 139 seines *Wall*-Gutachtens ausgeführt, dass Israel zur Rechtfertigung seiner Eingriffe auf palästinensischem Gebiet, insbesondere des Mauerbaus, der in Artikel 51 der VN-Charta statuierte Rechtfertigungsgrund der Notwehr nicht zur Verfügung steht. Die Begründung, die der IGH dafür gegeben hat, ist recht mager: Zum einen habe Israel selbst zugegeben, dass sich sozusagen „auf der anderen Seite" der Mauer kein Staat befinde, gegen den man sich nach Artikel 51 wehren dürfe. Zum anderen könne sich Israel nicht auf die Anti-Terror-Resolutionen berufen, die im Gefolge des 11. September 2001 vom Sicherheitsrat verabschiedet wurden. Diese Begründung ist sehr stark kritisiert worden, vor ein paar Minuten von Herrn Frowein, der in diesem Zusammenhang von einer erstaunlichen Wendung gesprochen hat. Diesem Befund muss ich zustimmen; ich habe es immer bedauert, dass sich der Gerichtshof in der Hitze des Gefechts (bei seiner recht kontroversen Beratung der Frage) auf keine zufriedenstellendere Begründung einigen konnte. Und hier wollte ich Herrn von Bernstorff fragen, ob man die Argumentation gegen die Aufweichung von Artikel 51 gegenüber Gewaltanwendung durch *non-state actors* über Staatsgrenzen hinweg, die er geliefert hat, nicht auch dem IGH ins Stammbuch schreiben sollte.

Soviel zu meinen beiden Fragen; vielen Dank.

Herr Hobe: Herzlichen Dank, Bruno Simma. Dann darf ich die nächsten drei Intervenienten schon mal aufrufen. Es kommt Oliver Diggelmann, dann Thilo Marauhn und dann Jörg Kammerhofer. Oliver Diggelmann, bitte.

Herr Diggelmann: Vielen Dank, Jochen, für Dein beeindruckendes Referat, ich werde mich auch tatsächlich eher kurzhalten. Mich würde sehr interessieren, wie Du das Verhältnis zwischen Annexionsverbot und faktisch irreversiblen Annexionen grundsätzlich beschreiben würdest. Wenn man die letzten 75 oder 77 Jahre anschaut, dann scheint es mir jeweils so gewesen zu sein, dass nach einer kürzeren oder längeren Phase rechtlicher Negierung dieses Zustandes irgendwann ein Moment, ein diffuser Moment eintritt, in dem vorsichtige oder implizite Anerkennungen des neuen Zustandes einfach möglich sind. Das hat mich immer erinnert an eine Formulierung von Max Huber über die Anschmiegsamkeit des Völkerrechts an sein soziales Substrat und das hat bei mir immer ein gewisses Unbehagen zurückgelassen. Aber mich würde es interessieren, wie Du das siehst. Vielen Dank.

Herr Hobe: Vielen Dank, Oliver. Thilo, bitte.

Herr Marauhn: Vielen Dank für das hervorragende Referat. Ich möchte eine methodische Frage stellen, da am Anfang des Referats einige völkerrechtssoziologische Überlegungen angestellt wurden. Ich bin überzeugt, dass wir die Praxis auch methodisch etwas stärker in den Blick nehmen müssen. Dabei müssen wir beachten, dass vieles davon Diskurs ist und nicht unbedingt Praxis. Wenn wir diesen Diskurs analysieren, dann gibt es in der sozialwissenschaftlichen Normenforschung eine Diskussion über Geltungs- und Anwendungsdiskurse. Unsere Debatte über die Auslegung des Gewaltverbotes und des Selbstverteidigungsrechts ist aus meiner Sicht ein Anwendungs- und kein Geltungsdiskurs. Wenn wir in diesen Anwendungsdiskurs einsteigen, dann ist es uns als Völkerrechtswissenschaftler:innen ein Anliegen, dass das Recht sich auch gegen die Praxis stellt, also eine kontrafaktische Dimension hat. Wie bringen wir diese in einem Anwendungsdiskurs effektiv zur Geltung? Denn das muss uns ja gelingen, wenn wir auf der einen Seite sagen, wir berücksichtigen die Praxis, zugleich aber wollen wir die Normen gegen die Praxis in Position bringen. Meine zweite Frage bezieht sich auf die Rolle des Rüstungskontrollrechts oder der Rüstungskontrolle insgesamt. Wir können an dieser Stelle viel über politische Fragen diskutieren. Aber das ist ja nicht unsere spezifische Kompetenz als Juristinnen und Juristen. Vielmehr wollen wir unsere rechtsdogmatische und vielleicht auch unsere rechtspolitische Kompetenz einbringen. Und da möchte ich die These teilen, dass ohne eine vernünftige und funktionsfähige Rüstungskontrolle im Bereich der Nuklearwaffen tatsächlich das System kollektiver Sicherheit in eine kontinuierliche Schieflage gerät und auch operationell nur noch schwer zu handhaben ist. Ich möchte das mit zwei kleinen Hinweisen unterstreichen. Es gibt den Vertrag über das Verbot nuklearer Waffen. Im Vorfeld gab es eine intensive Debatte, ob die Bundesregierung sich an den Verhandlungen beteiligen sollte. Der wissenschaftliche Rat war einhellig: An den Verhandlungen beteiligen, wohl wissend, dass man am Ende nicht zeichnen und ratifizieren würde. Der einzige europäische Staat, der das gemacht hat, waren die Niederlande. Meine Frage an dieser Stelle: Hätte die Bundesregierung nicht gut daran getan, sich trotz bündnispolitischer Bedenken an den Verhandlungen zu beteiligen? Und das zweite Beispiel: Wir haben alle gesehen, dass der Vertrag über konventionelle Streitkräfte in Europa gemeinsam von den USA und Russland zu Grabe getragen wurde. Gibt es eine neue Chance für ein solches Abkommen – und falls ja, wie kann man neuen geopolitischen Realitäten an dieser Stelle Rechnung tragen? Vielen Dank.

Herr Hobe: Herzlichen Dank, Thilo. Jörg Kammerhofer, bitte.

Herr Kammerhofer: Lieber Jochen, Du hast mir natürlich mit den Sachen zum Gewaltverbot völlig aus dem Herzen gesprochen. Du weißt, ich habe ja schon in diesem Sinne *restrictivists* und *expansionists* unterschieden. Aber zu dem wollte ich eigentlich gar nichts fragen, ich wollte Herrn Marauhn noch eins draufsetzen, um dann von der Methodologie zur Theorie zu kommen. Du hast viel von der Praxis gesprochen und wie die Staaten das sehen. Jetzt fand ich es besonders schön – nicht überraschend fand ich es schön –, dass Du [Josef L.] Kunz erwähnt hast, der ja Anhänger der Reinen Rechtslehre war. Und im Sinne der Rechtswissenschaftstheorie der Wiener Rechtstheoretischen Schule wäre schon die Frage des Verständnisses dessen, was Rechtswissenschaft bedeutet, was diese Wissenschaft sein kann, auch in diesem Zusammenhang interessant. Das zeigt sich meines Erachtens beim Gewaltverbot deutlich an der Rolle der Völkerrechtswissenschaft seit 2001. Ist das, was wir jetzt hier sehen, oder was wir jetzt gerade gehört haben, nicht auch Ausdruck eines bewusst politischen Verständnisses der Rechtswissenschaft, der Völkerrechtswissenschaft? Würdest Du ihr nun (oder für immer) raten, die Rechtswissenschaftstheorie der Reinen Rechtslehre anzuwenden, also der Versuch der Rechtswissenschaft unter, nennen wir es einmal höflich, Minimierung des Politisierens, oder gibt es, um mit Martti Koskenniemi zu sprechen, keinen Weg zurück zur Wissenschaftlichkeit *sans peur et sans reproche*?

Herr Hobe: Herzlichen Dank. Und damit kommen wir jetzt zur ersten Antwortrunde von Dir, Jochen.

Herr von Bernstorff: Vielen Dank für diese Fragen. Ich würde dann in der Reihe vorgehen. Ich weiß nicht, wieviel Zeit wir insgesamt haben, aber bitte unterbrich mich, wenn ich zu viel Zeit verbrauche. Wie viele Fragen haben wir dann insgesamt noch danach?

Herr Hobe: Noch eine Menge.

Herr von Bernstorff: Also, zunächst zu Herrn Frowein. Das *de-facto*-Regime, die Taiwan-Problematik, die wir natürlich alle jetzt gerade im Kopf haben. Ich finde den Hinweis absolut berechtigt und die Frage ist, was wir da eigentlich jetzt für einen Zustand haben. Wir haben diesen stabilisierten Zustand, glücklicherweise auch mit dem Gewaltverbot über diese Figur des *de-facto*-Regimes, die allerdings auch nicht universal geteilt wird. Das heißt, dies gibt den Taiwanesen einen gewissen Schutz, obwohl wir ja, ein bisschen widersprüchlich letztendlich, politisch widersprüchlich, vielleicht auch rechtlich widersprüchlich, uns eben nicht durchringen zu einer vollen Anerkennung; obwohl ja, wenn wir die drei Elemente anwenden, ganz unbefangen, wir natürlich dazu kommen müssten, dass Taiwan ein Staat ist. Aber wir erkennen nicht an, aus außenpolitischen Gründen, haben aber diesen begrenzten Schutz über das *de-facto*-Regime. Damit ist das Ganze in einer strategischen Mehrdeutigkeit befangen. Die Amerikaner nennen das ja auch ganz explizit so in Bezug auf ihre Taiwan-Strategie. Man weiß nicht genau, was passieren wird, wenn China diesen Zustand beenden möchte. Xi hat ja bereits gesagt, er wolle diesen Zustand beenden. Die Frage ist, hilft uns dann das *de-facto*-Regime? Also ich denke, es hilft uns insofern als wir sagen können, wir bestehen auf der Anwendung des Gewaltverbots. Aber wir sind natürlich in einer schwachen diskursiven Position, weil wir uns dann letztendlich nicht durchringen konnten zu einer vollen Anerkennung.

Dann vielleicht noch zur *unable/unwilling*. Das könnte ich jetzt zusammen nehmen mit dem Hinweis auch von Bruno Simma, und zwar die ganze Frage des Selbstverteidigungsrechts gegen nichtstaatliche Akteure, d. h. meine restriktive Haltung hierzu. Die Syrien-Konstellation sollten wir nicht als einen Präzedenzfall ansehen dafür, dass wir das erstens bräuchten, so etwas wie die *unable/unwilling*-Doktrin, und zweitens, dass es hier eine breite Anerkennung gegeben habe. Es gibt diese Äußerungen der Staaten in den Briefen an den Sicherheitsrat, die sich auf die Doktrin beziehen. Das ist ganz klar, aber es gibt hier auch unterschiedliche Begründungen für die Teilnahme an diesem Militäreinsatz. Zum Beispiel die deutsche Bundesregierung, die sich nicht auf *unable/unwilling* bezieht, sondern ganz explizit sagt: Wir nehmen hier teil an dieser Militäroperation, weil die ISIS einen Teil des syrischen Territoriums beherrscht und syrische Hoheitsgewalt ausschließt, und deswegen ist es für uns möglich, hier im Wege der Selbstverteidigung auch zu agieren. Das ist ein Unterschied, denke ich, ein semantischer Unterschied vielleicht auf den ersten Blick nur, aber es ist tatsächlich auch in der Sache ein Unterschied. Da man diese Doktrin nicht grundsätzlich akzeptiert, sondern indem man einfach sagt, hier ist ein Sonderfall, eine *lex ISIS*, und keine allgemeine *unable/unwillig*-Doktrin, der man außenpolitisch das Wort redet. So jetzt auch die Umstellung, die neuste Umstellung des Bundestagsmandats. Wenn Sie da in die Begründung schauen, da ist es nochmal stärker zurückgenommen. Da geht es jetzt stärker um die Einladung, es wird vorrangig abgestellt auf die Einladung durch den Irak.

Da kann ich jetzt gleich springen zu Bruno Simma. Ich bin ein großer Fan der *Wall-Opinion* genau aus diesem Grund. Ich habe sie jetzt hier nicht genannt, sie wäre für mich eine weitere Bestätigung gewesen dieser restriktiven Haltung, die sich im Grunde seit dem *Nicaragua*-Urteil im IGH grundsätzlich durchhält. Ich konzediere, Herr Frowein, dass es andere Äußerungen gibt, die vielleicht weniger klar sind als die *Wall-Opinion* dazu, aber es gibt auch kein Bekenntnis zu einem Selbstverteidigungsrecht gegen nichtstaatliche Akteure durch den IGH. Dieses gibt es bis jetzt nicht. Es gibt aber klare Absagen und dazu gehört auch die *Wall-Opinion*, die deswegen in diesem ganzen Kontext eine wichtige Rolle spielt, und die auch eine Kontinuität darstellt in der IGH-Rechtsprechung zu dieser Frage.

Dann Herr Klein, die Neutralitätsfrage. Die Frage der *non-belligerency*, die ja auch bei Herrn Simma eine Rolle gespielt hat. Ist die Waffenhilfe kein Neutralitätsverstoß? Das habe ich jetzt auch so vertreten. Also grundsätzlich, denke ich, muss man in Rechnung stellen, dass 1945 eben diese Rechtsrevolution stattgefunden hat, die vorbereitet wurde in den dreißiger Jahren. Wir haben eine Umstellung des gesamten völkerrechtlichen Verhältnisses zum Krieg auf dieses Gewaltverbot und damit eben eine Indossierung dieser binären Leitunterscheidung Aggression und Selbstverteidigung mit all den Konsequenzen, die da dranhängen. Und das überlagert dann auch grundsätzlich das alte Neutralitätsrecht. Und interessant ist eben, dass das schon sehr früh erkannt wurde in der Völkerrechtswissenschaft der Zwischenkriegszeit. Das Budapester Memorandum und andere hektische Aktivitäten in den dreißiger Jahren, um dieses neue Paradigma mit dem alten Neutralitätsrecht irgendwie kompatibel zu machen, was natürlich insbesondere damals sehr schwierig war. Und dazu gehört dann eben auch diese Idee, dass grundsätzlich die Unterstützung des Opfers der Aggression rechtmäßig sein muss. In diesem Zuge entsteht dann auch am Anfang des Zweiten Weltkriegs die *non-belligerent*-Doktrin; bzw. diese Idee, dass es einen Status geben muss, der nicht direkt bei Unterstützung gegenüber dem Opfer dazu führt, dass man automatisch Kriegspartei in dem Konflikt wird, nach dem alten Recht des Krieges, welches 1945 abgeschafft wird. Dieses alte Neutralitätsrecht, so als wäre nichts passiert 1945, weiterzupflegen, was in Spezialdiskursen gemacht wird, als hätte es diese große Revolution nicht gegeben 1945, überzeugt mich nicht. Ich glaube, wir müssen berücksichtigen, dass sich mit dieser Umstellung auch die rechtliche Bewertung verändert hat.

Gibt es irgendwie Grenzen? Zur Frage auch von Ihnen, Herr Simma. Gibt es Grenzen, bei denen man sagen muss, die Beteiligung an dem Konflikt führt jetzt zu einer neuen Beurteilung? Wahrscheinlich ist eine formale Grenze die Erklärung unter Art. 51 an den Sicherheitsrat, dass man kollektive Selbstverteidigung mitausübt und dass man dann auch entsprechend militärisch in den Konflikt direkt eingreift. Damit wird man dann nach humanitärem Völkerrecht Partei in einem bewaffneten Konflikt. Dann sind wir im humanitären Völkerrecht und wir haben aufgrund der eigenen Beteiligungsform einen Status unter dem humanitären Völkerrecht als Konfliktpartei. Ich denke, das ist das Einzige, was wir noch haben. Das ergibt sich aber nicht aus dem Neutralitätsrecht, sondern eigentlich aus der faktischen Teilnahme an dem bewaffneten Konflikt, die uns unter dem humanitären Völkerrecht dann erlaubt zu sagen, das ist eine Konfliktpartei. Und das ist nicht der Fall bei Waffenlieferungen. Waffenlieferungen führen nicht zum Status einer Konfliktpartei im Sinne des humanitären Völkerrechts.

Oliver, Annexionsverbot, faktischer Anerkennungsprozess, bzw. das kontrafaktische Festhalten an der Verurteilung oder an der Markierung der Rechtswidrigkeit der Annexion versus lange historische Prozesse, wo dieses dann irgendwann wegfällt. Wie geht man damit um? Ich denke, wir müssen, um auch die Kraft des Gewaltverbotes aufrecht zu erhalten, an dieser *Stimson*-Doktrin festhalten und, so lange wie möglich, davon auch grundsätzlich nicht abweichen. Faktisch, bei langen historischen Prozessen, kann es natürlich sein, dass die Staaten irgendwann davon abrücken. Ich finde aber was die Trump-Regierung gemacht hat mit der Anerkennung der Golan-Höhen als israelisches Territorium keine gerechtfertigte Maßnahme. Es gibt für mich keine Rechtfertigung zu sagen, wir müssen jetzt mal einen Schlussstrich ziehen. Sie sind ungefähr 60 Jahre von Israel beherrscht und deswegen müssen wir das jetzt anerkennen. Ich denke 60 Jahre sind ein langer Zeitraum, aber ich denke auch wir haben nichts anderes, als das Verbot aufrecht zu erhalten, auch über lange historische Phasen hinaus.

Thilo Marauhn, ich würde voll zustimmen, dass die Rüstungskontrollproblematik eben hier das kollektive Sicherheitssystem der Vereinten Nationen stark beschädigt hat, auch das Verhalten in den letzten 15 Jahren, d.h. die fehlende Bereitschaft, über ernste Abrüstungsschritte zu verhandeln. Trotz entsprechender großer Verfahren, ja auch vor dem IGH, wo es eben um diese Problematik der Atomwaffen ging und die Äußerungen auch des IGH ja sehr sehr weit gingen. In Bezug auf die Völkerrechtswidrigkeit von Atomwaffen insbesondere mit dieser ominösen Selbstverteidigungsfrage, -ausnahme. Ansonsten aber, wenn man sich das Gutachten zu den Nuklearwaffen von 1996 anschaut, sind die Äußerungen doch so klar, dass jeder Einsatz von Atomwaffen mit dem humanitären Völkerrecht erstmal grundsätzlich nicht vereinbar ist. Und trotzdem sind wir in einer Phase der absoluten Hoch- und Aufrüstung durch eine Reihe von Staaten und schaffen es nicht als Staatengemeinschaft, hier eine wirkungsvolle Abrüstungsinitiative in Gang zu setzen.

Ja, Jörg, danke. Ich hatte die Frage jetzt ein bisschen erwartet, mit Dir im Raum. Sehen wir eine Politisierung? Ich glaube, natürlich ist die Völkerrechtswissenschaft politisiert, ich glaube, es gibt auch keinen Standpunkt außerhalb der Politisierung. Es gibt die Objektivität nicht, auch nicht in der Interpretation, insbesondere in der Interpretation von Normen gibt es keinen objektiven Standpunkt, der richtig oder falsch ist. Insofern ist eine gewisse Politisierung immer Teil auch der Völkerrechtswissenschaft, ich glaube, das muss man sich klar machen. Wichtig ist allerdings, diese Politisierung sich auch einzugestehen und das entsprechend dann offen zu deklarieren, wo man auch politisch Position bezieht. Ich denke, das ist in diesem Zusammenhang extrem wichtig. Also nicht selber den Anschein zu erwecken, dass man einen objektiven Standpunkt hat, der nicht mehr hinterfragt werden kann. Widerspricht ja auch dem Ideal der Wissenschaft, der stets möglichen Falsifizierung und Widerlegbarkeit auch von Positionen im wissenschaftlichen Diskurs.

Herr Hobe: Herzlichen Dank, Jochen. Wir machen jetzt weiter mit den Fragen. Ich darf die nächsten fünf möglichen Intervenienten hier schon einmal namentlich vorstellen und Sie bitten, sich, zunächst Heike Krieger, Dich für Deinen Beitrag bereit zu machen. Heike Krieger wird zunächst die erste Frage stellen, dann Nico Krisch, dann Oliver Dörr, dann Anne Peters und dann August Reinisch. Bitte, Heike.

Frau Krieger: Herzlichen Dank, Stephan. Herzlichen Dank Dir, Jochen, für den wirklich spannenden Vortrag. Insbesondere fand ich wichtig, dass Du die Figur der Normerosion in den Vordergrund gestellt hast, weil ich glaube, dass wir die gegenwärtigen Prozesse nur erfassen können, wenn wir uns von dem strikt binären Denken zwischen Gültigkeit und Ungültigkeit, Rechtmäßigkeit und Unrechtmäßigkeit ein Stück weit verabschieden. Meine Frage, die daran anschließt, ist die Frage, was identifiziert

Du denn als Faktoren, die einer Erosion des Rechts entgegenwirken können, die die Widerständigkeit des Rechts begründen? Wenn wir durch die politikwissenschaftliche Brille schauen, geraten die Akteure in den Fokus, also z. B. die Staatenkoalition, die sich im Fall des russischen Angriffskrieges auf die Ukraine für die Unterstützung der *Uniting-for-Peace*-Resolution zusammengefunden hat. Es sind auch die Gerichte, vor denen die Ereignisse in der Ukraine verhandelt werden. Aber ist es allein diese Akteursperspektive oder gibt es nicht auch die strukturelle Perspektive, die dazu beiträgt, dass das Recht widerstandsfähig ist? Also welche Rolle spielt es etwa, dass dem Gewaltverbot verbreitet ein *ius-cogens*-Charakter zuerkannt wird? Ist diese rechtliche Kategorie nur Zauber oder entfaltet sie hier auch eine reelle Wirkung? Welche Rolle spielt es, dass das Völkerrecht hohe Hürden für die Rechtsänderung aufstellt; dass das Schweigen von Staaten alleine beispielsweise in der Regel nicht ausreichend ist, um daraus die Zustimmung zu einer geänderten Interpretation abzuleiten; dass der IGH hohe Hürden für die Bildung von Völkergewohnheitsrecht aufgestellt hat? Oder was ist mit dem Beispiel des Selbstverteidigungsrechts, das Du selber eben genannt hast? Selbst wenn im Hinblick auf den „unable and unwilling"-Standard eine weite Ausnahme im Entstehen begriffen zu sein scheint, gibt es juristische Kniffe diese Entwicklung wieder einzuhegen, indem die einschlägigen Fälle z. B. als Sonderfälle dargestellt werden. So ist im Fall von ISIS argumentiert worden, dass deren territoriale Verfestigung entscheidend war, sodass eine Einschränkung der Rechtsbehauptung, der „unable and unwilling"-Standard werde angewandt, wieder ermöglicht wird. Und so versuchen Völkerrechtlerinnen und Völkerrechtler, fast schon apologetisch, immer wieder das bestehende Recht gegen Anfeindungen zu rechtfertigen und vor Änderungen zu retten. Ist das doch nur apologetisch oder spielen strukturelle Faktoren eine wichtige Rolle?

Herr Hobe: Herzlichen Dank, Heike. Nico, bitte.

Herr Krisch: Ja, vielen Dank. Danke, Jochen, für das wirklich sehr schöne Referat und ich würde mit Dir in der Analyse des geltenden Rechts in den allermeisten Fragen übereinstimmen. Aber ich habe mich gefragt, ob das, was Du schließlich gemacht hast und was Du uns zur Normerosion erklärt hast, wirklich den Ansprüchen genügt, die Du an die aufgeklärte Normentheorie gestellt hast oder ob wir nicht weitergehen müssen und sozusagen hinter die formalistische Fassade schauen müssen, um festzustellen, in welchem Maß das Gewaltverbot tatsächlich erodiert ist. Und ich denke da an einige Fälle, die Du genannt, aber nicht weiter ausgeführt hast, weil Du gesagt hast, das passe nicht mit unseren formellen Ansprüchen, das passe nicht mit dem IGH, das passe nicht mit der *Friendly-Relations-Declaration*. Aber wir sehen ja mit Blick auf die USA oder auf westliche Gewaltanwendung im allgemeinen über Jahrzehnte hinweg eine ganze Spur der Missachtung der klassischen Grenzen, die unter westlichen Staaten mehr oder weniger Unterstützung gefunden hat, unter anderen Staaten mehr oder weniger Verurteilung, die aber jedenfalls dazu geführt hat, dass wir eine ganze Reihe von Erosionsprozessen in Gang gesetzt haben, die oft nicht einmal juristisch gerechtfertigt werden, sondern wie Du ja zur ISIS-Frage erwähnt hast, als Sonderfälle dargestellt wurden. Das haben wir im Kosovo auch gehört: Es sei ein Sonderfall, nicht generalisierbar, keine Prinzipienbildung. Wir hören das mit Bezug auf ISIS, wir haben das zu einigen der Drohnenangriffe gehört. Die Frage ist, was bedeutet das, wenn wir eine Praxis haben, die sich von den formellen Normen so weit entfernt? Kann man dann noch sagen, die Normen seien einfach praxisresistent? Oder müssen wir nicht in gewisser Weise doch sagen, vielleicht steckt etwas in dieser Hakimi-Cogan-Idee vom

Kontrast zwischen einem „institutionellen Code" und einem „Staatencode"? Ich gebe Dir recht, dass das dogmatisch Unfug ist, aber es hat einen wichtigen Kern, der sagt, es gibt eine Form von Praxis, die dem institutionellen Code gegenübersteht und sich in gewisser Weise um den institutionellen Code nicht schert. Was machen wir damit, dass es diese Praxis gibt, dass sie auch ganz selbstbewusst betrieben wird und dass sie in gewisser Weise ein Sonderrecht statuiert für eine bestimmte Gruppe von Staaten – und dass wir jetzt sehen, dass Putin in gewisser Weise das gleiche Sonderrecht für sich in Anspruch nimmt? Kommen wir nicht eigentlich zu einer Situation, in der das Recht der Gewaltanwendung dadurch charakterisiert wird, dass wir Sonderrechte für die Starken haben? Und ein Recht für alle anderen, das wir irgendwie aufrecht erhalten und sagen, bitte haltet ihr euch dran und betreibt keine Aggression. Das ist vielleicht ein bisschen provokant formuliert, aber ich würde gerne mehr von Dir hören dazu, wie wir mit dieser Praxis, die wir, glaube ich, schon ziemlich generell sehen können, umgehen können. Und noch ein letzter Punkt zur generellen Frage des universellen Völkerrechts. Du hast gesagt, wir schauen auf Verdross und fragen, ob hier etwas Universelles zu retten ist. Ich habe aber den Eindruck, dass bei Verdross und auch bei Simma die Idee des universellen Völkerrechts die eines anspruchsvollen Rechts ist und nicht nur die einer schieren Koexistenz, wie auch Armin von Bogdandy es gestern formuliert hat. Geht Deine Vorstellung davon, was von universellem Völkerrecht übrigbleibt, auf das Recht der Koexistenz zurück? Geht sie weiter? Kommen wir zu Sphären oder Schichten des universellen Völkerrechts? Oder kommen wir sonst zu einer Fragmentierung mit bestimmten Sphären von verstärkter Kooperation und ansonsten sehr basalen, grundlegenden Normen? Danke.

Herr Hobe: Vielen Dank, Nico. Oliver Dörr.

Herr Dörr: Ja, vielen Dank. Lieber Jochen, ich habe mich sehr gefreut, dass das Gewaltverbot mal wieder zentral diskutiert wird, dass Du das in die Mitte Deines Vortrags gestellt hast und die Erosionen dieser Norm beschrieben hast und vor ihnen gewarnt hast, vor allem auch vor dieser unsäglichen Ausdehnung des Selbstverteidigungsrechts. Ich würde gerne zwei Anmerkungen machen. Zum einen habe ich methodische Zweifel, was die Verwendung von Art. 103 der UNO-Charta angeht. Du hast – in meinen Worten – formuliert, Art. 103 sei quasi eine Sperre gegen die Entwicklung neuer völkergewohnheitsrechtlicher Ausnahmesätze zum Gewaltverbot. Das, würde ich meinen, geht mit der Norm nicht. Es ist eine Kollisionsnorm, die das Verhältnis der Charta zu anderen Übereinkünften regelt: „any other international agreements" heißt es in dem Text. Wie das neues Gewohnheitsrecht ausschließen soll, ist mir schleierhaft. Ich weiß auch nicht, ob das eine wünschenswerte Entwicklung wäre, dass man in die Norm eine Art Versteinerung einbaut und sagt, alles, was sich in der Praxis entwickelt, ist völlig irrelevant. Ich habe die Befürchtung, wir gefährden die Akzeptanz des Gewaltverbots, wenn wir nicht klare, genuine Praxis als normbildend zulassen, also Praxis, die nicht mit Fakes oder falschen Vorwänden arbeitet (Genozid o. ä.). Ich denke zum Beispiel, dass etwa genuine Rettungsoperationen klar anerkannt sind und häufig praktiziert werden, das sollte mittlerweile unproblematisch als Völkergewohnheitsrecht gelten können. Art. 103 steht dem meines Erachtens nicht entgegen, jedenfalls nicht mit diesem Text, den er hat. Die zweite Anmerkung bezieht sich auf etwas, was Du gerade in der ersten Antwortrunde sagtest, und zwar die Nichtanerkennung. Ich verstehe, dass Nichtanerkennung, die Pflicht zur Nichtanerkennung gewaltsamer Gebietsveränderungen, essentiell ist, um die Effektivität dieses Verbots aufrecht zu halten, und ich denke, jeder, der an diesem Verbot interessiert ist, wird das grundsätzlich so sehen. Ich weiß nur nicht, ob wir das, worauf Oliver Diggelmann schon hinwies, so über die Jahre hinweg immer aufrechterhalten können. Ich habe auch Zweifel, dass wir das zum Beispiel Privaten auf Dauer entgegenhalten können. Ich meine, der Internationale Gerichtshof hat im Namibia-Gutachten schon vor 50 Jahren gesagt, Nichtanerkennung ist geboten, und gegenüber Südafrika damals war das wichtig, aber wenn es zu Lasten von Einzelnen geht in ihrer privaten Situation, dann kann das auch Grenzen haben. Auf die Krim bezogen: Ich verstehe natürlich, dass wir den Krimsekt nicht als russisches Produkt einführen können, wenn die Ereignisse irgendwann einmal vielleicht ein bisschen in Vergessenheit geraten sind. Aber wollen wir wirklich einem Menschen, der auf der Krim geboren ist und der ein russisches Geburtszertifikat hat oder ein russisches Hochschuldiplom, sagen: „Dich gibt es überhaupt nicht" oder „Du hast dieses Studium gar nicht abschlossen"? Ich glaube, in solchen Fällen wird die Nichtanerkennung Grenzen haben müssen. Danke.

Herr Hobe: Dankeschön, Oliver. Anne. Wir freuen uns.

Frau Peters: Zugunsten des reibungslosen Ablaufs verzichte ich auf meine Frage, möchte aber trotzdem für alle hörbar Jochen zu dem ausgezeichneten Referat gratulieren. Ich empfand die Engführung, die Zuspitzung auf das Gewaltverbot aus gegebenem Anlass für angemessen. Ich stimme auch zu, dass es zwischen Neutralität einerseits und kriegführender Partei andererseits seit 1945 wegen der Berechtigung zur kollektiven Selbstverteidigung einen Zwischenstatus gibt. Ähnliches gilt für das wissenschaftliche Vorgehen. Zwischen wissenschaftlicher Neutralität einerseits und blinder politischer Parteinahme gibt es die engagierte Völkerrechtswissenschaft, wie wir mit unserem blau-gelben Blumenschmuck neben dem Vortragspodium ausdrücken wollten.

Herr Hobe: Herzlichen Dank, Anne. August Reinisch. Dann wieder Jochen von Bernstorff.

Herr Reinisch: Ja, ich möchte mich ganz herzlich bedanken bei den Vortragenden für die sehr schönen Referate. Meine Frage bezieht sich auch auf das erste Referat, das ja so wie die gestrige Diskussion sehr schön gezeigt hat, also „schön" – uns „leider" die Grenzen unserer Wissenschaft gezeigt hat. Denn was hilft es, wenn wir analysieren, was der Art. 51 – kollektive Selbstverteidigung – den Dritten erlaubt, uns aber nicht das moralische Dilemma lösen kann, auf der einen Seite dem Opfer zu Hilfe zu kommen, und auf der anderen Seite doch vielleicht das größere Ganze im Blick zu behalten angesichts der nuklearen Bedrohung. Da haben wir einfach noch keine Antworten. Meine Frage ist etwas spezifischer im Hinblick auf die Erosion des Gewaltverbots und mich irritiert ein bisschen die Irritation. Ist es wirklich so, dass wir durch diese sehr eklatante Verletzung des Gewaltverbots schon wieder von einer Erosion sprechen müssen, obwohl doch, wenn auch noch so weithergeholte, Rechtfertigungsstrategien versucht werden. Ich glaube, das ist so ein wenig in Anlehnung an Thilo Marauhn und auch andere Wortmeldungen, die wir hatten. So müssen wir ja doch erkennen, dass das Rechtssubjekt, das hier das Recht – in unseren Augen – gebrochen haben mag, versucht, eine Rechtfertigung zu finden und dadurch bekräftigt, dass es grundsätzlich die Norm anerkennt. Danke.

Herr Hobe: Herzlichen Dank. Bitte um knappe Antworten.

76

Herr von Bernstorff: Vielen Dank für die Fragen. Ich versuche zusammenzufassen. Es waren Fragen zu der Perspektive auf die Akteure: Heike Krieger, auf wen müssen wir schauen, bzw. wie gehen wir um auch mit abweichender Praxis. Also vielleicht diese beiden Aspekte. Zunächst mal ist allein die Akteursperspektive zu wenig. In der Tat, ich habe eine Akteursperspektive gewählt, ich habe die großen Konsensresolutionen und den IGH sehr stark gemacht, eine Position, die bei mir entstanden ist in der Vorbereitung dieses Referats. In der Lektüre und dem Studium der Debatten, die in der Generalversammlung stattgefunden haben zu diesen neuen Ausnahmen über die letzten 40, 50 Jahre: dort immer wieder die Versuche, Ausnahmen zu erweitern, wie die sehr langen, sehr kontroversen Debatten über *indirect aggression*, die langen Verhandlungen zur *definition of aggression*, aber auch zur *Friendly Relations Declaration*; d. h. wie Staaten oder Staatengruppen, teilweise über 10 Jahre, versucht haben, einen Konsens zu finden zu den Fragen indirekter Aggression, wie gehe ich mit nichtstaatlichen Akteuren um und was hat das mit dem Selbstverteidigungsrecht zu tun. Diese Fragen über 10 Jahre verhandeln und am Ende einen Konsens finden, ja, eine Konsensresolution mit 180 Staaten, die sagt, es gibt so was wie ein *substantial-involvement*-Kriterium, das erfüllt sein muss. Und daneben die Literatur, die ich mir natürlich auch angeschaut habe zum Gewaltverbot, die aktuelle, wie dort leichtfertig aufgrund von zwei, drei Praxisbeispielen dann gesagt wird, das war mal, wir haben jetzt „*unable-unwilling*". Nachdem Staaten zehn Jahre über diesen Kompromiss gestritten und am Ende eine Konsensdeklaration dazu hinbekommen hatten in der UNO. Das ist für mich universelles Völkerrecht. Also was sich mir hier aufdrängt ist die Frage des Respekts. Vielleicht ist das jetzt auch viel zu staatenzentriert, aber der Respekt auch vor solchen universalen Konsensen, die die Staaten sich gemeinsam errungen haben. Dass dieser eben auch in der Völkerrechtswissenschaft teilweise sehr gering ist, trotz eindeutiger Aussagen des IGHs, die dann auch mit zwei, drei Praxisbeispielen vom Tisch gewischt werden. Also daher kommt meine, ich gebe zu, vielleicht etwas provokante oder hyperbolische Referenz auf diese großen Deklarationen und auf die IGH-Rechtsprechung in diesem Bereich. Ich glaube nämlich, das schließt an das an, was Jörg gefragt hat zur politischen Stellungnahme, ich glaube, dass wir nicht mehr haben. Wir haben ja nicht viel mehr hierzu, wir haben ja kein ständiges, funktionierendes, obligatorisches Gerichtssystem, welches uns ständig, wie den Kollegen im öffentlichen Recht sonst, die Verfassungsgerichtsentscheidungen produziert und wo immer zentral festgestellt wird, wie das Recht zu interpretieren ist. Wir haben das ja nicht. Das heißt, das Wenige, was wir haben, müssen wir doch wertschätzen, das müssen wir in unsere Interpretationen auch entsprechend mit einfließen lassen. Und dagegen diese Nonchalance im Umgang mit Praxis – immer mit dem gewohnheitsrechtlichen Argument, die Praxis habe sich jetzt eben wegbewegt vom Text und der wäre nicht mehr relevant. Das war der Stein des Anstoßes bei mir in der Vorbereitung, und dieser hat tatsächlich auch zur Fokussierung auf die Staatendokumente geführt.

Und ja, wir haben hohe Hürden für Rechtsänderungen, auch zu Oliver Dörr und der Frage der Versteinerung. Das ist auch ein ganz starkes Argument in der Literatur, wenn wir nicht von einem überholenden Gewohnheitsrecht ausgingen, dann versteinere sozusagen das Recht. Wenn das Gewaltverbot aber in seiner Weite mit den engen Ausnahmen versteinerte, dann wäre das fantastisch aus meiner Sicht. Wir sehen ja, welche Durchsetzungsprobleme wir jetzt schon haben. Das heißt, wenn wir diesen absoluten Minimalkonsens retten könnten über die Zeit, wäre das ein sehr erstrebenswertes Ergebnis aus meiner Sicht. Ich habe überhaupt keine Angst, in Bezug auf diese Regel, vor einer möglichen Versteinerung. Natürlich gibt es das Gegenargument mit den Evaku-ierungsaktionen bzw. der Rettung eigener Staatsangehöriger. Auch da sehen wir einen Kampf, das politisch missbrauchte Argument der Rettung eigener Staatsangehöriger zurückzudrängen. Wir sehen es im Sicherheitsrat, wir sehen es in der Generalversamm-lung, bei den entsprechenden Interventionen, in der Dominikanischen Republik zum Beispiel. Aber wir sehen auch, dass begrenzte Rettungsaktionen, die tatsächlich zur Evakuierung dienen, durchgeführt werden. Ist das jetzt Gewohnheitsrecht, ist das dann doch die ungeschriebene Ausnahme? Auch da würde ich sagen, wenn keine Gewalt angedroht oder durchgeführt wird bei so einer polizeilichen, vergleichbar zumindest einer polizeilichen Rettungsaktion, sind wir gar nicht im Bereich des Gewaltverbots. Und wenn aber tatsächlich Gewalt geübt wird bei der Rettung eigener Staatsangehöri-ger, sind wir in der völkerrechtlichen Haftung. Dann ist es ein Rechtsbruch. Wer keine Gewalt übt, in fast allen Fällen wird keine Gewalt geübt, heißt das wir sind bei einem Verstoß gegen das Interventionsverbot, weil wir im Ausland Hoheitsrechte in Anspruch nehmen, die uns nicht zustehen. Wie führen Staaten das durch? Es wird bei über 90 % überhaupt keine Gewalt geübt oder wenn dann nur sehr geringe. Wenn keine Gewalt geübt wird, dann haben wir wie gesagt einen Verstoß gegen das Interventionsverbot, könnten den aber eventuell über Gegenmaßnahmen rechtfertigen. Wenn nicht, sind wir da auch in der Haftung. Und was ist dann der Schaden, den man dann kompensieren muss? Müssen wir alles, was da draußen passiert, über Gewohnheitsrecht und neue Ausnahmen zurückintegrieren in die Charta? Warum? Warum ist es unser Bedürfnis, dass alles, was bestimmte Staaten machen, rechtmäßig sein muss? Ich würde sagen: Nein, dann ist es eben rechtwidrig und führt zu einer völkerrechtlichen Haftung.

Wir sind damit durch. Gut, dann vielleicht noch ein letztes Wort zu dieser Problematik des Sonderrechts von Niko Krisch. Wenn das noch erlaubt ist?

Herr Hobe: Ganz kurz oder Du nimmst es am Schluss noch mit rein.

Herr von Bernstorff: Ach so ja, wir haben ja noch die Fragen.

Herr Hobe: Ja, gut. Es kommen jetzt im letzten Fragenblock in folgender Reihen-folge: Michael Waibel, der sich schon in Bewegung setzen kann, Helmut Aust virtuell, Matthias Hartwig virtuell und Marten Breuer. Herr Waibel, bitte.

Herr Waibel: Herzlichen Dank. Ich habe zwei Fragen. Eine zum geltenden Recht und eine perspektivisch. Macht es einen Unterschied, ob die wirtschaftlichen Sanktionen auf der kollektiven Selbstverteidigung beruhen oder auf dem Recht der Gegenmaßnah-men? Einerseits für den Status als *non-belligerent* und andererseits für die rote Linie, die Bruno Simma angesprochen hat. Und zweitens perspektivisch: Ist es absehbar, dass die zum Teil präzedenzlosen Sanktionen zu einer weiteren Verschiebung dieser roten Linie führen werden, zusätzlich zu jener Verschiebung, die es 1945 aufgrund der Auf-nahme des Gewaltverbotes in die Charta gab? Vielen Dank.

Herr Hobe: Vielen Dank, Herr Waibel. Dann geht es jetzt weiter mit Herrn Aust virtuell.

Herr Aust: Ich habe eine Frage, die sich auf das Annexionsverbot und die Pflicht zur Nichtanerkennung bezieht, und zwar aber auf einen Aspekt, der noch nicht angespro-chen wurde. Es geht mir um die Frage, wie man mit einer, wie auch immer gearteten,

Verhandlungslösung in dieser Hinsicht umgehen könnte. Denn wenn man annimmt, dass es eine solche Verhandlungslösung überhaupt geben kann, dann würde diese vermutlich in einer wie immer gearteten Form auch eine Prämie für den Aggressor beinhalten, was mit den diskutierten Pflichten zur Nichtanerkennung nur schwer vereinbar wäre. Meine Frage daher: Wie können wir mit der Herausforderung umgehen, dass das Völkerrecht diese Nichtanerkennung als Reaktion auf einen schwerwiegenden Verstoß gegen das zwingende Völkerrecht einfordert? Eine souveräne Entscheidung auch der Ukraine ist natürlich mit zu berücksichtigen, aber was würde eine solche Berücksichtigung einer Verhandlungslösung dann für die normative Entwicklung des Völkerrechts bedeuten, wenn man *de facto* eben doch dem Aggressor eine Prämie erteilt?

Herr Hobe: Herzlichen Dank, Herr Aust. Ich darf bitten, vielleicht von den vier Fragen, die Sie hier vorgesehen haben, doch einige auszuwählen, die im Interesse der Zeit hier gestellt werden sollen.

Herr Hartwig: Ich werde nicht mehr als zwei Minuten in Anspruch nehmen. Erstens ist zu beobachten, dass seit 2001 eine völlige zeitliche Entgrenzung der Selbstverteidigung stattgefunden hat. Ich mache nur darauf aufmerksam, dass wir seit 2001 den Bündnisfall in der NATO haben – bislang nicht aufgehoben. Ich möchte in dem Zusammenhang auch kurz erwähnen: Wie wäre eigentlich der Tiergartenmord zu beurteilen, wenn die Russen, was sie nicht getan haben, die Auslieferung verlangt hätten und die Deutschen sie abgelehnt hätten. Dann hätten die Russen gesagt, das ist *„unable and unwilling"*. Neutralität, das hat ja zwei Aspekte, erstens die Frage des *ius ad bellum*, und das andere ist *ius in bello*. Es gibt gar keine Frage, dass wir im Namen des *ius ad bellum* jetzt den Ukrainern helfen können, dass wir da ja sogar Truppen hinschicken können. Kein Verstoß gegen das Völkerrecht. Aber, wenn die Russen zurückschießen, dann ist das gerechtfertigt im Rahmen des *ius in bello*. Jetzt die Frage natürlich, wie ist das bei Waffenlieferungen. So ganz einfach scheint das ja nicht zu sein, sonst hätten wir nicht die Diskussion um die MiG-29. Ganz kurz noch, das ist erwähnt worden, Beschießung der Städte, grauenhaft, immer grauenhaft. Doch wenn die Städte keine offenen sind nach Kriegsvölkerrecht, dann kann geschossen werden. Dann ist natürlich die Frage nach der Verhältnismäßigkeit. Ich denke nur an Stalingrad, Breslau und Rotterdam. Das ist ja nicht als Kriegsverbrechen angesehen worden. Universelles Völkerrecht, Sanktionen, die haben ja nicht nur Auswirkungen auf die Russen, sondern auch auf die Afrikaner. Wir haben über die Weizenpreise gehört, 30 % des Weizenhandels gehen aus von der Ukraine und Russland. Wenn wir jetzt die Russen vom Handel abschneiden – Was bedeutet das für Afrika, ist das eigentlich noch verhältnismäßig? Und letzte Frage, ist eigentlich die Ostukraine auch ein *De-facto*-Regime gewesen? Danke schön.

Herr Hobe: Herzlichen Dank, Herr Hartwig. Herzlichen Dank im Sinne der Zeit. Marten Breuer.

Herr Breuer: Meine Frage entsprach der Frage von Helmut Aust. Deswegen nur kurz noch die Zuspitzung: Selbst, wenn die Ukraine der Loslösung von Donezk und Luhansk zustimmen würde, könnte man dann überhaupt von einer souveränen Entscheidung der Ukraine sprechen?

Herr Hobe: Herzlichen Dank für diese kurze, knappe Frage. Damit kommen wir zur Beantwortung der Fragen und zu einem Schlusswort von Jochen von Bernstorff.

Herr von Bernstorff: Nochmal vielen Dank für diese letzte Fragerunde. Ich würde das jetzt tatsächlich versuchen zusammenzufassen. Ich sehe die meisten Fragen zu diesem Problem der Grenzen der kollektiven Nichtanerkennung. August Reinisch hatte das ja auch angesprochen, Helmut Aust, Oliver Dörr haben es auch schon angesprochen und auch noch die letzte Frage eben würde ich da mithineinnehmen. Nämlich die Frage, ob wir in Bezug auf die Erosionsfrage, die ich ja stark gemacht hatte, eine starke Reaktion brauchen. Dazu gehörte auch die Nichtanerkennung, die kollektive Nichtanerkennung der Annexion, und ob es da nicht Grenzen gibt. Und was mit den moralischen Dilemmata ist, die gestern auch Herr Bagger sehr schön herausgearbeitet hat, die damit verbunden sind. Ich denke, dass diese völkerrechtliche Position, egal wie der Friedensschluss dann hoffentlich bald aussehen wird, irgendwie eine Berücksichtigung finden muss. Das heißt aber nicht in diesem kategorischen Widerstand gegen jede mögliche Lösung, die das Blutvergießen jetzt beendet. Es gibt genug, auch symbolische Formen vielleicht, in denen man deutlich machen kann, dass nach der faktischen Annexion von Territorien, die wahrscheinlich am Ende stehen wird, wie die der Krim, oder die neu annektiert werden, dass man also diese Annexionen nicht anerkennt und trotzdem an einer Lösung mitwirkt, die das Blutvergießen beendet und letztendlich diese Regionen erst einmal in dem politischen Einflussbereich der Russischen Föderation belässt. Das heißt, man bräuchte jetzt irgendeinen besonderen Status, der Präsident Putin politisch das gibt, was er mindestens möchte, nämlich eine gewisse Kontrolle dieser Gebiete, gleichzeitig aber ohne Anerkennung der Annexion im völkerrechtlichen Sinne. Also irgendwelche Zwischenformen, da ist jetzt Diplomatie tatsächlich gefragt, kreative Formen, die für beide Seiten eine sowohl in Grenzen rechtserhaltende Position ermöglichen als auch eine gesichtswahrende auf der anderen Seite. Danke.

Herr Hobe: Herzlichen Dank, meine Damen und Herren. Krisen schaffen die Chance, neu über Liebgewonnenes nachzudenken. Und ich glaube, wir haben diese Chance wahrgenommen. Ich möchte das hier mit wenigen Strichen noch einmal nachzeichnen. Die Frage von Wandlung und Bewährung von normativ Niedergelegtem, von Dynamik und Statik des Rechts, von Sein und Sollen bzw. deren Auseinanderklaffen, all dies ist in den Referaten von Martin Gebauer und Jochen von Bernstorff und den ihnen gestellten Fragen angeklungen. Wir sind damit bei Grundfragen angekommen und, dass wir diese Grundfragen erörtern konnten, dafür gebührt Martin Gebauer und Jochen von Bernstorff ganz herzlicher Dank. Ich glaube, wir sollten diesem Dank noch einmal besonders Ausdruck verleihen.

Und ich möchte Ihnen, den Zuhörerinnen und Zuhörern, auch einen großen Applaus zuteilwerden lassen für die großartige Disziplin. Es ist nämlich Punkt 13 Uhr, wir haben jetzt eine Stunde Mittagspause, bevor es um 14 Uhr weitergeht mit dem Referat von Herrn Weller zur Krise des Einheitsrechts. Herzlichen Dank für diese Sitzung.

Die Krise des Einheitsrechts

von Prof. Dr. Matthias Weller, Mag.rer.publ.,
Rheinische Friedrich-Wilhelms-Universität Bonn

I. Einleitung und These: Eher Transformation und Reifung als Krise

Einheitsrecht ist, wie es *Jürgen Basedow* in seinem Grundlagenbeitrag „Internationales Einheitsprivatrecht im Zeitalter der Globalisierung" von 2017 in Rabels Zeitschrift für ausländisches und internationales Privatrecht definiert hat, ein „allgemeines Instrument der Regelung von Privatrechtsverhältnissen im internationalen Raum".[1] Einheitsrecht lebt dabei seinem Ursprung nach und auch begrifflich nicht wenig von einer Utopie, nämlich der „Möglichkeit eines Weltrechts",[2] das – in zuweilen übertreibender Zuspitzung[3] – nicht nur das Ideal einer perfekten Ordnung verwirklichte, sondern auch ganz

---

1 *Jürgen Basedow*, Internationales Einheitsprivatrecht im Zeitalter der Globalisierung, RabelsZ 81 (2017), 1-31 (2).

2 *Ernst Zitelmann*, Die Möglichkeit eines Weltrechts, Vortrag gehalten in der Vollversammlung der juristischen Gesellschaft zu Wien am 20. März 1888, Allgemeine österreichische Gerichts-Zeitung XXXIX (1888), 193-195, 201-203, 209-212; vgl. ferner *ders.*, Internationales Privatrecht, Bd. 1, Leipzig: Duncker & Humblot 1897, 9 ff.; *ders.*, Aufgaben und Bedeutung der Rechtsvergleichung, DJZ V (1900), 329-332 (330 f.).

3 Immer wieder verteidigend und auch nuancierend Zitelmanns Schüler *Peter Klein*, Die Möglichkeit eines Weltprivatrechts, in: Fritz Stier-Somlo et al. (Hrsg.), Festschrift für Ernst Zitelmann, Leipzig: Duncker & Humblot 1913, Beitrag Nr. 10, 1-24.; *ders.*, Ernst Zitelmann, ARSP 17 (1923/24), 504-520 (512): „Die Bedeutung dieses Vortrags liegt in dem Nachweise, dass in weitem Umfange ein Weltrecht möglich ist, und welche Grenzen die Bestrebungen nach Rechtsvereinheitlichung nicht überschreiten dürfe", „knüpft an die ,bei allen Kulturrechten wiederkehrenden gleichen Denkformen' an", also an die „apriorischen Grundlagen des Rechts".

konkret grenzüberschreitende Transaktionen Privater so viel einfacher machte.[4] Wenn „Krise" nun abstrakt den Höhe- und Wendepunkt einer gefährlichen Entwicklung entweder zum Guten oder zum Schlechten bezeichnet, dann spricht die These in dem mir anvertrauten Thema die Gefahr an, dass wir trotz aller Anstrengungen zur rechtsvergleichend fundierten, multilateral-staatsvertraglichen Normproduktion nicht einmal mehr langsam dieser Utopie entgegen gehen, vielmehr stattdessen eher zurückrutschen in einen Zustand der Zersplitterung, Überlagerung, Komplexität, Unordnung, vor allem dass die zugrunde liegende Utopie ihre motivierende Strahlkraft verloren hat und damit ein ganzer Bereich des Internationalen Rechts in Frage gestellt sein könnte.

Ich möchte auf diese These folgendermaßen reagieren: Was wir beobachten, lässt sich vielleicht eher als eine produktive Transformation und damit Reifung der theoretischen, narrativen, methodischen und praktischen Grundlagen des Einheitsrechts gegenüber utopisch-übersteigerten Anfängen beschreiben. Diese Beschreibung werde ich im Folgenden zunächst kurz durch fünf Perspektiven auf Veränderungen in der theoretischen Rahmung von „Einheitsrecht" zur Diskussion stellen. In einem zweiten, längeren Teil beschreibe ich dann, auch gestützt durch diese theoretische Rahmung, fünf Transformationen innerhalb des Einheitsrecht, die, wie ich meine, gewisse Reifungsprozesse widerspiegeln.

II. Theoretische Rahmung

1. Transformation von Ordnungsvorstellungen: Heterogenität von Partialordnungen

Ich beginne in einer äußersten Sphäre mit einem Blick auf gewandelte Erwartungen zum Ordnungsgrad normativer Ordnungen überhaupt. Der Befund lautet hier, dass grundsätzlich in allen normativen Ordnungswelten Heterogenität verschiedener sich überlappender und überlagernder, konkurrierender Partialordnungen vorherrscht. Das seit 2006 geführte Frankfurter Forschungsprogramm „Normative Ordnungen" stellte hierzu zuletzt fest: „Jede Person lebt und handelt gleichzeitig in einer Vielzahl normativer Ordnungen, die eine verschlungene Herkunft haben, mehr oder weniger häufigen Änderungen unterworfen sind und dabei von einer Fülle unterschiedlicher äußerer Faktoren beeinflusst werden und einander beeinflussen":[5] „Ordnungen der Moral, der sittlichen Konventionen, der Religion, des Rechts, der Wirtschaft".[6] „Und diese (auch in sich heterogenen) Partialordnungen überlappen und widerstreiten einander. Dort, wo dies sich zu einer – spannungsreichen – sozialen und politischen Ordnung fügt, kann der Singular verwendet werden".[7] Und selbst dies bleibt allenfalls Annäherung an eine

---

4 Ablehnend etwa *Karl Wieland*, Rechtsquellen und Weltrecht, in: Recueil d'études sur les sources du droit en l'honneur de François Gény, Tome 3, Paris: Librairie du Recueil Sirey 1934, 471-477 (473): „Allein das künftige einheitliche Weltrecht bleibt eine Utopie, ist ein Traum und nicht einmal ein schöner." Deutlich auch *Karl Kreuzer*, Vom Internationalen zum Transnationalen Privatrecht. Versuch einer rechtspolitischen Theorie zur Regelung transnationaler privatrechtlicher Sachverhalte, in: Walther Hadding (Hrsg.) Festgabe Zivilrechtslehrer 1934/1935, Berlin: de Gruyter 1999, 289-319 (302): „Weiterentwicklungen sehr schwierig", „unerträgliche kulturelle Verarmung der Menschheit, ein empfindliches Weniger an ‚Partizipation', an Ideen und Experimenten, an schöpferischen Möglichkeiten menschlicher Ordnung."

5 *Rainer Forst/Klaus Günther*, Normative Ordnungen, Frankfurt/M: Suhrkamp 2021, 9.

6 *Forst/Günther* (Fn. 5), 10.

7 AaO.

– oft als Nationalstaat – gedachte, intern-monolithische Einheit, und selbst eine solche führt gerade dann zurück in die Heterogenität und Pluralität der Ordnungen, sobald trans- und internationale Konstellationen auftreten.[8]

Rechts-Ordnungen sind in dieser Perspektive immer nur mehr oder minder große „einheits"-rechtliche Normräume, bestenfalls für ihr Gebiet solche gewisser normativer Kohärenz, immer im Werden oder im Vergehen begriffen. Schon die im spezifisch einheitsrechtlichen Diskurs vielfach bemühten Metaphern von Inseln oder Flößen für einheitsrechtliche Instrumente auf dem offenen Meer der Normräume („isolated-position syndrome"[9]) suggerieren irreführend statisch-territoriale Exklusivität. Eine Gestaltungsidee nach Art eines „Welteinheitsrecht" kann vor diesem Hintergrund von vornherein nicht (mehr) aufkommen.

2. Transformation von Ordnungen: Gesetz der normativen Entropie

Wenn aber die Heterogenität Grundzustand, also Momente und Räume einer vergleichsweise einheitlichen Ordnung der Ausnahmefall sind, dann liegt auf der Hand, dass solche Ausnahmephasen nur durch besondere Homogenisierungsanstrengungen erreichbar sind. Damit ist – zweitens – von einem allgemeinen Gesetz der normativen Entropie auszugehen.[10] Die Zerfallskräfte, die an Kodifikationen ansetzen, durch ausgelagerte Nebengesetze, Entfernungen vom Text durch richterliche Rechtsfortbildung, Konstitutionalisierungen und ggf. Supranationalisierungen der Kodifikationen sind vielfach beschrieben worden,[11] und sie sind bekanntermaßen für einheitsrechtliche Regelwerke besonders groß, da hier ja in der Regel autonome Gerichte der beteiligten Staaten über Auslegung und Rechtsfortbildung entscheiden.[12]

3. Transformation des Nationalstaats: Schwindende Ordnungskraft

Wenn nun allerdings der Nationalstaat durch die vielfältigen Prozesse der Globalisierung fast schon sprichwörtliche Bedeutungsverluste erleidet und seine homogenisie-

---

8 AaO.

9 *Herbert Kronke,* International Uniform Commercial Law Conventions: Advantages, Disadvantages, Criteria for Choice, Uniform Law Review 5 (2000), 13-21 (18). In der Diskussion entfaltete *Kronke* die treffenden Dimensionen der Metapher des „Floßes".

10 Zum soziologischen Konzept der „Social Entropy Theory" vgl. *Dirk Villányi/Matthias Junge/Ditmar Brock,* Soziologische Systemtheorie, in: Ditmar Brock/Matthias Junge/Heike Diefenbach/Reiner Keller/Dirk Villányi (Hrsg.), Soziologische Paradigmen nach Talcott Parsons, Wiesbaden: VS Verlag 2009, 337-392 (388): „natürlicher Strukturverfall eines sozialen Systems", „gesellschaftliche Ordnung, der durch Arbeit und den Einsatz von Energie gegen die Zunahme gesellschaftlicher Entropie hergestellt werden muss".

11 Z.B. *Eva-Maria Kieninger,* Kodifikationsidee und Europäisches Privatrecht, RW 2012, 406-431; *Frédéric Zenati-Castaing,* L'avenir de la codification, Revue internationale de droit comparé 2011, 355-384; *Natalino Irti,* L'età della decodificazione, Mailand: Giuffrè, 1. Aufl. 1979, 4. Aufl., Mailand: Giuffrè 1999; *Karsten Schmidt,* Die Zukunft der Kodifikationsidee: Rechtsprechung, Wissenschaft und Gesetzgebung vor den Gesetzeswerken des geltenden Rechts, Heidelberg: C.F. Müller 1985.

12 Hierzu z.B. *Hans-Joachim Mertens,* Nichtlegislatorische Rechtsvereinheitlichung durch transnationales Wirtschaftsrecht und Rechtsbegriff, RabelsZ 56 (1992), 219-242 (221 f.): „Schlicht bedeutungslos kann kodifikatorische Rechtseinheit für die Lebensverhältnisse werden, wenn es gar nicht der Gesetzgeber ist, der maßgeblich auf sie einwirkt, sondern wie heute in weitem Umfange die Rechtsprechung …"; *Jan Kropholler,* Internationales Einheitsrecht: Allgemeine Lehren, Tübingen: Mohr Siebeck 1975, 235 ff.; *Urs Peter Gruber,* Methoden des internationalen Einheitsrechts, Tübingen: Mohr Siebeck 2004, 69 ff. und passim.

rende Kraft nach innen wie nach außen in entsprechendem Maße verliert, treten normative Ordnungen „in ihrer Verschiedenheit und Heterogenität sowie in ihren lokalen, transnationalen oder globalen Reichweiten" in besonderem Maße – wieder – „hervor".[13] Soweit also drittens „Einheitsrecht" vornehmlich als kooperatives Projekt der Nationalstaaten untereinander verstanden wird,[14] muss dieses Projekt als Folge der Krise des Nationalstaates[15] gleichermaßen in die Krise geraten sein. Wie im zweiten Teil zu zeigen sein wird, geht allerdings die normative Ordnung durch Einheitsprivatrecht heute weit über das Ordnungsinstrument des multilateral-völkerrechtlichen Vertrags hinaus.

4. Transformation der Rechtfertigungsnarrative: Von der „Gelehrtenrepublik" zum „commercial approach"

Viertens zeigen sich fundamentale Transformationen der zugrundeliegenden Rechtfertigungsnarrative für Einheitsrecht. Den Begriff des „Rechtfertigungsnarrativs" als elementarer Bestandteil einer jeden normativen Ordnung hat dabei vor allem Rainer Forst ausgearbeitet.[16] Normative Ordnungen sind danach immer auch als Rechtfertigungsordnungen zu betrachten: „Eine normative Ordnung kann sich national und international nur stabilisieren, wenn ihre Rechtfertigungen tragen und sie Praktiken, Verfahren und Institutionen der Herstellung, Kritik und Erneuerung solcher Rechtfertigungen ausbildet". „Schlüsselbegriff" ist dabei „der des Rechtfertigungsnarrativs". Diese sind „in der Regel umstritten und mit Gegen-Narrativen konfrontiert". Zugleich ist zu betonen, dass die Bezeichnung einer Legitimationsgeschichte für eine bestimmte normative Ordnung als „Narrativ" hier nicht etwa kritisch-entlarvend gemeint, sondern schlicht Funktionsbeschreibung ist.

Am Anfang, also Ende des 19. Jahrhunderts, befeuert durch Blüten des nationalstaatlichen Denkens und interner Kodifikationserfolge stand ein – aus heutiger Sicht – naiv-formales, im negativen Sinne „akademisches" („Gelehrtenrepublik"[17]) Bedürfnis nach globaler (Privatrechts-) Ordnung, dies verschränkt mit dem Glauben an Wirtschaftswachstum durch den Abbau rechtlicher Handelshemmnisse.[18] In einer Tiefenschicht beruht dieses Narrativ letztlich auf aufklärerischen Denktraditionen bis hin zu visionären Wegen zum Ewigen Frieden[19] sowie ebenfalls „vernünftigen", nach Ende

---

13 *Forst/Günther* (Fn. 5), 16: „manifeste Krise des Multilateralismus", „ambivalente Folgen der Globalisierung", „Renaissancen nationalistischer und autoritärer Ordnungsvorstellungen", „Resubstantialisierung und Entprozeduralisierung".

14 *Zitelmann*, Rechtsvergleichung (Fn. 2), 331: Vereinheitlichung „durch die Sondergesetzgebung der einzelnen Staaten oder durch völkerrechtliche Vereinbarung"; *Klein*, Weltprivatrecht (Fn. 3), 6: „Die materielle und formelle Einheit des Privatrechts aller Kulturvölker kann nur im Wege völkerrechtlicher Vereinbarung erzielt werden.".

15 *Stefan Meder*, Die Krise des Nationalstaates und ihre Folgen für das Kodifikationsprinzip, JZ 2006, 477-484; vgl. bereits etwa *Hans Rothfels*, Zur Krise des Nationalstaates, Vierteljahreshefte für Zeitgeschichte 1 (1953), 136-152, zugl. Antrittsvorlesung Universität Tübingen 1952.

16 *Forst/Günther* (Fn. 5), 14 m.w.N. Eingehend *Rainer Forst*, Zum Begriff eines Rechtfertigungsnarrativs, in: Andreas Fahrmeir (Hrsg.), Rechtfertigungsnarrative. Zur Begründung normativer Ordnung durch Erzählung, Frankfurt/M: Campus Verlag 2013, 11-29 m.w.N.

17 *Herbert Kronke*, Methodical Freedom and Organisational Constraints in the Development of Transnational Law, Loyola Law Review 51 (2005), 287-300 (288 f.): Arbeit von und in UNIDROIT in der Welt einer „republic of scholars" „truly academic discourse", damit auch persönlichkeitsgetrieben.

18 Z.B. *José Angelo Estrella Faria*, Future Directions of Legal Harmonisation and Law Reform: Stormy Seas or Prosperous Voyage, Uniform Law Review 14 (2009), 5-34 (10).

19 *Immanuel Kant*, Zum Ewigen Frieden – Ein philosophischer Entwurf, Königsberg: Suhrkamp 1795/96, Werkausgabe Bd. 11, 195-244 (227), Erster Zusatz. Von der Garantie des ewigen Friedens, sub. 3, auf

des Zweiten Weltkriegs entwickelten und bis Ende der 1990er Jahre gesteigerten Erwartungen, über eine möglichst vollständig internationalisierte bzw. „entgrenzte" und damit effiziente globale Wirtschaft nicht nur den globalen Wohlstand zu maximieren, sondern auch den Weltfrieden zu fördern[20] – „Wandel durch Handel". – Die Europäische Kommission spiegelte diese Tiefenschichten bis in die jüngste Vergangenheit in ihrer Außenhandelspolitik, wenn sie auf programmatischer Ebene sinngemäß verlautbart: „trade is no longer just about trade", die Gestaltung ihrer Handelsbeziehungen ziele vielmehr auf die Verbesserung der Welt durch Menschenrechte, Nachhaltigkeit, Tierwohl etc. Diese Zielvorstellungen finden sich auch in der Tat in unterschiedlichen Ausprägungen und Deutlichkeitsgraden z. B. in den Freihandelsabkommen der EU mit Drittstaaten.[21] Zwischenzeitlich sind allerdings Gegennarrative erwachsen:

Erstens wachsen die Zweifel daran, inwieweit multilateral-staatsvertragliches Privatrechts überhaupt so entscheidend für den grenzüberschreitenden Handel ist. Belastbare ökonomische Analysen zum eventuellen Mehrwert durch Einheitsrecht gibt es kaum.[22] Dafür sind die allseits vermuteten transaktionskostensenkenden Effekte in der Regel zu mittelbar, zumindest bei breit-horizontal angelegten Regelwerken außerhalb stark integrierter Wirtschaftsräume.[23] Im Übrigen favorisieren Teile der Vertreter der ökonomischen Analyse des Einheitsrechts eher regulatorischen Wettbewerb.[24]

Zweitens wachsen seit längerem Zweifel daran, inwieweit multilaterale Staatsverträge überhaupt noch nennenswert zur Reduktion von Komplexität beitragen, da sie in der

---

die Wirkungen des „wechselseitigen Eigennutzes" als Ausdruck der Vernunft bauend („die Geldmacht wohl die zuverlässigste" aller der Staatsmacht untergeordneten Mächte: „Es ist der H a n d e l s g e i s t, der mit dem Kriege nicht zusammen bestehen kann, und der früher oder später sich jedes Volks bemächtigt" (Sperrung i.O.)).

20 Etwa *Paul Krugman/Maurice Obstfeld/Marc Melitz*, Internationale Wirtschaft, Theorie und Politik der Außenwirtschaft, 11. Aufl., Hallbergmoos: Pearson 2019, Kap. 1, sub 1.1.3: „Wie viel Handel?".

21 Z.B. European Commission, Trade for All. Towards a More Responsible Trade and Investment Policy, 2015 <http://trade.ec.europa.eu/doclib/docs/2015/october/tradoc_153846.pdf>, 22, sub. 4.2.: „A trade agenda to promote sustainable development, human rights and good governance". Vgl. auch *Matthias Weller*, Judicial Cooperation of the EU in Civil Matters in Its Relations to Non-EU States – A Blind Spot?, in: Alan Uzelac/Rhemco van Rhee (Hrsg.), The Transformation of Civil Justice, Cham: Springer International 2018, 63-81 (65 f.).

22 Etwa *Wolfgang Kerber*, Rechtseinheitlichkeit und Rechtsvielfalt aus ökonomischer Sicht, in: Stefan Grundmann (Hrsg.), Systembildung und Systemlücken in Kerngebieten des Europäischen Privatrechts. Gesellschaftsrecht, Arbeitsrecht, Schuldvertragsrecht, Tübingen: Mohr Siebeck 2000, 67-97 (insbes. 84 ff.); für das CISG vgl. etwa den zwar positiven, aber weitgehend generischen Befund von *Burghard Piltz*, Saving Transaction Costs, in: Ingeborg Schwenzer (Hrsg.), 35 Years CISG and Beyond, Den Haag: Eleven 2016, 3-8. Grundsätzlich zum Verhältnis von Einheitsrecht zu Internationalem Privatrecht z.B. *Roy Goode/Herbert Kronke/Ewan McKendrick*, Transnational Commercial Law, 2. Aufl., Oxford: OUP 2015, Tz. 2.63: „complementary tools"; *Catherine Kessedjian*, Codification du droit commercial international et droit international privé. De la gouvernance „normative" pour les relations économiques transnationales, Recueil des Cours 300 (2004), 79-308 (224 ff.): „Complémentarité des deux catégories de normes".

23 Vgl. allerdings demgegenüber die Schätzungen für die UNIDROIT Konvention von Kapstadt über internationale Sicherungsrechte an beweglicher Ausrüstung vom 16.11.2001 (innerhalb eines Zeitraums von 20 Jahren 160 Milliarden US-Dollar weniger Finanzierungskosten), *Vadim Linetsky*, Economic Benefits of the Cape Town Treaty, 2009, <www.icao.int/sustainability/Documents/AnnexC.pdf>, 19, hierzu sogleich noch unten im Text. Auch für die HCCH Apostille Konvention werden Schätzungen vorgetragen (hier Transaktionskostenersparnisse von 500 Millionen USD pro Jahr), vgl. Christoph Bernasconi, The HCCH 1961 Apostille Convention: 60 years on, https://diplomatmagazine.eu/2021/12/05/the-hcch-1961-apostille-convention-60-years-on-2 (30.11.2022).

24 Zu den widerstreitenden Positionen z.B. *Matthias Lehmann*, Das Europäische Wirtschaftsgesetzbuch – eine Skizze, GPR 2017, 262-270 (263).

Regel in einer Vielzahl von angrenzenden Fragen auf das jeweils anwendbare nationale Recht angewiesen sind,[25] politische Kompromisse oft zu sachwidrigen Ausschlüssen im Anwendungsbereich führen[26] und sich über die Zeit überlagernde Schichten von Staatsverträgen nur schwer konsolidieren lassen.[27]

Drittens und vielleicht entscheidend wird die Tiefenschicht des Narrativs in Frage gestellt. Aufklärung wird zunehmend in ihren widersprüchlichen Zügen beschrieben, Handel mit der westlichen Welt wird intern wie extern zunehmend auch als Ausbeutung interpretiert und damit einhergehend, sicher überspitzt, multilaterale Staatsverträge aus westlicher Hand als das Gegenteil von Multilateralismus, nämlich als Unterdrückungsinstrument „entlarvt“.

Nur ein Schlaglicht aus dem vielschichtigen Kampf der Narrative: Ehemals kolonisierte Staaten in (Sub-Sahara-) Afrika haben – vor allem in der zweiten Hälfte des 19. und in der ersten des 20. Jahrhunderts – nach kursierenden Schätzungen über 90 % ihrer Kunst und Kulturgüter verloren.[28] Sie befinden sich vielfach in Museen der westlichen Welt. Oft begann die Kolonisierung durch private Handelsstationen, für die die Mutterländer dann sogenannte Schutzbriefe, also gleichsam territoriale Exklusivrechte ausstellten und irgendwann dann durch „Schutzverträge“ solche Gebiete doch ganz unter staatliche Verwaltung stellten,[29] oft weil der intendierte Handel gar nicht die erwarteten Erträge abwarf und Schwierigkeiten mit „Einheimischen“ überhandnahmen. Auch die staatlichen Kolonialverwaltungen suchten nach Wegen zur Amortisierung immenser Kosten, dies auch über Schutzvereinbarungen mit den Einheimischen.[30] Kombiniert mit ethnologisch-anthropologischem Forschungs- und religiösem Missionseifer führte dies zu einem breitflächigen Handel mit, Zugriff auf und Entzug von Kunst- und Kultobjekten, ebenso wie menschlichen Überresten, die sich dann in teilweise eigens dafür errichteten „Universal“- oder später dann auch „Welt“-Museen wiederfanden.[31] Und es sind gerade Attribute wie „universal“ oder dann eben auch multilateral oder Bestimmungsworte wie „Welt“, die innerhalb der Gegennarrative als grundfalsch bestritten

---

25 Zum komplexen Verhältnis von konventionellem materiellen Einheitsrecht und Kollisionsrecht grundlegend *Kropholler* (Fn. 12), 183 ff. Vgl. auch *Franco Ferrari*, Forum Shopping Despite Unification of Law, Recueil des Cours 413 (2021), 9-290.

26 *Giesela Rühl*, Statut und Effizienz, Tübingen: Mohr Siebeck 2011, 61; *Mertens* (Fn. 12), 220 f.

27 *Hein Kötz*, Rechtsvereinheitlichung – Nutzen, Kosten, Methoden, Ziele, RabelsZ 50 (1986), 1-18 (5): „... immer komplizierter werdende Geflecht einheitsrechtlicher Regelungen ....“; „...allmählich die Normenverarbeitungskapazität der Praxis überfordert ...“.

28 *Felwine Sarre/Bénédicte Savoy*, Rapport sur la restitution du patrimoine culturel africain. Vers une nouvelle éthique relationnelle, Rapport N°2018-26 (30.11.2018) <http://restitutionreport2018.com/ sarr_savoy_fr.pdf>, 3 m.w.N.: Le Rapport „s'appuie sur le constat, souvent formulé par les experts, selon lequel la quasi-totalité du patrimoine matériel du pays d'Afrique situés au sud du Sahara se trouve conservée hors du continent africain.“.

29 Zeitgenössisch-beschreibend z.B. *Hermann Hesse*, Die Schutzverträge in Südwestafrika. Ein Beitrag zur rechtsgeschichtlichen und politischen Entwickelung des Schutzgebietes, Berlin: Süsserott 1905, 8 ff. Aus rechtshistorischer Sicht z.B. *Hans-Jörg Fischer*, Die deutschen Kolonien. Die koloniale Rechtsordnung und ihre Entwicklung nach dem ersten Weltkrieg, Berlin: Duncker & Humblot 2000.

30 Instruktiv z.B. *Winfried Speitkamp*, Deutsche Kolonialgeschichte, Stuttgart: Reclam 2014, 60 ff. („Recht und Justiz“) sowie 73 ff. („Wirtschaft und Wirtschaftspolitik“). Vgl. auch *Carola Thielecke/ Michael Geißdorf*, Sammlungsgut aus kolonialen Kontexten. Rechtliche Aspekte, in: Deutscher Museumsbund (Hrsg.), Leitfaden: Umgang mit Sammlungsgut aus kolonialen Kontexten, Berlin 2021, 159-171 (160 ff.).

31 *Bénédicte Savoy*, Afrikas Kampf um seine Kunst. Geschichte einer postkolonialen Niederlage, 3. Aufl., München: C.H. Beck 2021, z.B. 157 ff.: „Universalismus ein ins Allgemeine erweiterter Eurozentrismus“.

werden. All dies, so die These hier, trägt zum Zerfall und damit eben zu einer Krise in den Tiefenschichten derjenigen Narrative bei, die früher multilaterale Staatsverträge zum Handelsrecht mitgetragen haben.

Parallel sind deutlich nüchternere Narrative zugunsten von Einheitsprivatrecht erwachsen, zum Beispiel der sogenannte „commercial approach", entwickelt Ende der 1990er Jahre und seither vertreten insbesondere von Roy Goode, Herbert Kronke, Ewan McKendrick und anderen.[32] Dieser „approach" verlangt erstens eine präzise Bedarfsanalyse durch Befragung einschlägiger Verkehrskreise, am besten verknüpft mit konkreten Nachweisen zu idealiter allseitig erwarteten Transaktionskostenersparnissen, postuliert also eine Art einheitsrechtspolitisches Subsidiaritätsprinzip, damit einhergehend zweitens strikte Beschränkung auf abgegrenzte und sinnvoll zugeschnittene, konkret problemorientierte Projekte, drittens enge Einbindung der betroffenen Wirtschaftsakteure, also keine kodifikatorisch-horizontal ansetzenden Großprojekte aus Gelehrtenrepubliken mehr, viertens transaktionsbezogene, nicht dogmatische Abgrenzung der Regelungsgegenstände, fünftens funktional-lösungsorientierte Kreativität.[33]

Auf der Basis dieser Konzeption konnte UNIDROIT mit der Konvention von Kapstadt über internationale Sicherungsrechte an beweglicher Ausrüstung vom 16.11.2001[34] einen der größten Erfolge für multilateral-staatsvertragliches Einheitsrecht der jüngeren Zeit mit derzeit 83 Vertragsstaaten und einer Regionalen Integrationsgemeinschaft verbuchen. Die Ersparnis der Transaktionskosten bei der Besicherung und damit Finanzierung etwa von Flugzeugen wird dabei von den beteiligten Akteuren (Hersteller, Besteller, finanzierende Banken) für einen Zeitraum von 20 Jahren auf 160 Milliarden US-Dollar geschätzt.[35] Wie der UNIDROIT Governing Council auf seiner als öffentliche Konferenz abgehaltenen 100. Jubiläumssitzung letztes Jahr noch einmal anschaulich vor Augen führte, hat die Konvention dazu punktgenau transnationale Problemlösungen entwickelt, im Kern ein in Art. 2 rein funktional definiertes, von allen dogmatischen Vorstrukturen nationaler Rechte abstrahiertes „international interest", und dieses ist eingebettet in Regelungen zu typischerweise berührten Konfliktpunkten bei der Geltendmachung von Sicherungsrechten, also Bestellung, Übertragung, Rangfolge, gutgläubiger Erwerb, Einzel- und Gesamtzwangsvollstreckung, einstweiliger Rechtsschutz etc.[36]

---

32 Etwa *Herbert Kronke*, Which Type of Activity for Which Organisation?, Reflections on UNIDROIT's Triennial Work Programme 2006–2008 in its Context, Uniform Law Review 11 (2006), 135-141 (139): „preferably instruments based solely on commercial considerations and not in need of universal acceptability"; Beschränkung auf „business rationality".

33 In der Sache ähnlich jüngst *ELI/UNIDROIT*, ELI-UNIDROIT Model European Rules of Civil Procedure. From Transnational Principles to European Rules of Civil Procedure, Oxford: OUP 2021, Präambel, Kommentar 13, S. 5: „pragmatic and focused approach directed at key fields of civil procedure". „Such an approach pays particular attention to those fields where harmonisation proposals have a good prospect of being welcomed and acted upon by national legislatures due to the fact that they are already considering national approximation or harmonisation projects, or due to an actual need for coherent and innovative development.".

34 Übereinkommen über internationale Sicherungsrechte an beweglicher Ausrüstung v. 16.11.2001, UNTS 2307, 285, in Kraft getreten am 1.3.2006.

35 *Vadim Linetsky*, Economic Benefits of the Cape Town Treaty, 2009, <www.icao.int/sustainability/Documents/AnnexC.pdf>, 19. Die genannte Schätzung beschränkt sich auf direkte Effekte. Indirekte Effekte durch weitergehende Finanzierungsmöglichkeiten für den Flugzeugsektor insgesamt blieben außer Betracht, dürften aber nach Auffassung des Autors aaO. substanziell beitragen.

36 Im einzelnen z.B. *Goode/Kronke/McKendrick* (Fn. 22), Kap. 14, insbes. Tz. 14.27 ff.

Aus den Einzelheiten zur Illustration des „commercial approach" zurück auf die Ebene der Narrative: Einheitsrecht wird heute ferner zunehmend als Reflexionspunkt und Reformanstoß gerade für inländische Rechtsreformen und -modernisierungen gesehen, dies längst nicht mehr nur für Länder des globalen Südens.[37] Dies zeigt sich nicht zuletzt daran, dass UNIDROITs Kapstädter Konvention gar nicht mehr eine grenzüberschreitende Transaktion im eigentlichen Sinne voraussetzt.[38] Im Übrigen zeigen sich nach wie vor auch Narrativkontinuitäten bis zurück zu anfänglichen Utopien, etwa als der frühere UN-Generalsekretär Kofi Annan einen „new global deal" Anfang der 2000er Jahre zur Unterstützung der Armen durch die Reichen durch Handel, Investition und Schuldenerlass ausrief:[39] „There is a new global deal on the table: when developing countries fight corruption, strengthen their institutions, adopt market-oriented policies, respect human rights and the rule of law, and spend more on the needs of the poor, rich countries can support them with trade, aid investment and debt relief".[40]

Damit stehen wir vor dem, was die Theorie der normativen Ordnungen voraussagt, nämlich dynamische, weil immer umkämpfte, aber auch sich grundsätzlich verschiebende Narrativlandschaften.[41]

5. Transformation des Rechtsbegriffs: „Legal pluralism"

Mit den vorgenannten Transformationen gehen schließlich fünftens einher und sind zum Teil auch verschränkt Transformationen des Rechtsbegriffs. Insoweit ist hier nur kurz in Erinnerung zu rufen, dass sich der Begriff des „Rechts" und damit auch die Verständnismöglichkeiten dazu, in welchen Erscheinungsformen „Einheits"-Recht auftreten kann, in den letzten Jahrzehnten grundlegend verändert und zwar signifikant erweitert haben. Reflektiert wurden diese Entwicklungen vor allem in der schon interdisziplinär, aber auch in ihren rechtstheoretischen Grundlegungen und Zwecken weit ausgreifenden, zugleich tendenziell subversiven Forschungsrichtung des „Rechtspluralismus",[42] andererseits in den speziell einheitsrechtlichen Lehren vom „transnationalen Recht".[43] Beide Ansätze relativieren den zuvor stark herrschenden zentralistisch-staatli-

---

37 *Estrella Faria* (Fn. 18), 10, 14, 16.

38 Vgl. Art. 3. Hierzu *Goode/Kronke/McKendrick* (Fn. 22), Tz. 14.21 ff.

39 *Kofi Annan*, Help by Rewarding Good Governance, International Herald Tribune (20.3.2002), 8.

40 Ähnlich *Estrella Faria* (Fn. 18), 10, 17: Die Vision des Einheitsrechts sei eine „orderly, well-functioning, open economy, thus helping developing countries fully to participate in the benefits of the global marketplace.".

41 Vgl. nochmals *Forst/Günther* (Fn. 5), 14 m.w.N. *Forst* (Fn. 16), 11 ff.

42 Hierzu eingehend und instruktiv aus Beobachterperspektive *Ralf Seinecke,* Das Recht des Rechtspluralismus, Tübingen: Mohr Siebeck 2015, insbes. Kap. 1 („Rechtspluralismus"), 11 ff. Vgl. im Übrigen grundlegend u.a. *John Griffiths*, What is Legal Pluralism?, Journal of Legal Pluralism 24 (1986), 1-55 (1 ff.); *Sally Engle Merry*, Legal Pluralism, Law and Society Review, 22 (1988), 869-896.

43 Hierzu eingehend aus Beobachterperspektive Gralf-Peter Calliess (Hrsg.), Transnationales Recht. Stand und Perspektiven, Tübingen: Mohr Siebeck 2014, insbes. *Ralf Michaels*, Was ist transnationales Recht, in: Gralf-Peter Calliess (Hrsg.), Transnationales Recht. Stand und Perspektiven, Tübingen: Mohr Siebeck 2014, 39-56 und *Nils Jansen*, Transnationales Privatrecht, in: Gralf-Peter Calliess (Hrsg.), Transnationales Recht. Stand und Perspektiven, Tübingen: Mohr Siebeck 2014, 115-140; auch *Peer Zumbansen*, Transnationales Recht als Methode, in: Gralf-Peter Calliess (Hrsg.), Transnationales Recht. Stand und Perspektiven, Tübingen: Mohr Siebeck 2014, 557-585. Vgl. im Übrigen grundlegend u.a. *Philip Jessup*, Transnational Law, New Haven: Yale University Press 1956; zur „new lex mercatoria" vgl. insbes. *Clive Schmitthoff*, The Law of International Trade, its Growth, Foundation and Operation, in: ders. (Hrsg.), The Sources of the Law of International Trade, London: Stevens & Sons 1964, 1-40; jüngst *Klaus Peter Berger*, Herbert Kronke und die „Schleichende Kodifizierung"

chen Begriff von „Recht".[44] Eugen Ehrlich und seine Bukowina,[45] Gunter Teubner und seine dann globale Bukowina[46] seien hier nur als frühe Erinnerungsanker für einen sich allgemein und sodann auch gerade für transnationale Konstellationen weitenden Rechtsbegriff[47] genannt.

Man muss nun nicht so weit gehen wie manche Soziologen und Anthropologen, die in einem jeden entstehenden Feld von Normativität eine „Rechtsordnung" erblicken wollen.[48] Denn dann wären auch mafiose „Gesetze" wie beispielsweise die „omertà" Recht und damit, weil grenzüberschreitend geltend, für dieses Recht von (personalem) Einheitsprivatrecht zu sprechen. Man muss auch nicht so weit gehen wie manche Rechtspluralisten und die „Unordnung", etwas nobler formuliert: die Heterarchie der normativen Ordnungen, zum neuen Leitbild insgesamt erheben und den „etatistischen Rechtspositivismus" und „rechtlichen Zentralismus" als gänzlich verfehlt verwerfen.[49] Aber es ist anzuerkennen, dass normative Ordnungen jenseits und ohne Staat heute ebenso zur Vielfalt der Erscheinungsformen von „Recht" zu zählen sind. Damit gehören zum Einheitsrecht gerade nicht mehr nur staatsvertragliche „Bereichs"-Rechte[50] wie etwa das CISG von 1980 mit derzeit fast 100 Vertragsstaaten[51] oder das neue Haager Anerkennungs- und Vollstreckungsübereinkommen von 2019, das zum September 2023 – zunächst nur zwischen der EU und der Ukraine – in Kraft tritt,[52] um ein älteres und

---

des transnationalen Wirtschaftsrechts, in: Christoph Benicke/Stefan Huber (Hrsg.), National, International, Transnational: Harmonischer Dreiklang im Recht, Festschrift für Herbert Kronke, Bielefeld: Gieseking 2020, S. 693-706.

44 Hierzu auch *Michael Joachim Bonell*, The UNIDROIT Principles of International Commercial Contracts and CISG – Alternatives or Complementary Instruments?, Uniform Law Review 1 (1996), 26-39 (27): „In those days [when the unification work for a uniform law for international sales contracts started back in 1929] legal positivism and the identification of law with State-made law were the dominant credo. As a consequence any attempt at unifying the law likewise could only take the form of uniform legislation agreed upon by States at an international level and which they subsequently had to introduce into their domestic legal systems."

45 *Eugen Ehrlich*, Grundlegung der Soziologie des Rechts, 5. Aufl., Berlin: Duncker & Humblot 2022 (1. Aufl., Leipzig: Duncker & Humblot 1913), 554: „lebendes Recht", das „das Leben beherrscht"; aaO., S. 439: Staat habe einen „ziemlich bescheidenen" Anteil an der Rechtsbildung.

46 *Gunter Teubner*, Globale Bukowina. Zur Emergenz eines transnationalen Rechtspluralismus, Rechtshistorisches Journal 15 (1996), 255-290.

47 Hierzu insbes. *Paul Schiff Berman*, Global Legal Pluralism, Southern California Law Review 80 (2007), 1155-1237; diesen Ansatz monographisch vertiefend *ders.*, Global Legal Pluralism. A Jurisprudence of Law Beyond Borders, New York: Cambridge University Press 2012; nochmals erweiternd *ders.* (Hrsg.), Oxford Handbook of Global Legal Pluralism, Oxford: OUP 2020.

48 Vgl. etwa *Klaus Günther*, Normativer Rechtspluralismus – Eine Kritik, in: Thorsten Moos/Magnus Schlette/Hans Diefenbacher (Hrsg.), Das Recht im Blick der Anderen, Tübingen: Mohr Siebeck 2016, 43-62 (45): „Die Auskunft der meisten Protagonisten des Rechtspluralismus ist seit jeher verblüffend einfach: Die Debatte über diese Frage sei größtenteils irrelevant, Recht sei, was die beteiligten Akteure jeweils für Recht hielten.", mit Verweis auf *Berman* (Fn. 47), 1177; *Brian Tamanaha*, Understanding Legal Pluralism: Past to Present, Local to Global, Sydney Law Review 30 (2008), 375-411.

49 *Seinecke* (Fn. 42), 26: „Rechtspluralismus ist nie ein Wort der herrschenden Meinung. Rechtspluralismus ist ein Kampfbegriff. Am lautesten artikulierte ihn John *Griffiths* [(Fn. 42), 3]. Er beklagte eine ,Ideologie des rechtlichen Zentralismus' und kritisierte das hierarchische, etatistische und normative Denken der juristischen Anthropologie. Dies war keine bloß theoretische Kritik. Der Kampf um Anerkennung des (objektiven) Rechts der Indigenen nämlich stützt auch die (postkoloniale) Anerkennung ihrer (subjektiven) Rechte.".

50 *Seinecke* (Fn. 42), 2.

51 Übereinkommen der Vereinten Nationen über Verträge über den internationalen Warenkauf v. 11.4.1980, UNTS 1489, 3, in Kraft getreten am 1.1.1988.

52 Haager Übereinkommen über die Anerkennung und Vollstreckung ausländischer Urteile in Zivil- oder Handelssachen v. 2.7.2019 <www.hcch.net/de/instruments/conventions/full-text/?cid=137>.

ein neues und zugleich ein materiellprivatrechtliches und ein zivilverfahrensrechtliches Instrument zu nennen, sondern eben auch *soft law*-Instrumente jeglicher Couleur bis hin zu transnationalen Normräumen einer neuen *lex mercatoria*[53] oder aber schließlich auch moralisch motivierte Prinzipien wie die Ruggie Principles[54] oder etwa die Prinzipien der Washingtoner Konferenz von 1998 zu im Holocaust entzogenen Vermögenswerten zur Restitution nationalsozialistischer Raubkunst[55] und, derzeit naszierend, Regeln zur Rückgabe von Kulturgütern kolonialer Provenienz.[56] Grenzüberschreitende Erscheinungsformen geben dieser Pluralistik einen ganz besonderen „drive", der unter dem Stichwort „Global Legal Pluralism" eigenständig verhandelt wird,[57] während dies für das wirtschaftsprivatrechtliche Einheitsrecht zunehmend unter dem Leitbegriff des *transnational commercial law* geschieht, hier dann stark transaktionsbezogen.[58] Vor diesem Hintergrund ist im Rahmen eines „kritischen Rechtspluralismus" die Aufgabe gestellt, mit diesen und vorgenannten Gegebenheiten adäquat, im Sinne einer „epistemisch-reflexiven Suche nach der richtigen Setzung und Anwendung von Recht unter Bedingungen des Rechtspluralismus",[59] umzugehen, ohne sich dabei dem „Faktum des Rechtspluralismus", wie es auch etwa *Klaus Günther* konstatiert,[60] auszuliefern. Mit wieder anderen Worten, nämlich denen von *Paul Schiff Berman*, ist gefordert konstruktives „managing hybridity".[61]

III. Reifungsprozesse

Und darin ist das Einheitsrecht heute gar nicht so schlecht, wie ich im zweiten Teil aufzuzeigen versuche, und zwar durch den Blick auf die folgenden fünf Veränderungen – Reifungsprozesse – innerhalb des Einheitsrechts:

---

53 Hierzu nochmals *Berger* (Fn. 43), 693 ff.
54 UN Guiding Principles on Business and Human Rights <www.ecchr.eu/en/glossary/un-guiding-principles-on-business-and-human-rights/> bekräftigt durch UN, HRC Resolution 17/4, 16.6.2011, A/HRC/RES/17/4.
55 Washington Conference Principles on Nazi-Confiscated Art, 3.12.1998, www.state.gov/washington-conference-principles-on-nazi-confiscated-art/.
56 Vgl. etwa die Principes éthiques pour la gestion et la restitution des collections coloniales en Belgique, (Juin 2021) <https://restitutionbelgium.be/fr/avant-propos>.
57 S.o. Fn. 47. Vgl. auch *Nina Dethloff*, Zusammenspiel der Rechtsquellen aus privatrechtlicher Sicht, in: Internationales, nationales und privates Recht: Hybridisierung der Rechtsordnungen? Immunität, Berichte der Deutschen Gesellschaft für Internationales Recht, Berichte DGIR Bd. 46, 47-86.
58 *Goode/Kronke/McKendrick* (Fn. 22), Transnational Commercial Law, 2. Aufl., Oxford: OUP 2015.
59 *Seinecke* (Fn. 42), 44. Vgl. auch speziell im Hinblick auf die Koordination von Rechtsordnungen bei der Herausbildung von europäischem bzw. auch globalem Verfassungsrecht *Anne Peters*, Rechtsordnungen und Konstitutionalisierung, ZÖR 65 (2010), 3-63 (61 f.): „Die Konstitutionalisierungsforderung ist so gesehen ein Aufruf zur Kreation von Konfliktvermeidungstechniken, Koordinationsstrategien und Konfliktlösungsmechanismen jenseits der Hierarchie".
60 *Seinecke* (Fn. 42), 44 mit Verweis auf *Klaus Günther*, Rechtspluralismus und universaler Code der Legalität: Globalisierung als rechtstheoretisches Problem, in: Lutz Wingert/Klaus Günther (Hrsg.), Die Öffentlichkeit der Vernunft und die Vernunft der Öffentlichkeit, Festschrift für Jürgen Habermas, Frankfurt/M: Suhrkamp 2001, 539-567 (541).
61 *Berman* (Fn. 47), 1196 ff.

1. Veränderung in der Topographie einheitsrechtlicher Instrumente

Erstens ist eine Veränderung in der Topographie einheitsrechtlicher Instrumente eingetreten. 1883 wird die Pariser Verbandsübereinkunft für das industrielle Eigentum abgeschlossen,[62] 1886 die Berner Übereinkunft für das Urheberrecht.[63] Rechte aus geistigem Eigentum galten vollständig als kraft staatlichen Hoheitsaktes verliehen, damit zugleich vollständig territorial beschränkt, bei wachsendem grenzüberschreitenden Verkehr im Zuge der industriellen Revolution als gerade deswegen im Ausgleich der kollidierenden Souveränitätsansprüche unter den betroffenen Staaten regelungsbedürftig. Gleiches galt für den grenzüberschreitenden Schiffstransport, da man Schiffe als „schwimmende Territorien" begriff, und auch der grenzüberschreitende Schienenverkehr durch Staatseisenbahnen berührt natürlich unmittelbar verschiedene Territorien.[64] In Südamerika entstehen ab den 1870er Jahren mit der Konvention von Lima[65] und später den Konventionen von Montevideo[66] große Staatsverträge zur Vereinheitlichung des IPR.[67] Die Anerkennung ausländischer Urteile ist ganz offensichtlich eine weitere Frage zur Koordinierung unmittelbar berührter Souveränitätsansprüche, und selbst die Anwendung ausländischen Rechts durch inländische Gerichte wird zu jener Zeit vielfach als eine gegenüber dem regelgebenden Staat höfliche Zurücknahme des eigenen Souveränitätsanspruchs verstanden, die nur auf der Basis von Gegenseitigkeit gewährt wurde. Kollisionsrechtliche Staatsverträge der damaligen Zeit beschränken deswegen ihre Anwendung auf Vertragsstaaten,[68] und die Urteilsanerkennung wird teilweise sogar

---

62 Pariser Verbandsübereinkunft zum Schutz des gewerblichen Eigentums v. 18.3.1883, revidiert in Brüssel am 14.12.1900, in Washington am 2.6.1911, in Den Haag am 6.11.1925, in London am 2.6.1934, in Lissabon am 31.10.1958 und in Stockholm am 14.7.1967, UNTS 828, 305, letzte aktualisierte Fassung in Kraft getreten am 26.4.1970.

63 Berner Übereinkunft zum Schutz von Werken der Literatur und Kunst v. 9.9.1886, in der Pariser Fassung vom 24.7.1971, UNTS 1161, 3, in Kraft getreten am 15.12.1972.

64 Der unmittelbaren Koordinierung dieser jeweiligen Souveränitätsansprüche dienen etwa auch das Übereinkommen über den Eisenbahnfrachtverkehr v. 14.10.1890, in der Fassung des Übereinkommen über den internationalen Eisenbahnverkehr (COTIF) v. 9.5.1980, UNTS 1397, 76, zuletzt revidiert durch das Protokoll v. 3.6.1999 zur Änderung des Übereinkommens über den internationalen Eisenbahnverkehr (COTIF) v. 9.5.1980, UNTS 2828, 32, in dieser Fassung in Kraft getreten am 1.7.2006 und die Brüsseler Konvention zur Vereinheitlichung bestimmter Regeln zu Schiffskollisionen v. 23.9.1910.

65 Vertrag zur Festlegung einheitlicher Regeln des internationalen Privatrechts v. 9.11.1878.

66 Vertrag über das internationale Verfahrensrecht v. 11.1.1889; Vertrag zum Schutz des literarischen und künstlerischen Eigentums v. 11.1.1889; Abkommen über Handels- und Industriemarken v. 16.1.1889; Übereinkommen über Patentschriften v. 16.1.1889; Übereinkommen über die Ausübung der freien Berufe v. 4.2.1889; Vertrag über das internationale Zivilrecht v. 12.2.1889; Vertrag über das internationale Handelsrecht v. 12.2.1889; Vertrag über das internationale Strafrecht v. 23.1.1889; Zusatzprotokoll zu den Verträgen über Internationales Privatrecht vom 13.2.1889, vgl. hierzu *Tatiana de Maekelt*, Private International Law in the Americas. New Approach, Recueil des Cours 177 (1982), 193-379 (222 ff.).

67 Vgl. etwa *Jürgen Samtleben*, Internationales Privatrecht in Lateinamerika. Der Código Bustamente in Theorie und Praxis, Bd. 1: Allgemeiner Teil, Tübingen: Mohr Siebeck 1979, 9 ff.; *de Maekelt* (Fn. 66), 221 ff.; *Diego Fernández Arroyo*, La codificación del derecho internacional privado en América Latina, Madrid: Universidad Complutense 1994, 90 ff.

68 Vgl. Art. 8 Abs. 2 des Abkommens zur Regelung des Geltungsbereichs der Gesetze auf dem Gebiete der Eheschließung v. 12.6.1902, in Kraft getreten am 30.7.1904; Art. 9 Abs. 2 des Abkommens zur Regelung des Geltungsbereichs der Gesetze und der Gerichtsbarkeit auf dem Gebiet der Ehescheidung und der Trennung von Tisch und Bett v. 12.6.1902, in Kraft getreten am 30.7.1904; Art. 10 des Abkommens betreffend den Geltungsbereich der Gesetze in Ansehung der Wirkungen der Ehe auf die Rechte und Pflichten der Ehegatten in ihren persönlichen Beziehungen und auf das Vermögen der Ehegatten v. 17.7.1905, in Kraft getreten am 22.8.1912; dazu *Jürgen Basedow*, Gegenseitigkeit im Kollisionsrecht, in: Katharina, Hilbig-Lugani/Dominique Jakob/Gerald Mäsch/Phillipp Reuß/Christoph

als Rechtshilfe für den Urteilsstaat begriffen, die mit förmlichen Rechtshilfeersuchen an den Zweitstaat heranzutragen ist.[69] So ist es bis heute für die regional-einheitsrechtliche Urteilsanerkennung innerhalb des MERCOSUR nach seinem Protokoll von Las Leñas.[70] Immer geht es also zunächst um die Koordination staatlicher Souveränitätsansprüche, die Wirkung für Private ist dabei nur Reflex. Dieses Verhältnis, kooperative Souveränität bzw. „comity" als primäres Regulativ mit bloßer Reflexwirkung für die zu schützenden Untertanen, bringt auch etwa der US Supreme Court in seiner für das Recht der Urteilsanerkennung im 19. Jahrhundert maßgeblichen Entscheidung in *Hilton v. Guyot* exemplarisch zum Ausdruck.[71]

Erst nach dem Ersten Weltkrieg entstehen überhaupt einheitsrechtliche Staatsverträge mit unmittelbar Privatrechtsverhältnisse regelnden Inhalten wie etwa das Übereinkommen von 1924 zur Vereinheitlichung von Regeln über Konnossemente („Haager Regeln")[72] oder die Genfer Übereinkommen zur Vereinheitlichung des Wechsel- und Scheckrechts ab 1930,[73] später dann auch das Haager Kaufrecht von 1964,[74] dies freilich dann dergestalt, dass der völkerrechtliche Vertrag zwischen den staatlichen Vertragsparteien die „Hauptsache" bildet und das einheitsprivatrechtliche Normenprogramm lediglich einen Anhang. Die neueren Staatsverträge trennen so nicht mehr, sondern enthalten unmittelbar in ihrem Hauptteil das privatrechtliche Einheitsrecht, sind also insoweit „self-executing", so beispielsweise auch schon das New Yorker UNICTRAL

Schmid (Hrsg.), Zwischenbilanz, Festschrift für Dagmar Coester-Waltjen, Bielefeld: Gieseking 2015, S. 335-348 (338).

69 Hierzu etwa *Matthias Weller*, "Mutual Trust": A Suitable Foundation for Private International Law in Regional Integration Communities and Beyond?, Recueil des Cours 423 (2022), 49-378 (233), Tz. 303.

70 Protokoll über Zusammenarbeit und Rechtshilfe in den Bereichen Zivil-, Handels-, Arbeits- und Verwaltungsrecht, unterzeichnet am 27.6.1992 in Valle de Las Leñas, Beschluss des Rates des Gemeinsamen Marktes Nr. 5/92; dazu *Weller*, "Mutual Trust" (Fn. 69), 241 ff., Tz. 311 ff.

71 *Hilton* v. *Guyot*, 159 US 113 (1895), 163: „No law has any effect, of its own force, beyond the limits of the sovereignty from which its authority is derived. The extent to which the law of one nation, as put in force within its territory, whether by executive order, by legislative act, or by judicial decree, shall be allowed to operate within the dominion of another nation, depends upon what our greatest jurists have been content to call 'the comity of the nations'. Although the phrase has been often criticised, no satisfactory substitute has been suggested ... 'Comity', in the legal sense, is neither a matter of absolute obligation, on the one hand, nor of mere courtesy and good will, upon the other. But it is the recognition which one nation allows within its territory to the legislative, executive, or judicial acts of another nation, having due regard both to international duty and convenience, and to the rights of its own citizens, or of other persons who are under the protection of its laws.".

72 Haager Übereinkommen zur Vereinheitlichung von Regeln über Konnossemente v. 28.8.1924, LNTS 120, 156, in Kraft getreten am 2.6.1931.

73 Genfer Abkommen über das einheitliche Wechselgesetz v. 7.6.1930, LNTS 143, 257; Genfer Abkommen über das Verhältnis der Stempelgesetze zum Wechselrecht v.7.6.1930, LNTS 143, 337; Genfer Abkommen über das einheitliche Scheckgesetz v. 19.3.1931, LNTS 143, 355; Genfer Abkommen über das Verhältnis der Stempelgesetze zum Scheckrecht v. 19.3.1931, LNTS 143, 7. Diese Abkommen wurden eingebettet in die Souveränitätsansprüche koordinierende Instrumente, nämlich des Genfer Abkommens über Bestimmungen auf dem Gebiet des internationalen Wechselprivatrechts v. 7.6.1930, LNTS 143, 317, sowie des Genfer Abkommens über Bestimmungen auf dem Gebiet des internationalen Scheckprivatrechts v. 19.3.1931, LNTS 143, 407. Die genannten Abkommen sind am 1.1.1934 in Kraft getreten.

74 Haager Übereinkommen über die Einführung eines einheitlichen Gesetzes über den internationalen Kauf beweglicher Sachen vom 1.7.1964, UNTS 834, 107, in Kraft getreten am 18.8.1972; Haager Übereinkommen über die Einführung eines einheitlichen Gesetzes über den Abschluss internationaler Kaufverträge über bewegliche Sachen vom 1.7.1964, UNTS 834, 169, in Kraft getreten am 23.8.1972.

Übereinkommen von 1958[75] zu ausländischen Schiedssprüchen oder dann später das Wiener UN Übereinkommen über Kaufverträge von 1980,[76] das Römer UNIDROIT Übereinkommen zu gestohlenen und rechtswidrig ausgeführten Kulturgütern von 1995[77] und erst recht natürlich das bereits erwähnte Kapstädter UNIDROIT Übereinkommen von 2001, um nur vier der erfolgreichsten einheitsrechtlichen Staatsverträge der neueren Zeit zu nennen.

In den 1950er Jahren treten dann die ersten größeren Anstöße für *soft law*-Instrumente auf den Plan, indem die USA der Haager Konferenz für IPR nahelegten, anstelle völkerrechtlicher Verträge Modellgesetze in Betracht zu ziehen. Motiviert war dieser Vorschlag allerdings vor allem durch die föderale Struktur der USA, die für die Ratifikation und Umsetzung staatsvertraglicher Übereinkommen besondere Schwierigkeiten erzeugt,[78] verbunden mit den als positiv empfundenen Effekten zur Angleichung des Handelsrechts innerhalb der USA durch das Modellgesetz des Uniform Commercial Code.[79] Seither ist, zwar dann nicht aus der Haager Konferenz für Internationales Privatrecht (HCCH) – dort erst 2015 und seither einmalig geblieben die Haager Grundsätze für ein IPR für Handelsverträge[80] – , aber insgesamt eine außerordentlich große Zahl an Modellgesetzen auf den Plan getreten, etwa das UNCITRAL Modellgesetz für internationale Handelsschiedsgerichtsbarkeit von 1985,[81] die Uniform Principles on International Commercial Contracts (UPICC) von UNIDROIT von 1995, seit 2016 in dritter und inhaltlich erweiterter Auflage vorliegend,[82] oder aber auch das UNCITRAL Modellgesetz zum grenzüberschreitenden Insolvenzrecht von 1997,[83] das zuletzt von den 17 afrikanischen Staaten der Organisation pour l'harmonisation en Afrique du droit des affaires (OHADA)[84] zum Maßstab genommen wurde, um nur drei außergewöhnlich erfolgreiche Instrumente jenseits des Staatsvertrags zu nennen.

Typischerweise bilden sich um diese Instrumente Satelliten-Instrumente mit mehr oder weniger starkem normativem Anspruch heraus, also etwa Legislative Guides, dies etwa im Bereich des Insolvenzrechts,[85] Modellgesetze wie etwa das UNIDROIT

---

75 New Yorker Übereinkommen über die Anerkennung und Vollstreckung ausländischer Schiedssprüche vom 10.6.1958, UNTS 330, 38, in Kraft getreten am 7.6.1959.

76 Vgl. oben Fn. 51.

77 Vom 24.6.1995, UNTS 2421, 457, in Kraft getreten am 1.7.1998.

78 *Kurt Nadelmann*, Methoden der Vereinheitlichung des Kollisionsrechts: Einheitsgesetze und internationale Verträge, Die Friedens-Warte 54 (1957/58), 321-334 (322).

79 *American Law Institute / National Conference of Commissioners on Uniform State Laws,* Uniform Law Commission, Uniform Commercial Code 1951 (wiederholt aktualisiert), <www.uniformlaws.org/acts/ucc>.

80 HCCH Principles on Choice of Law in International Commercial Contracts v. 19.3.2015 <www.hcch. net/de/instruments/conventions/full-text/?cid=135>.

81 UNCITRAL Model Law on International Commercial Arbitration 1985, with amendments as adopted in 2006, United Nations documents A/40/17, annex I and A/61/17, annex I.

82 UNIDROIT Principles of International Commercial Contracts v. 18.5.-20.5.2016 <www.unidroit.org/ instruments/commercial-contracts/unidroit-principles-2016/>.

83 UNCITRAL Model Law on Cross-Border Insolvency v. 30.5.1997 <https://uncitral.un.org/en/texts/ insolvency/modellaw/cross-border_insolvency>.

84 OHADA Uniform Act on Insolvency and Restructuring in Africa v. 24.12.2015 <www.ohada.org/en/ insolvency-law/>.

85 UNCITRAL Legislative Guide on Insolvency Law, Parts one and two, 25.6.2004; part three, 1.7.2010; part four, 18.7.2013, July 2019 (2nd. ed.) <https://uncitral.un.org/en/texts/insolvency/legislativeguides/ insolvency_law>.

Modellgesetz zu Staatseigentum unentdeckter Kulturgüter von 2011,[86] das UNCITRAL Modellgesetz zu Kreditsicherungen 2016,[87] in seiner Strukturierung stark die Kapstadt-Konvention von UNIDROIT spiegelnd,[88] bis hin zu Datenbanken einschlägiger Umsetzungen und Entscheidungen, so dass wir mittlerweile, wenn wir die Topographie des Einheitsprivatrechts betrachten, in der Tat von einer produktiven Pluralität einheitsrechtlicher Instrumente sprechen dürfen und die Monokultur der Staatsverträge längst verlassen haben. Insofern kann man heute von verschiedenen Ebenen der Normproduktion sprechen, unabhängig davon, wie man diese Ebenen im Einzelnen bildet.[89] Und es scheint die Königsdisziplin geworden zu sein, die Vielfalt der Angebote für einheitsrechtliche Instrumente optimal für den Sachgegenstand zu konfigurieren.[90]

2. Veränderungen in der Landschaft normproduzierender Akteure

Zweitens ist eine Veränderung einheitsrechtlicher Normproduzenten zu beobachten: 1893 wurde die Haager Konferenz für internationales Privatrecht als Forum der Staaten zur Vorbereitung und Verhandlung von Staatsverträgen ins Leben gerufen. Dieses Forum verfestigte sich – erst – 1951 zu einer intergouvernementalen Organisation. 1926, also vor nunmehr fast 100 Jahren,[91] entstand, zunächst als Spezialorganisation des Völkerbundes, später dann als eigenständige intergouvernementale Organisation,[92] das Internationale Institut für die Vereinheitlichung von Privatrecht (UNIDROIT) in Rom.[93] 1966 wurde die United Nations Commission on International Trade Law (UNCITRAL) als Ausschuss der UN-Vollversammlung ins Leben gerufen, dies nicht zuletzt als Reaktion auf die zuvor weithin vollzogenen Dekolonisierungen und das Gefühl, die früheren Institutionen verstünden sich zwar multilateral-universell, agierten aber in Wahrheit eurozentrisch-unilateral und industrienah.[94] Hinzu traten immer mehr sektoriell orientierte Akteure, die aus ihrem Feld heraus und bereichsspezifisch einheitsrechtliche

---

86 UNIDROIT Model Provisions on State Ownership of Undiscovered Cultural Objects von 2011 <www.unidroit.org/instruments/cultural-property/2012-model-provisions/>.

87 UNCITRAL Model Law on Secured Transactions v. 1.7.2016 <https://uncitral.un.org/en/texts/securityinterests/modellaw/secured_transactions>.

88 *Stefan Huber*, Überregionale Privatrechtsangleichung: weiches hard law als modernes Erfolgsrezept, in: Christoph Benicke/Stefan Huber (Hrsg.), National, International, Transnational: Harmonischer Dreiklang im Recht, Festschrift für Herbert Kronke, Bielefeld: Gieseking 2020, 907-920 (915).

89 Vgl. etwa *Estrella Faria* (Fn. 18), 8: three levels of norm production through formulating agencies: (1) legislative (conventions, model laws, model legislative or treaty provisions); (2) explanatory (legislative guides, legal guides for use in practice; (3) contractual (standard contract clauses and rules)

90 *Estrella Faria* (Fn. 18), 11 ff.: „formulating agencies must find ways in which hard and soft law supplement each other". Als gelungenes Beispiel mag die Normproduktion von UNCITRAL zum nationalen und grenzüberschreitenden Insolvenzrecht gelten, vgl. UNCITRAL Legislative Guide 2005; Model Law on Cross-Border Insolvency 2014 <https://uncitral.un.org/en/texts/insolvency/legislativeguides/insolvency_law>.

91 10 Jahre nach den Gründungen des Heidelberger und Münchener Instituts für internationales Privatrecht und Rechtsvergleichung und zeitgleich mit dem heutigen Hamburger Max-Planck-Institut.

92 *Herbert Kronke*, UNIDROIT, https://hwb-eup2009.mpipriv.de/index.php/UNIDROIT.

93 Der Zeitraum 1880 bis 1930 darf also, grob gesprochen, sowohl für die eingesetzten Instrumente als auch für die Akteure als Hoch-Zeit des staatszentrierten Einheitsrechts gelten.

94 Vgl. auch *Jürgen Basedow*, Worldwide Harmonisation of Private Law and Regional Economic Integration – General Report, Uniform Law Review 8 (2003), 31-49 (32): „regionalism in disguise".

Regelwerke vorlegten,[95] etwa die International Civil Aviation Organization (ICAO),[96] die International Maritime Organisation (IMO),[97] auch wirtschaftspolitische Organisationen wie UNCTAD,[98] OECD,[99] Weltbank[100] oder Weltwährungsfonds.[101] Die große Bedeutung der Staaten und ihrer „formulating agencies" in der Normproduktion hält also weiter an. Es liegt allerdings auf der Hand, dass die einheitsrechtliche Normproduktion der zuletzt genannten Organisationen eher am Rande ihrer Interessen und Tätigkeitsfelder verortet ist; entsprechendes gilt deswegen für ihre einheitsrechtliche Normsetzungsexpertise.[102] Zudem führt das betont multilaterale Selbstverständnis dieser Einheiten zu manchen Schwierigkeiten im Arbeitsfluss, wenn etwa geographische, wirtschaftliche, politische und sprachliche Paritäten gewahrt werden sollen oder wenn es dazu kommt, Kompromisse zu Lasten eigener Rechtstraditionen zuzulassen.[103] Auf der anderen Seite ergeben sich zunehmend Kooperationsprojekte dieser staatlichen „formulating agencies", jedenfalls unter den horizontal ausgerichteten.[104]

Schließlich begegnen wir in jüngerer Zeit, ungefähr ab den 1990er Jahren, zunehmend der Normproduktion regionaler Integrationsgemeinschaften in ihren Innenräumen, allen voran natürlich durch die EU, aber auch etwa durch den MERCOSUR[105] oder manche afrikanische Integrationsgemeinschaft, von denen wiederum nicht wenige in der OHADA[106] aufeinandertreffen. Die OHADA ist dabei der einzige Verbund jenseits der EU, der sich in gewissem Umfang supranationale Kompetenzen gegeben hat,[107] alle anderen Einheiten regionalen Zuschnitts operieren nahezu vollständig intergouvernemental. Die EU darf deswegen weiterhin nicht nur im IPR, sondern auch für das

---

95 Überblick bei *Herbert Kronke*, Ziele – Methoden, Kosten – Nutzen: Perspektiven der Privatrechtsharmonisierung nach 75 Jahren UNIDROIT, JZ 2001, 1149-1157 (1151).

96 Gegründet 1944 durch das Abkommen über die internationale Zivilluftfahrt vom 7.12.1944 (Chicagoer Abkommen), UNTS 15, 295, in Kraft getreten am 4.4.1947, seit 1947 ihrerseits eine Sonderorganisation der Vereinten Nationen mit nahezu 200 Vertragsstaaten.

97 Gegründet 1948, Arbeitsaufnahme 1959, heute ca. 175 Vertragsstaaten, ebenfalls Sonderorganisation der Vereinten Nationen.

98 Gegründet 1964 infolge der ersten Welthandelskonferenz in Genf, Ständiges Organ der Generalversammlung der Vereinten Nationen, alle 193 UN-Mitgliedsstaaten sind beteiligt.

99 Gegründet 1961 als Nachfolgeorganisation der OEEC und des Marshallplans mit derzeit 38 Mitgliedern.

100 Gegründet 1945 durch das Bretton-Woods-Abkommen v. 1.7.1944 und UN-Sonderorganisation mit derzeit ca. 190 Mitgliedsstaaten.

101 Gegründet 1945 ebenfalls durch das Bretton-Woods-Abkommen und UN-Sonderorganisation mit derzeit genau 190 Mitgliedsstaaten.

102 *Kronke*, Privatrechtsharmonisierung (Fn. 95), 1151.

103 *Kronke*, Privatrechtsharmonisierung (Fn. 95), 1155.

104 Vgl. *Estrella Faria* (Fn. 18), 13 mit Verweis auf bereits damals aufgenommene Projekte von UNIDROIT mit der OHADA, dem ALI sowie dem ELI. Zuletzt, im September 2021, hat UNIDROIT zusammen mit dem ELI die ELI-UNIDROIT Model Rules of Civil Procedure (Fn. 33) vorgelegt, hierzu jüngst umfassend als „Generalberichterstatter" *Rolf Stürner*, The ELI/UNIDROIT Model European Rules of Civil Procedure. An Introduction to Their Basic Conceptions, RabelsZ 86 (2022), 421-472.

105 Gegründet 1991 durch den Vertrag von Asunción, Gemeinsamer Binnenmarkt von fünf südamerikanischen Staaten, wobei Venezuela dauerhaft suspendiert ist.

106 Gegründet 1993 mit heute 17, überwiegend frankophonen Mitgliedsstaaten.

107 Etwa eine supranationale Gerichtsbarkeit in Form des Gemeinsamen Gerichtshofs und Schiedsgerichts (CCJA). Vgl. im Übrigen vor allem Art. 3 ff. OHADA-Vertrag zu den Actes uniformes, insbes. Art. 10 OHADA-Vertrag: „Les actes uniformes sont directement applicables et obligatoires dans les États parties, nonobstant toute disposition contraire du droit interne, antérieure ou postérieure." Damit gleichen diese Instrumente Verordnungen der EU. Allerdings müssen Actes uniformes einstimmig beschlossen werden, Art. 8 OHADA-Vertrag, vgl. Etwa *Djibril Abarchi*, La supranationalité de l'Organisation pour l'Harmonisation en Afrique du Droit des Affaires (OHADA), Revue Burkinabè de droit 37 (2000), 9-27 (16 ff.).

Einheitsprivatrecht in einem gewissen Maße als „Experimentierlabor der Welt"[108] gelten – einschließlich der Erkenntnisse aus gescheiterten Experimenten. Viele Parameter des unionalen Rechtsraums sind dabei natürlich nicht auf außer- und transeuropäische Räume übertragbar.[109] Damit hat sich auch die Sorge universal-horizontaler „formulating agencies" wieder gelegt, regionale Integrationsgemeinschaften könnten jenen das global-einheitsrechtliche „Geschäft" nehmen. Ebenso wenig hat sich bisher die Prognose bewahrheitet, dass regionale Integrationsgemeinschaften untereinander verstärkt in die trans-regional einheitsrechtliche Normproduktion bzw. -ratifikation eintreten würden,[110] obwohl der von der EU angestrebte Außenhandel durchaus sehr konkret Anlass böte, etwa für eine begleitende justizielle Kooperation.[111]

Wissenschaftliche Initiativen wie diejenige von 2016 zur Erarbeitung eines am acquis communautaire orientierten Europäischen Wirtschaftsgesetzbuches der Association Henri Capitan,[112] angetrieben durch einen deutsch-französischen Motor,[113] auch inspiriert durch den Ansatz der OHADA,[114] oder die 2012 vorgelegten Prinzipien des Asiatischen Vertragsrechts (Principles of Asian Contract Law, PACL),[115] so genannt von den asiatischen Autoren ausdrücklich in Anlehnung an das „Schwesterprojekt" der PECL,[116] oder die 2020 vom Asian Business Law Institute (ABLI) vorgelegten Asian Principles for Recognition and Enforcement of Foreign Judgments[117] oder aber das derzeit noch andauernde, vielleicht aber auch im Moment wohl ins Stocken geratene Projekt zur Formulierung von Asian Principles of Private International Law (APPIL),[118]

---

108 So *Jürgen Basedow* in der Diskussion auf dem XX. Weltkongress der Internationalen Akademie für Rechtsvergleichung in Fukuoka 2018 mit Blick auf einheitsrechtliche Bemühungen um die Anerkennung und Vollstreckung ausländischer Urteile in Zivilsachen. Vgl. auch *Dephine Dogot/Arnaud van Waeyenberge*, L'Union européenne, laboratoire du droit global, in: Jean-Yves Chérot/Benoît Frydman (Hrsg.), La science du droit dans la globalisation, Brüssel: Bruylant 2012, 248-271 (251 ff.).

109 Innerhalb eines bereits stark integrierten Binnenmarktes stellt sich eher die Frage nach Kohärenz zwischen verschiedenen sektoralen Maßnahmen und plausiblen, weil extrapolierenden Lückenschließungen als einem entstehenden Systemkontext, hierzu z.B. *Stefan Grundmann*, § 9 Systemdenken und Systembildung, in: Karl Riesenhuber (Hrsg.), Europäische Methodenlehre, Berlin: de Gruyter 2021, 172-198 (243 ff.); *Anne-Christin Mittwoch*, Vollharmonisierung und Europäisches Privatrecht, Berlin: de Gruyter 2013, 150 ff., insbes. 152: „Herstellung von Systemkohärenz eine der Hauptpetita". Im Übrigen steht der Versuch, zunächst das allgemeine Zivilrecht und dann erst das Handelsrecht horizontal zu harmonisieren, gegen Erfahrungen aus der Rechtsgeschichte (ADHGB früher als BGB; Spanien einheitliches Handelsrecht, aber allgemein-zivilrechtliche Foralrechte; Uniform Commercial Code und einzelstaatliches Zivilrecht in den Bundesstaaten der USA).

110 Vgl. etwa *Basedow*, Worldwide Harmonisation (Fn. 93) 35 ff.: „dawn of inter-regionalism".

111 *Weller*, Judicial Cooperation (Fn. 21), 63 ff.

112 Hierzu z.B. *Lehmann* (Fn. 24), 262 ff. Kritisch aus französischer Sicht *Louis d'Avout*, Das erstaunliche Projekt eines europäischen Wirtschaftsgesetzbuches, ZEuP 2019, 653-662.

113 *Lehmann* (Fn. 24), 262.

114 AaO., 262 ff.

115 Hierzu jüngst z.B. *Aleksander Grebieniow*, Principles of Asian Contract Law at the Crossroads of Standardization and Legal Pluralism, Asian Journal of Law and Society 2021, 1-33; *Shiyuan Han*, Principles of Asian Contract Law: An Endeavor of Regional Harmonization of Contract Law, East Asia, Villanova Law Review 58 (2013), 589-600.

116 *Jungjoon Ka*, Introduction to PACL, in: Tony Angelo/Luca Castellani/Yves-Louis Sage (Hrsg.), Contributions to the study of international trade law and alternative dispute resolution in the South Pacific, Hors Serie Volume XVII, 2014, 55-66 (56).

117 *Adeline Chong* (Hrsg.), Asian Principles for Recognition and Enforcement of Foreign Judgments, Singapur: Asian Business Law Institute 2020.

118 *Weizuo Chen/Gerald Goldstein*, The Asian Principles of Private International Law: objectives, contents, structure and selected topics on choice of law, Journal of Private International Law 13 (2017), 411-434.

schließlich auch private Regelsetzungen der ICC durch Vertragsmuster und -klauseln[119] runden das Bild ab und führen entsprechend der Vielfalt der Instrumente zu einer Vielfalt der Akteure – horizontal wie sektoral tätige, globale wie regionale, hoheitliche wie private, und man findet für jede denkbare Kombination dieser Attribute Beispiele. Die Wechselwirkungen von Aktionen und Akteuren sind dabei vielfältig. So hat beispielsweise das machtvolle Auftreten der EU im Feld des IPR zu einer Refokussierung insbesondere der HCCH auf globale Perspektiven und Projekte und zur Emanzipation von europäischen Ursprüngen geführt,[120] während die jahrzehntelange, durch altes und neues Souveränitätsdenken mitverursachte Stagnation des regionalen Einheitsrechts im asiatischen Raum in den letzten Jahren zu wissenschaftlichen Projekten aus der asiatischen Gelehrtenrepublik führen musste, von denen über kurz oder lang wohl doch multilateral-staatsvertragliche Früchte zu erwarten sein dürften, obwohl der ASEAN auf seinem spezifischen „asean way" erklärtermaßen juridisch-staatsvertraglicher Souveränitätsaufgabe skeptisch gegenübersteht.[121]

Vor dem Hintergrund der hier nun auch im Detail beschriebenen Veränderungen bzw. Diversifizierungen der Instrumente im ersten Schritt und Akteure im zweiten Schritt des zweiten Teils drängt sich drittens die folgende Frage nach reagierend-modifizierten Regelungstechniken für Staatsverträge nachgerade auf:

3. Veränderungen in der Regelungstechnik für Staatsverträge

Dass heute einheitsrechtliche Staatsverträge ihren Inhalt, also das Einheitsrecht, an erster Stelle ausführen und nicht mehr in einen Hauptteil mit den Rechten und Pflichten der Vertragsstaaten und einen inhaltlichen Anhang aufgeteilt werden, wurde bereits erwähnt[122] und betrifft lediglich, aber doch durchaus aussagekräftig die äußere Form. Auf inhaltlicher Ebene sind vor allem Flexibilisierungen der staatsvertraglichen Bindung zu beobachten, die insbesondere Stefan Huber treffend als „*soft hard law*" bezeichnet hat[123] und die sich vor allem in folgenden, keineswegs für sich gesehen neuen Regelungstechniken manifestiert:

Erstens wird tendenziell die Anzahl der für das Inkrafttreten erforderlichen Ratifikationen abgesenkt, mittlerweile durchaus auch auf die absolute Mindestzahl von zwei Vertragsstaaten, so etwa durch Artikel 28 Abs. 1 des Haager Anerkennungs- und Vollstreckungsübereinkommens von 2019.[124] Art. 49 der Kapstadt Konvention zu internationalen Sicherungsrechten an beweglicher Ausrüstung von 2001[125] verlangt drei Vertragsstaaten. Artikel 99 des Wiener Kaufrechtsübereinkommens von 1980 (CISG)[126]

---

119 Zuletzt das ICC Muster Internationaler Kaufvertrag englisch-deutsch (2021) oder der ICC Model Contract Joint Venture (2018).

120 *José Angelo Estrella Faria*, Uniform Law and Functional Equivalence: Diverting Paths or Stops along the Same Road – Thoughts on a New International Regime for Transport Documents, Elon Law Review 2 (2011), 1-37 (2 ff.).

121 *Rodolfo C. Severino* (früherer Generalsekretär der ASEAN), The ASEAN Way and the Rule of Law, Address at the International Law Conference on ASEAN Legal Systems and Regional Integration sponsored by the Asia-Europe Institute and the Faculty of Law, Universität von Malaysia, Kuala Lumpur, 3.9.2001 <https://asean.org/?static_post=the-asean-way-and-the-rule-of-law>.

122 Oben sub III.1., Beispiele bieten die Fn. 71-75.

123 *Huber* (Fn. 88), 907 ff.

124 Oben Fn. 52.

125 Oben Fn. 34.

126 Oben Fn. 51.

verlangt 10 Vertragsstaaten. Artikel 12 Abs. 1 des New Yorker Übereinkommens zur Anerkennung und Vollstreckung ausländischer Schiedssprüche von 1958[127] verlangte bereits nur drei Vertragsstaaten. Linear ist die Entwicklung also nicht, und sie hängt natürlich auch vom Sachgegenstand ab – anerkennungsrechtliche Verträge erzeugen bereits im bilateralen Verhältnis Mehrwert.[128]

Zweitens ist zu beobachten, dass tendenziell der Auswahl unter Optionen eher der Vorzug gegeben wird als Abwahlmöglichkeiten. Während etwa Art. 12 und 96 CISG den Vertragsstaaten gestatten, den gesamten Teilabschnitt zum Zustandekommen des Kaufvertrags abzuwählen und dann insoweit das nach dem Kollisionsrecht des Forums berufene nationale Recht zur Anwendung gelangt, können die Vertragsstaaten der Kapstadt-Konvention zwischen verschiedenen insolvenzrechtlichen Modellen oder zwischen verschieden intensiven Maßnahmen des einstweiligen Rechtsschutzes wählen, wodurch zumindest ein Minimalrechtsbehelf gesichert ist.[129] Im Übrigen kommt natürlich jede Optionstechnik an Plausibilitätsgrenzen, wenn die Anzahl und Breite der Optionen überhandnehmen.[130] Wie immer kommt es auf eine Optimierung an, hier zwischen Flexibilisierung und Durchsetzung der Einheit, und hierzu trägt jedenfalls eine gesteigerte Sensibilität gegenüber der Ausgestaltung von Optionen – opt-in oder opt-out, dieses nur anfänglich oder auch später[131] – und auch natürlich klassischen Vorbehalten bei. Nehmen die den Norminhalt aushandelnden Staaten allerdings den oben beschriebenen „commercial approach" ernst,[132] dann dürfte die damit einhergehende „business rationality" zumindest häufig zu einem eher geschlossenen und relativ knappen Optionskatalog ohne gänzliche Abwahlmöglichkeit führen.

Drittens kann man, wenn es wie bei der Anerkennung ausländischer Urteile im Leitgedanken des intendierten Staatsvertrags nicht um einen „commercial approach" geht,

---

127 Oben Fn. 75.

128 Vgl. nur die große Anzahl an bilateralen Staatsverträgen der Bundesrepublik Deutschland zur Anerkennung und Vollstreckung ausländischer Urteile in Zivilsachen in *Reinhold Geimer/Rolf Schütze*, Internationaler Rechtsverkehr in Zivil- und Handelssachen, Band IV, 64. Aufl., München: C.H. Beck 2022, Nr. 610 ff.

129 Vgl. bspw. Art. XXX(3) Luftfahrzeugprotokoll: „A Contracting State may, at the time of ratification, acceptance, approval of, or accession to this Protocol, declare that it will apply the entirety of Alternative A, or the entirety of Alternative B of Article XI and, if so, shall specify the types of insolvency proceeding, if any, to which it will apply Alternative A and the types of insolvency proceeding, if any, to which it will apply Alternative B. A Contracting State making a declaration pursuant to this paragraph shall specify the time-period required by Article XI."; hierzu *Goode/Kronke/McKendrick* (Fn. 22), Tz. 14.49. Allerdings können die Vertragsstaaten dann doch auch alle Insolvenz-Modelle abwählen, was aber kaum geschehen ist. Die EU hat dies aus kompetenziellen Gründen gemacht: nationales Insolvenzrecht fällt in die Zuständigkeit der Mitgliedstaaten.

130 Vgl. nur die EU-Datenschutzgrundverordnung mit ihrer hohen zweistelligen Zahl an Optionen; vgl. auch etwa *Matthias Weller*, Die Umsetzung der Folgerechtsrichtlinie in den EG-Mitgliedstaaten: Nationale Regelungsmodelle und europäisches Kollisionsrecht, ZEuP 2008, 252-288 (278 ff.): durch die Vielzahl der Optionen wird der Harmonisierungszweck und damit letztlich die Harmonisierungskompetenz der EU in Frage gestellt.

131 *Huber* (Fn. 88), 915: „Die Ausgestaltung der Erklärungsmöglichkeiten selbst erhöht die in den inhaltlichen Regelungen eröffnete Flexibilität noch weiter: So kann sowohl eine *Opt-in-* als auch eine *Opt-out*-Erklärung nicht nur bei Hinterlegung der Ratifikations- oder Beitrittsurkunde, sondern auch zu einem beliebigen Zeitpunkt danach abgegeben werden und entfaltet dann auch innerhalb relativ kurzer Zeit Wirkung. Auch hier waren frühere Übereinkommen deutlich weniger flexibel ausgestaltet. Bisweilen konnte nur im Moment der Hinterlegung der Ratifikations- bzw. Beitrittsurkunde eine relevante Erklärung abgegeben werden."

132 Oben sub II.4., bei Fn. 32.

sondern um andere Leitgedanken, hier „trust management",[133] also die Handhabung des Vertrauens in die Qualität der Justiz der teilnehmenden Staaten, an die Option eines jeden Vertragsstaats denken, die staatsvertragliche Bindung gegenüber jedem bestehenden und künftigen Vertragsstaat durch Erklärung abzulehnen. Dies ist der Flexibilisierungsansatz von Art. 29 der Haager Konvention zur Anerkennung und Vollstreckung ausländischer Urteile, und nach diesem Konzept haben nicht nur bereits gebundene Staaten diese Option gegenüber neuen, sondern ebenso der neue Vertragsstaat gegenüber alten. Dies mag in unvermuteter Härte zeitnah relevant werden: Sowohl die Ukraine als auch Russland haben das Instrument gezeichnet. Zugleich kann mit dieser Technik ein an sich global ausgerichteter Staatsvertrag für regionale Verbände genutzt werden, wenn etwa die Mitgliedstaaten einer regionalen Integrationsgemeinschaft sich untereinander abstimmen, jeweils nach Art. 29 dafür zu sorgen, dass der Vertrag nur untereinander gilt – eine Option, die vielleicht für den ASEAN oder afrikanische Integrationsgemeinschaften in Betracht kommt.[134]

Man kann sicher noch weitere Flexibilisierungstechniken identifizieren und nochmals sei betont, dass alle diese Techniken für sich gesehen nicht neu sind, zudem ihr konkreter Zuschnitt immer auch vom Sachgegenstand abhängt. In ihrer reflektierten Kumulation begründen sie aber wohl doch tendenziell eine neue Qualität staatsvertraglichen Einheitsrechts, nämlich eben so etwas wie ein *„soft hard law"*.[135]

4. Veränderung der Methoden in der einheitsrechtlichen Normproduktion

Damit ist die vierte Veränderungsperspektive innerhalb des Einheitsrechts erreicht, nämlich die Veränderungen ihrer Methoden insgesamt. Vieles davon ist bereits angeklungen, hier soll der Blick auf den Wandel der Methoden nur noch in folgendem Punkt zugespitzt werden:

Die Vielfalt der mittlerweile entwickelten Instrumente – Staatsvertrag, Modellgesetz, Restatement, Pre-Statement bzw. Modellregeln, Legislative Guides, Modellverträge und –klauseln – führt natürlich zur Frage, welcher Instrumenttyp sich für welchen Regelungsgegenstand anbietet. Selbstverständlich ist der Staatsvertrag nach wie vor unverzichtbar, wenn unmittelbar hoheitliche Befugnisse zu regeln sind. Paradigmatisches Beispiel hierfür ist die Urteilsanerkennung, ebenso die gerichtliche Zuständigkeit, insgesamt der Bereich der justiziellen Zusammenarbeit, einschließlich des Kollisionsrechts, soweit nicht Bereiche der privatautonomen Gestaltungsfreiheit in Rede stehen. Dies schließt nicht aus, dass Prinzipien, Modellgesetze, Restatements und Legislative Guides produktive Zwischenschritte zur Ausarbeitung kluger Staatsverträge sein können, man denke nur nochmals an die Asian Principles for Recognition and Enforcement of Foreign Judgments von 2020[136] oder aber, mit inhaltlich anderer Stoßrichtung – Angleichung der europäischen Zivilprozessrechte auch mit Blick auf die Stärkung

---

133 *Weller*, "Mutual Trust" (Fn. 69), 69 ff. Tz. 40 ff. Speziell zur Haager Konvention zur Anerkennung und Vollstreckung ausländischer Urteile *Matthias Weller*, The HCCH 2019 Judgments Convention: New Trends in Trust Management, in: Christoph Benicke/Stefan Huber (Hrsg.), National, International, Transnational: Harmonischer Dreiklang im Recht, Festschrift für Herbert Kronke, Bielefeld: Gieseking 2020, S. 621-632.

134 Zum ASEAN bzw. zur CEMAC *Weller*, "Mutual Trust" (Fn. 69), 143 ff., 184 ff. Tz. 158 ff. bzw. 224 ff.

135 Nochmals *Huber* (Fn. 88), 907 ff.

136 Oben Fn. 117.

des gegenseitigen Vertrauens in der justiziellen Zusammenarbeit – an die vom European Law Institute und UNIDROIT erarbeiteten und 2021 vorgelegten ELI/UNIDROIT Model Rules of Civil Procedure.[137] Es versteht sich ferner sofort von selbst, dass Staatsverträge weiterhin unverzichtbar sind, wenn heteronom über Drittinteressen verfügt werden soll. Beispiel hierfür ist erneut die Kapstädter Konvention von UNIDROIT über internationale Sicherungsrechte an beweglicher Ausrüstung[138] oder aber auch die UNIDROIT Konvention zur Rückführung gestohlener Kunstwerke und Kulturgüter.[139] Bei Sicherungsrechten hängt überdies die Qualität und damit der Wert der Sicherheit vom Grad der Transaktionssicherheit ab, also der Rechtssicherheit, und den höchsten Grad an Rechtssicherheit, wenn auch seinerseits beschränkt, bietet selbstverständlich nach wie vor der Staatsvertrag.

Allerdings sind staatsvertragliche Regelwerke dafür mit entsprechend hoher Gefahr der Petrifizierung konfrontiert. Man kann dies in verschiedener Weise abzufedern versuchen, sei es durch einen modularen Aufbau, also eine „Menü-Lösung", dies ist der Weg, den die Kapstädter Konvention wählt – die Konvention für internationale Sicherungsrechte als Grundgerüst, sodann zur Wahl gestellte einzelne Protokolle für die verschiedenen Klassen beweglicher Ausrüstungsgegenstände (Flugzeuge,[140] Satelliten,[141] rolling railway stock[142]), sei es durch vereinfachte Modernisierungsverfahren, die allerdings typischerweise an Souveränitätsbedenken der teilnehmenden Staaten scheitern. Es ist kaum Bereitschaft zu beobachten, sich auf der Ebene einzelner Staatsverträge einem Mehrheitsverfahren oder einer Delegation der Rechtsetzungsmacht auf Auslegungs- oder Rechtsfortbildungskommissionen oder ähnliches einzulassen.[143] Nachfolgende Protokolle erfassen typischerweise nicht alle ursprünglich teilnehmenden Staaten und führen damit ihrerseits zu einer stark erhöhten Komplexität. Damit versiegt mit Inkrafttreten des Staatsvertrags tendenziell der Wettbewerb der Rechtsordnungen.

Ein weiterer Preis für Staatsverträge ist die sehr langsame Entstehung: Idee, oftmals angestoßen von außen durch Private, erste Machbarkeitsstudien, multilaterale und -linguale Arbeitsgruppen, diplomatische Konferenzen und vielleicht irgendwann Beschlüsse, Erreichung der verlangten Ratifikationsstände einschließlich innerstaatlicher Umsetzungsverfahren, das alles dauert zuweilen mehrere Jahrzehnte.[144] Diplomatische Konferenzen können dabei langatmig sein, die nachfolgenden innerstaatlichen Umsetzungsverfahren risikobehaftet und damit zeitintensiv, zumal typischerweise andere Akteure den Staat nach außen repräsentieren und die Ratifikation verantworten als diejenigen, die die innerstaatliche Umsetzung im heimischen Gesetzgebungsverfahren

---

137 Hierzu bereits oben Fn. 104.
138 Oben Fn. 34.
139 UNIDROIT Convention on stolen or illegally exported cultural objects v. 24.6.1995, UNTS 2421, 457, in Kraft getreten am 1.7.1998.
140 Protokoll zum Übereinkommen über internationale Interessen an mobilen Ausrüstungen über spezielle Angelegenheiten der Luftfahrzeugausrüstung vom 16.11.2001, UNTS 2367, 517, in Kraft getreten am 1.3.2006.
141 Protokoll zum Übereinkommen über internationale Interessen an mobilen Ausrüstungen in besonderen Angelegenheiten von Weltraumgütern v. 9.3.2012, noch nicht in Kraft (zehn Ratifikationen notwendig).
142 Protokoll zum Übereinkommen über internationale Interessen an mobilen Ausrüstungen in besonderen Angelegenheiten des Eisenbahnrollmaterials v. 23.2.2007, noch nicht in Kraft (vier Ratifikationen notwendig).
143 Hierzu *Estrella Faria* (Fn. 18), 12.
144 AaO., 27 Fn. 61: Zeiten zwischen Ratifikation und innerstaatlicher Umsetzung bis zu 15 Jahren.

betreiben. Hinzu kommt eine Tendenz zum politischen Formelkompromiss im Normtext. Denn als Verhandlungsparteien treten eben Staaten auf und verstehen es im Zweifel als Verhandlungsniederlage, wenn das heimische Rechtskonzept zugunsten eines anderen aufgegeben wird. Die über die Zeit wachsende Komplexität sich überlagernder Staatsverträge wurde bereits angesprochen.[145] In Südamerika wurde hierzu eigens eine Methode entwickelt, nämlich der mehr oder minder freie „Dialog der Quellen",[146] ohne sich dabei allzu sehr an technischen Vorrangkonstellationen abzuarbeiten – auch eine Form des Managements von Rechtspluralismus. Komplexität erwächst schließlich auch in den konkurrierenden und nicht immer abgestimmten Initiativen der „formulating agencies", dies nicht nur zwischen den globalen (horizontal versus sektoral), sondern auch zwischen globalen und regionalen und schließlich zwischen internationalen und nationalen.[147] Ein „standing committee" zur Koordination der Themen und Projekte ist nicht in Sicht. Nationale Vertreter stimmen zudem durchaus auch einmal widersprüchlich innerhalb der jeweiligen formulating agencies ab.[148] Auch ansonsten fehlt es zuweilen am Rückhalt der Nationalstaaten. Zuweilen lässt auch die ministerielle Expertise zu wünschen übrig, dies liegt nicht selten auch an schnellen personellen Rochaden innerhalb der Ministerien, fast regelmäßig fehlt es an einer hinreichenden finanziellen Ausstattung.[149] Zu Recht wird für eine „standing law reform commission" plädiert.[150]

In primär privatautonom geprägten Bereichen – und dies ist natürlich vor allem das internationale Vertragsrecht einschließlich des dazu gehörigen Kollisionsrechts – ist die ganze Bandbreite der Instrumente sichtbar und sinnvoll einsetzbar. Wir sehen hier nicht nur Modellgesetze und Restatements mit beachtlichem Angleichungserfolg,[151] so etwa durch die UNIDROIT Prinzipien für internationale Handelsverträge,[152] sondern auch große Harmonisierungseffekte über Modellverträge und –klauseln bis hin zu sogenannter „schleichender Kodifizierung" durch transnationale Spruchpraxis.[153] So wurde

---

145 Vgl. hierzu bereits früh *Kötz* (Fn. 27), 5: „ever more intricate patchwork of uniform law might … at the end overwhelm the capacity of practice to process new norms".
146 *Erik Jayme*, Identité culturelle et intégration: le droit international privé postmoderne, Recueil des Cours 251 (1995), 9-267 (60 f.); *Claudia Lima Marques*, O „diálogo das fontes" como método da nova teoria geral do direito: um tributo à Erik Jayme, in: dies., (Hrsg.), Diálogo das Fontes – Do conflito à coordenação de normas do direito brasileiro, São Paulo: Revista dos Tribunais 2012, 17-67 (27, 29). *André de Carvalho Ramos*, Cooperação jurídica internacional e o diálogo das fontes no direito internacional privado contemporâneo, Revista de la Secretaría del Tribunal Permanente de Revisión 5 (2017), 56-72 (60 ff.); *Bruno Miragem*, Eppur si muove: diálogo das fontes como método de interpretação sistemática no direito brasileiro, in: Claudia Lima Marques (Hrsg.), Diálogo das Fontes – Do conflito à coordenação de normas do direito brasileiro, São Paulo: Revista dos Tribunais 2012, 67-111 (72 f.); *Claudia Lima Marques*, Procédure civile internationale et MERCOSUR: pour un dialogue des règles universelles et régionales, Uniform Law Review 8 (2003), 465-484.
147 *Estrella Faria* (Fn. 18), 21 ff.
148 *Kronke*, Privatrechtsharmonisierung (Fn. 95), 1152; *Roy Goode*, Reflections on the Harmonisation of Commercial Law, Uniform Law Review 19 (1991), 54-74 (59 ff.).
149 *Kronke*, Methodical Freedom (Fn. 17), 297: Budget für „after sales"-Bemühungen von UNIDROIT z.B. nur „three transatlantic airfaires".
150 *Estrella Faria* (Fn. 18), 27.
151 Nach *Estrella Faria* (Fn. 18), 12 bieten sich Modellgesetze immer dort an, wo innerstaatlich mit Anpassungsbedarf gerechnet werden muss, ansonsten dort, wo Angleichung reicht und nicht wirklich zwingend Uniformität herrscht.
152 UNIDROIT Principles of International Commercial Contracts v. Mai 1994, zuletzt geändert im April 2004.
153 *Berger* (Fn. 43), 694 ff.; grundlegend *Klaus Peter Berger*, Formalisierte oder „schleichende Kodifizierung des Transnationalen Wirtschaftsrechts. Zu den Methodischen und Praktischen Grundlagen der Lex Mercatoria, Berlin: de Gruyter 1996.

rechtsvergleichend in der Spruchpraxis staatlicher Gerichte kürzlich nachgewiesen, dass privat ausformulierte Modellklauseln, etwa die INCOTERMS oder die UCP der ICC,[154] eine ähnlich weitreichende Stabilität in der Harmonisierung erreichen können wie einheitsrechtliche Gesetzgebung und damit eben „privates Einheitsrecht" durchaus als funktionales Äquivalent zu legislativem Einheitsprivatrecht in Frage kommt.[155]

Wenn es schließlich um „moralische" Felder geht, wie etwa bei der Restitution national-sozialistischer Raubkunst nach den Washingtoner Prinzipien von 1998, die ja lediglich einen Appell an die teilnehmenden Staaten richten, „gerechte und faire Lösungen" für die angesprochenen Eigentümerkonflikte zu finden, dann bietet sich für eine rational diskutierbare Normbildung und –reflexion vor allem die Restatement-Methode an, und genau ein solches, eine ja nunmehr über zwanzigjährige, tausende von Entscheidungen ausmachende, dabei aber ausgesprochen volatile Praxis einfangendes und vielleicht auch einhegendes „Restatement of Restitution Rules for Nazi-Confiscated Art" entsteht in der Tat derzeit rechtsvergleichend, finanziert durch die deutsche Bundesregierung.[156] Entsprechendes wäre Desiderat für den kolonialen Unrechtskontext.

Insgesamt sieht man damit: das Einheitsrecht ist auch in seiner methodischen Pluralität ausgesprochen vital und reaktiv.

5. Veränderungen in Lehre und Vermittlung

Schließlich ein Blick auf Lehre und Vermittlung: Dass das internationale Recht in einer globalisierten Welt in der rechtswissenschaftlichen Lehre einen viel größeren Stellenwert einnehmen müsste, ist auch in dieser Vereinigung intensiv diskutiert worden.[157] Noch mehr gilt dies für das Einheitsprivatrecht. Dabei liegen mittlerweile glänzende Lehrmaterialien vor, nicht nur das herausragende Lehrbuch von *Roy Goode*, *Herbert Kronke* und *Ewan McKendrick*, künftig verstärkt das Autorenteam u. a. *Stefan Huber*, zum „Transnational Commercial Law",[158] sondern auch Materialien wie beispielsweise der Legislative Guide von UNCITRAL zum Insolvenzrecht.[159] Dort werden in funktionaler Betrachtung die Kernpunkte eines jeden Insolvenzrechts rechtsvergleichend in englischer Sprache und mit Beispielen dargestellt und einem diskutierbaren und mit der eigenen Rechtslage in Beziehung zu setzenden Regelvorschlag zugeführt. Besseres

---

154 Bereits 1919 wurde die International Chamber of Commerce als „non-governmental business organization" mit Hauptsitz in Paris und heute 90 nationalen Kammern gegründet. Die ICC begann sogleich, Modellklauseln und Vertragswerke wie die International Commercial Terms INCOTERMS und die Uniform Customs and Practice for Documentary Credits (UCP) zu erarbeiten.

155 *Insa Stephanie Jarass*, Privates Einheitsrecht, Tübingen: Mohr Siebeck 2019; *Gralf-Peter Calliess/Insa Jarass*, Private Uniform Law and Global Legal Pluralism: The Case of ICC's Incoterms and UCP, in: Paul Schiff Berman (Hrsg.), Oxford Handbook Global Legal Pluralism, 2020, S. 747-767 (755 ff.).

156 *Matthias Weller*, Nach 20 Jahren „Washington Principles on Nazi Confiscated Art": Zeit für ein „Restatement of Restitution Rules", in: Martin Gebauer/Stefan Huber (Hrsg.), Politisches Kollisionsrecht: Sachnormzwecke – Hoheitsrechte – Kultur, Symposium zum 85. Geburtstag von Erik Jayme am 7. und 8. Juni 2019, Universität Tübingen, Tübingen: Mohr Siebeck 2021, 91-100; erstmals *ders.* Key Elements of just and fair Solutions – The Case for a Restatement of Restitution Principles, in: Evelien Campfens (Hrsg.), Fair and just Solutions? Alternatives to Litigation in Nazi-looted Art Disputes: Status Quo and New Developments, Den Haag: Eleven 2015, 201-211.

157 Stephan Hobe/Thilo Marauhn (Hrsg.), Lehre des internationalen Rechts – zeitgemäß?, Berichte DGIR Bd. 48. Vgl. insbes. die Resolution der DGIR hierzu, aaO., 151.

158 Oben Fn. 22 und explizit Fn. 58.

159 Oben Fn. 85.

Unterrichtsmaterial, etwa für eine transnationale Hörerschaft, kann man sich kaum vorstellen, und das Material liegt frei im Internet. Hier könnten und sollten wir an den deutschen Universitäten sicher noch mehr leisten. Derzeit gibt es zum Beispiel meiner Kenntnis nach kein Programm zur Lehre über transaktionsbezogenes „transnational commercial law" im Regelcurriculum,[160] anders als etwa im Vereinigten Königreich[161] oder in den Niederlanden.[162] Auf Ebene der Vermittlung verweise ich schließlich einfach auf die regelmäßigen, global ausgerichteten Treffen der „Teachers of Transnational Commercial Law" um die vorgenannten Autoren des besagten Lehrbuchs, das nächste Treffen ist für Oktober 2022 in Rom zu Themen der transnationalen Digitalisierung geplant.

IV. Schluss: Aussicht auf weitere Reifung

Die vorstehende „Geschichte" des internationalen Einheitsrecht hätte natürlich auch als eine solche der Krise erzählt werden können, dann allerdings nicht so sehr als auf einen gefährlichen Wendepunkt zulaufend, sondern eher als die Geschichte einer Dauerkrise. Diese wäre überdies keine des internationalen Einheitsrechts allein, sondern beträfe in vielen ihrer Perspektiven ebenso nationales Einheitsrecht.[163] Insofern erscheint es produktiver, von einer – tiefgreifenden – Transformation, aber auch Reifung in Reaktion auf allseits sprunghaft gestiegene Komplexitäten und Heterarchien und dadurch generierten Unsicherheiten zu sprechen und diesen Reifungsprozess vor allem auch durch Erwartungsmanagement, Expertisebildung und Experimentierfreude weiter zu fördern. In nicht geringem Maße kann wohl das Einheitsrechts dabei auch als Seismograph für weit über den eigenen Gegenstand hinausweisende Transformationen gelten.[164]

---

160 Der vom Verf. 2015 aufgesetzte und bis 2018 geleitete „EBS Law Term: Transnational Commercial Law" richtet sich in englischer Sprache an ausländische Austauschstudierende der weltweiten Partneruniversitäten der EBS Law School und erfreut sich bis heute großer Nachfrage, www.ebs.edu/en/ebs-law-term.

161 Vgl. etwa das Modul „Transnational Commercial Law" an der University of Sussex.

162 Vgl. etwa das Advanced LL.M.-Programm „International Civil and Commercial Law" der Universiteit Leiden.

163 So z.B. für das italienische Handelsrecht *Giuseppe Portale*, Vom Codice Civile des Jahres 1942 zu den (Re)Kodifikationen: Die Suche nach einem neuen Handelsrecht, in: Christoph Benicke/Stefan Huber (Hrsg.), National, International, Transnational: Harmonischer Dreiklang im Recht, Festschrift für Herbert Kronke, Bielefeld: Gieseking 2021, 1211-1222 (1211): „Phase tiefgreifender Transformierung und nicht lediglich in einer Krise oder einem Evolutionsprozess"; „das Recht des 21. Jahrhunderts ist das Recht der Komplexität"; ferner *Mario Trimarchi*, Complessità e integrazione delle fonti nel diritto privato in transformazione, in: ders. (Hrsg.) Complessità e integrazione delle fonti nel diritto privato in transformazione, Convegno in onore del Prof. Vincenzo Saclisi, Messina, 27.-28. Mai 2016, Mailand: Giuffrè 2017, 27-36.

164 Zum „normativen Projekt des Westens" und seiner Infragestellung bzw. in Teilen eigenen Demontage *Heinrich August Winkler*, Geschichte des Westens – Die Zeit der Gegenwart (Bd. III), München: C.H. Beck 2016.

Thesen

zum Referat von Prof. Dr. Matthias Weller, Mag.rer.publ., Bonn

1. Für das Einheitsrecht ist eine produktive Transformation und Reifung der theoretischen, narrativen, methodischen und praktischen Grundlagen gegenüber utopisch-übersteigerten Anfängen („Weltrecht") zu beobachten:

2. Die Theorie normativer Ordnungen geht von einer grundsätzlichen Heterogenität von Ordnungen aus („Partialordnungen"). Dies erfasst auch und gerade einheitsrechtliche Ordnungsansätze.

3. Selbst innerhalb von Partialordnungen gilt ein Gesetz der normativen Entropie – insbesondere für einheitsrechtliche Partialordnungen.

4. Soweit Einheitsrecht allein als Projekt von Nationalstaaten untereinander begriffen wird, muss deren geschwundene Ordnungskraft als Krise des Einheitsrechts wahrgenommen werden. Einheitsrecht geht allerdings längst weit über staatliche Normproduktion hinaus.

5. Die dem Einheitsrecht zugrundeliegenden Rechtsfertigungsnarrative haben sich grundlegend verschoben („commercial approach"), auch unter dem Eindruck machtvoller Gegennarrative. Dabei ist ein einheitsrechtliches Subsidiaritätsprinzip entstanden.

6. Der Rechtsbegriff insgesamt hat sich verändert („legal pluralism"), insbesondere im grenzüberschreitenden Raum („global legal pluralism").

7. Das Einheitsrecht ist über die „Monokultur" des Staatsvertrags längst weit hinausgewachsen und hat eine Vielfalt von Instrumenttypen entwickelt: Modellgesetz, Restatement, Pre-Statement bzw. Modellregeln, Legislative Guides, Modellverträge und –klauseln etc.

8. Entsprechend ist eine Vielfalt von Normproduzenten jenseits des Staates entstanden.

9. In Auseinandersetzung mit dieser Vielfalt haben sich spezifische Regelungstechniken für Staatsverträge entwickelt („*soft hard law*"), etwa Beschränkungen der staatsvertraglichen Bindung auf ausgewählte Vertragsstaaten, ferner Modullösungen oder Optionen zwischen Regelungsmodellen anstelle von Abwahlmöglichkeiten etc.

10. In weiterer Auseinandersetzung mit dieser Vielfalt haben sich Methoden zur Wahl des Instrumententyps entwickelt. Diese lassen die spezifischen Vorzüge (Ermöglichung von Eingriffen in Rechte Dritter; maximale Rechts- und damit Transaktionssicherheit), aber auch Nachteile (Petrifizierung) des einheitsrechtlichen Staatsvertrags deutlicher hervortreten, ebenso korrespondierende Vor- und Nachteile anderer Instrumente.

11. In Lehre und Vermittlung könnte mehr getan werden.

12. Vor diesem Hintergrund ist für die Zukunft zu plädieren für weitere Arbeit in folgenden Kernpunkten: (1) Erwartungsmanagement; (2) Expertisebildung; (3) Experimentierfreude.

Summary

The Crisis of Uniform Law
by Prof. Dr. Matthias Weller, Mag.rer.publ., Bonn

1.   Uniform Law has undergone a productive transformation and maturation in its theoretical, narrative, methodical and practical foundations, compared to its utopian and exaggerated starting points (comprehensive global uniform law; „*Weltrecht*"):

2.   The theory of normative orders presupposes *a priori* a heterogeneity of orders („partial orders").

3.   Even within such partial orders a principle of normative entropy is at work – particularly within partial orders of uniform law.

4.   As far as uniform law is conceived solely as a project of nation-states amongst each other, diminished ordering powers of these nation-states must be perceived as crisis of uniform law. However, uniform law has gone far beyond state-produced norms.

5.   The narratives underlying uniform law have fundamentally shifted („commercial approach), not least under the impression of powerful counter narratives.

6.   The notion of „law" as such has changed („legal pluralism"), in particular in the transnational arena („global legal pluralism").

7.   Uniform law has long grown beyond the „monoculture" of treaties and has developed a variety of instruments: model laws, restatements, pre-statements, model rules, legislative guides, model contracts and clauses etc.

8.   Accordingly, a variety of norm producers beyond the state has emerged.

9.   In dealing with this variety, specific techniques for treaty-making have emerged („soft hard law"), for example the limitation of treaties to selected state parties, modular solutions or options between regulatory settings instead of options to refuse certain settings etc.

10.   In further dealing with this variety, methods for the choice of the proper instrument type have emerged. These methods make visible the specific benefits (enabling of interfering in third party rights; maximum of legal and transaction certainty), but also downsides (petrification) of treaties on uniform law. The same applies to other kinds of instruments respectively.

11.   More could be done for teaching and explaining.

12.   Against this background we should continue working on the following three key points: (1) expectation management; (2) building of expertise; (3) a supportive attitude towards experiments.

Natürliche Ressourcen im internationalen Verteilungskampf

Postkoloniale Souveränität und die Politik der Transnationalisierung

von Prof. Dr. Sigrid Boysen, Hamburg

I. Einführung und Thesen

Natur- und Bodenschätze sind ungleich verteilt und seit jeher Gegenstand komplexer Ressourcenkonflikte: Natürliche Ressourcen bilden einerseits die ökonomische Grundlage aller Staaten – ob als Subsistenz-, Export- oder Importgüter –, andererseits einen wesentlichen Bestandteil der schützenswerten Umwelt. Im Mittelpunkt der unausweichlichen Konflikte steht das Prinzip der Souveränität über natürliche Ressourcen. In seiner Entwicklung seit der Dekolonisation wirft es Fragen globaler Gerechtigkeit auf, vermochte diese bislang aber kaum zu lösen. Insoweit wenig überraschend stehen Konflikte über knappe Ressourcen im Mittelpunkt einer ganzen Reihe kanonischer Entscheidungen internationaler Spruchkörper, die – wie die Entscheidung des Ständigen Internationalen Gerichtshofs (StIGH) zur Zuständigkeit der Oder-Kommission von 1929,[1] das Nuklearwaffen-Gutachten des IGH[2] oder seine Entscheidung im Fall *Gabčíkovo-Nagymaros*-Fall[3] – selbst wiederum eine ganze Reihe zentraler Rechtsprinzipien des Völkerrechts hervorgebracht haben.

---

[1] StIGH, *Territorial Jurisdiction of the International Commission of the River Oder*, Urteil v. 10.9.1929, Series A No. 23, 1.

[2] IGH, *Legality of the Threat or Use of Nuclear Weapons*, Gutachten v. 8.7.1996, ICJ Reports 1996, 226.

[3] IGH, *Gabčíkovo-Nagymaros Project (Hungary v. Slovakia)*, Urteil v. 25.9.1997, ICJ Reports 1997, 7.

Die Frage der Verteilung natürlicher Ressourcen steht damit im Zentrum der Völkerrechtsordnung. Trotz dieser offenkundigen Bedeutung gibt es kein internationales „Recht natürlicher Ressourcen", kein „Rohstoffrecht" als bestimmbares Rechtsgebiet. Einschlägige Regelungen finden sich an unterschiedlichen Stellen, insbesondere im internationalen Wirtschafts-, Umwelt- oder Investitionsschutzrecht. Die Regelungen bleiben aber zumeist unspezifisch, behandeln Rohstoffe etwa als Waren oder auf die Förderung von Rohstoffen bezogene Investitionen wie andere ausländische Direktinvestitionen. Das internationale Umweltrecht gibt sich den äußeren Anstrich der Selbsttranszendierung des „klassischen" Staatenvölkerrechts, ist aufgrund seiner Entstehungsgeschichte im Kontext der Dekolonisation indes von inneren Widersprüchen geprägt, in deren Zentrum wiederum natürliche Ressourcen stehen. Seinen emanzipatorischen Impetus (Souveränität über natürliche Ressourcen) und das damit verbundene Verteilungsversprechen hat es mit imperialen Wurzeln und einem universell ausgerichteten instrumentell-ökonomischen Zugriff zu vereinen.[4]

Im Folgenden soll es um den untrennbaren Zusammenhang zwischen der Entwicklung der Völkerrechtsordnung und dem Recht der natürlichen Ressourcen gehen. Dieser Zusammenhang wird in drei Schritten entwickelt: Zunächst – *erster Schritt* und Ausgangsthese – lässt sich die Verbindung zwischen natürlichen Ressourcen und allgemeinem Völkerrecht nur vor dem Hintergrund der Dekolonisation präzise erfassen: Erst im Rückblick auf die Entwicklung seit den 1960er Jahren wird deutlich, dass und warum die Frage der natürlichen Ressourcen eine entscheidende Rolle für die Entwicklung des Völkerrechts und für seine großen Regulierungsparadigmen gespielt hat. Insoweit ist zu zeigen, dass die landläufige Unterscheidung von allgemeinem Völkerrecht und Wirtschaftsrecht, von Politik und Ökonomie eine große Bedeutung für Verteilungskonflikte hat, wie sie insbesondere im Kontext natürlicher Ressourcen auftreten. Sie beruht auf Mitte des 20. Jahrhunderts entstandenen Prämissen, die die Entwicklung der internationalen Ordnung inzwischen in ihr Gegenteil verkehrt hat. Das gilt für direkte völkerrechtliche Regelungen der sogenannten *global commons*; aber auch und vor allem für die elementare Form der Regulierung natürlicher Ressourcen überhaupt, den Grundsatz der Souveränität über natürliche Ressourcen. Hier zeigt sich die Verbindung zwischen natürlichen Ressourcen und der Entwicklung des Völkerrechts im Zusammenhang mit seinen dominierenden Ordnungsmustern. Anders formuliert: Das Völkerrecht der Moderne lässt sich als Entwicklung der Rechtsformen der Appropriation der natürlichen Ressourcen des Globalen Südens durch die industrialisierten Staaten erzählen.

Im Zentrum dieser Entwicklung steht der Grundsatz der Souveränität, weil er die Verteilungsfragen in paradoxer Form zugleich ausschließt und einschließt. In der Rechtsfigur der Souveränität über natürliche Ressourcen ist die Frage der Gerechtigkeit der Ressourcenverteilung auf diese Weise formal ausgegrenzt und dem Völkerrecht dadurch indirekt umso stärker eingeschrieben. Das Völkerrecht entscheidet über natürliche Ressourcen, weil es nach dem Territorialprinzip appropriiert. Die Pointe dieser Appropriation besteht darin, dass sie rein formal ist. In der territorialen Souveränität über natürliche Ressourcen ist die Verfügung über sie gleich mitgedacht.

Diese Verfügung – *zweiter Schritt* – erfolgt aber nicht in den Formen des Völkerrechts, sondern in einer transnationalen Konstellation maßgeblich durch Privatrecht.

---

4 *Sigrid Boysen*, Die postkoloniale Konstellation. Natürliche Ressourcen und das Völkerrecht der Moderne, Tübingen: Mohr Siebeck 2021, 17.

Das wirft nicht zuletzt auch ein anderes Bild auf das multilaterale Völkerrecht und die politische Bedeutung und Zukunft des Multilateralismus. Auch der Multilateralismus – so die zweite These – lässt sich nicht isoliert betrachten. Er ist vielmehr stets in der spezifischen Kombination mit seinen Alternativen – vor allem Bilateralismus und Imperialismus – zu verstehen. Gerade im Kontext des Rechts der natürlichen Ressourcen zeigt sich Multilateralismus nicht als monolithisches Phänomen, sondern als Teil eines größeren Bezugsrahmens, der neben bilateralen Abkommen maßgeblich durch transnationales Wirtschaftsrecht geprägt ist.

Hieraus folgt im *dritten Schritt* eine weitere These: Das Recht, das sich mit dem Zugang zu und der Verteilung von natürlichen Ressourcen befasst, lässt sich nur als transnationales Recht fassen. Es besteht nicht nur aus staatlichen und internationalen, sondern auch aus nicht-staatlichen Rechtsformen. Die Komplexität des transnationalen Ressourcenrechts zeigt dabei auf, dass fast entscheidender als die Betrachtung der Reichweite und Entwicklung multilateraler Abkommen die Frage ist, welche Bereiche nicht multilateral geregelt wurden. Wenn wir neben multilateralen völkerrechtlichen Verträgen auch bilaterale Investitionsschutzabkommen und innerstaatlich durchsetzbares transnationales Privatrecht untersuchen, sehen wir, dass gerade in diesen Bereichen imperiale Rechtsmuster fortwirken. So betrachtet, ist die Frage weniger, warum der Multilateralismus heute in der Krise ist. Die eigentlich interessante Frage ist, warum er eine Zeit lang ganz leidlich funktionierte.

II. Natürliche Ressourcen im Völkerrecht der Moderne

Inwiefern ist das Recht der natürlichen Ressourcen zugleich ein Prüfstein für eine Transformation des internationalen Rechts im Ganzen? Dass der Konflikt über natürliche Ressourcen im Völkerrecht nicht nur ausgetragen wird, sondern ihm in gewisser Weise vorausgeht, ist eine alte Einsicht: Der ursprüngliche, dem Recht vorgelagerte Akt ist die Landnahme, die Eigentums- und Besitzrechte und mit ihnen nach außen gerichtete Souveränität überhaupt erst möglich macht. Wenn aber der Zugang zu und die Verteilung von natürlichen Ressourcen seit dem Ende des direkten kolonialen Zugriffs zu den entscheidenden Prüfsteinen der Beständigkeit der heutigen Weltordnung geworden sind, dann verbinden sie sich mit der Frage nach der politischen Grundlage und Legitimation des Völkerrechts insgesamt: Ist die Kommodifizierung der Natur eine innovative Antwort auf die politisch notleidende Bewältigung der vielfältigen Konflikte über ihre Nutzung oder vielmehr die Radikalisierung des diesen Konflikten vorausliegenden politisch-sozialen Problems? Was *Wilhelm Grewe* schon 1984 über die Verhandlungen zum UN-Seerechtsübereinkommen geschrieben hat, dass sich in ihnen „alle Antinomien des Völkerrechts der zweiten Jahrhunderthälfte gebündelt"[5] haben, gilt für das Recht der natürlichen Ressourcen insgesamt.

Natürliche Ressourcen standen und stehen im Mittelpunkt der kolonialen wie der postkolonialen Wirtschaftsbeziehungen zwischen Norden und Süden. Unter natürlichen Ressourcen sind dabei grundsätzlich alle Bestandteile oder Funktionen der Natur zu verstehen, die einen ökonomischen Nutzen haben.[6] Gegenstand dieses Beitrags sind

---

5 *Wilhelm G. Grewe*, Epochen der Völkerrechtsgeschichte, Baden-Baden: Nomos 1984, 805.
6 *Boysen* (Fn. 4), 114.

handelbare natürliche Ressourcen – sogenannte *commodities*, also vor allem Boden-schätze. Sie sind nicht erneuerbar und deshalb knapp. Aus rechtlicher Perspektive ist zudem wichtig, dass Bodenschätze extrahiert, nicht angebaut oder produziert werden. Ihre Ausbeutung geht regelmäßig mit hohen finanziellen, sozialen und ökologischen Kosten einher und erfordert Technologien, die in den Ressourcenstaaten nicht ohne Weiteres verfügbar sind. Ebenfalls unter den Begriff der natürlichen Ressourcen zu fassen, hier aber nicht in erster Linie angesprochen, sind natürliche Lebensgrundlagen, zum Beispiel Wasser und landwirtschaftliche Nutzflächen.[7] Unterscheiden lässt sich schließlich zwischen natürlichen Ressourcen, die in den Hoheitsbereich eines Staates fallen, und solche, bei denen das nicht oder nur zeitweise der Fall ist.

1. Modelle institutionalisierter Verteilungsgerechtigkeit

Bleiben wir zunächst bei Letzteren, also den originär internationalen – weil nicht in den Hoheitsbereich eines bestimmten Staates fallenden – natürlichen Ressourcen. Die Frage der Verteilungsgerechtigkeit stellt sich hier unmittelbar; dem Völkerrecht ist das nicht entgangen. Im Recht der globalen Gemeinschaftsgüter, der *res communes*, findet sich insoweit echtes internationales Ressourcenrecht, das die gerechte Verteilung natür-licher Ressourcen zum Ziel hat.[8] Den weitreichendsten und im Hinblick auf die im Mit-telpunkt dieser Untersuchung stehenden *commodities* interessantesten Versuch in diese Richtung stellt das im Kontext der Debatte um die neue internationale Wirtschaftsord-nung (NIEO) konzipierte Prinzip des gemeinsamen Erbes der Menschheit – *common heritage of mankind* – dar.[9] Auch die *res communes* sind nicht unerschöpflich, sondern im Gegenteil in vielen Bereichen bereits vollständig ausgebeutet. Sie sollen deshalb der Menschheit zur gesamten Hand übertragen und einer gerechten Verteilung zugänglich gemacht werden. Nationale Verfügungsgewalt gemäß dem Prinzip der ständigen Sou-veränität über natürliche Ressourcen wird durch die gemeinsame Verfügungsgewalt im Sinne einer internationalen Verwaltung ersetzt.[10]

Das klingt gut, ist aber in der Ausführung schwierig. Wie schwierig, lässt sich am Beispiel der Ressourcen der Weltmeere und insbesondere des Tiefseebodens studieren. Hier nahm das Prinzip des gemeinsamen Erbes der Menschheit seinen Ausgang und dies explizit im Kontext der NIEO-Debatte: „The oceans are our great laboratory for the building of the New International Economic Order"[11] befanden *Arvid Pardo* und

7 Ebd.
8 Allgemein hierzu *Jutta Brunnée*, Common Areas, Common Heritage, and Common Concern, in: Da-niel Bodansky/dies./Ellen Hey (Hrsg.), The Oxford Handbook of International Environmental Law, 1. Aufl., Oxford: Oxford University Press 2007, 550-573 (550 ff.); *Wolfgang Durner*, Common Goods, Baden-Baden: Nomos 2001, 138 ff.
9 Siehe hierzu nur *Bradley Larschan/Bonnie C. Brennan*, The Common Heritage of Mankind Principle in International Law, Columbia Journal of Transnational Law 21 (1983), 305-339 (305); *Vladimir M. Postyshev*, The Concept of the Common Heritage of Mankind, Moskau: Progress Publishers 1990; *Kemal Baslar*, The Concept of the Common Heritage of Mankind in International Law, Den Haag/Bosten/London: Martinus Nijhoff Publishers 1997; und *Durner* (Fn. 8),180 ff. m.w.N.; sowie grund-legend *Arvid Pardo*, The Common Heritage: selected papers in ocean and world order, Msida: Malta University Press 1975.
10 *Durner* (Fn. 8), 213; *Nico J. Schrijver*, Sovereignty over Natural Resources, Cambridge: Cambridge University Press 1997, 216 f.; *Christopher C. Joyner*, Legal Implications of the Concept of the Com-mon Heritage of Mankind, International & Comparative Law Quarterly 35 (1986), 190-199 (193).
11 *Elisabeth Mann Borgese/Arvid Pardo*, The New International Economic Order and the Law of the Sea: A Projection, International Oceans Institute Occasional Paper 4 (1970), 1–223 (142); vgl. auch *Elisa-*

Elisabeth Mann Borgese in einer gemeinsamen Schrift im Jahr 1970 und präzisierten ihre damit verbundenen Hoffnungen auf tiefgreifende Veränderungen im Verhältnis zwischen Globalem Norden und Süden noch weiter: „shared management and benefit sharing […] change the structural relationship between rich and poor nations and the traditional concepts of development aid".[12] Und tatsächlich nahm gerade die auf verschiedenen UN-Seerechtskonferenzen (UNCLOS I bis III) geführte Debatte über Finalität und Gestalt des internationalen Rechtsregimes für die Weltmeere die bereits erörterten Forderungen nach einer neuen internationalen Wirtschaftsordnung in seinem Tiefseebodenregime in besonderer Weise auf.

Warum gerade der Tiefseeboden? Für erneuerbare Energien braucht man mineralische Rohstoffe; die Exploration des Tiefseebodens wird dadurch zu einem Konfliktfeld gewaltiger ökonomischer Interessen. Das wichtigste Beispiel sind Manganknollen, das sind polymetallische Knollen, kobaltreiche Eisen- und Mangankrusten sowie Massivsulfide und Erzschlämme. Diese Rohstoffvorkommen befinden sich in 2.000 bis 6.000 Metern Tiefe, an den Hängen von Seebergen, auf Mittelozeanischen Rücken, am Tiefseeboden sowie am Boden des Roten Meeres. Die Staaten des Südens waren sich von Anfang an des Umstands bewusst, dass ihnen sowohl die finanziellen Mittel als auch die erforderlichen Technologien zur Ausbeutung der Meeresbodenressourcen fehlten.[13] Nachdem die Initiative Thailands zur Durchsetzung einer gerechten Beteiligung des Globalen Südens auf der Seerechtskonferenz von 1958 noch ohne Widerhall geblieben war, erklärte am 13. Juli 1966 erstmals der US-amerikanische Präsident *Lyndon B. Johnson*: „Under no circumstances, we believe, must we ever allow the prospects of rich harvest and mineral wealth to create a new form of colonial competition among the maritime nations. We must be careful to avoid a race to grab and to hold the lands under the high seas. We must ensure that the deep seas and the ocean bottoms are, and remain, the legacy of all human beings."[14]

Die Frage des Tiefseebodenregimes wurde zum Gegenstand der dritten Seerechtskonferenz der Vereinten Nationen, UNCLOS III. Diese begann 1973 und fand somit zeitgleich mit der NIEO-Bewegung statt. Die Resolution 3201 (S-VI) der Generalversammlung der Vereinten Nationen über die Errichtung einer Neuen Weltwirtschaftsordnung[15] und der mit ihr unternommene Versuch, eine gerechtere Verteilungsordnung zwischen den Industriestaaten und den Staaten des Globalen Südens zu etablieren, prägte die Verhandlungen über ein neues Seerechtsübereinkommen unter dem Dach der Vereinten Nationen und führte zu einer funktionalen Verschränkung beider Regelwerke.[16] Es war *Arvid Pardo*, der als Repräsentant der ehemaligen britischen Kolonie Malta am 1. November 1967 im Rahmen einer dreistündigen Rede vor der Generalversammlung der Vereinten Nationen den Antrag stellte, den gesamten Tiefseeboden zum *common*

---

beth Mann Borgese, The New International Economic Order and the Law of the Sea, San Diego Law Review 14 (1977), 584-596 (585).

12 *Mann Borgese/Pardo* (Fn. 11), 10.

13 *Surabhi Ranganathan*, Manganese Nodules, in: Jessie Hohmann/Daniel Joyce (Hrsg.), International Law's Objects, Oxford: Oxford University Press 2018, 272-293 (278 ff.).

14 United States Congress, House of Representatives, Committee on Foreign Affairs (Subcommittee on International Organizations and Movements), Report No. 999, The United Nations and the Issue of Deep Ocean Resources, abrufbar unter: https://archive.org/details/interimreportonu00unit (5/2022).

15 UN, GV Resolution 3201 (S-VI), 1.5.1974, A/RES/S-6/320. Siehe ferner UN, GV Resolution 3202 (S-VI), 1.5.1974, A/RES/S-6/3202.

16 Ausführlich zur Rolle der afrikanischen Staaten in den Verhandlungen zum Seerechtsübereinkommen *Edwin Egede*, Africa and the Deep Seabed Regime, Berlin/Heidelberg: Springer 2011, 13 ff., 55 ff.

heritage of mankind zu erklären.[17] Er verlangte damit nicht weniger als eine Neuordnung des gesamten Seerechts,[18] erstreckte sich doch nach gängiger Auffassung seit *Hugo Grotius* Schrift „Mare Liberum" die Freiheit der Meere als *res communis* auch auf den Meeresboden.[19] *Pardo* warnte vor der Gefahr eines neuen kolonialen Wettlaufs um die Aneignung des Meeresbodens und erhob dessen Ressourcen zugleich zur Kernfrage globaler Verteilungsgerechtigkeit.[20] Als Lösung forderte er ein internationales Regime mit fünf wesentlichen Elementen: Nichtanerkennung staatlicher Souveränität, Verwaltung durch ein spezielles Regime, Forschungsfreiheit und Verbot militärischer Aktivitäten.[21] Die Rede *Pardos* verfehlte ihre Wirkung nicht. Das so vielversprechende *common heritage*-Prinzip hielt Einzug in die konkreten Verhandlungen. Gleichzeitig zeigt die Entstehungsgeschichte der Seerechtskonvention, dass nie Konsens über seine Bedeutung bestand.[22] Eine ganze Reihe von Industriestaaten – die Vereinigten Staaten unter Reagan, Großbritannien und unter anderem auch die Bundesrepublik standen der Regelung des Tiefseebodenregimes und der dortigen Ausgestaltung des Prinzips des gemeinsamen Erbes der Menschheit kritisch gegenüber.[23]

Am Ende erklärte Art. 136 SRÜ den Meeresboden samt seinen Ressourcen jenseits der Grenzen von Hoheitsrechten ebenso schlicht wie wirkungsvoll zum gemeinsamen Erbe der Menschheit. Die von *Pardo* entworfene gerechte Verteilungsordnung nahm in Art. 140 SRÜ Gestalt an. Das war 1982 ein Paukenschlag, erwies sich aber in der Folge auch als zentrales Hindernis für das Inkrafttreten des Seerechtsübereinkommens.[24] Fast ein Jahrzehnt später wurden die Verhandlungen deshalb wieder aufgenommen. Das Ergebnis war das Durchführungsabkommen (Implementation Agreement, IA) zu Teil XI des SRÜ. Um den Weg für das Inkrafttreten des UN-Seerechtsübereinkommens im Jahr 1994 frei zu machen, nahm es grundlegende Änderungen am Tiefseebodenregime vor. Zwar lässt das Durchführungsabkommen den Status des Tiefseebodens als gemeinsames Erbe der Menschheit formal unangetastet, versucht aber gleichzeitig einen Spagat zwischen den höchst unterschiedlichen Vorstellungen der Industriestaaten und der Staaten des Globalen Südens. Im Mittelpunkt des Streits stand seit jeher die Frage, ob einzelne Staaten und Unternehmen den Tiefseebergbau im Rahmen eines Zulassungssystems betreiben könnten – so die Vorstellung der Industriestaaten, oder – so die Position der Staaten des Südens – der Tiefseeboden zentral durch eine internationale Institution bewirtschaftet wird. Das Durchführungsabkommen überführt diesen Konflikt in das sogenannte parallele System des Art. 153 SRÜ. Es überträgt den Tiefseebergbau zunächst „im Namen der gesamten Menschheit" der Behörde (Authority). Sie

---

17 UN, GV Dokument A/C.1/PV.1515 und A/C.1/PV.1516. Ausführlich zu Pardos Rede *Surabhi Ranganathan*, Global Commons, EJIL 27 (2016), 693-717 (704 f.). Pardo erhielt dafür 1984 den Third World Prize: *Arvid Pardo*, Third World Lecture 1984: Ocean Space and Mankind, Third World Quarterly 6 (1984), 559–575 (559).

18 *Durner* (Fn. 8), 183.

19 *Wolfgang G. Vitzthum*, Der Rechtsstatus des Meeresbodens, Berlin: Duncker & Humblot 1972, 247 ff. m.w.N.

20 UN, GV Dokument A/C.1/PV.1515, Rn. 91.

21 *Durner* (Fn. 8), 183.

22 Ausführlich *Boysen* (Fn. 4), 172 ff.; *Jonathan I. Charney*, Entry into Force of the 1982 Convention on the Law of the Sea, Virginia Journal of International Law 35 (1994), 381-405 (387 f.); *Egede* (Fn. 16), 58 f. m.w.N.

23 *Boysen* (Fn. 4), 175 f.

24 Ausführlich hierzu *Markus G. Schmidt*, Common Heritage or Common Burden? The United States Position on the Development of a Regime for Deep Seabed Mining in the Law of the Sea Convention, Oxford: Clarendon Press 1989, 261 ff.

wird in Art. 156 SRÜ als Internationale Meeresbodenbehörde (International Seabed Authority, ISA) errichtet und ist eine Internationale Organisation mit Sitz in Kingston, Jamaika. Wer Rohstoffe im Gebiet erschließen oder fördern will, muss bei der ISA eine entsprechende Lizenz beantragen. Im Juli 2000 hat die ISA den sogenannten *Mining Code* als Bergbau-Kodex für den Tiefseeboden verabschiedet und bislang 31 Lizenzen mit einer Laufzeit von jeweils 15 Jahren für die Exploration polymetallischer Knollen an 21 private und öffentliche Unternehmen, Konsortien und Einrichtungen aus verschiedenen Ländern vergeben (sog. Contractors), darunter an das russische Staatsunternehmen *Yuzhmorgeologiya*, die japanische *Deep Ocean Resources Development Company,* die *China Ocean Mineral Resources Research and Development Association* und die deutsche *Bundesanstalt für Geowissenschaften und Rohstoffe.*[25] Der Großteil der Lizenzgebiete befindet sich in der Clarion-Clipperton-Zone, einem Gebiet von etwa 4,5 Millionen Quadratkilometern im zentralen Pazifischen Ozean süd- und südöstlich von Hawaii.

Die Tätigkeiten im Gebiet werden in Art. 153 Abs. 2 SRÜ auf die ISA (lit. a]) einerseits sowie Staaten und Wirtschaftsunternehmen (lit. b]) andererseits verteilt. Die Meeresbodenbehörde nimmt nicht nur verwaltende Funktionen wahr, sondern ist über das sogenannte Unternehmen (Enterprise) unmittelbar an den Aktivitäten des Tiefseebergbaus beteiligt. Das Unternehmen ist in Art. 170 Abs. 1 SRÜ als Organ der ISA konzipiert, welches selbst unmittelbar Tätigkeiten im Gebiet durchführen und insbesondere Ressourcen extrahieren, verarbeiten und verkaufen kann. Es bildet den Mittelpunkt des sogenannten parallelen Systems und die Pointe des Lizenzvergabeverfahrens. Hier müssen alle Anträge auf Explorationslizenzen zwei ökonomisch vergleichbare Gebiete benennen (SRÜ Annex III, Art. 8). Hat der Antrag Erfolg, gewährt die ISA für eines der beiden benannten Gebiete Explorationsrechte, während das jeweils andere zum „reservierten Gebiet" wird, auf das ursprünglich das Unternehmen bevorzugten Zugriff haben sollte (SRÜ Annex III, Art. 9 Abs. 1). Angesichts der streitbefangenen Entstehungsgeschichte von Teil XI SRÜ überrascht es nicht, dass auch das mit dem SRÜ universalisierte Tiefseebodenregime keine grundlegende Wende, kein neues System institutionalisierter Gerechtigkeit herbeiführte. Sowohl in der institutionellen Architektur der ISA als auch in der Ausgestaltung des Verfahrens der Lizenzvergabe zeigen sich eine ganze Reihe von Faktoren, die erklären, warum sich das im Prinzip des gemeinsamen Erbes der Menschheit enthaltene Verteilungsversprechen nicht eingelöst hat und die im System angelegte Tendenz zur umfänglichen Ausbeutung der natürlichen Ressourcen wiederum nicht den Staaten des Globalen Südens zugutekommt.[26]

Zunächst gibt es kein praktisch tätiges internationales Bergbauunternehmen. Nachdem das Durchführungsabkommen insbesondere die Verpflichtung der Vertragsstaaten zur Finanzierung des Unternehmens aufgehoben hat, besteht es nur noch auf Papier, d. h. in Art. 170 SRÜ. An seiner Stelle suchen nun private Unternehmen mit Unterstützung von Entwicklungsländern Zugriff auf die im Rahmen des Lizenzverfahrens „reservierten" Gebiete. Während solche Kooperationen auf Seiten der Entwicklungsländer in der Regel mit der Hoffnung auf neue Einnahmequellen verbunden sind, steht auf Seiten der Antragsteller die Erwartung niedriger finanzieller und regulatorischer Anforderungen

---

25 Eine Übersicht findet sich unter: www.isa.org.jm/contractors/exploration-areas (5/2022).
26 *Boysen* (Fn. 4), 181 f.

in diesen Staaten.[27] Darüber hinaus steht die ISA in der Ausgestaltung des Durchführungsabkommen einem Verteilungsregime vor, in dem es nichts zu verteilen gibt. Das Durchführungsabkommen hat die ursprüngliche Regelung im SRÜ (Annex III, Art. 13) abgedungen. Anstelle einer Gewinnbeteiligung sieht es nur einige Prinzipien vor, an denen der Zahlungsmechanismus auszurichten ist (IA, Annex, Abschnitt 8 Abs. 1).[28] Die Verpflichtung zur Zahlung von Abgaben an die ISA setzt nach der momentanen Fassung des *Mining Code* erst mit dem Beginn der kommerziellen Produktion ein. Und selbst wenn es dazu kommt, wären mit solchen Einnahmen nach der Verwendungshierarchie des Art. 173 Abs. 2 SRÜ zunächst die Verwaltungskosten der Behörde zu bestreiten. Gleichgeordnet neben der Verteilung gemäß Art. 140 und Art. 160 Abs. 2 lit. g) SRÜ stehen sodann noch die Finanzierung des Unternehmens und Ausgleichszahlungen an rohstoffexportierende Entwicklungsländer (Art. 173 Abs. 2 lit. b] und c]). Dass darüber hinaus auch noch der konzeptionell in das Prinzip des gemeinsamen Erbes der Menschheit integrierte Umweltschutz auf der Strecke bleibt, ist vor diesem Hintergrund kaum erstaunlich und verschiedentlich dargelegt worden.[29] Als zentrales Problem erweist sich auch hier die dem Tiefseebodenregime seit dem Durchführungsabkommen zu Teil XI SRÜ innewohnende Tendenz zur Ressourcenausbeutung.[30]

Die prinzipielle Geltung des Rechtsstatus des gemeinsamen Erbes der Menschheit wird häufig als Erfolg bewertet.[31] Demgegenüber bleibt festzuhalten, dass das Prinzip des gemeinsamen Erbes der Menschheit in seiner ursprünglichen Konzeption nicht mehr existiert.[32] Sein schneller Aufstieg und noch schnellerer Niedergang zeigt sich auch darin, dass Initiativen, das Konzept des gemeinsamen Erbes der Menschheit auf Umweltgüter wie die Ozonschicht, das Klima und die Artenvielfalt auszudehnen,[33] ohne Erfolg blieben. Der Zwischenschritt, der Gegenstand gemeinsamer Sorge (*common concern*),[34] ist nicht ressourcen-, sondern problemorientiert und im Übrigen auch nicht Teil der operativen Bestimmungen der einschlägigen Verträge, sondern symbolträchtig in Präambeln untergebracht. Aus der Perspektive des Globalen Südens hat die Verteilungsordnung des *common heritage of mankind* die in sie gesetzten Hoffnungen nicht nur enttäuscht, sondern sich als Instrument einer rein ökonomischen Rationalität gegen ihre Schöpfer gewendet. Die Anerkennung globaler Ressourcenverantwortung und das Bekenntnis zu einer entsprechenden Verteilungsgerechtigkeit bleiben wegweisend.

---

27 Hierzu *Isabel Feichtner*, Förderung des Gemeinsamen Menschheitserbes in der Tiefsee. Wie das rechtliche und institutionelle Design der Meeresbodenverwaltung Rohstoffausbeutung unterstützt und Umverteilung verhindert, Kritische Justiz 52 (2019), 10-26 (20), die dies am Beispiel Naurus belegt. Vgl. aber auch das Gutachten auf Anfrage der Meeresbodenkammer des Internationalen Seegerichtshofs: ITLOS, *Responsibilities and obligations of States sponsoring persons and entities with respect to activities in the Area*, Gutachten v. 1.2.2011, ITLOS Case No. 17, Rn. 75: Entwicklungsländer haben hiernach dieselben Pflichten wie Industriestaaten.

28 Ausführlich zu den Verhandlungen über den Zahlungsmechanismus *Feichtner* (Fn. 27), 12 ff. Vgl. auch die Präsentation einer hierzu durchgeführten Studie des MIT im Rat der ISA am 16.7.2018, abrufbar unter: www.isa.org.jm/document/mit-presentation-council-july (5/2022).

29 Ausführlich hierzu *Karin Mickelson*, Common Heritage of Mankind as a Limit to Exploitation of the Global Commons, EJIL 30 (2019), 635–663 (642 ff.). Vgl. ferner *Feichtner* (Fn. 27), 14.

30 *Mickelson* (Fn. 29), 660.

31 *Mickelson* (Fn. 29), 635; *Durner* (Fn. 8), 194.; *Baslar* (Fn. 9), 207 m.w.N.

32 *Ram P. Anand*, Common Heritage of Mankind: Mutilation of an Ideal, Indian Journal of International Law 37 (1997), 1-18 (1). In diesem Sinne auch *Frank Biermann*, „Common Concern of Humankind", AVR 34 (1996), 426-481 (429).

33 *Alexandre-C. Kiss*, La Notion de Patrimoine Commun de l'Humanité, Den Haag: Recueil des Cours 175 II 1982, 189 ff.

34 UN, GV Resolution 43/53, 6.12.1988, A/RES/43/53.

Gleichzeitig zeigt das Beispiel des Tiefseebodens mit seiner rechtlichen Ausgestaltung durch das Durchführungsabkommen die Grenzen einer internationalen Verteilungsbürokratie auf, die losgelöst von einer konkreten politischen Gemeinschaft im Hinblick auf die spezifischen Verteilungsfragen mit eingeschränkter Legitimation[35] und diffuser Zielsetzung handelt. Gerechtigkeit setzt demgegenüber eine Organisationsform voraus, die politisch legitimiert das Recht beansprucht, Verteilungsentscheidungen durchzusetzen.[36]

2. Die Dialektik der Souveränität über natürliche Ressourcen

Die wichtigste völkerrechtliche Regelung der Verteilung natürlicher Ressourcen liegt jenseits komplexer Modelle institutionalisierter Verteilungsgerechtigkeit. Sie ist gleichzeitig die zentrale Norm der Völkerrechtsordnung überhaupt: das Prinzip der territorialen Souveränität. Kaum etwas ist wichtiger für den Begriff der Souveränität, als dass er sich auf ein Territorium bezieht.[37] Denn territoriale Souveränität ist in vielerlei Hinsicht nur ein anderer Begriff für Ressourcenkontrolle. Im Prinzip der Souveränität beschäftigt der Konflikt über natürliche Ressourcen das Völkerrecht nicht nur, sondern geht ihm voraus. Wie eng das Souveränitätsverständnis der Kolonialmächte von Beginn an mit der Frage der natürlichen Ressourcen verknüpft war, lässt sich auch ideengeschichtlich gut nachweisen. Hier zeigt sich eine bemerkenswerte Kontinuität des Zugriffs der Industriestaaten auf die natürlichen Ressourcen des Südens. Ausgangspunkt ist das Ius Publicum Europaeum des 19. Jahrhunderts, das die natürlichen Ressourcen der Kolonien nach selbst entwickelten Rechtstiteln in einer Weise ausbeutete, die katastrophale Schäden der natürlichen Umwelt in den kolonialen Gebieten zur Folge hat.[38] Dieser koloniale Zugriff auf die Natur des Globalen Südens wird im Prozess der Dekolonisation durch aus diesem Anlass neu geschaffene Rechtstitel perpetuiert. Auf die koloniale Herrschaft im formellen Sinn folgen Mandats- oder Treuhandverhältnisse und langfristige Konzessionsverträge. Während die nun unabhängigen Staaten des Südens versuchen, sich des fortdauernden Zugriffs auf ihre natürliche Umwelt durch den Grundsatz der Souveränität über natürliche Ressourcen zu erwehren, tritt das internationale Recht auf den Plan. In Form des mit universellem Anspruch ausgestatteten internationalen Wirtschafts-, Investitionsschutz- und Umweltrechts, setzt es den Forderungen der Staaten des Globalen Südens nach freier Verfügung über ihre natürlichen Ressourcen klare Grenzen und sichert gleichzeitig den Nachschub für die ressourcenabhängigen Industriestaaten des Nordens.[39]

---

35 Vgl. *Ulrich K. Preuß*, Bedingungen globaler Gerechtigkeit, Frankfurt am Main: Suhrkamp 2010, 56.

36 *Thomas Nagel*, The Problem of Global Justice, Philosophy & Public Affairs 33 (2005), 113-147 (140).

37 Siehe bereits *Gottfried W. Leibniz*, Entrétiens de Philarete et d'Eugène, 1677, in: ders., Sämtliche Schriften und Briefe Vierte Reihe: Politischen Schriften II, Berlin: Akademie Verlag 1984, 278–338 (275). Vgl. ferner *Stuart Elden*, Die Entstehung des Territoriums, Erlanger Beiträge zur Kulturgeographie 1 (2011), 1-11; und *Gilbert H. Gornig/Hans-Detlef Horn* (Hrsg.), Territoriale Souveränität und Gebietshoheit, Berlin: Duncker & Humblot 2016.

38 Hierzu *Antony Anghie*, Imperialism, Sovereignty and the Making of International Law, Cambridge: Cambridge University Press 2004, 32 ff.

39 *Anghie* (Fn. 38), 223 ff.; *Mohammed Bedjaoui*, Towards a New International Economic Order, New York: Holmes & Meier 1979, 95 ff.

a) Imperiale Ursprünge

Die natürlichen Ressourcen der Kolonien wurden schnell zu einem wesentlichen Bestandteil der Außenwirtschaft der Kolonialmächte. Ihre Ausbeutung ging mit massiven Umweltzerstörungen einher, die ihrerseits umweltschützende Maßnahmen nach sich zogen. Letztere dienten im Sinne einer *economy of nature* zuvörderst dem Interesse an der optimalen wirtschaftlichen Nutzung der natürlichen Ressourcen.[40] Eine besondere Rolle kommt dabei dem Recht zu, das als formale Garantie der Appropriierbarkeit und Tauschbarkeit natürlicher Ressourcen das abstrakte Medium der Kolonialherrschaft selbst ist. Gleichzeitig ist die koloniale Konstellation durch ein spezifisches Verhältnis gegenüber der natürlichen Umwelt geprägt.[41] Das paradigmatisch von *Francisco de Vitoria* beschriebene Konzept des *dominium* als absolute Verfügungsmacht über die natürliche Umwelt, als Verhältnis zwischen Subjekt und Objekt,[42] bedeutete einen Bruch mit älteren Naturkonzeptionen und ersetzte diese durch einen theologischen, kulturellen und rechtlichen Possessivismus der Natur.[43]

Das Souveränitätsverständnis der Kolonialmächte weist insoweit von Beginn an eine enge Beziehung zu natürlichen Ressourcen auf. In *Vitorias* Konzeption ist die nach dem Grundsatz formaler Gleichheit postulierte Hoheit (*dominium*) der indigenen Bevölkerung über natürliche Ressourcen als Appropriationsrecht gedacht. Die nichteuropäischen Gesellschaften sollten ihr Land als Eigentum besitzen, soweit und weil sie erst durch methodischen Vernunftgebrauch über ihre Ressourcen wirkliche Gebietshoheit ausübten.[44] Souveränität war also unter anderem von der Fähigkeit einer Gesellschaft abhängig, die Natur produktiv zu nutzen. Die außereuropäischen Gesellschaften wurden dementsprechend nach ihrem unterschiedlichen Grad der Kontrolle über die Natur kategorisiert.[45] Am weitesten von Souveränität entfernt waren in dieser Logik nomadische Gesellschaften, da sie die produktive Kapazität der Natur nicht durch konsequente

40 Siehe etwa *Richard P. Tucker/John F. Richards* (Hrsg.), Global Deforestation and the Nineteenth-Century World Economy, Durham, N.C.: Duke University Press 1983; *Richard H. Grove*, in: David Anderson/ders. (Hrsg.), Conservation in Africa: People, Policies and Practice, Cambridge: Cambridge University Press 1987, 21-39 (23).

41 *Sigrid Boysen*, (Post)koloniales Umweltrecht, in: Philipp Dann/Isabel Feichtner/Jochen von Bernstorff (Hrsg.), (Post-)Kolonialismus und deutsche Rechtswissenschaft, Tübingen: Mohr Siebeck 2022, i.E.; *dies.* (Fn. 4), 41. Aus historischer Perspektive vgl. *Richard H. Grove*, Green imperialism, Cambridge: Cambridge University Press 1995; *Corey Ross*, Ecology and Power in the Age of Empire. Europe and the Transformation of the Tropical World, Oxford: Oxford University Press 2017; *John M. MacKenzie*, The Empire of Nature, Manchester: Manchester University Press 1988; *William Beinart/Lotte Hughes*, Environment and Empire, Oxford: Oxford University Press 2007.

42 *Francisco De Vitoria*, De Indis et De Jure Belli, in: James B. Scott (Hrsg.), Classics of International Law, Washington D.C.: Carnegie Endowment for International Peace 1917.

43 *Manuel Jiménez Fonseca*, Jus gentium and the Transformation of Latin American Nature: One More Reading of Vitoria?, in: Martti Koskenniemi/Walter Rech/ders. (Hrsg.), International Law and Empire: Historical Explorations, Oxford: Oxford University Press 2016, 123-149 (129 ff.) m.w.N. Vgl. zum Verhältnis von *dominium* und *ius gentium* auch *Martti Koskenniemi*, Empire and International Law: The Real Spanish Contribution, University of Toronto Law Journal 61 (2011), 1-36 (12 ff.); *Annabel S. Brett*, Changes of State: Nature and the Limits of the City in Early Modern Natural Law, Princeton: Princeton University Press 2011, 197.

44 *De Vitoria* (Fn. 42), 170 f. Hierzu *Antony Anghie*, Imperialism, Sovereignty and the Making of International Law, Cambridge: Cambridge University Press 2004, 13 ff.; *Daniel Damler*, Wildes Recht: Zur Pathogenese des Effektivitätsprinzips in der neuzeitlichen Eigentumslehre, Berlin: Duncker & Humblot 2008, 19 f.

45 *Vassos Argyrou*, The Logic of Environmentalism: Anthropology, Ecology and Postcoloniality, Oxford/New York: Berghahn Books 2005, 7-16.

Landwirtschaft und Ackerbau ausschöpfen. Das von ihnen bewohnte Land blieb daher *terra nullius*.[46]

Natürliche Ressourcen werden so gleichzeitig zur Rechtfertigung und Triebfeder des Kolonialismus: Die imperialen Industriestaaten können behaupten, den Kolonien etwas Gutes zu tun, indem sie sie anleiten, ihre natürlichen Ressourcen intensiv zu nutzen. Gleichzeitig kann die Industrialisierung der Kolonialmächte durch natürliche Ressourcen aus den kolonialen Gebieten vorangetrieben werden.[47] An dieser Stelle zeigt sich auch der innere Zusammenhang zwischen natürlichen Ressourcen und bewaffneten Konflikten: Schon bei *Vitoria* beruhen die aus dem *ius gentium* folgenden Pflichten auf den Grundsätzen der Gegenseitigkeit: das Recht der freien Reise, das Recht des Handels, etc. Jede empfundene Abweichung von diesen Grundsätzen wird als Rechtsverletzung verstanden und stellt damit einen kriegerischen Akt dar, der seinerseits kriegerische Handlungen rechtfertigt. Das internationale Recht natürlicher Ressourcen ist damit im Ausgangspunkt entweder Souveränität (nach innen) oder Kriegsrecht (nach außen). Deshalb gab es auch neben dem Kampf *um* Ressourcen immer schon auch den Kampf *durch* Ressourcen.[48]

Der Kolonialismus der natürlichen Ressourcen ist aber keinesfalls auf die Epoche des europäischen Imperialismus beschränkt. Der postkoloniale Zugriff auf natürliche Ressourcen blieb zunächst durch das Mandatssystem garantiert.[49] Am Tag der Auflösung des Völkerbunds am 18. April 1946 ging die formale Oberhoheit über seine verbliebenen Mandatsgebiete auf die Vereinten Nationen über. Hier errichteten Kapitel XII und XIII der Charta ein Treuhandsystem, dessen neue Bezeichnung zumindest symbolisch das Ziel bekräftigen sollte, die Unabhängigkeit der so verwalteten Gebiete zu fördern. Tatsächlich wurde die internationale Gemeinschaft unter anderem gravierender Ressourcenausbeutung beschuldigt, die im Falle der Treuhandschaft Australiens über Nauru[50] auch den IGH erreichte.[51] Gegenstand der Klage waren Schadensersatzforderungen Naurus gegen Australien für den extensiven Phosphatabbau während des Treuhandverhältnisses. Im Anschluss an zwei im April 1886 vom Deutschen Reich und Großbritannien in Berlin unterzeichnete Abkommen zur Regelung der wechselseitigen Interessensphären im Westpazifik war Nauru am 16. April 1888 zunächst von Truppen des Deutschen Reiches besetzt und am 2. Oktober 1888 zum deutschen Protektorat der Marshallinseln annektiert worden. Im Zuge der Entdeckung fluorhaltiger Phosphatvorkommen (Nauruit) im Jahr 1900 wurde 1905 die deutsch-britische *Pacific Phosphate Company* gegründet, die 1906 den Abbau der Phosphatvorkommen aufnahm und fortan kontrollierte. Zu Beginn des Ersten Weltkrieges wurde Nauru wie die anderen deutschen Kolonien im Pazifik aufgegeben und am 4. August 1914 von

---

46 Vgl. hierzu *Karin Mickelson*, The Maps of International Law: Perceptions of Nature in the Classification of Territory, Leiden Journal of International Law 27 (2014), 621-639 (623 ff.).

47 Ausführlich hierzu *Ileana Porras*, Appropriating Nature: Commerce, Property, and the Commodification of Nature in the Law of Nations, Leiden Journal of International Law 27 (2014), 641-660.

48 Vgl. hierzu *Nicholas Mulder*, The Economic Weapon. The Rise of Sanctions as a Tool of Modern War, New Haven: Yale University Press 2022.

49 Ausführlich *Boysen* (Fn. 4), 37.

50 IGH, *Certain Phosphate Lands in Nauru* (*Nauru v. Australien*), Preliminary Objections, Urteil v. 26.6.1992, ICJ Reports 1992, 240 f.

51 Zum Ganzen *M. Rafiqul Islam*, The Dispute between Nauru and Australia over Rehabilitation, Queensland University of Technology Law Journal 8 (1992), 147-159 (147); *Antony Anghie*, „The Heart of My Home". Colonialism, Environmental Damage, and the Nauru Case, Harvard International Law Journal 34 (1993), 445-506 (445).

australischen Truppen besetzt. Nach dem Krieg verwaltete Australien Nauru unter dem Dach des Völkerbundes im Auftrag Großbritanniens und Neuseelands zunächst als Mandats-,[52] später dann im Rahmen der Vereinten Nationen als Treuhandgebiet.[53] In diesem Rahmen sicherte sich Australien die Rechte zum Abbau der Phosphatvorkommen, wobei die entsprechenden Verträge durch ein offensichtliches Missverhältnis von Leistung und Gegenleistung geprägt waren. Rechtfertigungen hierfür fielen offenbar nicht schwer und fanden sich an prominenter Stelle etwa im British Yearbook of International Law: „The remuneration is small perhaps in the eyes of a civilised man in view of the immense value of the product in the Commonwealth, but it is not small to a child of nature who lives on cocoanuts and fish and sunshine."[54]

Weitgehende Autonomie erlangte Nauru im Dezember 1951, die Kontrolle über die Phosphatvorkommen allerdings erst im Jahr 1970.[55] Das Verfahren vor dem IGH wurde nach einem Vergleich[56] in der Hauptsache für erledigt erklärt. Australien zahlte etwa 97 Millionen USD zur Renaturierung der durch den Phosphatabbau entstandenen Mondlandschaft. Angesichts der riesigen Flächen wurde das Renaturierungsvorhaben indes bald aufgegeben. Das Beispiel Naurus ist dabei kein Einzelfall, sondern paradigmatisch für die koloniale Genese des heutigen internationalen Rechts der Verfügung über natürliche Ressourcen. Ähnliche Beispiele finden sich im Rahmen des Dekolonisationsprozesses in zahlreichen Staaten des Globalen Südens.[57] Sie betreffen etwa die Verstaatlichung der Kupferindustrie in Sambia[58] oder die Enteignung niederländischer Unternehmen in Indonesien.[59] Die Entwicklungen folgen hier einem allgemeinen Bewegungsgesetz: Auf die zunächst freie Land- und Rohstoffnahme durch die Kolonialherren folgt die Phase des imperialen Welthandels, die in Mandats- und Treuhandgebieten ihre Fortsetzung findet und schließlich im Anschluss an die Dekolonisation als Machtfaktor im liberalen Koordinationsvölkerrecht der 1960er Jahre fortwirkt.[60]

b) Die Revolution des 20. Jahrhunderts: Multilateralismus und Dekolonisation

Die zunächst imperiale Hierarchie im Recht der natürlichen Ressourcen hat ihre Form im 20. Jahrhundert geändert. Nach der Dekolonisation ist die Situation der natürlichen Ressourcen dadurch gekennzeichnet, dass die formalen Rechtsregeln der globalen An-

---

52 Siehe hierzu den Text des Mandats unter: https://dl.wdl.org/468/service/468.pdf (5/2022).

53 Vgl. hierzu *Trusteeship Agreement for the Territory of Nauru* v. 1.11.1947, Australian Treaty Series 1947, Nr. 8, abrufbar unter: www.austlii.edu.au (5/2022).

54 *Archibald H. Charteris*, The Mandate over Nauru Island, British Yearbook of International Law IV (1923-24), 137-152 (151).

55 Republic of Nauru, Phosphate Industry Finance Act v. 10.12.1968, abrufbar unter: www.paclii.org/nr/legis/num_act/pifa1968287 (5/2022).

56 Agreement between Australia and the Republic of Nauru for the Settlement of the Case in the International Court of Justice concerning certain Phosphate Lands in Nauru [1993] PITSE 15 (10.8.1993), abrufbar unter: www.paclii.org/pits/en/treaty_database/1993/15.html (5/2022).

57 Siehe hierzu *Sangwani P. Ng'ambi*, Resource Nationalism in International Investment Law, London/New York: Routledge 2016, 58 ff. m.w.N. Vgl. auch den kolonialen Ursprung des in einigen Punkten anders gelagerten, aber immer noch virulenten Westsahara-Konflikts und hierzu *Stefan Oeter*, Die Entwicklung der Westsahara-Frage unter besonderer Berücksichtigung der völkerrechtlichen Anerkennung, ZaöRV 46 (1986), 48-74 (50 ff.).

58 Ausführlich hierzu *Muna Ndulo*, The Nationalization of the Zambian Copper Industry, Zambia Law Journal 6 (1974), 55-73 (55).

59 *Arnold McNair*, The Seizure of Property and Enterprises in Indonesia, Netherlands International Law Review 3 (1959), 218-256 (218).

60 *Boysen* (Fn. 4), 40.

eignung und Verteilung der Natur in einem so hohen Maße gegenüber der expliziten politischen Herrschaft der führenden Staaten selbständig geworden sind, dass sie förmlicher kolonialer Herrschaftstitel nicht mehr zwangsläufig bedürfen. Der Raum des nun informalen Imperiums, des *empire of production and consumtion* US-amerikanischer Prägung,[61] ist der Weltmarkt[62] und kommt weitgehend ohne expliziten Kolonialismus aus. Das Prinzip dieses informellen Imperialismus ist ein eng mit wirtschaftlichem Liberalismus verbundenes Konzept des Universalismus, das ursprünglich vor allem helfen sollte, US-amerikanische Werte in der ganzen Welt zu verbreiten.[63]

Mit dem Übergang vom Imperialismus zum Multilateralismus in der Mitte des 20. Jahrhunderts wird eine neue Architektur des internationalen Rechts natürlicher Ressourcen geschaffen. Sie ist bestimmt durch die beiden prägenden Kräfte der Entstehungszeit: die Blockkonfrontation nach dem Zweiten Weltkrieg und die Dekolonisation. Die Blockkonfrontation in der Nachkriegszeit lässt nur ein internationales Recht zu, das die Frage der Weltwirtschaftsordnung ausklammert. Das führt zu einer institutionellen und funktionellen Differenzierung zwischen dem politischen und dem ökonomischen Bereich, im Völkerrecht vollzogen durch die Trennung zwischen den Vereinten Nationen einerseits und den Bretton Woods Institutionen andererseits.[64] Im Völkerrecht der Nachkriegszeit hatte die institutionelle Trennung von souveräner Gleichheit und ökonomischer Ungleichheit zunächst noch die Bedeutung von ideologischer Neutralität gegenüber innerstaatlicher Wirtschaftspolitik. Völkerrecht zwischen souveränen, politisch gleichen Staaten sollte formales, rationales Recht sein.[65] Souveräne Gleichheit wurde trotz extremer ökonomischer Ungleichheit möglich und nötig. Aus diesem Grund ein allgemeines Kennzeichen des heutigen Völkerrechts, wird die institutionelle und konzeptionelle Trennung des Ökonomischen und des Politischen im Kontext natürlicher Ressourcen besonders virulent. Hier gilt es, politisch-normative Zielsetzungen (Bewahrung globaler Gemeinschaftsgüter) mit ökonomischen Imperativen (Ressourcenausbeutung, wirtschaftliches Wachstum) in Einklang zu bringen. Nicht weniger prägend für das Verhältnis zwischen Völkerrecht und natürlichen Ressourcen ist die Dekolonisation. Gleiche Souveränität ist für die Staaten des Globalen Südens zur Zeit der Gründung der Vereinten Nationen das große Versprechen der neu zu schaffenden internationalen Ordnung. Ein ambivalentes Versprechen allerdings, weil Souveränität als Aufnahmevoraussetzung in die internationale Gemeinschaft nur um den Preis der politischen Organisationsform des Territorialstaates europäischer Prägung zu haben ist. Wer Souveränität will, muss auch Territorialität sagen und seine innerstaatliche Sphäre an der effizienten Ausbeutung natürlicher Ressourcen ausrichten. Betrachtet man beide Elemente zusammen, so lässt sich feststellen, dass in dieser Form der Entkoppelung von Politik und Ökonomie das Scheitern der Dekolonisation in gewisser Weise angelegt war.

---

61 *Sebastian Huhnholz*, Krisenimperialität, Frankfurt am Main: Campus 2014, 267, unter Verweis auf *Matthias Waechter*, Die Erfindung des amerikanischen Westens. Die Geschichte der Frontier-Debatte, Freiburg im Breisgau: Rombach 1996, 318 ff.; *William A. Williams*, The Tragedy of American Diplomacy (1959), New York: Norten 1988, und *Charles S. Maier*, Among Empires, Cambridge, MA: Harvard University Press 2006. Vgl. hierzu auch *Donald Worster*, Nature's Economy, 2. Aufl., Cambridge: Cambridge University Press 1994, 291 ff.

62 *Huhnholz* (Fn. 61), 267.

63 Ausführlich *Perry Anderson*, American Foreign Policy and Its Thinkers, London/New York: Verso 2015, 3 ff.

64 *Sundhya Pahuja*, Decolonizing International Law, Cambridge: Cambridge University Press 2011, 19.

65 *Boysen* (Fn. 4), 114.

Die ehemaligen Kolonien sahen sich auch nach der Dekolonisation in einem wirtschaftlichen Abhängigkeitsverhältnis zu den Industriestaaten des Globalen Nordens gefangen. Gerade im Hinblick auf die reichlich vorhandenen natürlichen Ressourcen wurde schnell offenbar, dass die Unabhängigkeit der Staaten des Südens wenig, ja vielleicht gar nichts an den Abhängigkeitsbeziehungen im Verhältnis zu den Industriestaaten des Nordens geändert hatte. Die souveräne Gleichheit als zentrale Garantie der internationalen Ordnung unter dem Dach der Vereinten Nationen hatte sich als formell-politische Gleichheit entpuppt, der gegenüber sich die Grundbedingungen der weiter anhaltenden wirtschaftlichen Ungleichheit als wenig permeabel erwiesen. Die dem kolonialen Herrschaftsverhältnis zugrunde liegenden Annahmen über die Natur prägten nunmehr auch den Prozess der Dekolonisation. Das Versprechen gleicher Souveränität knüpfte sich für die neu entstehenden Staaten auch hier an die Ausrichtung ihrer innerstaatlichen Sphäre an eine effiziente Ausbeutung natürlicher Ressourcen, etwa durch Rechtsformen des Landbesitzes, des Privateigentums, der Verträge, des Deliktsrechts.[66] Was lag in dieser Situation aus Sicht der Staaten des Globalen Südens näher, als gerade im Hinblick auf die eigenen natürlichen Ressourcen die Auflösung des Widerspruchs zwischen formeller politischer Gleichheit und wirtschaftlicher Ungleichheit zu suchen?

Die Konsequenz – es scheint fast auf der Hand zu liegen – war die Forderung nach ständiger Souveränität über die eigenen natürlichen Ressourcen (*Permanent Sovereignty over Natural Resources*, PSNR).[67] Daran knüpften sich in den 1950er und 1960er Jahren im Zusammenhang mit der NIEO große Hoffnungen. Ein Jahrzehnt nach der Resolution 1803 (XVII) zur ständigen Souveränität über natürliche Ressourcen[68] beschrieb die NIEO-Resolution 3201 (S-VI) der Generalversammlung der Vereinten Nationen aus dem Jahr 1974 in ihrer Präambel die neue internationale Wirtschaftsordnung als „based on equity, sovereign equality, interdependence, common interest and cooperation among all States".[69] Im Zentrum der NIEO-Forderungen standen eine dezidiert multilaterale Agenda internationaler Rohstoffabkommen sowie Technologietransfers und Finanzhilfen. Echte Souveränität über natürliche Ressourcen sollte dabei auch ein Mittel zur Wiedererlangung der Verfügungsmacht über Bodenschätze durch Enteignungen und Verstaatlichungen sein. Viele Kolonien hatten mit ausländischen Rohstoffunternehmen Konzessionsverträge mit langen Laufzeiten abgeschlossen. Die Interessen der rohstoffimportierenden Industriestaaten sollten über internationale Rohstoffabkommen berücksichtigt werden. Hier ging es zum einen um eine Stabilisierung bzw. um die Erhöhung der Rohstoffpreise, aber eben auch um Fragen der gerechten Verteilung. Diese sollte unter anderem durch paritätisch mit rohstoffexportierenden und -importierenden Staaten besetzte Vertragsorgane erreicht werden.[70]

---

66 Vgl. hierzu *Usha Natarajan/Kishan Khoday*, Locating Nature: Making and Unmaking International Law, Leiden Journal of International Law 27 (2014), 573-593 (587) m.w.N.

67 *Stephan Hobe*, Evolution of the Principle on Permanent Sovereignty over Natural Resources, in: Marc Bungenberg/ders. (Hrsg.), Permanent Sovereignty over Natural Resources, Heidelberg: Springer 2015, 1-13 (4 ff.); *Nico J. Schrijver*, Fifty Years Permanent Sovereignty over Natural Resources, in: Marc Bungenberg/ders. (Hrsg.), Permanent Sovereignty over Natural Resources, Heidelberg: Springer 2015, 15-28 (16 ff.); *ders.* (Fn. 10), 33 ff.; *Anghie* (Fn. 38), 216 ff. Siehe UN, GV Resolution 523 (VI), 12.1.1952, A/RES/523 (VI), und UN, GV Resolution 626 (VII), 21.12.1952, A/RES/626 (VII).

68 UN, GV Resolution 1803 (XVII), 14.12.1962, A/RES/5217.

69 UN, GV Resolution 3201 (S-VI) (Fn. 15). Siehe ferner UN, GV Resolution 3281 (XXIX), 12.12.1974, A/RES/29/3281.

70 *Isabel Feichtner*, Der Kampf um Rohstoffe im Völkerrecht, Verfassung und Recht in Übersee 49 (2016), 3-15 (9).

Die NIEO sah damit ein multilaterales Rohstoffvölkerrecht vor, das auch Verteilungsfragen regeln sollte. Der Grundsatz der Souveränität über natürliche Ressourcen sollte neben der politischen auch ein Stück ökonomische Gleichheit herstellen. Das ist bekanntlich gescheitert. Geplant als Brückenschlag zwischen den rechtlichen Strukturen formeller souveräner Gleichheit und ökonomische Ungleichheit, konnte diese Initiative des Südens die in sie gesetzten Erwartungen nicht einlösen.[71] Bereits die Entwicklungsgeschichte der Resolution 1803 (XVII) zur ständigen Souveränität über natürliche Ressourcen[72] offenbart grundlegende Widerstände und gegenläufige Interessen hinsichtlich des Verhältnisses von wirtschaftlicher Entwicklung und Umweltschutz. Sie prägen die Rezeption und Wirkgeschichte des Prinzips bis heute.[73] Als höchst einflussreich erwies sich in diesem Zusammenhang der Primat wirtschaftlichen Wachstums, die Entwicklung der „unterentwickelten" Staaten des Globalen Südens, der seinerseits zur umfassenden Kommodifizierung natürlicher Ressourcen führte.[74] Und auch das multilaterale Rohstoffvölkerrecht wurde nie in vollem Umfang realisiert. Die wenigen Rohstoffabkommen, die in Kraft traten, wurden nie zu zentralen Foren für die politische Bewältigung zwischenstaatlicher Verteilungskonflikte. Stattdessen etablierte sich im Kontext des transnationalen Wirtschaftsrechts eine vom politischen Bereich abgekoppelte Verteilungsordnung. Es wiederholte sich auf der globalen Ebene das Entwicklungsgesetz kapitalistischer Gesellschaften. Die Unterscheidung von rechtlicher Gleichheit und wirtschaftlicher Ungleichheit ist keine unangenehme Nebenfolge, die sich beheben lässt, sondern das Prinzip der Ordnung.

3. Primat der Entwicklung, Umwelt- und Investitionsschutz

Knapp zwanzig Jahre nach den Resolutionen über eine neue internationale Wirtschaftsordnung war von ihren Forderungen nicht mehr viel übrig. Deutlich sichtbar wurde jedoch der Einfluss des internationalen Umweltrechts. Der Grundkonflikt zwischen dem Imperativ zur Ausbeutung und der Verpflichtung zum Schutz natürlicher Ressourcen prägt auch die postkoloniale Konstellation zwischen den Industriestaaten des Nordens und den neuen unabhängigen Staaten des Globalen Südens. Und zwar in zugleich subtiler und verschärfter Form: Das zeigt sich an den neuen Kategorien der „Entwicklung" (der Staaten der Dritten Welt) und des „Umweltschutzes". Der Primat wirtschaftlicher Entwicklung macht die weitgreifende Ausbeutung der natürlichen Ressourcen des Globalen Südens notwendig, das internationale Umweltrecht setzt nicht nur den Rahmen, sondern wird – das ist die Pointe – unter der Versöhnungsformel der „nachhaltigen Entwicklung" selbst zum Medium des Wachstumsparadigmas.[75] Das Umweltrecht ist dabei nicht das einzige Rechtsgebiet, das im Kontext der Dekolonisation und der Forderungen der neuen unabhängigen Staaten auf den Plan tritt. Es wird flankiert von einem

---

71 *Sigrid Boysen*, Souveränität über natürliche Ressourcen im postkolonialen Völkerrecht, Die Friedens-Warte 89 (2014), 73–90 (81 f.).

72 UN, GV Resolution 1803 (XVII), 14.12.1962, A/RES/5217.

73 Einzelheiten bei *Boysen* (Fn. 4), 125 ff.

74 *Sundhya Pahuja*, Conserving the World's Resources, in: James Crawford/Martti Koskenniemi (Hrsg.), The Cambridge Companion to International Law, Cambridge: Cambridge University Press 2012, 398-420 (406). Ausführlich zum Leitbild der Entwicklung im internationalen Umweltrecht *Boysen* (Fn. 4), 70 ff.

75 *Nicholas Hildyard*, Foxes in Charge of the Chicken, in: Wolfgang Sachs (Hrsg.), Global Ecology, London u.a.: ZED Books/Fernwood Publishing 1993, 22-35 (24 f.).

weiteren, noch einflussreicheren Regime, dem internationalen Investitionsschutzrecht.[76] Investitionsschutzabkommen sind – und das ist im Hinblick auf die Möglichkeiten ihrer Politisierung entscheidend – das privatrechtliche Element globaler Ressourcenregulierung. Die Verträge schaffen einen eigenen rechtlichen Rahmen für Investitionen, die im Verhältnis zwischen Nord und Süd wenig überraschend oft in der Konstellation der Ausbeutung natürlicher Ressourcen in den Entwicklungsländern durch Unternehmen aus technologisch fortgeschrittenen Industriestaaten stattfinden.[77] Hier zeigt sich ein transnationales Element des internationalen Ressourcenrechts, auf das im Folgenden noch näher einzugehen ist.[78]

Die Umstellung des internationalen Umweltrechts auf das holistische Paradigma der „nachhaltigen Entwicklung" überführte die Frage der natürlichen Ressourcen wieder in die rechtlichen Formen des Welthandels und vollbrachte nebenbei das Kunststück, die Idee der politischen Organisation der Ressourcenhoheit stillschweigend zu beerdigen. Als „globales Problem" dem Zugriff des internationalen Rechts überantwortet, eröffneten sich über die Perspektive des Schutzes globaler Umweltgüter neue Interventionsmöglichkeiten des Nordens.[79] Der Umweltschutz bot dabei nicht nur rechtliche, sondern darüber hinaus im Wege des Technologie- und Kapitaltransfers ganz praktische Möglichkeiten der Einflussnahme.[80] Die Staaten des Südens sehen sich mit ihrer Forderung nach ständiger Souveränität über ihre natürlichen Ressourcen im Ergebnis gefangen zwischen den Interessen der internationalen Gemeinschaft am Schutz des Planeten und auf der anderen Seite des Gemeinschaftsinteresses im Sinne der Weltwirtschaft.[81]

Diese Entwicklungen werden nun wiederum üblicherweise als Fortschrittsgeschichte, geradezu als Siegeszug des modernen Völkerrechts und auch des Multilateralismus erzählt. Das Völkerrecht, so heißt es, entwickelt sich weiter, dehnt seinen Anwendungsbereich aus und reagiert damit auf grenzüberschreitende und globale Probleme. Konvergenzen zwischen den verschiedenen Rechtsbereichen, in diesem Fall zwischen Umweltvölkerrecht und internationalem Investitionsschutzrecht, stellen sich vor diesem Hintergrund als positive Anzeichen wachsender Verrechtlichung und Kohärenz, ja vielleicht sogar der Konstitutionalisierung des Völkerrechts dar.[82] Tatsächlich erscheint die Transformation politischer Forderungen des Südens in neue völkerrechtliche Normen jedoch als zweifelhafter Erfolg. Im Ergebnis bedeutet sie eine substantielle Schwächung der politischen Forderungen der Entwicklungsländer, die immer weiterreichenden völkerrechtlichen Rechenschaftspflichten unterworfen werden. Eine wesentliche Rolle spielen dabei die internationalen Finanzinstitutionen. Über den Hebel der Bedin-

76 *Kate Miles*, The Origins of International Investment Law. Empire, Environment and the Safeguarding of Capital, Cambridge: Cambridge University Press 2013, 78 ff.; *Sigrid Boysen*, Allgemeine Geschäftsbedingungen der globalen Ungleichheit, Zeitschrift für Ideengeschichte 17 (2023), 47-51 (50). Vgl. auch *Yves Dezalay/Bryant G. Garth*, Dealing in Virtue. International Commercial Arbitration and the Construction of a Transnational Legal Order, Chicago: University of Chicago Press, 1996.

77 *Sigrid Boysen*, Außenhandel und europäischer *ordre public* – Investitionsschiedsgerichtsbarkeit im Rahmen internationaler Handelsabkommen, in: Stefan Kadelbach (Hrsg.), Die Welt und Wir – Die Außenbeziehungen der Europäischen Union, Baden-Baden: Nomos 2017, S. 85-116 (90 ff.).

78 Siehe unten, IV.3.

79 *Vandana Shiva*, The Greening of Global Reach, in: Wolfgang Sachs (Hrsg.), Global Ecology, London u.a.: ZED Books/Fernwood Publishing 1993, 149-156 (153).

80 Ebd.

81 *Boysen* (Fn. 71), 84.

82 *Boysen* (Fn. 71), 84 mit Verweis auf *Martin Scheyli*, Konstitutionelle Gemeinwohlorientierung im Völkerrecht. Grundlagen völkerrechtlicher Konstitutionalisierung am Beispiel des Schutzes der globalen Umwelt, Berlin: Duncker & Humblot 2008.

gungen ihrer Kreditvergabe fördern sie unter dem Primat von Entwicklung und wirtschaftlichem Wachstum eine Agenda von Privatisierung und größtmöglicher Ausbeutung natürlicher Ressourcen, die die ursprünglichen Forderungen der NIEO-Bewegung in ihr Gegenteil verkehrt.

Das Völkerrecht hat in diesem Zusammenhang einen funktionalistischen *bias*, weil es geradezu reflexhaft die Dimension materieller Ungleichheit mit den Mitteln formalen Vertragsrechts bearbeitet und damit erneut die Dialektik von formaler rechtlicher Gleichheit und ökonomischer Ungleichheit perpetuiert. Das ist zunächst nicht überraschend, weil das moderne Völkerrecht dabei immer wieder auf sein basales Bauprinzip rekurriert. Doch es erklärt, warum die Synthese von ökonomischer und politischer Gleichheit in dem Prinzip der Souveränität über natürliche Ressourcen misslingen musste. Ganz kurz gefasst lässt sich also formulieren, dass das Völkerrecht mit dem Prinzip der Souveränität über natürliche Ressourcen Fragen globaler Ressourcengerechtigkeit formal ausgrenzt, um sie dadurch indirekt aber umso stärker aufzuwerfen. Die politische Neuordnung der Ressourcenhoheit im Zuge der Dekolonisation erweist sich somit im Ergebnis weniger als bloß gescheitertes Intermezzo in der Entfaltung des Welthandels, als vielmehr als politische Zwischenetappe zur heutigen Selbstverständlichkeit der Kommodifizierung der natürlichen Ressourcen des Globalen Südens.

III. Russland, die Ukraine und das atlantische Völkerrecht

An dieser Stelle liegt die Frage nahe, ob sich auch aktuelle Konflikte und insbesondere der russische Angriff auf die Ukraine in diese Überlegungen einordnen lassen. Das erscheint zumindest auf den ersten Blick schwierig, weil der Ukraine-Krieg sich gerade nicht in das Muster einfügt, in dem sich Konflikte über natürliche Ressourcen im internationalen Recht – und zwar im Völkerrecht genauso wie im transnationalen Wirtschaftsrecht – in der Regel manifestieren. Dieses Muster beruht – wie gerade dargelegt – auf dem Interessengegensatz zwischen Industriestaaten einerseits und Ressourcenstaaten andererseits. Industriestaaten sind in diesem Modell ressourcenabhängig und können und müssen Rohstoffe gegen harte Währungen importieren. Sie sind aus den alten Imperien hervorgegangen und üben weiterhin eine globale ökonomische, man kann sagen: quasiimperiale Dominanz aus.[83] Ressourcenstaaten finanzieren sich durch Lizenzierung und Export ihrer Bodenschätze; meist nicht zum Vorteil ihrer Bevölkerungen. Russland passt nicht in dieses Bild. Es ist einerseits ein Imperium; das ist geopolitisch völlig unvermeidlich. Andererseits ist Russland mit seinen großen Öl- und Gasvorkommen aber ein *petrostate*, also ein Ressourcenstaat, der selbst über keine nennenswerte verarbeitende Industrie verfügt, und der gerade in der Finanzierung der öffentlichen Haushalte in extremem Maße von Ressourcenexporten und der durch sie erzielbaren Einnahmen in Dollar und Euro abhängig ist.[84] In der internationalen Arbeitsteilung bleibt Russland beständig von der Gruppe der sogenannten *advanced capitalist democracies*[85] ausgeschlossen, fungiert eher als ihre Tankstelle.

83 *Boysen* (Fn. 4), 36 ff.
84 *Thane Gustafson*, Wheel of Fortune: The Battle for Oil and Power in Russia, Cambridge, MA: Harvard University Press 2012; *Tim Marshall*, Prisoners of Geography, New York: Scribner 2015, 1.
85 *Torben Iversen/David Soskice*, Democracy and Prosperity, Princeton: Princeton University Press 2019.

Das erübrigt natürlich auch in einem Konflikt wie dem zwischen Russland und der Ukraine nicht die Frage der natürlichen Ressourcen. Sie wird allerdings häufig vernachlässigt. Obwohl das Feld der *geoeconomics* stetig wächst,[86] und die Bedeutung natürlicher Ressourcen für bewaffnete Konflikte nicht zuletzt im Kontext des Klimawandels immer wieder herausgestellt wird,[87] haben die Bezüge zu natürlichen Ressourcen bereits im Kontext der Krim-Annexion nicht die Aufmerksamkeit erfahren, die sie verdient hätten. Vor der Küste der Krim liegen große Gas- und Ölfelder, die erst kurz vor der Annexion überhaupt entdeckt wurden. Die Ukraine stand kurz vor dem Abschluss eines Vertrages mit einem Konsortium unter der Führung von ExxonMobil unter Beteiligung von Shell und anderen europäischen Unternehmen für das Skifska-Gasfeld im Schwarzen Meer mit geschätzten 200 bis 250 Milliarden Kubikmetern Erdgas.[88] Exxon hoffte auf 5 Milliarden Kubikmeter Gasförderung pro Jahr und hatte im Bieterverfahren den russischen Konzern Lukoil ausgestochen. Im Anschluss an die Annexion der Krim wurden alle diese Pläne gestoppt.[89] Russland hat bereits mit der Krim zwei Drittel der ukrainischen Küstenlinie annektiert und damit Kontrolle über 80 Prozent der momentan bekannten Off-Shore-Gas- und Ölvorkommen erlangt. Das zuvor deutlich sichtbare Potential der Ukraine, die russische Dominanz auf dem europäischen Gasmarkt in Frage zu stellen, ist damit zunichte gemacht worden. Die langjährigen Streitigkeiten zwischen Russland und Ukraine über den Gastransit in Richtung Europa und die Rolle von North Stream 2 in diesen Auseinandersetzungen sind bekannt und sollen hier nicht weiter ausgeführt werden. Viele weitere Aspekte treten hinzu: Die größten Schiefergas-Vorkommen der Ukraine liegen in unmittelbarer Nähe der Konfliktregionen Donbass und Transnistrien.[90] Und es geht nicht allein um Öl und Gas. Die Rede von der „Kornkammer Europas" beschreibt den Umstand, dass die Ukraine einer der größten Weizenexporteure der Welt ist.[91] Sie verfügt über ein Viertel der fruchtbaren Schwarzerde-Böden weltweit. In den Größenverhältnissen entspricht das ukrainische Ackerland gut einem Drittel der landwirtschaftlichen Flächen in der gesamten EU. Nahrungsmittel sind nach Eisen und Stahl das zweitwichtigste Exportgut der Ukraine.[92] Schließlich gehört die Krim zu den Regionen mit den geringsten eigenen Wasserreserven Europas. Vor der Annexion wurde die Krim fast ausschließlich (bis zu 85 Prozent) durch Wasser aus dem noch zu Zeiten der Sowjetunion errichteten Nord-Krim-Kanal versorgt. Nach der Annexion der Krim hat die ukrainische Regierung die Wasserlieferungen auf die Krim gestoppt.[93] Die Folge ist eine beispiellose Dürre auf der Krim, die vor allem die Landwirtschaft trifft.

---

[86] *Anthea Roberts/Henrique Choer Moraes/Victor Ferguson*, Toward a Geoeconomic Order in International Trade and Investment, Journal of International Economic Law 22 (2019), 655-676 m.w.N.

[87] *Vally Koubi/Gabriele Spilker*, Natural Resources, Climate Change, and Conflict, in: William R. Thomson (Hrsg.), Oxford Research Encyclopedia of Politics, Online Edition, Oxford: Oxford University Press 2017.

[88] *Deborah Sanders*, Maritime Power in the Black Sea, Farnham: Ashgate 2014, 90; International Energy Agency, Ukraine Energy Profile, September 2021, 20.

[89] International Energy Agency (Fn. 88), 14, 20.

[90] Ausführlich hierzu *Gustafson* (Fn. 84).

[91] *Ester Gutiérrez-Moya/Belarmino Adenso-Díaz/Sebastián Lozano*, Analysis and vulnerability of the international wheat trade network, Food Security 13 (2021), 113-128; *Sergio Gomez y Paloma/Sébastien Mary/Stephen Langrell/Pavel Ciaian*, The Eurasian Wheat Belt and Food Security. Global and Regional Aspects, Cham: Springer 2017.

[92] *Alexandra Endres*, Wettlauf um die ukrainische Schwarzerde, ZEIT Online, 16.3.2015.

[93] *Julia Kusznir*, Analyse: Russische Infrastrukturprojekte auf der Krim – eine Bestandsaufnahme, Bundeszentrale für politische Bildung, 23.5.2018.

Und die natürlichen Ressourcen spielen nicht nur bei den Kriegszielen eine erhebliche Rolle, sondern auch bei den Reaktionsmitteln der internationalen Anti-Kriegskoalition. Bereits ohne Importstopp wurde nach Kriegsbeginn vor allem der russische Ölexport dramatisch verringert. Die Relevanz für die russische Regierung liegt auf der Hand: Die Erträge der russischen Gas- und Ölexporte machen einen erheblichen Teil des russischen Staatshaushalts aus.[94] Ersichtlich hängt die Überlebensfähigkeit der russischen Wirtschaft maßgeblich davon ab, inwiefern andere Staaten in die Rolle des Handelspartners auf Ressourcenmärkten eintreten. Das führt zur Frage nach der Geschlossenheit des Westens in seiner Reaktion auf den russischen Angriff. Sehen wir hier eine Renaissance des Multilateralismus? Oder ist der Westen vielleicht nur deshalb so geschlossen, weil es sich im Falle Russlands wie gezeigt um eine in vielerlei Hinsicht besondere, ja vielleicht einzigartige Konstellation handelt? Der Fall Taiwan liegt zum Beispiel schon ganz anders, weil China viel mehr dem klassischen Muster des auf innerstaatlicher Industrieproduktion und externen Rohstoffen aufbauenden Imperiums entspricht und Taiwan seinerseits ein hochindustrialisiertes Land ist.

IV. Ein multilaterales Recht natürlicher Ressourcen?

Ob sich in den Reaktionen auf den russischen Angriffskrieg gegen die Ukraine eine neue Phase multilateraler Zusammenarbeit anbahnt, wird sich zeigen. Im Sinne der eingangs aufgestellten Thesen ist zunächst grundsätzlicher zu fragen: Was verbindet die Frage der Verteilung natürlicher Ressourcen mit der viel beschriebenen Krise des Multilateralismus? Es lässt sich kaum bestreiten, dass auf Verteilungsfragen zurückzuführende Interessenkonflikte zwischen den ressourcenreichen Staaten des Globalen Südens und den Industriestaaten des Nordens seit Jahrzehnten die Weiterentwicklung multilateraler Abkommen hindern. Es wäre aber zu kurz gegriffen, die momentan als solche beschriebene Krise des Multilateralismus allein ungelösten Verteilungskonflikten zuzuschreiben. Jede Antwort auf die Frage nach den Verbindungslinien steht zunächst vor der Aufgabe, den Begriff des Multilateralismus zu präzisieren. Er gewinnt Kontur vor allem in Abgrenzung zu seinen Gegenentwürfen, namentlich als Abkehr vom Imperialismus. Abkehr bedeutet jedoch keinen klaren Schnitt, stattdessen übernimmt auch die multilaterale Ära in unterschiedlichen Arrangements Bruchstücke des kolonialen Rechts. Im Rohstoffrecht tritt dieses Nebeneinander von Neuanfängen und kolonialen Kontinuitäten offen zu Tage. Blickt man jedoch allein auf den Bereich des multilateralen internationalen Rechts, bleibt das meiste verborgen. Es ist gerade das Zusammenspiel unterschiedlicher Rechtsbestände, das das Recht natürlicher Ressourcen und ihre globale Verteilung bestimmt und dazu führt, dass es sich nur als transnationales Recht fassen lässt.

1. Begriff des Multilateralismus

Die Rede von der „Krise des Multilateralismus" verdeckt mehr als sie erklärt. Multilateralismus wird verkürzend gebraucht als Bezeichnung für Beziehungen jedweder Art zwischen drei oder mehr Staaten oder gar als Synonym von internationaler Verrecht-

---

94 *Ellina Kibalowa/Hans-Jürgen Wittmann/u.a.*, Russland in Zahlen. Aktuelle Wirtschaftsdaten für die Russische Föderation. Stand: Herbst 2021, abrufbar unter: https://germania.diplo.de/ru-de/themen/wirtschaft/-/2496982 (5/2022).

lichung oder internationalem Recht überhaupt. Das führt in die Irre, es kommt vielmehr entscheidend darauf an, von welchen Gegenbegriffen man den Multilateralismus jeweils unterscheidet. Mit der Definition von *John Ruggie* lässt sich Multilateralismus als eine institutionelle Form bezeichnen, bei der die Beziehungen zwischen drei oder mehr Staaten auf der Grundlage allgemeiner Prinzipien koordiniert werden, das heißt von Grundsätzen, die das angemessene Verhalten der Parteien im Anwendungsbereich des Übereinkommens ohne Rücksicht auf die partikularen Interessen oder sich aus bestimmten Ereignissen ergebende strategische Erfordernisse festlegen.[95] Multilateralismus ist damit einerseits ein Gegenentwurf zum Imperialismus,[96] andererseits aber auch zum Bilateralismus. Bilateralismus und Imperialismus sind jeweils durch ein Machtgefälle geprägt, bei der die eine Seite bei der anderen für sie vorteilhafte Vertragsgestaltungen durchsetzen kann. Im Falle des Imperialismus geschieht dies dadurch, dass die die Souveränität des Gegenübers negiert wird.

Die multilaterale Ära seit 1945 entwirft eine neue Form völkerrechtlicher Rechtsentwicklung und -erzeugung. Eine Vielzahl von Staaten einigt sich auf gegenseitig verpflichtende Grundsätze, zu denen auch die Abkehr von kolonialen Unterwerfungsmustern gehört. Zumindest formal aufgegeben wird die Unterscheidung zivilisiert/unzivilisiert und ersetzt durch das Konzept gleicher Souveränität und Selbstbestimmung.[97] Multilateralismus ist damit ein Mechanismus zur Erzeugung konsensbasierter internationaler Normen.[98] Die so erzeugten Normen genießen eine besondere Form der Legitimität und weisen nach *Ruggie* drei Charakteristika auf: (1) allgemeine Ordnungsprinzipien, (2) konsensbasierte Legitimität und (3) diffuse Reziprozität.[99] Allgemeine Ordnungsprinzipien als qualitatives Merkmal von Multilateralismus erfordern eine bestimmte Form von Einigkeit im Regelungsbereich des Abkommens. Erfolgreiche Beispiele multilateraler Kooperation zeichnen sich zudem durch Erwartungen diffuser Reziprozität[100] aus – im Unterschied zu bilateralen Kooperationsformen, die auf *spezifischer* Reziprozität, also klar definierten Gegenseitigkeitserwartungen[101] beruhen. Solange die Vertragsparteien nicht konstant auf direkte Reziprozität bestehen, bleiben generalisierte Vorteile der Kooperation möglich, was das multilaterale Arrangement verstärkt.[102] Multilateralismus zeigt sich damit als extrem anspruchsvolles Unterfangen,[103] von den drei großen zwischenstaatlichen Koopera-

95 *John G. Ruggie*, Multilateralism: the anatomy of an institution, International Organization 46 (1992), 561-598 (571): „Multilateralism is an institutional form which coordinates relations among three or more states on the basis of 'generalized' principles of conduct–that is, principles which specify appropriate conduct for a class of actions, without regard to the particularistic interests of the parties or the strategic exigencies that may exist in any specific occurrence.".

96 *Ruggie* (Fn. 95), 571: „Bilateralism and multilateralism do not exhaust the institutional repertoire of states. Imperialism can be considered a third generic institutional form. Imperialism also is an institution that coordinates relations among three or more states though, unlike bilateralism and multilateralism, it does so by denying the sovereignty of the subject states."; vgl. auch *Michael W. Doyle*, Empires, Ithaca, NY: Cornell University Press 1986, 19 ff.

97 Vgl. *Mark Mazower*, Governing the World. The History of an Idea, New York: The Penguin Press 2012, 191 ff., 244 ff.

98 *Karen J. Alter*, From colonial to multilateral international law: A global capitalism and law investigation, ICON 19 (2021), 798–864 (806).

99 *Ruggie* (Fn. 95), 571.

100 *Sebastian Oberthür*, Die Wirksamkeit von Verrechtlichung, in: Klaus Jacob/Frank Biermann/Per-Olof Busch/Peter H. Feindt (Hrsg.), Politik und Umwelt. PVS Sonderheft 39 (2007), 73-94 (78 f.).

101 *Karl Polanyi*, The Economy as Instituted Process, in: ders./Conrad M. Arensberg/Harry W. Pearson (Hrsg.). Trade and Market in the Early Empires, New York: The Free Press 1957, 243-270 (243).

102 *Oberthür* (Fn. 100), 78 f.

103 *Ruggie* (Fn. 95), 572: „highly demanding institutional form".

tionsformen (Multilateralismus, Bilateralismus, Imperialismus) sicherlich die anspruchsvollste, aber andererseits auch die anpassungsfähigste.[104] Aus dieser Perspektive erscheint weniger der Rückgang multilateraler Handlungsformen interessant, sondern umgekehrt ihre relative Häufung innerhalb eines bestimmten Zeitraums, während einer spezifischen historischen Konstellation.

2. Gerechtigkeitsgehalte: multilaterales, bilaterales und transnationales Recht

Lässt sich Multilateralismus damit als Bruch mit kolonialen Formen internationalen Rechts konzeptionalisieren, so wäre es gleichwohl falsch, sich den Übergang vom Imperialismus zum Multilateralismus als klare Zäsur vorzustellen. Auch die multilaterale Ära tradiert das klassisch koloniale internationale Recht, seine zentralen Begriffe und Kategorien.[105] In den Bereichen, in denen die Staaten Einigkeit erzielen konnten, wird es in ein neues multilaterales internationales Recht überführt. Dass auch dieses multilaterale Recht an vielen Stellen koloniale Kategorien fortschreibt, ist mehrfach dargelegt worden und soll hier nicht weiter vertieft werden.[106]

Entscheidend für den Kontext der natürlichen Ressourcen ist, dass wir hier sehen, wie gerade auch jenseits des multilateralen Konsenses koloniale Kategorien fortwirken. Dieses Nebeneinander von Kontinuitäten und Diskontinuitäten lässt sich am Beispiel des Rohstoffrechts gut veranschaulichen: Es ist – wie bereits dargelegt wurde – kein eigenes Rechtsgebiet, sondern über ganz unterschiedliche Rechtsbereiche verteilt. Diese Fragmentierung ist aber nicht eine Begleiterscheinung komplexer Verrechtlichung, sondern gerade das Prinzip; nämlich eine sehr konkrete Überlagerung von Multilateralismus, Bilateralismus und Postimperialismus. Im Kontext natürlicher Ressourcen wird insoweit deutlich, dass nur ein Teil der Regelungen multilateral (also z. B. in multilateralen Umweltabkommen oder als Teil des Welthandelsrechts) geregelt, ein anderer Teil – namentlich das Investitionsschutzrecht – dagegen bilateral organisiert ist. Rohstoffe werden global gehandelt. Ihre Extraktion ist kostenintensiv und erfordert den Einsatz entsprechender Technologien, was zur Abhängigkeit von ausländischen privaten Direktinvestitionen führt. Die Regelungen über Extraktion und Verkauf finden sich vor allem im transnationalen Wirtschaftsrecht und sind damit von privatrechtlichen Normen geprägt. Und es endet nicht hier: Das Recht, das die Gewinnung und Vermarktung natürlicher Ressourcen regelt, wird von einer Vielzahl staatlicher und nicht-staatlicher Akteure gemacht, durch nationale Regierungen und Parlamente, durch internationale Organisationen ebenso wie durch private Investoren und transnationale Unternehmen und zivilgesellschaftliche Gruppierungen.[107]

So betrachtet hat der Multilateralismus von vornherein nur einen kleinen Teil der Normen verändert, die den Rechtsrahmen für die Verteilung natürlicher Ressourcen stecken. Er ist einzuordnen in ein größeres Arrangement, in dem neben internationalen Investitionsschutzabkommen vor allem innerstaatlich durchsetzbare transnationale

---

104 *Alter* (Fn. 98), 808.
105 Vgl. nur *Mark Mazower*, No Enchanted Palace. The End of Empire and the Ideological Origins of the United Nations, Princeton: Princeton University Press 2009, 28 ff.; *Pahuja* (Fn. 64), 44 ff.
106 Siehe nur *Anghie* (Fn. 38) sowie *Balakrishnan Rajagopal*, International Law from Below. Development, Social Movements and Third World Resistance, Cambridge: Cambridge University Press, 2003.
107 *Isabel Feichtner*, Rohstoffe und Entwicklung – Entwicklung im transnationalen Rohstoffrecht, in: Philipp Dann/Stefan Kadelbach/Markus Kaltenborn (Hrsg.), Entwicklung und Recht, Baden-Baden: Nomos 2014, 287-341 (293).

privatrechtliche Verträge eine zentrale Rolle einnehmen. In allen Rechtsbereichen, die durch *ökonomische* Interessen geformt werden, zeigen sich unter den Bedingungen des globalen Rohstoffhandels deutliche koloniale Kontinuitäten. Neben und unter dem Multilateralismus gibt es also immer und unvermeidlich andere, bilaterale, imperiale, quasi-imperiale Regelungen über Austauschbeziehungen und Ressourcen. Das Verhältnis zwischen diesen Formen ist historisch wandelbar, aber nie ganz auflösbar. Die oben beschriebene Trennung von Politik und Ökonomie als zentrales Charakteristikum der internationalen Rechtsordnung nach der Dekolonisation[108] wirkt hier als Garant imperialer Dominanz.

3. Transnationales Ressourcenrecht

Daraus folgt, dass sich das Recht, das sich mit dem Zugang zu und der Verteilung von natürlichen Ressourcen befasst, nur als transnationales Recht fassen lässt.[109] Es besteht nicht nur aus staatlichen und internationalen, sondern – aus der Perspektive der Entwicklungsländer entscheidend[110] – auch nicht-staatlichen Rechtsformen.[111] Es lässt sich nicht einfach in bi- und multilaterale Ansätze unterteilen, sondern stellt sich weitaus komplexer dar. Neben verschiedenen Formen internationalen Rechts besteht es aus innerstaatlich durchsetzbarem transnationalen Privatrecht, extraterritorial wirksamem staatlichen Recht und weiteren Normen nicht-staatlicher Akteure.

Unabhängig davon, ob explizit als Rohstoffrecht oder allgemeiner als Wirtschaftsrecht gefasst, entsteht so ein transnationaler Rechtsrahmen, der Verteilungskonflikte um natürliche Ressourcen vielfach unsichtbar macht: Handel mit Rohstoffen ist Warenhandel und Direktinvestitionen in Rohstofffförderprojekte unterliegen den üblichen internationalen Schutzbestimmungen. Zu diesem transnationalen Setting passt, dass Verteilungskonflikte nicht politisch oder auch nur öffentlich gelöst werden. Die Rechtsentwicklung wird maßgeblich von Schiedsgerichten, internationalen Finanzinstitutionen und natürlich von international tätigen Kanzleien geprägt und folgt vor allem ökonomischen Imperativen.[112] Das zeigt zum einen, dass die Unterscheidung von privatem und öffentlichen Recht in dieser Konstellation wenig sinnvoll ist.[113] Es spricht zum anderen das drängende Verteilungsproblem an: Im Investitionsschutzrecht wird regelmäßig immer auch der Nutzen für den Gaststaat hervorgehoben, d. h. Kapitalzufluss und daraus resultierende Möglichkeiten für wirtschaftliche Entwicklung. Im Bereich von Rohstofffförderprojekten liegen die Dinge anders: Durch die Förderung und den Schutz privater Auslandsinvestitionen konnten die Industriestaaten des Globalen Nordens ihre Rohstoffversorgung sicherstellen, ohne sich unter dem Dach der Vereinten Nationen auf hochkomplizierte Verteilungsdiskussionen einlassen zu müssen.

Hiergegen ließe sich einwenden, dass das transnationale Wirtschaftsrecht – indem es Staatsgrenzen überschreitende Wirtschaftsräume kreiert – zwischenstaatliche Ver-

---

108 Siehe oben bei Fn. 64.
109 *Feichtner* (Fn. 107), 292 f. Ausführlich zu Grundfragen des transnationalen Rechts: *Sigrid Boysen*, Entgrenzt – pluralistisch – reflexiv – polyzentrisch – kontestiert: Das Transnationale am transnationalen Klimaschutzrecht, ZUR 2018, 643-650.
110 *Philip C. Jessup*, Transnational Law, New Haven: Yale University Press 1956, 32.
111 Ausführlich *Sigrid Boysen*, Grundfragen des transnationalen Klimaschutzrechts, AVR 50 (2012), 377-419 (380); *dies.* (Fn. 109), 643 ff.
112 *Feichtner* (Fn. 70), 6.
113 *Boysen* (Fn. 109), 646.

teilungskonflikte ja deutlich entschärft. Das ist zunächst richtig, übersieht aber eine zentrale Folge dieser Entwicklung: die Abkoppelung der Importstaaten von dem Verteilungskonflikt.[114] Sie sind in der Folge nicht verantwortlich für Menschenrechtsverletzungen, Umweltschäden oder andere Begleiterscheinungen der Rohstoffförderung in den Ressourcenstaaten. Die gerechte Verteilung von Kosten und Nutzen der Rohstoffausbeutung zwischen Investoren, Regierung und Bevölkerung unterfällt der alleinigen Zuständigkeit des Rohstoffstaats.[115] Die Folge ist eine Inkongruenz der staatlichen *politischen* Räume einerseits und der transnationalen Wirtschaftsräume andererseits. Es gibt momentan auf politischer Ebene Versuche, das jedenfalls in seinen extremen Auswirkungen zu ändern. In diese Richtung gehen Initiativen wie die Einführung eines Lieferkettengesetzes.[116] Diese Initiativen zeigen aber auch, wie schwierig es ist, die unvermeidlichen Konflikte zwischen global tätigen Unternehmen und Bevölkerungen effektiv zu transnationalisieren.[117]

V. Schluss

Das globale Recht natürlicher Ressourcen hat sich in der multilateralen Ära seit 1945 nur teilweise von seinen kolonialen Ursprüngen gelöst. Sicher können Staaten und Unternehmen seither nicht mehr mit schlichtem Zwang auf natürliche Ressourcen jenseits ihrer Grenzen zugreifen. Die postkoloniale Hierarchie im Recht der natürlichen Ressourcen kommt ohne förmliche koloniale Herrschaftstitel aus. Sie ist gekennzeichnet durch ein Gemisch aus multilateralen und bilateralen völkerrechtlichen Verträgen, staatlichem Recht und transnationalem Wirtschaftsrecht. Aus Sicht privater Wirtschaftsakteure ergeben sich aus dieser Konstellation eine Fülle von Exit-Optionen.[118]

Das Beispiel des transnationalen Ressourcenrechts zeigt damit zum einen, dass mindestens so entscheidend wie die Reichweite und Entwicklung multilateraler Abkommen die Frage ist, welche Bereiche *nicht* multilateral geregelt wurden. Mehr oder weniger unbemerkt finden sich auch und gerade hier koloniale Kontinuitäten, typischerweise in Form von bilateralen Lösungen, kombiniert mit extraterritorialem staatlichen Recht und transnationalem Privatrecht. Zugleich und darüber hinaus offenbart der Blick auf das transnationale Ressourcenrecht, dass die Strukturen, die das multilaterale Völkerrecht lange gestützt haben, nachhaltig geschwächt sind: der Staat als ausschließlicher und eigennütziger Akteur internationaler Angelegenheiten ebenso wie der Einsatz multilateraler Verträge zur Normalisierung ungleicher Beziehungen zwischen Industriestaaten und den Staaten des Globalen Südens.[119] Das legt nahe, trotz vereinzelter Anzeichen – etwa der globalen Mindestbesteuerung von Unternehmen[120] – nicht zu sehr auf eine Renaissance des multilateralen Völkerrechts zu hoffen. Und es versieht auch

---

114 *Feichtner* (Fn. 70), 7.

115 Ebd.

116 Vgl. z.B. *Patricia Sarah Stöbener de Mora/Paul Noll*, Grenzenlose Sorgfalt? Das Lieferkettensorgfaltspflichtengesetz, NZG 2021, 1237-1244; 1285-1292.

117 *Caroline Omari Lichuma*, (Laws) Made in the First World: A TWAIL Critique of the Use of Domestic Legislation to Extraterritorially Regulate Global Value Chains, ZaöRV 81 (2021), 497-532.

118 *Alter* (Fn. 98), 863.

119 *Sergio Puig*, The Fatigue of Multilateralism: A New Hope for International Law, ICON 20 (2022), 1-7 (7).

120 *Doreen Lustig*, The Vedanta Challenge to Multilateralism: Piercing the Boundaries of the Global Legal Order, ICON 20 (2022), 35-44 (36).

die Vorstellung einer multilateralen Einhegung globaler Märkte im Sinne eines neuen „embedded liberalism"[121] mit einem Fragezeichen.[122]

Was sind die Alternativen? Zur Bewältigung der Verteilungskonflikte über natürliche Ressourcen wird unter anderem ein Rohstoffkonfliktrecht vorgeschlagen, das die innerstaatliche Bearbeitung von Rohstoffkonflikten demokratisiert und zwischenstaatliche Verhandlungslösungen schafft.[123] Schon heute gibt es Instrumente, die politische Konfliktlösungen und Flexibilisierungen ermöglichen. Ein Beispiel sind die *Waiver-Verfahren* im Rahmen der WTO.[124] Ansonsten ruht die Hoffnung wie so oft auf Transparenz. Das ist der Ausgangspunkt der *Extractive Industries Transparency Initiative* (EITI): Hier geht es um umfassende Transparenzanforderungen, zu denen sich Regierungen verpflichten bzw. die Unternehmen staatlich oder supranational auferlegt werden, insbesondere im Hinblick auf staatliche Einnahmen aus der Rohstoffwirtschaft und Zahlungen von Rohstoffunternehmen an Regierungen von Rohstoffstaaten.

Und ganz zum Schluss: Was folgt aus diesen Überlegungen für das Verständnis des russischen Krieges gegen die Ukraine? Sie zeigen zunächst, dass die Fragen der Territorialität und der natürlichen Ressourcen immer schon auf das Engste verknüpft waren. Appropriation natürlicher Ressourcen ist nicht nur im Konfliktfall, sondern auch im Normalfall immer beides: Sicherung des eigenen Zugriffs und Ausschluss aller anderen, also Kampf *um* Ressourcen auf dem Weltmarkt und Kampf *durch* Ressourcen als Machtmittel. Die Überlegungen zeigen aber auch, wie stark unsere internationalrechtlichen Begriffe von einem Gegensatz beherrscht sind, in den Russland sich nicht einfügt: der Gegenüberstellung von Industriestaaten und Ressourcenstaaten. In einem Völkerrecht, dessen politische Begriffe in der Polarität der Kategorien Imperium, Industrie, Import einerseits und Ressourcen, Export, Peripherie andererseits konzipiert sind, hat das Russland, das nach 1991 maßgeblich mithilfe westlicher transnationaler Wirtschaftspolitik entstanden ist, sozusagen keinen Ort. Dies anzuerkennen hat nichts mit Beschwichtigung zu tun, weil es selbstverständliche keine Rechtfertigung für einen Angriffskrieg oder Kriegsverbrechen bietet. Es ist aber sicherlich ein Grund dafür, wieso es nicht gelungen ist, Russland nach 1990 in diese Völkerrechtsordnung zu integrieren – und insofern eine Vorbedingung für eine denkbare Nachkriegsordnung in Osteuropa.

---

121 *John G. Ruggie*, International Regimes, Transactions, and Change: Embedded Liberalism in the Postwar Economic Order, International Organization 36 (1982), 379-415.
122 Vgl. hierzu *Alter* (Fn. 98), 850 sowie *Gregory Shaffer*, Capitalism, International Law, Race, and China's Rise, ICON 20 (2022), 52-59.
123 *Feichtner* (Fn. 70), 13 ff.
124 *Isabel Feichtner*, The Law and Politics of WTO Waivers, Cambridge: Cambridge University Press, 2012.

Thesen

zum Referat von Sigrid Boysen,

Helmut-Schmidt-Universität Hamburg

1. Die Frage der Verteilung natürlicher Ressourcen steht im Zentrum der Völkerrechtsordnung. Das Völkerrecht der Moderne lässt sich als Entwicklung der Rechtsformen des Zugriffs der industrialisierten Staaten auf die natürlichen Ressourcen des Globalen Südens erzählen. Trotz dieser offenkundigen Bedeutung gibt es kein internationales „Recht natürlicher Ressourcen", kein „Rohstoffrecht" als bestimmbares Rechtsgebiet. Einschlägige Regelungen finden sich verstreut in unterschiedlichen Rechtsgebieten, etwa im internationalen Wirtschafts-, Umwelt- und Investitionsschutzrecht. Die Regelungen bleiben hier zumeist unspezifisch und behandeln Rohstoffe als Waren, auf die Förderung von Rohstoffen bezogene Investitionen wie andere ausländische Direktinvestitionen.

2. Natürliche Ressourcen stehen im Mittelpunkt der kolonialen wie auch der postkolonialen Wirtschaftsbeziehungen zwischen den Industriestaaten des Nordens und dem Globalen Süden. Die koloniale Konstellation war durch ein spezifisches Verhältnis gegenüber der natürlichen Umwelt geprägt. Die Industrialisierung der Kolonialmächte konnte nur durch Rohstoffe aus den Kolonien vorangetrieben werden. Natürliche Ressourcen wurden so zugleich zur Rechtfertigung und Triebfeder des Kolonialismus. In Folge dieser Entwicklungen zeigen sich an natürlichen Ressourcen bis heute die inneren Widersprüche des internationalen Umweltrechts. Seinen emanzipatorischen Impetus (Souveränität über natürliche Ressourcen) und das damit verbundene Verteilungsversprechen hat es mit imperialen Wurzeln und einem universell ausgerichteten instrumentell-ökonomischen Zugriff zu vereinen.

3. Die zunächst imperiale Hierarchie im Recht der natürlichen Ressourcen hat ihre Form im 20. Jahrhundert geändert. Die Situation der natürlichen Ressourcen ist dadurch gekennzeichnet, dass die formalen Rechtsregeln der globalen Aneignung und Verteilung der Natur in einem so hohen Maße gegenüber der expliziten politischen Herrschaft der führenden Staaten selbständig geworden sind, dass sie förmlicher kolonialer Herrschaftstitel nicht mehr zwangsläufig bedürfen.

4. Als entscheidend für die postkoloniale Konstellation erweist sich die institutionelle Trennung von souveräner Gleichheit und ökonomischer Ungleichheit. Im Kontext natürlicher Ressourcen wird diese funktionelle und für das Völkerrecht konstitutive Trennung des Ökonomischen und des Politischen besonders virulent, gilt es hier doch, politisch-normative Zielsetzungen (Bewahrung globaler Gemeinschaftsgüter) mit ökonomischen Imperativen (Ressourcenausbeutung, wirtschaftliches Wachstum) in Einklang zu bringen.

5. Im Zentrum dieser Entwicklung steht der Grundsatz der Souveränität, weil er die Verteilungsfragen in paradoxer Form zugleich ausschließt und einschließt. In der Rechtsfigur der Souveränität über natürliche Ressourcen ist die Frage der gerechten Ressourcenverteilung formal ausgegrenzt und dem Völkerrecht dadurch indirekt umso stärker eingeschrieben. Das Völkerrecht entscheidet über natürliche Ressourcen, indem es sie nach dem Territorialprinzip appropriiert. Die Pointe dieser Appropriation besteht

darin, dass sie rein formal ist. In der territorialen Souveränität über natürliche Ressourcen ist die Verfügung über sie gleich mitgedacht.

6.   Diese Verfügung erfolgt aber nicht in den Formen des Völkerrechts, sondern in einer transnationalen Konstellation maßgeblich durch Privatrecht. Das wirft nicht zuletzt auch ein anderes Bild auf das multilaterale Völkerrecht und die politische Bedeutung und Zukunft des Multilateralismus.

7.   Multilateralismus lässt sich nicht isoliert betrachten. Er ist vielmehr stets in der spezifischen Kombination mit seinen Alternativen – vor allem Bilateralismus und Imperialismus – zu verstehen. Gerade im Kontext des Rechts der natürlichen Ressourcen zeigt sich Multilateralismus nicht als monolithisches Phänomen, sondern als Teil eines größeren Bezugsrahmens, der neben bilateralen Abkommen maßgeblich durch transnationales Wirtschaftsrecht geprägt ist.

8.   Das Recht, das sich mit dem Zugang zu und der Verteilung von natürlichen Ressourcen befasst, lässt sich deshalb nur als transnationales Recht fassen. Es besteht nicht nur aus staatlichen und internationalen, sondern auch aus einer Vielzahl nicht-staatlicher Rechtsformen. Die Komplexität des transnationalen Ressourcenrechts zeigt dabei auf, dass fast entscheidender als die Frage der Reichweite und Entwicklung multilateraler Abkommen die Frage ist, welche Bereiche nicht multilateral geregelt wurden. Gerade in diesen Bereichen wirken imperiale Rechtsmuster fort.

Summary

The struggle over natural resources in international law
Postcolonial sovereignty and the politics of transnationalization

by Prof. Dr. Sigrid Boysen, Hamburg

1. The distribution of natural resources lies at the heart of the international legal order. The international law of the modern era has co-evolved with changing legal forms of the industrialized states' access to the natural resources of the Global South. Despite this obvious importance, there is no international „law of natural resources", no „commodity law" as a specific legal field. Relevant regulations can be found scattered in various fields of law, especially in international economic, environmental and investment protection law. The regulations here remain mostly unspecific and treat raw materials like other goods and investments related to the extraction of raw materials like other foreign direct investments.

2. Natural resources are at the heart of both colonial and post-colonial economic relations between the industrialized countries of the North and the Global South. The colonial constellation is characterized by a specific relationship toward the natural environment. The industrialization of the colonial powers relied heavily on raw materials from the colonies. Natural resources thus became both the justification and the driving force of colonialism. As a result of these developments, natural resources until today define the conflicted nature of international environmental law. It has to combine its emancipatory impetus (sovereignty over natural resources) and the associated promise of distribution with its imperial roots and a universally oriented instrumental-economic approach.

3. The initially imperial hierarchy in the law of natural resources changed its form in the 20th century. After decolonization, the situation of natural resources is characterized by a setting in which the formal legal rules of global appropriation and distribution of nature have become independent to such an extent vis-à-vis the explicit political domination of the leading states that they no longer necessarily require formal colonial titles of domination.

4. The institutional separation of sovereign equality and economic inequality proves to be crucial for the postcolonial constellation. In the context of natural resources, this functional separation of the economic and the political sphere, which is constitutive of international law, becomes particularly virulent, since it is necessary here to reconcile political-normative objectives (preservation of global common goods) with economic imperatives (exploitation of resources, economic growth).

5. The most important rule of the international law of natural resources is the very principle of sovereignty. It simultaneously excludes and includes questions of distribution in a paradoxical form. In the legal concept of permanent sovereignty over natural resources, the question of the fair distribution is seemingly excluded and thus indirectly inscribed in international law all the more strongly. By appropriating them according to territorial sovereignty, international law decides about natural resources. The key feature of this appropriation is that it is purely formal. The principle of sovereignty over natural resources is thus inherently connected to their marketization.

6.   This marketization does not take place in the forms of international law, but in a transnational constellation mainly through private law. Not least, this casts a different light on multilateral international law and the political significance and future of multilateralism.

7.   Multilateralism cannot be viewed in isolation. Rather, it must always be understood in the specific combination with its alternatives – above all bilateralism and imperialism. Particularly in the context of natural resource law, multilateralism does not appear as a monolithic phenomenon, but rather as part of a larger frame of reference, which, in addition to bilateral agreements, is decisively shaped by transnational economic law.

8.   The law dealing with access to and distribution of natural resources can therefore only be grasped as transnational law. It consists not only of public and international, but also of non-state legal forms. The complexity of transnational resource law reveals that almost more crucial than the question of the scope and development of multilateral agreements is the question of which areas have not been regulated multilaterally. It is especially in these areas that imperial legal patterns continue to operate.

Diskussion

zu den Referaten Weller und Boysen

Frau Kieninger: Ich hatte in meiner Wortmeldung zu dem Referat von Herrn Gebauer nicht sagen wollen, dass das Lieferkettengesetz als Ganzes nicht anwendbar sei in Deutschland; ich bezog mich dabei nur auf eine mögliche privatrechtliche Haftung, die auf die deliktische Generalklausel gestützt werden könnte. Sie ist ohne Modifikation des Art. 4 Rom II-Verordnung nicht anwendbar, aber alle diese Dinge werden wir noch morgen im Rahmen des Referats von Frau Budzikiewicz diskutieren können. Wir kommen jetzt zu einem kurzen Programmpunkt, sozusagen außer der Reihe. Anne Peters möchte das Mikrofon kurz ergreifen.

Frau Peters: Ich möchte sehr gerne Henriette Beisel-Welti danken, die hauptsächlich verantwortlich war für die Organisation und Durchführung der Tagung. Dies war unter Hybridbedingungen außerordentlich erschwert. Es kommt noch ein Blumenstrauß.

Frau Kieninger: Ja, der Blumenstrauß wird hereingebracht werden. Während das geschieht, können wir uns schon für unsere Aussprache rüsten, für die wir 1,5 Stunden Zeit haben. Verschiedene Fragen sind uns von den Remote-Teilnehmern zugegangen genauso wie seitens der Teilnehmer aus dem Saal. Ich möchte gerne anfangen mit zwei Fragen, die sich an beide Referate richten und darf als erstes Herrn Krajewski um seine Frage bitten.

Herr Krajewski: Vielen Dank, Ich darf zunächst einmal für zwei ganz hervorragende Referate danken, aus denen ich sehr viel gelernt habe. Und die Frage, die ich stellen möchte, ist eine, die versucht, eine Klammer zwischen beiden Referaten zu bilden, aber vielleicht bleibt die Frage auch in dem Versuch stecken. Das weiß ich noch nicht. Ich möchte nach der Funktion des Begriffs des Multilateralismus als analytische Kategorie fragen, und zwar insbesondere als analytische Kategorie für das Verständnis von Recht. Ich möchte also wissen: Ist Multilateralismus eine Kategorie mit der wir, wenn wir uns das Einheitsrecht anschauen, aber auch mit Blick auf das Ressourcenrecht, tatsächlich etwas anders verstehen als ohne diese Kategorie. Ich habe jetzt im Referat von Sigrid Boysen natürlich die Definition, die von John Ruggie ausgeht, entnommen und die dann auch den Begriffsgegensatz Multilateralismus, Multilateralisierung – Bilateralismus, Bilateralisierung enthält. Und dann hast Du hinzugefügt Imperialismus, imperiale Betrachtungsweisen. Was ich jetzt vermisst habe, ist die Kategorie der Regionalisierung. Das wäre eine Frage, vielleicht an Herrn Weller, ob wir auch im Einheitsrecht mit Blick auf regionale Rechtsentwicklungen weiterkommen können. Und als weitere Begriffskategorie könnte man natürlich den Unilateralismus hinzufügen, die jetzt vielleicht dem Völkerrecht fremd ist, aber trotzdem stattfindet. Also mich würde interessieren, ob diese Kategorien tatsächlich rechtlich analytisch sinnvoll sind, oder ob sie im Grunde genommen nur unser Verständnis von Recht beschreiben und damit die Realität, die wir dann anders betrachten. Vielen Dank.

Frau Kieninger: Vielen Dank. Bevor jetzt zur Antwort geschritten wird, möchte ich noch eine Frage aus dem Chat dazu nehmen. Hier wird nur Frau Boysen als Ansprechpartnerin genannt, aber die Frage soll sich auch um den Begriff des Multilateralismus drehen und passt daher jetzt ganz gut. Herr Schweighofer bitte virtuell.

Herr Schweighofer: Ich verweise auf meine Praxis bei der ICANN und dort spricht man von Multistakeholderismus. Das heißt, dass alle relevanten Stakeholder, auch natürlich die Staaten als wesentliche Akteure, versuchen in einer Art *rough consensus zu agieren.* Das würde auch die anderen Modelle relativ gut miteinschließen. Das Hauptproblem ist auch, klar, bei der ICANN gab es natürlich einen bestimmten Schöpfer, die USA, in anderen Bereichen wäre es deutlich schwieriger, zu einem Grundkonsens zu kommen. Aber vielleicht ist das erweiterte Modell aus 2016 (Stewardship of IANA Functions Transitions to Global Internet Community as Contract with U. S. Government Ends mit der Accountability) gegenüber der Empowered Community, also ASO, ccNSO, GNSO, GAC and ALAC, durchaus hilfreich. Danke!

Frau Kieninger: Ja, vielleicht Sigrid, möchtest Du zuerst?

Frau Boysen: Ja, gerne, vielen Dank. Ja, über Multilateralismus als analytische Kategorie hatte ich, jedenfalls bevor ich dieses Referat vorbereitet habe, nicht nachgedacht. Ich habe mich aus Anlass der Fragestellung näher damit befasst. Und ich fand es im Ergebnis sehr hilfreich, mir die verschiedenen Rechtsbestände erst einmal wie in der Mengenlehre als überlappende Kreise aufzuzeichnen, mir anzuschauen, wo wir mit den klassisch völkerrechtlichen Regelungsformen eigentlich stehen und in welchem Kontext wir uns bewegen. Das ist gerade mit Blick auf die natürlichen Ressourcen wichtig. Gerade in diesem Kontext fand ich die Gegenüberstellung von Ruggie, also von Multilateralismus und Bilateralismus, aber vor allem auch Imperialismus sehr hilfreich. In diesem Schema ist Regionalismus zunächst auch eine Form des Multilateralismus und insoweit zu begrüßen, sofern er den genannten Kriterien genügt. Diese Kriterien, so basal sie vielleicht klingen – das gilt vor allem für das Kriterium der diffusen Reziprozität –, geben ein analytisches Schema an die Hand, um zu erklären, warum einerseits die multilaterale Form die anspruchsvollste, aber gleichzeitig eine sehr anpassungsfähige und auch robuste Form ist. Insofern würde ich aus dieser Definition auch ein gewisses Vertrauen in multilaterale Lösungen ableiten. Was man durch die Brille des Multilateralismus definitiv besser sieht, ist das, was an der Grenze bzw. in den Bereichen stattfindet, die gerade nicht multilateral geregelt sind. Aus diesem Grund halte ich diese Perspektive für wertvoll. Und noch ein weiterer Punkt zur Regionalisierung: Wir sind vor allem aus dem WTO-Recht gewöhnt, in Kategorien von „Multilateralismus versus Regionalisierung" zu denken und uns darauf zu konzentrieren, dass einige Staaten sozusagen ausbrechen. Die Conclusio ist dann immer: Einerseits trägt auch regionale Integration die Sache inhaltlich weiter, andererseits verlieren wir aber vielleicht den Rest. Ich habe selbst schon dazu gearbeitet und fand es ganz befreiend, diesen Gegensatz einmal zu verlassen und zu sagen, das ist zunächst einmal unter der Perspektive Multilateralismus alles erfasst und wir konzentrieren uns – zum Beispiel im Kontext natürlicher Ressourcen – stattdessen darauf zu analysieren, wie privatrechtliche, staatliche und andere Regelungsformen interagieren.

Herr Matthias Weller: Herzlichen Dank, Herr Krajewski, für die ganz vielschichtige Frage zur analytischen Kategorie des Multilateralismus. Ich würde aus meiner Sicht im Wesentlichen zwei solche Schichten erkennen. Die eine ist eine ganz grundlegende, fundamentale, die in Gerechtigkeitswertungen hineinreicht, hinunterreicht, wenn man so will. Das ist das universalistische Denken. Das hat Verbindungen zu Immanuel Kant. Das hat auch Verbindung zu John Rawls, zu kontraktualistischen Gerechtigkeitstheorien. Und es spricht damit die Frage an: Können alle, die dann da dabei sind, dem zustimmen, was vereinbart worden ist, was geregelt ist, und insofern ist die Kategorie des Multilateralismus, hier eher verstanden als Universalismus, natürlich eine Wertungskategorie und damit eine analytische Kategorie für die Richtigkeit dessen, was an Regeln vor uns liegt. Das ist die eine Ebene, die ich da sehen würde.

Eine andere ist ganz prosaisch: Das ist die des Erfolgs des Instruments. Wie viele Staaten bekomme ich in mein Instrument hinein? Was ist der Ratifikationsstand, und da wäre die Frage, ab wann man von einem multilateralen Erfolg sprechen möchte. Das muss eine gegriffene Größe sein. Ich schlage einfach einmal die Zahl 50 vor. Wenn wir 50 Staaten zusammenhaben, dann können wir vielleicht von einem wahrhaft multilateralen Instrument sprechen. Dann kann man auch sehen, ob es Regionen gibt, die schwerpunkmäßig vertreten sind und andere vielleicht nicht vertreten sind. Aber das wäre für mich eine numerische Dimension der analytischen Kategorie Multilateralismus.

Was haben wir da für Beispiele? Nehmen wir die Beispiele, die ich im Vortrag genannt habe. Das UNU, das CISC, auch die UNIDROIT-Konvention zu gestohlenen und illegal exportierten Kulturgütern – letztere mit 51 Ratifikationen. Die Kapstadt-Konvention bei fast 90 [Ratifikationen] plus einer regionalen Integrationsgemeinschaft mit einer Vielzahl von Mitgliedstaaten. Diese numerische Ebene würde ich schon auch miteinbeziehen wollen in diese analytische Kategorie. Wobei dies auch zu der Frage zur Regionalisierung überleitet. Wann haben wir dann noch etwas Regional-multilaterales? Ich habe ja jetzt in meinem Beitrag zu der globalen Perspektive das Regionale ganz dezidiert außenvorgelassen. Also haben Sie auch ganz recht, wenn Sie das in Ihrer Frage hervorheben. Ich würde einfach sagen: Die Europäische Union ist ja schon so eine Art Sonderfall in der vergleichenden Integrationsforschung. Das ist das n = 1 Problem. Wir haben im Grunde genommen im Topf der zu vergleichenden Einheiten nur eine wirkliche und das ist die Europäische Union, und in dieser Funktion ist die Europäische Union international-privatrechtlich, wie binnenmarktrechtlich, wie aber auch einheitsrechtlich, das Experimentierlabor der Welt. Der Begriff kommt nicht von mir. Ich leihe ihn mir von Jürgen Basedow aus. Ich glaube, der Begriff ist ein ganz treffender: Wenn wir jetzt nochmals ein anderes Beispiel betrachten, nämlich das Kaufrecht, und uns die Entwicklung in der Europäischen Union anschauen: Von den wissenschaftlichen Produkten einer vielleicht gelehrten Republik mit den „Principles of European Contract Law" über den DCFR, das CESL als optionales Instrument – Sie alle haben diese Entwicklungsstufen des kaufrechtlichen Einheitsrechts vor Augen. Zuletzt hat der Berg gekreißt, und es kamen nicht Mäuse heraus, sondern zwei kleine Richtlinien, nämlich die für digitale Inhalte und die für den Warenkauf. Da stellt sich dann schon die Frage: Was heißt das für uns einheitsrechtstheoretisch? Ich sehe da sehr viel von dem, was global gilt für die Frage, wie konzipiere ich erfolgreich ein einheitsrechtlich, aber auch multilateral zu denkendes Instrument. Keine horizontal-breiten Ansätze, sondern funktional gezogene, eng begrenzte, nicht dogmatisch, sondern transaktionsbezogen abgegrenzte. Das wäre erfolgversprechend. All das hat das unionale Kaufrecht bzw. die Instrumente, die vorgeschlagen wurden, so nicht geboten. Und insofern passt es zu dem theoretischen Rahmen, den ich versucht habe zu zeichnen, wenn ein Projekt so fundamental auch im Experimentierlabor der Welt gescheitert ist.

Frau Kieninger: Daran könnte sich jetzt, wenn wir quasi vom Allgemeinen zum Besonderen gehen, eine Frage von Martin Gebauer anschließen. Sie richtet sich auch noch einmal an Matthias Weller.

Herr Gebauer: Ja, vielen Dank zunächst auch von meiner Seite für sehr spannende und sehr lehrreiche Referate. Meine Frage richtet sich in erster Linie tatsächlich an Matthias Weller und sie betrifft die Methoden zur Wahl des Instrumententyps. Sie knüpft also im Wesentlichen an die These zehn an, die aber ihrerseits anknüpft an die Punkte davor und zwar die Vielzahl der Normproduzenten auf der einen Seite und vielleicht auch die Vielzahl der Normunterworfenen auf der anderen Seite. Meine Frage ist, wer ist eigentlich das Subjekt dieser Wahl unter den verschiedenen Instrumententypen? Man hat ja ein buntes Buffet von Normunterworfenen, vor allem auch von Normtypen, weichere, härtere einheitsrechtliche Normtypen, klassisch den Staatsvertrag. Ich verstehe, dass der Staatsvertrag für bestimmte Typen unverzichtbar ist, für Anerkennung und Vollstreckung beispielsweise, das geht wohl nicht weicher. Aber wer wählt eigentlich? Sind es die Normsetzer, sind es die Normproduzenten? Verfolgen sie eventuell dabei eigene Interessen? Und in wessen Interesse wird eigentlich gewählt zwischen verschiedenen Instrumententypen? Oder ist es gegebenenfalls privatautonom in die Hand der Normunterworfenen zu legen? Und da würde ich dann fragen wollen: Ist man eigentlich in der Lage, von einem solchen Buffet rational zu wählen oder überfordert das? Wenn man sich einmal bei der Vertragsgestaltung alleine anschaut, wie die Parteien in der Praxis umgehen mit der Wahl oder der Abwahl des UN-Kaufrechts, dann hat man nicht unbedingt den Eindruck, dass das überwiegend rationale Kriterien sind. Daher die Frage: Wird das nicht nur noch viel schwieriger durch diese Vielzahl an Normsetzern und vielleicht auch durch gegenläufige Interessen der Normunterworfenen?

Frau Kieninger: Ich habe jetzt gerade eine Frage im Publikum erblickt von Leonhard Hübner. Ist es direkt dazu? Dann nehmen wir diese Frage noch dazu.

Herr Hübner: Ich wollte mich auch anschließen an die Vorredner und fand die Referate sehr lehrreich und mich persönlich sehr weiterbringend. Allerdings habe ich nun auch eine Frage an Matthias Weller, die sich an das anschließt, was Herr Gebauer bereits gesagt hat. Also eigentlich zwei Fragen, um ehrlich zu sein. Als Erstes: Woran bemisst man denn den Erfolg des Einheitsrechts? Du hattest ja ein sehr positives Bild gezeichnet als Kontrapunkt zur provokativen Frage, befinden wir uns in einem Kreis des Einheitsrechts, was mir nicht ganz unsympathisch war. An das anschließend, was Martin Gebauer gesagt hat, könnte man schon fragen, weil auch die Praxis, soweit ich sie wahrgenommen habe, das CISC ja lieber oder sehr häufig abwählt, bemisst man Erfolg an der Menge der Staaten, die sie ratifiziert haben – die einheitsrechtlichen Institute als Staatsvertrag –, oder bemisst man nach der Anwendung in der Praxis. Das ist die erste Frage. Die zweite Frage, jetzt eher als mittelalter Nachwuchswissenschaftler, die ich mir stelle: Ich habe verstanden, dass das Einheitsrecht nicht allzu viel gelehrt wird, aber Du hattest ja angedeutet, dass Du da vielleicht ein oder zwei Überlegungen hattest. Diese würden mich durchaus interessieren, weil in den IPR-Vorlesungen, die ich bisher bestreiten durfte, das CISC recht schnell abgewählt wird, wie es ja die Praxis auch zu tun scheint. Mich würde also interessieren, wie man vielleicht da an der Stelle das Einheitsrecht stärken könnte.

Frau Kieninger: Ja, und vielleicht passt dazu jetzt auch doch noch ganz gut die Frage, die Herr Wegen notiert hat.

Herr Wegen: Ja, vielen Dank. Lieber Matthias, meine Frage an Dich ist eher rhetorischer Art: Ist meine Beobachtung richtig, dass der Komplex Einheitsrecht in der Ausbildung der Juristen viel zu kurz kommt, sowohl in der Uni als auch, zum Beispiel, in der Referendarausbildung? Ich darf das kurz erläutern: Ich prüfe unter anderem im zweiten Staatsexamen IPR und die, sage ich mal, Unkenntnis unter meinen Mitprüfern ist erschreckend in dem Bereich. Und müsste man nicht dort sehr viel mehr machen? Noch eine Begründung, dann bin ich fertig: Die Entdeckung, dass Einheitsrechtliches vorliegt, ist schon mal ein Erfolg, aber damit fängt das Thema ja erst an. Je nachdem, wer der Normproduzent ist, ändern sich die Auslegungsregeln dramatisch. Also die Entdeckung ist das eine, aber dann fängt erst das Problem an. Liege ich richtig?

Frau Kieninger: Bitte schön.

Herr Matthias Weller: Ja, herzlichen Dank für drei grundlegende und tiefgreifende Fragen. Martin, Du hast gefragt, wer wählt überhaupt aus dem Portfolio der Instrumente aus und wer ist dann auch der Rechtsunterworfene. Ich würde sagen, das ist so ein bisschen auch eine Glaubensfrage. Damit meine ich, oder will verweisen auf die, nicht von allen geteilte, Lehre der Autonomie eines transnationalen Rechts, der ich persönlich ein bisschen skeptisch gegenüberstehe. Ich würde es eher ein bisschen konservativer sehen wollen und sagen: So weit wie die regelgebenden Staaten Freiraum lassen, um eine Rechtspraxis sich entwickeln zu lassen, die die Parteien in Ausübung ihrer Privatautonomie entwickeln können, in dem Maße ist ein Raum geschaffen, den man dann auch mit guten Gründen transnationalen Rechtsraum nennen kann. Und in diesem Bereich können sich dann nicht-staatliche Regelwerke entfalten. Das wirkmächtigste Beispiel ist die internationale Handelsschiedsgerichtsbarkeit mit dann darin relevant werdenden Normgebilden, und da gibt es ja eine sehr starke Dynamik. Insofern ist das ein Bereich, in dem die Parteien selbst Entscheidungen treffen können, Gebrauch machen können von Normgebilden, die ihnen angeboten werden. Und dann ist es eine Frage von Angebot und Nachfrage. Das stößt an Grenzen, das hast Du auch angedeutet in Deiner Frage, wenn es z. B. in den Bereich Anerkennung und Vollstreckung geht. Und natürlich haben wir da dann wieder Berührungspunkte und Kontrollmechanismen der staatlichen Gewalten: Der Gerichte, der Kontrolle von Schiedssprüchen; aber das Feld, das da geöffnet ist, ist doch ein so großes, dass es eine gewisse eigenständige Bedeutung entwickelt hat, ohne dass ich wie gesagt persönlich so weit gehen würde, dass ein autonomer Rechtsraum eröffnet wäre. Im Übrigen sind es die Staaten bei ihrer Entscheidung darüber, was sie regeln wollen, welche Instrumente sie nutzen, welche Initiativen sie aufgreifen, über welche Normproduzenten und Agenturen sie spielen wollen. Sie können ja Initiativen einbringen in den gemeinsamen Organisationen – UNIDROIT, HCCH, etc. – und dann dort auf verschiedene Instrumente aus dem Portfolio der Instrumentkategorien hinwirken. Das kann der Staatsvertrag sein, das kann das Modellgesetz sein, das kann auch nur ein *legislative guide* sein. Insofern liegt in diesem Bereich dann die Initiative nicht nur bei den Institutionen, sondern eben auch bei den regelgebenden Staaten, die sich selbst darüber Gedanken machen müssen: Was ist das beste Instrument für das konkrete Problem, das sie als regelungsbedürftig begreifen.

Leonhard, vielen Dank für Deine Frage dazu, wie ich überhaupt den Erfolg von Einheitsrecht bewerte. Das ist natürlich eine ganz naheliegende Frage. Und es ist klar, dass das Kriterium der Anzahl der Ratifikationen ein ausgesprochen formales ist, das ist fast ein bisschen so wie die Erledigungsziffer des Richters: Das deutet irgendwie irgendetwas an, aber noch nicht so sehr viel. Insofern Zustimmung. Es gibt im Übrigen nach meiner Wahrnehmung ganz unterschiedliche Konstellationen: Es gibt Staatsverträge mit ganz hohe Zahlen von Ratifikationen und einer sehr großen praktischen Bedeutung, aber es gibt auch das Gegenteil. Beispiel: Die UNIDROIT-Konvention über gestohlene und illegal ausgeführte Kulturgüter – 51 Ratifikationen, aber kein einziger Anwendungsfall vor staatlichen Gerichten. Da kann man sich natürlich die Frage stellen: Ist das noch ein erfolgreiches Instrument oder nicht? Es gibt aber dann doch, würde ich der naheliegenden Skepsis entgegenhalten wollen, sehr viele indirekte Wirkungen dieses Instruments: Es gibt eine *ratio scripta*, es gibt eine Ausstrahlungswirkung auf nationales Recht. Insofern kann es keine wirklich einfache Antwort zu der vielschichtigen Frage geben, wann ein einheitliches Instrument als erfolgreich gelten kann, und ich glaube eben, man muss das von verschiedenen Seiten betrachten. Wenn es für ein Instrument gar keinen praktischen Anwendungsbereich gibt, die Parteien das Instrument immer abwehren, ist das natürlich ein Indiz dafür, dass es nicht ganz so erfolgreich ist, wie man es sich vielleicht gewünscht hätte. Ich möchte noch hinzufügen, dass selbst ein gescheitertes Projekt ein Erkenntnisgewinn sein kann, vielleicht auch die Entscheidung von Normproduzenten, dann doch lieber nichts zu machen. Auch das ist ein einheitsrechtlicher Erkenntnisfortschritt, der das Einheitsrecht stärkt, ohne dass es sozusagen zu einem buchhalterischen Erfolg führt – so viel zu diesem Punkt.

Und dann wurde angesprochen, auch von Dir, Gerhard, vielen Dank dafür, die Frage der Lehre. Das liegt mir sehr am Herzen. Ich habe das aus Zeitgründen im Vortrag nicht ausgeführt, insofern bin ich sehr dankbar, dass ich dazu noch ein, zwei Sätze sagen darf. Ich halte es für absolut zentral, dass man das Einheitsrecht deutlich stärker an unseren Universitäten unterrichtet. Darüber ist hier in dieser Vereinigung auch schon diskutiert worden, im Zusammenhang mit internationalem Recht allgemein. Aber ich möchte dies aus meiner Perspektive für gerade das Einheitsrecht verstärken. Da sehe ich Handlungsbedarf. Es gibt zum Beispiel, soweit ich weiß, im Moment keine deutsche Universität, die das macht, was eine Reihe von anderen Universitäten, sehr renommierten Universitäten, im Ausland vorhält, nämlich ein Programm im *Transnational Commercial Law*. Dabei liegen die Lehrmaterialien, glänzende Lehrmaterialien, vor. Das Lehrbuch, an dem auch Herr Kronke Mitautor ist, ist in zweiter Auflage erschienen, die dritte Auflage wird vorbereitet. Dann gibt es die *Legislative Guides* in englischer Sprache, die ein ganzes Feld transnational betrachten und einzelnen Fragen zuführen, funktional beschrieben, mit denen man zurück gehen kann in das nationale Recht. Beispiel: Der UNCITRAL *Legislative Guide on Insolvency Law* – fantastisches Lehrmaterial, liegt frei im Internet, wäre ideal geeignet für eine transnationale Hörerschaft, die in englischer Sprache unterrichtet werden möchte. Das ist natürlich im Moment eher noch der Ausnahmefall an unseren Universitäten. Gerade insofern würde ich für Internationalisierung plädieren wollen, vielleicht ein bisschen in Richtung der Niederlande, die durchaus an manchen Universitäten diesen transnationalen Ansatz, gerade auch in der Lehre, sehr stark verfolgen, und mir war das immer sympathisch. Ich habe es selbst einmal an einem früheren Wirkungsort probiert, mit einer Gruppe von Studierenden aus, glaube ich, 30 Nationen. Gerhard, Du warst daran auch beteiligt, und ich hatte eigentlich einen sehr positiven Eindruck von dieser Unterrichtsform für eine globale

Gruppe und damit auch als Mehrwert für eine deutsche Studierendengruppe. Letzter Satz dazu: Wenn man den Rechtspluralismus, den *global legal pluralism*, gut managen will, wie es die Theorie vorschlägt, dann braucht man vor allen Dingen eine gereifte Richterpersönlichkeit, die in diesen Belangen trittfest ist, auch in den Unsicherheiten, die sich zeigen – Du hast die Auslegung angesprochen. Es ist eine Frage der Rechtstheorie, ob ich den Richterspruch als eine Rechtserkenntnis begreife oder eben als eine Rechtserzeugung. Im transnationalen Raum sind wir in jedem Fall sehr viel näher an einer Rechtserzeugung durch die Richterpersönlichkeit. Damit hängt im Grunde alles von der Richter-, auch Schiedsrichterpersönlichkeit, ab und das setzt wiederum eine profunde Ausbildung in diesem Bereich voraus. Man kann sich diese Expertise sicher auch unterwegs, *on the way,* erarbeiten, aber ich würde dafür plädieren, das frühzeitig in den Rechtsunterricht an unseren Universitäten stärker aufzunehmen als zuvor. Vielen Dank.

Frau Kieninger: Haben Sie vielen Dank. Vielen Dank auch für diesen ungebrochenen Optimismus, der auch noch den *failed conventions* etwas Positives abgewinnen kann. Das tut gut in diesen schwierigen Zeiten. Wir müssen jetzt aber zu diesen schwierigeren und vielleicht auch bedrückenderen Themen kommen. Ich würde gerne Herrn Tomuschat um seine Wortmeldung bitten. Das klingt auf meinem Zettel etwas bedrohlicher.

Herr Tomuschat: Vielen Dank, Frau Vorsitzende. Ich möchte mich auf wenige Bemerkungen beschränken. Vor vielen Jahren war ich aufgefordert worden, an der *International Encyclopedia of Comparative Law* mitzuwirken und habe da einen Artikel geschrieben über *International Commodity Agreements*. Das war seiner Zeit konzipiert als eine rein technische Übung. Man hat die verschiedenen Mechanismen der einzelnen Rohstoffabkommen miteinander verglichen: Gibt es einen *buffer stock* und werden Produktionseinschränkungen vorgesehen, und so weiter und so fort. Das politische Element war überhaupt nicht präsent, sondern man hat es als eine Nebensächlichkeit betrachtet. Rohstoffe gab es, und auch Energie gab es genug. Niemand hat sich große Gedanken darüber gemacht, dass eines Tages hier Knappheiten eintreten könnten. Die gegenwärtige Lage hat uns nun gezeigt, dass in der Tat unsere Existenz, vor allem unsere Existenz als Industriestaat, weitgehend davon abhängt, dass wir beliefert werden können mit Rohstoffen jeder Art. Das beginnt mit Gas und Öl und geht hin bis zu Nahrungsmitteln jeder Art. Insofern hat dieses Recht der internationalen Rohstoffabkommen und alles, was darum gegliedert ist, eine andere Qualität bekommen. Das ist plötzlich politisches Recht geworden, rutscht ab und nähert sich dem Bereich von *international peace and security*. Ja, und heute muss man plötzlich darüber nachdenken, ob bestimmte natürliche Ressourcen nicht im Weltmaßstab stark geregelt und bewirtschaftet werden müssen. Das beginnt mit den brasilianischen Urwäldern, den Weltmeeren und ähnlichen Gemeingütern der Menschheit. Überall, plötzlich, tauchen Elemente öffentlicher Ordnung auf. Frau Boysen hat sehr eindrucksvoll geschildert, dass man diese Entwicklungen bisher weitgehend den privatwirtschaftlichen Unternehmen überlassen hat. Für die Staaten war das bequem, sie mussten sich nicht um entsprechende Anteile an der Versorgung mit den benötigten Rohstoffen bemühen, sondern konnten die Beschaffung der Wirtschaft überlassen. Das vollzog sich alles mithilfe von Finanzen und den sonstigen üblichen wirtschaftlichen Mitteln, die wir zur Verfügung haben. Es gab eigentlich keine politischen Fragen. Nun plötzlich steht das alles im Zentrum unserer Überlegungen. Der Konflikt in der Ukraine hat es deutlich gemacht, dass wir hier im

Herzen der politischen Ordnung der Welt ankommen. Insofern hat das Thema jetzt eine Aktualität gewonnen, die wir uns nie hätten träumen lassen.

Frau Kieninger: Das scheint mir jetzt auch weniger eine Frage zu beinhalten. So könnten wir vielleicht noch eine weitere Wortmeldung dazu nehmen, nämlich von Stephan Hobe.

Herr Hobe: Dann schließe ich eine Frage an Frau Boysen an. Sie haben mit Recht, glaube ich, die Differenzierung gemacht in Kriterien der Ausbeutung natürlicher Ressourcen in Territorien und in staatsfreien Räumen. Ich will mich mal auf die Letzteren beschränken, obwohl ich auch zu den anderen das ein oder andere sagen wollte, aber dann wird es zu lang. Ich würde gerne dem Eindruck entgegenwirken, der mir so ein bisschen durchschien, dass das zentrale Verteilungskriterium *common heritage of mankind* wäre. Das gibt es im Seerecht, aber selbst dort hat es, wobei es in der Tat ein Verteilungselement als Unterelement hat, einen Bedeutungswandel im Laufe der Zeit durchgemacht, den Sie auch angesprochen haben. Sonst hätte das nie zu einem Staatenkonsens geführt. Es sieht im Recht der Antarktis schon ganz anders aus, da haben wir keine Ausbeutung derzeit und es sieht im Bereich des Weltraums, dem dritten großen staatsfreien Raum, nochmal anders aus, wo wir jetzt ganz interessanterweise neuerdings neue Formen der Ausbeutung diskutieren – nicht nur von Ressourcen, sondern wir haben dort etwa schon eine Verteilungsordnung für Frequenzen. Und die ist wiederum nun interessanterweise von Distributionsmechanismen gekennzeichnet, die Ideen der Verteilungsgerechtigkeit versuchen aufzunehmen. Will sagen, die staatsfreien Räume kennen ganz unterschiedliche Verteilungskriterien, wo man jetzt sehr stark in die Analyse gehen müsste, inwieweit diese alle dem Schema postkolonialer Ambitionen folgen oder ob das nicht tatsächlich Dinge sind, und dieser Meinung würde ich aus der Analyse zum Teil zustimmen, die durchaus auch im Konsens der Staaten passiert sind und von denen auch der globale Süden, wenn wir uns etwa die Frequenzverteilung anschauen und den geostationären Orbit, massiv profitiert. Das aber nur mal als Frage und Anregung. Herzlichen Dank.

Frau Boysen: Vielen Dank, die Frage freut mich besonders, weil es mich selbst ein bisschen gequält hat, den Bereich der *common goods* so knapp zu behandeln. Also in der Tat ist es ja so, dass es natürlich verschiedene Verteilungsregime gibt. Ich habe mich deswegen auf *common heritage of mankind* konzentriert, weil der Tiefseebodenbergbau mit seiner steigenden Relevanz durch erneuerbare Energien den meisten präsent und aus der Rohstoffperspektive von höchster Relevanz ist. Und vielleicht auch, weil ich denke, dass seine Entwicklung eine Sache zeigt, die vielleicht doch ein allgemeines Bewegungsgesetz ist: Dass nämlich immer da, wo es auf einmal sehr konkrete ökonomische Interessen gibt, die Dynamik immer stark anzieht. In diesem Sinne habe ich mit viel Interesse wahrgenommen, wie sehr die Exploration, die momentan stattfindet, jetzt dann auch – wie Herr Tomuschat gerade gesagt hat – auf eine Weise politisiert wird, die wir uns vor nicht allzu langer Zeit in dieser Form noch nicht hätten vorstellen können. Ich glaube, dass in diesen verschiedenen Versuchsküchen – so würde ich es einmal nennen –, also Weltraum, Antarktis, Tiefseebodenressourcen, natürlich auch eine große Chance steckt. Die Interessenkonstellationen sind jeweils ein bisschen andere und können – wie Sie richtig sagen – dann an manchen Stellen auch eine *best practice* hervorbringen. Und ich glaube auch, dass wir den Konstellationen, die erst später in ihre kommerzielle Nutzung hineinwachsen, besonderes Augenmerk schulden, weil – wie Herr Tomuschat gesagt hat – wir einfach erst in den letzten Jahrzehnten langsam realisieren, was da eigentlich auf dem Spiel steht und wir nun hoffentlich davor gefeit sind, einen Bereich zu technokratisch zu betrachten, von dem wir jetzt wissen, dass er hochpolitisch ist und komplexe Verteilungsfragen aufwirft. Dass das internationale Recht sich an dieser Stelle so mutig auch diese Verteilungsfragen stellt, ist ja an sich schon einmal ein Grund zur Freude. Es gibt daneben auch sehr düstere Schilderungen – zum Beispiel des Tiefseebodenbergbaus – und da würde ich dann auch sagen: Immerhin findet diese Diskussion statt und immerhin liegen die Interessen auf dem Tisch einer internationalisierten beziehungsweise eher privatwirtschaftlich organisierten Ordnung. Und – wie Herr Tomuschat richtig sagt – in einer Zeit, wo Ressourcen einfach da zu sein haben, das Wasser aus dem Wasserhahn kommt und das Gas aus der hoffentlich unbeschädigten Pipeline, da werden Ressourcenfragen viel mehr zu technokratischen Fragen: Wie sind die einzelnen Vertragsgestaltungen, wie viel Speicher haben wir, wie viel Puffer haben wir, wie machen wir das. Da verlieren wir uns in diesen Technizitäten. Diesen Punkt haben wir jedenfalls überschritten.

Frau Kieninger: Ja, daran könnten sich ganz gut die Fragen von Rainer Hofmann und Andreas Zimmermann anschließen.

Herr Hofmann: Nach der Reihenfolge, die Sie genannt haben, Frau Kieninger, dann zuerst [ich]. Auch ich danke Herrn Weller und Frau Boysen sehr für die beiden wirklich sehr informativen Referate.

Meine Frage an Sie, Frau Boysen, möglicherweise habe ich da etwas falsch verstanden, aber ich hatte Sie so verstanden, als ob Sie das gegenwärtige Ressourcenrecht immer noch sehr stark von einer postkolonialen Ordnung geprägt sehen, dass also die ehemaligen Kolonialmächte ihren Ressourcenbedarf jetzt über multinationale Unternehmen stillen und die ehemaligen Kolonien im Grunde ausbeuten. Ich weiß nicht, ob das richtig ist, aber wenn das so richtig sein sollte, ist mir nicht ganz klar, wo in diesem Bild etwa China vorkommt. China, finde ich, wäre der Staat, der im Grunde sehr gut zu der Bemerkung von Herrn Tomuschat passt, weil China, glaube ich, der erste Staat ist, der verstanden hat, dass Ressourcensicherung eine staatliche Aufgabe ist. Und es sind jetzt nicht nur die Vorkommen im südchinesischen Meer, über die man sich mit den anderen Anliegern streitet, sondern Stichwort „Landgrabbing" in Afrika, und die damit verbundenen Probleme. Auf der anderen Seite gibt es ein Land wie Australien, ehemalige Kolonie, wahrscheinlich einer der größten Rohstoffexporteure, aber es sind australische „Multis", es sind Rio Tinto und BHP Billiton, die die Rohstoffe exportieren. Wir haben Norwegen, ein fast-Nachbarland, dessen Ökonomie fast ausschließlich vom Erdöl- und Erdgas-Export abhängt, und wir haben die arabischen Erdölexporteure. Ist nun der Ansatz zu sagen, das gesamte Rohstoffrecht ist letztlich eine Fortsetzung der kolonialen Situation, im Lichte der Beispiele, die ich genannt habe, wirklich richtig? Danke schön.

Herr Zimmermann: Vielen Dank. Auch von meiner Seite ganz herzlichen Dank für die beiden Vorträge. Ich habe eine Frage an Sigrid Boysen speziell zu der Situation des aktuellen Konflikts und dabei namentlich zur Krim. Ich fand das extrem spannend zu hören, wie viele Rohstoffe es auf der Krim und vor der Küste der Krim gibt und es gibt ja auch darüber hinaus solche im besetzten Donbass, so etwa Kohlevorkommen. Die Frage ist jetzt die: Wenn Russland richtigerweise als Besatzungsmacht zu qualifizieren ist, hat Russland ja nur Nießbrauchrechte, darf also Öl und Gas nicht ausbeuten. Diese

Auffassung haben die USA schon im Jahr 1967 vertreten, als Israel auf dem Sinai Öl-vorkommen ausgebeutet hat. Und die Frage wäre jetzt, wie weit insoweit die Pflichten für Drittstaaten reichen? Wenn wir davon ausgehen, dass das *permanent sovereignty over natural resources*-Prinzip einen *ius-cogens*-Charakter besitzt, weil ankoppelnd an das Selbstbestimmungsrecht, bedeutet das nur, dass Drittstaaten nur selber nicht an der Ausbeutung mitwirken dürfen, oder geht es sogar so weit, dass private Akteure, die der Jurisdiktion eines Drittstaates unterstehen, gehindert werden müssen, daran mitzu-wirken – das wäre ganz spannend. Und vielleicht in gewisser Weise an das IPR dann anknüpfend: Unterstellt, der Staat Ukraine bleibt handlungsfähig, – und z. B. Kohle aus dem Donbass wird von Polen zurzeit noch gekauft – hätte der Staat Ukraine dann die Möglichkeit, solche Exporte in Drittstaaten beschlagnahmen zu lassen? Vielen Dank.

Frau Boysen: Ja, vielen Dank. Zunächst zu Ihnen, Herr Hofmann. Ich glaube, Sie haben mich zugleich richtig und ein bisschen falsch verstanden, weil ich schon sagen würde, dass das Ressourcenrecht stark postkolonial geprägt ist, aber gleichzeitig sage – das habe ich versucht, im Multilateralismus-Teil ein bisschen herauszustellen –, dass imperiale Handlungsformen immer noch eine Alternative zu multilateralen sind. Und da würde ich dann China einordnen – eigentlich klassisch imperial mit verarbeitender Industrie im Zentrum, mit Rohstoffen in der Peripherie, die gesichert werden über Landgrabbing – das, würde ich sagen, ist fast eine Reinform imperialen Handelns, auch wenn es nicht formell eine postkoloniale Konstellation ist. Australien ist auch ein gutes Beispiel – angefangen mit Nauru / Phosphat – wenn wir ansehen, wie man auch als ehemalige Kolonie an manchen Stellen in imperiale Handlungsmuster verfallen kann. Der Nauru-Fall war ja sicherlich einer, der die Ressourcenfrage das erste Mal ganz groß auf die Agenda im Kontext der Dekolonisation gebracht und die dazugehörigen Systeme – Mandat, Treuhand – grundlegend in Frage gestellt hat. Also insofern würde ich sagen: Ja, die Ressourcenfrage ist postkolonial geprägt, aber nicht nur in einem eng verstandenen Sinne, sondern im Sinne eines Handlungsmusters, dessen Kern die Logik eines Imperiums mit verarbeitender Industrie ist – das entpackt sich sozusagen fast auto-matisch. Dann kann man sich natürlich fragen, woher eigentlich die Verwunderung stammt über beispielsweise das Vorgehen der Chinesen, die – würde ich sagen – diese Logik einfach sehr gut verstanden und sich ihren eigenen Aufstieg über die Ressour-cenfrage geradezu mustergültig gebahnt haben.

Dann die Frage, Andreas [Zimmermann], nach der Ausbeutung. Wir sind hier dann im Anwendungsbereich der Haager Landkriegsordnung. Wir können dann sagen: Die Besatzungsarmee darf Früchte ziehen zu ihrem eigenen Fortbestand, aber sie darf nicht abschöpfen über die eigene Selbsterhaltung hinaus. Diese Regelung geht natürlich erst einmal nicht von einer Annexion aus, sondern von einer Besatzung nach einem bewaff-neten Konflikt. Die privaten Akteure bewegen sich jedenfalls auf sehr dünnem Eis, wenn sie bereit wären, unter diesen Umständen Konzessionen zu nehmen. Jetzt sind wir im Kontext der Krim in der speziellen Situation, dass das ja gerade erst ins Werk gesetzt wurde. 2012 wurden auf einmal diese ganzen Gas- und Ölfelder entdeckt, im Anschluss folgte gleich das Konzessionsverfahren, wir hatten also sozusagen die erste Stufe erreicht und dann ist alles gestoppt worden. Das heißt, das Problem wird sich wahrscheinlich praktisch so schnell, jedenfalls im Hinblick auf diese Offshore-Vor-kommen, nicht stellen. Da sind wir ja noch in der Phase der Exploration, da muss noch etwas passieren. Wenn jetzt aber Russland sagt – die russische Seite würde natürlich wahrscheinlich lieber früher als später konzessionieren – wir fördern da, wäre das sicherlich eine weitere Völkerrechtsverletzung. Ich würde aber auf einer praktischen Ebene sagen, so schnell, wie sich das ganze Konsortium aus dem Vertrag zurückgezogen hat, sobald der Konflikt um die Krim nur losging, ist jedenfalls auf Seite der Privaten eine sehr große Zurückhaltung zu sehen, sich da auf irgendeine Weise einzumischen.

In der anderen Konstellation, wenn wir jetzt beispielsweise bei Schiefergas aus dem Donbass sagen, das wird jetzt gefördert und weiterverkauft – ja, da würde ich dann auch gerne wissen, wer die Gewinne daraus beschlagnahmen oder wer in diesem Fall Schadensersatzforderungen geltend machen kann. Ich habe das Gefühl, dass das heutzutage eher über das wirtschaftliche Risiko läuft, das steigt jedenfalls und das sehen wir nicht zuletzt in den Sanktionen. Wir nehmen ja weiterhin offiziell Öl und Gas ab, gleichzeitig – ich habe mir die Zahlen angeguckt – ist gerade in der ersten Woche nach Verkündung der Sanktionen mehr oder weniger gar kein russisches Öl verkauft worden im Vergleich zu den Zahlen zuvor und das wird so erklärt, dass momentan einfach niemand mehr das ganze Risiko dieser Transaktion auf sich nimmt. Daran sehen wir, dass solche Konstellation manchmal praktische Vorwirkungen bereits in dem Moment entfalten, in dem die rechtliche Situation noch gar nicht schlecht ist. Aber vielleicht gibt es noch eine weitere Frage hierzu?

Frau Kieninger: Ja, es gab noch eine Zusatz- bzw. Anschlussfrage.

Herr Wolfrum: Vielen Dank, Frau Vorsitzende. Meine Intervention ist weniger eine Frage als ein Kommentar. Ich werde nichts zum postkolonialen System sagen, obwohl die Entwicklungen in Afrika belegen, was dazu angesprochen wurde. Die Trennung von Südsudan und Sudan war typisch postkolonial und ein Kampf um Ressourcen. Ich möchte stattdessen Frau Boysens schönen Vortrag kommentieren, zumal Sie auch über das *Common-Heritage*-Prinzip gesprochen haben. Das *Common-Heritage*-Prinzip ist ja von Malta initiiert worden und hat inzwischen mehrere Ebenen. Es ist im Grunde genommen der Versuch, neben der formellen Gleichheit der Staaten eine materielle Gleichheit herbeizuführen. Sie haben gesagt, der Mechanismus ist, dass die Gleichheit zwischen den Staaten dadurch hergestellt werden sollte, – das ist nicht lupenrein realisiert worden – dass nur eine internationale Organisation den Tiefseeboden ausbeutet und die, die Mitglieder sind, sozusagen mittelbar davon profitieren: Als Mitglieder sind sie alle beteiligt, formell gleich und materiell gleich. So ist es aber in der Realität nicht, Ausbeutung findet auch noch gar nicht statt, wenn auch aus anderen Gründen.

Nebenbei hat das *Common-Heritage*-Prinzip aber inzwischen auch eine *International* oder *Intergenerational Equity* erzeugt, d. h. es geht auch darum, dass die Ausbeutung der Tiefsee späteren Generationen mit zugutekommt oder dass spätere Generationen auch die Chancen haben, den Tiefseeboden auszubeuten. Das ist ein neuer Gesichtspunkt, der natürlich auch seine Bedeutung hat für den Umweltschutz, der im Augenblick verhindert, dass diese Ausbeutung stattfindet, denn die entsprechende Verordnung bei der Meeresbodenbehörde liegt glaube ich seit zwei Jahren und kommt nicht weiter voran.

Aber das war nicht der Hauptpunkt, den ich ansprechen wollte. Ich wollte Ihnen noch eine zusätzliche Neuentwicklung nahebringen, schon um Ihr Tableau weiter zu füllen. Es gibt ja jetzt eine Konvention oder den Entwurf einer Konvention für genetische Ressourcen jenseits staatlicher Jurisdiktion. Hier wird plötzlich kein *Common Heritage* angewandt. Wie also bringen wir diese neue Initiative in das komplexe System ein?

Die Konvention soll noch immer maßgeblich sein und bleiben. Man hätte ein System für das Management und die Verwaltung der biologischen Ressourcen natürlich auch dadurch regeln können, dass diese der Meeresbodenbehörde zugewiesen werden, dann wären wir wieder in dem alten System.

Eine andere Facette hat Herr Hobe angesprochen: Die Verteilung von Funkfrequenzen im geostationären Orbit geht mehr in die Richtung von dem, was jetzt für biologische Ressourcen geplant ist, als in die institutionelle Lösung für das *Common-Heritage*-Prinzip mit der Internationalen Meeresbodenbehörde in Jamaika. Mein Vorschlag ist, für Sie rein persönlich, – vielleicht wollen Sie es nicht hören – es ist dies ein großer Wurf, der eine Monografie wert wäre. Vielen Dank.

Frau Kieninger: Hier sehe ich noch eine weitere spontane Meldung – ja, wir haben die Zeit, bitte!

Herr Cottier: Vielen Dank. Ich bedanke mich sehr herzlich für die beiden anregenden Vorträge und ich möchte – tut mir leid, wenn ich noch das Wort ergreife – noch die neueste Entwicklung ins Spiel bringen, nämlich das Prinzip des „*common concern of humankind*". Das „*common concern*"-Prinzip ist ja verankert in der UNFCCC, also in der Klimakonvention, in der Biodiversitätskonvention, auch in der Konvention der UNESCO für die kulturelle Vielfalt. Es handelt sich hier um ein Prinzip, das eigentlich brennende Probleme, die nur gemeinsam gelöst werden können, identifiziert. Die Frage des Regenwaldes, die Herr Tomuschat angesprochen hat, ist hier ein gutes Beispiel. Das Problem kann nur gemeinsam angegangen und gelöst werden. Es geht nicht nur um die Ausbeutung von Ressourcen, um das *common heritage* der alten Schule, sondern es geht vielmehr um den Schutz dieser Ressourcen, die Regenwälder, das Klima usw. Und hier würde ich anregen, in einer Diskussion über Ressourcen dieses Prinzip des „*common concern of humankind*" stärker aufzugreifen und zu entwickeln, wie wir dies jüngst in einem Forschungsprojekt am WTI vorgelegt haben (The Prospects of Common Concern of Humankind in International Law, CUP 2021). Und eine zweite Frage, die ich habe, ist, weil wir hier die Privatrechtler dabeihaben: Wie steht es eigentlich mit OPEC? OPEC ist völkerrechtlich gesehen ein Kartell von Produzenten, es fällt nicht unter die Disziplin der WTO. Wir können es dort jedenfalls bislang nicht eigentlich ins Recht fassen. Man könnte es nach nationalstaatlichem Wettbewerbsrecht angehen, aber das ist ein ungelöstes internationales Problem. Es würde mich interessieren, wie Sie beide dies beurteilen. Vielen Dank.

Frau Kieninger: Ja, also vielleicht zuerst Frau Boysen.

Frau Boysen: Ja, vielen Dank. Auch schon in Reaktion auf Stephan Hobe würde ich die internationalen Verteilungsregime zum Beispiel für die schriftliche Ausarbeitung vielleicht noch ein bisschen weiter auffächern. Und da gehört „*common concern*" natürlich dazu. Die Verkürzungen sind einerseits eine dramaturgische Entscheidung, aber auch geboten im Sinne der spezifischen Frage nach *handelbaren* Rohstoffen, also *commodities*. Was ich an dieser Stelle dazu ergänzen würde, wäre, dass ich das Gefühl habe, dass gerade „*common concern*" eine ganze Zeit lang mit großen Hoffnungen belegt war. Nehmen Sie die Arbeit von Wolfgang Durner aus dem Jahr 2001. Als er das geschrieben hat, war die Frage in aller Munde, und wir dachten, wir haben jetzt ein weit ausgefächertes Recht der „*common goods*", das wird weiterwachsen und zehn Jahre später haben wir es dann schon entscheidend weiterentwickelt. Aber da würde ich sagen, jedenfalls jenseits der Bereiche, die Stephan Hobe gerade nochmal hervorgehoben hat, bewegt es sich langsam – um es vorsichtig auszudrücken. Wir haben jedenfalls die umweltrechtlichen Erwartungen, die wir damit verbunden haben, nicht wirklich einlösen können und die Verteilungsdimension lastet dann noch schwerer auf dem Ganzen. In der Rückschau könnte man vielleicht sagen, dass wir die mit der Vergemeinschaftung dieser Güter, deren Knappheit immerhin bekannt war, verbundenen Probleme unterschätzt haben. Spätestens beim ersten Rio-Gipfel wussten wir ja, wir haben tatsächlich nicht genug. Und vielen Dank, Herr Wolfrum, nicht nur für den Monografieauftrag, sondern auch dafür, dass Sie nochmal darauf hingewiesen haben: Das Tiefseebodenregime ist in so vielerlei Hinsicht besonders interessant. Ich habe auch die Materialien gelesen, mit Pardo als Botschafter Maltas, der das Anliegen in beeindruckender Sprache vorträgt und Elisabeth Mann Borgese, die ebenfalls eine wichtige Rolle spielt. Das liest sich eigentlich wie ein Roman. Ich kann es nur zur Lektüre empfehlen. In der Tat ist es so, dass ich glaube, dass die genetischen Ressourcen jenseits der Jurisdiktion ein Auftakt sind, die *common-goods*-Frage unter eine neue Perspektive zu stellen. Ich würde selbst immer versuchen, das nach den genannten Grundsätzen zu behandeln: Zuerst an Umweltschutz zu denken und dabei aber gleichzeitig richtig zu verteilen. Dass wir einfach abschichten, was eigentlich gerade das Interesse ist und nicht beides gleichsetzen. Und deswegen haben mich, ich komme nochmal zurück zu Herrn Tomuschat, die Rohstoffabkommen so interessiert. Ich kannte immer die Geschichte der *New International Economic Order* im Sinne von „Das hat kurz Momentum und dann kommen Ölpreisschock und Schuldenkrise und damit ist das Momentum schnell wieder weg". Aber ich hatte mich mit den dazugehörigen Rohstoffabkommen einfach zu wenig befasst. Das ist ein bisschen eine Parallele zu dem, was wir gerade besprochen haben: Es gibt internationale Verträge, die nie eine Dynamik entwickelt haben und für Kennerinnen und Kenner der Materie rudimentär bleiben. Aber es gab diesen Versuch und man kann hier natürlich auch deutlich sehen, wie schwer die ökonomischen Interessen wiegen, und auch, was in diesen Konstellationen multilateralen Lösungen, seien es 50 oder mehr Vertragsstaaten oder gar über 100 Vertragsstaaten – wo auch immer wir die Benchmark für Erfolg setzen –, entgegensteht.

Frau Kieninger: Ich sehe jetzt im Moment keine weiteren Wortmeldungen mehr speziell zu dem Referat. Herr Kronke, bitte.

Herr Kronke: Vielen Dank für die beiden wunderbaren lehrreichen Referate. Keine Frage, sondern ein paar Fußnoten. Herr Weller, wir sollten Ihnen dankbar sein, und es wird auf Generationen in den einschlägigen Vorlesungen und Seminaren, von denen es übrigens in Heidelberg zwischen 2008 und 2012 jedes Semester zwei gab (und ab 2023 wird es sie wieder geben), Ihr Lob gesungen werden. Was in diesen Vorlesungen eine Rolle spielen wird: Sie haben eine Metapher gebraucht, Herr Weller, die sensationell ist. Ein Paradigmenwechsel der Metaphernbildung. Sie haben *en passant* davon gesprochen, dass über lange, lange Zeit, Jahrzehnte, das Einheitsrecht oder, wie wir heute richtiger sagen, das transnationale Recht mit Einheitsambitionen, Inseln waren. Inseln haben Sie gesagt, oder Flöße. Das Bild von den Inseln, das ist bekannt und liegt nahe, dass wir die Ozeane der nationalen Rechte haben und hier und dort eine kleine Insel von Einheitsrecht. Die Flöße, das sollte nicht verloren gehen, das ist ganz toll. Man könnte ja sagen: Inseln einerseits und Schiffe andererseits. Aber Schiffe, das sind eben Stahlungetüme, die bei Blohm + Voss aus dem Dock kommen oder gar aus Südkorea oder Taiwan. Anderseits die Flöße, das Selbstgestrickte, das Einfache, das

Praxisnahe, gemacht von denjenigen, die es brauchen oder die ein spielerisches Interesse daran haben oder ein wissenschaftliches Interesse. Wir, viele von uns, haben in den Fünfzigerjahren mit großer Begeisterung, von Thor Heyerdahls Kon Tiki gelesen, dem Floß, mit dem er die Meeresströmung erkundete. Ein selbstgebautes Floß ist in der Tat das, was wir im Einheitsrecht brauchen. Und diese Flöße haben Erfolg. Die großen Stahlungetüme (die globalen Staatsverträge) werden manchmal gebraucht, aber manchmal werden sie in irgendwelchen griechischen Buchten vor Anker liegen und werden nicht so sehr gebraucht. Das ist ein wunderbares Bild, das bleiben wird. Hoffentlich ist es in Ihrer schriftlichen Ausarbeitung auch farbig hervorgehoben und dargestellt. Die Frage nach dem Kriterium, wie man Erfolg misst, das ist etwas Ewiges, aber auch nicht ganz einfach zu Beantwortendes. Sie nennen die Kapstadt-Konvention mit 80 oder so Ratifikationen. Die Kapstädter Konvention war mit 33 Ratifikationen bereits ein Riesenerfolg, weil 87 Prozent aller relevanten Transaktionen weltweit unter der Kapstadt-Konvention durchgeführt wurden. Das heißt, fast alle mit Sicherungsrechten finanzierten Flugzeugfinanzierungen waren nach der Kapstadt-Konvention strukturiert, und zwar selbst dann, wenn Staaten involviert waren, die sie noch gar nicht ratifiziert hatten. Dies ist zum Beispiel ein Kriterium, ein Messkriterium, welches sehr interessant ist und an das nicht so häufig gedacht wird. Beispiel UN-Kaufrecht: Da wissen wir, dem unterliegen theoretisch Riesenmengen und Prozentsätze des Welthandels. Tatsächlich wissen wir aber auch, durch die Abbedingung in vielen, vielen Fällen, in Einzelverträgen, ist diese theoretische Messzahl nicht sonderlich aussagekräftig. Zuletzt eine Frage, zu der ich die Antwort weiß, aber gerne Ihre hätte: Wie kriegt man es hin, dass man bei der Entwicklung von sogenanntem Einheitsrecht, von transnationalem Handelsrecht, Praxisnähe garantiert, Nutzernähe garantiert, aber nicht von den Nutzern über den Tisch gezogen wird? Ein trauriges Beispiel sind die UNIDROIT-*Principles on close-out netting*, bei denen die Staaten sich von der relevanten *trade association* haben über den Tisch ziehen lassen. Wie kriegt man es hin, es richtig zu machen oder kriegt man es überhaupt je oder nur ausnahmsweise hin? Haben Sie einen Vorschlag? Es richtig zu machen, es praxisnah zu machen und trotzdem den Souveränitätsanspruch der dieses vereinbarenden und organisierenden Staaten nicht zu Schall und Rauch werden zu lassen. Vielen Dank.

Frau Kieninger: Vielen Dank. Nachdem es am Anfang so ausschaute, als gäbe es praktisch überhaupt keine Fragen zu Herrn Wellers Referat, stellt sich das Bild jetzt anders dar. Ich habe mir natürlich auch überlegt, was ich fragen könnte und würde gerne zwei, drei Sätze anschließen, an das, was Herrn Kronke gerade gesagt hat. Ich wollte etwas Wasser in den Wein der Euphorie gießen, was die Kapstadt-Konvention angeht. Sie ist ja bisher nur für die Flugzeuge in Kraft getreten. Die anderen drei Protokolle sind sozusagen noch toter Buchstabe, in Ermangelung ausreichender Ratifikationen. Warum ist gerade das Flugzeug-Protokoll so erfolgreich gewesen? Weil es eine Praxisgruppe gegeben hat, die *Aviation Working Group*, die hinter diesem Prozess stand und die das vorangetrieben hat, weil dahinter einfach knallharte Finanzierungsinteressen stecken. Herr Kronke weiß das alles viel besser als ich. Boeing wollte Flugzeuge auf Pump verkaufen und eine Kreditsicherheit haben, die möglichst nahe, ich überzeichne jetzt ein bisschen, die möglichst nahe am US-amerikanischen Artikel 9 ICC war. Und es ist ja nicht von ungefähr, dass zum Beispiel Staaten wie Deutschland Kapstadt gar nicht ratifiziert haben, hingegen sehr viele Staaten, in denen Fluggesellschaften sitzen, die auf den sogenannten OECD-Discount angewiesen sind. Den gibt es übrigens nur dann, wenn man die strikteste Insolvenzregel aus dem Portfolio an Wahlmöglichkeiten aussucht. Wenn der Vertragsstaat das nationale Recht wählt oder die etwas schwächere Insolvenzregelung, die auf deutsche Initiative hin in die Kapstadt-Konvention gelangt ist, dann erhält man den OECD-Discount nicht. Dann wird die Finanzierung teurer. Daher passt die Erfahrung mit der Kapstadt-Konvention ganz gut zu dem, was Sie eben gesagt haben: Man muss sich schon auch hüten vor dieser ökonomisch von Einzelakteuren und Einzelinteressen getriebenen Art der Produktion von Einheitsrecht. Bevor Du, lieber Matthias, gleich die Möglichkeit hast, darauf zu antworten, möchte ich noch Anne Peters bitten, die eine Frage eingereicht hat, die sich nochmal auf beide Referate bezieht und dann können wir das alles in einem zweifachen Schlusswort zusammenfassen.

Frau Peters: Vielen Dank an beide Referenten. Vielleicht hat Herr Weller meine Frage schon beantwortet, ich habe das aber nicht hundertprozentig verstanden. Ich möchte den Bogen zurückschlagen zu dem Paradigma, das gestern und heute Morgen oft erwähnt wurde: Völkerrecht der Koexistenz oder der Kooperation. Hier möchte ich zusätzlich einbringen: Konstitutionalisierung. Sigrid Boysen hat kurz Verfassungsbruchstücke im Völkerrecht erwähnt. Diese entwickeln sich nicht linear-progressiv, bilden jedoch eine Normengruppe innerhalb dieser Rechtsordnung. Jochen Frowein hat beispielsweise in seinem Vortrag vor dieser Gesellschaft das Gewaltverbot als verfassungsfunktional bewertet. Heute geht es um Ressourcenrecht und Wirtschaftsrecht. In diesem Teilrechtsgebiet wird die Idee vom globalen Verfassungsrecht oder der Konstitutionalisierung des Völkerrechts als neoliberaler Plot kritisiert, als Lock-in von internationalem Handelsrecht und internationalem Investitionsschutzrecht. Diese Materien sind auf die internationale Ebene hochgezont worden, geschützt durch starke Institutionen, durch Organisationen mit Schiedsgerichtsbarkeit. Diese Normen sind operationell und durchsetzbar. Gebildet wurde also eine globale Wirtschaftsverfassung, die im Wesentlichen globale Wirtschaftsakteure ermächtigt. Dies steht im Gegensatz zu anderen Rechtsbereichen, insbesondere dem Umweltrecht, auch dem Arbeitsrecht und Steuerrecht. Diese Materien bleiben niedergedrückt auf der nationalen Ebene. Hier läuft aber die staatliche Regulierung oft leer, weil im globalen Standortwettbewerb und bei der Mobilität des Kapitals das Kapital abwandern kann in die billig produzierenden Staaten, die oft gleichzeitig ressourcenreich sind. Deswegen ist das staatliche Umwelt-, Arbeits- und Steuerrecht dann nicht wirklich operationell. Dieses „hinkende" System bildet ein Ungleichgewicht der Regelungsbereiche. Es mangelt in den Bereichen Umwelt, Steuern, Soziales an starken Abkommen, die mit starken Institutionen, mit Schiedsgerichtsbarkeit und sonstigen Vollstreckungsmöglichkeiten ausgestattet sind. Auch die internationalen Arbeitsrechtskonventionen und -empfehlungen sind wenig ratifiziert und vielfach sehr weich. Somit lautet die Frage: Was kann man in dieser Situation machen? Das Oberthema des Panels ist das Zusammenspiel des nationalen und des internationalen Rechts. Daher jetzt meine Frage an beide Referenten (wobei Herr Weller auch schon einiges dazu gesagt hat): Wie bewerten Sie diesen Regulierungsansatz? Ein Zusammenspiel wird unter anderem verfolgt von der UN-Arbeitsgruppe im Menschenrechtsrat zum Thema *Business and Human Rights*. Der vorliegende Konventionsentwurf ist darauf ausgerichtet, dass die Vertragsparteien sich verpflichten, im nationalen Recht dann z. B. ein Lieferkettengesetz oder sonstige *Due Diligence* einzuführen. Den zweiten Ansatz, eben rein private Regulierungen, haben Sie ja angesprochen, *extractive industries*-Prozesse wie etwa der Kimberly-Prozess. Eva-Maria Kieninger hat eben darauf hingewiesen, dass es problematisch ist, den Bock zum Gärtner zu machen. Die Branchen können ihre eigenen, möglichst niedrigen Standards verbreiten und in den *Supply Chains* durchsetzen. Ich sehe ferner außerdem einen dritten Ansatz: Nationale Gerichte machen insbesondere soziale Grundrechte aus nationalem Recht stark, um Abhilfe zu schaffen. Meine Frage an Sie ist, ob Sie das für zielführend halten.

Frau Kieninger: Wer möchte zuerst? Ladies first.

Frau Boysen: Vielen Dank, das ist natürlich genau die Frage, die bleibt, wenn wir sagen, dass wir Arrangements haben, in denen multilaterale und bilaterale Regelungen, aber eben auch staatliches Recht eine große Rolle spielt. Dann ist natürlich die Wende, das ist ja momentan sicherlich unser Ausweg, dass wir – Beispiel *climate litigation* –, dass wir also in einem vielleicht vor zehn Jahren noch völlig unvorstellbaren Ausmaß wieder unsere eigenen nationalen Gerichte mit diesen Problemen befassen. Uns fällt international der Himmel auf den Kopf und wir müssen deshalb von unten einen Prozess kreieren, der diese Fehlentwicklung auffängt. Das haben wir gerade im Kontext zu *climate litigation* auch schon viel diskutiert. Es ist natürlich kein einfacher Weg, weil wir in ganz viele, ich würde jetzt nicht sagen: Fallen, aber jedenfalls Herausforderungen hineinlaufen, wenn wir auf einmal die nationale Judikative sozusagen „mit allem" befassen. Gleichzeitig würde ich aber sagen, dass dieser Prozess zeigt, wie sehr die nationalen Gerichte diese Herausforderung auch angenommen haben, sodass es gleichzeitig die passende Bereitschaft ruhend auf der Erkenntnis gibt, dass wir uns nicht mehr darauf verlassen können, dass alles schon seinen Gang geht. *Business and Human Rights* ist die weitere Entwicklung und es gibt daneben mittlerweile auch ein immer größer werdendes Feld von *Environmental Constitutionalism*. Hier wird auch jenseits ganz großer Erklärungsmuster versucht, Bausteine zu entwickeln, aus denen wir die aufgeworfenen Umwelt- und Verteilungsfragen in einer postkolonial informierten Perspektive konstruktiv wenden können. Rein private Industrieinitiativen halte ich auch für problematisch, wobei die *Extractive Industries Transparency Initiative* Unternehmen, Nichtregierungsorganisationen und Staaten vereint und mit der Transparenz einen entscheidenden Beitrag leistet. Allein die Homepage (eiti.org) kann ich nur allen, die sich für Ressourcenkonflikte interessieren, empfehlen.

Ich habe die Seite erst relativ spät wirklich genutzt. Man kann da mehr oder weniger zu jedem Land der Erde eine Fülle an Daten und Informationen finden, das ist zum Teil wirklich „mindblowing". Insofern glaube ich auch, dass bereits diese Transparenzpflichten, die ja zum Teil wirklich auch verbindlich auferlegt sind – es ist ja nicht so, dass sich die Unternehmen nur selbst verpflichten, es gibt eine EU-Verordnung dazu, es gibt nationales Recht, das Unternehmen verpflichtet – dass die Transparenz jedenfalls dazu beiträgt, das Politische in diesen Fragen ein wenig mehr in den Vordergrund zu rücken. Das wäre dann meine Schlussfolgerung: Dass das Zulassen des politischen Konflikts Voraussetzung ist für alles, was wir im weitesten Sinne unter Konstitutionalisierung fassen können, und dass es darum geht – wie Herr Tomuschat gesagt hat –, dass wir eine Ressourcenfrage haben, die wir vielleicht ein bisschen spät, aber immerhin nunmehr als hochpolitische Frage erkannt haben, und dass es jetzt darum geht, die Foren zu schaffen, das auch konflikthaft zu politisieren.

Herr Matthias Weller: Vielen Dank nochmals für die ganz profunden Fragen – ich versuche sie zu beantworten und beginne bei den Flößen. Herr Kronke, ich bin sehr traurig, dass ich nicht das Urheberrecht an dieser Metapher in Anspruch nehmen darf.

Ich habe diese Metapher aber jetzt, nachdem ich Ihren Erläuterungen zuhören durfte, erstmals in ihrer ganzen Dimension verstanden, sodass ich das natürlich in die Schriftfassung aufnehmen werde, verbunden mit einer Fußnote zu Ihren Ausführungen.

Der zweite Punkt, den Sie angesprochen haben, war die Frage: Wie verhindern wir, dass wir uns – oder eine Norm-produzierende Agentur, Stelle, Institution – von der Praxis über den Tisch ziehen lassen. Und Sie kennen auch schon die Antwort – ich weiß nicht, was Ihre Antwort sein wird, meine wäre eine nicht ganz so optimistische wie der Grundton meines Referates. Ich würde aber für relevant halten: Eine wirkliche, intellektuelle, fachliche Augenhöhe mit den Akteuren, mit denen ich mich in Verbindung setze, wenn ich dem im Vortrag beschriebenen *Commercial Approach* folge. Und das ist ein sehr hoher Anspruch. Denn ich komme ja als ein Norm-Formulierer üblicherweise nicht aus der Industrie, die im Rahmen eines *Commercial Approaches* an mich mit einem Normbildungs- oder Normformulierungsvorschlag herantritt. Da muss ich mich einarbeiten, da muss ich auch finanziert sein durch die meine Institution tragenden Staaten, und da kommen natürlich die Staaten wieder sehr stark und vielleicht sogar entscheidend ins Spiel. Es ist also auch eine finanzielle Ressourcenfrage, es ist eine Frage des Zeitrahmens, den man sich gibt, es ist eine Frage der Organisation, und es ist eine Frage der Diversifizierung der Arbeitsgruppen, mit denen ich das Instrument erstelle. Wenn all das in einer Utopie gewährleistet wäre, dann würde ich es für möglich halten, auf Augenhöhe mit *Pressure Groups*, Lobbyisten eines bestimmten Wirtschaftszweiges, zu sprechen und dann auch Versuche, mich über den Tisch ziehen zu lassen, als solche entlarven und ihnen entgegentreten zu können.

Ich finde es jetzt – wenn ich dazu überleiten darf – aber gar nicht so schlimm, wenn eine *Aviation Working Group* bestimmte Vorstellungen hat von dem, was hilfreich sein könnte. Immerhin werden ja nunmehr wohl große Transaktionskosten der beteiligten Akteure vermieden, und das wäre ein unmittelbar greifbarer Erfolg. Jeffrey Wool ist im Übrigen ja auch ein Mitautor des besagten Lehrbuches, also ganz unmittelbar in den Lehrbetrieb eingebunden – natürlich muss man Vorschläge dann auch gewichten, man muss diese in eine Beziehung setzen zu den Interessen, die verfolgt werden, das ist völlig klar. Aber ich behaupte jetzt einmal, das kann gelingen mit einer verstärkten Expertise-Bildung derjenigen Personen, die in den normformulierenden Agenturen aus den Universitäten und Gelehrtenrepubliken heraus anlanden.

Das führt mich zu der Frage von Ihnen, Frau Peters. Ich habe Ihre Frage nämlich ein bisschen dahingehend verstanden, wie wir denn jetzt eigentlich die Freiräume regulieren, die sozusagen dem blühenden Einheitsrechtsbetrieb geöffnet sind. Letztlich – aus meiner Sicht – noch immer durch die Staatlichkeit der geöffneten Freiräume zur Selbstregulierung. Und ich würde innerhalb dieser Räume zunächst doch etwas sehen wollen wie eine Konstitutionalisierung, nämlich zum Beispiel durch Erscheinungsformen eines transnationalen *ordre public*. Der ist natürlich erstmal unscharf, dieser enthält zunächst nur unfertige Regeln, „inchoate rules" kann man sagen, immer etwas, was man entwickeln muss aus verschiedenen Anstößen heraus. Ich sehe aber auch konkrete Inhalte eines solchen transnationalen *ordre public*. Ich gebe ein Beispiel, und das ist das Thema Korruption. Ich würde behaupten, dass ein Schiedsgericht – ich spreche jetzt von *Commercial Arbitration* – heutzutage den Mut finden wird, nach dem anwendbaren Recht eine Transaktion zu invalidieren, wenn ein Verstoß gegen Korruptionstatbestände zu belegen ist. Das hängt aber weitreichend von einer beweisrechtlichen Frage ab, nämlich: Wie kann man Korruption zur Überzeugung des Schiedsgerichts überhaupt nachweisen? In diesem Zusammenhang ist es aus meiner Sicht rechtsvergleichend ganz interessant, dass die französischen staatlichen Gerichte in der letzten Zeit relativ aktiv waren, ihrerseits Schiedssprüche zu invalidieren, die nicht so weit gegangen sind. Wie war dies den staatlichen Gerichten überhaupt möglich? Weil in Frankreich ein beweisrechtliches Prinzip sehr klar reagiert, das es einem Gericht erlaubt, im Rahmen eines indirekten Beweises mit Indizienbündeln zu arbeiten. Und dadurch, dass wiederholt Schiedssprüche auch in Milliardengröße aufgehoben wurden, oder die Anerkennung von ausländischen Schiedssprüchen verweigert wurde, hat diese Kontrolle durch staatliche Gerichte der transnationalen Freiheitsräume auch beweisrechtlich Vorwirkung entfaltet auf die Tätigkeit derjenigen Schiedsgerichte, die ihren Sitz in Frankreich haben. Und ich würde dafür annehmen, dass sich das dann auch wieder weiter erstreckt auf andere Sitzstaaten von Schiedsgerichten und damit bereits jetzt eine transnationale Beweisregel zur Zulässigkeit des indirekten Beweises besteht. Nur ein Beispiel, wie sich ein transnationaler *ordre public* entwickeln kann in einer Wechselwirkung zwischen dem, was das Schiedsgericht erkennt als etwas Zwingendes, auch in seinem Freiraum, und dem, was staatliche Gerichte auf der Ebene der Anerkennung und Vollstreckung unternehmen. Das ist ein langsamer, eine mühsamer, ein komplexer Weg zu einer Regulierung, aber doch einer, der funktionieren kann, und ich würde behaupten, dass das für menschenrechtliche Fragen ebenso konstruierbar ist. Das wäre meine Antwort auf die Frage, wie man diesen Bereich konstitutionalisieren, regulieren kann im Sinne der Gemeinwohlziele, die jetzt verschiedentlich hier angeklungen sind.

Darf ich noch einen Satz sagen – als eine Art Schlusswort? Eva-Maria, Du hast so treffend davon gesprochen, Wasser in meinen Wein zu gießen. Ich wollte das ohnehin auch selber tun, indem ich natürlich sofort einräume, dass mein Vortrag von einer optimistischen Grundhaltung getragen war. Ich habe aber als Rechtfertigung nicht zuletzt auch den Satz von Jochen von Bernstorff aufgenommen von heute Morgen: Das Bisschen, was wir haben, müssen wir doch wertschätzen. Das ist vielleicht sogar so eine Art Motto für meinen Beitrag oder die Betrachtungsweise meines Themas gewesen. Ich will nicht so weit gehen und Johann Strauß Sohn, 1874, „Die Fledermaus" zitieren und daraus das Liebchen Rosalinde, die ja bekanntermaßen gesungen hat „glücklich ist, wer vergisst, was doch nicht zu ändern ist". Genau das ist die Situation des Einheitsrechts. Es ist eben nicht möglich, mehr zu erreichen, und wenn wir in diesem Sinne beim Erwartungsmanagement ansetzen, dann wird das Bild auch wieder relativ positiv. Ansonsten kann man die Geschichte, die ich heute erzählt habe, selbstverständlich auch als eine Krisengeschichte, als eine Dauerkrise beschreiben. Insofern teile ich auch den Titel, der mir anvertraut wurde, allerdings eben nicht im Sinne eines gegenwärtig kulminierenden Krisenpunktes, sondern im Sinne eines fortwährenden Krisenzustands. Vielen Dank.

Frau Kieninger: Vielen Dank für diese Schlussworte. Danke für die zahlreichen Beiträge in der Diskussion. Die Fledermaus, Wasser, Wein – das leitet schon über zu unserem Abendprogramm. Nochmals ganz vielen herzlichen Dank an das Panel und alle Diskutantinnen und Diskutanten!

Der Einfluss der Menschenrechte auf das IPR

von Prof. Dr. Christine Budzikiewicz, Marburg

I. Einleitung

James Fawcett, Máire Ní Shúilleabháin und *Sangeeta Shah* trafen im Vorwort ihres 2016 erschienenen Werks „Human Rights and Private International Law" eine ernüchternde Feststellung:[1] „Private international lawyers, with some notable exceptions, have shown only a limited awareness of human rights and can be accused of often not taking human rights seriosly. Human rights lawyers have also been remiss in failing to take seriously the private international law dimension in a case." Das Verdikt erweckt den Eindruck eines in der Wissenschaft über lange Zeit vernachlässigten Themenfeldes, dem allenfalls punktuell Beachtung geschenkt wurde. Die Deutsche Gesellschaft für Internationales Recht (DGIR)[2] kann dieser Vorwurf indes nicht treffen. Bereits auf der Wiener Tagung des Jahres 1993 wurde das Thema „Menschenrechte im Kollisionsrecht" durch *Christian von Bar* behandelt. Er kam seinerzeit allerdings zu dem Schluss, dass die Bedeutung der Menschenrechte für das autonome deutsche Kollisionsrecht gering sei: Die Menschenrechte bildeten im Hinblick auf die *lex lata* „nur einen Kontrollmaßstab mit sehr weit hinausgeschobener Toleranzgrenze".[3] Das deutsche Internationale Privatrecht (IPR) stoße im Untersuchungszeitpunkt „nirgendwo auf menschenrechtliche Bedenken".[4] Größer sei demgegenüber der evolutionäre Einfluss des verbesserten Menschenrechtsschutzes auf das Verständnis der Anknüpfungsgerechtigkeit im IPR.[5] Ein Gebot des Menschenrechtsschutzes sah er in der konsequenten Öffnung der Vorbehaltsklauseln für die Menschenrechte.[6]

In den Folgejahren haben sich in der DGIR verschiedene Referate (auch) mit der Interdependenz von Menschenrechten und IPR befasst.[7] Im Fokus der Untersuchungen standen allerdings zumeist andere Fragestellungen; der Einfluss der menschenrechtlichen Gewährleistungen auf das Kollisionsrecht spielte lediglich als Teilaspekt eine Rolle. Dies gilt auch für die letzte Tagung vor der Corona-Pandemie, die im Jahr 2019 unter dem aktuellen Generalthema „Unternehmensverantwortung und Internationales Recht" nicht zuletzt die Möglichkeiten und Grenzen der Instrumentalisierung des IPR im Kontext der Unternehmensverantwortung für Menschenrechtsverletzungen in transnationalen Wirtschafts- und Produktionsketten auslotete.[8]

---

1   *James J. Fawcett/Máire Ní Shúilleabháin/Sangeeta Shah*, Human Rights and Private International Law, Oxford University Press 2016, v.
2   Bis 2011: Deutsche Gesellschaft für Völkerrecht.
3   *Christian von Bar*, Menschenrechte im Kollisionsrecht, in: Aktuelle Probleme des Menschenrechtsschutzes, Berichte der Deutschen Gesellschaft für Völkerrecht, Heidelberg: C.F. Müller 1994, 191-212, 211 (These 3).
4   *Von Bar* (Fn. 3), 211 (These 3).
5   *Von Bar* (Fn. 3), 202-207, 211 (These 4).
6   *Von Bar* (Fn. 3), 196 f., 207-209, 211 (These 5).
7   Siehe *Dagmar Coester-Waltjen*, Die Wirkungskraft der Grundrechte bei Fällen mit Auslandsberührung – familien- und erbrechtlicher Bereich, in: Die Wirkungskraft der Grundrechte bei Fällen mit Auslandsbezug, Berichte der Deutschen Gesellschaft für Völkerrecht, Heidelberg: C.F. Müller 1998, 9-32; *Heinz-Peter Mansel*, Die kulturelle Identität im Internationalen Privatrecht, in: Pluralistische Gesellschaften und Internationales Recht, Berichte der Deutschen Gesellschaft für Völkerrecht, Heidelberg: C.F. Müller 2008, 137-214 (145-150, 200-203 et passim), *Peter Mankowski*, Das Verhältnis von Internationalem Privatrecht und Völkerrecht in der Entwicklung, in: Nina Dethloff/Georg Nolte/August Reinisch (Hrsg.), Rückblick nach 100 Jahren und Ausblick – Migrationsbewegungen, Berichte der Deutschen Gesellschaft für Internationales Recht, Heidelberg: C.F. Müller 2018, 45-128 (90-193).
8   *Giesela Rühl*, Unternehmensverantwortung und (Internationales) Privatrecht, in: Eva-Maria Kieninger/Anne Peters/August Reinisch (Hrsg.), Unternehmensverantwortung und Internationales Recht, Berichte der Deutschen Gesellschaft für Internationales Recht, Heidelberg: C.F. Müller 2020, 89-130 (95-105,

Es erscheint daher an der Zeit, den Faden wieder aufzunehmen: In den fast drei Jahrzehnten, die seit der Analyse durch *Christian von Bar* verstrichen sind, hat sich die Diskussion um den Einfluss der Menschenrechte auf das Kollisionsrecht in Teilen verlagert. Dies betrifft bereits die Rechtsquellen des IPR. Eingeleitet durch den am 1.5.1999 in Kraft getretenen Vertrag von Amsterdam schreitet die Europäisierung des IPR voran; das unionale Kollisionsrecht verdrängt die autonomen mitgliedstaatlichen Regelungen heute in weitem Umfang. Dabei vollzieht sich die Vergemeinschaftung des Kollisionsrechts unter dem Einfluss eines gewandelten Grundrechtsschutzes in der EU. Seit Inkrafttreten des Vertrags von Lissabon zum 1.12.2009 ist der europäische Gesetzgeber an die Charta der Grundrechte der Europäischen Union (GRCh) gebunden (vgl. Art. 6 Abs. 1 UAbs. 1 EUV). Die Grundrechte der Charta treten neben die vom Europäischen Gerichtshof (EuGH) richterrechtlich als allgemeine Rechtsgrundsätze entwickelten unionalen Grundrechte (Art. 6 Abs. 3 EUV). Der in Art. 6 Abs. 2 EUV vorgesehene Beitritt der Union zur Europäischen Menschenrechtskonvention[9] (EMRK) ist hingegen nach dem Gutachten 2/13 des EuGH vorläufig gescheitert.[10] Die EMRK bildet daher zurzeit keine die EU unmittelbar bindende Rechtsquelle.[11] Die Konventionsrechte bleiben gleichwohl nach Art. 6 Abs. 3 EUV Rechtserkenntnisquelle für die Entwicklung der Unionsgrundrechte. Zudem bestimmt Art. 52 Abs. 3 S. 1 GRCh, dass die Charta-Grundrechte die gleiche Bedeutung und Tragweite haben wie die entsprechenden Rechte der EMRK. Ausweislich der Erläuterungen zur GRCh[12] soll in diesem Zusammenhang nicht nur auf den Wortlaut der Konvention abzustellen sein, sondern auch auf die Rechtsprechung des Europäischen Gerichtshofs für Menschenrechte (EGMR).[13] Den Entscheidungen des EGMR kommt danach für die Auslegung der EU-Grundrechte nicht unerhebliche Bedeutung zu. Dies hat nicht zuletzt Konsequenzen für die Grundrechtsbindung des Unionsgesetzgebers bei dem Erlass von Normen (vgl. Art. 51 Abs. 1 GRCh) und berührt damit auch die Normsetzung auf der Ebene des europäischen IPR. Angesichts dessen wird die Einflussnahme der Menschenrechte auf die Kollisionsnormbildung in jüngerer Zeit wieder verstärkt in den Blick genommen.[14]

122-123); zur internationalen Zuständigkeit für Menschenrechts- und Umweltklagen gegen transnational tätige Unternehmen *Anatol Dutta*, Internationale Zuständigkeit für privatrechtliche Klagen gegen transnational tätige Unternehmen wegen Verletzung von Menschenrechten und von Normen zum Schutz der natürlichen Lebensgrundlagen im Ausland, in: Eva-Maria Kieninger/Anne Peters/August Reinisch (Hrsg.), Unternehmensverantwortung und Internationales Recht, Berichte der Deutschen Gesellschaft für Internationales Recht, Heidelberg: C.F. Müller 2020, 39-68. Zuvor bereits *Mankowski* (Fn. 7), 97-103, der sich mit der Frage der „Nutzbarmachung des IPR im Kampf für Menschenrechte" befasste.

9 Konvention zum Schutz der Menschenrechte und Grundfreiheiten v. 22.10.2010, BGBl. 2010 II, 1198.

10 EuGH, Gutachten 2/13 (Plenum) v. 18.12.2014, ECLI:EU:C:2014:2454.

11 Hierauf weist der EuGH in jüngeren Entscheidungen explizit hin, s. EuGH, Urteil v. 15.2.2016, Rs. C-601/15, ECLI:EU:C:2016:84, Rn. 45 – *J.N.*; EuGH, Urteil v. 14.9.2017, Rs. C-18/16, ECLI:EU:C:2017:680, Rn. 32 – *K.*; EuGH, Urteil v. 29.5.2018, Rs. C-426/16, ECLI:EU:C:2018:335, Rn. 40 – *Liga van Moskeeën*; EuGH, Urteil v. 16.7.2020, Rs. C-311/18, ECLI:EU:C:2020:559, Rn. 98 – *Schrems*, jeweils mit weiteren Nachweisen.

12 ABl. 2007 C 303/17.

13 ABl. 2007 C 303/33.

14 Vgl. etwa *Sabine Corneloup*, The Impact of EU Fundamental Rights on Private International Law, in: Bettina Heiderhoff/Sebastian Lohsse/Reiner Schulze (Hrsg.), EU-Grundrechte und Privatrecht, Baden-Baden: Nomos 2016, 61-88 (65-69); s. auch *Mankowski* (Fn. 7), 91-96 (der die „kollisionsrechtliche Domäne" der Menschenrechte allerdings beim ordre public sieht, S. 92); ferner *Jan von Hein*, Der Einfluss der EU-Grundrechte-Charta auf die Anwendung des Internationalen Familienrechts, in: Christine Budzikiewicz/Bettina Heiderhoff/Frank Klinkhammer/Kerstin Niethammer-Jürgens (Hrsg.),

Unverändert aktuell ist die Frage nach der Durchsetzung menschenrechtlicher Gewährleistungen über den ordre public-Vorbehalt. Allgemeine ordre public-Klauseln finden sich heute nicht nur im autonomen deutschen IPR (Art. 6 EGBGB), sondern auch im staatsvertraglichen und im europäischen Kollisionsrecht. Sie dienen der Abwehr kollisionsrechtlich berufenen ausländischen Rechts zum Schutz des forumstaatlichen Wertesystems. Die Menschenrechte spielen dabei eine wesentliche Rolle. Sie sind Bestandteil des deutschen ordre public. Dies schließt auch Menschenrechte aus unionalen oder völkerrechtlichen Quellen ein.[15] Über die Konsequenzen der „Anreicherung des Wertekanons" durch übernationale Grundwerte[16] wird zurzeit lebhaft diskutiert. In Streit steht zum einen, ob das (ungeschriebene) Kriterium der Inlandsbeziehung des Sachverhalts bei der Verletzung universell geltender Menschenrechte zu modifizieren oder sogar gänzlich aufzugeben sein sollte.[17] Die ordre public-Klauseln würden damit noch weiter an Bedeutung gewinnen. Auf der anderen Seite können die menschenrechtlichen Gewährleistungen einer Berufung auf den ordre public entscheidende Grenzen setzen.[18] Dies gilt insbesondere für die unionalen Gewährleistungen. Hier wacht der EuGH darüber, dass durch die Anwendung des ordre public-Vorbehalts nicht gegen europäisches Recht verstoßen wird.[19] Eine vergleichbare Aufgabe übernimmt der EGMR für die in der EMRK garantierten Menschenrechte.[20]

Doch nicht nur die klassischen Felder menschenrechtlicher Einflussnahme auf das IPR stehen (nach wie vor) in der Diskussion. Unter dem Eindruck der Entscheidungen des EuGH zu den primärrechtlichen Gewährleistungen wird vermehrt darüber diskutiert, ob die überkommene Verweisungsmethode des Kollisionsrechts nicht (zumindest in bestimmten Bereichen) zugunsten eines sog. Anerkennungssystems aufgegeben wer-

---

Europa als Taktgeber für das Internationale Familienrecht, Baden-Baden: Nomos Verlagsgesellschaft 2022, 99-140; zum englischen Recht *James J. Fawcett/Máire Ní Shúilleabháin/Sangeeta Shah*, Human Rights and Private International Law, Oxford University Press 2016, Rn. 16.38 et passim.

15 *Jan von Hein*, in: Münchener Kommentar zum BGB, 8. Aufl., München: C.H. Beck 2020, Art. 6 EGBGB, Rn. 153; *Michael Stürner*, in: Christine Budzikiewicz/Marc-Philippe Weller/Wolfgang Wurmnest (Hrsg.), beck-online.GROSSKOMMENTAR, Stand: 1.2.2022, München: C.H. Beck, Art. 6 EGBGB Rn. 243 f., 252; *Stefan Lorenz*, in: Wolfgang Hau/Roman Poseck (Hrsg.), BeckOK BGB, 62. Edition (Stand: 1.5.2022), München: C.H. Beck, Art. 6 EGBGB Rn. 15; *Tobias Helms*, Ordre public – Der Einfluss der Grund- und Menschenrechte auf das IPR, IPRax 27 (2017), 153-159 (153); *Wolfgang Wurmnest*, Ordre public, in: Stefan Leible/Hannes Unberath (Hrsg.), Brauchen wir eine Rom 0-Verordnung?, Jena: Jenaer Wissenschaftliche Verlagsgesellschaft 2013; 445-478 (461).

16 *Stürner* (Fn. 15), Rn. 252.

17 Zum Meinungsstreit siehe statt Vieler *von Hein* (Fn. 15), Rn. 210, 213 ff.

18 Siehe dazu nur *von Hein* (Fn. 15), Rn. 158 ff., 185; *Wurmnest* (Fn. 15), 462.

19 Vgl. *Christine Budzikiewicz*, in: Rainer Hüßtege/Heinz-Peter Mansel (Hrsg.), NomosKommentar, BGB, 3. Aufl., Baden-Baden: Nomos Verlag 2019, Art. 12 Rom III-VO Rn. 12 f. mit weiteren Nachweisen.

20 Siehe *Angelika Nußberger*, Die Europäische Menschenrechtskonvention und das Privatrecht, RabelsZ 80 (2016), 817-850 (844 ff.).

den sollte oder gar müsste.[21] Die Diskussion ist jüngst durch die Urteile *Coman*[22] und *Pancharevo*[23], die sich jeweils mit der Anerkennung von Statusverhältnissen auseinandersetzen, nochmals intensiviert worden. Beide Entscheidungen befassen sich mit der Auslegung der Personenfreizügigkeit aus Art. 21 Abs. 1 AEUV. Ausgangspunkt war die Nichtanerkennung einer gleichgeschlechtlichen Ehe (*Coman*) bzw. einer gleichgeschlechtlichen Elternschaft (*Pancharevo*) im Staat des jeweils vorlegenden Gerichts. Der EuGH nimmt für die betreffenden Fälle bekanntlich eine Anerkennungspflicht an. Eine zentrale Rolle spielt dabei das in Art. 7 GRCh verbürgte Recht auf Achtung des Privat- und Familienlebens, das unter Bezugnahme auf die Rechtsprechung des EGMR zu Art. 8 EMRK konkretisiert wird.

Vor diesem Hintergrund ist der Einfluss der Menschrechte auf das IPR erneut zu untersuchen. Dabei wird im Folgenden zunächst die Kollisionsnormbildung in Blick genommen (sub II.). Daran schließt sich die Frage nach der Durchsetzbarkeit von Menschenrechten mit den Mitteln des IPR an (sub III.). Zuletzt soll der Blick auf die Rechtslagenanerkennung gerichtet sein: Es ist zu klären, inwieweit die menschenrechtlichen Gewährleistungen die Anerkennung bestimmter Rechtslagen vorgeben können (sub IV.).

II. Die Menschenrechte als Topoi bei der Kollisionsnormbildung

1. Ausgangspunkt

a) Autonomes und staatsvertragliches Kollisionsrecht

Die Bedeutung der Menschenrechte für die Bildung von Kollisionsnormen war in den letzten Jahrzehnten immer wieder Gegenstand der Diskussion. Im Fokus des nationalen

---

21 Vgl. hierzu nur *Erik Jayme/Christian Kohler*, Europäisches Kollisionsrecht 2001: Anerkennungsprinzip statt IPR?, IPRax 21 (2001), 501-514; *Paul Lagarde*, Développements futurs du droit international privé dans une Europe en voie d'unification: quelques conjectures, RabelsZ 68 (2004), 225-243 (229-235); *Pierre Mayer*, Les méthodes de la reconnaissance en droit international privé, in: Le droit international privé: esprit et méthodes: Mélanges en l'honneur de Paul Lagarde, Paris: Dalloz 2005, 547-573; *Dagmar Coester-Waltjen*, Anerkennung im Internationalen Personen-, Familien- und Erbrecht und das Europäische Kollisionsrecht, IPRax 26 (2006), 392-400; *Katja Funken*, Das Anerkennungsprinzip im internationalen Privatrecht, Tübingen: Mohr Siebeck 2009; *Janis Leifeld*, Das Anerkennungsprinzip im Kollisionsrechtssystem des internationalen Privatrechts, Tübingen: Mohr Siebeck 2010; *Julia Rieks*, Anerkennung im Internationalen Privatrecht, Baden-Baden: Nomos 2012; *Michael Grünberger*, Alles obsolet? – Anerkennungsprinzip vs. klassisches IPR, in: Stefan Leible/Hannes Unberath (Hrsg.), Brauchen wir eine Rom 0-Verordnung?, Jena: Jenaer Wissenschaftliche Verlagsgesellschaft 2013; 81-160; *Heinz-Peter Mansel*, Methoden des internationalen Privatrechts – Personalstatut: Verweisung und Anerkennung, in: Martin Gebauer/Heinz-Peter Mansel/Götz Schulze (Hrsg.), Die Person im Internationalen Privatrecht: Liber Amicorum Erik Jayme, Tübingen: Mohr Siebeck 2019, 27-46 (29-31); *Jan von Hein*, in: Münchener Kommentar zum BGB, 8. Aufl., München: C.H. Beck 2020, Art. 3 EGBGB, Rn. 124 ff.; *Peter Mankowski*, Nun sag, wie hast Du's mit dem Anerkennungsprinzip? – Im EU-Ausland „unrechtmäßig" erlangte Namen als Prüfstein, IPRax 40 (2020), 323-329; *Johanna Croon-Gestefeld*, Der Einfluss der Unionsbürgerschaft auf das Internationale Familienrecht, RabelsZ 86 (2022), 32-64 (39-53); *Leonhard Hübner*, Die Integration der primärrechtlichen Anerkennungsmethode in das IPR, RabelsZ 85 (2021), 106-145; *Leonhard Hübner*, Neue Anknüpfungsparadigmen im Internationalen Eheschließungsrecht – Ist das IPR irrelevant?, FamRZ 69 (2022), 585-591; *Christian Kohler*, Status und Mobilität in der Europäischen Union, IPRax 42 (2022), 226-231.
22 EuGH, Urteil v. 5.6.2018, Rs. C-673/16, ECLI:EU:C:2018:385 – *Coman*.
23 EuGH, Urteil v. 14.12.2021, Rs. C-490/20, ECLI:EU:C:2021:1008 – *VMA/Stolichna obshtina, rayon „Pancharevo"*.

Diskurses standen dabei zunächst das autonome und das staatsvertragliche Kollisionsrecht. Ausgangspunkt war die heute im Grundsatz unbestrittene Feststellung, dass der Gesetzgeber bei der Kollisionsnormbildung nicht nur den Grundrechten der deutschen Verfassung, sondern auch den Gewährleistungen der völkerrechtlichen Menschenrechte Rechnung zu tragen hat.[24]

Der völkerrechtliche Menschenrechtsschutz, der mit den Garantien des Grundgesetzes in weiten Teilen übereinstimmt,[25] erfolgt in erster Linie durch ein enges Netzwerk globaler und regionaler menschenrechtlicher Verträge.[26] Zu ersteren zählen vor allem die beiden Menschenrechtspakte der Vereinten Nationen von 1966 über bürgerliche und politische Rechte[27] respektive über wirtschaftliche, soziale und kulturelle Rechte[28]. Daneben treten eine Reihe regionaler Verträge zum Menschenrechtsschutz, darunter die EMRK. Den menschenrechtlichen Verträgen kommt innerstaatlich der Rang einfacher Bundesgesetze zu (Art. 59 Abs. 2 GG). Nach herrschender Meinung gilt das auch für die EMRK.[29] Auf die völkerrechtliche Verpflichtung des deutschen Gesetzgebers, den vertragsrechtlichen Schutzstandard zu gewährleisten, bleibt dies jedoch ohne Einfluss.[30]

Soweit die in den völkerrechtlichen Verträgen statuierten Menschenrechte mittlerweile gewohnheitsrechtliche Geltung erlangt haben, sind sie über Art. 25 GG Bestandteil der deutschen Rechtsordnung und besitzen innerstaatlich Übergesetzesrang.[31] Das Ausmaß des völkergewohnheitsrechtlich verfestigten menschenrechtlichen Mindeststandards zu bestimmen erweist sich mitunter allerdings als intrikate Aufgabe.[32] Sowohl mit Blick auf die gewährleisteten Rechte als auch die gebundenen Staaten bietet der völkervertragliche Menschenrechtsschutz kein kohärentes Bild.[33] Im Schrifttum ist darauf hingewiesen worden, dass die Herausbildung gewohnheitsrechtlich garantierter Menschenrechte nicht zuletzt in jenen Bereichen auf Schwierigkeiten stößt, die für das internationale Personen- und Familienrecht maßgeblich sind; hier kommt im globalen Vergleich ein zum Teil divergentes Verständnis menschenrechtlicher Standards zum Tragen, das sich unter anderem in unterschiedlichen Vorstellungen über die Gleichberechtigung von

---

24 *Dirk Looschelders*, Die Ausstrahlung der Grund- und Menschenrechte auf das Internationale Privatrecht, RabelsZ 65 (2001), 463-491 (467); *Heinz-Peter Mansel*, Staatlichkeit des Internationalen Privatrechts und Völkerrecht, in: Stefan Leible/Matthias Ruffert (Hrsg.), Völkerrecht und IPR, Jena: Jenaer Wissenschaftliche Verlagsgesellschaft 2006, 89-130 (128); *Coester-Waltjen* (Fn. 7), 10.

25 Vgl. BVerfGE 158, 1 (Rn. 58): „Die Grundrechtsgarantien des Grundgesetzes, der Europäischen Menschenrechtskonvention und der Charta der Grundrechte der Europäischen Union gründen auf dem Schutz der Menschenwürde […], gewährleisten einen nach Inhabern, Verpflichteten und Struktur im Wesentlichen funktional vergleichbaren Schutz […] und stellen sich in großem Umfang als deckungsgleiche Gewährleistungen dar […]."

26 *Matthias Herdegen*, Völkerrecht, 21. Aufl., München: C.H. Beck 2022, § 47 Rn. 4; *Mansel* (Fn. 24), 128; *Fawcett/Shúilleabháin/Shah* (Fn. 1), Rn. 2.03; *Dinah Shelton*, Introduction, in: Dinah Shelton (Hrsg.), The Oxford Handbook of International Human Rights Law, Oxford University Press 2013, 1.

27 Internationaler Pakt über bürgerliche und politische Rechte, BGBl. 1973 II, 1534.

28 Internationaler Pakt über wirtschaftliche, soziale und kulturelle Rechte, BGBl. 1973 II, 1570.

29 Siehe nur *Reinhard Ellger*, Europäische Menschenrechtskonvention und deutsches Privatrecht, Die Einwirkung von Artt. 8 und 10 EMRK auf die deutsche Privatrechtsordnung, RabelsZ 63 (1999), 625-664 (631); *Eckhard Pache*, Die Europäische Menschenrechtskonvention und die deutsche Rechtsordnung, EuR 39 (2004), 393-415 (398-402), jeweils mit weiteren Nachweisen.

30 *Pache* (Fn. 29), 402.

31 Zum Verhältnis zwischen völkervertraglichen und völkergewohnheitsrechtlich verfestigten Menschenrechten s. *Christian Koenig/Doris König*, in: Hermann von Mangold/Friedrich Klein/Christian Starck (Hrsg.), Grundgesetz, 7. Aufl., München: C.H. Beck 2018, Art. 25 GG, Rn. 23 ff.

32 Vgl. dazu *Herdegen* (Fn. 26), § 16 Rn. 1 ff.

33 Vgl. hierzu *von Hein* (Fn. 15), Rn. 215; *Mansel* (Fn. 24), 129.

Mann und Frau offenbart.[34] Eine Konkretisierung des völkergewohnheitsrechtlichen Mindeststandards menschenrechtlicher Gewährleistungen kann an dieser Stelle aber dahinstehen. Es genügt zunächst die Feststellung, dass bei der Kollisionsnormbildung nicht nur die grundrechtlichen, sondern auch die völkervertraglichen und die völkergewohnheitsrechtlichen Menschenrechte zu beachten sind.

b) Europäisches Kollisionsrecht

Mit der zunehmenden Vergemeinschaftung des IPR nimmt die Bedeutung des autonomen Kollisionsrechts freilich immer weiter ab.[35] Dementsprechend wird die Diskussion um den Einfluss der Menschenrechte auf die Kollisionsnormbildung heute auch und gerade mit Blick auf das europäische Kollisionsrecht geführt.[36]

Auf die Elemente des unionalen Grundrechtsschutzes wurde einleitend bereits hingewiesen.[37] Im Zentrum stehen die Rechte, Freiheiten und Grundsätze, die in der GRCh niedergelegt sind. Obgleich die GRCh erst seit dem Inkrafttreten des Vertrags von Lissabon verbindlich geworden ist, hatte die Europäische Kommission schon am 13.3.2001 beschlossen, dass Rechtsetzungsvorschläge während ihrer Ausarbeitung im Rahmen der üblichen Verfahren auf ihre Vereinbarkeit mit der GRCh zu überprüfen sind. Sofern Vorschläge für Rechtsetzungsakte und Rechtsvorschriften einen besonderen Bezug zu den Grundrechten aufweisen, soll die Vereinbarkeit mit der GRCh förmlich in einen besonderen Erwägungsgrund aufgenommen werden.[38]

Entsprechende Angaben finden sich heute in den Erwägungsgründen verschiedener Kollisionsrechtsverordnungen. So wird etwa für das Scheidungskollisionsrecht der Rom III-VO[39] in Erwägungsgrund 30 ausdrücklich bestätigt, dass die Verordnung mit der Charta, namentlich mit dem allgemeinen Diskriminierungsverbot nach Art. 21 Abs. 1 GRCh in Einklang steht. Vergleichbare Angaben finden sich im Hinblick auf die Europäische Erbrechtsverordnung (EuErbVO[40] – Erwägungsgrund 81) sowie die beiden Güterrechtsverordnungen für Ehegatten (EuGüVO[41] – Erwägungsgrund 73) und eingetra-

---

34 *Mansel* (Fn. 24), 129; vgl. dazu aber auch *Juliane Kokott*, Grund- und Menschenrechte als Inhalt eines internationalen ordre public, in: Die Wirkungskraft der Grundrechte bei Fällen mit Auslandsbezug, Berichte der Deutschen Gesellschaft für Völkerrecht, Heidelberg: C.F. Müller 1998, 71-111 (102), die ausführt, dass aus der „mangelnden Beachtung und Effektivität mancher Menschenrechte, z. B. der Gleichberechtigung von Mann und Frau in den meisten islamisch geprägten Staaten" nicht notwendig zu schließen ist, dass diesen Menschenrechten keine universelle Geltung zukommt.
35 Siehe hierzu bereits oben sub I.
36 Siehe die Nachweise in Fn. 14.
37 Siehe oben sub I.
38 SEC(2001) 380/3 mit Vorgaben zur Formulierung des Erwägungsgrundes; s. auch die Mitteilung der Kommission v. 27.4.2005 „Berücksichtigung der Charta der Grundrechte in den Rechtsetzungsvorschlägen der Kommission", KOM(2005) 172 endgültig.
39 Verordnung (EU) Nr. 1259/2010 des Rates vom 20. Dezember 2010 zur Durchführung einer Verstärkten Zusammenarbeit im Bereich des auf die Ehescheidung und Trennung ohne Auflösung des Ehebandes anzuwendenden Rechts, ABl. 2010 L 343/10.
40 Verordnung (EU) Nr. 650/2012 des Europäischen Parlaments und des Rates vom 4. Juli 2012 über die Zuständigkeit, das anzuwendende Recht, die Anerkennung und Vollstreckung von Entscheidungen und die Annahme und Vollstreckung öffentlicher Urkunden in Erbsachen sowie zur Einführung eines Europäischen Nachlasszeugnisses, ABl. 2012 L 201/107.
41 Verordnung (EU) 2016/1103 des Rates vom 24. Juni 2016 zur Durchführung einer Verstärkten Zusammenarbeit im Bereich der Zuständigkeit, des anzuwendenden Rechts und der Anerkennung und Vollstreckung von Entscheidungen in Fragen des ehelichen Güterstands, ABl. 2016 L 183/1.

gene Partner (EuPartVO[42] – Erwägungsgrund 71). Während die Vereinbarkeit der Eu-ErbVO mit der Charta lediglich pauschal festgestellt wird, heben die güterrechtlichen Verordnungen insbesondere auf die Beachtung der Art. 7, 9, 17, 21 und 47 GRCh ab.

2. Der Einfluss der Menschenrechte auf die Normbildung im IPR

a) Status quo: Kein maßgebender Faktor für die Bestimmung des Personalstatuts

Das Gebot (ebenso wie die Feststellung) der Vereinbarkeit kollisionsrechtlicher Regelungen mit den menschenrechtlichen Gewährleistungen sagt allerdings noch nichts darüber aus, ob bzw. in welcher Form die Menschenrechte Einfluss auf die Kollisionsnormbildung nehmen. *Christian von Bar* führte in seinem Wiener Vortrag aus, die kollisionsrechtliche Bedeutung der menschenrechtlichen Gewährleistungen liege in erster Linie in ihrer Funktion als „Katalysator, der dem IPR die Richtung angibt, in das es sich bewegen wird bzw. bewegen sollte".[43] Zu einem ähnlichen Ergebnis kam *Dagmar Coester-Waltjen* 1997 in Zürich. Sie stellte fest, dass eine „Festschreibung der Kollisionsnormen in der einen oder anderen Richtung […] menschen- und grundrechtlich nicht gefordert sein [könne]", wohl aber eine Optimierung der deutschen Kollisionsnormen noch möglich sei.[44] Zwei Jahrzehnte später kam *Peter Mankowski* in seinem Berliner Vortrag zu demselben Schluss: Die Bedeutung der Menschenrechte, so sein Fazit, liege nicht in der Einflussnahme auf die Kollisionsnormbildung, sondern sei beim ordre public zu verorten.[45] Dem von *Erik Jayme* entwickelten Ansatz eines Menschenrechts auf Achtung der individuellen kulturellen Identität, das unmittelbaren Einfluss auf die Anknüpfungen des Personalstatuts haben soll,[46] stehen alle drei zurückhaltend gegenüber.[47]

Die bekannte Diskussion um die kollisionsrechtlichen Konsequenzen eines Menschenrechts auf kulturelle Identität, namentlich das Postulat des Vorrangs der Staatsangehörigkeits- vor der Aufenthaltsanknüpfung im internationalen Familien- und Personenrecht, soll hier nicht erneut nachgezeichnet werden. Hierzu hat *Heinz-Peter Mansel* in seinem Vortrag zur kulturellen Identität im Internationalen Privatrecht eingehend Stellung genommen.[48] Er kam zu dem Ergebnis, dass es sich bei der kulturellen Identität um ein Kriterium handelt, das bei der Kollisionsnormbildung im Rahmen des Abwägungsprozesses Berücksichtigung finden sollte. Konkrete Normbildungsvorgaben, namentlich ein Primat der Aufenthalts- oder der Staatsangehörigkeitsanknüpfung für die Bestimmung des Personalstatuts, seien daraus jedoch nicht abzuleiten. Die Ent-

---

42 Verordnung (EU) 2016/1104 des Rates vom 24. Juni 2016 zur Durchführung der Verstärkten Zusammenarbeit im Bereich der Zuständigkeit, des anzuwendenden Rechts und der Anerkennung und Vollstreckung von Entscheidungen in Fragen güterrechtlicher Wirkungen eingetragener Partnerschaften, ABl. 2016 L 183/30.
43 *Von Bar* (Fn. 3), 206.
44 *Coester-Waltjen* (Fn. 7), 16.
45 *Mankowski* (Fn. 7), 91 f.
46 *Erik Jayme*, Menschenrechte und Theorie des Internationalen Privatrechts, in: Internationale Juristenvereinigung Osnabrück, Jahresheft 2 (1991/92), 8, 10 ff.; *ders.*, Identité culturelle et intégration: le droit international privé postmoderne, Recueil des cours 251 (1995), 9, 167 ff.; *ders.*, Kulturelle Identität und Kindeswohl im internationalen Kindschaftsrecht, IPRax 16 (1996), 237, 239 ff.
47 *Von Bar* (Fn. 3), 194 ff.; *Coester-Waltjen* (Fn. 7), 15 f.; *Mankowski* (Fn. 7), 93 ff.
48 *Mansel* (Fn. 7), 145 ff.

scheidung zwischen Aufenthalts- und Staatsangehörigkeitsprinzip erfolge letztlich aus rechtspolitischen Erwägungen.[49]

Dieser Befund spiegelt sich in den Verweisungsnormen nicht nur des neueren staatsvertraglichen und europäischen Familien- und Erbkollisionsrechts, sondern auch in den jüngsten Reformen des autonomen deutschen IPR. Hier hat sich in den letzten Dekaden ein Wandel von der Staatsangehörigkeitsanknüpfung zur Aufenthaltsanknüpfung vollzogen:[50] Das Recht des Staates, das über die mit einer Person verbundenen Rechtsfragen aufgrund seiner besonderen Nähe zur Anknüpfungsperson befinden soll,[51] wird (idealtypisch) nicht mehr primär über die Staatsangehörigkeit, sondern den gewöhnlichen Aufenthalt der Anknüpfungsperson bestimmt. Die Gründe für diesen Anschauungswandel sind vielgestaltig;[52] sie reichen von integrationspolitischen über ordnungspolitische bis zu rechtsgebietsspezifischen oder auch rein pragmatischen Erwägungen (etwa der Einheit von *forum* und *ius*)[53].[54] Die kulturelle Identität spielt jedenfalls keine zentrale Rolle. Die Erwägungsgründe der europäischen Verordnungen erwähnen sie als solche nicht. Dies spricht dafür, dass der Unionsgesetzgeber die These eines die Normbildung im IPR determinierenden Menschenrechts auf kulturelle Identität nicht teilt.

In der EuGüVO, um ein Beispiel aus jüngerer Zeit zu nennen, wird auf die zunehmende Mobilität der Bürger und „die Vereinbarkeit von Rechtssicherheit und Vorhersehbarkeit des anzuwendenden Rechts mit den tatsächlichen Lebensumständen des Paares" rekurriert (siehe Erwägungsgründe 35 und 49).[55] Um dieses Ziel zu erreichen hat der Verordnungsgeber in Art. 26 EuGüVO eine Anknüpfungsleiter statuiert, die primär auf den gemeinsamen gewöhnlichen Aufenthalt der Ehegatten abstellt; die gemeinsame Staatsangehörigkeit kommt lediglich hilfsweise zum Tragen. Dabei sind beide Anknüpfungspunkte im Rahmen der objektiven Bestimmung des Güterstatuts Ausdruck des Prinzips der engsten Verbindung. Zwar wird auf diesen Umstand (anders als in den Erwägungsgründen der Rom III-VO) in den Erwägungsgründen der EuGüVO nicht ausdrücklich hingewiesen;[56] er folgt aber indirekt aus Art. 26 Abs. 1 lit. c EuGüVO, wonach auf letzter Stufe das Recht des Staates berufen ist, mit dem die Ehegatten zum Zeitpunkt der Eheschließung gemeinsam am engsten verbunden sind. Die Regelung ähnelt der (früheren) hilfsweisen Anknüpfung der güterrechtlichen Ehewirkungen nach

---

49 *Mansel* (Fn. 7), 150, 209.

50 Siehe *Christine Budzikiewicz*, Der gewöhnliche Aufenthalt von Flüchtlingen als Anknüpfungspunkt im Internationalen Privat- und Privatverfahrensrecht, in: Christine Budzikiewicz/Bettina Heiderhoff/ Frank Klinkhammer/Kerstin Niethammer-Jürgens (Hrsg.), Migration und IPR, Baden-Baden: Nomos Verlagsgesellschaft 2018, 95-118 (95-97).

51 Zum „Prinzip der engsten Verbindung" im IPR siehe statt Vieler *Jan von Hein*, in: Münchener Kommentar zum BGB, 8. Aufl., München: C.H. Beck 2020, Einleitung zum Internationalen Privatrecht, Rn. 29 ff.

52 Siehe *Mansel* (Fn. 7), 171 ff.

53 Auf diese Zielsetzung verweist etwa Erwägungsgrund 27 S. 1 der EuErbVO; siehe auch EuGH, Urteil v. 21.6.2018, Rs. C-20/17, CLI:EU:C:2018:485, Rn. 50 ff. – *Oberle*.

54 Vgl. dazu auch den Gesetzentwurf der Bundesregierung zum Entwurf eines Gesetzes zum Internationalen Güterrecht und zur Änderung von Vorschriften des Internationalen Privatrechts, der die vorrangige Anknüpfung an den gewöhnlichen Aufenthalt im neuen Art. 14 Abs. 2 EGBGB mit der internationalen rechtspolitischen Entwicklung begründet, BR-Drs. 385/18, 36.

55 Vgl. zu dem legitimen Interesse des Staates an Rechtssicherheit und -klarheit *Coester-Waltjen* (Fn. 7), 18.

56 Siehe Erwägungsgründe 14 und 21 der Rom III-VO.

Art. 15 Abs. 1 EGBGB (a. F.) i. V. m. Art. 14 Abs. 1 Nr. 3 EGBGB (a. F.).[57] Dort wird auf das Recht des Staates verwiesen, mit dem die Ehegatten „auf andere Weise" (d. h. anders als durch Staatsangehörigkeit und gewöhnlichen Aufenthalt) gemeinsam am engsten verbunden sind. Ein entsprechender Einschub fehlt in Art. 26 Abs. 1 lit. c EuGüVO; die Vergleichbarkeit der Regelungen erlaubt jedoch den Schluss, dass auch im Rahmen des Art. 26 Abs. 1 EuGüVO die beiden ersten Anknüpfungsstufen jeweils als Ausdruck des Prinzips der engsten Verbindung anzusehen sind.[58] Gestützt wird diese Annahme durch die Ausweichklausel in Art. 26 Abs. 3 EuGüVO, die für den Fall der Regelanknüpfung an den ersten gemeinsamen gewöhnlichen Aufenthalt (Art. 26 Abs. 1 lit. a EuGüVO) unter bestimmten Voraussetzungen eine engere Verbindung zum Recht des Staates annimmt, in dem die Ehegatten ihren letzten gemeinsamen gewöhnlichen Aufenthalt hatten.[59]

Über die Bedeutung der kulturellen Identität für die Bestimmung der engsten Verbindung zu der Rechtsordnung, die über den ehelichen Güterstand befinden soll, verlieren die Erwägungsgründe kein Wort. Im Vordergrund stehen andere Interessen. Gänzlich unberücksichtigt bleiben muss die kulturelle Identität gleichwohl nicht: So ist bei der Anknüpfung nach Art. 26 Abs. 1 lit. c EuGüVO das Recht des Staates der gemeinsamen engsten Verbindung der Ehegatten „unter Berücksichtigung aller Umstände" zu ermitteln. Dies schließt auch jene Faktoren ein, die für die Ehegatten identitätsstiftend sind.[60] Als eigener Anknüpfungspunkt scheidet die kulturelle Identität demgegenüber von vornherein aus. Schon bei nur einer Anknüpfungsperson kann die Bestimmung der maßgebenden Rechtsordnung mangels eindeutiger Kriterien auf Schwierigkeiten stoßen.[61] Sind wie bei der Bestimmung des Güterstatuts zwei Anknüpfungspersonen involviert, wäre die Anknüpfung an eine (im Hinblick auf die Bildung diskriminierungsfreier Kollisionsnormen zu fordernde) gemeinsame kulturelle Identität ungleich schwerer – und stünde damit nicht zuletzt in Widerspruch zu der intendierten Rechtssicherheit und Vorhersehbarkeit des anzuwendenden Rechts. Der Verordnungsgeber stellt den Ehegatten allerdings frei, unabhängig von der Regelanknüpfung nach Art. 26 EuGüVO das Aufenthalts- oder Heimatrecht eines der Ehegatten zu wählen (Art. 22 Abs. 1 EuGüVO). Ein derartiges Wahlrecht eröffnet den Eheleuten nicht nur ein größeres Maß an Rechts- und Planungssicherheit,[62] sondern ermöglicht es ihnen auch, eine als unpassend empfundene Regelanknüpfung zu korrigieren.

Das Beispiel der EuGüVO zeigt, dass die kulturelle Identität der Anknüpfungspersonen die Normbildung im IPR nicht unmittelbar beeinflusst. Insbesondere erzwingt sie keine

---

57 Siehe den Hinweis bei *Dirk Looschelders*, in: Münchener Kommentar zum BGB, 8. Aufl., München: C.H. Beck 2020, Art. 26 EuGüVO, Rn. 16.

58 Hierauf weist auch Erwägungsgrund 43 S. 3 der EuGüVO hin, demzufolge die allgemeine Kollisionsnorm sicherstellen soll, dass zu dem Güterstatut „eine enge Verbindung besteht". Ausweislich Erwägungsgrund 45 S. 1 der EuGüVO wird zudem eine enge Verbindung der Ehegatten zu dem Recht des Staates angenommen, in dem sie ihren gewöhnlichen Aufenthalt haben oder dessen Staatsangehörigkeit sie besitzen.

59 Vgl. dazu auch *Looschelders* (Fn. 57), Rn. 17; ferner (allgemein zu Ausweichklauseln im europäischen IPR) *von Hein* (Fn. 51), Rn. 31.

60 Vgl. *Johannes Weber*, Die Europäischen Güterrechtsverordnungen: Eine erste Annäherung, DNotZ 111 (2016), 659-697 (673); *Looschelders* (Fn. 57), Rn. 14; *Robert Sieghörtner*, in: NomosKommentar, BGB, Rom-Verordnungen, 3. Aufl., Baden-Baden: Nomos Verlagsgesellschaft 2019, Art. 26 EuGüVO, Rn. 24.

61 *Mansel* (Fn. 7), 174; vgl. auch *Mankowski* (Fn. 7), 95.

62 Vgl. dazu Erwägungsgrund 45 S. 1 der EuGüVO.

spezielle Ausgestaltung der Verweisungsregeln im Sinne eines Primats der Aufenthalts- oder der Staatsangehörigkeitsanknüpfung. Beide Anknüpfungspunkte sind generell geeignet, das Personalstatut zu bestimmen. Ob sich die Anknüpfungsperson dem Aufenthalts- oder dem Heimatrecht (oder auch keinem von beiden) kulturell verbunden(er) fühlt, ist eine Frage der Selbstwahrnehmung, die nicht durch generell-abstrakte Überlegungen determiniert werden kann.[63] Es bleibt daher dem Gesetzgeber überlassen, hier eine Entscheidung zu treffen. Die Menschenrechte geben sie nicht vor.[64]

b) Menschenrechte und Parteiautonomie

aa) Rechtswahl als Korrektiv

Eine andere Frage ist, ob der oder den Anknüpfungsperson(en) die Möglichkeit eröffnet werden sollte, das Personalstatut jedenfalls aus dem Kreis der Rechtsordnungen zu wählen, die eine enge Verbindung zum konkreten Sachverhalt haben. Ein entsprechendes Desiderat hat *Mansel* bereits 2007 in Halle formuliert.[65] Er forderte, der Anknüpfungsperson die Wahl des Heimat- bzw. Aufenthaltsrechts zu eröffnen und damit ein individuelles Korrektiv für die objektive Verweisung auf das jeweils andere Recht zu schaffen.[66] Die Verweisungsnormen des europäischen Familien- und Erbkollisionsrechts tragen diesem Anliegen heute (wenn nicht in der Begründung,[67] so doch im Ergebnis) Rechnung: Das Unions-Sekundärrecht ermöglicht weitgehend eine Selbstzuweisung zum Heimat- oder Aufenthaltsrecht (teilweise auch zur *lex fori*). Dies gilt für das Güterkollisionsrecht (Art. 22 EuGüVO bzw. Art. 22 EuPartVO) ebenso wie für das internationale Scheidungsrecht (Art. 5 Rom III-VO) und das internationale Erbrecht (Art. 22 EuErbVO). Die EuUnthVO[68] behandelt die Frage des anwendbaren Rechts nicht eigenständig, verweist aber in Art. 15 EuUnthVO auf das Haager Unterhaltsprotokoll 2007 (HUP)[69], das in Art. 7 und 8 HUP eine beschränkte Rechtswahl eröffnet. Auch das autonome deutsche IPR lässt eine parteiautonome Bestimmung des anwendbaren Rechts jedenfalls in Teilbereichen zu: Rechtswahlmöglichkeiten bestehen im

---

63 Siehe *Coester-Waltjen* (Fn. 7), 16; *Mankowski* (Fn. 7), 95; *Mansel* (Fn. 7), 174; s. auch *Marc-Philippe Weller*, Vom Staat zum Menschen: Die Methodentrias des Internationalen Privatrechts unserer Zeit, RabelsZ 81 (2017), 747-780 (761).

64 Vgl. auch *Jürgen Basedow*, Droits de l'homme et droit international privé, Annuaire de l'Institut de Droit International 79 (2019), 1-85 (6).

65 *Mansel* (Fn. 7), 174 ff.

66 Ebenso bereits *Heinz-Peter Mansel*, Das Staatsangehörigkeitsprinzip im deutschen und gemeinschaftsrechtlichen Internationalen Privatrecht: Schutz der kulturellen Identität oder Diskriminierung der Person, in: Erik Jayme (Hrsg.), Kulturelle Identität und Internationales Privatrecht, Heidelberg: C.F. Müller Verlag 2003, 119-154 (139).

67 In den Erwägungsgründen wird in erster Linie die mit der Rechtswahl verbundene Planungssicherheit herausgestellt (s. Erwägungsgrund 15 der Rom III-VO; Erwägungsgrund 45 S. 1 der EuGüVO bzw. der EuPartVO). Vgl. aber auch *Heinz-Peter Mansel*, Parteiautonomie, Rechtsgeschäftslehre der Rechtswahl und Allgemeiner Teil des europäischen Kollisionsrechts, in: Stefan Leible/Hannes Unberath (Hrsg.), Brauchen wir eine Rom 0-Verordnung?, Jena: Jenaer Wissenschaftliche Verlagsgesellschaft 2013, 241-292 (263 f.), der auf den Kompromisscharakter der Parteiautonomie im europäischen Familien- und Erbkollisionsrecht hinweist.

68 Verordnung (EG) Nr. 4/2009 des Rates vom 18. Dezember 2008 über die Zuständigkeit, das anwendbare Recht, die Anerkennung und Vollstreckung von Entscheidungen und die Zusammenarbeit in Unterhaltssachen, ABl. 2009 L 7/1.

69 Haager Protokoll v. 23.11.2007 über das auf Unterhaltspflichten anzuwendende Recht, ABl. 2009 L 331/19.

internationalen Namens- (Art. 10 Abs. 2 und 3 EGBGB) und Scheidungsrecht (Art. 17 EGBGB) sowie im Kollisionsrecht der allgemeinen Ehewirkungen (Art. 14 EGBGB).[70]

Die (begrenzte) Parteiautonomie im internationalen Familien- und Erbrecht tritt neben die weitreichenden Rechtswahlmöglichkeiten im Kollisionsrecht der vertraglichen und außervertraglichen Schuldverhältnisse (Art. 3, 5 und 7 Rom I-VO[71]; Art. 14 Rom II-VO[72]). Insgesamt zeigt sich damit eine zunehmende Öffnung nicht nur des europäischen, sondern auch des autonomen deutschen IPR gegenüber einer kollisionsrechtlichen Autonomie. Wenn vor diesem Hintergrund die Rechtswahlfreiheit im Schrifttum heute als allgemeines Anknüpfungsprinzip insbesondere (aber nicht nur) des europäischen Kollisionsrechts betrachtet wird,[73] ist dem sicherlich zuzustimmen.

bb) Rechtswahlfreiheit als Menschenrecht?

Von der Anerkennung und Ausdehnung der subjektiven Anknüpfung an den Parteiwillen zu trennen ist die Diskussion um ihre rechtstheoretische Grundlegung. Im Zusammenhang mit der vorliegenden Themenstellung interessiert vor allem die These, die Parteiautonomie sei (auch) in den Grund- und Menschenrechten verankert. Frischen Wind hat die Diskussion nicht zuletzt durch zwei Resolutionen des Institut de Droit International erhalten. In der Präambel seiner Baseler Resolution aus dem Jahr 1991 über *L'autonomie de la volonté des parties dans les contrats internationaux entre personnes privées* hat das Institut hervorgehoben, dass die Parteiautonomie zu den grundlegenden Prinzipien des IPR zählt. Die Resolution erkennt zudem an, „que l'autonomie de la volonté des parties est également consacrée comme liberté individuelle par plusieurs conventions et par diverses résolutions des Nations Unies".[74] Der Verweis auf die Resolutionen schließt auch den völkervertraglichen Menschenrechtsschutz ein.[75] Nach den Ausführungen des Rapporteurs *Erik Jayme* basiert die Resolution auf der

---

70 Zu Überlegungen, auch bei der Bestimmung des Eheschließungsstatuts eine (beschränkte) Rechtswahl zuzulassen, s. *Dieter Henrich*, Privatautonomie: (Familienrechtliche) Zukunftsperspektiven, RabelsZ 79 (2015), 752-767 (765 f.). Vgl. auch den Vorschlag von *Dagmar Coester-Waltjen*, Überlegungen zur Reform des internationalen Privatrechts der Eheschließung, IPRax 41 (2021), 29-39 (34 ff.), die Eheschließung dem Recht am Eheschließungsort zu unterstellen. Damit würde den Ehegatten über die Wahl des Eheschließungsorts jedenfalls eine mittelbare Rechtswahl ermöglicht.

71 Verordnung (EG) Nr. 593/2008 des Europäischen Parlaments und des Rates vom 17. Juni 2008 über das auf vertragliche Schuldverhältnisse anzuwendende Recht (Rom I), ABl. 2009 L 309/87.

72 Verordnung (EG) Nr. 864/2007 des Europäischen Parlaments und des Rates vom 11. Juli 2007 über das auf außervertragliche Schuldverhältnisse anzuwendende Recht („Rom II"), ABl. 2007 L 19/40.

73 Siehe u.a. *Stefan Leible*, Parteiautonomie im IPR – Allgemeines Anknüpfungsprinzip oder Verlegenheitslösung, in: Heinz-Peter Mansel/Thomas Pfeiffer/Herbert Kronke/Christian Kohler/Rainer Hausmann (Hrsg.), FS für E. Jayme, München: Sellier. European Law Publishers 2004, 485-503 (503); zum europäischen IPR: *Giesela Rühl*, Rechtswahlfreiheit im europäischen Kollisionsrecht, in: Dietmar Baetge/Jan von Hein/Michael von Hinden (Hrsg.), Die richtige Ordnung, FS für J. Kropholler, Tübingen: Mohr Siebeck 2008, 187-209 (209); *Dagmar Coester-Waltjen/Michael Coester*, Rechtswahlmöglichkeiten in Europäischen Kollisionsrecht, in: Ralf Michael/Dennis Solomon (Hrsg.), Liber Amicorum Klaus Schurig, München: Sellier. European Law Publishers 2012, 33-47 (37); *Jan Kropholler*, Internationales Privatrecht, 6. Aufl., Tübingen: Mohr Siebeck 2006, 296; *von Hein* (Fn. 51), Rn. 35 mit weiteren Nachweisen. Siehe dagegen *Gerhard Kegel/Klaus Schurig*, Internationales Privatrecht, 9. Aufl., München: C.H. Beck 2004, 653, die von einer Verlegenheitslösung sprechen.

74 Annuaire de l'Institut de Droit International 64 II (1992), 382-387 (382) = IPRax 31 (2011), 430 (Rapporteur: *Erik Jayme*).

75 Siehe die Beratungen der 7. Kommission, Annuaire de l'Institut de Droit International 64 II (1992), 127-213 (132): „[Le] fondement [de l'autonomie des parties] est constitué par le système juridique d'un Etat, inspiré et intégré par les conventions internationales sur les droits de l'homme."

Idee, die „Parteiautonomie in der Privatautonomie zu verankern und diese wiederum auf die freie Entfaltung der Persönlichkeit als ein Grund- und Menschenrecht zu stützen".[76] 30 Jahre später übt das Institut in diesem Punkt deutliche Zurückhaltung: In seiner Resolution vom 4. September 2021 über *Droits de la personne humaine et droit international privé* ist auf eine Äußerung zur Privatautonomie verzichtet worden.[77] Der von *Jürgen Basedow* (als erstem Rapporteur) eingebrachte Vorschlag, das Thema in der Resolution zu adressieren,[78] fand am Ende keine Zustimmung. Es wurden Zweifel geäußert, ob die kollisionsrechtliche Rechtswahlfreiheit tatsächlich in den Menschenrechten verankert ist.[79]

Im Schrifttum findet die rechtstheoretische Begründung der Parteiautonomie aus den Grund- und Menschenrechten einige Zustimmung.[80] In Rede steht zunächst die innere Berechtigung der Rechtswahlfreiheit, d. h. die Frage, ob der Gesetzgeber die freie Rechtswahl zulassen darf.[81] Aus der (die Rechtswahlfreiheit legitimierenden) menschen- bzw. grundrechtlichen Verankerung der Parteiautonomie werden in einem zweiten Schritt Konsequenzen für das Kollisionsrecht gefolgert. Ausgangspunkt ist regelmäßig die Feststellung, dass einer Rechtswahl nicht schon aufgrund der Verortung in einem vorpositiven Autonomie- und Freiheitsrecht Wirkung zukommen könne. Um die Rechtswahl auch positivrechtlich zu legitimieren, bedürfe es vielmehr einer Kollisionsnorm des maßgebenden IPR.[82] Konkrete Vorgaben für die kollisionsrechtliche Normbildung leitet das Schrifttum aus den Menschenrechten grundsätzlich nicht ab. Soweit mitunter postuliert wird, eine Beschränkung der grundsätzlich freien Rechtswahl müsse der (legitimierungsbedürftige) Ausnahmefall bleiben,[83] liegt dem nicht

---

76 *Erik Jayme*, Die Parteiautonomie im internationalen Vertragsrecht auf dem Prüfstand – 65. Sitzung des Institut de Droit International in Basel, IPRax 31 (2011), 429-430 (429).

77 Résolution Droits de la personne humaine et droit international privé, Rev. crit. DIP 2021, 939.

78 Siehe Art. 13 Avant-Projet de Résolution: „En déterminant la loi applicable, les États devraient veiller à ce que l'autonomie de la volonté soit respectée pour autant qu'elle ne porte pas préjudice aux intérêts des tiers et des parties faibles, ni aux normes impératives.", Annuaire de l'Institut de Droit International 77 (2016), 451.

79 Draft Resolution Explanatory Report [27 January 2021] (Rapporteur: *Fausto Pocar*), Rev. crit. DIP 2021, 944-948 (947 f.).

80 Siehe *Jürgen Basedow*, Theorie der Rechtswahl oder Parteiautonomie als Grundlage des Internationalen Privatrechts, RabelsZ 75 (2011), 32-59 (50 ff., 57 ff.); *Kathrin Kroll-Ludwigs*, Die Rolle der Parteiautonomie im europäischen Kollisionsrecht, Tübingen: Mohr Siebeck 2013, 189 ff.; *Leible* (Fn. 73), 487 f. („Ausfluss eines überpositiven Autonomie- und Freiheitsgedankens"); *Marc-Philippe Weller*, Anknüpfungsprinzipien im Europäischen Kollisionsrecht: Abschied von der „klassischen" IPR-Dogmatik?, IPRax 31 (2011), 429-437 (431 f.); *Dagmar Coester-Waltjen*, Das Spannungsverhältnis zwischen Privat- und Parteiautonomie einerseits und staatlichen Schutz- und Ordnungsinteressen im Privatrecht andererseits, JZ 72 (2017), 1073-1080 (1075); *Matthias Wendland*, in: Christine Budzikiewicz/Marc-Philippe Weller/Wolfgang Wurmnest (Hrsg.), beck-online.GROSSKOMMENTAR, Stand: 1.9.2022, München: C.H. Beck, Art. 3 Rom I-VO Rn. 20 („in der Freiheit und Würde des Menschen begründet"). Siehe dagegen *Stefan Arnold*, Gründe und Grenzen der Parteiautonomie im Europäischen Kollisionsrecht, in: Stefan Arnold (Hrsg.), Grundfragen des Europäischen Kollisionsrechts, Tübingen: Mohr Siebeck 2016, 23-53 (28 ff.); offengelassen von *Giesela Rühl*, in: Christine Budzikiewicz/Marc-Philippe Weller/Wolfgang Wurmnest (Hrsg.), beck-online.GROSSKOMMENTAR, Stand: 1.4.2022, München: C.H. Beck, Art. 14 Rom II-VO Rn. 12.

81 Siehe *Leible* (Fn. 73), 487 f.; *Kroll-Ludwigs* (Fn. 80), 171.

82 So *Leible* (Fn. 73), 487; *Kroll-Ludwigs* (Fn. 80), 171; siehe auch Document de travail du rapporteur *Jürgen Basedow* no. 8 (janvier 2017), Annuaire de l'Institut de Droit International 77 (2016), 429 (Rn. 76): „Or l'autonomie de la volonté est plutôt un principe qu'une règle de conflit."; *Christian Kohler*, Die Rolle der Parteiautonomie im europäischen Kollisionsrecht, ZEuP 23 (2015), 920-923 (922 f.).

83 So *Leible* (Fn. 73), 503; *Kroll-Ludwigs* (Fn. 80), 263 et passim; *Wendland* (Fn. 80), Rn. 20; s. auch *Haimo Schack*, Das IPR – ein Buch mit sieben Siegeln, reif für das moderne Antiquariat?, in: Hilmar

selten eine (auch) grundrechtliche[84] oder unionsrechtliche[85] Herleitung zugrunde. *Basedow* bezeichnet die (in den Menschenrechten verankerte) Parteiautonomie denn auch „eher als Prinzip denn als Kollisionsregel".[86]

Von der Gesetzgebung ist die These einer aprioristischen, menschenrechtlichen Grundlegung der Rechtswahlfreiheit bislang nicht aufgegriffen worden. Dies gilt gleichermaßen für das europäische wie für das autonome deutsche IPR. Die Normgeber entscheiden in erster Linie nach pragmatischen Gesichtspunkten, ob bzw. in welchen Grenzen Parteiautonomie zugelassen werden soll.[87] Die Rechtswahlfreiheit spielt dabei als anerkanntes Anknüpfungsprinzip eine wichtige Rolle; sie wird jedoch nicht als natur- bzw. menschenrechtlich verortete Grundlage des IPR betrachtet.[88] Dies bedeutet keineswegs, dass die Menschenrechte in der legislativen Praxis ohne Einfluss auf die Kollisionsnormbildung wären. Sie werden aber nicht als Quelle, sondern (lediglich) als Grenze zulässiger Regelbildung begriffen.[89]

c) Menschenrechte als Zielvorgaben

Dem entspricht letzten Endes auch die vorerwähnte Resolution des Institut de Droit International von 2021. In der Präambel betont das Institut zunächst die Bedeutung des Internationalen Privat- und Zivilverfahrensrechts für die Gewährleistung der Menschenrechte und postuliert dabei vor allem die Achtung der verschiedenen Traditionen, Kulturen und Rechtsordnungen.[90] Die Resolution selbst formuliert dann Zielvorgaben, die bei der Regelbildung berücksichtigt werden sollten. Wie diese Zielvorgaben zu erreichen sind (etwa die Anerkennung des in einem anderen Staat erworbenen Namens[91] oder die Nichtanerkennung von Kinder- oder Zwangsehen[92]), bleibt dem Normgeber überlassen.[93]

Die Resolution spiegelt damit den obigen Befund: Die Menschenrechte haben auf die Kollisionsnormbildung nur insofern Einfluss, als sie den Rahmen der Gestaltungsspielräume abstecken.[94] Es handelt sich um Prinzipien, die bei der Regelbildung zu berücksichtigen sind. Zu ihnen zählt insbesondere die Wahl diskriminierungsfreier Anknüpfungspunkte (vgl. auch Art. 7 der Resolution des Institut de Droit International von 2021). Konkrete Vorgaben im Hinblick auf die Kollisionsnormbildung folgen aus den Menschenrechten hingegen nicht.[95] Soweit die menschenrechtlichen Gewährleistungen

---

Krüger/Heinz-Peter Mansel (Hrsg,), Liber amicorum Gerhard Kegel, München: C.H. Beck 2002, 179-198 (195 f.). Siehe dagegen *Arnold* (Fn. 80), 30 f.

84 Siehe nur *Fritz Sturm/Gudrun Sturm*, in: Staudinger, Neubearbeitung 2012, Berlin: Sellier – De Gruyter, Einleitung zum IPR Rn. 135 f.

85 *Peter von Wilmowsky*, EG-Vertrag und kollisionsrechtliche Rechtswahlfreiheit, RabelsZ 62 (1998), 1-37 (3 ff., 19 f.); *Kroll-Ludwigs* (Fn. 80), 262 f.

86 Document de travail du rapporteur *Jürgen Basedow* no. 8 (janvier 2017) (Fn. 82), 429 (Rn. 76).

87 Vgl. zum europäischen Kollisionsrecht die Analyse von *Mansel* (Fn. 67), 256 ff.; 265 (eher pragmatische Grundlegungen der Parteiautonomie).

88 Siehe zum europäischen Kollisionsrecht auch die Hinweise bei *Arnold* (Fn. 80), 30; *Mansel* (Fn. 67), 264 f.

89 Vgl. dazu auch die Überprüfung des europäischen Kollisionsrechts am Maßstab der Charta der Grundrechte (näher oben sub II.1.b).

90 Rev. crit. DIP 2021, 939.

91 Siehe Art. 11 der Resolution des Institut de Droit International (2021).

92 Siehe Art. 13 der Resolution des Institut de Droit International (2021).

93 Zur Etablierung eines Systems der Anerkennung von Statusverhältnissen s. noch unten sub IV.2.

94 *Mansel* (Fn. 24), 129; *von Bar* (Fn. 3), 209 (zu den Freiheitsgewährungen der EMRK).

95 *Mansel* (Fn. 24), 129; siehe zudem die Nachweise oben sub II.2.a).

auf verschiedenen Wegen zu erreichen sind (was in aller Regel der Fall sein dürfte), obliegt es dem Normgeber, hier eine Entscheidung zu treffen. Dies gilt – wie *von Bar* herausgearbeitet hat – namentlich auch für die in der EMRK verbürgten Freiheitsrechte.[96] Die Garantien der EMRK formulieren Zielvorgaben, die von den Konventionsstaaten einzuhalten sind (so etwa das Recht auf Eheschließung, Art. 12 EMRK). Einzelne Anknüpfungsregeln sind der Konvention nicht zu entnehmen.[97]

Dies bedeutet keineswegs, dass einer stetigen Optimierung des menschenrechtlichen Schutzes nicht (auch) durch eine Änderung der kollisionsrechtlichen Anknüpfungsregeln Rechnung getragen werden könnte und sollte. Mit fortschreitender Konturierung der menschenrechtlichen Zielvorgaben (nicht zuletzt durch die Rechtsprechung des EGMR) stellt sich stets auch die Frage des Anpassungs- und Optimierungsbedarfs der thematisch verbundenen Kollisionsnormen. Soweit eine Änderung der *lex lata* aber nicht ausnahmsweise aufgrund einer Verengung der Reaktionsmöglichkeiten auf nur eine menschenrechtskonforme Regelung vorgegeben ist, bleibt dem Normgeber der besagte Entscheidungsspielraum.

d) Menschenrechtskonformität des (autonomen) deutschen IPR

aa) Gleichberechtigungskonforme Anknüpfung

Richtet man vor diesem Hintergrund den Blick auf das autonome deutsche IPR, so ist festzustellen, dass mit der IPR-Reform von 1986 dem (verfassungsgerichtlich eingeforderten) Ziel, gleichberechtigungskonforme Regelungen zu schaffen, weitgehend Rechnung getragen wurde. Problematisch sind insofern allein die güterrechtlichen Übergangsregelungen des Art. 220 Abs. 3 S. 1 Nr. 3 und Abs. 3 S. 6 EGBGB, die für bestimmte (Ur-)Altehen weiterhin allein an die Staatsangehörigkeit des Mannes anknüpfen. Hierauf sowie auf die damit verbundenen verfassungsrechtlichen Bedenken hat bereits *Coester-Waltjen* hingewiesen.[98] Eine erneute Auseinandersetzung mit der Problematik erscheint an dieser Stelle entbehrlich.

bb) Gerichtliches Scheidungsmonopol

Auch die von *Jayme* formulierte These, das (heute in Art. 17 Abs. 3 EGBGB in Verbindung mit § 1564 S. 1 BGB statuierte) Scheidungsmonopol der deutschen Gerichte verstoße gegen Art. 8 EMRK,[99] war in diesem Kreis schon wiederholt Gegenstand der Diskussion. Sie fand letztlich keine Zustimmung.[100] Entgegengehalten wurde ihr insbesondere die Rechtsprechung des EGMR, der zufolge die EMRK kein Recht auf Scheidung einräume und damit erst recht einem gerichtlichen Scheidungsmonopol nicht

---

96 *Von Bar* (Fn. 3), 209 f.

97 Ebenso *Robert Freitag*, in: Thomas Heidel/Rainer Hüßtege/Heinz-Peter Mansel/Ulrich Noack (Hrsg.), NomosKommentar, BGB, 4. Aufl., Baden-Baden: Nomos Verlag 2021, Art. 3 EGBGB Rn. 13; *Stefan Leible*, in: Andreas Heidinger/Stefan Leible/Jessica Schmidt (Hrsg.), Kommentar zum Gesetz betreffend die Gesellschaften mit beschränkter Haftung (GmbH-Gesetz), 3. Aufl., München: C.H. Beck 2017, Systematische Darstellung 2 Rn. 68.

98 *Coester-Waltjen* (Fn. 7), 16 f.; siehe zu der Übergangsregelung des Art. 220 Abs. 3 EGBGB auch *Günther Schotten/Cornelia Schmellenkamp*, Die Übergangsregelung des Art. 220 Abs. 3 EGBGB zur Bestimmung der güterrechtlichen Wirkungen einer gemischt-nationalen Ehe – eine weithin gegenstandslose Regelung?, DNotZ 104 (2009), 518-532.

99 *Jayme* (Fn. 46), 22 f.

100 Siehe *von Bar* (Fn. 3), 197; *Coester-Waltjen* (Fn. 7), 18; vgl. auch *Mansel* (Fn. 7), 198, der auf die Bedeutung der Regelung für die Sicherstellung des rechtlichen Gehörs hinweist.

entgegenstehen könne.[101] An der referierten Rechtsprechung hat der EGMR zuletzt in seinem Urteil vom 10.1.2017 im Fall *Babiarz* gegen Polen festgehalten.[102] Unabhängig davon, ob die Auffassung des Gerichtshofs in dem betreffenden Fall zu überzeugen vermag,[103] steht jedenfalls die Regelung des Art. 17 Abs. 3 EGBGB weder in Widerspruch zu Art. 8 EMRK noch zu Art. 12 EMRK.[104] Das gerichtliche Scheidungsmonopol hindert eine Scheidung als solche (und damit die Wiedererlangung der Eheschließungsfreiheit) nicht. Ebenso wenig führt es zu einer (das Recht auf Wiederheirat verletzenden) übermäßigen Verzögerung der Scheidung.[105] Davon abgesehen dient Art. 17 Abs. 3 EGBGB der Rechtssicherheit und Rechtsklarheit.[106] Beiden Aspekten kommt bei der durch die Scheidung bewirkten Änderung des Status besondere Bedeutung zu.[107] Eine andere Frage ist, ob an der Einschaltung des Gerichts ausnahmslos festgehalten werden sollte. Zumindest in Fällen einverständlicher Scheidung mehren sich nicht zuletzt unter Bezugnahme auf die Einführung von Privatscheidungen in einigen europäischen Nachbarstaaten die Stimmen, die eine Reform des Scheidungsrechts (und damit eine Novellierung des Art. 17 Abs. 3 EGBGB) begrüßen würden.[108] Doch ist dies nicht das Thema dieses Beitrags.

cc) Standesamtszwang bei Inlandstrauungen

Der Regelung in Art. 17 Abs. 3 EGBGB vergleichbar ist der in Art. 13 Abs. 4 EGBGB statuierte Standesamtszwang, dem zufolge eine Ehe im Inland nur vor dem Standesbeamten geschlossen werden kann (Art. 13 Abs. 4 S. 1 EGBGB in Verbindung mit § 1310 Abs. 1 S. 1 BGB), sofern nicht die Voraussetzungen des Art. 13 Abs. 4 S. 2 EGBGB vorliegen. Auch das staatliche Eheschließungsmonopol für Eheschließungen im Inland steht mit den Gewährleistungen der EMRK im Einklang.[109] Nach Auffassung des EGMR unterliegt das in Art. 12 EMRK garantierte Recht auf Eheschließung hinsichtlich des Verfahrens ebenso wie des Inhalts den innerstaatlichen Regelungen. Die Grenze ist erreicht, wenn die gesetzlichen Beschränkungen den Wesensgehalt des Rechts auf Eheschließung berühren, unverhältnismäßig oder willkürlich sind.[110] Dieser Prüfung hält Art. 13 Abs. 4 S. 1 EGBGB stand. Ebenso wie das gerichtliche Scheidungsmonopol dient auch das staatliche Eheschließungsmonopol der Rechtssicherheit

---

101 So *von Bar* (Fn. 3), 197.
102 EGMR, *Babiarz v. Poland*, App. No. 1955/10, Urteil v. 10.1.2017, Rn. 49 ff. (keine Verletzung von Art. 8 oder 12 EMRK, wenn im konkreten Fall eine Scheidung nach nationalem Recht nicht möglich ist).
103 Siehe hierzu auch die abweichenden Sondervoten der *Richter Sajó* und *Pinto de Albuquerque*, EGMR, *Babiarz* (Fn. 102); vgl. auch *Ayşe-Martina Böhringer/Thilo Marauhn*, in: Oliver Dörr/Rainer Grote/ Thilo Marauhn (Hrsg.), EMRK/GG Konkordanzkommentar zum europäischen und deutschen Grundrechtsschutz, 3. Aufl., Tübingen: Mohr Siebeck 2022, Kap. 16 Rn. 53 (unter Hinweis auf Art. 5 ZP 7).
104 Siehe auch *Christoph Herfarth*, Die Scheidung nach jüdischem Recht im internationalen Zivilverfahrensrecht, Heidelberg: Universitätsverlag C. Winter 2000, 130 ff. (keine Verletzung von Art. 8 EMRK und Art. 9 EMRK).
105 Vgl. zu den beiden letzten Aspekten *Böhringer/Marauhn* (Fn. 103), Rn. 53.
106 Siehe bereits BT-Drs. 10/504, 61; ferner *Coester-Waltjen* (Fn. 7), 18.
107 *Mansel* (Fn. 7), 179.
108 Siehe nur *Coester-Waltjen* (Fn. 80), 1079; *Bettina Heiderhoff*, in: Wolfgang Hau/Roman Poseck (Hrsg.), BeckOK BGB, 63. Edition (Stand: 1.8.2022), München: C.H. Beck, Art. 17 EGBGB Rn. 5.
109 *Coester-Waltjen* (Fn. 7), 18; vgl. auch *Mansel* (Fn. 7), 179.
110 EGMR, *Jaremowicz v. Poland*, App. No. 24023/03, Urteil v. 5.1.2010, Rn. 48 ff.

und Rechtsklarheit.[111] Zudem gewährleistet es Schutz vor Zwangs- und Frühehen.[112] Eine Notwendigkeit zur Eheschließung im Inland besteht im Übrigen auch bei Beteiligung von Personen mit deutscher Staatsangehörigkeit nicht.[113] Den Verlobten steht die Wahl des Eheschließungsortes frei. Wird die Ehe im Ausland geschlossen, genügt nach Art. 11 Abs. 1 Alt. 2 EGBGB die Einhaltung der Ortsform. Die Eheleute haben damit die Möglichkeit einer indirekten Wahl des Formstatuts.

Nur erwähnt sei in diesem Zusammenhang, dass die Bestimmung des Orts der Eheschließung mitunter Probleme bereiten kann. Der BGH hat jüngst im Fall einer „doppelten Handschuhehe" in Fortführung älterer Entscheidungen befunden, dass der Ort der Eheschließung bei doppelter Stellvertretung am Ort der Trauungshandlung zu lokalisieren ist (konkret im mexikanischen Bundesstaat Baja California Sur).[114] Dies entspricht einer auch im Schrifttum verbreiteten Ansicht, der zufolge bei Eheschließungen unter konstitutiver Mitwirkung einer Trauungsperson als Eheschließungsort der Ort anzusehen ist, an dem in Anwesenheit der Trauungsperson die Trauungszeremonie stattfindet.[115] Bei Ferntrauungen soll dies der Ort sein, an dem die Trauungsperson die für die Eheschließung maßgebenden Erklärungen zur Kenntnis nimmt.[116] Für die online-Eheschließung per Videokonferenz haben das OLG Köln, das VG Düsseldorf und der VGH München zuletzt freilich anders entschieden und auf den Ort abgestellt, an dem sich die Verlobten bei Abgabe der Ehewillenserklärungen befanden.[117] Sie kamen damit in allen drei Fällen zu einer gemäß Art. 13 Abs. 4 S. 1 EGBGB formunwirksamen Inlandsehe, da die Paare ihre Erklärungen in Deutschland abgaben. Dem Umstand, dass sich die per Videokonferenz zugeschaltete Trauungsperson jeweils im

---

111 *Coester-Waltjen* (Fn. 7), 18; *Mansel* (Fn. 7), 179.

112 *Mansel* (Fn. 7), 179 (betreffend Zwangsehen).

113 *Michael Coester*, in: Münchener Kommentar zum BGB, 8. Aufl., München: C.H. Beck 2020, Art. 13 EGBGB, Rn. 135.

114 BGH, Beschluss v. 29.9.2021, Az. XII ZB 309/21, NJW-RR 37 (2022), 293 (294).

115 Siehe nur *Marianne Andrae*, in: Thomas Heidel/Rainer Hüßtege/Heinz-Peter Mansel/Ulrich Noack (Hrsg.), NomosKommentar, BGB, 4. Aufl., Baden-Baden: Nomos Verlag 2021, Art. 13 EGBGB Rn. 100; *Coester* (Fn. 113), Rn. 133; *Peter Mankowski*, in: Staudinger, Neubearbeitung 2010, Berlin: Otto Schmidt – De Gruyter, Art. 13 EGBGB Rn. 478; *Susanne Gössl/Marius Pflaum*, Die digitale Eheschließung im deutschen Kollisionsrecht, StAZ 75 (2022), 97-103 (98), jeweils mit weiteren Nachweisen.

116 *Coester* (Fn. 113), Rn. 150: *Gössl/Pflaum* (Fn. 115), 98; *Mankowski* (Fn. 115), Rn. 755. Zum Ort der Eheschließung bei nachträglicher konstitutiver Registrierung der Eheschließung s. *Mankowski* (Fn. 115), Rn. 479; *Gössl/Pflaum* (Fn. 115), 99: Amtssitz des Registrierungsbeamten.

117 OLG Köln, Beschluss v. 8.3.2022, Az. 26 Wx 3/22, FamRZ 69 (2022), 1463 (1463 f.); VG Düsseldorf, Beschluss v. 15.2.2022, Az. 7 L 122/22, FamRZ 69 (2022), 681; VGH München, Beschluss v. 20.6.2022, Az. 10 CS 22.716, StAZ 75 (2022), 306; zustimmend *Fabian Wall*, Wirksamkeit von Online-Eheschließungen in den USA aus Sicht des deutschen IPR – ein Beitrag zum Ort der Eheschließung i.S.v. Art. 13 Abs. 4, 11 Abs. 1 EGBGB, StAZ 75 (2022), 33-40 (38); *Claudia Mayer*, Relevanz des Orts der Eheschließung für die Bestimmung des Formstatuts bei der doppelten Handschuhehe und Online-Ehe, IPRax 42 (2022), 593-599 (597); *Fabian Wall*, Nochmals: Ort der Eheschließung bei Online-Eheschließungen in den USA – zugleich Anmerkung zu OLG Köln 8.3.022 – 26 Wx 3/22, StAZ 75 (2022), 202-206 (205 f.); *Christian Majer*, Anwendbares Statut bei online-Eheschließung in den USA, NZFam 9 (2022), 377; *Martin Gebauer*, in: Christine Budzikiewicz/Marc-Philippe Weller/Wolfgang Wurmnest (Hrsg.), beck-online.GROSSKOMMENTAR, Stand: 1.9.2022, München: C.H. Beck, Art. 11 EGBGB Rn. 130; a.A. *Gössl/Pflaum* (Fn. 115), 98 f., 100 f.; *Isabel Beiderwieden*, Kollisionsrechtliche Fragen zur Wirksamkeit online geschlossener Ehen, jurisPR-IWR 2/2022 Anm. 4; *Alexander Erbarth*, Ort der Eheschließung bei Online-Ehen, StAZ 75 (2022), 289-293 (291 ff.).

US-Bundesstaat Utah befand[118] (wo derartige online-Eheschließungen zulässig sind)[119], wurde für die Bestimmung des Eheschließungsorts letztlich keine entscheidende Bedeutung zuerkannt. Unklar bleibt in den betreffenden Fällen, aus welchem Grund sich die Verlobten, die keine erkennbare Verbindung zum US-Bundesstaat Utah hatten, für eine online-Eheschließung entschieden haben, statt die Ehe in Deutschland vor dem Standesbeamten einzugehen. Insbesondere verhalten sich die Entscheidungen nicht dazu, ob möglicherweise eine Zweckehe zur vereinfachten Erlangung einer Aufenthaltserlaubnis intendiert gewesen sein könnte[120] und ob entsprechende Befürchtungen die Bestimmung des Eheschließungsorts beeinflusst haben. Spekulationen über die Intention der Verlobten sollten bei der Auslegung des Art. 13 Abs. 4 S. 1 EGBGB in der Tat auch keine Rolle spielen. Zwar hat der EGMR ausgeführt, dass ein Staat nicht in Verletzung von Art. 12 EMRK handelt, wenn er eine Eheschließung daraufhin überprüft, ob eine Scheinehe[121] vorliegt.[122] Das Problem sollte jedoch im materiellen Recht und nicht im Kollisionsrecht gelöst werden.[123] Wurde eine Scheinehe zur Erlangung einer Aufenthaltsbewilligung geschlossen, muss einer entsprechenden Umgehungsstrategie im Aufenthaltsrecht begegnet werden.[124] Soweit für einen oder beide Ehegatten nach Art. 13 EGBGB deutsches Recht über die sachlichen Voraussetzungen der Eheschließung befindet, liegt bei Eingehung einer Scheinehe im Übrigen ein Aufhebungsgrund vor (§ 1314 Abs. 2 Nr. 5 BGB).

Das vorstehende Problem der Bestimmung des Eheschließungsorts im Fall von Ferntrauungen stellt sich im Übrigen nur für verschiedengeschlechtliche Paare. Gehören die Verlobten demselben Geschlecht an oder gehört zumindest ein Ehegatte weder dem weiblichen noch dem männlichen Geschlecht an, so findet Art. 13 Abs. 4 S. 1 EGBGB keine Anwendung (vgl. Art. 17b Abs. 5 S. 1 EGBGB).[125] Die Begründung der Ehe unterliegt vielmehr nach Art. 17b Abs. 4 EGBGB in Verbindung mit Art. 17b Abs. 1 S. 1 EGBGB hinsichtlich der formellen und materiellen Voraussetzungen den Sachvorschriften des registerführenden Staates. Damit richtet sich die formelle (und materielle) Wirksamkeit einer Ferntrauung (auch in Form der online-Eheschließung) unabhängig

---

118 In der veröffentlichten Entscheidung des VG Düsseldorf ist der betreffende Bundesstaat mit „V." abgekürzt worden; der am 16.2.2022 im Internet veröffentlichten Pressemitteilung des Gerichts zu diesem Fall ist aber zu entnehmen, dass die Ehe durch einen Behördenmitarbeiter des US-Bundesstaats Utah protokolliert worden ist; dieselbe Information findet sich in den Nachrichten der beck-aktuell-Redaktion v. 16.2.2022, becklink 2022278.

119 Vgl. *Gössl/Pflaum* (Fn. 115), 97.

120 Vgl. zu möglichen aufenthaltsrechtlichen Motiven der Eheschließenden die Überlegungen von *Mayer* (Fn. 117), 597; ferner (zu der Entscheidung des BGH zur doppelten Handschuhehe [Fn. 114]) *Peter Mankowski*, Eheschließung im Ausland im Wege doppelter Stellvertretung, NZFam 8 (2021), 1052-1053 (1052), der eine „Aufenthaltsehe zum Erschleichen eines subjektiven Aufenthaltsrechts" vermutet; *Peter Finger*, Doppelte Stellvertretung bei Eheschließung im Ausland, FamRB 21 (2022), 46-48 (47).

121 Zu dem Begriff der Scheinehe s. *Stephan Breitenmoser*, in: Heribert Golsong u.a. (Hrsg.), Internationaler Kommentar zur Europäischen Menschenrechtskonvention, Stand: 5/2022, Köln: Carl Heymanns Verlag, Art. 12 EMRK Rn. 60 f.

122 EGMR, *O'Donoghue and others v. The United Kingdom*, App. No. 34848/07, Urteil v. 14.12.2010, Rn. 83.

123 Siehe *Heinz-Peter Mansel*, Zur Liberalisierung des internationalen Ehe- und Lebenspartnerschaftsrechts des EGBGB: Bemerkungen zum Ort der Eheschließung und Registerort als Anknüpfungspunkte, IPRax 42 (2022), 561-566 (566).

124 *Mankowski* (Fn. 120), 1052; *Mansel* (Fn. 123), 566.

125 *Bettina Heiderhoff*, in: Wolfgang Hau/Roman Poseck (Hrsg.), BeckOK BGB, 63. Edition (Stand: 1.8.2022), München: C.H. Beck, Art. 17b EGBGB Rn. 59.

von dem Ort, an dem die Ehewillenserklärungen abgegeben werden, allein nach dem Recht des Registerstaates. Die online-Eheschließungen, über die das OLG Köln, das VG Düsseldorf und der VGH München zu befinden hatten, wären somit (vorbehaltlich eines Verstoßes gegen den ordre public, Art. 6 EGBGB) wirksam gewesen, wenn das Begründungsstatut gemäß Art. 17b Abs 1 und Abs. 4 S. 1 EGBGB zu bestimmen gewesen wäre.

Diese Disparität im internationalen Eherecht gleich- und verschiedengeschlechtlicher Paare zu überwinden, ist ein vielfach geäußertes Desiderat.[126] Entsprechende Reformvorschläge liegen bereits vor: Der Deutsche Rat für Internationales Privatrecht hat jüngst dafür votiert, die materiellen und formellen Voraussetzungen der Eheschließung ungeachtet des Geschlechts der Verlobten einheitlich dem Recht des Eheschließungsortes zu unterstellen.[127] Die Anknüpfung ist als Gesamtverweisung im Sinne von Art. 4 Abs. 1 EGBGB gedacht. Der Reformvorschlag basiert auf Vorarbeiten und einem entsprechenden Regelungsvorschlag von *Dagmar Coester-Waltjen*.[128] Sie macht in ihrem Gutachten auch Ausführungen dazu, wo sich bei einer Ferntrauung der Eheschließungsort (*lex loci celebrationis*) befinden soll: Für den Fall, dass die Abgabe der Ehewillenserklärungen nicht an dem Ort erfolgt, an dem die beteiligte Behörde konstitutiv an der Eheschließung mitwirkt (beispielhaft wird auf die „Eheanmeldungen" von koreanischen und japanischen Staatsangehörigen verwiesen), sei das Registerstatut (*lex libri*) als *lex loci celebrationis* berufen.[129] Für online-Eheschließungen (ebenso wie für Handschuhehen) unter konstitutiver Behördenbeteiligung würde dies unabhängig von dem Geschlecht der Verlobten zur Berufung des Rechts des registerführenden Staates führen. Die Nupturienten hätten es damit weitgehend in der Hand, das Eheschließungsstatut selbst zu bestimmen.[130] Sollte sich ein Paar für die Trauung in Deutschland entscheiden, unterstünden die formellen wie materiellen Voraussetzungen der Eheschließung dem deutschen Recht. Eventuelle Ehehindernisse der Heimatrechte (oder des Rechts eines ausländischen Aufenthaltsstaates) der Verlobten blieben unberücksichtigt. Dies kann zu „hinkenden Ehen" führen, wenn der Heimat- oder Aufenthaltsstaat eines oder beider Partner die Ehe nicht anerkennt.[131] Die damit verbundenen Probleme sind keineswegs übersehen worden; sie sollen jedoch der Berufung der *lex loci celebrationis* nicht entgegenstehen.[132] An dem staatlichen Eheschließungsmonopol für Eheschließungen im Inland würde sich durch den Reformvorschlag im Übrigen nichts ändern.[133]

126 Siehe bereits die Stellungnahme des Bundesrates zu dem Entwurf eines Gesetzes zum Internationalen Güterrecht und zur Änderung von Vorschriften des Internationalen Privatrechts v. 21.9.2018, BT-Drs. 19/4852, 42.

127 Siehe *Heinz-Peter Mansel*, Beschlüsse des Deutschen Rates für Internationales Privatrecht zur Reform des internationalen Ehe- und Lebenspartnerschaftsrechts 2021, IPRax 42 (2022), 659-660. Vorgeschlagen wird, Art. 13 EGBGB wie folgt neu zu fassen: „Die materiellen und formellen Voraussetzungen der Eheschließung sowie die Folgen ihres Fehlens unterliegen dem Recht des Eheschließungsortes (einschließlich seiner kollisionsrechtlichen Regelungen)."

128 *Dagmar Coester-Waltjen*, Überlegungen zur Reform des internationalen Privatrechts der Eheschließung, IPRax 41 (2021), 29-39. Siehe dazu auch die Stellungnahmen von *Rolf Wagner*, Recht am Eheschließungsort als generelles Eheschließungsstatut?, FamRZ 69 (2022), 245-255 und *Hübner* (Fn. 21), 586 f., 590 f.

129 *Coester-Waltjen* (Fn. 128), 38.

130 *Mansel* (Fn. 123), 563 („verkappte Rechtswahlmöglichkeit").

131 Vgl. zu der parallelen Problematik im österreichischen Recht *Christine Budzikiewicz*, Internationales Familienrecht: Ein Blick auf die jüngsten Reformen im österreichischen IPR-Gesetz, ZfRV 41 (2020), 37-43 (39, 41 f.).

132 *Coester-Waltjen* (Fn. 128), 35 f.; s. auch *Mansel* (Fn. 123), 564.

133 § 1310 Abs. 1 S. 1 EGBGB würde als Formvorschrift des deutschen Begründungsstatuts berufen.

Die Vereinbarkeit einer entsprechenden Regelung mit Art. 12 EMRK wurde eingangs bereits bestätigt.

III. Durchsetzung von Menschenrechten mit den Instrumentarien des IPR

Lassen Sie uns von den Grenzen der Kollisionsnormbildung nunmehr zu der Frage kommen, inwieweit das IPR seinerseits zur Durchsetzung menschenrechtlicher Gewährleistungen beizutragen imstande ist. Im Schrifttum wird seit einiger Zeit auf eine zunehmende Materialisierung des Kollisionsrechts hingewiesen.[134] Ausgangspunkt ist nicht zuletzt die Beobachtung, dass die Grundanknüpfungen im IPR vermehrt durch Sonderanknüpfungen durchbrochen werden.[135] Die Grund- und Menschenrechte spielen dabei eine nicht unerhebliche Rolle.

1. Spezielle Vorbehaltsklauseln

a) Sonderanknüpfung der Ehemündigkeit

Beispielhaft verwiesen sei zunächst auf die Sonderanknüpfung der Ehemündigkeit in Art. 13 Abs. 3 EGBGB. Die Regelung wurde durch das am 22.7.2017 in Kraft getretene Gesetz zur Bekämpfung von Kinderehen[136] neu geschaffen. Sie kommt zum Tragen, wenn das nach Art. 13 Abs. 1 EGBGB berufene (ausländische) Eheschließungsstatut, dem grundsätzlich auch die Frage der Ehemündigkeit unterliegt (vgl. Art. 13 Abs. 3 EGBGB), eine Ehe als wirksam behandelt, obwohl der Verlobte im Zeitpunkt der Eheschließung das 18. Lebensjahr noch nicht vollendet hatte.[137] Für diesen Fall bestimmt Art. 13 Abs. 3 EGBGB, dass die Ehe nach deutschem Recht unwirksam ist, wenn der Verlobte seinerzeit noch keine 16 Jahre alt war (Art. 13 Abs. 3 Nr. 1 EGBGB), und aufhebbar, wenn er zwar das 16., nicht aber das 18. Lebensjahr vollendet hatte (Art. 13 Abs. 3 Nr. 2 EGBGB). Von dem Unwirksamkeitsverdikt des Art. 13 Abs. 3 Nr. 1 EGBGB (und nur von diesem) sind lediglich jene Ehen ausgenommen, die von der Überleitungsvorschrift des Art. 229 § 44 Abs. 4 EGBGB erfasst werden.

Art. 13 Abs. 3 EGBGB stellt eine spezielle Vorbehaltsklausel dar:[138] Die Norm bewirkt die auf den ordre public zurückgeführte pauschale Korrektur eines über Art. 13 Abs. 1

---

134 Siehe nur *Michael Coester*, Art. 17b EGBGB unter dem Einfluss des Europäischen Kollisionsrechts, IPRax 33 (2013), 114-122 (115); *Coester-Waltjen* (Fn. 128), 30; *von Hein* (Fn. 15), Rn. 17; *Hübner* (Fn. 21), 587; insbesondere zur Materialisierung des Europäischen Kollisionsrechts: *Weller* (Fn. 80), 433 ff.; *Weller* (Fn. 63), 753 ff.

135 *Weller* (Fn. 80), 437; *Coester-Waltjen* (Fn. 128), 30; *Leonhard Hübner*, Unternehmenshaftung für Menschenrechtsverletzungen, Tübingen: Mohr Siebeck 2022, 448.

136 Gesetz zur Bekämpfung von Kinderehen v. 17.7.2017, BGBl. 2017 I, 2429.

137 Vgl. dazu, dass die Anwendbarkeit von Art. 13 Abs. 3 EGBGB eine wirksame Ehe nach ausländischem Recht voraussetzt, BT-Drs. 275/17, 25 f.; *Mark Makowsky*, Die „Minderjährigenehe" im deutschen IPR, RabelsZ 83 (2019), 577-611 (581 f.); *Mathias Rohe*, Die rechtliche Behandlung von Minderjährigenehen in Deutschland, StAZ 71 (2018), 73-80 (76).

138 BGH, Beschluss v. 14.11.2018, Az. XII ZB 292/16, IPRax 39 (2019), 152 (156): „spezielle Regelung des *ordre public*"; *Makowsky* (Fn. 137), 580 ff. (mit eingehender Begründung); *von Hein* (Fn. 15), Rn. 51 f.; *Juliana Mörsdorf*, in: Wolfgang Hau/Roman Poseck (Hrsg.), BeckOK BGB, 63. Edition (Stand: 1.2.2022), München: C.H. Beck, Art. 13 EGBGB Rn. 26; *Rohe* (Fn. 137), 76; *Bettina Gausing/Christiaan Wittebol*, Die Wirksamkeit von im Ausland geschlossenen Minderjährigenehen, DÖV 71 (2018),

EGBGB gefundenen Ergebnisses zugunsten des forumstaatlichen deutschen Rechts.[139] Als *lex specialis* verdrängt sie in ihrem Anwendungsbereich die allgemeine ordre public-Klausel des Art. 6 EGBGB. Die Regelung übernimmt damit in Bezug auf die Ehemündigkeit die Wahrung jener Rechtsgrundsätze, die zuvor über Art. 6 EGBGB geschützt wurden. Hierzu zählen auch und gerade die grund- und menschenrechtlichen Gewährleistungen, die Minderjährige vor einer Frühehe bewahren sollen.[140] Auf einen hinreichenden Inlandsbezug wird dabei ebenso verzichtet wie auf eine Abwägung im Einzelfall. Eine Ausnahme bildet allein die Übergangsregelung in Art. 229 § 44 Abs. 4 Nr. 2 EGBGB, die unter engen Voraussetzungen eine Heilung der im Ausland geschlossenen und dort geführten Minderjährigenehen vorsieht.[141]

Im Schrifttum hat die „rigorose"[142] Übertragung der inländischen Rechtsvorstellungen auf im Ausland wirksam geschlossene Ehen unter Beteiligung Minderjähriger (zu Recht) Kritik erfahren.[143] Insbesondere in Bezug auf das strikte Unwirksamkeitsverdikt werden neben verfassungs- und europarechtlichen Bedenken nicht zuletzt menschenrechtliche Aspekte, konkret der Schutz des Privat- und Familienlebens nach Art. 8 EMRK sowie Art. 12 UN-Kinderrechtskonvention[144] ins Feld geführt.[145] Auch der BGH hat jüngst Zweifel an der Verfassungskonformität des Art. 13 Abs. 3 Nr. 1 EGBGB geäußert und die Norm dem BVerfG vorgelegt.[146] Die Entscheidung steht noch aus.[147]

Unabhängig von dem Ausgang des verfassungsgerichtlichen Verfahrens stellt sich aber die Frage, ob es einer speziellen Vorbehaltsklausel im Sinne des Art. 13 Abs. 3 EGBGB bedarf, um den grund- und menschenrechtlichen Schutz Minderjähriger vor der Eingehung einer Frühehe zu gewährleisten. Dies dürfte letztlich zu verneinen sein:

41-50 (42). Für eine Klassifizierung als Eingriffsnorm dagegen *Dagmar Coester-Waltjen*, Kinderehen – neue Sonderanknüpfungen im EGBGB, IPRax 37 (2017), 429-436 (432); *Karsten Thorn*, in: Grüneberg, Bürgerliches Gesetzbuch, 81. Aufl., München: C.H. Beck 2022, Art. 13 EGBGB Rn. 3, 20; s. auch *Alexander Erbarth*, Die sog. Handschuhehe zwischen absoluter Nichtehe und wirksamer Ehe, FamRB 21 (2022), 321-331 (326).

139 Vgl. *von Hein* (Fn. 15), Rn. 52.

140 Vgl. dazu *Josef Bongartz*, Zur gebotenen rechtlichen Behandlung von Ehen unter Beteiligung Minderjähriger, NZFam 4 (2017), 541-546 (542); *Jennifer Antomo*, Eheschließung Minderjähriger und das deutsche Recht, NZFam 3 (2016), 1155-1161 (1159). In der Begründung des Gesetzgebungsentwurfs wird allgemein auf das Kindeswohl und den Minderjährigenschutz abgestellt, BT-Drs. 275/17, 1, 14. Siehe in diesem Zusammenhang auch Art. 13 Abs. 2 der Resolution des Institut de Droit International von 2021 (oben sub II.2.b.bb), der die Eingehung einer Kinderehe als Verstoß gegen die Menschenrechte brandmarkt.

141 Zu der Einordnung des Art. 229 § 44 Abs. 4 Nr. 2 EGBGB als „Heilungstatbestand" s. *Coester-Waltjen* (Fn. 138), 433; *Rolf Wagner*, Rechtsprechung zu Auslandsehen nach dem Kinderehebekämpfungsgesetz, FamRZ 68 (2021), 1266-1270 (1267), Fn. 19 mit weiteren Nachweisen.

142 Siehe *Coester* (Fn. 113), Rn. 39 („rigorose Durchsetzung der grundsätzlichen Verwerfung von Minderjährigenehen"); *Makowsky* (Fn. 137), 598 („rigorose Unwirksamkeitslösung"); *Wagner* (Fn. 141), 1267 („teilweise sehr „rigides" […] Regelungskonzept").

143 Siehe nur *Coester-Waltjen* (Fn. 138), 432 ff.; *Coester* (Fn. 113), Rn. 39; *Rohe* (Fn. 137), 74, 77 ff.; *Andrae* (Fn. 115), Rn. 96 ff.; *Gerald Mäsch*, in: Maximilian Herberger u.a. (Hrsg.), jurisPK-BGB, 9. Aufl. (Stand: 5.10.2020), Art. 13 EGBGB Rn. 51 f.; *Rainer Hüßtege*, Das Verbot der Kinderehe nach neuem Recht aus kollisionsrechtlicher Sicht, FamRZ 64 (2017), 1374-1380 (1375 f.); *Thorn* (Fn. 138), Rn. 20; *Bongartz* (Fn. 140), 545.

144 Übereinkommen über die Rechte des Kindes v. 20.11.1989, BGBl. 1992 II, 122.

145 *Coester-Waltjen* (Fn. 138), 431; *Michael Coester*, Stellungnahme der Kinderrechtekommission des Deutschen Familiengerichtstags e.V. [DFGT] v. 29.11.2016, FamRZ 64 (2017), 77-80 (79).

146 BGH (Fn. 138).

147 Bereits vorgelegt wurde eine auf Einladung des BVerfG vom Hamburger Max-Planck-Institut für ausländisches und internationales Privatrecht verfasste Stellungnahme „Die Frühehe im Rechtsvergleich: Praxis, Sachrecht, Kollisionsrecht", RabelsZ 84 (2020), 705-785.

Dem berechtigten Anliegen des Schutzes minderjähriger Nupturienten könnte bereits über den allgemeinen ordre public-Vorbehalt des Art. 6 EGBGB in angemessener Form Rechnung getragen werden.[148] Dabei würde Art. 6 EGBGB (anders als Art. 13 Abs. 3 EGBGB) eine individuelle und ergebnisoffene Prüfung des Kindeswohls gewährleisten, in die der Wille des (zumeist jugend- und nicht mehr kindlichen) Minderjährigen ebenso einzubeziehen wäre wie die sonstigen Umstände des Einzelfalles (etwa die Geburt von Kindern oder die erb- bzw. unterhaltsrechtlichen Folgen einer Nichtanerkennung der Ehe). Dieser Ansatz deckt sich im Übrigen mit einer Resolution des Europarats zu Zwangs- und Kinderehen aus dem Jahr 2005. Darin wird empfohlen, im Ausland geschlossene Kinderehen nicht anzuerkennen, es sei denn, die Interessen der betroffenen Person sprächen für eine Anerkennung.[149] Eine vergleichbare Herangehensweise sieht Art. 13 der Resolution des Institut de Droit International von 2021[150] vor.

b) Gleichheitswidriger Zugang zur Scheidung

Ein zweites Beispiel für die Durchsetzung menschenrechtlicher Gewährleistungen mittels spezieller Vorbehaltsklauseln bildet Art. 10 Var. 2 Rom III-VO.[151] Die Regelung schließt die Anwendung des durch Rechtswahl oder objektive Anknüpfung bestimmten Scheidungs- bzw. Trennungsstatuts aus, wenn die primär berufene *lex causae* einem der Ehegatten aufgrund seiner Geschlechtszugehörigkeit keinen gleichberechtigten Zugang zur Ehescheidung oder zur Trennung ohne Auflösung des Ehebandes gewährt. Umstritten ist, ob die Norm bereits dann Anwendung findet, wenn das verwiesene Recht abstrakt betrachtet diskriminierende Regelungen enthält (weite Auslegung), oder ob sich die Ungleichbehandlung auch konkret für einen der Ehegatten nachteilig auswirken muss (enge Auslegung).[152] Der Generalanwalt beim EuGH *Saugmandsgaard Øe* hat in dem Vorabentscheidungsverfahren in der Rechtssache *Sahyouni* für eine weite Auslegung des Art. 10 Rom III-VO plädiert.[153] Er sieht seine Auffassung durch den Wortlaut und die Systematik, vor allem aber durch den Zweck der Bestimmung gestützt. Insofern verweist er auf das in Art. 21 GRCh niedergelegte Verbot der Diskriminierung, insbesondere wegen des Geschlechts.[154]

Ich habe Zweifel, ob es wirklich einer abstrakten Verwerfungsklausel bedarf, um den in Art. 21 GRCh verbürgten Schutz zu gewährleisten. Dem Verbot der Diskriminierung hätte auch durch eine ordre public-Kontrolle nach Maßgabe des Art. 12 Rom III-VO Rechnung getragen werden können.[155] Nachdem sich der Verordnungsgeber nun aber

---

148 Zu dieser vielfach vertretenen Ansicht s. nur *Coester* (Fn. 145), 80; *Mansel* (Fn. 123), 562; ferner (im Hinblick auf eine mögliche Reform des IPR der Eheschließung; s. oben sub II.2.d.cc) *Coester-Waltjen* (Fn. 128), 32.

149 Parliamentary Assembly of the Council of Europe, Resolution 1468 (2005) on Forced Marriages and Child Marriages, No. 14.2.4. Als Kinderehe wird die Verbindung von zwei Personen definiert, von denen mindestens eine jünger als 18 Jahre alt ist (No. 7 der Resolution).

150 Siehe dazu oben sub II.2.b.bb.

151 Zur dogmatischen Einordnung des Art. 10 Rom III-VO als spezielle Vorbehaltsklausel s. *Christine Budzikiewicz*, in: Rainer Hüßtege/Heinz-Peter Mansel (Hrsg.), NomosKommentar, BGB, 3. Aufl., Baden-Baden: Nomos Verlag 2019, Art. 10 Rom III-VO Rn. 1 mit weiteren Nachweisen.

152 Siehe zu dem Streit *Budzikiewicz* (Fn. 151), Rn. 25 ff.

153 Schlussanträge des Generalanwalts beim EuGH *Henrik Saugmandsgaard Øe* v. 14.9.2017, Rs. C-372/16, ECLI:EU:C:2017:686, Rn. 70 ff. – *Sahyouni*.

154 *Saugmandsgaard Øe* (Fn. 153), Rn. 84.

155 Siehe auch *Dagmar Coester-Waltjen*, Die verpasste Chance – Der EuGH und die Privatscheidung, IPRax 38 (2018), 238-242 (242).

für eine spezielle Vorbehaltsklausel entschieden hat, sollte Art. 10 Var. 2 Rom III-VO jedenfalls eng ausgelegt werden. Die Gründe hierfür sind bereits andernorts angeführt worden; sie müssen hier nicht wiederholt werden.[156] An dieser Stelle soll der Hinweis genügen, dass eine abstrakte Kontrolle des ausländischen Scheidungs- oder Trennungsstatuts dem traditionellen Verständnis des IPR von der grundsätzlichen Gleichwertigkeit der Rechtsordnungen widerspricht.[157] Es bleibt zu hoffen, dass sich der EuGH in einem künftigen Verfahren gegen eine weite Auslegung des Art. 10 Var. 2 Rom III-VO aussprechen wird.[158]

Der deutsche Gesetzgeber hat im Übrigen auf die Aufnahme einer speziellen Vorbehaltsklausel im internationalen Scheidungsrecht verzichtet. Zwar finden auf Scheidungen, die nicht in den Anwendungsbereich der Rom III-VO fallen, die Kollisionsnormen der Verordnung weitgehend entsprechende Anwendung (Art. 17 Abs. 2 EGBGB). Von der Verweisung ausgenommen sind jedoch explizit die Vorbehaltsregelungen in Art. 10 und 12 Rom III-VO. An ihre Stelle tritt gemäß Art. 17 Abs. 2 Nr. 5 EGBGB der allgemeine ordre public-Vorbehalt des Art. 6 EGBGB. Es bleibt damit im autonomen deutschen Scheidungskollisionsrecht selbst dann bei einer reinen Ergebniskontrolle, wenn das Scheidungsstatut einem Ehegatten aufgrund der Geschlechtszugehörigkeit keinen gleichberechtigten Zugang zur Ehescheidung eröffnen sollte. Die Lösung über Art. 6 EGBGB ermöglicht einen angemessenen und ausreichenden Schutz (auch) menschenrechtlicher Gewährleistungen.

2. Menschenrechtsschutz durch Eingriffsnormen

Der Menschenrechtsschutz erfolgt im IPR aber nicht nur über die Vorbehaltsklauseln. Auch Eingriffsnormen können Menschenrechtsstandards kollisionsrechtlich zur Durchsetzung verhelfen. Diese Option ist zuletzt vor allem mit Blick auf die haftungsrechtliche Verantwortung international agierender deutscher Unternehmen diskutiert worden.[159] An erster Stelle steht dabei die Frage, ob die Menschenrechte als solche bereits Eingriffscharakter haben können.

a) Eingriffscharakter von Menschenrechten

Nach der Legaldefinition in Art. 9 Rom I-VO ist eine Eingriffsnorm „eine zwingende Vorschrift, deren Einhaltung von einem Staat als so entscheidend für die Wahrung seines öffentlichen Interesses, insbesondere seiner politischen, sozialen oder wirtschaftlichen Organisation, angesehen wird, dass sie ungeachtet des nach Maßgabe dieser Verordnung auf den Vertrag anzuwendenden Rechts auf alle Sachverhalte anzuwenden

---

156 *Budzikiewicz* (Fn. 151), Rn. 27 ff.

157 *Budzikiewicz* (Fn. 151), Rn. 27 mit weiteren Nachweisen.

158 In der Rs. *Sahyouni* blieb die Frage der Auslegung des Art. 10 Var. 2 Rom III-VO unbeantwortet; s. EuGH, Urteil v. 20.12.2017, Rs. C-372/16, ECLI:EU:C:2017:988, Rn. 50 – *Sahyouni*.

159 Siehe nur *Heinz-Peter Mansel*, Internationales Privatrecht de lege lata wie de lege ferenda und Menschenrechtsverantwortlichkeit deutscher Unternehmen, ZGR 47 (2018), 439-478 (470 ff.); *Gerhard Wagner*, Haftung für Menschenrechtsverletzungen, RabelsZ 80 (2016), 717-782 (744 ff.); *Christoph Wendelstein*, „Menschenrechtliche" Verhaltenspflichten im System des Internationalen Privatrechts, RabelsZ 83 (2019), 111-153 (150 ff.); *Friederike Pförtner*, Internationales Privatrecht und Menschenrechte. Kollisionsrechtliche Fragen zur zivilrechtlichen Haftung für Menschenrechtsverletzungen, in: Susanne Gössl u.a. (Hrsg.), Politik und Internationales Privatrecht, Tübingen: Mohr Siebeck 2017, 93-109 (100 ff.); *Hübner* (Fn. 135), 445 ff.

ist, die in ihren Anwendungsbereich fallen".[160] Nahezu wortgleiche Definitionen finden sich in Art. 30 Abs. 2 EuGüVO/EuPartVO für das Güterkollisionsrecht. Die betreffenden Begriffsbestimmungen können *mutatis mutandis* auf andere Rechtsgebiete übertragen werden.[161] Eingriffsnormen sind demzufolge „international zwingende Bestimmungen", die ohne Rücksicht auf das anwendbare Recht (Vertragsstatut, Deliktsstatut, Scheidungsstatut etc.) einen Sachverhalt regeln sollen.[162] Zu diesem Zweck enthalten sie spezielle einseitige Kollisionsnormen.[163] Der kollisionsrechtliche Gehalt einer Eingriffsnorm tritt allerdings nur selten offen zutage; zumeist muss durch Auslegung ermittelt werden, ob eine Sachnorm einen „allumfassenden Geltungsanspruch" besitzt.[164] In welchem Umfang die Sonderanknüpfung von Eingriffsnormen zum Tragen kommen kann, entscheidet das Kollisionsrecht des Forums, in Deutschland also das deutsche IPR.[165] Während das europäische Kollisionsrecht (als Teil des deutschen IPR) eine Öffnung der jeweiligen Regelwerke für die Anwendung von Eingriffsnormen vorsieht (vgl. Art. 9 Rom I-VO, Art. 16 Rom II-VO, Art. 30 EuGüVO/EuPartVO), finden sich im autonomen deutschen IPR vergleichbare Vorschriften nicht. Die Sonderanknüpfung von Eingriffsnormen ist jedoch als ungeschriebenes Institut anerkannt.[166]

Eine Qualifikation auch der Menschenrechte bzw. der menschenrechtlichen Gewährleistungen als Eingriffsnormen wird im Schrifttum indes zu Recht verneint.[167] Im Fokus der Diskussion steht zurzeit die haftungsrechtliche Verantwortung global agierender Unternehmen. Hier wird vor allem darauf verwiesen, dass die Grund- und Menschenrechte „im Horizontalverhältnis zwischen Privatrechtssubjekten [nicht] wirken",[168] jedenfalls aber nicht „mit einer universal-globalen Wirkung ausgestattet werden können"[169]. Davon unabhängig bleibt aber auch völlig unklar, welche haftungsrechtlichen Konsequenzen im Einzelnen aus den menschenrechtlichen Gewährleistungen abzuleiten sein sollten.[170] Wie oben ausgeführt, handelt es sich bei den Menschenrechten um Prinzipien.[171] Konkrete

---

160 Die Definition geht zurück auf EuGH, Urteil v. 23.11.1999, Rs. C-369/96 und C-376/96, ECLI:EU:C:1999:575, Rn. 30 – *Arblade*.

161 Vgl. *Heinz-Peter Mansel*, Eingriffsnormen im internationalen Sachenrecht, in: Thomas Ackermann/ Johannes Köndgen (Hrsg.), Privat- und Wirtschaftsrecht in Europa, FS für W.-H. Roth, München: C.H. Beck 2015, 375-382 (377); *von Hein* (Fn. 51), Rn. 309. Zur Übertragbarkeit der Definition der Eingriffsnorm nach Art. 9 Rom I-VO auf Art. 16 Rom II-VO s. EuGH, Urteil v. 31.1.2019, Rs. C-149/18, ECLI:EU:C:2019:84, Rn. 28 - *Da Silva Martins*.

162 *Kropholler* (Fn. 73), 19; *Christian von Bar/Peter Mankowski*, Internationales Privatrecht, Bd. 1, 2. Aufl., München: C.H. Beck 2003, § 4 Rn. 85; *von Hein* (Fn. 51), Rn. 309; kritisch zu dieser Begriffsbestimmung *Klaus Schurig*, Zwingendes Recht, „Eingriffsnormen" und neues IPR, RabelsZ 54 (1990), 217-250 (228): „nichts anderes als eine Umschreibung des Problems".

163 *Mansel* (Fn. 161), 376.

164 Siehe (zu Art. 34 EGBGB a.F.) BGH, Urteil v. 24.9.2014, Az. I ZR 35/11, NJW 68 (2015), 1690 (1693); eingehend *Mansel* (Fn. 161), 376.

165 Vgl. *Abbo Junker*, in: Münchener Kommentar zum BGB, 8. Aufl., München: C.H. Beck 2021, Art. 16 Rom II-VO Rn. 11.

166 *Mansel* (Fn. 161), 377; *Kurt Siehr*, Ausländische Eingriffsnormen im inländischen Wirtschaftskollisionsrecht, RabelsZ 52 (1988), 41-103 (41 f.).

167 *Wagner* (Fn. 159), 744 ff.; *Pförtner* (Fn. 159), 101 f.; *Felix Maultzsch*, in: Christine Budzikiewicz/ Marc-Philippe Weller/Wolfgang Wurmnest (Hrsg.), beck-online.GROSSKOMMENTAR, Stand: 1.9.2022, München: C.H. Beck, Art. 16 Rom II-VO Rn. 76; *Oliver Knöfel*, in: Rainer Hüßtege/ Heinz-Peter Mansel (Hrsg.), NomosKommentar, BGB, 3. Aufl., Baden-Baden: Nomos Verlag 2019, Art. 16 Rom II-VO Rn. 18; vgl. auch *Stürner* (Fn. 15), Rn. 254; ferner *Wendelstein* (Fn. 159), 150 ff.

168 *Wagner* (Fn. 159), 745 f.; zustimmend *Maultzsch* (Fn. 167), Rn. 76; s. auch *Knöfel* (Fn. 167), Rn. 18.

169 *Maultzsch* (Fn. 167), Rn. 76.

170 Vgl. auch *Stürner* (Fn. 15), Rn. 254.

171 Siehe oben sub II.2.c).

Regelungen sind ihnen nicht zu entnehmen. Sie bilden dementsprechend auch keine Eingriffsnormen.[172]

b) De lege ferenda: Durchsetzung menschenrechtlicher Gewährleistungen in internationalen Wertschöpfungsketten

Der deutsche Gesetzgeber hätte allerdings die Gelegenheit gehabt, die in §§ 3 ff. des neuen Lieferkettensorgfaltspflichtengesetzes (LkSG)[173] festgelegten menschenrechtlichen und umweltbezogenen Sorgfaltspflichten als Eingriffsnormen auszugestalten. Dies ist jedoch weder ausdrücklich noch implizit geschehen. Hierauf haben *Giesela Rühl* und *Constantin Knauer* jüngst unter Bezugnahme auf die Entstehungsgeschichte hingewiesen.[174]

Freilich könnte dem (am 1.1.2023 in Kraft tretenden) LkSG ohnedies ein kurzes Leben beschieden sein. Die Europäische Kommission hat am 23.2.2022 den Vorschlag für eine Corporate Sustainability Due Diligence Directive (CSDDD) vorgelegt.[175] Der Richtlinienentwurf (im Folgenden: CSDDD-E) geht zum Teil deutlich weiter als die Bestimmungen des LkSG. So sollen die Mitgliedstaaten nach Art. 22 Abs. 1 CSDDD-E sicherstellen, dass Unternehmen unter den in der Regelung aufgeführten Voraussetzungen für Schäden haften, die durch eine Verletzung der aus Art. 7 und 8 CSDDD-E resultierenden Pflichten entstanden sind.[176] Zudem haben die Mitgliedstaaten sicherzustellen, dass die im nationalen Recht zur Umsetzung von Art. 22 CSDDD-E vorgesehene Haftung zwingend Anwendung findet und Vorrang hat in Fällen, in denen das auf entsprechende Ansprüche anzuwendende Recht nicht das Recht eines Mitgliedstaats ist (Art. 22 Abs. 5 CSDDD-E). Die Haftungsregeln sind folglich als Eingriffsnormen auszugestalten.[177]

Sofern die in Rede stehende Haftung eines Unternehmens den Anknüpfungen der Rom II-VO unterfällt, stellt sich die Frage, ob den auf der (prospektiven) Richtlinie beruhenden Umsetzungsvorschriften über Art. 16 Rom II-VO Geltungsvorrang vor dem anwendbaren ausländischen Deliktsrecht zukommt[178] oder ob in diesem Fall Art. 27 Rom II-VO zum Tragen kommt. Da Art. 22 Abs. 5 CSDDD-E die Sonderanknüpfung der Um-

---

172 Vgl. auch *Mankowski* (Fn. 7), 95 f., der darauf hinweist, dass sich aus menschenrechtlichen Schutzpflichten keine Vorgaben für die Ausgestaltung des IPR ableiten lassen.

173 Gesetz über die unternehmerischen Sorgfaltspflichten in Lieferketten v. 16.7.2021, BGBl. 2021 I, 2959.

174 *Giesela Rühl/Constantin Knauer*, Zivilrechtlicher Menschenrechtsschutz? Das deutsche Lieferkettengesetz und die Hoffnung auf den europäischen Gesetzgeber, JZ 77 (2022), 105-114 (109 f.); s. auch *Maultzsch* (Fn. 167), Rn. 76; a.A. *Erik Ehmann*, Der Regierungsentwurf für das Lieferkettengesetz: Erläuterung und erste Hinweise zur Anwendung, ZVertriebsR 10 (2021), 141-151 (150).

175 Proposal for a Directive of the European Parliament and of the Council on Corporate Sustainability Due Diligence and amending Directive (EU) 2019/1937, COM(2022) 71 final.

176 Näher zum Haftungstatbestand des Art. 22 Abs. 1 CSDDD-E *Carsten König*, Die geplante EU-Richtlinie über Nachhaltigkeitspflichten von Unternehmen. Zivilrechtliche Haftung und gesellschaftsrechtliche Konsequenzen, NZG 25 (2022), 1186-1192 (1187 ff.); *Michael Nietsch/Michael Wiedmann*, Der Vorschlag zu einer europäischen Sorgfaltspflichten-Richtlinie im Unternehmensbereich *(Corporate Sustainability Due Diligence Directive)*, CCZ 15 (2022), 125-137 (132 f.).

177 *Peter Jung*, Werteschöpfung in der Liefer- und Absatzkette? - Zum Kommissionsvorschlag für eine Richtlinie über die Sorgfaltspflichten von Unternehmen im Hinblick auf Nachhaltigkeit, GPR 10 (2022), 109-121 (117); *Jessica Schmidt*, BB-Gesetzgebungs- und Rechtsprechungsreport zum Europäischen Unternehmensrecht 2021/22, BB 77 (2022), 1859-1876 (1862); *Gerald Spindler*, Der Vorschlag einer EU-Lieferketten-Richtlinie, ZIP 43 (2022), 765-777 (776); *Maultzsch* (Fn. 167), Rn. 66.2; s. auch *Nietsch/Wiedmann* (Fn. 176), 133 f.

178 So *Maultzsch* (Fn. 167), Rn. 66.2.

setzungsvorschriften ausdrücklich vorgibt, wird richtigerweise auf Art. 27 Rom II-VO abzustellen sein.[179] Das Ergebnis bleibt aber letztlich das gleiche.

Die weite Formulierung in Art. 22 Abs. 5 CSDDD-E („zur Umsetzung dieses Artikels vorgesehene Haftung") hat zur Folge, dass die Verweisungsnormen der Rom II-VO in erheblichem Umfang verdrängt werden.[180] Vor diesem Hintergrund war zu dem vorangehenden Richtlinienvorschlag (RV) des Europäischen Parlaments vom März 2021,[181] demzufolge die Bestimmungen dieses Entwurfs sämtlich als Eingriffsnormen im Sinne des Art. 16 Rom II-VO anzusehen sein sollten (Art. 20 RV),[182] bereits die Frage gestellt worden, ob es zulässig sei, „ganze Haftungsregime […] zu Eingriffsnormen zu erklären", oder ob es in diesem Fall nicht auch einer Änderung der Rom II-VO bedürfte.[183] Einen entsprechenden Vorschlag hatte im Vorfeld der Rechtsausschuss gemacht, der den Geschädigten eine (eingeschränkte) Rechtswahlmöglichkeit eröffnen wollte.[184] Die Idee wurde jedoch nicht umgesetzt. Eventuell sah man Konfliktpotential im Hinblick auf die aus dem Anwendungsbereich der Rom II-VO ausgenommene Verletzung der Persönlichkeitsrechte (s. Art. 1 Abs. 2 lit. g Rom II-VO). Der Anhang zum CSDDD-E zählt zu den Menschenrechten, deren Verletzung haftungsrechtliche Konsequenzen zeitigen soll, nicht zuletzt den Ruf einer Person.[185] Eine Sonderanknüpfung für unternehmensbezogene Menschenrechtsansprüche hätte damit eine Auseinandersetzung auch mit der Anknüpfung von Persönlichkeitsrechtsverletzungen im Allgemeinen initiiert – eine Baustelle, die man möglicherweise nicht aufmachen wollte.

3. Allgemeiner ordre public-Vorbehalt

a) Menschenrechte als Bestandteil des ordre public

Auf die Bedeutung des allgemeinen ordre public-Vorbehalts für die Durchsetzung menschenrechtlicher Gewährleistungen wurde eingangs bereits hingewiesen.[186] Die allgemeinen Vorbehaltsklauseln des autonomen sowie des unionalen und staatsvertraglichen IPR eröffnen den Gerichten die Möglichkeit, die Anwendung einer kollisionsrechtlich berufenen ausländischen Vorschrift zu versagen, wenn deren Anwendung zu einem Ergebnis führt, das mit wesentlichen Grundsätzen des deutschen Rechts (offensicht-

---

179 Vgl. auch *Heinz-Peter Mansel/Robin Kuhl*, Delikts- und Gesellschaftsstatut: Qualifikation der Unternehmensverantwortlichkeit in Lieferketten und bei einer Klimahaftung, in: Helmut Grothe/Peter Mankowski (Hrsg.), Europäisches und Internationales Privatrecht, FS für C. von Bar, München: C.H. Beck 2022, 251-272 (260) zu einem früheren Richtlinienentwurf des Europäischen Parlaments (s. Fn. 181).

180 Vgl. dazu *Nietsch/Wiedmann* (Fn. 176), 134, die auf offene Fragen in Bezug auf die Reichweite der Regelung hinweisen.

181 Entschließung des Europäischen Parlaments vom 10. März 2021 mit Empfehlungen an die Kommission zur Sorgfaltspflicht und Rechenschaftspflicht von Unternehmen (2020/2129(INL)), P9_TA(2021)00073.

182 *Mansel/Kuhl* (Fn. 179) verweisen auf die Bedeutung des Art. 20 RV als Qualifikationszuweisung. Eine entsprechende Bestimmung, die auch die Vorschriften des CSDDD-E als außervertraglich qualifizieren würde, sieht der aktuelle Vorschlag nicht mehr vor.

183 *Heinz-Peter Mansel/Karsten Thorn/Rolf Wagner*, Europäisches Kollisionsrecht 2021: Digitalisierung als Aufgabe, IPRax 42 (2022), 97-140 (103).

184 Siehe *Eva-Maria Kieninger*, Englisches Deliktsrecht, internationale Unternehmensverantwortung und deutsches Sorgfaltspflichtengesetz, RIW 67 (2021), 331-339 (338) Fn. 91.

185 Siehe Teil I Nr. 5 des Anhangs: „Violation of the prohibition of arbitrary or unlawful interference with a person's privacy, family, home or correspondence and attacks on their reputation, in accordance with Article 17 of the Universal Declaration of Human Rights".

186 Siehe oben sub I.

lich) unvereinbar ist (siehe Art. 6 S. 1 EGBGB). Zu den wesentlichen Grundsätzen des deutschen Rechts zählen auch und gerade die Grund- und Menschenrechte (vgl. Art. 6 S. 2 EGBGB). Die Durchbrechung der primären Verweisung zur Wahrung der inländischen Grundwertungen erfolgt durch Bildung einer Kollisionsnorm für den konkreten Einzelfall.[187]

Zur Überprüfung steht nicht das ausländische Recht als solches, sondern das konkrete Rechtsanwendungsergebnis. Erreicht werden soll Gerechtigkeit im Einzelfall.[188] Vor diesem Hintergrund muss (als ungeschriebenes Tatbestandsmerkmal) auch ein hinreichender Inlandsbezug des Falles zum Entscheidungszeitpunkt vorliegen. Bemüht wird das Bild kommunizierender Röhren: Je stärker der Inlandsbezug, desto weniger ist eine Abweichung von den wesentlichen Grundsätzen des deutschen Rechts zu tolerieren; je elementarer die Wertvorstellungen, desto geringer die Anforderungen an einen Bezug zum Inland.[189] Ob diese Grundsätze auch dann (unverändert) zum Tragen kommen, wenn es um die Verletzung menschenrechtlicher Gewährleistungen geht, wird seit einiger Zeit streitig diskutiert. Verschiedentlich finden sich Stimmen, die bei der Verletzung völkerrechtlich verbürgter Menschenrechte einen nur „schwachen" oder „geringen"[190] bzw. „jeden"[191] Inlandsbezug genügen lassen oder auf einen solchen sogar ganz verzichten wollen[192]. Andere halten an dem Erfordernis des Inlandsbezugs fest, erachten bei universell anerkannten Menschenrechten aber unter Umständen schon die Befassung inländischer Gerichte (oder Behörden) mit dem Fall als ausreichend.[193] Ein wieder anderer Ansatz stellt bei der Frage nach der Notwendigkeit eines Inlandsbezugs nicht auf die einfachgesetzliche Vorbehaltsklausel ab, sondern zieht unmittelbar die Grundlage der menschenrechtlichen Gewährleistung heran. Allein diese soll darüber befinden können, wie stark der Bezug zum Inland ausfallen muss, damit die betreffende Gewährleistung im Einzelfall zum Tragen kommt.[194] Dieser Ansatz überzeugt. Entscheidend muss letztlich sein, ob die (unmodifizierte) Anwendung ausländischen Rechts durch das mit der Sache befasste Gericht (oder die zuständige Behörde) zu einer Verletzung der Menschenrechte durch den betreffenden Hoheitsträger führen würde. Denn es ist seine Auslandsrechtsanwendung, die es zu kontrollieren gilt.[195] Bindet die menschenrechtliche Gewährleistung den Normanwender ungeachtet eines nur geringen Inlandsbezugs, ist jener völkerrechtlich zur Beachtung verpflichtet. Die einfachgesetz-

187 *Mansel* (Fn. 7), 195; *Mankowski (*Fn. 7), 91.
188 *Heinz-Peter Mansel*, Privatrechtsdogmatik und Internationales Privatrecht, in: Marietta Auer u.a. (Hrsg.), Privatrechtsdogmatik im 21. Jahrhundert, FS für C.-W. Canaris, Berlin: De Gruyter 2017, 739-788 (770).
189 *Budzikiewicz* (Fn. 19), Rn. 18.
190 *Von Bar/Mankowski* (Fn. 162), § 7 Rn. 269; *Markus Voltz*, in: Staudinger, Neubearbeitung 2013, Berlin: Otto Schmidt – De Gruyter, Art. 6 EGBGB Rn. 143 („‚völkerrechtlicher Minimumstandard', der unter allen Umständen von Art. 6 geschützt ist"); enger noch *Markus Voltz*, Menschenrechte und ordre public im Internationalen Privatrecht, Frankfurt am Main: Peter Lang 2002, 313, wo auf einen Inlandsbezug gänzlich verzichtet wird.
191 *Kegel/Schurig* (Fn. 73), 527; vgl. auch *Peter Scholz*, Die Internationalisierung des deutschen ordre public und ihre Grenzen am Beispiel islamisch geprägten Rechts, IPRax 28 (2008), 213-218 (216), wonach die internationale Zuständigkeit deutscher Gerichte genügt.
192 *Kokott* (Fn. 34), 107; *Voltz*, Menschenrechte (Fn. 190), 313; *Axel Halfmeier*, Menschenrechte und Internationales Privatrecht im Kontext der Globalisierung, RabelsZ 68 (2004), 653-686 (680); wohl auch *Kropholler* (Fn. 73), 253.
193 *Stürner* (Fn. 15), Rn. 256; *von Hein* (Fn. 15), Rn. 217.
194 *Mansel* (Fn. 7), 200 ff.; vgl. auch *Coester-Waltjen* (Fn. 7), 27 f. („für die Prüfung des Binnenbezugs [reicht] der jeweilige Geltungsbereich der internationalen Konvention [aus]").
195 *Mansel* (Fn. 7), 196.

liche Statuierung eines (wie auch immer gewichteten) Inlandsbezugs vermag daran nichts zu ändern. Der Verstoß gegen den ordre public erfolgt vielmehr unmittelbar mit der Verletzung des in Rede stehenden Menschenrechts.[196] Das Normanwendungsergebnis ist dementsprechend zu korrigieren. Denn es gilt: „Kein Staat darf sich zum Komplizen fremder Menschenrechtsverletzungen machen."[197]

b) Menschenrechte als Grenze der Anwendung des ordre public

Die Menschenrechte beschränken auf der anderen Seite aber auch die Möglichkeit, den ordre public zur Anwendung zu bringen. Führt die Berufung auf den ordre public zur Durchbrechung unionaler Verweisungen, wacht der EuGH über die Grenzen, innerhalb derer sich die mitgliedstaatlichen Gerichte auf die Vorbehaltsklauseln berufen dürfen.[198] Zu diesen Grenzen zählen auch die in der GRCh verbürgten Rechte. So ist es den mitgliedstaatlichen Gerichten verwehrt, sich auf den ordre public zu berufen, wenn die dadurch bewirkte Nichtanwendung fremden Rechts gegen die GRCh (etwa das in Art. 21 GRCh normierte Diskriminierungsverbot) verstieße.

Eine vergleichbare Rolle kommt dem EGMR im Hinblick auf die Gewährleistungen der EMRK zu. Bekannte Beispiele sind die Entscheidungen zur Leihmutterschaft. Der EGMR hatte sich mehrfach mit der Frage zu befassen, ob die Annahme eines ordre public-Verstoßes konventionsrechtswidrig ist, wenn darüber die Anerkennung einer rechtlichen Eltern-Kind-Beziehung zwischen einem im Wege der Leihmutterschaft geborenen Kind und seinen Wunscheltern versagt werden soll.[199] Dabei wird die Anwendung des ordre public nicht per se für unzulässig erklärt. Der Gerichtshof prüft vielmehr, ob durch die Nichtanerkennung eines Eltern-Kind-Verhältnisses ein gerechter Ausgleich zwischen den Interessen der Betroffenen (Wunscheltern und Kind) und den Interessen, die mittels des (in dem Konventionsstaat bestehenden) Leihmutterschaftsverbots durchgesetzt werden sollen, herbeigeführt wird.[200] Im Zentrum steht dabei das Recht auf Achtung des Privat- und Familienlebens (Art. 8 EMRK). Die einschlägige Rechtsprechung des EGMR hat maßgeblichen Einfluss auf die Behandlung von Leihmutterschaftsfällen in Deutschland: Der BGH stützt seine Entscheidungen zur Leihmutterschaft auch auf die Judikate aus Straßburg.[201]

4. Zwischenergebnis

Festzuhalten bleibt, dass dem IPR bei der zivilrechtlichen Durchsetzung menschenrechtlicher Gewährleistungen in letzter Zeit vermehrt Beachtung geschenkt wird. Dies gilt nicht nur für die (klassische) Durchsetzung menschenrechtlicher Gewährleistungen über den ordre public-Vorbehalt, sondern betrifft auch die Durchbrechung der regulären Verweisungen durch die Statuierung von Eingriffsnormen. Vor allem die Diskussion um die Haftung global agierender Unternehmen wegen Menschenrechtsver-

---

196 Eingehend zum Vorstehenden *Mansel* (Fn. 7), 202 f.
197 *Von Bar/Mankowski* (Fn. 162), § 7 Rn. 269.
198 Vgl. *Budzikiewicz* (Fn. 19), Rn. 12 ff.
199 EGMR, *Mennesson v. France*, App. No. 65192/11, Urteil v. 26.6.2014; EGMR, *Labassee v. France*, App. No. 65941/11, Urteil v. 26.6.2014; EGMR, *Valdís Fjölnisdóttir and others. v. Iceland*, App. No. 71552/17, Urteil v. 18.5.2021.
200 *Nußberger* (Fn. 20), 847 f.
201 BGH, Beschluss v. 10.12.2014, Az. XII ZB 463/13, IPRax 35 (2015), 261 (264, 266); BGH, Beschluss v. 5.9.2018, Az. XII ZB 224/17, NJW-RR 2018, 1473 (1475).

letzungen hat zu der Frage geleitet, ob bzw. in welchem Umfang menschenrechtliche Sorgfaltspflichten (auch) als Eingriffsnormen ausgestaltet werden können. In Brüssel sind diese Überlegungen bereits aufgegriffen worden. In welchem Umfang sie realisiert werden, bleibt abzuwarten.

IV. Gewährleistung der Menschenrechte durch Rechtslagenanerkennung?

Abschließend möchte ich noch einen Punkt ansprechen, der in letzter Zeit besondere Beachtung gefunden hat. Es ist die Frage nach der Pflicht zur Anerkennung im Ausland geschaffener Rechtslagen. *Christian von Bar* hat Anfang der 90er Jahre auf die Frage, warum es ein Verweisungsrecht gibt, geantwortet, dass es bislang einfach keine ausreichend funktionstüchtige Alternative gebe.[202] Eine solche Alternative wird heute von manchen in einem Rechtslagen-Anerkennungs-Regime gesehen.[203]

1. Die Entscheidungen des EuGH zur Anerkennung von Statusverhältnissen

Traditionell erfolgt die „Anerkennung" im Ausland begründeter Rechtslagen, für die keine verfahrensrechtliche Anerkennung in Betracht kommt, über die verweisungsrechtliche Methode:[204] Zu prüfen ist, ob die betreffende Rechtslage (etwa eine Eheschließung oder die abstammungsrechtliche Zuordnung des Kindes zu einem Elternteil) nach dem kollisionsrechtlich berufenen Recht besteht. Unter dem Eindruck verschiedener Entscheidungen des EuGH zum Gesellschafts-, Namens- und Familienrecht wird allerdings seit einiger Zeit die Frage gestellt, ob den primärrechtlichen Gewährleistungen, insbesondere der Gesellschafts- und Personenfreizügigkeit, nicht eine Pflicht zur Rechtslagenanerkennung innerhalb der EU zu entnehmen ist. Neuen Schwung bekommen hat die Diskussion durch das Urteil des EuGH in der Rechtssache *Coman*,[205] das den Blick auf die Anerkennung von Statusverhältnissen, insbesondere auf die gleichgeschlechtliche Ehe gelenkt hat. Der Gerichtshof kam gestützt auf Art. 21 Abs. 1 AEUV und Art. 7 GRCh/Art. 8 EMRK zu dem Schluss, dass es Rumänien verwehrt sei, einem nach belgischem Recht mit einem Rumänen in gleichgeschlechtlicher Ehe verheirateten US-Amerikaner die Gewährung eines Aufenthaltsrechts in Rumänien mit der Begründung zu verweigern, das rumänische Recht sehe die Ehe zwischen Personen gleichen Geschlechts nicht vor. Die Entscheidung hat im Schrifttum eine lebhafte Debatte darüber ausgelöst, ob der Gerichtshof hier den Grundstein für eine Anerkennungspflicht in Statusfragen gelegt haben könnte.[206] Befördert werden entsprechende Überlegungen

---

202 *Von Bar* (Fn. 3), 196; *Dirk Looschelders*, in: Staudinger, Neubearbeitung 2019, Berlin: Otto Schmidt – De Gruyter, Einleitung zum IPR Rn. 66.
203 Vgl. die Nachweise in Fn. 21.
204 Siehe nur *von Hein* (Fn. 21), Rn. 93.
205 Siehe oben Fn. 22.
206 Siehe nur *Anatol Dutta*, Anmerkung zu EuGH, Urteil v. 5.6.2018, Rs. C-673/16 – *Coman*, FamRZ 65 (2018), 1067-1068; *Jan von Hein*, Der Einfluss der EU-Grundrechte-Charta auf die Anwendung des Internationalen Familienrechts, in: Christine Budzikiewicz/Bettina Heiderhoff/Frank Klinkhammer/ Kerstin Niethammer-Jürgens (Hrsg.), Europa als Taktgeber für das Internationale Familienrecht, Baden-Baden: Nomos Verlagsgesellschaft 2022, 99-140 (132 ff.); *Looschelders* (Fn. 202), Rn. 74; *Fabian Michl*, Anmerkung zu EuGH, Urteil v. 5.6.2018, Rs. C-673/16 – *Coman*, FamRZ 65 (2018), 1147-1148 (1148).

durch das kürzlich ergangene Urteil des EuGH in der Rechtssache *Pancharevo*.[207] In diesem Fall hatten eine Bulgarin und eine Britin, die beide in Spanien lebten, in Gibraltar geheiratet. Für die in Spanien geborene Tochter des Paares stellten die spanischen Behörden eine Geburtsurkunde aus, in der die Bulgarin als „Mutter A" und die Britin als „Mutter" ausgewiesen wurden. Die Bulgarin beantragte für ihre Tochter sodann bei der Gemeinde Sofia die Ausstellung einer Geburtsurkunde; das Dokument ist Grundlage für die Ausstellung bulgarischer Ausweispapiere. Die Behörde verlangte allerdings von der Antragstellerin offenzulegen, wer die leibliche Mutter des Kindes ist. Da diese hierzu nicht bereit war, lehnte die Gemeinde Sofia die Ausstellung einer Geburtsurkunde ab. Wie in *Coman* verweist der EuGH auch in *Pancharevo* darauf, „dass eine nationale Maßnahme, die geeignet ist, die Ausübung der Personenfreizügigkeit zu beschränken, nur dann gerechtfertigt sein kann, wenn sie mit den durch die Charta verbürgten Grundrechten vereinbar ist".[208] Er kommt zu dem Schluss, dass es „gegen die dem Kind in den Art. 7 und 24 GRCh gewährleisteten Grundrechte verstieße, ihm die Beziehung zu einem seiner Elternteile im Rahmen der Ausübung seines Rechts, sich im Hoheitsgebiet der Mitgliedstaaten frei zu bewegen und aufzuhalten, vorzuenthalten oder ihm die Ausübung dieses Rechts faktisch unmöglich zu machen oder übermäßig zu erschweren, weil seine Eltern gleichen Geschlechts sind."[209] In der Rechtssache *Rzecznik Praw Obywatelskich*, der ein ähnlicher Fall zugrunde lag, hat der EuGH seine Auffassung jüngst bestätigt.[210]

Im Schrifttum wird darüber spekuliert, ob der EuGH seine Entscheidungen auf das Aufenthaltsrecht beschränken möchte oder ob es sich hier möglicherweise um die Ankündigung eines allgemeinen (auch menschenrechtlich begründeten) zivilrechtlichen Zwangs zur Anerkennung von Statusverhältnissen handeln könnte.[211] Ich habe Zweifel, ob der EuGH mit den Urteilen *Coman* und *Pancharevo* tatsächlich die Tür zu einer allgemeinen Anerkennungspflicht aufstoßen wollte. Die Entscheidungen beschränken sich letztlich auf Fragen der Freizügigkeit und des Aufenthaltsrechts. Eine generelle Pflicht zur Anerkennung von Statusverhältnissen ist ihnen nicht zu entnehmen.[212] Sie folgt – dies ist zu ergänzen – auch nicht aus der Rechtsprechung des EGMR, der dies jüngst für einen Leihmutterschaftsfall bestätigt hat.[213] Im Übrigen ist daran zu erinnern, dass das Primärrecht ebenso wie die Menschrechte zwar ein bestimmtes Rechtsanwendungsergebnis vorgeben können. Nicht determiniert ist damit aber zugleich der methodische Weg, auf dem dieses Ergebnis zu erreichen ist. Hierauf ist immer wie-

---

207 Siehe oben Fn. 23.

208 EuGH, *Pancharevo* (Fn. 23), Rn. 58.

209 EuGH, *Pancharevo* (Fn. 23), Rn. 65.

210 EuGH, Urteil v. 24.6.2022, Rs. C-2/21, ECLI:EU:C:2022:502 – *Rzecznik Praw Obywatelskich*.

211 Siehe zu entsprechenden Überlegungen *Jan Ole Flindt*, Anmerkung zu EuGH, Urteil v. 14.12.2021, Rs. C-490/20 – *Pancharevo*, FamRZ 69 (2022), 286-288 (288); *Kohler*, (Fn. 21), 228.

212 *Von Hein* (Fn. 206), 138; *Dirk Looschelders*, Probleme zum Anwendungsbereich der Güterrechtsverordnungen, in: Christine Budzikiewicz/Bettina Heiderhoff/Frank Klinkhammer/Kerstin Niethammer-Jürgens (Hrsg.), Standards und Abgrenzungen im Internationalen Familienrecht, Baden-Baden: Nomos Verlagsgesellschaft 2019, 123-144 (126).

213 EGMR, *Valdís Fjölnisdóttir* (Fn. 199), Rn. 56 ff.: keine staatliche Pflicht zur Anerkennung der Elternschaft zu einem im Ausland im Wege der Leihmutterschaft geborenen Kind, das mit den Wunscheltern biologisch nicht verwandt ist. Vgl. auch *von Hein* (Fn. 21), Rn. 130, der darauf hinweist, „dass eine schematische Anerkennung aller Statusverhältnisse jedenfalls aus menschenrechtlicher Sicht keinesfalls zwingend erscheint".

der hingewiesen worden.[214] Solange die primär- bzw. menschenrechtlich vorgegebenen Ziele erreicht werden, sind die Mitgliedstaaten in der Methodenwahl frei.

2. Resolution des Institut de Droit International

Mit der Frage nach dem Einfluss der Menschenrechte auf die Anerkennung von Statusverhältnissen hat sich auch das Institut de Droit International befasst. Seine Resolution von 2021[215] enthält hierzu in Art. 10 eine eigene Bestimmung:

„Respect for the rights to family and private life requires the recognition of personal status established in a foreign State, provided that the person concerned has had a sufficient connection with the State of origin, in accordance with Article 3, paragraph 1, as well as with the State whose law has been applied, and that there is no manifest violation of the international public policy of the requested State, in accordance with Article 8."

Im Hinblick auf die Anerkennung der Abstammung sieht Art. 14 der Resolution vor, dass dem Kindeswohl im Rahmen der ordre public-Kontrolle besondere Bedeutung zuzumessen ist:

„In view of the recognition of a parentage relationship established in a foreign State, the best interests of the child should be taken into particular account in the assessment of the public policy of the State where recognition is sought."

Mit der in Art. 10 geforderten „ausreichenden Verbindung" (sufficient connection) zum Ursprungsstaat und zum Staat, dessen Recht Anwendung gefunden hat, nennt die Resolution ein Kriterium, anhand dessen über die Anerkennungsfähigkeit des im Ausland begründeten Status zu entscheiden sein soll.[216] Auch wenn es sich hier um Zielvorgaben und nicht um Normvorschläge handelt, zeigt die Formulierung doch bereits die Schwierigkeiten, mit denen eine Anerkennungslösung zu kämpfen hat. Denn mit der (vagen) Vorgabe einer „ausreichenden Verbindung" wird letztlich – worauf *Heinz-Peter Mansel* schon vor Jahren hingewiesen hat – ein „zweites Kollisionsrechtssystem außerhalb des internationalen Privatrechts" geschaffen, „das allerdings jeder sicheren Rechtsgrundlage entbehrt weil die Bestimmung des Erststaats nach […] einem generalklauselartigen Näheverhältnis arbiträr ist".[217] Rechtssicherheit und Vorhersehbarkeit sind im Kollisionsrecht wesentliche Leitprinzipien der Normbildung. Ein Anerkennungsregime darf dahinter nicht zurückfallen.

Die Europäische Kommission arbeitet zurzeit an einem Vorschlag für eine „Regulation on the recognition of parenthood between Member States". Es steht zu erwarten, dass der Entwurf ein mehrgliedriges Lösungsmodell enthalten wird, das durch eine Verbindung von vereinheitlichten Kollisionsnormen und einem Anerkennungsregime getragen wird. Der Verordnungsvorschlag ist für Dezember 2022 angekündigt.[218] Dann wissen wir mehr.

---

214 Siehe nur *Mansel* (Fn. 21), 29 ff. mit weiteren Nachweisen.
215 Siehe dazu oben sub II.2.b.bb.
216 Vgl. zu der Notwendigkeit eines Kriteriums zur Auflösung konkurrierender Rechtslagen *Mansel* (Fn. 21), 39 f.
217 *Mansel* (Fn. 21), 40, 41.
218 SEC(2022) 2436 final. Der Verordnungsvorschlag wurde nach Manuskriptabgabe am 7.12.2022 veröffentlicht, s. COM (2022) 695 final.

V. Fazit

Nach meiner Tour d'Horizon fällt das Fazit knapp aus: Die Bedeutung der Menschenrechte für die *Kollisionsnormbildung* beschränkt sich in erster Linie auf die Vorgabe von Prinzipien. Es handelt sich bei den Menschenrechten um eine Metaordnung, die den Rahmen vorgibt, die Details aber dem Normgeber überlässt. Nicht zu übersehen ist allerdings, dass das IPR in jüngerer Zeit als Mittel zur *Durchsetzung menschenrechtlicher Gewährleistungen* an Bedeutung gewonnen hat. Katalysator dieser Entwicklung ist vor allem die Diskussion um die Haftung von Unternehmen für Menschenrechtsverletzungen. Hier steht die Statuierung menschenrechtlicher Eingriffsnormen aus europäischer Feder zu erwarten. Ob die menschenrechtlichen Gewährleistungen auch den Motor bilden werden für die Einführung des vielfach geforderten *Anerkennungsprinzips*, wird sich zeigen. Die Menschenrechte können insofern nur Zielvorgaben machen; die Methodenwahl bleibt dem Gesetzgeber überlassen. Neue Impulse könnte der angekündigte Entwurf einer EU-Verordnung zur Anerkennung der Elternschaft geben. Über ihn wird noch zu diskutieren sein.

Thesen

zum Referat von Prof. Dr. Christine Budzikiewicz, Marburg

1. Der deutsche Gesetzgeber hat bei der Kollisionsnormbildung neben den Grundrechten der deutschen Verfassung auch die Gewährleistungen der völkerrechtlichen Menschenrechte zu beachten. Die Menschenrechte stecken die Grenzen der Gestaltungsspielräume im IPR ab. Es handelt sich um Prinzipien, die der Normbildung zugrunde zu legen sind. Zu ihnen zählt insbesondere die Wahl diskriminierungsfreier Anknüpfungspunkte. Konkrete Vorgaben im Hinblick auf die Wahl eines Anknüpfungspunktes folgen aus den Menschenrechten hingegen nicht. Dies gilt auch für die in der EMRK verbürgten Rechte. Innerhalb des Rahmens, der durch die Menschenrechte gezogen wird, ist es Aufgabe des Gesetzgebers, konkrete Verweisungsregeln zu formulieren.

2. Mit der zunehmenden Vergemeinschaftung des IPR ist die Frage nach dem Einfluss der Menschenrechte heute unter besonderer Berücksichtigung des europäischen Kollisionsrechts zu beantworten. Nach Art. 6 EUV stützt sich der Schutz der Grundrechte in der EU in erster Linie auf die Rechte, Freiheiten und Grundsätze, die in der Grundrechte-Charta niedergelegt sind. Die Bedeutung der Charta (auch) für das europäische Verordnungskollisionsrecht wird in den Erwägungsgründen etlicher Verordnungen hervorgehoben.

3. Die kulturelle Identität der Anknüpfungspersonen hat keinen unmittelbaren Einfluss auf die Normbildung im IPR. Insbesondere erzwingt sie keine spezielle Ausgestaltung der Verweisungsregeln im Sinne eines Primats der Aufenthalts- oder der Staatsangehörigkeitsanknüpfung.

4. Weder das Scheidungsmonopol der deutschen Gerichte noch der Standesamtszwang bei Inlandstrauungen verstoßen gegen die in der EMRK verbürgten Rechte.

5. Dem IPR wird bei der zivilrechtlichen Durchsetzung menschenrechtlicher Gewährleistungen vermehrt Beachtung geschenkt. Dies gilt nicht nur für die Durchsetzung menschenrechtlicher Gewährleistungen über den ordre public-Vorbehalt, sondern betrifft auch die Durchbrechung der regulären Verweisungen durch die Statuierung von Eingriffsnormen.

6. Eingriffsnormen können Menschenrechtsstandards kollisionsrechtlich zur Durchsetzung verhelfen. Katalysator dieser Entwicklung ist vor allem die Diskussion um die Haftung von Unternehmen für Menschenrechtsverletzungen. Eine Qualifikation der Menschenrechte bzw. der menschenrechtlichen Gewährleistungen als Eingriffsnormen ist allerdings zu verneinen.

7. Um den grund- und menschenrechtlichen Schutz Minderjähriger vor der Eingehung einer Frühehe zu gewährleisten, hätte es keiner speziellen Vorbehaltsklausel bedurft. Der allgemeine ordre public-Vorbehalt wäre insofern ausreichend. Dasselbe gilt für einen diskriminierungsfreien Zugang zur Scheidung. Die vom Generalanwalt beim EuGH für erforderlich gehaltene abstrakte Kontrolle ausländischen Scheidungsrechts widerspricht dem traditionellen Verständnis des IPR von der grundsätzlichen Gleichwertigkeit der Rechtsordnungen.

8. Der allgemeine ordre public-Vorbehalt besitzt für die Durchsetzung menschenrechtlicher Gewährleistungen besondere Bedeutung. Die Grund- und Menschenrechte zählen zu den wesentlichen Grundsätzen des deutschen Rechts. Steht eine Menschenrechtsverletzung in Rede, liegt ein ordre public-Verstoß bereits dann vor, wenn die Anwendung des verwiesenen ausländischen Rechts zu einer Verletzung der Menschenrechte durch den mit der Sache befassten Hoheitsträger führen würde. Eine Relativierung des Menschenrechtsverstoßes durch die einfachgesetzliche Statuierung eines Inlandsbezugs kommt in diesem Fall nicht in Betracht.

9. Der EuGH und der EGMR wachen im Rahmen ihrer Zuständigkeiten über die Grenzen, innerhalb derer sich die Mitglieds- bzw. Konventionsstaaten auf den ordre public-Vorbehalt berufen dürfen.

10. Den Urteilen des EuGH in *Coman* und *Pancharevo* ist eine Pflicht zur Einführung eines umfassenden Anerkennungsprinzips in Statusfragen nicht zu entnehmen. Auch aus den Entscheidungen des EGMR kann eine allgemeine Pflicht zur Anerkennung von Statusverhältnissen nicht gefolgert werden. Der EGMR erkennt den Konventionsstaaten in seiner Rechtsprechung zu Art. 8 EMRK einen erheblichen Beurteilungs- und Gestaltungsspielraum zu. Soll das verweisungsrechtliche System durch ein Anerkennungsprinzip ergänzt werden, bedürfte es einer Entscheidung des Gesetzgebers.

Summary

The Influence of Human Rights on Private International Law
by Prof. Dr. Christine Budzikiewicz, Marburg

1. In addition to the fundamental rights of the German constitution, the German legislature must also observe the guarantees of human rights under international law when forming conflict-of-law rules. Human rights set the limits within which the legislator can act. They are part of the principles on which the formation of rules must be based. They encompass, in particular, the choice of non-discriminatory connecting factors. However, human rights do not contain any concrete requirements with regard to the choice of a connecting factor. This also applies to the rights guaranteed in the ECHR. Within the framework drawn by human rights, it is up to the legislator to formulate concrete conflict-of-law rules.

2. With the increasing europeanisation of private international law, the question as to the influence of human rights must be answered, with particular consideration of the European conflict of laws. According to article 6 TEU, the protection of fundamental rights in the EU is primarily based on the rights, freedoms and principles laid down in the Charter of Fundamental Rights. The importance of the Charter, also for European conflict-of-laws rules, is emphasised in the recitals of several regulations.

3. Cultural identity has no direct influence on the formation of rules in private international law. In particular, it does not force a connection to either the residence or the nationality of a person.

4. Neither the divorce monopoly of the German courts, nor the compulsion to marry before the registrar, violate the rights guaranteed in the ECHR.

5. Increasing attention is being paid to private international law in the civil law enforcement of human rights guarantees. This applies not only to the enforcement of human rights guarantees via the public policy reservation, but also to the establishment of overriding mandatory provisions.

6. Overriding mandatory provisions can help enforce human rights standards under conflict-of-law rules. Above all, the catalyst for this development is the discussion about the liability of companies for human rights violations. However, the characterisation of human rights, or human rights guarantees, as overriding mandatory provisions must be denied.

7. To guarantee the protection of minors from early marriage under fundamental and human rights, no special public policy clause would be necessary. The general public policy reservation would be sufficient in this respect. The same applies to non-discriminatory access to divorce. The abstract control of foreign divorce law, which the Advocate General at the ECJ considers necessary, contradicts the traditional understanding of private international law with regard to the fundamental equivalence of legal systems.

8. The general public policy reservation is of particular importance for the enforcement of human rights guarantees. Fundamental and human rights are among the essential principles of German law. If a human rights violation is at issue, a violation of

public policy already exists if the application of the foreign law referred to would lead to a violation of human rights by the sovereign authority involved in the case. In this case, it is out of the question to relativise the human rights violation by additionally examining a domestic reference.

9. The ECJ and the ECtHR, within the scope of their competences, monitor the limits within which the member states or convention states may invoke the public policy exception.

10. The ECJ rulings in *Coman* and *Pancharevo* do not imply an obligation to introduce a comprehensive principle of recognition of personal status. Nor can a general duty to recognise a personal status be inferred from the decisions of the ECtHR. In its case law on article 8 ECHR, the ECtHR grants the Convention states a considerable margin of appreciation. If the conflict-of-law system is to be supplemented by a recognition principle, a decision by the legislature would be required.

Internationale und Regionale Menschenrechte im Gegenwind

von Prof. MMag. Dr. Christina Binder, E.MA, Universität der Bundeswehr München

I. Einleitung/Verortung

Es wird von „limits" (*Bardo Fassbender/Knut Traisbach*), „twilight" (*Eric Posner*) oder „endtimes of human rights" (*Stephen Hopgood*) gesprochen und die Frage gestellt: „Can human rights survive?" (*Conor Gearty*). Sicher ist: Es krankt im System der Menschenrechte und ihrer Institutionen. Man sieht dies an einer Reihe von Symptomen, die sowohl innerhalb als auch außerhalb des Menschenrechtsregimes zu Tage treten. Hinter diesen Symptomen stehen aber – für die verschiedenen regionalen und internationalen menschenrechtlichen Schutzsysteme durchaus unterschiedliche – Krankheitsbilder, die diagnostiziert werden können. Dementsprechend empfiehlt dieser Beitrag schließlich unterschiedliche Therapien, um die Krankheiten zu behandeln.

Dabei beschränke ich mich auf *Backlash*-Tendenzen gegen die Menschenrechtsschutzinstitutionen auf regionaler und internationaler/globaler Ebene. Konkret behandle ich den Menschenrechtsschutz im europäischen, interamerikanischen und afrikanischen Raum; also regionale Systeme mit etablierten institutionellen Strukturen und die vertragsbasierten Mechanismen im Rahmen der Vereinten Nationen, mit besonderem Fokus auf dem Menschenrechtsausschuss (MRA). Kommen wir zuerst zu den Symptomen.

II. Symptome

1. Populistische Kritik

Dass der Menschenrechtsschutz weltweit zunehmend unter Druck gerät, zeigt sich zunächst im Bereich der politischen Rhetorik. Populistische Regierungen in zahlreichen Staaten – z. B. Türkei, Ungarn, Venezuela, Bolivien, Ecuador, Benin, Ruanda, Côte-d'Ivoire – kritisieren v. a. die regionalen Menschenrechtsgerichtshöfe und werfen ihnen illegitime Einmischung in innerstaatliche Angelegenheiten vor.

Zum einen wird behauptet, dass die Entwicklung der Menschenrechtsstandards durch nichtlegitimierte Institutionen erfolge, die ihre eigenen, obskuren Interessen verfolgten. Der ungarische Premier *Orban* erklärte z. B., dass die ungarische Bevölkerung gegen „ausländische Netzwerke und Institutionen" zu beschützen wäre und porträtiert Menschenrechtsschutzinstitutionen als „von dunklen Mächten geleitet", deren Ziel es sei, nationale Identitäten zu unterwandern.[1] Boliviens Ex-Präsident *Morales* bezeichnete die interamerikanischen Menschenrechtsinstitutionen als „Instrumente der Herrschaftsausübung" und der venezolanische Präsident *Maduro* wirft ihnen vor, keine menschenrechtlichen Anliegen zu verfolgen, sondern dem sozialistischen Staat schaden zu wollen.[2] Die Regierung Benins beschuldigt den afrikanischen Menschenrechtsgerichtshof, „eine Quelle der Rechtsunsicherheit zu sein".[3] Die ruandische Regierung sieht ihn als von den Tätern des Genozids manipuliert.[4]

Mit derartigen Narrativen geht häufig der Vorwurf einer mangelnden demokratischen Legitimation dieser Institutionen einher. Die Menschenrechtsschutzinstitutionen würden Rechte der „anderen" und nicht jene der jeweils eigenen Bevölkerung schützen und, generell, dem demokratischen Mehrheitsvotum des jeweiligen Staates widersprechen.[5]

---

1 Für Details siehe *Veronika Bílková*, Populism and Human Rights, Netherlands Yearbook of International Law 49 (2018), 143.

2 Vgl. El Pais, Venezuela abandona el sistema de derechos humanos interamericano, 10.9.2013, <https://elpais.com/internacional/2013/09/10/actualidad/1378780644_769381.html>.

3 Siehe die Erklärung des Justizministers von Benin: Retrait du Bénin de la CADHP - Déclaration du ministre de la Justice et de la Législation (Gouvernement de la République du Benin), 28.4.2020, <www.gouv.bj/actualite/635/retrait-benin-cadhp---declaration-ministre-justice-legislation/>.

4 IJRC, Rwanda Withdraws Access to African Court for Individuals and NGOs, 14.3.2016, <https://ijrcenter.org/2016/03/14/rwanda-withdraws-access-to-african-court-for-individuals-and-ngos/>.

5 Ungarns Premier *Orban* erklärte etwa, dass Ungarn sich für die Demokratie entschiede, „wenn es eine Wahl gibt zwischen „internationalen Menschenrechten und Demokratie". Die venezolanische Regierung wirft den interamerikanischen Menschenrechtsschutzinstitutionen vor, Teil einer Verschwörung gegen den (venezolanischen) Staat zu sein. Die Regierung Côte d'Ivoires meinte, dass der afrikanische Menschenrechtsgerichtshof die staatliche Souveränität untergrabe und die Fundamente der Herrschaft des Rechts aushöhle. Das demokratiepolitische Argument erscheint insofern als „altes" nationales Souveränitätsargument in neuem Gewand. Vgl. auch *Bílková*, (Fn. 1), 145, 166 ff.; siehe weiters

Ein weiterer in diesem Zusammenhang häufig ins Treffen geführter Vorwurf geht dahin, dass Menschenrechtsinstitutionen die Sicherheitsinteressen von Staaten ignorieren würden, insbesondere im Kampf gegen Terrorismus und Migration: Das „Sicherheitsargument" gegen Menschenrechte hat vor allem nach dem 11. September 2001 an Fahrt aufgenommen. Menschenrechte werden als Instrument aus einer anderen Zeit dargestellt, die nicht zur Lösung aktueller Probleme geeignet wären, schlimmer noch, sie würden Regierungen daran hindern, diesen Problemen effektiv zu begegnen.[6]

Auch in weniger dem Populismus verdächtigen Staaten werden derlei Argumente gegen Menschenrechtsschutzinstitutionen in Stellung gebracht: So wird im Rahmen der Schweizer „Selbstbestimmungsinitiative" ein Gegensatz zwischen Volkssouveränität und Menschenrechten behauptet.[7] Im Vereinigten Königreich wird ein Spannungsverhältnis zwischen Menschenrechten und der parlamentarischen Souveränität konstruiert.[8] In Dänemark wird dem Europäischen Menschenrechtsgerichtshof (EGMR) vorgeworfen, überzentralistisch und interventionistisch zu agieren.[9] Außerhalb Europas wandte sich die dominikanische Republik gegen den interamerikanischen Menschenrechtsgerichtshof (IAGMR).[10]

2. Austritt, Re-Dimensionierung, fehlende Kooperation und mangelnde Unterstützung durch die Regionalorganisation

Dazu kommt Gegenwind im Rahmen institutioneller/organisatorischer Strukturen, der vom Austritt über Forderungen nach einer Re-Dimensionierung bis zur fehlenden Unterstützung durch die jeweilige Regionalorganisation reicht und häufig direkt im Zusammenhang mit den oben referierten Vorwürfen steht. Venezuela kündigte etwa 2012 die Amerikanische Menschenrechtskonvention (AMRK).[11] Es folgte damit Trinidad und Tobago, das schon 1998 die Konvention verlassen hatte.[12] Peru, Ecuador und Boli-

---

Başak Çalı, Political Limits of International Human Rights: A Response, in: Bardo Fassbender/Knut Traisbach (Hrsg.), The Limits of Human Rights, Oxford: Oxford University Press 2019, 137 (144).

6 I.d.S. z.B. *Bílková* (Fn. 1).

7 Wäre die Initiative akzeptiert worden, hätte die Schweizer Verfassung u.a. Vorrang vor der EMRK im Konfliktfall gehabt. *Helen Keller/Reto Walther,* Resistance in Switzerland: Populist Rather Than Principled, in: Marten Breuer (Hrsg.), Principled Resistance to ECtHR Judgments – A New Paradigm?, Berlin: Springer 2019, 161 (188).

8 Siehe z.B. *Mikael Rask Madsen*, From boom to backlash? The European Court of Human Rights and the transformation of Europe, in: Helmut Philipp Aust/Esra Demir-Gürsel (Hrsg.), The European Court of Human Rights. Current Challenges in Historical Perspective, Cheltenham: Edward Elgar Publishing 2021, 21 (37 f.).

9 *Jacques Hartmann*, A Danish Crusade for the Reform of the European Court of Human Rights, EJIL: *Talk!*, 14.11.2017, <www.ejiltalk.org/a-danish-crusade-for-the-reform-of-the-european-court-of-human-rights/>; siehe auch *Madsen,* Boom to backlash (Fn. 8), 41.

10 Siehe für Details *infra* Teil II.2 (Fn. 14).

11 Gov't of the Bolivarian Republic of Venezuela, Ministry of the Popular Power for Foreign Affairs of the Bolivarian Republic of Venezuela, Note 000125, 6.9.2012, <www.oas.org/dil/esp/Nota_Republica_Bolivariana_de_Venezuela_al_SG_OEA.PDF>. Siehe auch *Diego Germán Mejía-Lemos*, Venezuela's Denunciation of the American Convention on Human Rights, ASIL Insights 17/1, 9.1.2013. Venezuela kündigte 2017 auch die OAS Charter; dies wurde jedoch vom IAGMR nicht akzeptiert. Vgl. IAGMR, Opinión Consultiva OC-26/20, 9.11.2020. Für Details siehe *Silvia Steininger,* Don't Leave Me This Way: Regulating Treaty Withdrawal in the Inter-American Human Rights System, EJIL:*Talk!*, 5.3.2021.

12 Vgl. *Christina M. Cerna*, Denunciation of the American Convention on Human Rights: The Trinidad and Tobago Death Penalty Cases, <Denunciation of the American Convention on Human Rights: The Trinidad and Tobago death penalty cases (corteidh.or.cr)>.

vien drohten mit einem Rückzug,[13] wie schon die dominikanische Republik den Rückzug erwogen hatte, nachdem das dominikanische Verfassungsgericht die Unterwerfung unter die Gerichtsbarkeit des IAGMR für verfassungswidrig erklärt hatte.[14] Letzteres stand in Zusammenhang mit Urteilen des interamerikanischen Gerichtshofs betreffend den Status haitianischer Einwanderer in der dominikanischen Republik.[15] In Europa drohte das Vereinigte Königreich mit einem Rückzug aus der Europäischen Menschenrechtskonvention (EMRK); auch in Dänemark und der Schweiz waren derartige Stimmen zu hören.[16] Russland zog sich, nach dem Angriff auf die Ukraine, im März 2022 aus dem Europarat zurück, ebenso wie aus der EMRK,[17] nachdem es schon 2017 im Zusammenhang mit Kritik an der Annexion der Krim mit dem Rückzug gedroht hatte. Vier afrikanische Staaten – namentlich: Ruanda, Benin, Côte d'Ivoire sowie Tansania, letzterer immerhin der Sitzstaat des afrikanischen Menschenrechtsgerichtshofs – zogen ihre Zustimmung zur Kompetenz des Gerichtshofs zurück, Klagen von Individuen und NGOs zu empfangen.[18] Die menschenrechtliche Jurisdiktion des subregionalen Tribunals der *South African Development Community* (errichtet 2005) wurde im Zusammenhang mit seinem ersten/umstrittenen Urteil gegen Zimbabwe 2008 – in dem die Enteignung weißer Grundeigentümer auf dem Prüfstand stand – letzten Endes ganz abgeschafft.[19]

Auch die Forderung nach einer Re-Dimensionierung, in diesem Zusammenhang also einem Zurückdrängen der regionalen Menschenrechtsüberwachungssysteme, ist zu beobachten. In Europa äußerte sich dies etwa mit dem in Interlaken angestoßenen Reformprozess und der Annahme des – letztlich moderaten – Protokolls Nr. 15 zur EMRK, das im August 2021 in Kraft getreten ist und das Subsidiaritätsprinzip und den Ermessensspielraum in den Konventionstext inkorporiert. Dänemark hat im Nachgang noch beschränkendere Reformen gefordert.[20] Fünf lateinamerikanische Staaten (Argentinien, Brasilien, Kolumbien, Paraguay und Chile) äußerten 2019 ähnliche Besorgnis

---

13 Siehe für Details *Sabrina Ragone,* The Inter-American System of Human Rights: Essential Features, in: Armin von Bogdandy *et al.* (Hrsg.), Transformative Constitutionalism in Latin America. The Emergence of a New Ius Commune, Oxford: Oxford University Press 2017, 279 (300). Peru hatte die Anerkennung der Gerichtsbarkeit des IAGMR am 9. Juli 1999 zurückgezogen; nach der Flucht *Fujimoris* hat sich das Verhältnis zum IAGMR normalisiert.

14 Die Rücknahme der Unterwerfungserklärung unter den IAGMR wurde vom Gerichtshof nicht anerkannt. Der Rückzug aus der AMRK wurde nicht formell vollzogen. Allerdings hat die dominikanische Republik die Kooperation mit dem IAGMR eingestellt. Für Details siehe *Ximena Soley/Silvia Steininger,* Parting Ways or Lashing Back? Withdrawals, Backlash and the Inter-American Court of Human Rights, International Journal of Law in Context 14 (2018), 237.

15 Siehe etwa, IAGMR, *Case of expelled Dominicans and Haitians v. Dominican Republic,* Urteil v. 28.8.2014 (Preliminary Objections, Merits, Reparations and Costs), Series C No. 282. Für Details, *Soley/Steininger* (Fn. 14).

16 Siehe *Madsen,* Boom to backlash (Fn. 8).

17 Sekretariat des Europarats, Notifikation Russlands vom 15.3.2022, DD(2022)101.

18 Siehe <www.african-court.org/wpafc/declarations/>. Als Gründe für die Rücknahme wurden u.a. die Errichtung eines autokratischen Regimes (Benin); bzw. die Klagsflut genannt (Tansania). Siehe generell *Nicole De Silva,* A Court in Crisis: African States' Increasing Resistance to Africa's Human Rights Court, 19.5.2020, < http://opiniojuris.org/2020/05/19/a-court-in-crisis-african-states-increasing-resistance-to-africas-human-rights-court/>; *Tom Gerald Daly/Micha Wiebusch,* The African Court on Human and Peoples' Rights: Mapping Resistance against a Young Court, International Journal of Law in Context 14 (2018), 294.

19 Für Details *Frederick Cowell,* The Death of the Southern African Development Community Tribunal's Human Rights Jurisdiction, Human Rights Law Review 13 (2013), 153.

20 Vgl. *Hartmann* (Fn. 9).

über die „Autonomie" der interamerikanischen Menschenrechtsschutzinstitutionen und forderten mit Verweis auf die Subsidiarität ihre Beschneidung.[21]

Eine andere Form des Gegenwinds findet sich in der fehlenden Kooperation mit den internationalen Menschenrechtsschutzinstitutionen. Ein Beispiel wäre das Individualbeschwerde- und Staatenberichtsverfahren im Rahmen des Pakts über bürgerliche und politische Rechte (PBPR), bei dem Staaten Informationsanfragen des Menschenrechtsausschusses häufig ignorieren.[22] Auch die zahlreichen spät bzw. nicht gelieferten Staatenberichte lassen, neben innerstaatlichen Kapazitätsproblemen, (zumindest) auf die geringe Bedeutung schließen, die den Vertragsüberwachungsmechanismen zugemessen wird.[23]

Ebenso gehört eine mangelnde Unterstützung der Menschenrechtsschutzinstitutionen durch die betreffende Regionalorganisation hierher, die bei der Afrikanischen Union (AU) besonders augenscheinlich ist und sich etwa im schwachen *Follow-up* bei durch die afrikanischen Menschenrechtsschutzinstitutionen festgestellten Verletzungen zeigt.[24]

3. Widerstand gegen Entscheidungen und fehlende Umsetzung

Der Widerstand gegen Entscheidungen, teils vehement vorgetragene Kritik, bzw. deren verzögerte, nur teilweise oder fehlende Umsetzung ist ein weiteres Symptom der Erkrankung der Menschenrechtsschutzsysteme. Die defizitäre Umsetzung einzelner Entscheidungen ist zwar nicht alleine und wohl auch nicht vorrangig ausschlaggebend für den „Erfolg" menschenrechtlicher Judikatur. Denn der *Impact,* die positiven Folgen von Entscheidungen der Institutionen, gehen regelmäßig über die unmittelbare Frage

---

21 República Argentina, la República Federativa del Brasil, la República de Chile, la República de Colombia y la República del Paraguay, Declaración Sobre el Sistema Interamericano de Derechos Humanos, 24. April 2019, Portal Oficial del Ministerio de Relaciones Exteriores de la República del Paraguay Gobiernos de Argentina, Brasil, Chile, Colombia y Paraguay se manifiestan sobre el Sistema Interamericano de Derechos Humanos (mre.gov.py).

22 I.d.S. *Sarah Joseph,* International Covenant on Civil and Political Rights, in: Christina Binder et al. (Hrsg.), Elgar Encyclopedia of Human Rights, London: Edward Elgar Publishing (2022), Rn. 53. Siehe auch *Ivana Jelic/Linus Mührel,* The Human Rights Committee – Challenges and Prospects for Enhanced Effectiveness and Integration, Journal of Human Rights Practice 14 (2022) (17-43) mit weiteren Beispielen, z.B. Aserbaidschan, Ungarn, Laos.

23 Notorisch sind verspätet oder gar nicht gelieferte Berichte im afrikanischen Regionalsystem (siehe Webseite der afrikanischen Menschenrechtskommission, <www.achpr.org/statistics>); aber auch in internationalen Vertragsregimen im Rahmen der VN lässt die Berichtsmoral zu wünschen übrig: so sind etwa 1/3 der Staaten mit ihren Berichten im Verzug. Siehe z.B. *Anja Seibert-Fohr,* The UN Human Rights Committee, in: Gerd Oberleitner (Hrsg.), Berlin: Springer 2018, 117 (124); *Jelic/Mührel* (Fn. 22).

24 Das afrikanische System der Überwachung von Entscheidungen ist vergleichbar mit dem europäischen System und erfolgt durch den Exekutivrat der AU (und die Versammlung der AU). Zum mangelnden politischen *Follow-up* siehe z.B. *Frans Viljoen,* Forging a credible African system of human rights protection by overcoming state resistance and institutional weakness: compliance at a crossroads, in: Rainer Grote/Mariela Morales Antoniazzi/Davide Paris (Hrsg.), Research Handbook on Compliance in International Human Rights Law, London: Edward Elgar Publishing 2021, 362 (371 ff.).

ihrer Umsetzung hinaus.[25] Trotzdem ist v. a. verbreitete Nichtumsetzung Zeichen der Erosion des Menschenrechtsschutzes.[26]

So ist schon statistisch das Ausmaß der Umsetzung ernüchternd; vor allem auf internationaler Ebene und im afrikanischen Raum. Weniger als ein Viertel der Entscheidungen des Menschenrechtsausschusses werden umgesetzt;[27] in Afrika sind es nur 14 % der Entscheidungen der Kommission und 7 % der Urteile des Gerichtshofs.[28] In Europa und im interamerikanischen Raum ist die Umsetzungsrate zwar vergleichsweise höher: es gibt aber durchaus spezifische Problemfelder: in Europa zeigen sich Umsetzungsdefizite etwa im Zusammenhang mit Postkonfliktsituationen und bei strukturellen innerstaatlichen Problemen wie fehlende Untersuchungen/Aufklärung von Misshandlungen durch staatliche Behörden und schlechte Bedingungen in Gefängnissen;[29] im interamerikanischen Raum wenn es um konkrete Wiedergutmachungsmaßnahmen wie die Pflicht zur Strafverfolgung und Wiedereröffnung von Verfahren geht.[30]

Zu diesem statistisch belegbaren Unwillen an der Umsetzung im Allgemeinen kommt konkreter Widerstand gegen bzw. die mangelhafte Umsetzung bestimmter Entscheidungen.[31] Innerstaatliche Gerichte quer durch Europa kritisieren Urteile des EGMR. Dies hat schon zur von *Marten Breuer* gestellten Frage geführt, ob „*principled resistance*" ein neues Paradigma darstellt.[32]

Um nur einige Beispiele zu nennen: Wohlbekannt sind die (abstrakten) Grenzen des „letzten Wortes der deutschen Verfassung", die das deutsche Bundesverfassungsgericht dem EGMR im Fall *Görgülü* aufgezeigt hat.[33] In Österreich wäre in jüngerer Zeit insbe-

---

25 Siehe i.d.S., *Oscar Parra Vera*, The Impact of Inter-American Judgments by Institutional Empowerment, in: Armin von Bogdandy et al. (Hrsg.), Transformative Constitutionalism in Latin America. The Emergence of a New Ius Commune, Oxford: Oxford University Press 2017, 357; generell dazu *Rainer Grote/Mariela Morales Anoniazzi/Davide Paris,* Conclusion: moving beyond compliance without neglecting compliance in international human rights law, in: Rainer Grote/Mariela Morales Antoniazzi/Davide Paris (Hrsg.), Research Handbook on Compliance in International Human Rights Law, London: Edward Elgar Publishing 2021, 510 (520 f.).

26 I.d.S. *ibid.,* 521. Nur auf den *impact* abzustellen würde die normative Erwartungshaltung der Staaten mindern.

27 *Joseph* (Fn. 22).

28 Eine zumindest teilweise Umsetzung der Gerichtsurteile kommt gerade einmal auf magere 18%. Siehe für Details *Micha Wiebusch*, African Court on Human and Peoples' Rights, in: Christina Binder et al. (Hrsg.), Elgar Encyclopedia on Human Rights, London: Edward Elgar Publishing 2022, Rn. 46; vgl. auch die Dokumentation des afrikanischen Menschenrechtsgerichtshofs (*Strategic Plan 2021-2025* [2021] Rn. 97).

29 Vgl. Council of Europe/Committee of Ministers, Supervision of the Execution of Judgments and Decisions of the European Court of Human Rights 2020, <https://rm.coe.int/2020-cm-annual-report-eng/1680a1f4e8>.

30 I.d.S. etwa *Patricia Cruz Martin*, Compliance of the Judgments of the Inter-American Court of Human Rights, 26; *Cecilia M Bailliet,* Measuring Compliance with the Inter-American Court of Human Rights: The Ongoing Challenge of Judicial Independence in Latin America, NJHR 31 (2013), 477.

31 Nicht alle Fälle mangelnder Umsetzung sind allerdings Zeichen des Widerstands gegen Menschenrechtsschutzinstitutionen. Gründe liegen auch im juristischen Bereich, etwa betreffend die innerstaatliche Rechtslage bei der Umsetzung. Siehe dazu *infra,* Teil III.2.

32 Marten Breuer (Hrsg.), Principled Resistance to ECtHR Judgments – A New Paradigm?, Berlin: Springer 2020.

33 Dt. BVerfG, *Görgülü,* Beschluss des Zweiten Senats v. 14.10.2004, 2 BvR 1481/04 <www.bundesverfassungsgericht.de>, Rn. 35. Vgl. generell *Marten Breuer*, Principled Resistance to the European Court of Human Rights and its Case Law: a Comparative Assessment, in: Helmut Aust/Esra Demir-Gürsel (Hrsg.), The European Court of Human Rights, Current Challenges in Historical Perspective, London: Edward Elgar Publishing 2021, 43. Siehe auch *Beamtenstreikrecht,* wo das dt. BVerfG

sondere die Kritik des österreichischen Verfassungsgerichtshofs an Judikatur-Änderungen des EGMR – etwa zum Verbot der Doppelbestrafung/*ne bis in idem* in *Zolothukin v. Russland* (2009) –[34] anzuführen; in der Schweiz der Widerstand des Schweizer Bundesgerichts in der Rechtssache *Schlumpf*, bei der dem Gerichtshof vorgeworfen wurde, die Schweizer Rechtslage nicht richtig zu beurteilen und *ultra vires* zu handeln.[35] Auch wenn die aufgezeigten Grenzen nicht entscheidungsrelevant waren und die Urteile letzten Endes umgesetzt wurden, war die Kritik lautstark und vehement. Noch immer nur teilweise bzw. minimal umgesetzt sind die wohlbekannten vom Vereinigten Königreich heftig kritisierten Urteile des EGMR zum Wahlrecht von Gefangenen.[36] Das russische Verfassungsgericht lehnte in dem ähnlich gelagerten Fall *Anchugov und Gladkov*[37] die Umsetzung als verfassungswidrig gänzlich ab.[38]

Im interamerikanischen Raum stößt insbesondere die vom IAGMR entwickelte Konventionalitätskontrolle in einigen Staaten auf Widerstand. Danach verpflichtet der Gerichtshof auch die nationalen Gerichte von Staaten, die im Anlassfall gar nicht Verfahrensparteien waren, Gesetze, die gegen die AMRK verstoßen, im Rahmen einer dezentralen Normenkontrolle nicht anzuwenden, und verleiht ihnen damit *erga omnes* Effekt (erstmals in *Almonacid v. Chile* 2006).[39] So lehnt etwa der brasilianische oberste Gerichtshof die Konventionalitätskontrolle ebenso ab wie das chilenische Verfassungs-

---

feststellte, dass ein Urteil des EGMR gegen einen anderen Staat, diesfalls die Türkei, Deutschland nicht daran hindere, Berufsbeamten das Recht auf Streik zu verbieten. BVerfG, *Beamtenstreikrecht*, Urteil des 2. Senats v. 12.6.2018, 2 BvR 1738/12 - - 2 BvR 1395/13 - - 2 BvR 1068/14 - - 2 BvR 646/15; dazu gleich Teil IV.2.

34 EGMR, *Zolothukin v. Russia* (Große Kammer), App. No. 14939, Urteil v. 10.2.2009. Österr. VfGH, Entscheidung v. 2.7.2009, B559/08, StGB-StVO. Für Details siehe *Fridolin Krepp*, Doppelbestrafungsverbot: VfGH verweigert EGMR die Gefolgschaft, JAP 22 (2009/2010) 212; *Claudia Fuchs*, Ne bis in idem: Korrespondenzen zwischen Straßburg und Wien, Jahrbuch Öffentliches Recht (2010) 181. In *A and B v. Norwegen* (EGMR (Große Kammer), *A and B v. Norway*, App. No. 30254/18, Urteil v. 15.11.2016) bestätigt der EGMR die in *Zolothukin* vertretene Judikaturlinie zu *ne bis in idem*. Dies scheint der VfGH zu akzeptieren, ohne es allerdings explizit zu machen. Siehe generell *Anna Katharina Struth*, 'Principled Resistance' to ECtHR Judgments in Austria, in: Marten Breuer (Hrsg.), Principled Resistance to ECtHR Judgments – A New Paradigm?, Berlin: Springer 2019, 89 (124).

35 Schweizer Bundesgericht, *Schlumpf v. SWICA* BGE 137 I 86; EGMR, *Schlumpf v. Schweiz*, App. No. 29002/06, Urteil v. 8.1.2009. Konkret ging es um die Rückerstattung von Kosten für eine Geschlechtsumwandlung. Siehe generell *Tilmann Altwicker*, Switzerland: The Substitute Constitution in Times of Popular Dissent, in: Patricia Popelier/Sarah Lambrecht/Koen Lemmens (Hrsg.), Criticism of the European Court of Human Rights: Shifting the Convention System: Counter-dynamics at the National and EU Level, Amsterdam: Intersentia 2016, 388. *Keller/Walther* (Fn. 7). Siehe weiters *Brigitte Pfiffner/Susanne Bollinger*, Ausweitung konventionsgeschützter Rechte durch den EGMR und Probleme der innerstaatlichen Umsetzung, Jusletter v. 21.11.2011, 9-10.

36 EGMR (Große Kammer), *Hirst v. United Kingdom (no. 2)*, App. No. 74025/01, Urteil v. 6.10.2005; EGMR, *Greens and M.T. v. United Kingdom*, App. Nos. 60041/08 und 60054/08, Urteil v. 23.11.2010; siehe *Paul Lemmens*, The European Court of Human Rights – Can There be Too Much Success?, Journal of Human Rights Practice 14 (2022) (169-190) für Details. Vgl. auch die zunehmende Zurückhaltung des italienischen Verfassungsgerichts, das seit 2015 von seiner überaus Straßburg-freundlichen Judikaturlinie abzurücken scheint: Für Details siehe *Raffaela Kunz*, Judging International Judgments Anew? The Human Rights Courts before Domestic Courts, EJIL 30 (2020), 1129 (1131).

37 EGMR, *Anchugov and Gladkov v. Russia*, Urteil v. 4.7.2013, App. No. 11157/04 und 15162/05.

38 Russisches Verfassungsgericht, Urteil v. 19.4.2016, Fall No. 12-P/2016. Auch die Umsetzung des *Yukos*-Urteils (EGMR, *Oao Neftyanaya Kompaniya Yukos v. Russia*, App. No. 14902/04, Urteil v. 31.7.2014 (just satisfaction)) wurde abgelehnt.

39 IAGMR, *Almonacid Arellano y otros v. Chile*, Urteil v. 26.9.2006 (Preliminary Objections, Merits, Reparations and Costs), Series C, No. 154.

gericht.[40] Darüber hinaus stoßen im interamerikanischen System vor allem konkrete zur Wiedergutmachung angeordnete Maßnahmen auf Ablehnung: Insbesondere wenn sie politisch sensible Bereiche betreffen (siehe den Widerstand der peruanischen Bevölkerung gegen die in *Castro Castro Prison v Peru* angeordnete Nennung bei einem Gefängnisbrand zu Tode gekommener Terroristen auf einem nationalen Monument);[41] die staatlichen Finanzen übersteigen (siehe insbesondere die bei Massaker-Fällen angeordneten Entschädigungszahlungen; z. B. in *Plan de Sanchez v Guatemala*)[42] oder wenn die geforderte Maßnahme angesichts der innerstaatlichen Rechtslage nicht umsetzbar ist (v. a. betreffend die Durchführung von Untersuchungen und die strafrechtliche Verfolgung der Täter – wie in *Bulacio v Argentinien*).[43] Auch ursprünglich gegenüber dem IAGMR aufgeschlossene Gerichte werden kritischer: So warf der argentinische Oberste Gerichtshof ihm in der *Fontevecchia d'Amico* Entscheidung (2017) sogar Kompetenzüberschreitung vor.[44]

Trotz der weitreichenden und teils doch intrusiven Judikatur des IAGMR ist der Widerstand aber vergleichsweise moderat.[45] Das kann u. a. mit der durch die Urteile erfolgten

---

40 Vgl. *Laurence Burgorgue-Larsen*, The Added Value of the Inter-American Human Rights System: Comparative Thoughts, in: Armin von Bogdandy et al. (Hrsg.), Transformative Constitutionalism in Latin America. The Emergence of a New Ius Commune, Oxford: Oxford University Press (2017) 377 (401ff) für Details. Beachte aber, dass der chilenische oberste Gerichtshof der Konventionalitätskontrolle offener als das chilenische Verfassungsgericht gegenübersteht; und in Brasilien zumindest einzelne föderale Gerichte, z.B. das *Supremo Tribunal Federal do Brasil*, die Konventionalitätskontrolle praktizieren (RE 466.343/2008). Der venezolanische oberste Gerichtshof verneint demgegenüber jegliche Bindungswirkung der Urteile des IAGMR in der nationalen Rechtsordnung; Verfassungskammer des Obersten Gerichtshofs von Venezuela, Urteil v. 26.9.2011, Case E N°11-1130.

41 IAGMR, *Miguel Castro- Castro Prison v. Peru*, Urteil v. 25.11.2006 (Merits, Reparations and Costs), Series C, No. 160.

42 IAGMR, *Plan Sánchez v. Guatemala*, Urteil v. 19.11.2004 (Reparations), Series C, No 116.

43 IAGMR, *Case of Bulacio v. Argentina*, Urteil v. 18.9.2003 (Merits, Reparations and Costs), Serie C, No. 100. Der argentinische oberste Gerichtshof kritisierte den IAGMR etwa in seiner *Espósito-Entscheidung* (2004) dafür, in *Bulacio* keinen angemessenen Ausgleich zwischen der staatlichen Pflicht, schwere Menschenrechtsverletzungen zu untersuchen und strafrechtlich zu verfolgen und den Rechten des Beschuldigten (auf Verteidigung und in angemessener Zeit abgeurteilt zu werden) gefunden zu haben, was der innerstaatlichen Rechtslage widerspreche. Allerdings wurde *Bulacio* letzten Endes, unter Verweis auf Art. 68 AMRK, umgesetzt.

44 Die Umsetzung des *Fontevecchia y D'Amico*-Urteils des IAGMR (IAGMR, *Fontevecchia and D'Amico v. Argentina*, Urteil v. 29.11.2011 (Merits, Reparations and Costs), Series C, No. 238) wurde konkret mit dem Argument abgelehnt, dass der Widerruf der Verurteilung aufgrund der Gewaltenteilung nicht möglich sei. Corte Suprema de Justicia de la Nación (Argentina), *Ministerio de Relaciones Exteriores y Culto s/ informe sentencia dictada en el caso 'Fontevecchia y D'Amico v Argentina' por la Corte Interamericana de Derechos Humanos*, 14.2.2017. Siehe auch die ähnlich restriktive Position des argentinischen obersten Gerichtshofs im *Muiña Case*, 3.5.2017. Vgl. generell zum Widerstand gegen den IAGMR, *Soley/Steininger* (Fn. 14); *Victor Abramovich*, Comentarios sobre el 'caso Fontevecchia', Centro de Justicia y Derechos Humanos UNLa, 17.2.2017, <http://ijdh.unla.edu.ar/advf/documentos/20 17/02/58ab010a10d4c.pdf>; *Jorge Contesse*, Judicial Backlash in Inter-American Human Rights Law?, International Journal of Constitutional Law Blog, 2.3.2017, <www.iconnectblog.com/2017/03/judici-al-backlash-interamerican/>.

45 So wurde etwa die weitreichende Judikatur des IAGMR im Bereich wirtschaftlicher und sozialer Rechte in einzelnen *Dissenting Opinions* kritisiert; soweit ersichtlich jedoch nicht seitens der betroffenen Staaten (Chile, Brasilien). Siehe z.B. die Kritik von *Judge Eduardo Vio Grossi* im *Case of the Workers of the Fireks Factory in Santo Antonio de Jesus and their Families v. Brazil*, Urteil, 15.7.2020, Series C No 407 (Rn. 99-105), betreffend die Auslegung des Art. 26 i.Vm. Art. 24 AMRK (Recht auf Gleichheit vor dem Gesetz): Für Details *A Tuiffi Saliba/Mariana Ferolla/Vallandro do Valle*, The Inter-American Court of Human Rights and the Quest for Equality: The Fireworks Factory case, 20.1.2021, EJIL: *Talk!*.

Stärkung der nationalen Gerichte gegenüber der Exekutive im internen System der Gewaltenteilung und der starken Rückbindung des Gerichtshofs an die Zivilgesellschaft im lateinamerikanischen Raum erklärt werden.[46] Dies ist im Übrigen gleich ein Hinweis auf eine mögliche Therapie.[47]

Bei den internationalen Menschenrechtsschutzinstitutionen zeigt sich der Widerstand – abgesehen von Kritik gegen eine allzu weite (extra)territoriale Anwendbarkeit der Menschenrechtsverträge gemäß *General Comments*, konkret des PBPR und des Pakts über wirtschaftliche, soziale und kulturelle Rechte (PWSKR)[48] – vor allem durch fehlende Umsetzung: dabei wird teils auf die nichtbindende Wirkung (und/oder falsche Gewichtung/fehlerhafte Begründung) der Entscheidungen der Vertragsüberwachungsorgane verwiesen.[49]

Der Gegenwind bläst also aus verschiedener Richtung und ist unterschiedlich stark. Das bringt mich zum nächsten Teil, der Diagnose.

III. Diagnose

Die Symptome für die Erkrankung der Systeme des internationalen Menschenrechtsschutzes gehen auf verschiedene Krankheitsbilder zurück. Neben (innen)politisch zu verortenden Gründen wie (1.) Nationalismus und dem Erstarken autoritärer Regime gibt es auch Gründe, (2.) die bei den Menschenrechtsschutzinstitutionen selbst liegen, oder auf (3.) Koordinationsprobleme schließen lassen.

1. Nationalismus und autoritäre Regime

Zunächst wird die Kritik an den Menschenrechtsschutzinstitutionen von populistischen Regimen in zahlreichen Staaten für ihre nationalistische Propaganda genutzt: Die von außen kommende Bedrohung – in Gestalt der Menschenrechtsschutzinstitutionen – soll die innerstaatliche Einheit stärken.[50]

---

46 Siehe für Details auch *Ragone* (Fn. 13), 311. Abgefedert wird die teils weitreichende Auslegung des IAGMR auch dadurch, dass er seine Urteile teils an nationales Recht rückbindet. Dazu *infra*, Teil IV.2.
47 Siehe dazu v.a. *infra* Teil IV.3.
48 Der *General Comment No 36* des MRA zum Recht auf Leben (2019) wurde v.a. mit Blick auf die umfassende extraterritoriale Anwendung des Rechts auf Leben von zahlreichen Staaten (Australien, Kanada, Frankreich, Deutschland, USA) als zu weitgehend kritisiert (MRA, *General Comment No 36: The Right to Life (3 September 2019) UN Doc CCPR/C/GC/36* – Konsultationsprozess: <https://www.ohchr.org/en/documents/general-comments-and-recommendations/general-comment-no-36-article-6-right-life>); ebenso monierten u.a. Norwegen, UK und Frankreich die extraterritoriale Dimension des *General Comment* No 24 des WSK-Ausschusses (WSK-Ausschuss, *General Comment No 24: State Obligations under the International Covenant on Economic, Social and Cultural Rights in the Context of Business Activities' (10 August 2017) UN Doc E/C.12/GC/24)* als überschießend; (siehe etwa <Discussion of the draft general comment on State obligations under the ICESCR in the context of business activities, 2017 | OHCHR>).
49 Zur nichtbindenden Wirkung der Entscheidungen und Praxis der VN-Vertragsüberwachungsorgane siehe International Law Association, Final Report on the Domestic Implementation of Courts and Other International Bodies that Involve International Human Rights Law, Part Two; The International Law Association, Report of the Seventy-Seventh Conference at Johannesburg (2016) 284-325; siehe auch *Jelic/Mührel* (Fn. 22); *Stefan Kadelbach*, The Human Rights Committee – Challenges and Prospects for Enhanced Effectiveness and Integration: A Comment, Journal of Human Rights Practice 14 (2022) (44-49).
50 Inhaltlich ist der nationalistisch-populistische Diskurs kollektivistisch, anti-pluralistisch und exklusiv: Er konzentriert sich auf „das Staatsvolk" als homogene Gruppe. Basierend auf der Logik „wir

Ein damit in Zusammenhang stehendes Problem ist die zunehmende Abkehr von pluralistischer Demokratie und das Erstarken autoritärer Strukturen.[51] Aktuelle Beispiele wären Venezuela, Benin, die Türkei, Ungarn und Russland. Die solcherart beobachtbare „Autokratisierung" führt regelmäßig zu Verschiebungen im Gefüge der Gewaltenteilung, hin zur Exekutive auch in Folge einer Einschränkung der unabhängigen Gerichtsbarkeit. Beschränkungen des Raums für zivilgesellschaftliches Engagement und freie Medien sind ebenfalls zu beobachten.[52] All dies erodiert zentrale Rahmenbedingungen und Voraussetzungen für einen funktionierenden innerstaatlichen Menschenrechtsschutz. Denn unabhängige Gerichte sind die natürlichen „Stützen" internationaler Menschenrechtsschutzinstitutionen.

Der Widerstand in Demokratien wie dem Vereinigten Königreich, Dänemark und der Schweiz ist etwas anders gelagert. Hier geht es regelmäßig um Konflikte betreffend die Auslegungs- und Letztentscheidungshoheit, vor allem in politisch sensiblen Bereichen wie Sicherheits- und Migrationsfragen. Doch auch hier wird die von innerstaatlichen Gerichten an EGMR-Urteilen geübte Kritik von bestimmten politischen Akteuren instrumentalisiert und für populistisch-nationalistische Propaganda verwendet.[53]

Der Gegenwind gegen Menschenrechtsschutzinstitutionen hat also unterschiedliche politische Facetten, geht aber regelmäßig mit einer wachsenden Skepsis gegenüber internationaler Zusammenarbeit und Multilateralismus und einer größeren Prioritätensetzung auf nationalen Belangen einher.

2. Mangelnde Effizienz der internationalen Organe

Zusätzlich haben auch die internationalen/regionalen Menschenrechtsschutzinstitutionen „ihren" Anteil am Gegenwind. Zwar kann der Widerstand auch positiv gedeutet werden, als Reaktion auf eine Stärkung und die generell größere Autorität der Menschenrechtsschutzinstitutionen, v. a. der regionalen Gerichtshöfe.[54] Allerdings gibt es durchaus Kritik an den Institutionen selbst, etwa betreffend mangelnde Effizienz und lange Verfahrensdauern, die ernst zu nehmen ist und eben auch den Kritikern der Menschenrechtsschutzinstitutionen Argumente liefert.

---

gegen die" richtet er sich gegen Migranten, Minderheiten sowie oppositionelle Politiker und ist damit dem pluralistischen Ideal der Menschenrechte entgegengesetzt. Menschenrechte setzen der nationalistisch-populistischen Agenda auch klare Grenzen, etwa betreffend den Umgang mit Migranten und Minderheiten. Dies mündet in das zuvor erwähnte Porträtieren der Menschenrechtsschutzinstitutionen als anti-demokratisch und Gefahr für die Rechte der Mehrheitsbevölkerung.

51 Zum demokratischen Rückschritt in Europa vgl. etwa *Mikael Rask Madsen*, The Narrowing of the European Court of Human Rights? Legal Diplomacy, Situational Self-Restraint, and the New Vision for the Court, European Convention on Human Rights Law Review 2 (2021) 180 (187) mit weiteren Verweisen.

52 Beispiele reichen von der Verhaftung regimekritischer Journalisten in der Türkei über das Verbot von NGOs (z.B. Memorial) in Russland bis zur Aushungerung unabhängiger Medien etwa in Ungarn, Benin oder Venezuela.

53 Vgl. i.d.S. *Breuer* (Fn. 33).

54 Die „Regimekosten" (*Sandholtz et al.*) bei Verstößen gegen Menschenrechte werden höher. *Leslie Vinjamuri*, Human Rights Backlash, in: Stephen Hopgood/Jack Snyder/Leslie Vinjamuri (Hrsg.), Human Rights Futures, Cambridge: Cambridge University Press 2017; für Gegenwind als Indikator von Erfolg siehe auch *Thomas Risse/Stephen Ropp/Kathryn Sikkink*, The Power of Human Rights: International Norms and Domestic Change, Cambridge: Cambridge University Press, 1999. Generell dazu *Armin von Bogdandy/Ingo Venzke*, In whose name? An investigation of international courts' public authority and its democratic justification, EJIL 23 (2012) 7.

Dies liegt zunächst an einem nicht lösbaren Spannungsfeld. Die Menschenrechtsschutz-institutionen, die Staaten kontrollieren und zur Verantwortung ziehen sollen, hängen, was ihre Zusammensetzung und ihr Funktionieren anbelangt, an der staatlichen „Nabelschnur". Staaten nominieren und wählen ExpertInnen und RichterInnen; bzw. haben eine Rolle in der Überwachung der Umsetzung: Das Ministerkomitee des Europarates wurde treffend als *foxes guarding chicken* (*Bruno Simma*) bzw. als *foxes guarding foxes* (*Başak Çalı/Anne Koch*) tituliert, auch wenn der „Schatten" des EGMR und die vergleichsweise starke Rolle des Sekretariats die Gefahr der politischen „Deals" im Komitee reduziert.[55] Noch deutlicher wird es im (Exekutiv-)Rat der Afrikanischen Union (AU), der auch gezielt Einfluss auf die Tätigkeit der afrikanischen Menschenrechtskommission nimmt. Etwa mit dem Ergebnis, dass diese einer gegen „afrikanische Werte" verstoßenden NGO, die für die Rechte lesbischer Frauen eintrat, den Beobachterstatus entzog.[56] Ebenso sind die Institutionen auf die Finanzierung durch Staaten bzw. die betreffende (Regional-)Organisation angewiesen: Das belastet ihre Tätigkeit insbesondere dann, wenn die Institutionen – wie im afrikanischen oder interamerikanischen System – chronisch unterfinanziert sind und zudem ein relevanter Teil nicht als permanenter Budgetposten vorgesehen ist, sondern über freiwillige Beiträge („*voluntary contributions*") eingeworben werden muss.[57]

Tatsächlich bewegen sich eigentlich alle Institutionen – aus unterschiedlichen Gründen – an den Grenzen ihrer institutionellen Belastungsfähigkeit. Dies liegt zum einen an den organisatorischen Rahmenbedingungen und Kapazitätsbeschränkungen, der mangelnden Finanzierung und unzureichenden Sekretariatsausstattung.[58] Zudem arbeiten, abgesehen vom EGMR, alle Menschenrechtsschutzinstitutionen nicht kontinuierlich, sondern treten nur zu zeitlich beschränkten Sessionen zusammen, was ihre Effizienz mindert.[59] Ein anderes – aktuell vor allem in Afrika – vormals (bis 2001) auch im interamerikanischen System –[60] zu Tage tretendes „hausgemachtes" Problem sind Rivalitäten zwischen der Kommission und dem Gerichtshof, die die institutionelle Kooperation im zweistufigen Verfahren erschweren und die Schlagkraft des Menschenrechtsschutzes mindern: *De facto* werden keine Fälle von der Kommission an den Gerichtshof überwiesen.[61]

55 I.d.S. *Başak Çalı/Anne Koch*, Foxes Guarding the Foxes - The Peer Review of Human Rights Judgments by the Committee of Ministers of the Council of Europe, Human Rights Law Review 14 (2014) 301.

56 Für Details *Frans Viljoen*, African Commission on Human and Peoples' Rights, in: Christina Binder et al. (Hrsg.), Elgar Encyclopedia on Human Rights, London: Edward Elgar Publishing 2022, Rn. 9.

57 Siehe zur ungenügenden Finanzierung der afrikanischen Menschenrechtskommission *Viljoen*, ibid. Rn. 7; *Frans Viljoen*, International Human Rights Law in Africa, 2. Aufl., Oxford: Oxford University Press 2012, 297. Zur ungenügenden Finanzierung der interamerikanischen Menschenrechtsschutzinstitutionen vgl. *Laurence Burgorgue-Larsen*, Les systèmes européen et interaméricain à l'heure des défis, in: Alexandre Sicilianos (Hrsg.), Les Droits de l'Homme Comparés, Paris: Pedone 2019, 86 (94 ff.).

58 I.d.S. etwa *Anja Seibert-Fohr*, Human Rights Committee (Fn. 23), 134.

59 Der IAGMR kommt in der Regel sechsmal im Jahr zu Sessionen zusammen; die afrikanische Menschenrechtskommission zumindest zweimal. Im afrikanischen System gibt es generelle Probleme mit der Effizienz. So hat die afrikanische Menschenrechtskommission bislang nur ca. 300 Fälle finalisiert und hiervon wiederum nur in etwa 100 Fällen auch *findings on the merits* getroffen. Generell dazu *Viljoen*, Human Rights Law (Fn. 57), 296 ff.

60 Im interamerikanischen System wurde die ähnlich gelagerte Problematik, dass zu wenige Fälle von der Kommission an den IAGMR überwiesen werden, durch eine im Jahr 2001 erfolgte Reform der Verfahrensordnung der Kommission entschärft.

61 So wurden von den insgesamt 325 vor den Gerichtshof gebrachten Fällen bislang nur drei von der afrikanischen Menschenrechtskommission überwiesen; und auch diese betrafen nicht die Begründetheit,

Mit anders gelagerten Problemen haben der EGMR (und einige VN-Vertragsüberwachungsorgane, insbesondere der MRA) zu kämpfen: Sie geraten an quantitative Grenzen. Insbesondere die Beschwerdelast des EGMR ist wohlbekannt: 40.000 – 60.000 Beschwerden werden jährlich vor den Gerichtshof gebracht; aktuell beträgt der Rückstau von nicht behandelten Fällen um die 70.000.[62] Auch der MRA hat mit einem Rückstau an Beschwerden zu kämpfen – 2019 waren es über 1.500.[63] EGMR und MRA sind damit gleichsam die „Opfer" ihres eigenen Erfolges.

Zu den problematischen Konsequenzen dieser Kapazitätsprobleme zählt die häufig lange Verfahrensdauer. Diese kann beim EGMR über 10 Jahre betragen;[64] im zweistufigen Verfahren im interamerikanischen System liegt sie durchschnittlich bei 12 Jahren.[65] Für die internationalen Vertragsüberwachungsorgane wurde errechnet, dass diese in der aktuellen Ausstattung über 6 Jahre brauchen würden, um den Rückstau an Beschwerden aufzuarbeiten – und das unter der Voraussetzung, dass keine neuen Beschwerden hinzu kommen.[66] All dies ist nicht nur aus Gründen der Rechtsstaatlichkeit problematisch: Mit der langen Verfahrensdauer verletzen die Institutionen selbst das von ihnen überwachte Recht auf ein faires Verfahren. Die überlange Verfahrensdauer erschwert auch den Zugang zu den Institutionen und mindert das Vertrauen in ihre Wirksamkeit. *Justice delayed is justice denied.* Das begründet eine berechtigte Enttäuschung auch derjenigen, die den internationalen Menschenrechtsschutz unterstützen oder von ihm Hilfe benötigen.

Zusätzlich wird eine übermäßige Bürokratisierung als Begleiterscheinung des institutionalisierten Menschenrechtsschutzes bemängelt; ebenso wie die fehlende Selbstkritik internationaler Menschenrechtsinstitutionen.[67] Eingebettet werden kann die solcherart sichtbar werdende Institutionenkritik in jene des angeblichen Missbrauchs genuin menschenrechtlicher Anliegen für machtpolitische Interessen, also in die umfassendere

---

sondern nur die Nichtdurchführung von vorläufigen Maßnahmen. Die übrigen Fälle kamen von Individuen (301) und NGOs (21). Siehe die Webseite des afrikanischen Menschenrechtsgerichtshofs <www.african-court.org/cpmt/statistic>.

62 Stand: 31.10.2021. Siehe EGMR, Pending Applications Allocated to a Judicial Formation, <www.echr.coe.int/Documents/Stats_pending_month_2021_BIL.PDF>.

63 Der MRA hat im Schnitt 130 Berichte jährlich zwischen 2016 und 2019 erhalten, 591 Individualbeschwerden 2019. Generell warteten im Oktober 2019 183 Berichte und 1.587 Beschwerden auf Bearbeitung durch die VN-Vertragsüberwachungsorgane. (Vgl. *Jelic/Mührel* (Fn. 22)).

64 EGMR, *Feldman and Slovayanskyy Bank v. Ukraine*, App. No 42758/05, Urteil v. 21.12.2017: der Fall wurde 2005 eingebracht, entschieden aber erst 2017 – nach 12 Jahren. Siehe *Angelika Nussberger*, From High Hopes to Scepticism? Human Rights Protection and Rule of Law in Europe in an Ever More Hostile Environment, in: Heike Krieger/Georg Nolte/Andreas Zimmermann (Hrsg.), The International Rule of Law. Rise or Decline?, Oxford: Oxford University Press 2019, 150 (167).

65 Siehe Asociación Interamericana de Defensorías Públicas, Procedimiento ante la Comisión Interamericana de Derechos Humanos, <www.anadep.org.br/wtksite/cms/conteudo/42066/Gu_a_DPI_Procedimiento_ante_la_CIDH_2017.pdf>; IAGMR, ABC de la Corte Interamericana de Derechos Humanos 2019: el cómo, cuándo y porque de la Corte Interamericana de Derechos Humanos, 2019, 16. Auf noch längere Verfahrensdauern kommt *Ximena Soley*, The Transformative Dimension of Inter-American Jurisprudence, in: Armin von Bogdandy et al. (Hrsg.), Transformative Constitutionalism in Latin America. The Emergence of a New Ius Commune, Oxford: Oxford University Press 2017, 337 (351) - 21 Jahre.

66 *Jelic/Mührel* (Fn. 22).

67 *John Tasioulas,* Saving Human Rights from Human Rights Law, Vanderbilt Journal of Transnational Law 52/5 (2019), 1167. Siehe auch *Jan Klabbers*, Human Rights Bodies and the Structure of Institutional Obligation, in: Bardo Fassbender/Knut Traisbach (Hrsg.), The Limits of Human Rights, Oxford: Oxford University Press 2019, 147; *Ingrid Wuerth*, International Law in the Post-Human Rights Era, Texas Law Review 96 (2017), 279.

Kritik am Menschenrechtsschutz als Instrument der Machtausübung in internationalen Beziehungen. Dies verweist auf eine größere Legitimitätskrise des Menschenrechtsschutzes.[68]

3. Mangelnde Koordination zwischen den Systemen auf nationaler, regionaler und internationaler Ebene

Konkrete Problemlagen zeigen sich schließlich auch bei der Koordination zwischen den verschiedenen Ebenen, der innerstaatlichen und der regional/internationalen. Insbesondere bei der Konkretisierung der notwendigerweise breiten Menschenrechtsstandards[69] und deren Anpassung an aktuelle gesellschaftliche Problemlagen kommt es zu Friktionen. Dabei vermengen sich häufig (innen)politische Gründe mit Koordinationsproblemen im (völker)rechtlichen Bereich.

Besonders deutlich zeigen sich die (rechtlichen) „Koordinationsprobleme" im europäischen und interamerikanischen Menschenrechtssystem. In beiden Systemen haben die Vertragsparteien die Menschenrechtsstandards weitgehend „internalisiert" und sie zum Teil ihrer nationalen Rechtsordnungen gemacht.[70] Dies wurde vor allem für lateinamerikanische Staaten, wo Menschenrechtsverträgen meist ein hoher Rang in der nationalen Rechtsordnung zukommt, als positiv für die Wirksamkeit des Menschenrechtsschutzes gewertet.[71] Allerdings führt es angesichts der regelmäßig sehr direkten Wirkung der Judikatur der regionalen Menschenrechtsgerichtshöfe auf die nationale Ebene eben auch zu Koordinationsproblemen.[72]

Diese offenbaren sich vor allem in der Rechtsprechung innerstaatlicher Gerichte und ihrem Umgang mit den Urteilen der regionalen Menschenrechtsgerichtshöfe: Es geht zum einen um Umsetzungsschwierigkeiten, wenn die nationale Rechtslage die Möglichkeiten, die Urteile regionaler Menschenrechtgerichthöfe umzusetzen, begrenzt, wie etwa bei einigen der vom IAGMR angeordneten Wiedergutmachungsmaßnahmen (v. a. betreffend die Wiedereröffnung von Verfahren).[73]

Besonders deutlich werden Koordinationsprobleme bei Konflikten mit der nationalen Verfassung. Dabei ist zwischen *abstrakten/theoretischen* Grenzen, wie sie vom deutschen Bundesverfassungsgericht in *Görgülü* aufgezeigt wurden (des „letzten Wortes"

---

68 I.d.S. *Kadelbach*, The Human Rights Committee (Fn. 49).
69 Zu den notwendigerweise breiten Menschenrechtsstandards, die in der Anwendung i.S.d. relativen Universalität der Menschenrechte zu konkretisieren sind, siehe *Stefan Kadelbach*, Die relative Universalität der Menschenrechte, in: Rainer Forst/Klaus Günther (Hrsg.), Normative Ordnungen, Berlin: Suhrkamp 2021, 278.
70 I.d.S. für Europa, *Robert Spano*, The Future of the European Court of Human Rights – Subsidiarity, Process Based Review and the Rule of Law, Human Rights Law Review 18 (2018), 473; für das interamerikanische System siehe *Alexandra Huneeus*, Constitutional Lawyers and the Inter-American Court's Varied Authority, Law and Contemporary Problems 79 (2016) 179 (182).
71 *Ibid.*, 182.
72 Ausführlich dazu *Kunz* (Fn. 36), die auf die sich aus der direkteren Wirkung ergebenden größeren Friktionen verweist. Aus Platzgründen beschränkt sich dieser Beitrag auf die Judikative; natürlich gibt es auch bei der Exekutive und Legislative gelegene Koordinationsprobleme. Für diese siehe etwa *Rainer Grote*, A dialogue with the deaf? The political branches as compliance partners, in: Rainer Grote/Mariela Morales Antoniazzi/Davide Paris (Hrsg.) Research Handbook on Compliance in International Human Rights Law, London: Edward Elgar Publishing 2021, 449.
73 Siehe z.B. die *Fontevecchia und D'Amico*-Entscheidung des argentinischen obersten Gerichtshofs, wo dieser feststellt, dass die Umsetzung des Urteils der IAGMR aufgrund der innerstaatlichen Gewaltenteilung nicht möglich ist.

der deutschen Verfassung) und der verweigerten Umsetzung eines *konkreten* gegen einen Staat gerichteten Urteils wie durch das russische Verfassungsgericht in *Anchugov und Gladkov* (und in *Yukos*) zu unterscheiden.[74] Denn letztere steht im direkten Widerspruch zum Prinzip der völkerrechtlichen Vertragstreue und Art 46 EMRK.[75]

Generell geht es bei Koordinationsproblemen häufig um Interpretations- und Abwägungsfragen; wenn es also zwischen verschiedenen Rechten zu gewichten gilt und nationale Gerichte und regionale Menschenrechtsgerichtshöfe unterschiedlich werten.[76] Besonders die weitgehenden Interpretationen des IAGMR führen hier zu entsprechenden Spannungsverhältnissen. Sichtbar wird dies, wenn der Gerichtshof etwa auf eine staatliche Pflicht zur Untersuchung und strafrechtlichen Verfolgung im Fall schwerster Menschenrechtsverletzungen erkennt, womit ein Spannungsverhältnis zu den Rechten des Beschuldigten (Recht auf Verteidigung und auf ein Strafverfahren in angemessener Zeit) (*Bulacio v. Argentinien*, 2004)[77] bzw. Täters entsteht (z. B. wenn zuvor Straflosigkeit zugesichert worden war).[78]

Die völkerrechtliche Beurteilung der Koordinationsprobleme führt regelmäßig zur Frage der Grenzen der dynamischen Judikatur der regionalen Menschenrechtsgerichtshöfe und inwieweit diese von ihrem in den Konventionen übertragenen Mandat als Wächter über die dort verankerten Rechte noch gedeckt ist. Das Mandat des IAGMR ist grundsätzlich breiter als jenes des EGMR – siehe Art 2, Art 29.b (*pro homine* Interpretation), Art 63(1) (Wiedergutmachung) AMRK – und gibt dem Gerichtshof mehr Auslegungsspielraum.[79] Bei beiden Gerichtshöfen bleibt die Beurteilung im konkreten Fall nichtsdestotrotz schwierig.[80] Sie kann auch zu den genannten Spannungen mit der nationalen Ebene führen. Dabei kommt innerstaatlichen Gerichten eine entscheidende Rolle als „Einfallstore", Übersetzer und Mittler zwischen den verschiedenen Ebenen zu. Das bleibt noch ausführlicher im letzten Abschnitt (Therapie, IV.2) zu behandeln.

In Afrika sind die Koordinations- und Umsetzungsprobleme an anderer Stelle zu verorten: Sie beruhen auf der häufig fehlenden „Internalisierung" der regionalen menschenrechtlichen Standards in zahlreichen afrikanischen Staaten[81] und dem teilweise noch

---

74 EGMR, *Anchugov und Gladkov* (Fn. 37); EGMR, *Yukos* (Fn. 38); i.d.S. *Breuer* (Fn. 33); siehe auch *Anne Peters*, Supremacy Lost: International Law Meets Domestic Constitutional Law, 3 Vienna Online Journal on International Constitutional Law (2009) 170.

75 Art. 46 EMRK: „1. Die Hohen Vertragsparteien verpflichten sich, in allen Rechtssachen, in denen sie Partei sind, das endgültige Urteil des Gerichtshofs zu befolgen. …".

76 Siehe etwa die *von Hannover*-Fälle gegen Deutschland, wo es um die Abwägung zwischen Meinungsfreiheit und Privat- und Familienleben ging. (Dt. BVerfG, Beschluss vom 26.2.2008, 1 BvR 1602/07 – *von Hannover*).

77 IAGMR, *Bulacio* (Fn. 43).

78 Für Kritik siehe insbesondere: *Ezequiel Malarino*, Judicial Activism, Punitivism and Supranationalisation: Illiberal and Antidemocratic Tendencies of the Inter-American Court of Human Rights, International Criminal Law Review 12 (2012), 665; differenzierter: *Alexandrea Huneeus*, International Criminal Law by Other Means: The Quasi-Criminal Jurisdiction of the Human Rights Courts, AJIL 107 (2013), 1.

79 Vgl. für Details *Burgorgue-Larsen*, Added Value (Fn. 40), 385 ff.; *Yota Negishi*, The Pro Homine Principle's Role in Regulating the Relationship between Conventionality Control and Constitutionality Control, EJIL 28 (2017), 457.

80 So etwa was die Frage anbelangt, wie weit das Mandat zur progressiven Entwicklung der Rechte (Präambel EMRK: „…further realization of human rights and fundamental freedoms…"; vgl. *Breuer* (Fn. 33)) reicht.

81 Siehe generell *Viljoen*, Forging (Fn. 24), 362. Beachte aber, dass in jüngerer Zeit immer mehr afrikanische Staaten Menschenrechtskataloge in nationale Verfassungen inkorporieren. Für Details *Debra Long*, Compliance with international human rights decisions in Cameroon: mechanisms in place but

mangelhaften Wissen innerstaatlicher Richter, was regional-afrikanische Menschen-rechtsstandards anbelangt.[82] Obgleich es auch hier zu Konflikten mit dem Prinzip der völkerrechtlichen Vertragstreue kommt, tritt dieses Koordinationsproblem angesichts des Fehlens eines vertikalen justiziellen Dialogs[83] weniger offensichtlich in Erscheinung.

Auch bei den internationalen Menschenrechtsschutzinstitutionen liegt das Problem vor allem in der mangelhaften innerstaatlichen Umsetzung ihrer Entscheidungen bzw. Praxis.[84] So sind die Vertragsüberwachungsorgane in einer vergleichsweise schwachen Position: ihren Entscheidungen wird zwar regelmäßig normative Orientierungs- und Leitfunktion, aber keine innerstaatliche Bindungswirkung zuerkannt.[85] Es fehlt auch an Instrumenten zur Rechtsdurchsetzung. Allerdings kann, wie zu zeigen ist, den Entscheidungen der Institutionen auch abseits der konkreten Umsetzung eine nicht zu unterschätzende Wirkung zukommen,[86] auf die es abzustellen gilt.

All dies bringt mich zur Therapie.

IV. Therapie

Diese erfolgt aus der Perspektive menschenrechtlicher „Realpolitik"[87]: Es gilt, den schwierigen Spagat zwischen einem möglichst effektiven Menschenrechtsschutz und dem Ziel zu schaffen, in Zeiten des Gegenwinds Staaten so weitgehend wie möglich „im Boot" zu behalten.

---

a lack of transparency, in: Rainer Grote/Mariela Morales Antoniazzi/Davide Paris (Hrsg.), Research Handbook on Compliance in International Human Rights Law, London: Edward Elgar Publishing 2021, 391; *Kounkinè Augustin Somé*, A pick and pay approach: Burkina Faso's compliance with international human rights law, in: *id.*, 407. Zu Kenia, siehe etwa *Nicholas Wasonga Orago*, The 2010 Kenyan Constitution and the Hierarchical Place of International Law in the Kenyan Domestic Legal System: A Comparative Perspective, African Human Rights Law Journal 13 (2013) 415; *Nsongurua J. Udombana*, Interpreting Rights Globally: Courts and Constitutional Rights in Emerging Democracies, African Human Rights Law Journal 5 (2005) 47.

82 Auch in afrikanischen Staaten, wo eine Anwendung regionaler Menschenrechtsstandards durch innerstaatliche Gerichte/Institutionen möglich wäre, ist dies nur selten der Fall. Siehe neben den Referenzen in Fn. 81 auch *Magnus Killander*, Jurisprudential Dialogue in Supranational Human Rights Litigation in Africa, in: August Reinisch/Mary E Footer/Christina Binder (Hrsg.), International Law and... Select Proceedings of the European Society of International Law, Oxford/London: Hart 2016, 25.

83 Zum Fehlen des vertikalen Dialogs vgl. auch *Laurence Burgorgue-Larsen*, Les 3 cours régionales. Des droits de l'homme in context, Paris: Editions Pedone 2020, 273.

84 Siehe ILA 2016 (Fn. 49), Rn. 23; *Jelic/Mührel* (Fn. 22); *Anja Seibert-Fohr/Christine Weniger*, Compliance Monitoring under the International Covenant on Civil and Political Rights, in: Rainer Grote/Mariela Morales Antoniazzi/Davide Paris (Hrsg.), Research Handbook on Compliance in International Human Rights Law, London: Edward Elgar Publishing 2021, 425 (439).

85 Der MRA etwa genießt zwar eine hohe Autorität/entscheidet quasi justiziell, letztlich aber eben nicht bindend. Siehe etwa den IGH im *Diallo*-Fall, der die Praxis des Ausschusses bei Individualbeschwerden und *General Comments* als „interpretative case law" bezeichnet. (IGH, *Case Concerning Ahmadou Sadio Diallo (Republic of Guinea v. Democratic Republic of the Congo)*, Urteil v. 30.11.2010, Rn. 66). Generell dazu *Seibert-Fohr/Weniger* (Fn. 84), 430 f.; *Anja Seibert-Fohr*, Judicial Engagement in International Human Rights Comparativism, in: August Reinisch/Mary E Footer/Christina Binder (Hrsg.), International Law and... Select Proceedings of the European Society of International Law, Oxford/London: Hart 2016, 7 (9).

86 Für Details *infra* Teil IV.2.

87 *Angelika Nussberger*, From High Hopes to Scepticism? Human Rights Protection and Rule of Law in Europe in an Ever More Hostile Environment, in: Heike Krieger/Georg Nolte/Andreas Zimmermann

Ich möchte mich zunächst ausgewählten (1.) Verbesserungen im institutionellen Bereich zuwenden und eine Einschätzung abgeben; im Anschluss daran werde ich Vorschläge zur besseren Koordination der (2.) Menschenrechtsstandards und (3.) Systeme machen.

1. Verbesserung der Effizienz und Erhöhung der Legitimität der Menschenrechtsschutzinstitutionen

Zum einen sind Möglichkeiten zur Verbesserung der Effizienz der Menschenrechtsschutzinstitutionen in den Blick zu nehmen. Auch Mittel der Erhöhung ihrer Legitimität haben Potenzial. Zunächst zur Effizienzsteigerung.

a) Effizienzsteigerung

Wie schon in die Wege geleitete Reformen zeigen, sind Versuche der Effizienzsteigerung naturgemäß begrenzt und gehen regelmäßig mit *trade-offs* einher. So haben es die durch das 14. Protokoll zur EMRK bewirkten Reformen vermocht, den Rückstau an Fällen vor dem EGMR etwas abzubauen.[88] Dies wirkte der langen Verfahrensdauer entgegen. Vor allem die strengeren Zulässigkeitsvoraussetzungen, insbesondere die strikte Handhabung der notwendigen Ausschöpfung innerstaatlicher Rechtsmittel, haben aber zu einem erschwerten Zugang zum EGMR geführt. Dies zeigt sich etwa bei Beschwerden gegen die Türkei nach dem gescheiterten Putsch von 2016, als Fälle trotz der vielfach attestierten nicht funktionierenden türkischen Rechtsmittel zunächst als unzulässig vom EGMR zurückgewiesen wurden.[89] Das Piloturteilsverfahren steigert die Produktivität des Gerichtshofs, beschränkt aber den Zugang des Einzelnen zu ebendiesem. Veranschaulicht wird dies etwa im Fall der Zurückstellung von *Burmych and others v. Ukraine* (2017) wegen des anhängigen Piloturteilsverfahren *Yuriiy Nolayevic Ivanov* (2009) betreffend die Nichtumsetzung letztinstanzlicher ukrainischer Gerichtsurteile.[90] *Burmych* wurde zurückgestellt, obgleich sich die Umsetzung des Piloturteils in der Ukraine verzögert hatte. In dieser Konstellation ist also der Zugang zum EGMR verwehrt.[91]

Auch Reformbemühungen bei den VN-Vertragsüberwachungsorganen haben Grenzen und gehen mit Nachteilen einher.[92] Eine größere Reform der Staatenberichtsverfahren,

---

(Hrsg.), The International Rule of Law. Rise or Decline? Oxford: Oxford University Press 2019, 150 (171).

88 Die Einzelrichterlösung (i.V.m. Abstrichen in der Begründungspflicht zwischen 2010 und 2017, wo Einzelrichter ohne Begründung abwiesen) kann aber aus rechtsstaatlicher Sicht durchaus kritisiert werden. (*Nussberger* (Fn. 87)).

89 Generell dazu *Madsen,* Narrowing (Fn. 51), 203: „The operational logic of subsidiarity with regard to admissibility, and the proceduralism and formalism associated with it, is increasingly at odds with the actual functioning of human rights and rule of law in a number of member states and the traditional 'as if' logic appears to be becoming problematically restrictive."

90 EGMR, *Burmych and others v. Ukraine,* App. Nos 46852/13 et al, Urteil v. 12.10.2017 (striking out). Ebenso wurden über 12.000 andere Fälle zurückgestellt. (*Madsen,* Narrowing (Fn. 51), 204).

91 Für Details siehe *Lize R. Glas, Burmych v. Ukraine* Two Years Later: What about Restoral?, 17.9.2019, Strasbourg Observers, <https://strasbourgobservers.com/2019/09/17/burmych-v-ukraine-two-years-later-what-about-restoral/>.

92 So wurde die Sitzungszeit des MRA durch die VN-Generalversammlung moderat erhöht; eine weitere Erhöhung in Genf stößt jedoch an institutionelle und wohl auch persönliche Grenzen der beteiligten Experten. *Jelic/Mührel* (Fn. 22); *Seibert-Fohr,* Human Rights Committee (Fn. 23).

u. a. um die Berichtslast zu vermindern, harrt seit längerem (2014) der Umsetzung.[93] Inzwischen wurden zumindest beim MRA insbesondere durch Änderungen der Verfahrensordnung gewisse Effizienzsteigerungen[94] erwirkt und das *follow-up* für Individualbeschwerden und *Concluding Observations* verbessert.[95] Die zur Effizienzsteigerung vor allem im afrikanischen und interamerikanischen Raum notwendig erscheinende Stärkung der Rolle von Sekretariaten (mit entsprechender finanzieller und personeller Ausstattung und Expertise) stößt an Grenzen ihrer Finanzierbarkeit.[96]

b) Erhöhung der Legitimität

Als Möglichkeiten der Legitimitätssteigerung ist zwischen Input- und Output-Legitimität zu unterscheiden. Es gilt also einerseits auf die Zusammensetzung der Spruchkörper bzw. Aspekte der Verfahrensgerechtigkeit/Fairness (prozedurale oder Input-Legitimität) abzustellen, und andererseits auf die inhaltlich/ergebnisorientierten Dimensionen (Qualität der Entscheidung, Verhältnis zwischen Entscheidung und Umsetzung) der Output-Legitimität.[97] Dies erscheint insbesondere angesichts der dynamischen Judikatur der Menschenrechtsschutzinstitutionen von Bedeutung, die die ursprüngliche Legitimität im Rahmen der staatlichen Zustimmung zum Menschenrechtsvertrag als ungenügend erscheinen lässt; weswegen andere Legitimitätsdimensionen zu berücksichtigen sind.[98]

Eine umfassende Darstellung der Möglichkeiten einer Legitimitätserhöhung würde den Rahmen des Beitrags sprengen. Deswegen werden im Folgenden einige Aspekte beispielhaft herausgegriffen.[99] Zunächst werden vor allem die Rückbindung der Menschenrechtsschutzinstitutionen an und Offenheit für die Zivilgesellschaft,[100] insbesondere eine weitergehende Einbindung besonders betroffener Personen,[101] als Möglichkeiten der Legitimitätssteigerung ins Treffen geführt. Sie reichen von der (schon praktizierten) Möglichkeit der umfassenden Zulassung von *amicus curiae* Stellungnahmen von NGOs in Beschwerdeverfahren und den Schattenberichten (*shadow reports*) im Staatenberichtsverfahren bis zu gezielten *Outreach*-Programmen der Menschenrechts-

---

93 Siehe UN General Assembly in 2014 (UNGA, Res 68/268 [2014]). Generell dazu *Jelic/Mührel* (Fn. 22).

94 Hierzu ist der MRA gem. Art. 39(2) PBPR ermächtigt. Siehe für Details *Seibert-Fohr*, Human Rights Committee (Fn. 23), 134. Der MRA tagt nun beispielsweise in 2 Kammern – was aber mit sich bringt, dass nicht alle Mitglieder des Ausschusses über alles entscheiden.

95 I.d.S. *Seibert-Fohr/Weniger* (Fn. 84), 430f, insbes. 436 f.; es gibt auch Verbesserungen im *Follow-up* was die CERD-, CAT-, CEDAW-, CRPD-, CESCR-, CED-*Committees* anbelangt (*ibid.*).

96 Begleitende Maßnahmen sind der verstärkte Einsatz neuer Informationstechnologien, etwa bei Datenverwaltung und in der Administration.

97 *Daniel Bodansky*, The Legitimacy of International Governance: A Coming Challenge for International Environmental Law, AJIL 93 (1999) 596; *Rüdiger Wolfrum*, Legitimacy of International Law from a Legal Perspective: Some Introductory Considerations, in: Rüdiger Wolfrum/Volker Röben (Hrsg.), Legitimacy of International Law, Berlin: Springer 2008, 1; *Christina Binder*, Anything New Since the End of the Cold War? Or International Law Goes Domestic: International Electoral Standards and Their Legitimacy, Anuario Español de Derecho Internacional 27 (2011), 435 (450 ff.).

98 Zum EGMR z.B. *Binder, ibid.*

99 Beispielsweise hat vor allem die Zusammensetzung der afrikanischen Menschenrechtskommission in frühen Jahren, ihre Nähe zur Politik, der Legitimität der Institution geschadet. I.d.S. *Viljoen*, African Commission (Fn. 56), Rn. 5. Dies wurde aber im Folgenden verbessert.

100 Etwa betreffend die liberale Praxis von *amicus curiae*-Stellungnahmen.

101 *Jochen von Bernstorff*, New Responses to the Legitimacy Crisis of International Institutions: The Role of 'Civil Society' and the Rise of the Principle of Participation of the 'The Most Affected' in International Institutional Law, EJIL 21 (2021), 125.

schutzinstitutionen. Verbessern erstere regelmäßig die Entscheidungsgrundlage der Institutionen (Input-Legitimität), sollten letztere die Akzeptanz der Entscheidungen in der betroffenen Bevölkerung fördern (Output-Legitimität) und die Rückbindung der Institutionen an die nationale Ebene unterstützen.[102] Vor allem der IAGMR hat entsprechende *Outreach*-Strategien entwickelt und ist bestrebt, etwa durch die Abhaltung von Sessionen in verschiedenen lateinamerikanischen Staaten (Mexiko, Brasilien), näher an die Bevölkerung und zentrale zivilgesellschaftliche Akteure heran zu kommen.[103] Auch Netzwerke wie das ICCAL-Projekt, das Verfassungsrechtler, Akademiker und Zivilgesellschaft vereint, stärken den Rückhalt des Gerichtshofs.[104] Die Rückbindung an nationale Akteure (NGOs, *National Human Rights Institutions*) ist auch für die afrikanischen Menschenrechtsschutzinstitutionen[105] bedeutsam und wird kontinuierlich ausgebaut. Gleichfalls der EGMR verbessert zunehmend seine *Outreach*-Strategien.[106] All dies könnte noch intensiviert werden: es wirkt legitimitätssteigernd und trägt idealer Weise zur gesamtgesellschaftlichen Verankerung des regionalen Menschenrechtsprojekts in den betreffenden Staaten bei.[107]

Etwas differenzierter sind Kontakte der betreffenden Institutionen (ihrer Vertreter/Richter) mit Politikern – wie etwa die „political diplomacy" mit der dominikanischen Republik seitens des IAGMR im interamerikanischen Menschenrechtsschutzsystem; und die Reisediplomatie des EGMR Präsidenten *Spano* zum türkischen Präsidenten *Erdogan* – zu betrachten.[108] Sie können den Willen zur Umsetzung der einzelnen Staaten erhöhen, stellen aber auch eine heikle Gradwanderung angesichts möglicher politischer Einflussnahmen und die notwendige Zurschaustellung der Unabhängigkeit der betreffenden Institutionen, insbesondere mit Blick auf die Opfer von Menschenrechtsverletzungen, dar.

Ebenso vermag eine kritische Selbstreflexion der Menschenrechtsschutzinstitutionen zu ihrer Legitimität beizutragen.[109] Auszubauen wären Dialogforen, etwa zwischen den

---

102 Siehe hierzu auch *infra* Teil IV.3.

103 *Alexandra Huneeus*, The Inter-American Court of Human Rights: how constitutional lawyers shape court authority, in: Karen J Alter/Laurence R Helfer/Mikael Rask Madsen (Hrsg.), International Court Authority, Oxford: Oxford University Press 2018, 196 (218).

104 Siehe generell zum *Ius Constitutionale Commune en América Latina* (ICCAL) Projekt: <www.mpil.de/de/pub/forschung/nach-rechtsgebieten/oeffentliches-recht/ius-constitutionale-commune/ius_constitutionale_commune_en.cfm>; siehe *Armin von Bogdandy et al.*, Ius Constitutionale Commune En América Latina: A Regional Approach to Transformative Constitutionalism, MPIL Research Paper Series No. 2016-21.

105 Siehe i.d.S. *Viljoen,* African Commission (Fn. 56), Rn. 21.

106 So werden Urteile etwa zunehmend auch in anderen Sprachen zugänglich gemacht; siehe auch das *Superior Court Network* des EGMR, in dem fast 100 Gerichte der Mitgliedstaaten des Europarats beteiligt sind. (*Mikael Rask Madsen/Robert Spano*, Authority and Legitimacy of the European Court of Human Rights. Interview with Robert Spano, President of the European Court of Human Rights, The European Convention on Human Rights Law Review 1 (2020), 165 (179)). Generell zum notwendigerweise zu verbessernden *Outreach* des EGMR *Philip Leach*, The European Court of Human Rights: Achievements and Prospects, in: Gerd Oberleitner (Hrsg.), International Human Rights Institutions, Tribunals, and Courts, Berlin: Springer 2018, 423 (440).

107 Vgl. *Philip Alston,* The Populist Challenge to Human Rights, Journal of Human Rights Practice 9 (2017), 1 (11), der Folgendes vorschlägt, um mit *Backlash* umzugehen: „devote more time and effort to being persuasive and convincing, rather than simply annunciating our principles as though they were self-evidently correct and applicable." Siehe auch *Silvia Steininger*, Beyond Shaming. Potentials and Limits of Rewarding in Human Rights, 9.6.2021, Völkerrechtsblog. Siehe dazu auch *infra*, IV.3.

108 Siehe *Soley/Steininger* (Fn. 14).

109 Vorgeschlagen wurden etwa *Feed-back*-Schleifen als Möglichkeit für Selbstkritik (*Nussberger* (Fn. 87), 170).

206

Mitgliedern des regionalen Menschenrechtsgerichtshofes und nationalen Verfassungsrichtern,[110] aber auch eine Stärkung des Austauschs zwischen den menschenrechtlichen Institutionen selbst. [111]

Was die Qualität der Verfahren und Entscheidung anbelangt, erscheint vor allem die Entwicklung konsistenter Judikaturlinien der Menschenrechtsgerichtshöfe, die Schaffung von Erwartungssicherheit, als legitimitätsfördernd. Diesfalls ist insbesondere die konsequente Bezugnahme auf Vorentscheidungen, der positive Effekt der Systembildung durch (informellen) „Precedent"[112] hervorzuheben; fördert sie doch die Kohärenz und Vorhersehbarkeit der Judikatur und wirkt insofern legitimitätserhöhend.[113] Wie noch zu zeigen ist, tragen konsistente Judikaturlinien auch zum vertikalen justiziellen Dialog bei.[114] Verbesserungsbedarf, was die Transparenz der Verfahren, materiell-inhaltliche Aspekte der Entscheidungen und Rückbindung an die nationale Ebene vor allem bei der Umsetzung anbelangt, besteht insbesondere im afrikanischen Bereich. So könnten die Empfehlungen der afrikanischen Kommission noch zielgerichteter bzw. detaillierter ausfallen und auch beim *follow-up* zu Entscheidungen gibt es Verbesserungspotenzial/„Luft nach oben".[115]

Kurz, in der Effizienzsteigerung der Menschenrechtsschutzinstitutionen liegt gewiss Potenzial, ebenso wie in Maßnahmen zur Erhöhung ihrer Legitimität. Trotzdem haben all diese Bemühungen Grenzen bzw. nachteilige Auswirkungen. – Was mich zur besseren Koordination der materiellen Menschenrechtsstandards als weiteres, zusätzliches Therapeutikum bringt.

2. Bessere Koordination der materiellen Standards auf den drei Ebenen – national, regional, international

Notwendig erscheint ein kriteriengeleitetes Ineinandergreifen der internationalen bzw. regionalen Ebene einerseits und der nationalen Ebene andererseits vor allem bei der Konkretisierung und dynamischen Weiterentwicklung der traditionell abstrakten Menschenrechtsstandards.

Dabei sind, was die jeweiligen Menschenrechtssysteme anbelangt, recht unterschiedliche Antworten auf die Frage des „idealen" Ineinandergreifens der internationalen Menschenrechtsstandards mit den nationalen Rechtssystemen zu geben – und damit eben auf die Frage, wie in Zeiten menschenrechtlicher „Realpolitik"[116] zu gewichten ist.

---

110 *Madsen/Spano* (Fn. 106).

111 Als positiv sind hier die Treffen der Richter der drei regionalen Menschenrechtsgerichtshöfe zu bewerten.

112 Dies gilt unbenommen der Tatsache, dass der EGMR an seine Rechtsprechung nicht formell gebunden ist. Vgl. dazu *Marc Jacob*, Precedents: Lawmaking through international adjudication, German Law Journal 12 (2011) 1005.

113 Siehe generell *Christina Binder*, A legitimacy perspective on Court generated State practice, Austrian Review of International and European Law 20 (2015), 113.

114 Siehe Teil IV.2.

115 *Viljoen*, Human Rights Law (Fn. 57), 296 ff., 338.

116 Siehe *Nussberger* (Fn. 87).

a) Europäisches und interamerikanisches System

Zunächst zu den regionalen Menschenrechtsschutzsystemen im europäischen und interamerikanischen Raum. Im Verhältnis zu etablierten pluralistischen/rechtsstaatlichen Demokratien erscheint ein verstärktes Abstellen auf die nationale Ebene, etwa durch einen prinzipiengeleiteten Ermessensspielraum oder eine von der Institution geübte Zurückhaltung, als geeignetes Mittel, um Gegenwind entgegenzuwirken.[117] Dies gilt insbesondere für einschränkbare Rechte, sofern deren Wesensgehalt nicht betroffen ist. Orientierung kann hier ein umfassend verstandenes kooperatives Subsidiaritätsprinzip bieten: Es dient als Maßstab für das Ineinandergreifen der verschiedenen (regionalen und nationalen) Ebenen und kann helfen, sie normativ abzugrenzen und zu kalibrieren.[118] Konkret hält sich die internationale Institution zurück, solange die nationale Ebene ihre Aufgabe wahrnimmt, muss aber tätig werden, wenn die nationalen Institutionen versagen.

Auf dieser Basis erscheint in Europa die Entwicklung des prozeduralen Ermessensspielraums als durchaus brauchbar, um einen angemessenen Spielraum bei der Umsetzung zu gewähren und Friktionen zwischen der regionalen und der nationalen Ebene abzufedern. Wie insbesondere die *von Hannover*-Fälle gegen Deutschland zeigten, gewährt der EGMR mehr Spielraum, übt also größere Zurückhaltung, wenn innerstaatliche Institutionen „gut" funktionieren: Er beschränkt sich auf die Wesensgehaltskontrolle des in Frage stehenden Rechts.[119] So kann, im Sinn einer „variable geometry" (*Başak Çalı*) – und nicht als „organised retreat" (*Oddný Mjöll Arnadóttir*) –,[120] zwischen rechtsstaatlich funktionierenden Staaten und autoritären Regimen unterschieden und erstere können wieder ins Boot geholt werden, während bei letzteren wirksamer Menschenrechtschutz durch striktere Überwachung gewährleistet wird. Ebendies zeigt der EGMR in den bereits entschiedenen Fällen gegen die Türkei nach dem Putsch von

---

117 I.d.S. auch *Andreas Paulus*, From Implementation to Translation: Applying the ECtHR Judgments in the Domestic Legal Orders, in: Anja Seibert-Fohr/Mark E. Villiger (Hrsg.), Judgments of the European Court of Human Rights – Effects and Implementation, Baden-Baden: Ashgate/Nomos 2014, 267 (269).

118 Vgl. *Marisa Iglesias Vila*, Subsidiarity, Margin of Appreciation and International Adjudication within a Cooperative Conception of Human Rights, International Journal of Constitutional Law 15 (2017) 393; *Andreas Føllesdal*, Subsidiarity and International Human-Rights Courts: Respecting Self-Governance and Protecting Human Rights – or Neither, Law and Contemporary Problems 79 (2016) 147; *Christina Binder*, Die Zukunft des Menschenrechtsschutzes in Europa und Amerika – Oder Subsidiarität Revisited, Zeitschrift für Öffentliches Recht 77 (2022) (5-32).

119 *Spano* (Fn. 70), 473. Wenn auf nationaler Ebene also alles ordnungsgemäß überprüft wurde und elementare Grundsätze der Rechtsstaatlichkeit, *checks and balances* u.Ä. innerstaatlich ausreichend verankert sind („embeddedness" der EMRK im Sinne *Robert Spanos*), wird nationalen Institutionen größeres Vertrauen entgegengebracht. In einer solcherart weiterentwickelten Rechtsprechung fließt das Funktionieren innerstaatlicher Institutionen in die Weite des der nationalen Ebene vom EGMR gelassenen Spielraums ein. Vgl. v.a. EGMR, *von Hannover v. Germany* (No 2), App. Nos. 40660/08 und 60641/08, Urteil v. 7.2.2012, Rn. 107: „...where the balancing exercise has been undertaken by the national authorities in conformity with the criteria laid down in the Court's case law, the Court would require strong reasons to substitute its view for that of the domestic courts." Der EGMR stellte in dem Zusammenhang fest, dass die deutschen Gerichte sein eigenes Fallrecht entsprechend gewürdigt hatten (inklusive *von Hannover v. Germany No 1*), übte Zurückhaltung und stellte keine Verletzung fest.

120 *Başak Çalı*, Coping with Crisis: Whither the Variable Geometry in the Jurisprudence of the European Court of Human Rights, Wisconsin International Law Journal 35 (2018), 237; *Oddný Mjöll Arnadóttir*, Res Interpretata, Erga Omnes Effect and the Role of the Margin of Appreciation in Giving Domestic Effect to the Judgments of the ECtHR, EJIL 28 (2017) 819 (843).

2016, in denen er regelmäßig Verletzungen festgestellt und insofern angesichts schlecht funktionierender nationaler Institutionen einen strikteren Standard angelegt hat (*Sahin Alpay v. Turkey* (2018); *Mehmet Hasan Altan v. Turkey* (2018)).[121] Allerdings verbleiben bedeutende Herausforderungen bei der Operationalisierung des prozeduralen Ermessensspielraums: Etwa welche Kriterien bei der Beurteilung anzulegen sind, ob Institutionen wie nationale Parlamente „gut" funktionieren und insofern eine größere Zurückhaltung durch den EGMR zu üben ist.[122]

In der Anwendung eines „kooperativen Subsidiaritätsprinzips" böte sich m. E. auch im interamerikanischen Raum eine etwas flexiblere Haltung des IAGMR und eine stärkere Bezugnahme auf innerstaatliche Institutionen gerade im Bereich der einschränkbaren Rechte in konsolidierten Demokratien an,[123] ebenso wie bei den teils sehr detaillierten Maßnahmen zur Wiedergutmachung.[124] Darüber hinaus könnte der IAGMR bei der Überwachung des Umsetzungsprozesses – für die der Gerichtshof ja, anders als der EGMR, selbst zuständig ist –,[125] im Dialog mit dem entsprechenden Staat in konstruktiven Austausch treten. Erste diesbezügliche Ansätze finden sich bereits in der Judikatur des Gerichtshofs (siehe *Mémoli v. Argentinien*, Meinungsfreiheit).[126] Auch bei der Konventionalitätskontrolle stellt der IAGMR teils verstärkt auf nationale Be-

---

121 Siehe EGMR, *Sahin Alpay v. Turkey*, App. No. 16538/17, Urteil v. 20.3.2018; EGMR *Mehmet Hasan Altan v. Turkey*, App. No. 13237/17, Urteil v. 20.3.2018, wo der EGMR entsprechende Verletzungen des Art. 5(1) und 10 EMRK feststellte. Siehe auch *Matúz v. Ungarn* (App. No. 73571/10, Urteil v. 21.10.2014), wo der EGMR im Zusammenhang mit der Entlassung eines Journalisten erklärt: „the fairness of proceedings and the procedural guarantees afforded ... are factors to be taken into account when assessing the proportionality. ... If the reasoning of the national court demonstrates a lack of sufficient engagement with the general principles of the Court under Article 19 of the Convention, the degree of margin of appreciation afforded to the authorities will necessarily be narrower." (*Id.*, Rn. 35).

122 Siehe i.d.S. das Interview mit EGMR-Präsident *Robert Spano* (*Madsen/Spano* (Fn. 106), 168). Das Fehlen eindeutiger Kriterien für das Funktionieren nationaler Parlamente – im Gegensatz zur Gerichtsbarkeit, wo es eindeutige Standards in den Menschenrechtsverträgen gibt (siehe z.B. Art. 6 EMRK) – könnte eine „double-standards"-Debatte befeuern.

123 I.d.S. *Soledad Bertelsen*, A Margin for the Margin of Appreciation: Deference in the Inter-American Court of Human Rights, International Journal of Constitutional Law 19 (2021), 1.

124 Wie erörtert lehnt der IAGMR eine Zurückhaltung wie beim Ermessensspielraum traditionell ab, was sich insbesondere mit Blick auf die schwersten Menschenrechtsverletzungen und die noch in Konsolidierung befindlichen Demokratien im lateinamerikanischen Raum erklärt. (*AA Cançado Trindade*, El Derecho Internacional de los Derechos Humanos en el Siglo XXI, 2008, 390). Für Details *Binder*, Zukunft des Menschenrechtsschutzes (Fn. 118).

125 Der IAGMR überwacht die Umsetzung seiner Urteile seit 2001 durch entsprechende Resolutionen selbst. Seit 2007 führt er spezifische Hearings mit den Parteien zur besseren Umsetzung durch. Dabei werden auch verschiedene Fälle gegen denselben Staat zusammengezogen; im Sinn eines konstruktiven Dialogs mit dem betreffenden Staat (*Burgorgue-Larsen*, Added Value (Fn. 40), 396).

126 In *Mémoli v. Argentinien* (2013) entschied der IAGMR bezüglich der Rechtmäßigkeit einer strafrechtlichen Sanktionierung der Beschwerdeführer für mediale Äußerungen mit Blick auf eine mögliche Verletzung des Art. 13 AMRK (Meinungsfreiheit): „in strict observance of its subsidiary competence, the Court ... must verify whether the State authorities made a reasonable and sufficient weighing up between the two rights in conflict, without necessarily making an autonomous and independent weighing, unless the specific circumstances of the case require this." (IAGMR, *Mémoli v. Argentinien*, Urteil v. 22.8. 2013, Series C No 56, Rn. 140). Der IAGMR kam zu dem Schluss, die nationalen Gerichte hätten „examined thoroughly the characteristics of the statements [in Frage]" Rn. 142) und gewährte einen entsprechenden Spielraum, indem er erklärte, dass „domestic judicial authorities were in a better position to assess which right suffered most harm" (Rn. 143), ohne eine Verletzung festzustellen.

dingungen ab;[127] ebenso wie bei der Wiedergutmachung. Letzteres wird schon bei der Zuerkennung, etwa bei der Bezugnahme auf *domestic reparation programmes* nach systematischen und ausgedehnten Menschenrechtsverletzungen in Chile und Kolumbien, deutlich.[128] Auch die Überwachung des Umsetzungsprozesses erfolgt verstärkt im dialektischen Prozess: So trat etwa der IAGMR bei *Expelled Dominicans and Haitians v. Dominican Republic* (2014) in einen Dialog mit dem dominikanischen Verfassungsgericht und bezog einige von dessen Argumenten in die Beurteilung ein.[129] Auch dies ermöglicht, Inkompatibilitäten/Spannungen mit der innerstaatlichen Ebene zu verringern. Es vermag so zur besseren Koordination zwischen regionaler/interamerikanischer und innerstaatlicher Ebene beizutragen und sollte ausgebaut werden.

b) Vertikaler justizieller Dialog

Die Konkretisierung der anzuwendenden regionalen Menschenrechtsstandards erfolgt idealerweise im Rahmen eines vertikalen justiziellen Dialogs bzw. einer *dialectic review*.[130] So vermögen nationale Gerichte, insbesondere Höchstgerichte, – in „qualifizierter Kooperation"[131] – dazu beizutragen, die Urteile regionaler Menschenrechtsgerichtshöfe in nationales Recht „zu übersetzen"; bzw. Judikaturlinien zu nuancieren. So hat etwa das deutsche BVerfG im *Beamtenstreikrecht*-Fall 2018 das Urteil des EGMR zum öffentlichen Dienst in der Türkei, wo der Gerichtshof angesichts des Streikverbots eine Verletzung der Versammlungs- und Vereinigungsfreiheit festgestellt hatte, mit Blick auf die besondere Stellung von Beamten in Deutschland „relativiert" und festgestellt, dass das Streikverbot in Deutschland mit dem Recht auf Versammlungs- und Vereinigungsfreiheit vereinbar wäre.[132] Gleichsam „vorbeugend" zeigt das BVerfG damit dem EGMR die Grenzen der deutschen Verfassung auf. Es veranschaulicht die Rolle von nationalen Gerichten als „Einfallstore" (oder „*gate keepers*" mit *Raffaela Kunz*) für

---

127 Vgl. *Eduardo Ferrer Mac-Gregor,* The Conventionality Control as a Core Mechanism of the Ius Constitutionale Commune, in: Armin von Bogdandy et al. (Hrsg.), Transformative Constitutionalism in Latin America. The Emergence of a New Ius Commune, Oxford: Oxford University Press 2017, 321. Generell zu Konventionalitätskontrolle: „...the purpose of the conventionality control is not to impose a homogeneous view on human rights in the inter-American system. The pro personae principle and the logic of normative pluralism are at the core of the conventionality control." (*Id.* 336).

128 In *Garcia Lucero and others v. Chile* etwa geht der IAGMR auf die nationale Ebene ein und macht gleichzeitig Vorgaben für die Wiedergutmachung. IAGMR, *Garcia Lucero and others v. Chile,* Urteil v. 28.8.2013, Series C, No 267. Ungeachtet der traditionell sehr klaren Vorgaben, die der IAGMR Staaten für die Umsetzung seiner Urteile macht, ist teils auch beim IAGMR ein differenzierterer Zugang erkennbar, insbesondere bei einer angemessenen Befassung nationaler Gerichte im Zuge der Durchführung: siehe z.B. IAGMR, *Manuel Cepeda Vargas v. Kolumbien,* Urteil v. 26. 5.2010, Series C No 212, Rn. 246; IAGMR, *Barrios Altos and La Cantuta v. Peru,* Resolution (Monitoring Compliance with Judgment), 30.5.2018, Rn. 64-66). Dazu *Jorge Contesse,* International Decisions: Case of Barrios Altos and La Cantuta v. Peru, AJIL 113 (2019), 568, 573-4. Siehe aber zur noch teils inkonsistenten Judikatur des Gerichtshofs *Clara Sandoval,* Two Steps Forward, One Step Back: Reflections on the Jurisprudential Turn of the Inter-American Court of Human Rights on Domestic Reparation Programmes, IJHR 22 (2018), 1192.

129 Für Details *Soley/Steininger* (Fn. 14).

130 So begnügte sich der EGMR bekanntlich in *von Hannover No 2* festzustellen, dass das dt. BVerfG seine Urteilsgründe in *von Hannover No 1* erwogen hatte. (Siehe *supra* Fn. 119). Ein solcher Dialog muss, i.S.v. *Armin von Bogdandy,* nicht unbedingt harmonisch zwischen den Beteiligten ablaufen und setzt auch nicht den Vorrang des internationalen Rechts voraus. Er kann vielmehr als Beitrag zu einem gemeinsamen Projekt basierend auf Werten, Prinzipen und Rechten sowie der Menschenwürde verstanden werden. I.d.S. auch *Ferrer* (Fn. 127), 322.

131 Vgl. *Grote/Morales Antoniazzi/Paris* (Fn. 25), 517.

132 Siehe dt. BVerfG, *Beamtenstreikrecht* (Fn. 33).

regionale Menschenrechtsstandards.[133] Dies kann auch helfen, innerstaatlichen Widerstand zu dämpfen. Notwendig ist hierfür natürlich ein konstruktiver/gutgläubig geführter Dialog; kein unqualifizierter Widerstand, wie er vom russischen Verfassungsgericht in *Anchugov und Gladkov* (und insbesondere in *Yukos*) geübt wurde.[134]

Eine Voraussetzung für einen solchen vertikalen Dialog sind nachvollziehbare Judikaturlinien der Menschenrechtsgerichtshöfe. Es gilt, Erwartungssicherheit zu schaffen. Eine mögliche, vom EGMR gewohnheitsmäßig geübte Technik hierfür ist der Vergleich nationaler Rechtsordnungen bei der dynamischen Entwicklung internationaler Menschenrechtsstandards.[135] Diese kann als Vertragsinterpretation unter Bezugnahme auf „nachfolgende Praxis" iSd Art 31(3.b) WVK gewertet werden. Sie muss aber konsequent durchgeführt werden. So wurde etwa kritisiert, dass der EGMR in seinen Verweisen auf den europäischen Konsens divergiert und bei der Feststellung eines höheren Standards nicht systematisch genug vorgeht.[136] Ein anderes, vor allem vom IAGMR verwendetes Instrument zur Verbesserung der Akzeptanz seiner Urteile ist die Bezugnahme auf das nationale Recht im betreffenden Staat (siehe *Awas Tingni v. Nicaragua*; *Acevedo Buendia v. Peru*).[137]

In Europa könnte das Protokoll Nr. 16 zur EMRK als Mittel zur Stärkung des vertikalen Dialogs noch mehr genützt und ausgebaut werden. Es sieht nämlich für die obersten Gerichte der Mitgliedstaaten das Recht vor, dem EGMR eine Rechtsfrage zur Auslegung oder Anwendung der EMRK zur Erstattung eines Rechtsgutachtens vorzulegen.[138]

c) Internationale Menschenrechtsschutzinstitutionen

Bei internationalen Menschenrechtsschutzinstitutionen unterscheidet sich der Lösungsansatz für die bessere Koordination der Standards: So sind einerseits sehr unterschiedliche Staaten (Demokratien wie totalitäre Regime) weltweit betroffen; vielfach sind

---

133 Dies trägt der komplexer werdenden *multi-level governance* im regionalen Menschenrechtsschutz Rechnung. I.d.S. *Kunz* (Fn. 36).

134 Ähnlich destruktiv war bekanntlich der venezolanische oberste Gerichtshof (siehe *supra* Fn. 40).

135 Auch der IAGMR hat dies bereits begonnen, etwa in *Artavia Murillo* (IAGMR, *Artavia Murillo v. Costa Rica*, Urteil v. 28.11.2012, Series C No 257) und *Atala Riffo* (IAGMR, *Atala Riffo v. Chile*, Urteil v. 24.2.2012, Series C No 239). Für Details siehe *Jorge Contesse*, The final word? Constitutional dialogue and the Inter-American Court of Human Rights, International Journal of Constitutional Law 15 (2017) 414.

136 I.d.S. etwa *Geir Ulfstein*, How Should the European Court of Human Rights Respond to Criticism? Comment on Angelika Nussberger, in: Heike Krieger/Georg Nolte/Andreas Zimmermann (Hrsg.), The International Rule of Law. Rise or Decline?, Oxford: Oxford University Press 2019, 172 (177) mit weiteren Verweisen.

137 IAGMR, *Awas Tingni v. Nicaragua*, Urteil v. 31.8.2001, Series C No. 79; IAGMR, *Acevedo Buendia v. Peru*, Urteil v. 1.7.2009, Series C No. 198. Für Details siehe *Lucas Lixinski*, Treaty Interpretation by the Inter-American Court of Human Rights: Expansionism at the Service of the Unity of International Law, EJIL 21 (2010) 585.

138 Allerdings gibt es zahlreiche kritische Punkte zu Protokoll Nr. 16. Siehe dazu z.B.: *Janneke Gerards*, Advisory Opinions, Preliminary Rulings and the New Protocol No 16 to the European Convention of Human Rights. A Comparative and Critical Appraisal, Maastricht Journal of European and Comparative Law 21 (2014) 630 (648). *Kanstantsin Dzehtsiarou/Noreen O'Meara*, Advisory jurisdiction and the European Court of Human Rights: a magic bullet for dialogue and docket-control? Legal Studies 34 (2014) 444 (459, 462). Protokoll Nr. 16 wurde bislang auch nur von 16 Staaten ratifiziert, das Verfahren bislang insgesamt erst 6 Mal genützt. Mit Stand April gab es 2 Gutachten, 3 Verfahren waren anhängig, 1 abgelehnt. Siehe EGMR, Advisory Opinions under Protocol No 16 (*ECtHR*) <www.echr.coe.int/Pages/home.aspx?p=caselaw/advisoryopinions&c=>. Der konkrete Nutzen des Protokolls für den justiziellen Dialog bleibt also fraglich.

Standards auch auf nationaler Ebene ungenügend umgesetzt. Ebenso entscheiden die VN-Vertragsüberwachungsorgane bekanntlich nicht bindend.[139] Deswegen geht es, neben nationalen Gerichten, vor allem darum, die innerstaatliche Operationalisierung internationaler Menschenrechtsstandards durch Akteure wie soziale Bewegungen und NGOs zu ermöglichen und den Standards so zu größtmöglicher Wirksamkeit zu verhelfen. Das wurde treffend als Form der *transnational experimentalist governance* beschrieben.[140] Denn die Berufung auf internationale Menschenrechtsstandards ermöglicht, für Änderungen und entsprechende Verbesserungen der Menschenrechtssituation einzutreten.[141] Sie hat Orientierungs- und Mobilisierungsfunktion, die prinzipiell unabhängig von der Frage besteht, ob eine konkrete Entscheidung oder ein menschenrechtlicher Standard innerstaatlich umgesetzt wurden. So kann die Berufung auf einen konkreten Standard auch dazu dienen, bestehende Praktiken zu kritisieren; Standards öffnen einen *normative space for contestation/mobilization* (*Stefan Kadelbach*).[142] Vor allem internationale/globale Menschenrechte entfalten so emanzipatorisches Potenzial.[143]

Eben hier liegen auch Möglichkeiten für eine verbesserte Verankerung internationaler Menschenrechtsstandards auf nationaler Ebene. Neben Dialog ist es vor allem die Überzeugungskraft (*persuasive power*), die eine Entscheidung/die Festlegung eines Standards, ausstrahlt,[144] und nationale Akteure dazu veranlassen soll, den Vertragsüberwachungsorganen zu folgen und sich an ihren Entscheidungen zu orientieren. Oder zumindest genügend Mobilisierungspotenzial entfaltet, gegen Menschenrechtsverletzungen anzugehen.[145] Dies erklärt auch, warum der Menschenrechtsausschuss in einigen Fällen – wie dem Verbot der Vollverschleierung in Frankreich[146] oder dem Abtreibungsverbot in Irland[147] – weniger Zurückhaltung zeigte als der EGMR und entsprechende Verletzungen festgestellt hat.[148] Es ging um die überzeugende Festlegung der in Frage stehenden menschenrechtlichen Norm. Die Konkretisierung der betreffenden Standards und Rückbindung an die nationale Ebene erfolgt dann in Form des Austauschs und Dialogs (im Sinn einer „*two way cross-cultural translation*") unter Betei-

---

139 Siehe *supra*, Teil III.3.

140 *Gráinne de Búrca*, Human Rights Experimentalism, AJIL 111 (2017) 277.

141 I.d.S. *Yuval Shany*, Can Strasbourg be Replicated at a Global Level? A View from Geneva, in: Helmut Philipp Aust/ Esra Demir-Gürsel (Hrsg.), The European Court of Human Rights - Current Challenges in Historical and Comparative Perspective, Cheltenham: Edward Elgar Publishing 2021, 71 (88). Dies wird treffend von *Sikkink* als „Boomerang-Effekt" beschrieben. Siehe *Kathryn Sikkink*, Patterns of Dynamic Multilevel Governance and the Insider-Outsider Coalition, in: Donatella della Porta/Sidney Tarrow (Hrsg.), Transnational Protest and Global Activism, Lanham/Boulder/New York/Toronto/Oxford: Rowman & Littlefield Publishers 2004, 151.

142 Siehe auch *Kadelbach*: „Der MRA und andere Vertragsüberwachungsorgane haben Elemente des moralischen Diskurses als „legal practice" etabliert. (*Kadelbach*, Human Rights Committee, Fn. 49).

143 I.d.S. *ibid.*

144 Vgl. *Shany* (Fn. 141); ebenso *Seibert-Fohr*, Judicial engagement (Fn. 85).

145 Mit *Yuval Shany*: „The HRC derives its legitimacy from other sources [als der EGMR] – especially from the notion of universality of international human rights – a notion with powerful symbolic value, which exerts a considerable compliance pull on states." (*Shany* (Fn. 141), 74).

146 MRA, *Hebbadj v. France* und *Yaker v. France*, App. No. 2807/2016, Entscheidung v. 17.10.2018, https://tbinternet.ohchr.org/_layouts/15/treatybodyexternal/Download.aspx?symbolno=CCPR%2fC%2f123%2fD%2f2807%2f2016&Lang=en. *Stephanie Berry*, Freedom of Religion and Religious Symbols: Same Right – Different Interpretation?, EJIL: *Talk!*, 10.10.2013, (ejiltalk.org); EGMR, *SAS v. France*, App. No. 43835/11, Urteil v. 1.7.2014.

147 MRA, *Mellet v. Ireland*, App. No. 2324/2013, Entscheidung v. 31.3.2016; EGMR, *A B and C v. Ireland*, App. No, 25779/05, Urteil v. 16.12.2010).

148 Für eine Diskussion siehe auch *Shany* (Fn. 141), 72 f.

212

ligung verschiedener innerstaatlicher Akteure (NGOs, soziale Bewegungen, *National Human Rights Institutions,* aber auch staatliche Ministerien, die ihrer Berichtspflicht nachkommen müssen).[149]

Insofern sind für eine verbesserte Koordination der Standards verschiedene „Methoden" zu unterscheiden, je nachdem ob es um das internationale oder um die europäischen oder interamerikanischen Menschenrechtsschutzsysteme geht.

d) Afrikanisches System

Das afrikanische Menschenrechtsschutzsystem nimmt angesichts der wenig fortgeschrittenen „Internalisierung" regionaler Menschenrechtsstandards gleichsam eine Zwischenposition ein. So erscheint eine Einbindung nationaler Institutionen, vor allem der Gerichte, – im Sinn eines *principled dialogue* – in Staaten mit traditionell dualistischen Systemen und einer noch wenig umfassenden innerstaatlichen Inkorporation/Umsetzung regionaler Menschenrechtsstandards naturgemäß schwierig.[150] Dazu kommt, dass die Gerichtsbarkeit des afrikanischen Gerichtshofs nur von etwas mehr als der Hälfte der Staaten anerkannt wurde; und von diesen ermöglichen wiederum nur 16 % NGOs und Individuen, sich direkt an den Gerichtshof zu wenden – eben jenen Akteuren also, auf die die überwiegende Zahl der Beschwerden zurückgeht. Wie erwähnt wird auch nur ein geringer Prozentsatz der Urteile des Gerichtshofs umgesetzt.[151] Allerdings reicht auch in Afrika das positive/emanzipatorische Potenzial einer Entscheidung über die unmittelbare Frage der Umsetzung hinaus. Wie eine rezente Studie zur „judicialisation of election disputes in Africa" zeigt, vermögen auch nicht umgesetzte Urteile eine soziale Mobilisierung zu bewirken.[152] Auch sie können also zur besseren Koordination der Standards beitragen, wenn/insoweit eine Operationalisierung auf nationaler Ebene möglich ist.

e) Horizontaler justizieller Dialog

Schließlich vermag ein horizontaler Dialog zwischen den betreffenden regionalen und internationalen Menschenrechtsschutzinstitutionen Koordinationsprobleme zu lindern, in dem er die Durchschlagskraft/Legitimität der regionalen und internationalen Standards erhöht. Die Funktionen eines solchen Dialogs wurden treffend mit *coordination, rationalisation, legitimation* beschrieben.[153] Ein solch horizontaler Dialog vermag, fortschrittliche Judikaturentwicklungen abzusichern und Divergenzen (etwa zwischen MRA und EGMR) durch gegenseitige Bezugnahmen zu erklären.[154]

Dabei nehmen die verschiedenen Menschenrechtsschutzinstitutionen unterschiedlich stark aufeinander Bezug: Der IAGMR ist beim justiziellen Dialog besonders aktiv, indem er beispielsweise auf den EGMR aber auch auf die internationalen Menschenrechtsschutzinstitutionen (Menschenrechtsausschuss, WSK-Ausschuss) in ständiger Rechtsprechung verweist. Der EGMR arbeitet demgegenüber vor allem selbstreferenziell, zitiert seine eigene Judikatur, und nimmt nur selten auf den IAGMR Bezug.

---

149 I.d.S. *De Búrca* (Fn. 140), 310.
150 Siehe *supra* Teil II.3.
151 Siehe *supra* Fn. 28.
152 I.d.S. am Beispiel von Wahlbeschwerden, *James Thuo Gathii/Olabisi D Akinkugbe,* Judicialization of Election Disputes in Africa's International Courts, Law and Contemporary Problems 84 (2021) 181.
153 *Seibert-Fohr*, Judicial Engagement (Fn. 85), 20.
154 I.d.S. *ibid*, 14.

Letzteres insbesondere in Bereichen, wo dieser eine besondere Expertise hat (z. B. betreffend das erzwungene Verschwindenlassen).[155] Auch der MRA nimmt auf die regionalen Menschenrechtsschutzinstitutionen (v.a. die Gerichtshöfe) Bezug: Neben ausdrücklichen Verweisen wird dies teils in der Wortwahl deutlich.[156] Ebenso übt sich die afrikanische Menschenrechtskommission in horizontalen Verweisen auf andere Menschenrechtsschutzinstitutionen.[157]

Das Potenzial des horizontalen Dialogs zeigt sich insbesondere bei der progressiven Interpretation; beispielsweise bei der Weiterentwicklung von wirtschaftlichen, sozialen und kulturellen (WSK) Rechten. Gegenseitige Referenzen fördern die Entwicklung der WSK-Rechte/Standards, indem sie fortschrittliche Interpretationen absichern und bestärken. Der IAGMR härtet durch Bezugnahmen auf *General Comments* etwa a priori unverbindliche Feststellungen des WSK-Ausschusses in seiner Judikatur (siehe etwa *Poblete-Vilchez v. Chile*).[158] Dies trägt positiv zur Festigung und Klärung von Judikaturlinien bei.

Darüber hinaus vermag horizontaler justizieller Dialog auch, die zuvor erwähnten Judikaturdifferenzen etwa zwischen EGMR und MRA in Perspektive zu setzen und zu erklären;[159] z. B. was die Vollverschleierung, die Abtreibung oder das Kopftuchverbot anbelangt.[160] Auch dies trägt zur Kohärenz – und damit zur besseren Koordination – des Gesamtsystems bei.

Damit hat der horizontale justizielle Dialog ein nicht zu unterschätzendes Potenzial für eine bessere Koordination und Absicherung regionaler und internationaler Menschenrechtsstandards. Gewisse *Caveats* erscheinen allerdings angebracht. So ist der Dialog im normativen Rahmen der betreffenden Institution zu üben; die Verweise des MRA wurden etwa dort als am Überzeugendsten befunden, wo die am Verfahren beteiligten Staaten dem betreffenden Regionalsystem angehören.[161] Ebenso ist eine Ausgewogenheit zwischen externen Verweisen und eigenen Judikaturlinien wichtig: der afrikanischen Menschenrechtskommission wurde beispielsweise mit Blick auf *judicial*

---

155 Besonders oft wird etwa vom EGMR auf den *Leading Case* des IAGMR zum erzwungenen Verschwindenlassen verwiesen (IAGMR, *Velásquez-Rodríguez v. Honduras*, Urteil v. 29.7.1988, Series C No. 4 verwiesen).

156 Vgl. *Seibert-Fohr*, Judicial engagement (Fn. 85).

157 Siehe etwa *Viljoen*, Human Rights Law (Fn. 57), 326.

158 Für Details *Christina Binder*, The Committee on Economic, Social and Cultural Rights: The Power of Subjective Rights with Special Focus on the Protection of Economic and Social Rights in the Case Law of the Inter-American and the European Courts of Human Rights, Journal of Human Rights Practice 14 (2022) (75-83).

159 Siehe den EGMR in *SAS v. France*: „[Der EGMR] has a duty to exercise a degree of restraint in its review of Convention compliance, since such review will lead it to assess a balance that has been struck by means of a democratic process within the society in question." (EGMR, *SAS* (Fn. 146), Rn. 154).

160 Siehe z.B. MRA, *Yaker v. France*: „7.10… the Committee observes that the protection of the fundamental rights and freedoms of others requires identifying what specific fundamental rights are affected and the persons so affected. The Article 18(3) exceptions are to be interpreted strictly and not applied in the abstract. In this case, the Committee observes that the concept of "living together" is very vague and abstract terms. … 7.11 Even assuming that the concept of coexistence could be considered a "legitimate objective" within the meaning of paragraph 3, the State party has not demonstrated that the criminal ban on certain means of covering the face in public spaces, which is a significant restriction of the rights and freedoms of the author as a Muslim woman who wears the full-face veil, is proportionate to that objective, or that it is the least restrictive means that is protective of freedom of religion or belief. …" (MRA, *Yaker* (Fn. 160)).

161 Vgl. *Seibert-Fohr*, Judicial engagement (Fn. 85).

dialogue vorgeworfen, die Entwicklung autochthoner Judikaturlinien zu vernachlässigen.[162] Es gibt also auch Grenzen des Beitrags des horizontalen justiziellen Dialogs zur besseren Koordination der Standards. Dies führt mich zum letzten Teil des Vortrags, zu größeren Fragen der besseren Koordination zwischen den Ebenen.

3. Bessere Koordination der nationalen, regionalen und internationalen Überwachungssysteme

Im Bereich der Koordination der nationalen, regionalen und internationalen Überwachungssysteme gab es schon groß angedachte Projekte. Ins Treffen geführt wurden, neben einer Menschenrechtskammer beim IGH, insbesondere die Idee eines weltweiten Menschenrechtsgerichtshofs, der in bestimmten Fällen angerufen werden kann und schwerste Menschenrechtsverletzungen aburteilt.[163] Allerdings ist dieser derzeit kaum realisierbar,[164] ginge jedenfalls mit Nachteilen wie dem Fehlen einer Spezialisierung einher,[165] und auch die Problematik des institutionellen Gegenwinds wäre nicht notwendigerweise gelöst.

Deswegen werde ich mich bei den folgenden Vorschlägen wieder an der menschenrechtlichen Realpolitik orientieren. Diese setzt eine solide Verankerung des Menschenrechtsschutzes auf nationaler Ebene voraus.[166] Wie *Henkin* es schon 1994 treffend formulierte:

„International Rights are rights within national society and the obligation to respect and ensure rights must fall on every society in the first instance. The international community can only observe, cajole, shame and otherwise induce governments and societies to respect and ensure those rights."[167]

Das bringt entsprechende Notwendigkeiten mit sich: Ein wirksamer Menschenrechtsschutz erfordert funktionierende innerstaatliche Strukturen. Er beruht auf einer pluralistischen Demokratie, Rechtsstaatlichkeit und unabhängigen Gerichten. Eben diese Strukturen werden aber, wie gezeigt, durch die Zunahme an nationalistisch-populistischen Regimen, unterlaufen. Die Menschenrechtsschutzinstitutionen haben darauf reagiert und stärker auf innerstaatliche Rahmenbedingungen abgestellt.[168] Erwähnenswert wäre insbesondere die vergleichsweise rezente „*bad faith*-Judikatur" des EGMR im

---

162 I.d.S. *Viljoen*, African Commission (Fn. 56), Rn. 22.

163 Siehe *Julia Kozma/Manfred Nowak/Martin Scheinin* (Hrsg.), A World Court of Human Rights – Consolidated Statute and Commentary, Wien: Neuer Wissenschaftlicher Verlag 2010.

164 Insbesondere *Philipp Alston* begegnete dem Vorschlag mit Skepsis (*Philip Alston*, Against a World Court for Human Rights, Ethics & International Affairs 28 (2014) 197). Neben seiner nahezu unmöglichen politischen Durchsetzbarkeit, was sich bereits auf regionaler Ebene am ASEAN-basierten sowie am arabischen Menschenrechtssystem widerspiegelt, führt *Alston* v. a. drei Bedenken ins Treffen: verschiedene Vertragsbestimmungen in 21 Menschenrechtsverträgen, enorme Kosten, Unterschiede in Rechtssystemen.

165 I. d. S. *Jelic/Mührel* (Fn. 22).

166 Cf. *Çalı/Koch* (Fn. 55), 305 (mit Verweis auf *Donnelly*): „There is a widely held consensus in the political science literature that human rights treaty compliance is primarily driven by domestic political mechanisms.".

167 *Louis Henkin*, Human Rights: An Agenda for the Next Century, 1994, xvii.

168 Neben der erwähnten Art. 18 EMRK Judikatur wird insbesondere die Unabhängigkeit nationaler Gerichte von allen Menschenrechtsschutzinstitutionen – regional wie international – konsequent eingefordert. Siehe für Details *Binder*, Zukunft des Menschenrechtsschutzes (Fn. 118).

Rahmen des Art. 18 EMRK. [169] In extremen Fällen, wenn Grundprinzipien der Rechtsstaatlichkeit außer Kraft gesetzt werden,[170] stellt der Gerichtshof diesfalls eine missbräuchliche Beschränkung von Konventionsrechten fest (siehe z. B. *Demirtas v. Türkei No 2*, 2020).[171] Der IAGMR geht im *Rechtsgutachten OC-21/28* vom Juni 2021[172] noch weiter, wenn er die unbefristete Wiederwahl von Präsidenten in Präsidialsystemen mit entsprechender Exekutivmacht als Verstoß gegen interamerikanische Menschenrechtsstandards sieht.[173] Die verfassungsrechtliche/institutionelle Ausgestaltung von Staaten wird damit von beiden regionalen Gerichtshöfen zunehmend in den Blick genommen, wenn gravierende Verstöße gegen die Rechtsstaatlichkeit drohen.[174] Dies scheint für eine bessere vertikale Koordination zwischen den Systemen erfolgversprechend.

Allerdings bringt eine verschärfte Kontrolle wiederum das Risiko der Nichtbefolgung durch den betroffenen Staat: Die regionale Instanz ist nun gewissermaßen im Dauereinsatz, und mit jedem ihrer Urteile bringt sie den ins Autoritäre abdriftenden Staat mehr gegen sich auf. Auch die Operationalisierung internationaler Menschenrechte durch NGOs und soziale Bewegungen iSd *transnational experimental governance* auf internationaler Ebene funktioniert vor allem in pluralistisch-demokratischen Regimen. Dies ist ein Dilemma.

In diesen Fällen dürfte nur der Druck anderer (beteiligter) Staaten helfen. Positiv ist in diesem Sinn das konsequente *follow-up* des Ministerkomitees des Europarats bei Artikel 18-Urteilen des EGMR zu bewerten.[175] Auch sonstiger politischer und wirtschaftlicher Druck wäre anzudenken, wie er etwa gerade von der Europäischen Union auf Polen ausgeübt wird.

Ebenso ist eine möglichst umfassende Verankerung der Menschenrechte auf nationaler und subnationaler Ebene anzustreben.[176] Dies eben in Anbetracht der Tatsache, dass Menschenrechte kein rein rechtliches Projekt sind, sondern auch auf politischen, soziologisch-anthropologischen und anderen Faktoren beruhen, was ihre gesamtgesell-

---

169   Art. 18 EMRK: „Die nach dieser Konvention zulässigen Einschränkungen der genannten Rechte und Freiheiten dürfen nur zu den vorgesehenen Zwecken erfolgen.".

170   Die Judikaturlinie zu Art. 18 EMRK hat lange keine Beachtung gefunden; sie geht auf EGMR, *Gusinskiy v. Russland*, App No 70276/01, 19.5.2004, zurück. Zur Entwicklung der Judikatur siehe *Başak Çalı*, Proving Bad Faith in International Law: Lessons from Art. 18 Case law of the ECtHR, in: Gabor Kajtar/Başak Çalı/Marko Milanovic (Hrsg.), Secondary Rules of Primary Importance, Oxford: Oxford University Press 2022, 183. Siehe auch *Aikaterini Tsampi*, The new doctrine on misuse of power under Article 18 ECHR: Is it about the system of contre-pouvoirs within the State after all?, NQHR 38 (2020), 134 (149).

171   EGMR, *Selahattin Demirtas v. Turkey* (No 2), App. No. 14305/17, Urteil v. 22.12.2020.

172   IAGMR, *La Figura de la Reelección Presidencial Indefinida en Sistemas Presidenciales en el contexto del Sistema Interamericano de Derechos Humanos*, Rechtsgutachten OC-28/21, 7.6.2021.

173   Der IAGMR nimmt also die umfassenderen institutionellen Garantien einer repräsentativen Demokratie, der Rechtsstaatlichkeit und der Gewaltenteilung in den Blick. (*Ibid*, Rn. 43 ff. und 65). Generell dazu: *Christina Binder/Mariela Morales*, Towards Institutional Guarantees for Democratic Rotation. The Inter-American Court's Advisory Opinion OC-28/21 on Presidential Re-election, 6.10.2021, Verfassungsblog <verfassungsblog.de/towards-institutional-guarantees-for-democratic-rotation/>.

174   Auch der afrikanische Menschenrechtsgerichtshof hat entsprechende Vorgaben versucht (z. B. gegen Benin). Dies führte allerdings zur Aberkennung des möglichen Zugangs von Individuen/NGOs seitens Benins.

175   I.d.S. *Başak Çalı*, How Loud Do the Alarm Bells Toll? Execution of 'Article 18 Judgments' of the European Court of Human Rights, European Convention on Human Rights Law Review 2 (2021) 274.

176   Cf. *Lorna McGregor*, Looking to the Future: The Scope, Value and Operationalization of International Human Rights Law, Vanderbilt Journal of Transnational Law 52 (2019), 1281 (1306 ff.); *Seibert-Fohr/Weniger* (Fn. 84), 444.

schaftliche Einbettung umso notwendiger macht.[177] Zu denken wäre neben der organisierten Zivilgesellschaft auch an nationale Menschenrechts- und Ombudsstellen ebenso wie an die Medien. Gemeinden, Städte und Länder sind gleichfalls bei der Realisierung von Menschenrechten miteinzubeziehen: Die lokale und regionale Ebene ist insbesondere bei der Umsetzung gefragt. Sie steht häufig auch direkter mit der Bevölkerung in Verbindung. Das Ziel ist die Herausbildung einer „Menschenrechtskultur",[178] eine *vernacularization of human rights.*[179] Denn letztlich gibt es klare Grenzen regionaler und internationaler Menschenrechtsinstitutionen. Wenn Staaten sich beharrlich weigern, Menschenrechte umzusetzen, können auch diese Institutionen wenig ausrichten. In den Worten *Karen Alters*:

„The primary political question of the day is whether populations are willing to trade democracy, individual rights and the rule of law for nationalist glory or economic opportunity. … Should the constituent people collectively cede liberal democratic values, then it would be foolish to expect international law or domestic legal systems to survive in their current form."[180]

Die Herausbildung einer „Menschenrechtskultur" auf nationaler Ebene erscheint auch deswegen besonders wichtig, weil ein Menschenrechtsprojekt, das von der Bevölkerung mitgetragen wird, idealerweise auch *Backlash*-Tendenzen entgegenwirkt: Es mindert die Gefahr einer populistischen Positionierung gegen den Menschenrechtsschutz, da aus einer solchen kein oder nur geringer politischer Nutzen für eine Regierung zu ziehen ist.[181] Eine gesamtgesellschaftliche Verankerung der Menschenrechte könnte also auch dazu beitragen, den zuvor erwähnten populistisch-nationalistischen Tendenzen entgegenzuwirken. Auch dies hilft, den Wind, der dem Menschenrechtschutz entgegenbläst, zu schwächen und die Überdehnung der internationalen Menschenrechte zu verhindern.

Um abschließend noch den Blick zu erweitern: Zwar ist die weltpolitische Lage ernüchternd. Doch auch bei neuen Herausforderungen, wie der Klimakrise oder im transnationalen Wirtschaftsrecht, wird auf Menschenrechte Bezug genommen und es werden

---

177 Helfen können diesfalls auch gezielte *Outreach-* und Kommunikationsstrategien der Menschenrechtsschutzinstitutionen. Siehe *supra* Teil III.1.b.

178 Zur Menschenrechtskultur siehe *Christina Binder*, Europäischer Menschenrechtsschutz in der Krise?: Die COVID-19 Pandemie als Herausforderung und Chance, Die Friedens-Warte 93 (2020) 299.

179 *Sally Engle Merry/Peggy Levitt*, The Vernacularization of Women's Human Rights, in: Stephen Hopgood/Jack Snyder/Leslie Vinjamuri (Hrsg.), Human Rights Futures, Cambridge: CUP (2017), 213; siehe generell für eine anthropologische Perspektive auf Menschenrechte: *Marc Goodale,* Human Rights, in: Didier Fassin (Hrsg.), A Companion to Moral Anthropology, Malden/Oxford/West Sussex: Joney Wiley 2012, 469.

180 *Karen J Alter*, Critical junctures and the future of international courts in a post-liberal word order, in: Avidan Kent/Nikos Skoutaris/Jamie Trinidad (Hrsg.), The Future of International Courts, London: Routledge 2019, 9 (33).

181 Ebenso werden die „Regimekosten", d. h. die innerstaatlichen Kosten für die Realisierung des Menschenrechtsschutzes, reduziert. (I. d. S. *Wayne Sandholtz/Yining Bei/ Kayla Caldwell*, Backlash and international human rights courts, in: Alison Brysk/Michael Stohl (Hrsg.), Contracting Human Rights. Crisis, Accountability, and Opportunity, London: Edward Elgar Publishing 2019, 159 (159).) So gilt es, die politischen „Kosten"/Regimekosten einer Mitgliedschaft bzw. Umsetzung der menschenrechtlichen Verpflichtungen zu beurteilen: Bilanzieren diese negativ, d. h. übersteigen die Kosten für den Verbleib/die Umsetzung eines Urteils, wird einer internationalen Institution die Gefolgschaft verweigert.

internationale Menschenrechtsschutzinstitutionen als Forum genutzt.[182] Das gibt Anlass zur Hoffnung, dass Menschenrechte der ultimative normative Rahmen und handlungsleitend für die internationale Gemeinschaft bleiben.[183] Gleichzeitig sei aber auch vor zu großen Erwartungen gewarnt. Das Projekt der Menschenrechte ist schlicht zu begrenzt, um globale und komplexe Probleme wie extreme Armut, soziale Ungleichheit, die Klimakrise oder künstliche Intelligenz umfassend zu lösen.[184] Es vermag nur in Teilbereichen beizutragen. Auch eine realistische Perspektive darauf, was im Rahmen des Menschenrechtsprojekts möglich ist, hilft also, eine Überdehnung internationaler/regionaler Menschenrechte und damit verbundene Enttäuschungen zu vermeiden.

---

182 Siehe etwa die angesichts der Klimakrise von sechs portugiesischen Jugendlichen vor den EGMR gebrachten Beschwerden: EGMR, *Duarte Agostinho and others v. Portugal and 32 other States*, App. No. 39371/20; ebenso EGMR, *Verein Klimaseniorinnen Schweiz and others v. Switzerland*, App. No. 53600/20; generell dazu *Tim Eicke*, Climate Change and the Convention: Beyond Admissibility, European Convention on Human Rights Law Review 3 (2022) 8; *Sara Vigne/Louis Mason* (*Universal Rights Group*), All eyes turn to the European Court of Human rights to assess future of rights based climate litigation, 1.2.2022, URG Insights, <www.universal-rights.org/blog/all-eyes-turn-to-the-european-court-of-human-rights-to-assess-future-of-rights-based-climate-litigation/>. Betreffend die Rechtsprechung zu Menschenrechten und Unternehmensverantwortlichkeit, siehe IAGMR, *Caso de los Buzos Miskitos* (*Lemoth Morris et al*) *v. Honduras*, Urteil v. 31.8.2021, Series C No 432; dazu: *Business & Human Rights Centre*, Contributions from the Inter-American Court's judgment on the Miskito Divers case, 28.10.2021, <www.business-humanrights.org/en/blog/aportes-de-la-sentencia-de-la-corte-idh-en-el-caso-de-buzos-miskitos/>.

183 Mit Blick auf internationale Organisationen siehe i.d.S. *Anne Peters*, Constitutional Theories of International Organisations: Beyond the West, Chinese Journal of International Law 20 (2021), 649 (677 f.).

184 Vgl. etwa *Hurst Hannum*, Rescuing Human Rights: A Radically Moderate Approach, Cambridge: Cambridge University Press 2019, 157; *McGregor* (Fn. 176).

Thesen

zum Referat von Prof. MMag. Dr. Christina Binder, E.MA,
Universität der Bundeswehr München

I. Verortung

1. Internationale und regionale Menschenrechte erfahren vor allem in den letzten zwei Jahrzehnten Gegenwind. Besonders sichtbar sind *Backlash*-Tendenzen gegen Menschenrechtsschutzinstitutionen im europäischen, interamerikanischen und afrikanischen Menschenrechtssystem und in Bezug auf die vertragsbasierten Mechanismen im Rahmen der Vereinten Nationen.

II. Symptome

Der Gegenwind ist an verschiedenen Symptomen festzumachen.

a) Populistische Kritik
2. Die politische Rhetorik populistischer Regierungen in zahlreichen Staaten zeigt den Widerstand insbesondere gegen regionale Menschenrechtsschutzinstitutionen. Ins Treffen geführt werden die mangelnde Legitimität der Institutionen, ihre fehlende demokratische Legitimation und dass sie Sicherheitsinteressen der Staaten außer Acht lassen.

b) Austritt, Re-dimensionierung und fehlende Kooperation
3. Staatlicher Widerstand im Rahmen institutioneller und organisatorischer Strukturen steht häufig direkt in Zusammenhang mit obgenannter Rhetorik. Ausprägungen sind der Rückzug von Staaten aus Menschenrechtsverträgen oder von bestimmten Verfahren, die Forderung nach einer „Re-dimensionierung", d.h. einem Zurückdrängen der regionalen Menschenrechtsschutzsysteme und fehlende Kooperation. Die Formen des Widerstands sind unterschiedlich, auf regionaler und internationaler Ebene.

c) Widerstand gegen Entscheidungen und fehlende Umsetzung
4. Widerstand gegen Entscheidungen regionaler Menschenrechtsgerichtshöfe und deren verzögerte, nur teilweise oder fehlende Umsetzung sind weitere Zeichen des Gegenwinds. Bei internationalen Menschenrechten ist die fehlende innerstaatliche Umsetzung das offenkundigste Symptom.

III. Diagnose

Die Ursachen für den Gegenwind sind an verschiedenen Stellen zu verorten.

a) Nationalismus und autoritäre Regime
5. Die Kritik an Menschenrechtsschutzinstitutionen nützt der nationalistischen Propaganda populistischer Regime. Dies steht im Zusammenhang mit der zunehmenden Abkehr von pluralistischer Demokratie und dem Erstarken autoritärer Strukturen in zahlreichen Staaten.

6. Der Gegenwind gegen Menschenrechtsschutzinstitutionen geht mit einer wachsenden Skepsis gegenüber internationaler Zusammenarbeit und Multilateralismus und einer stärkeren Prioritätensetzung auf nationale Belange einher.

b) Im Bereich der Menschenrechtsschutzinstitutionen gelegene Gründe

7. Eine weitere Ursache für den Gegenwind liegt in der Sphäre der regionalen und internationalen Menschenrechtsschutzinstitutionen. Kapazitätsprobleme und die teils lange Verfahrensdauer liefern Kritikern Argumente. Dabei sind zahlreiche Problemfelder im institutionell-organisatorischen Bereich der Menschenrechtsschutzinstitutionen einem nicht lösbaren Spannungsfeld geschuldet: Die Institutionen hängen, was ihre Zusammensetzung, ihr Funktionieren und ihre Finanzierung anbelangt, an der staatlichen „Nabelschnur" und sind somit auf eben jene Staaten angewiesen, die sie kontrollieren sollen.

8. Hinzu kommen interne Rivalitäten zwischen Organen der Menschenrechtsschutzinstitutionen im zweistufigen Verfahren und eine übermäßige Bürokratisierung als Begleiterscheinung des institutionalisierten Menschenrechtsschutzes.

c) Mangelnde Koordination zwischen den Systemen auf nationaler, regionaler und internationaler Ebene

9. Insbesondere bei der Konkretisierung und dynamischen Weiterentwicklung der notwendigerweise breiten Menschenrechtsstandards durch die Menschenrechtsschutzinstitutionen kommt es zu Koordinationsproblemen. Dabei vermengen sich häufig (innen)politische Gründe mit Problemlagen im (völker)rechtlichen Bereich.

10. Die rechtlichen „Koordinationsprobleme" zeigen sich vor allem im europäischen und interamerikanischen Menschenrechtssystem. Besonders deutlich werden sie in der Rechtsprechung nationaler Höchstgerichte.

11. Grenzen werden der Judikatur der regionalen Menschenrechtsgerichtshöfe vor allem bei Konflikten mit der nationalen Verfassung gezogen. Dabei geht es häufig um Interpretations- und Abwägungsfragen, etwa um die unterschiedliche Wertung regionaler Menschenrechtsgerichtshöfe und nationaler Gerichte, wie zwischen verschiedenen konkurrierenden Rechten zu gewichten ist.

12. Bei der völkerrechtlichen Beurteilung geht es regelmäßig um die Frage, inwieweit die dynamische Interpretation der Menschenrechtsstandards durch die regionalen Menschenrechtsgerichtshöfe von ihrem Mandat, Wächter über die Menschenrechtskonventionen zu sein, gedeckt ist.

IV. Therapie

13. Mögliche Lösungsvorschläge aus einer realpolitischen Perspektive müssen den Spagat zwischen einem möglichst effektiven Menschenrechtsschutz und dem Ziel schaffen, Staaten in Zeiten des Gegenwinds so weitgehend wie möglich *„on board"* zu behalten.

a) Verbesserung der Effizienz und Erhöhung der Legitimität der Menschenrechtsschutzinstitutionen

14. Institutionelle Reformen zur Effizienzsteigerung sind naturgemäß begrenzt und gehen regelmäßig mit *trade-offs* einher. Vor allem in Europa gilt es, die Balance zwischen Effizienzsteigerung und der Wahrung des Zugangs des Einzelnen zum Menschenrechtsschutz zu wahren.

15. Auch in der Erhöhung der Legitimität der Menschenrechtsschutzinstitutionen etwa durch eine stärkere Einbeziehung besonders betroffener Personen liegt gewisses Potenzial.

b) Bessere Koordination der materiellen Standards auf den drei Ebenen: national, regional, international

16.   Die verschiedenen Menschenrechtsschutzsysteme erfordern unterschiedliche Antworten für die bessere Koordination der Menschenrechtsstandards.

17.   Vor allem im europäischen und interamerikanischen Menschenrechtsschutzsystem kann ein umfassend verstandenes kooperatives Subsidiaritätsprinzip Orientierung für die vertikale Koordination zwischen den Ebenen bieten. Für ein besseres Ineinandergreifen aussichtsreich erscheint etwa die vom EGMR entwickelte Doktrin des prozeduralen Ermessensspielraums.

18.   Bei internationalen Menschenrechtsschutzinstitutionen ist vor allem auf die Möglichkeit der innerstaatlichen Operationalisierung der internationalen Menschenrechtsstandards durch Akteure wie NGOs und soziale Bewegungen zu achten (iSd *„transnational experimentalist governance"* (*de Búrca*)). Für die bessere Anbindung internationaler Standards an die nationale Ebene sind Dialog und die Überzeugungskraft der Entscheidungen der Menschenrechtsschutzinstitutionen von Bedeutung.

c) Bessere Koordination der nationalen, regionalen und internationalen Überwachungssysteme

19.   Große institutionelle Reformen, wie die Errichtung eines weltweiten Menschenrechtsgerichtshofs, der schwerste Menschenrechtsverletzungen aburteilt, sind kaum realisierbar und wären mit Nachteilen verbunden.

20.   Menschenrechtliche Realpolitik muss bei einer soliden Verankerung des Menschenrechtsschutzes auf innerstaatlicher Ebene ansetzen. Dies eben in Anbetracht der Tatsache, dass Menschenrechte kein rein rechtliches Projekt sind, was ihre gesamtgesellschaftliche Einbettung (*vernacularization*) umso notwendiger macht.

21.   Die Herausbildung einer „Menschenrechtskultur" auf nationaler Ebene wirkt idealerweise auch *Backlash*-Tendenzen entgegen und mindert die Gefahr einer populistischen Positionierung gegen die internationalen und regionalen Menschenrechtsschutzinstitutionen.

Summary

Backlash against international and regional human rights? /
International and regional human rights amid headwinds

by Prof. MMag. Dr. Christina Binder, E.MA, Universität der Bundeswehr München

I. Localization

1. International and regional human rights have been confronted with backlash especially in the last two decades. Particularly visible are backlash tendencies against human rights monitoring institutions in the European, Inter-American and African human rights systems and in relation to treaty-based mechanisms within the United Nations framework.

II. Symptoms

There are several symptoms which are reflective of backlash.

a) Populist criticism

2. The political rhetoric of populist governments in numerous states demonstrates opposition to regional human rights monitoring institutions in particular. It is frequently argued that such institutions lack legitimacy, do not have democratic legitimacy, and disregard the security interests of states.

b) Withdrawal, re-dimensioning and lack of cooperation

3. States' resistance within institutional and organizational structures often directly relates to the above rhetoric. It is illustrated by states' withdrawals from human rights treaties or certain human rights procedures, by calls for a 're-dimensioning', i. e. a pushing back on regional human rights protection systems, and by a lack of cooperation. The forms of resistance vary, at the regional and international levels.

c) Resistance to decisions and lack of implementation

4. Resistance to decisions of regional human rights courts and their delayed, only partial or lacking implementation are further signs of headwinds. As regards international human rights, the deficient domestic implementation is the most obvious symptom.

III. Diagnosis

The headwinds have several reasons.

a) Nationalism and authoritarian regimes

5. Criticism of human rights monitoring institutions benefits the nationalist propaganda of populist regimes. This is related to an increasing abandonment of pluralistic democracy and a turn to authoritarianism in numerous states.

6. The headwinds against human rights monitoring institutions are accompanied by a growing scepticism toward international cooperation and multilateralism and an emphasis on national concerns.

b) Reasons within the realm of human rights monitoring institutions

7. Another cause of headwinds lies in the sphere of regional and international human rights monitoring institutions. Capacity problems and the frequently long duration of proceedings provide critics with arguments. At the same time, numerous problem areas

in the institutional-organizational sphere of human rights monitoring institutions arise in light of an unresolvable tension: In terms of their composition, functioning and funding, the institutions are attached to the 'umbilical cord' of states and are thus dependent on the very states that they are supposed to control.

8. In addition, there are internal rivalries between organs of the human rights monitoring institutions in the two-track monitoring process and an excessive bureaucratization as a side effect of institutionalized human rights protection.

c) Deficient coordination between systems at the national, regional and international levels

9. There are coordination problems, particularly in the concretization and dynamic development of the necessarily broad human rights standards by the human rights monitoring institutions. In this context, (domestic) political reasons often intermingle with problematic situations in the (international) legal sphere.

10. The legal 'coordination problems' are particularly evident in the European and Inter-American human rights systems. This can most often be seen in the jurisprudence of national supreme courts.

11. Limits are placed on the jurisprudence of regional human rights courts above all in conflicts with the national constitution. This often involves questions of interpretation and balancing, such as the differing assessments by regional human rights courts and national courts of how to weigh different competing rights.

12. An international law perspective regularly relates to the extent to which the dynamic interpretation of human rights standards by regional human rights courts is covered by their mandate as guardians of human rights conventions.

IV. Therapy

13. Possible solutions from a 'realpolitik' perspective must strike a balance between effective human rights protection and keeping states 'on board' in times of headwinds.

a) Improving the efficiency and enhancing the legitimacy of human rights monitoring institutions

14. Institutional reforms to increase efficiency are inherently limited and regularly involve trade-offs. Particularly in Europe, it is important to maintain a balance between efficiency and individuals' access to human rights protection.

15. There is also some potential in increasing the legitimacy of human rights monitoring institutions, for example through greater involvement of particularly affected individuals.

b) Better coordination of substantive standards at the national, regional and international levels

16. The different human rights protection systems require different responses for the better coordination of human rights standards.

17. Particularly in the European and Inter-American human rights systems, a comprehensively understood cooperative subsidiarity principle can provide guidance for a vertical coordination between the different levels. The doctrine of a procedural margin of appreciation developed by the ECtHR, for example, seems promising for a better interlocking of these levels.

18.   In the case of international human rights monitoring institutions, attention should be paid to the possibility of domestic operationalization of international human rights standards by actors such as NGOs and social movements (i. e. 'transnational experimentalist governance' (*de Búrca*)). Dialogue and the persuasiveness of the decisions of human rights monitoring institutions are crucial to further the implementation of international standards at the national level.

c) Better coordination of national, regional and international monitoring systems

19.   Major institutional reforms, such as the establishment of a universal human rights court with the mandate to prosecute the most serious human rights violations, are hardly feasible and would come with disadvantages.

20.   The realpolitik of human rights must begin with a solid anchoring of human rights protection at the domestic level. Recognizing that human rights are not a purely legal project makes their embedding in society as a whole ('vernacularization') all the more necessary.

21.   The development of a 'human rights culture' at the national level ideally counteracts backlash tendencies and reduces the danger of populist positioning against international and regional human rights monitoring institutions.

Diskussion

zu den Referaten Budzikiewicz und Binder

Frau Seibert-Fohr: Meine sehr verehrten Damen und Herren, ich würde Sie bitten, noch einmal Platz zu nehmen. Wir haben eine ganze Reihe von Fragen bekommen. Ich möchte alle Teilnehmer bitten, sich möglichst kurz zu fassen, um unseren beiden Referentinnen die Gelegenheit zu geben, auf die Fragen einzugehen. Wir haben die Fragen etwas gebündelt und werden uns zunächst erstmal mit dem IPR beschäftigen, zu dem wir einige Fragen erhalten haben. Im Anschluss daran gibt es einige Fragen, die sich an beide Referentinnen richten. Und schließlich gehen wir über zu den Fragen, die an Frau Binder adressiert sind.

Die ersten fünf Interventionen sind Herr Stürner, dann Herr Sonnentag, Matthias Weller, Herr Classen und Martin Gebauer. In dieser Reihenfolge würde ich jetzt als erstes Herrn Michael Stürner bitten, seine Frage zu stellen.

Herr Stürner: Ganz herzlichen Dank zunächst, Christine, für diesen Vortrag, ich fand den Begriff der „Alt- und Uralt-Ehen" sehr schön, das werde ich mir merken. Meine Fragen beziehen sich aber auf die Eingriffsnormproblematik und zwar zum einen in Bezug auf das Lieferkettensorgfaltspflichtengesetz. Du hattest ausgeführt, dass dieses Gesetz keine Eingriffsnorm beinhaltet. Das kann man so sehen. Die Frage wäre aber, ob da argumentativer Spielraum besteht, denn was eine Eingriffsnorm ist, bestimmt letztlich ein Gericht. Das Gericht legt das Gesetz aus und hat gewisse Spielräume. Historische Gründe sprechen wohl dagegen, systematische wohl auch, aber das Telos scheint mir doch dafür zu sprechen, dass Spielraum besteht, dass das Eingriffsnormen sind: Es handelt sich um Verhaltenspflichten, die öffentlich-rechtlich sanktioniert sind. Aus meiner Sicht steht dahinter ein überragendes Staatsinteresse zur Durchsetzung von menschenrechtlichen Sorgfaltspflichten. Kann man daraus eine Eingriffsnorm machen?

Zweite Frage: Wenn das ausländische Deliktsstatut anwendbar ist – was ja häufig der Fall sein wird in diesen Lieferketten – und das ausländische Deliktsstatut einen sehr strengen Sorgfaltsmaßstab beinhaltet, müsste man dann aus deutscher Sicht nicht deswegen – wenn und soweit man sich gegen eine Einordnung als Eingriffsnorm wendet – besonders restriktiv sein, was diesen Sorgfaltsmaßstab angeht, und gegebenenfalls über den *ordre public* korrigieren? Vielen Dank!

Herr Sonnentag: Ja, auch von mir ganz herzlichen Dank für die beiden schönen Referate. Eine kleine Anmerkung zu der Materialisierungstendenz. Wir haben diese ja im Prinzip schon seit dem IPR-Gesetz von 1986 durch alternative Anknüpfungen, subsidiäre aus materiell-rechtlichen Gründen, kumulative und die im Einzelnen sehr ausdifferenzierten Anknüpfungen. Insofern finde ich, ist die weitere Materialisierung stets nur noch ein weiterer Schritt, der auf die bisherigen folgt.

Aber zu meiner Frage: Kann man diese Aussagen in den Entscheidungen *Coman* und auch *Pancharevo*, kann man möglicherweise diese Kernaussagen fruchtbar machen für die Beurteilung von Kinderehen – jetzt im europäischen Kontext, Beispiel Bulgarien: Heirat unter 16 Jahren – oder auch für die Scheidungen ohne Gericht, solange die Brüssel-IIb-Verordnung noch nicht gilt? Das heißt, kann man möglicherweise zu einer Anerkennung auf diesem Wege bei diesen verschiedenen Rechtsverhältnissen kommen? Danke!

Frau Seibert-Fohr: Vielen Dank für Ihre Frage. Als nächstes kommt nun der Beitrag von Matthias Weller.

Herr Matthias Weller: Ganz herzlichen Dank auch meinerseits für zwei sehr profunde Referate. Meine Frage geht an Dich, liebe Christine, und betrifft Artikel 10 der Rom-III-Verordnung. Du hast ganz überzeugend die Argumentlage der herrschenden Auffassung geschildert, gegen den Generalanwalt in der Rechtssache Sahyouni. Ich will dem auch gar nicht entgegentreten, sondern vielleicht nur einen Aspekt aufbringen, der eine Rolle spielen könnte, wie dann die *ordre public*-Kontrolle unter Art. 12 zu vollziehen sein könnte. Wenn wir einen Moment zurückdenken an von Savigny, dann spricht er ja im Grunde zur Rechtfertigung der räumlichen Anknüpfung von einer völkerrechtlichen Gemeinschaft in teils gemeinsamer christlicher Gesittung. Ich möchte diesen Satz dezidiert nicht religiös aufgeladen verstehen, aber doch als einen Hinweis auf eine Wertegemeinschaft, eine Gemeinschaft mit geteilten Werten. Und wenn wir die Europäische Union als eine solche verstehen, dann wäre vielleicht doch die Frage, ob die *clausula de rechazo*, aus der ja die Verwerfungsklausel des Artikels 10 hervorgeht, ein Signal in diese Richtung sein könnte. Und die Frage, die sich dahinter verbirgt, ist dann: Ist es vielleicht etwas zu binär zu denken, entweder Artikel 10 und totale Verwerfung oder aber rein einzelfall- und ergebnisbezogene *ordre public*-Kontrolle? Denn eines können wir schon ablesen aus einer Rechtsordnung, die ganz eklatant einen Verstoß gegen unsere Werte beinhaltet, auch wenn es in dem konkreten Fall gar nicht relevant wird, dass sie eben nicht gleichwertig insgesamt ist. Und ist das vielleicht ein Indiz dafür, dass diese Rechtsordnung auch in anderen Teilen, in anderen Fragen, unseren Gleichwertigkeitspostulaten so unmittelbar nicht entspricht, wie wir es grundsätzlich eigentlich annehmen müssten. Ist es also vielleicht so, dass der Maßstab der Einzelfallkontrolle sich in Artikel 12 in einem solchen Fall verändert?

Frau Seibert-Fohr: Nun die Frage von Herrn Classen.

Herr Classen: Ich habe eine Frage an Frau Budzikiewicz zum Thema Leihmutterschaft. Sie hatten die Tendenz erwähnt, dass ein Pflegeverhältnis unter Umständen ausreichen soll. Im Kontext der von Ihnen ja auch angesprochenen Kinderehen ist ja ein Argument – wenn ich die Diskussion richtig verfolge –, dass man auch berücksichtigen müsse, dass die Leute möglichweise in ihr Heimatland zurückgehen und dann größere Schwierigkeiten haben, wenn die Ehe in Deutschland nicht als wirksam gegolten hat. Dieses Thema Rückkehr ist natürlich bei der Leihmutterschaft keine Perspektive, da geht es um einen Dauer-Status, aber gerade deshalb die Frage, ob diese Konstruktion wirklich überzeugt. Das BVerfG hat im innerstaatlichen Kontext – Stichwort: Sukzessivadoption – die Bedeutung auch rechtlich stabiler Beziehungen zu den Eltern angesprochen. Ergänzend kommt hinzu, dass die familienrechtliche Statusfrage ja auch, praktisch jedenfalls, Konsequenzen für die Frage der Staatsangehörigkeit hat, auch wenn es sicherlich nicht Aufgabe des IPR ist, Staatsangehörigkeitsfragen zu lösen. Am Ende lautet die Frage: Besteht das Risiko, dass das Kind, wenn das Herkunftslandrecht die Zuordnung zur Leihmutter definitiv nicht mehr vorsieht, dann durch die Rechtsordnung de facto zur Waise erklärt wird, und führt das nicht beim Staatsangehörigkeitsrecht zur

Staatenlosigkeit? Von daher meine Frage, ob man nicht doch sagen muss, dass – zumindest in solchen Konstellationen – ein Pflegeverhältnis nicht ausreicht. Muss da nicht eine weitergehende rechtliche Perspektive bestehen, damit diese für das Kind auch wirklich dauerhaften Charakter hat und dieses nicht zum Spielball wird?

Frau Seibert-Fohr: Vielen Dank für die Frage. Und der letzte im Bunde ist Martin Gebauer.

Herr Gebauer: Zunächst vielen Dank für zwei wunderbare Vorträge, die – wie ich finde – auch schön zusammenpassen. Ich habe zunächst eine Frage an Christine Budzikiewicz und zwar eine methodische Frage. Sie betrifft die Durchbrechung der Regelanknüpfung und die Abkehr von der Verweisungsmethode. Das sind zwei verschiedene Aspekte, und hier interessiert mich das Verhältnis von Grundsatz und Ausnahme. Ich frage mich, inwieweit die Durchbrechung der Regelanknüpfung überhaupt in einen Konflikt tritt mit der traditionellen Verweisung. Wo man eine Anknüpfung hat, entwickeln sich auch Sonderanknüpfungen – das war im Grunde schon immer so. Ist die Ausnahme als solche irgendwie besonders begründungspflichtig, oder ist das nicht etwas Alltägliches, dass die Ausnahme gewissermaßen auch die Regel bestätigt? Das führt dann gelegentlich auch zu einem Eingriffsnormcharakter, auch nach dem neuen Richtlinienvorschlag, der das ja direkt so anordnet. Gleichzeit verlangt er aber einen Inlandsbezug – das würde man wohl hineinlesen wollen. Wir haben diesen Inlandsbezug wohl auch immer dadurch, dass die betreffenden Unternehmen in der Union ansässig sind; damit haben wir eigentlich kein Problem. Im Grunde sind ja die Eingriffsnormen auch nichts Besonderes gegenüber anderen Normen, die gesondert angeknüpft werden. Sie sind – nach Kahn – der unfertige Teil des internationalen Privatrechts. Sie suchen sozusagen noch nach ihrer Anknüpfung, und sie suchen ihre Anknüpfung aus einer anderen Perspektive. Diese Sachnormen berühren einen anderen Punkt der gesellschaftlichen Ordnung als den von den regulären Kollisionsnormen ins Auge gefassten. Entsprechend suchen sie auch ihre Anknüpfung von diesem anderen Punkt her. Ist das nicht vielleicht auch methodisch ganz ähnlich mit der eventuellen Durchbrechung der Verweisungsmethode im Einzelfall durch Anerkennungsfragen? Denn Verweisung und Anerkennung verhalten sich ja auch wohl nicht so zueinander, dass in Zukunft die Verweisung ersetzt wird durch die Anerkennung, ganz im Gegenteil: die Anerkennung wird obsolet in dem Maße, in dem wir einheitliche Verweisungsregeln schaffen. Wir haben das Anerkennungsmodell im Wesentlichen nur innerhalb Europas, und es erübrigt sich in dem Maße, in dem eine Vereinheitlichung von Verweisungsregeln erfolgt. Wenn wir etwa eine einheitliche Namensanknüpfung haben, dürfte sich das Problem des hinkenden Namens weitgehend erledigen und damit die Notwendigkeit einer Anerkennungslösung. Deswegen die Frage: Handelt es sich vielleicht auch bei der Anerkennung um einen noch „unfertigen Teil des IPR", der noch auf einheitliche Verweisungsregeln wartet?

Ich habe in der Tat auch eine Frage an Frau Binder, aber das wird wahrscheinlich abgeschichtet, oder soll ich sie gleich stellen?

Frau Seibert-Fohr: Vielleicht stellen Sie sie schon jetzt, aber wir heben sie zunächst auf und Frau Binder beantwortet sie nachher?

Herr Gebauer: Gut, wunderbar, vielen Dank. Meine Frage betrifft das Verhältnis von internationalen Menschenrechten und nationalen Verfassungen und vielleicht auch die

Spannungen, die gerade aus diesem Verhältnis entstehen, auch Akzeptanzfragen und die Frage der Koordination der Menschenrechtsstandards. Stoßen hier nicht vielleicht auch Multilateralismus und Unilateralismus aufeinander? Ist also unsere beispielsweise spanische Vorstellung von Menschenrechten, auch bezogen auf gleichgeschlechtliche Ehen, wirklich dieselbe, wie wir sie etwa auch in Bulgarien voraussetzen dürfen? Oder droht nicht gerade durch diese Gleichsetzung eine Überdehnung, wenn wir letztlich unilaterale, einseitige Ansätze hineinlesen in die Standardisierung von Menschenrechten und dann verlangen, dass sie überall akzeptiert werden? Wir haben ja gerade bei den gleichgeschlechtlichen Ehen eine ganz klare Ost-West-Teilung innerhalb Europas: Alle Länder, die westlich liegen von Deutschland, akzeptieren und regeln sie; alle Rechtsordnungen östlich von Deutschland kennen sie hingegen nicht. Müssen wir dann wirklich Bulgarien zwingen, eigene Wertungen durch andere Wertungen im Namen der Menschenrechte zu ersetzen? Werden dann nicht eventuell eher lokale Vorstellungen mit einem allgemeingültigen Anstrich versehen? Gerade dann, wenn die Formulierung der Standards vielleicht von NGOs stammt und insofern eine demokratische Legitimation nicht ohne weiteres gewährleistet ist? Meine Frage betrifft also die Formulierung, die Kommunikation und die Akzeptanz dieser Standards.

Frau Seibert-Fohr: Frau Budzikiewicz, Sie haben einen ganzen Strauß von Fragen, die Sie jetzt beantworten können.

Frau Budzikiewicz: Vielen Dank. Ich werde versuchen, in der Reihenfolge der Fragen zu antworten.

Michael Stürner hat im Hinblick auf das neue Lieferkettensorgfaltspflichtengesetz zunächst die Frage aufgeworfen, ob die in dem Gesetz statuierten Pflichten nicht doch als Eingriffsnormen qualifiziert werden können. Er verwies dabei auf die Spielräume, die das Gericht mit Blick auf das Telos bei der Auslegung des Gesetzes hat. In der Tat fehlt dem LkSG eine Regelung, aus der sich explizit ergeben würde, dass die §§ 3 ff. LkSG als Eingriffsnormen ausgestaltet sein sollen. Daher muss durch Auslegung ermittelt werden, ob die Regelungen einen allgemeinen Geltungsanspruch besitzen. Hierbei wird zu berücksichtigen sein, dass eine Verletzung der Sorgfaltspflichten nach § 3 Abs. 3 S. 1 LkSG keinen zivilrechtlichen Haftungsanspruch begründet. Die betreffenden Regelungen sollen ausweislich der Gesetzesmaterialien auch keine Schutzgesetze im Sinne des § 823 Abs. 2 BGB sein. Schon daraus folgen Zweifel an dem Eingriffscharakter der §§ 3 ff. LkSG. Darüber hinaus spricht aber auch die Entstehungsgeschichte deutlich gegen die Charakterisierung als Eingriffsnormen. Die Möglichkeit, den Normen entsprechende Bedeutung zuzuerkennen, wurde gesehen und diskutiert, entsprechende Vorschläge konnten sich aber nicht durchsetzen. Ein Änderungsantrag, demzufolge die Sorgfaltspflichten ausdrücklich als Eingriffsnormen ausgestaltet werden sollten, wurde im Ausschuss für Arbeit und Soziales mehrheitlich abgelehnt. Diesen aus der Entstehungsgeschichte erhellten Intentionen wird bei einem so jungen Gesetz wie dem LkSG besondere Bedeutung zuzumessen sein. Allerdings ist zuzugeben, dass die Ablehnung eines Eingriffscharakters der §§ 3 ff. LkSG nicht unbestritten ist. Verwiesen wird insofern auf den Schutz überragend wichtiger Rechtsgüter, der durch das LkSG gewährleistet werden soll. Ob die Gerichte diesem Aspekt mehr Raum geben werden als dem – sehr eindeutigen – historischen Argument, wird sich zeigen.

Die zweite Frage nimmt den Fall in den Blick, dass ein – bei Lieferketten häufig berufenes – ausländisches Deliktsstatut einen im Verhältnis zum deutschen Recht besonders strengen Sorgfaltsmaßstab vorgibt. Wäre dieser bei inländischem Forum gegebenenfalls über den *ordre public* zu korrigieren, sofern das LkSG tatsächlich keine Eingriffsnormen statuieren sollte? Die Folge wäre eine mögliche Versagung der Haftung nach ausländischem Recht. Dieser Schluss erscheint mir als zu weitgehend. Nach Art. 26 Rom II-VO kann die Anwendung einer ausländischen Vorschrift nur versagt werden, wenn ihre Anwendung mit der öffentlichen Ordnung des Forumstaates offensichtlich unvereinbar ist. Allein aus dem Umstand, dass die §§ 3 ff. LkSG keinen Eingriffscharakter haben, folgt meines Erachtens noch nicht, dass bei der Prüfung eines Rechtsanwendungsergebnisses im Rahmen der *ordre public*-Kontrolle nunmehr ein besonders strenger Maßstab anzulegen ist. Hiergegen spricht im Übrigen auch die Regelung des § 3 Abs. 2 S. 2 LkSG, demzufolge eine unabhängig von den Regelungen des LkSG begründete zivilrechtliche Haftung unberührt bleibt. Ein Haftungsausschluss ist mithin nicht intendiert. Soweit eine Haftung ohne Rückgriff auf das LkSG begründet werden kann, steht das LkSG dem nicht entgegen. Dies wird auch für eine Haftung nach ausländischem Recht zu gelten haben.

Herr Sonnentag hat nach den Konsequenzen der Entscheidungen *Coman* und *Pancharevo* für die Anerkennung von im EU-Ausland geschlossenen Kinderehen sowie im EU-Ausland durchgeführten Privatscheidungen gefragt. Ich möchte zunächst auf die Kinderehen eingehen. Hier ist darauf hinzuweisen, dass in Fällen, in denen ein Nupturient im Zeitpunkt der Eheschließung das 16., aber noch nicht das 18. Lebensjahr vollendet hatte, eine nach Maßgabe des Eheschließungsstatuts wirksam geschlossene Ehe gemäß Art. 13 Abs. 3 Nr. 2 EGBGB nach deutschem Recht aufhebbar ist. Verwiesen wird damit auf die §§ 1313 ff. BGB. Eine Aufhebung ist allerdings nach § 1315 Abs. 1 S. 1 Nr. 1b BGB ausgeschlossen, wenn diese für den Minderjährigen eine schwere Härte darstellen würde. Die Norm ist in der Rechtsprechung schon verschiedentlich herangezogen worden, um die Freizügigkeitsrechte der betroffenen Ehegatten zu wahren. In Fällen, in denen ein Nupturient im Zeitpunkt der Eheschließung noch keine 16 Jahre alt war, ist die Ehe dagegen nach Art. 13 Abs. 3 Nr. 1 EGBGB unwirksam. Ausgenommen sind lediglich die von Art. 229 § 44 Abs. 4 EGBGB erfassten Konstellationen. An diesem strengen Regelungskonzept wird zu Recht Kritik geübt. Ob man allerdings den Entscheidungen *Coman* und *Pancharevo* eine generelle Pflicht zur Anerkennung der in einem EU-Mitgliedstaat geschlossenen Minderjährigenehen entnehmen kann, erscheint zweifelhaft. Die Urteile befassen sich allein mit Fragen der Freizügigkeit und des Aufenthaltsrechts. Hierauf wird sich ihre Aussagekraft auch in Bezug auf die Minderjährigenehe beschränken. Was die ebenfalls angesprochenen außergerichtlichen Scheidungen angeht, ist darauf hinzuweisen, dass jedenfalls bei jenen Scheidungen, die im EU-Ausland unter der Kontrolle eines Gerichts oder einer Behörde erfolgt sind, eine Entscheidungsanerkennung gemäß Art. 21 ff. Brüssel IIa-VO in Betracht kommt. Entsprechendes gilt für die neue Brüssel IIb-VO. Im Anwendungsbereich der Brüssel IIb-VO wird die Möglichkeit der Anerkennung außergerichtlicher Scheidungen zudem durch die neuen Art. 64 ff. Brüssel IIb-VO ausgeweitet. Eine darüberhinausgehende unmittelbar aus dem Freizügigkeitsrecht nach Art. 21 AEUV abzuleitende Pflicht zur generellen Anerkennung von Ehescheidungen wird nicht anzunehmen sein. Insofern ist im Schrifttum bereits treffend darauf hingewiesen worden, dass eine voraussetzungslose Anerkennung außergerichtlicher Scheidungen mit den Anerkennungsregelungen der Brüssel IIa-VO, die auch eine Anerkennungsversagung etwa bei einem *ordre public*-Verstoß vorsehen, konfligieren würde.

Die Frage von Matthias Weller betrifft die *ordre public*-Kontrolle im Rahmen der Rom III-VO. Verändert sich der Maßstab der Einzelfallkontrolle nach Art. 12 Rom III-VO, wenn das Scheidungsstatut mit den Wertungen des deutschen Rechts in eklatantem Widerspruch steht? Hierzu ist vorab zu bemerken, dass im Rahmen der *ordre public*-Kontrolle stets das konkrete Rechtsanwendungsergebnis zu überprüfen ist, nicht das ausländische Recht als solches. Dies gilt nicht nur im Rahmen des Art. 12 Rom III-VO, sondern auch im Anwendungsbereich von Art. 10 Rom III-VO, jedenfalls wenn man mit einer im deutschen Schrifttum verbreiteten Ansicht, der auch ich folge, für eine enge Auslegung der Norm eintritt. Diskutiert wird allerdings, ob der auch bei einer *ordre public*-Kontrolle im unionalen Scheidungskollisionsrecht als ungeschriebenes Tatbestandsmerkmal zu fordernde hinreichende Inlandsbezug möglicherweise schwächer ausfallen kann, wenn die Anwendung ausländischen Rechts mit den Grund- oder Menschenrechten unvereinbar ist. In diesem Fall wird man von einem *ordre public*-Verstoß in der Tat schon dann auszugehen haben, wenn ein inländisches Gericht durch die Anwendung ausländischen Scheidungsrechts gegen die Grund- oder Menschenrechte verstoßen würde.

Herr Classen hat das Thema Leihmutterschaften angesprochen. Insofern möchte ich zunächst klarzustellen, dass es sich bei der erwähnten Entscheidung des EGMR, in der eine staatliche Pflicht zur Anerkennung der Elternschaft eines im Ausland durch eine Leihmutter geborenen Kindes abgelehnt wurde, um einen Sonderfall handelt. Die Wunscheltern, zwei in gleichgeschlechtlicher Ehe verheiratete Isländerinnen, waren mit dem in den USA von einer Leihmutter geborenen Kind genetisch beide nicht verwandt. Durch die Einrichtung eines Pflegeverhältnisses konnten die Wunscheltern und das Kind auch ohne die Anerkennung eines Eltern-Kind-Verhältnisses in Island zusammenleben. Staatenlos war das Kind nicht; es hatte zunächst einen US-Pass und erhielt später die isländische Staatsbürgerschaft. Für diese spezielle Konstellation kam der EGMR zu dem Schluss, dass mit dem Pflegeverhältnis ein fairer Ausgleich zwischen dem staatlichen Interesse an einem Verbot der Leihmutterschaft und dem Recht der Beteiligten auf Familienleben gefunden worden sei. Eine allgemeine Tendenz dürfte daraus nicht abzuleiten sein. Soweit in Deutschland nach Durchführung einer Leihmutterschaft die abstammungsrechtliche Zuordnung eines Kindes zu den Wunscheltern in Rede steht, wird bei einer verfahrensrechtlichen Anerkennung ausländischer Entscheidungen regelmäßig den Interessen des Kindes besondere Bedeutung zuerkannt und ein Verstoß gegen den *ordre public* verneint. Doch gibt es auch hier Grenzen. Diese sind in jedem Fall dort zu ziehen, wo es an der Freiwilligkeit des Verzichts auf die Elternstellung durch die Leihmutter fehlt. Eine andere Frage ist, ob *de lege ferenda* das strikte Leihmutterschaftsverbot im Inland gelockert werde sollte. Hier werden verschiedene Optionen diskutiert. Entscheidend wird sein, einen Ausgleich zu finden zwischen den Interessen der Wunscheltern, dem Kindeswohl und dem Schutz der Leihmütter.

Martin Gebauer hat die Durchbrechung der Regelanknüpfung durch Sonderanknüpfungen und die Abkehr von der Verweisungsmethode durch Rechtslagenanerkennung angesprochen. Im Hinblick auf die in den Blick gerückte Sonderanknüpfung von Eingriffsnormen ist zunächst darauf hinzuweisen, dass diese die allgemeinen Verweisungsnormen der Rom I-VO und der Rom II-VO nur unter den in den Verordnungen genannten Bedingungen verdrängen kann. Der Erlassstaat entscheidet danach über den Eingriffsnormencharakter einer Regelung, das Unionsrecht legt fest, unter welchen Voraussetzungen die unionalen Verweisungen durch Eingriffsnormen durchbrochen werden können. Dabei ist zu berücksichtigen, dass Art. 9 Rom I-VO und Art. 16 Rom II-VO Ausnahmecharakter haben. In Rechtsgebieten, in denen das Kollisionsrecht noch nicht europäisch vereinheitlicht ist, entscheidet das autonome IPR des Forumstaates über das Ob und Wie der Berücksichtigung von Eingriffsnormen. Den Hinweis, dass es sich bei der Rechtslagenanerkennung um ein unfertiges Konstrukt handelt, finde ich sehr treffend. Die Frage, unter welchen Voraussetzungen etwa ein im Ausland begründeter Status im Inland anerkennungsfähig sein soll, ist bei weitem noch nicht geklärt. Soweit eine verfahrensrechtliche Anerkennung ausgeschlossen ist, bedarf es anderer Kriterien, um darüber zu befinden, ob und gegebenenfalls in welchem Umfang einer Rechtslage jenseits der klassischen kollisionsrechtlichen Anerkennung Bedeutung zukommen kann. Das Institut de Droit International hat in Art. 10 seiner Resolution von 2021 vorgeschlagen, auf eine „ausreichende Verbindung" zum Ursprungsstaat sowie zu dem Staat abzustellen, dessen Recht angewandt wurde. Dieses recht vage Kriterium erscheint noch konkretisierungsbedürftig, wenn es ein ausreichendes Maß an Rechtssicherheit und Vorhersehbarkeit gewährleisten soll. Wollte man auf die engste Verbindung abstellen, hätten wir das Prinzip, das klassischerweise bei der Bildung von Kollisionsnormen zugrunde gelegt wird. Allerdings fehlte es an der Konkretisierung, die dieses Prinzip im IPR erfahren hat. Vor diesem Hintergrund ist die Diskussion um eine Rechtslagenanerkennung in der Tat noch lange nicht abgeschlossen.

Frau Seibert-Fohr: Ja, vielen Dank, jetzt gehen wir über zu Fragen, die an beide Referentinnen gerichtet sind. Zunächst Frau Kieninger, dann Herr Hofmann, Anne Peters und Herr Kulick. Ich darf Frau Kieninger zunächst um Ihre Fragen bitten.

Frau Kieninger: Vielen Dank, und vielen Dank nochmal für die beiden tollen Referate. Ich kann es mir nicht ganz verkneifen nochmals zu der Frage der Eingriffsnormen bei dem Lieferkettengesetz zurückzukommen. Eine Vorschrift, die hier noch überhaupt nicht erwähnt worden ist, ist § 11 dieses Gesetzes, in dem ausdrücklich eine gesetzliche Prozessstandschaft der Gewerkschaften und der NGOs als Vertreter von durch die Verletzung von Lieferkettensorgfaltspflichten Geschädigten statuiert ist. Das führt dazu, dass dieses Gesetz ganz klar hinten und vorne nicht zusammenpasst. Dass wissen auch alle, die den Gesetzgebungsprozess verfolgt haben. Meiner Meinung nach haben sich die Unternehmen selbst ins Knie geschossen, als sie es durch ihre Verbandsvertreter geschafft haben, die zivilrechtliche Haftung aus dem Gesetz rauszukegeln, denn das Ergebnis ist totale Rechtsunsicherheit. Das zeigt ja auch unsere Diskussion hier! Denn, wie Herr Matthias Weller schon publiziert hat, ist das englische *common law* gar nicht unbedingt schlechter für den Geschädigten. Ein anderer wichtiger Punkt, auf den ich noch eingehen wollte, ist die internationale Zuständigkeit. Das war jetzt nun gar nicht Ihr Thema, aber damit wollte ich versuchen, beide Referate zusammenzuführen. Denn Sie haben sehr viel über die Gerichtspraxis vorgetragen und wir haben etwas über das anwendbare Recht gehört – eigentlich gehören die beiden Dinge natürlich zusammen. Ich denke, dass die Zivilgerichte im Menschenrechtsschutz eine ganz aktive Rolle wahrnehmen können. Man muss es vielleicht nicht so weit treiben wie die amerikanischen Gerichte unter dem *Alien Tort Statute* vor *Kiobel* – jetzt ist das Pendel in den USA zurückgeschwungen –, aber vielleicht kann man einen Mittelweg fahren. Für mich würde dieser Mittelweg vor allem bedeuten, dass wir bei der Begründung der internationalen Zuständigkeit, genauso wie bei den Eingriffsnormen, von den übertriebenen Anforderungen an den Inlandsbezug absehen. Wenn ein deutsches Unternehmen eine Sorgfaltspflicht verletzt und dies kausal zu einer Rechtsgutsverletzung im drittstaatlichen Ausland führt, stellt der Inlandsbezug richtigerweise gar kein Problem dar, denn die Sorgfaltspflichten sind im Inland verletzt worden. Da muss man gar nicht darauf rekurrieren, wie schwerwiegend diese Menschenrechtsverletzung ist, sondern es ist ein inländisches Tun oder Unterlassen. Wir können noch weitergehen: Im Fall *Naït-Liman* hat das Schweizer Bundesgerichts es abgelehnt, das *forum necessitatis* aus dem IPR-Gesetz zu aktivieren, mit Verweis auf den mangelnden Inlandsbezug. Es ging um eine Schadensersatzforderung vor Zivilgerichten wegen Folter in Tunesien. Der Täter weilte zur medizinischen Behandlung in der Schweiz, was das Opfer zum Anlass für eine Klage nahm. Das Opfer wohnte seit zehn Jahren in der Schweiz. Dennoch hat das Schweizer Bundesgericht darauf abgestellt, dass zum Zeitpunkt der Folter das Opfer nicht in der Schweiz wohnte, und hat deswegen die internationale Zuständigkeit abgelehnt – meines Erachtens zu Unrecht. Letzte Bemerkung: Wir brauchen im deutschen Zuständigkeitsrecht die Möglichkeit der Klageverbindung, also eines gemeinsamen Gerichtsstands des Sachzusammenhangs, für eine Klage gegen die deutschen Auftraggeber oder Konzernspitzen und die drittstaatlichen Tochtergesellschaften, Zulieferer, und so weiter. Damit würde das Hin- und Herschieben von Verantwortung – wer die Feuerlöscher nicht befüllt hat, wer die Notausgänge versperrt hat, wer die Anweisungen zu einer umweltschädigenden Produktionsweise gegeben hat – aufhören.

Frau Seibert-Fohr: Ja, wir müssen leider weitermachen. Rainer Hofmann, bitte.

Herr Hofmann: Vielen Dank. Auch von mir zunächst großen Dank an die beiden Referentinnen für zwei hervorragende Referate. Mein Gesamtthema ist: Wie kann man möglichst guten und möglichst erfolgreichen Menschenrechtsschutz sicherstellen? Das wäre die Frage an Sie, Frau Budzikiewicz: Das Anerkennungsprinzip, das finde ich ausgesprochen interessant. Sie haben, völlig zurecht natürlich, gesagt, dass es im Menschenrechtsbereich eine *obligation of result* gibt, also im Grunde kommt es drauf an, dass möglichst effektiver Menschenrechtsschutz erreicht ist. Ich denke aber, man könnte das schon auch etwas spezifizieren und sagen, der Staat ist verpflichtet, den Weg zu gehen, der die höchste Wahrscheinlichkeit bietet, dass ein solcher effizienter Menschenrechtsschutz gewährt wird, also zwar keine *obligation of conduct*, aber so eine Art *obligation of specific result*. Mir scheint, dass das Anerkennungsprinzip eine hohe Wahrscheinlichkeit bieten würde für einen effektiven Menschenrechtsschutz und daher erst einfach nur die Frage: Wird darüber von Ihnen oder Ihren Kolleginnen und Kollegen geforscht, ist das ein Thema, das von Interesse ist, und teilen Sie meine etwas laienhafte Einschätzung, dass das ein vernünftiger Weg wäre? Zweite Frage, ich gehöre natürlich zu den vielen hier im Raum, die es schön fänden, wenn Du, Anja, etwas dazu sagen könntest. Du bist ja einer der ganz wenigen Menschen, die in zwei dieser Gremien waren, und zwar universell und jetzt regional, aber natürlich, da gilt jetzt richterliche Selbstzurückhaltung. Und das bringt mich dann zu Deinem Vortrag, Christina. Eine, wenn ich Dich recht verstanden habe, der Möglichkeiten oder Ideen, über die Du nachgedacht hast, um diese Koordinationsproblematik anzugehen und zu therapieren. Um den Terminus, den Du genutzt hast, zu zitieren – also da kam mir so ein bisschen die *traditional self-restraint*, eine Beschränkung auf eine Art Wesensgehaltskontrolle in den Sinn, was ich zum Beispiel für den UN-Bereich für sehr sinnvoll hielte, weil wir doch so eine heterogene Staatenwelt haben, anders als in Europa. Auch für Afrika könnte ich mir das vorstellen, Lateinamerika kann ich nicht beurteilen, das weißt Du besser. Also diese Wesensgehaltsgarantie meine ich oder was Du, wenn ich es richtig aufgeschrieben habe, „einen prozeduralen Ermessensspielraum" genannt hast. Insofern wäre ich dankbar, wenn Du da noch etwas weitererklären könntest: Ist es mehr als nur *margin of appreciation*, worin liegen die Unterschiede in dem Bereich? Vielen Dank.

Frau Seibert-Fohr: Vielen Dank, Rainer. Anne Peters, bitte.

Frau Peters: Vielen herzlichen Dank für die beiden hervorragenden und lehrreichen Referate. Ich habe mir die Frage gestellt, ob die Tendenzen, die wir im Völkerrecht sehen, aus völkerrechtlicher Perspektive und im IPR gleich sind oder gegenläufig? Es klang bei Frau Budzikiewicz so, also ob das IPR jetzt die Menschenrechte entdeckt habe, wohingegen wir im Völkerrecht einen Backlash sehen. Eine Erklärung könnte sein, dass der Backlash im IPR noch nicht angekommen ist, aber vielleicht bald kommt. Es könnte auch sein, dass der Rechtstrend in beiden Gebieten gleich verläuft. Frau Budzikiewicz, Sie sagten, die Menschenrechte seien sowieso nur Metarecht (wenn ich das Wort richtig gehört habe). Sie müssten immer umgesetzt und eingepasst werden ins Privatrecht. Christina, Du hast in Deinem Ausblick festgehalten: „Menschenrechte sind sehr wohl noch handlungsleitend". Du hast darauf hingewiesen, dass sie primär durch nationale Gerichte angewendet werden sollten, und unter Umständen sogar nicht mehr unmittelbar, das wäre dann eine weitere Abschwächung, sondern nur noch als Leitlinie für die Auslegung von nationalem Recht, also in Form einer mittelbaren Anwendung. Deswegen meine Frage an beide Referentinnen: Richtet sich der Widerstand gegen die Institutionen oder gegen bestimmte Gehalte von Menschenrechten oder gegen ganz bestimmte Menschenrechte? Zum Beispiel wird in vielen Regionen der Welt Kritik an Rechten für Homosexuelle und Transsexuelle geübt. Oder es gibt Kritik an der sozialrechtlichen Ausweitung der EMRK. Wäre also eine Engführung der Inhalte durch enge Auslegung oder durch die Ausscheidung von Menschenrechten, die dann Rechte zweiter Klasse würden, denkbar? Dann würde man sich auf einen ganz harten Kern beschränken, so wie zum Beispiel die US-Kommission unter Pompeo, die im Wesentlichen das Recht auf Leben und wenige weitere liberale Rechte als *„unalienable"* ansieht, aber darüber hinaus nicht mehr viel. Wie beurteilen Sie diese Eingrenzungsversuche?

Frau Seibert-Fohr: Vielen Dank, Anne. Jetzt noch Herr Kulick.

Herr Kulick: Ja, ich danke auch ganz herzlich für zwei anregende Vorträge. Beide Vorträge haben vor allem die Perspektive eines vertikalen Verhältnisses eingenommen, vorwiegend zumindest also Individuum – Staat. Ich würde gerne den Blick lenken auf eine horizontale Perspektive und hierbei gar nicht so sehr auf die Frage, inwieweit eine solche möglich ist, sondern auf die Tatsache, dass Unternehmen, insbesondere globale Unternehmen, Menschenrechte anwenden und auslegen. Wenn wir an das Lieferkettensorgfaltspflichtengesetz denken, wenn eben solche Sorgfaltspflichten formuliert werden in Bezug auf ein menschenrechtliches Risiko, dann muss man natürlich diese Menschenrechtsnormen auch als Unternehmen interpretieren und anwenden. Ein deutlicheres Beispiel, sehr prominent zurzeit, ist das *Oversight Board* von Facebook/ Meta. Dabei geht es darum, dass die Frage, ob Posts von Facebook heruntergenommen werden müssen oder dort belassen werden, an internationalen Menschenrechten, insbesondere Freedom of Expression (Art. 19 IPbpR), gemessen wird und dass dies von einem Organ, dem *Oversight Board*, interpretiert wird, das zwar formal unabhängig und selbstständig ist, aber eben doch von dem Unternehmen gegründet. Und hier meine Frage: Das ist ja sozusagen eine etwas andere Tendenz, die wir hier beobachten, gerade wenn zum Beispiel Facebook und Meta sagt: „Ja, wir wollen Menschenrechte".

Um Deine Metapher, Christina, aufzugreifen: Das ist dann kein Gegenwind, sondern ein Rückenwind. Aber die Frage ist, ist das nicht ein Rückenwind, der uns sozusagen an einen Ort trägt, an den wir vielleicht gar nicht kommen wollen? Nur um das etwas weiter zu spinnen: Wenn diese Unternehmen Menschenrechte interpretieren, ergibt sich das Problem, dass es sich hier um internationale Verträge handelt, die zunächst einmal nach den Regeln der Vertragsrechtskonvention zu interpretieren sind. Aber diese Regeln sind geschaffen worden im Verhältnis zu Staaten und insbesondere Staaten, die Adressaten der Verträge sind. Die Frage ist: Können wir, wenn wir die Konstellation haben, dass Unternehmen Menschenrechte auslegen und anwenden, insoweit die exakt gleichen Regeln, Art. 31, insbesondere seinen Absatz 3 a) und b), etc. der Wiener Vertragsrechtskonvention anwenden? Ich will hier ganz kurz drei sehr unoriginelle Vorschläge unterbreiten, man könnte über drei Alternativen nachdenken: Entweder wir denken uns neue Interpretationsregeln aus, erste Alternative. Zweite Alternative: Wir versuchen das, was wir haben, mit Art. 31 etc. Wiener Vertragsrechtskonvention, etwas zu tweaken und zu modifizieren in Anbetracht der Situation, dass eben der Adressat und der Interpret dann ein Unternehmen ist. Oder, dritte Alternative, wir bestehen darauf, dass wir Art. 31 etc. genauso interpretieren wie im Verhältnis zu Staaten, gerade um deren *acquis* zu bewahren. Hier würde mich eben nicht nur, aber natürlich auch, die Perspektive der Völkerrechtlerin interessieren, sondern auch die Perspektive der Privatrechtlerin. Herzlichen Dank.

Frau Seibert-Fohr: Vielen Dank. Ich möchte nur darauf hinweisen, dass wir bereits ungefähr eine dreiviertel Stunde dieser für die Diskussion vorgesehenen Stunde hinter uns haben. Wir haben noch ungefähr 15 weitere Fragen vor uns, wobei wir fünf Fragen erst noch zu beantworten haben. Daher wären wir allen Fragenden sehr verbunden, wenn Sie sich etwas kürzer fassen könnten, damit wir den Referentinnen Gelegenheit geben könnten, die Fragen noch zu beantworten. Ich glaube, wir werden es in Anbetracht der Tatsache, dass wir noch so viele Fragen haben, nicht schaffen, dass jede Frage beantwortet wird. Ich bitte Sie daher um Nachsicht. Es gibt nachher ja auch noch Gelegenheit, das eine oder andere zu fragen und zu beantworten. Ich würde sagen, ich gebe Ihnen erstmal Gelegenheit zu antworten und dann geben wir weiter an Frau Binder.

Frau Budzikiewicz: Vielen Dank. Nachdem jetzt schon ein großer Teil der Diskussionszeit dem IPR gewidmet worden ist, versuche ich meine Antworten kurz zu halten. Die Bemerkung von Eva-Maria Kieninger war letztlich weniger eine Frage als ein Statement, das ich gerne so stehen lassen würde.

Herr Hofmann brachte den Gedanken ein, dass das Anerkennungsprinzip in der Lage sei, einen besonders effektiven Menschenrechtsschutz zu gewährleisten und der Staat daher verpflichtet sein könnte, diesen effektiven Schutz auch zu gewähren. Wie schon die Resolution des Institut de Droit International von 2021 zeigt, ist die Frage der Anerkennung im Ausland begründeter Rechtslagen auch und gerade vor dem Hintergrund der menschenrechtlichen Gewährleistungen zurzeit Gegenstand der Diskussion. Die Schwierigkeit liegt nun aber darin, Kriterien aufzustellen, anhand derer zu entscheiden ist, wann eine Anerkennung zu erfolgen hat. Was soll etwa gelten, wenn im Ausland sich widersprechende Rechtslagen bestehen? Nach welchem Recht sollen sich die Wirkungen richten, die mit einem bestimmten Status verbunden sind? Das Institut de Droit

International schlägt hier die beschriebenen Kriterien vor, über die jedoch – darauf habe ich schon hingewiesen – noch zu diskutieren sein wird.

Die dritte Frage betraf die Auslegung der menschenrechtlichen Gewährleistungen durch Unternehmen. Art. 31 der Wiener Vertragsrechtskonvention bietet allgemeine Auslegungsregeln, deren Anwendung auch dann sinnvoll erscheint, wenn etwa das als Beispiel genannte *Oversight Board* von Facebook/Meta über menschenrechtliche Gewährleistungen befindet.

Frau Seibert-Fohr: Herzlichen Dank, Frau Budzikiewicz, für die Antworten. Ich würde gleich weitergeben an Christina Binder. Es gab noch eine weitere Frage aus der Vorrunde, die kannst Du vielleicht aufnehmen.

Frau Binder: Ja, die habe ich notiert. Ich beginne mit Ihnen, Herr Gebauer. Vielen Dank für die Fragen zum Verhältnis von internationalen bzw. regionalen Menschenrechten und nationalen Verfassungen und zu allfälligen Spannungen, die sich daraus ergeben ebenso wie zur Koordination der Menschenrechtsstandards. Letztlich geht es hier, am Beispiel Europas, um die Herausbildung einheitlicher regionaleuropäischer Standards und wie nationalen Unterschieden Rechnung getragen werden kann. In dem Zusammenhang möchte ich vor allem zwei Instrumente nennen, die in unterschiedliche, ja entgegengesetzte, Richtungen weisen. Das erste Instrument ist die Doktrin des staatlichen Ermessensspielraums. Diese ermöglicht dem Europäischen Menschenrechtsgerichtshof, Ermessen zu geben, also einen entsprechenden Freiraum zu gewähren, wo es rechtfertigbare nationale Unterschiede gibt. Das zweite, gleichsam entgegengesetzte, Instrument ist die dynamische Interpretation von Menschenrechtsstandards, im Rahmen derer der Europäische Menschenrechtsgerichtshof der Weiterentwicklung der Menschenrechte Rechnung trägt, indem er etwa, ich habe kurz darauf verwiesen, nationale Rechtsordnungen vergleicht, um zu sehen, ob sich auf regionaleuropäischer Ebene ein höherer Standard herausgebildet hat. Die einschlägige völkervertragsrechtliche Bestimmung hierfür ist Art. 31 III b) WVK. Wenn sich also in der überwiegenden Zahl der EMRK-Vertragsparteien ein entsprechender Standard herausgebildet hat – Menschenrechtsstandards sind ja dynamisch, sie entwickeln sich weiter, wir sind nicht dort, wo wir 1950 waren, wie etwa im Bereich des Diskriminierungsverbots gleichgeschlechtlicher Paare ersichtlich ist –, werden auch „Nachzügler" ins Boot geholt, dahingehend, dass der EGMR gegebenenfalls eine Verletzung feststellt. Haben sich also einheitliche europäische Standards herausgebildet, gibt es einen europäischen Konsens, kommen jene zur Anwendung; ist dies nicht der Fall, wird Ermessen gewährt. Damit sind die Doktrin des Beurteilungsspielraums und die dynamische Interpretation von Menschenrechtsstandards, der europäische Konsens, zwei sehr gute Instrumente, um das Ineinandergreifen der regional-europäischen und der nationalen Ebenen zu regeln. Das wäre meine verkürzte Antwort.

Ja, Frau Kieninger, zu den Sorgfaltspflichten in den Lieferketten. Beispiele für entsprechende Gesetze bzw. Gesetzesinitiativen sehen wir nicht nur in Deutschland, sondern auch in den Niederlanden oder Frankreich. Hier gibt es sehr, sehr gute Ansätze und in der Tat glaube ich, dass es wirklich die nationale Ebene braucht, Gesetzgeber und Gerichte, um die Sorgfaltspflichten zu konkretisieren, diese umzusetzen und zu implementieren. Ich belasse es jetzt dabei. Frau Budzikiewicz hat ja schon sehr detailliert auf Ihre Frage geantwortet.

Rainer Hofmann, vielen Dank für Deine Frage zum prozeduralen Ermessensspielraum und wie sich dieser vom „herkömmlichen" Ermessensspielraum unterscheidet. Ich würde sagen, er unterscheidet sich vor allem dahingehend, dass beim prozeduralen Ermessensspielraum von der vor allem inhaltlich-materiellen Prüfung des herkömmlichen Ermessensspielraums abgegangen wird. Der herkömmliche Ermessensspielraum wurde ja vor allem mit Blick auf die Tatsache gewährt, dass nationale Institutionen näher an den Gegebenheiten vor Ort sind und insofern die lokale Situation besser beurteilen können (der *substantive margin*), bzw. auch dann, wenn es keinen einheitlichen regional europäischen Menschenrechtsstandard gibt, da sich eben noch kein europäischer Konsens herausgebildet hat (*structural margin*) weswegen der Europäische Menschenrechtsgerichtshof einen Ermessensspielraum gewährt. Von dieser inhaltlich-materiellen Prüfung unterscheidet sich der prozedurale Ermessensspielraum dahingehend, dass nicht auf inhaltlich-materielle Fragen, sondern auf das (gute) Funktionieren nationaler innerstaatlicher Institutionen, vor allem der Gerichte, abgestellt wird. Im Sinn einer „*variable geometry*" wird in Staaten, wo diese gut „funktionieren", wo Rechtsstaatlichkeit weitgehend verwirklicht ist, der nationalen Ebene ein größerer Spielraum gewährt. Ein Beispiel wären etwa die *von-Hannover-Fälle (No 2) gegen Deutschland,* wo der EGMR u. a. angesichts der umfassenden Auseinandersetzung mit seiner Judikatur durch deutsche Gerichte einen großen Spielraum gewährt und keine Verletzung festgestellt hat. Ein umgekehrtes Beispiel wären Fälle, wo Prinzipien der Rechtsstaatlichkeit auf nationaler Ebene missachtet werden; diesfalls gewährt der EGMR weniger Spielraum und übt eine schärfere Kontrolle. Ein Beispiel wäre der Fall *Matus gegen Ungarn,* wo der Gerichtshof angesichts der fehlenden Unabhängigkeit nationaler ungarischer Gerichte eine entsprechende Verletzung festgestellt hat. Der prozedurale Ermessensspielraum stellt insofern auf das „gute Funktionieren" nationaler Institutionen ab und könnte meines Erachtens helfen, gerade auch in etablierten Demokratien, Gegenwind entgegenzuwirken. Nämlich dahingehend, dass ein größerer Spielraum gewährt und an die nationale Ebene abgegeben wird, wenn diese gut funktioniert.

Zur Frage von Dir, Anne, betreffend den Gegenwind nicht gegen Institutionen, sondern gegen inhaltliche Standards. Ich würde da zwei Aspekte in meiner Antwort unterscheiden. Zunächst möchte ich hervorheben, dass wir durchaus positive Entwicklungen verzeichnen und zuvor umstrittene Menschenrechtsstandards in den letzten Jahren zunehmende „Härtung" und Konkretisierung erfahren haben. Ich denke da vor allem an den Bereich der wirtschaftlichen, sozialen und kulturellen Rechte, wo es gerade in den letzten Jahrzehnten zu einer Konkretisierung und Herausbildung eines inhaltlichen Kerngehalts von Rechten, der nicht progressiver Realisierung unterworfen ist, auf regionaler wie auf universeller Ebene kam. Ein Kerngehalt, der vielleicht auch mit dem Wesensgehalt verglichen werden könnte, wird in der Judikatur der Menschenrechtsschutzinstitutionen herausgebildet und ist jedenfalls zu schützen. Andere Beispiele wären das Recht auf ein menschenwürdiges Leben, angemessene Lebensbedingungen und Ähnliches. All dies wären Beispiele für Menschenrechte, die heute weniger umstritten sind als sie es zuvor waren, hier kommt es zu einer „Universalisierung" von Standards. Der zweite Teil meiner Antwort bezieht sich auf jene Rechte, wo die Universalität internationaler Menschenrechtsstandards auf Widerstand stößt. Dies betrifft etwa die Rechte gleichgeschlechtlicher Personen: Wie soll man umgehen, zum Beispiel, mit der Verweigerung des Rechts auf gleichgeschlechtliche Partnerschaft oder weitergehend, der Kriminalisierung homosexuellen Verhaltens? Hier wäre, meines Erachtens, stärker auf den Prozess der Umsetzung und Operationalisierung und weniger auf den Standard als solchen abzustellen. Wenn ein Standard nicht universell akzeptiert ist, müssten meines Erachtens vor allem nationale Akteure, wie NGOs, dazu gebracht werden, es müsste ihnen möglichst leicht gemacht werden, sich auf diesen Standard zu berufen. Das ist eben diese *persuasive power* internationaler Menschenrechtsstandards, die unabhängig von der Akzeptanz durch einen bestimmten Staat nutzbar zu machen ist. Es geht um das Mobilisierungspotenzial auch umstrittener Menschenrechtsstandards, etwa, um ein Beispiel zu geben, dass sich Frauenrechtsbewegungen oder NGOs im afrikanischen Bereich, die für die Rechte lesbischer Frauen kämpfen, auf die entsprechenden internationalen Standards berufen können. Wie dies konkret möglich ist, wird je nach Staat unterschiedlich sein, je nach den Gegebenheiten vor Ort. Es geht vor allem um die Überzeugungskraft der universellen Menschenrechtsstandards. Das erklärt übrigens auch, warum der UN-Menschenrechtsausschuss in gewissen Bereichen weiter geht als etwa der Europäische Menschenrechtsgerichtshof. *De Búrca* hat in dem Zusammenhang von einer „transnational experimentalist governance" auf universeller Ebene gesprochen; das halte ich für sehr zutreffend.

Schließlich zu Dir, Andreas: Ja welche Technik der Interpretation von Menschenrechtsnormen? Ich glaube, mit Art. 31 der Wiener Vertragsrechtskonvention kommen wir schon sehr weit. Denn, letzten Endes, worauf ist gemäß Art 31(1) bei der Interpretation abzustellen: auf den Wortlaut einer Bestimmung in ihrem Zusammenhang mit Blick auf Ziel und Zweck des betreffenden Vertrages. Dazu kommen die Möglichkeiten des Art 31(3), spätere Entwicklungen miteinzubeziehen. Das ist ziemlich umfassend und genügt, meines Erachtens, auch im Bereich der Menschenrechtsverträge. Ich würde also keine so große Anpassungsnotwendigkeit sehen. Vielleicht können wir uns aber bilateral nochmal unterhalten und ich habe die tiefere Ebene Deiner Frage nicht ganz erfasst.

Frau Seibert-Fohr: Vielen Dank für die erste Runde. Frau Budzikiewicz, Sie wollten gerne zu Frau Anne Peters noch etwas sagen und dann leite ich über zur nächsten Fragerunde.

Frau Budzikiewicz: Nur ganz knapp. Das IPR erkennt den Menschenrechten klassischerweise im Rahmen der *ordre public*-Prüfung besondere Bedeutung zu. Darüber hinaus stecken sie die Grenzen ab, innerhalb derer sich der Kollisionsnormgeber bewegen kann. All dies ist nicht neu. An Bedeutung gewonnen hat das IPR hingegen als Mittel zur Durchsetzung menschenrechtlicher Gewährleistungen; dies gilt insbesondere für die Statuierung von Eingriffsnormen.

Frau Seibert-Fohr: Wunderbar. Jetzt gehen wir über zu den Fragen, die sich vor allem mit dem internationalen Menschenrechtsschutz und dem Referat von Christina Binder beschäftigen. Zunächst haben wir zwei virtuelle Anfragen, und zwar von Frau Kriebaum und Frau Schmahl. Diese würde ich zunächst an die Reihe nehmen, gefolgt von Herrn Klein und Herrn von Bogdandy. Zunächst Frau Kriebaum.

Frau Kriebaum: Zunächst einmal herzliche Gratulation zu den beiden tollen Vorträgen. Christina, ich habe eine Frage an Dich: Du hast von Maßnahmen zur Erhöhung der Legitimität gesprochen, die Du uns aufgrund zeitlicher Probleme vorenthalten musstest. Ich habe mich gefragt: Legitimität – wie, und Legitimität bei wem. Also, geht es um Legitimität in liberalen Demokratien oder bei den ins Autoritäre abgleitenden Staaten, bei den Menschenrechtsspezialistinnen und -spezialisten, bei der Zivilgesellschaft, bei der Bevölkerung, oder welche Gruppe ist hier bei der Beurteilung maßgeblich? Von welcher Legitimität sprechen wir? Und wenn das mal geklärt ist, dann würde mich das „Wie" sehr interessieren. Vielen Dank!

Frau Seibert-Fohr: Vielen Dank für die sehr prägnante Frage. Ich leite weiter an Frau Schmahl, die uns auch online zugeschaltet ist.

Frau Schmahl: Ja, vielen Dank! Auch ich möchte mich zunächst für zwei inspirierende Referate bedanken, und ich habe eine Frage an Christina Binder: Ich stimme den profunden Ausführungen überwiegend zu, dennoch meine ich, dass wir uns bei der Frage, ob und weshalb internationale Menschenrechte unter Druck oder Gegenwind stehen, zunächst noch einmal vor Augen halten sollten, was das Telos des internationalen Menschenrechtsschutzes eigentlich ist. Zum einen ist der internationale Menschenrechtsschutz zu verstehen als ein Auffangschild für diejenigen Situationen, in denen der nationale Grundrechtsschutz defizitär ist. Zum anderen besteht die Schutzfunktion des internationalen Menschenrechtsschutzes nicht im politischen Diskurs, sondern vor allem in der Gewährleistung individueller Freiheitsrechte. Dies wiederum erfolgt funktional und vorrangig in der Form von Abwehrrechten, aber in zweiter Linie auch in der Form von Diskriminierungsverboten sowie wirtschaftlichen und sozialen Teilhaberechten. Letztere sind insbesondere für diejenigen Menschen relevant, die aufgrund ihrer schwächeren gesellschaftlichen Position als Minderheit Unterstützung dabei benötigen, ihre Freiheitsrechte umfänglich und ohne Behinderung auszuüben. Der internationale Menschenrechtsschutz hat sich nach meinem Dafürhalten in der letzten Zeit zwar nicht ausschließlich, aber doch primär auf diese sogenannte zweite Dimension des Menschenrechtsschutzes fokussiert. Dies geschieht ganz offensichtlich auch deshalb, weil hier in vielen Staaten Lücken klaffen. Vor allem die UN-Spezialkonventionen, wie etwa die UN-Behindertenrechtskonvention oder die UN-Kinderrechtskonvention, liefern hierfür Zeugnis. Dennoch bleibt die Frage, ob die UN-Expertengremien, die über die Einhaltung der Garantien der speziellen Menschenrechtskonventionen durch die Vertragsstaaten wachen, die erforderlichen Balancen wahren. Nicht selten verstehen sie sich als Advokaten – man könnte auch sagen als Lobbyisten – der ihnen anvertrauten Konventionen und nehmen, jedenfalls aus meiner Sicht, die Gesamtmenschenrechtslage nicht immer hinreichend in den Blick. Das ist gewiss strukturell bedingt, weil die Expertengremien ja genau hierfür – zur Emanzipation vulnerabler Gruppen – geschaffen worden sind. Dennoch werden dabei auch Probleme im Rahmen des Abwägungsvorgangs bei multipolaren Menschenrechtssituationen offenbar. Und insoweit stellt sich für mich die Frage, ob nicht vielleicht doch Kritikpunkte an den Stellungnahmen der UN-Expertenausschüsse zu den Spezialkonventionen bestehen, die nicht ganz vom Tisch zu wischen sind. Und ist es wirklich unproblematisch, wenn der EGMR, der Interamerikanische Gerichtshof für Menschenrechte und auch das Bundesverfassungsgericht auf genau diese Stellungnahmen der UN-Ausschüsse in ihrer eigenen Judikatur als Rechtserkenntnisquellen zurückgreifen, obwohl die Stellungnahmen das Telos des Menschenrechtsschutzes, so wie ich es jedenfalls verstehe, zum Teil verlassen? Mich würde Deine Einschätzung hierzu interessieren. Danke schön.

Frau Seibert-Fohr: Vielen Dank, als nächstes kommt die Frage von Eckart Klein.

Herr Klein: Ich möchte zu zwei Punkten Stellung nehmen, die in Ihrem sehr schönen Referat, Frau Binder, auch angeklungen sind: Einmal zur Frage der Erfolgsquote, *success rate*: Dieses Thema kam auch gestern in anderer Form schon zur Sprache und auch da haben wir gesehen, wie schwierig es ist, dieses Problem zu beantworten. Ich möchte mich auf die Frage bezüglich des UN-Menschenrechtsausschusses konzentrieren. Da müssen wir, um diese Frage zu beantworten, unterscheiden zwischen dem Staatenberichtsverfahren und dem Kommunikationsverfahren, denn die Erfolge, die man erwarten kann, sind ja in beiden Fällen verschieden. Bei dem Staatenberichtsverfahren erwartet der Ausschuss, dass seine Anregungen, die Besorgnisse, die geäußert werden, von den Staaten aufgegriffen und von ihnen beantwortet werden. Das wäre ein Erfolg, vielleicht nicht der ganz durchschlagende Erfolg, dass zum Beispiel eine gesetzliche Bestimmung verändert wird aufgrund der Empfehlung des Ausschusses, aber man darf auch nicht vergessen, dass das Empfehlungen sind. Das Wichtigste zunächst ist ein Primärerfolg, dass die Staaten sich damit sinnvoll und vernünftig auseinandersetzen und vernünftige Antworten geben. Bei den Individualbeschwerden liegt es natürlich ein bisschen anders, weil hier ganz konkret eine Rechtsverletzung gerügt wird, von der der Ausschuss möchte, dass diese Verletzung beseitigt und nicht mehr wiederholt wird. In beiden Fällen übrigens gibt es ja ein Follow-up-Verfahren, das dem Ausschuss eine gewisse Nachprüfung ermöglicht. In meiner Zeit als Mitglied dieses Ausschusses ist – und die anderen Mitglieder des Ausschusses hier im Raum werden das sicher bestätigen können – immer wieder die Frage der Erfolgsquote an das Sekretariat gerichtet worden. Die allgemeine Antwort war, dass bei Individualbeschwerden ca. 25 % der Empfehlungen erfüllt werden, in der Regel von Staaten, die ohnehin dazu bereit sind. Bei 10 % vielleicht noch bei mehrfachem Nachfassen im Rahmen dieses *Follow-up*-Verfahrens, aber man wird nicht sagen können, dass die restlichen 65 % gar keinen Erfolg haben. Denn es kann sehr gut sein, dass im konkreten Fall ein Staat, schon um sein Renommee zu wahren und nicht zugeben zu müssen, dass er hier falsch gehandelt hat, sich zwar im konkreten Fall nicht positiv entscheidet, aber sich für die Zukunft doch etwas zurücknimmt und das vielleicht doch berücksichtigt. Also zu einem wirklichen Ergebnis bei der Frage der Erfolgsquote wird man nicht, allenfalls sehr annähernd nur, kommen können.

Kurz noch zu meinem zweiten Punkt: Sie haben, glaube ich, angedeutet, dass man möglicherweise die Rechtsmaßstäbe dieser internationalen Gremien, die ihnen zugewiesen sind, also die Bestimmungen der Verträge, unterschiedlich handhaben soll, mit mehr Zurückhaltung gegenüber Staaten, die ein ausgefeiltes nationales Schutzsystem haben. Da habe ich doch erhebliche Bedenken. Wie soll das geschehen? Man kann ja nicht bei einem wirklich parallelen Fall sagen: „Da sehen wir jetzt keine Verletzung, weil das schon das Bundesverfassungsgericht für gut befunden hat." Und in einem anderen Fall, wo es keine ausgeprägte Verfassungsgerichtsbarkeit gibt, sagen: „Naja, das müssen wir doch prüfen." Den Rechtsmaßstab kann man doch kaum verändern. Und letzter Satz: Man darf nicht vergessen, dass gerade diese internationalen Gremien, obwohl die Mitglieder keine Diplomaten sind, ein bisschen im Auge behalten müssen, was die Resonanz der beteiligten Staaten ist; und da, glaube ich, wäre es verheerend, wenn der Gedanke aufkäme, dass hier der Gleichheitssatz, nach dem auch die Staaten behandelt werden wollen, irgendwie vernachlässigt würde. Vielen Dank!

Frau Seibert-Fohr: Ja, vielen Dank, Herr Klein. Und der letzte im Bunde ist Armin von Bogdandy.

Herr von Bogdandy: Herzlichen Dank für die Referate. Ich möchte Dich bitten, Christina, Stellung zu nehmen zu dem Gesamtthema der Tagung und wie ich Deine Antwort verstehe. Das Thema lautet: Internationales Recht in Gefahr. Ich denke da an Männer wie Trump, die das internationale Recht gefährden. Man kann dieses Panel nun so verstehen, dass es eines der Argumente solcher Männer aufnimmt, nämlich: Es gibt einen Gegenwind zu den Menschenrechten, weil die internationalen Gerichte und die anderen Gremien die Menschenrechte überdehnen. So lautet ja das Thema dieser Sitzung: Überdehnung der Menschenrechte, Menschenrechte im Gegenwind. Man kann das als eine Kausalbeziehung verstehen. Es gibt Gegenwind zu den Menschenrechten, weil diese Organe das überdehnen. Meine Frage ist: Was ist Deine Antwort auf eine solche Behauptung? Ich habe Dein Referat so verstanden, dass da ein bisschen was dran ist, aber auch nur ein kleines bisschen, und zwar bei dem *margin of appreciation*, substanziell wie prozedural. Die Gerichte und anderen Institutionen sollten ihn mehr nutzen und weniger dichte inhaltliche Vorgaben machen. Aber das ist auch alles. Und ich habe verstanden, dass das für Dich nur eine kleine Kritik ist, die nicht den Gegenwind und die Politisierung der Menschenrechte mitträgt. Im Ergebnis stellst Du, wohl im Sinne des Vorstandes, fest, dass es keine wirklich problematische Überdehnung der Menschenrechte gibt, wegen der jenen Institutionen für die Gefährdung des internationalen Rechts ein Vorwurf zu machen wäre. Trifft diese Beobachtung zu?

Frau Seibert-Fohr: Vielen Dank. Christina, Du hast nun die Gelegenheit zu antworten.

Frau Binder: In der Tat, vielen Dank für die wirklich sehr anregenden Fragen.

Zunächst zu Ursula Kriebaum: Vielen Dank, dass ich jetzt noch die Möglichkeit bekomme, etwas zur Legitimität von Menschenrechtsschutzinstitutionen zu sagen. Ich hatte das im Vortrag aus Zeitgründen ausgespart; es ist in der Tat eine sehr spannende Frage. Zunächst zur Frage, Legitimität gegenüber wem; dann dazu, wie die Legitimität von Menschenrechtsschutzinstitutionen erhöht werden kann.

Das „gegenüber wem" würde ich breit anlegen, und zum einen auf die Staaten, die Vertragsparteien eines Menschenrechtsvertrages und damit der Jurisdiktion der betreffenden Menschenrechtsschutzinstitution unterworfen sind, abstellen. Ebenso wären auch Individuen als Rechtsträger in den Blick zu nehmen. In Zeiten des Gegenwinds interessieren aber vor allem die Staaten, gegenüber denen die Legitimität – und in der Folge die Akzeptanz – ja erhöht werden sollte, um den Gegenwind zu schwächen. Das bringt mich zum Mittel: Wie erhöhe ich die Legitimität? Grundsätzlich wird zwischen Input- und Output-Legitimität unterschieden. Zunächst zur Input-Legitimität: hier geht es um die Zusammensetzung der Institutionen und die Verfahren, also dann wie die Institutionen zu ihren Entscheidungen kommen. Bei der Output-Legitimität geht es um den Inhalt der Entscheidung und um das Verhältnis zwischen der Entscheidung und der Umsetzung. Zuerst zur Input-Legitimität, wo zwischen verschiedenen Menschenrechtsschutzinstitutionen unterschieden werden kann. Nehmen wir etwa zunächst das Beispiel des Europäischen Menschenrechtsgerichtshofs. Dieser hat, angesichts strenger Standards der richterlichen Unabhängigkeit, seiner mittelbar demokratisch legitimierten Richter und Ähnliches, von der Zusammensetzung her eine sehr hohe Input-Legitimität. Demgegenüber hatte die afrikanische Menschenrechtskommission, v. a. in ihren Anfängen, wo es sehr große Nahebeziehungen zu Staaten und Diplomaten gab, sogar Innenminister waren Mitglieder der Kommission, eine schwache Input-Legitimität. Dies hat sich in den letzten Jahren allerdings verbessert. Jedenfalls gibt es einige Maßnahmen, um die Input-Legitimität einer Institution zu erhöhen, wie transparente Verfahren der Entscheidungsfindung; Bemühungen, zu faktisch richtigen und rechtlich möglichst richtigen Entscheidungen zu kommen, oder die Einbeziehung von NGOs und die Beteiligung besonders Betroffener, z. B. im Rahmen von *amicus-curiae*-Stellungnahmen. All dies vermag dazu beizutragen, die Input-Legitimität einer Menschenrechtsschutzinstitution zu erhöhen. Noch kurz zur Output-Legitimität: Hier stellt sich die Frage nach möglichst „guten" Entscheidungen, die auf konsistenten Judikatur-Linien beruhen, mit umfassender Begründung und einer entsprechenden Bezugnahme auf Vorentscheidungen. Auch entsprechende justizielle Techniken, etwa die Ermittlung eines „europäischen Konsens" mittels eines Vergleichs nationaler Rechtsordnungen durch den EGMR oder die Bezugnahme auf nationale Rechtsordnungen in den Entscheidungen des Interamerikanischen Menschenrechtsgerichtshofs, die seine Entscheidungen entsprechend auf staatlicher Ebene verankern, wären hier zu nennen. Eine weitere Frage der Output-Legitimität betrifft das Verhältnis von Entscheidung und Umsetzung: Wie kann eine möglichst umfassende Umsetzung erreicht werden? Hier wären natürlich einerseits Follow-up-Maßnahmen nach Entscheidungen zu nennen. Dies wären, in aller Kürze, einige Gedanken wie die Legitimität internationaler Menschenrechtsschutzinstitutionen erhöht werden kann.

Frau Schmahl, Stefanie, vielen Dank für Deine Frage zum, letzten Endes, *normative overreach* mancher Ausschüsse und ob diese in ihren Stellungnahmen besonders im Bereich der wirtschaftlichen, sozialen und kulturellen Rechte nicht teilweise zu weit gehen. Ja, das stimmt. Nationale Gerichte, auch in Deutschland, weisen ja auch explizit auf die teils falschen Gewichtungen der Ausschüsse hin. Beim UN-Ausschuss zur Beseitigung der Rassendiskriminierung etwa wurde dies ausdrücklich moniert. Mittel dagegen wären meines Erachtens zum einen horizontale justizielle Dialoge zwischen den unterschiedlichen Menschenrechtsschutzinstitutionen. Ein schönes Beispiel gibt es etwa im Bereich wirtschaftlicher, sozialer und kultureller Rechte, wo der UN-Ausschuss für wirtschaftliche, soziale und kulturelle Rechte einen Kerngehalt der Rechte definiert, auf den in der Folge andere Institutionen wie der Interamerikanische Menschenrechtsgerichtshof Bezug nehmen können, also Definition eines Kerngehalts und horizontaler Dialog. Auch andere Vertragsüberwachungsorgane könnten sich vermehrt dieser Techniken bedienen und sich etwa im Bereich der wirtschaftlichen und sozialen Rechte an der Judikatur des Ausschusses zu wirtschaftlichen, sozialen und kulturellen Rechten orientieren. Denn *normative overreach* kann eben dadurch vermieden werden, dass zwischen einem Kerngehalt unterschieden wird, der staatlicherseits jedenfalls beachtet werden muss und Bereichen von Rechten, die der progressiven Erfüllung unterliegen und flexibler gehandhabt werden können. Der Ausschuss für wirtschaftliche, soziale und kulturelle Rechte unterscheidet hier meines Erachtens sehr klar zwischen dem Kerngehalt und den Randbereichen der betreffenden Rechte. Eine Orientierung an seiner Judikatur könnte also helfen, *normative overreach* zu vermeiden.

Herr Klein, vielen Dank für Ihre Frage. Und ja, natürlich ist zwischen Staatenberichtsverfahren und Individualbeschwerdeverfahren mit Blick auf die zu erwartenden Erfolge zu unterscheiden, vor allem beim Staatenberichtsverfahren kommt es nicht nur auf die Umsetzung an, sondern auf das ganze Verfahren an sich, im Rahmen dessen auf unterschiedliche Weise auf die Einhaltung eines Menschenrechtsstandards Bezug genommen und hingewirkt werden kann. So kann etwa schon die Vorbereitung von Staatenberichten auf nationaler Ebene zur Operationalisierung von Standards beitragen. NGOs geben Schattenberichte ab, unterschiedliche staatliche Ministerien müssen sich im Zuge der Vorbereitung eines Staatenberichts mit den in einem Menschenrechtsvertrag enthaltenen Standards auseinandersetzen, im Rahmen eines interministeriellen Dialogs und Ähnlichem. All dies trägt idealerweise zur innerstaatlichen Umsetzung bei. In den Follow-up-Berichten kann der betreffende Ausschuss dann wiederum darauf Bezug nehmen und willige Staaten bei der Umsetzung unterstützen. Bei im Rahmen des Individualbeschwerdeverfahrens ergangenen Entscheidungen sehe ich demgegenüber ein relativ großes Potenzial dahingehend, dass ein konkreter Standard festgelegt wird, auf den sich in der Folge innerstaatliche Akteure beziehen können, zum Beispiel soziale Bewegungen oder NGOs. Dies etwa auch im Rahmen von anderen Verfahren, beispielsweise vor dem UN-Menschenrechtsrat. Bei der Vorbereitung auf diesen Vortrag habe ich mich mit der Operationalisierung von internationalen Menschenrechtsstandards auf nationaler Ebene auseinandergesetzt. Auch Entscheidungen, die nicht umgesetzt wurden, werden etwa von innerstaatlichen Akteuren entsprechend in Stellung gebracht. Der Impact, die weiteren Auswirkungen einer Entscheidung, gehen also über die Frage ihrer konkreten Umsetzung hinaus. Deswegen hatte ich im Vortrag auch erwähnt, dass bei der Beurteilung des Wirkens von internationalen und regionalen Menschenrechtsschutzinstitutionen auch auf ihren Impact und nicht nur darauf abzustellen ist, ob eine bestimmte Entscheidung im konkreten Fall umgesetzt wird. Dieser Impact geht, gerade auf universeller Ebene, sehr viel weiter als die konkrete Umsetzung im Einzelfall.

Nun zur großen Frage von Dir, Armin, ob es im Bereich der Menschenrechte eine kritische Überdehnung gibt, die das internationale Recht in Gefahr bringt. Hier möchte ich zunächst nochmals auf die besondere Ausgestaltung des internationalen Menschenrechtsschutzes verweisen, der ja vertikal ausgerichtet ist und sich so vom primär horizontal angelegten klassischen Völkerrecht unterscheidet. Dementsprechend kommt es bei den Menschenrechten vor allem bei der Übersetzung der Standards in den nationalen Bereich zu Spannungen. Eben die vertikale Struktur der Menschenrechte ist nun nutzbar zu machen, um dem Gegenwind zu begegnen und damit auch die Gefahr für das internationale Recht als solches zu mildern. Konkret bedeutet dies eine stärkere Verankerung der betreffenden Standards auf der nationalen Ebene über innerstaatliche Gerichte, aber auch auf der subnationalen – lokalen und regionalen – Ebene. Insofern sollte meines Erachtens die vertikale Dimension der Menschenrechte nutzbar gemacht werden, um dem Gegenwind möglichst wirksam zu begegnen. Der internationale Standard sollte gleichsam über unterschiedliche *domestic constituencies* auf die nationale Ebene übersetzt und konkretisiert werden, um der Gefahr zu begegnen, dass der Gegenwind zu stark wird.

Um noch kurz die nationalen Akteure in den Blick zu nehmen: Bei der Auseinandersetzung mit den betreffenden internationalen Menschenrechtsstandards können diese durchaus auch kritisch sein. Im Rahmen eines Dialogs mit der internationalen Menschenrechtsschutzinstitution, bei dem man in die gleiche Richtung geht, aber nicht in allem übereinstimmen muss, wie Du ja einmal geschrieben hast. Es ist vor allem wichtig, dass man das gleiche Ziel verfolgt – nämlich einen möglichst wirksamen Menschenrechtsschutz. Es bringt also nicht jeder innerstaatliche Widerstand die Menschenrechte und das internationale Recht in Gefahr; vielmehr kann er angesichts des

Potenzials einer Detaillierung und Weiterentwicklung von Standards dieses längerfristig auch stärken.

Frau Seibert-Fohr: Vielen Dank. Wir haben jetzt noch neun Fragen und uns stehen nur noch sieben Minuten zur Verfügung. Ich würde die Organisatoren bitten, uns etwas mehr Zeit zu geben, aber auf der anderen Seite dann auch die Redner bitten, sich kurz zu fassen. Christina würden wir aus der Verantwortung entlassen, wirklich alle Fragen im Einzelnen zu adressieren. Sie kann vielleicht ein abschließendes Statement geben und alles andere kann dann vielleicht im weiteren Gespräch persönlich vertieft werden. Ich bitte um Ihr Verständnis. Ich habe auf meiner Liste zunächst Herrn Frowein und Herrn Benedek, dann Andreas Paulus, Dirk Hanschel, Christian Tams, Marten Breuer, Matthias Hartwig, Herrn Uerpmann-Wittzack und Herrn Hafner. Herr Frowein, Sie wären der Erste. Sie verzichten. Das tut mir leid. Ich hoffe, das ist jetzt nicht aufgrund meiner Moderation, sondern der Zeit geschuldet. Gut, Herr Benedek, bitte.

Herr Benedek: Danke vielmals und Gratulation zu den anregenden Referaten. Ich würde diesen Untertitel „Überdehnung der internationalen Menschenrechte" nicht als Suggestivfrage verstanden wissen wollen, sondern als eine Herausforderung zum Widerspruch. Natürlich gibt es Optimierungsbedarf auf UNO-Ebene und so weiter, aber aus meiner Sicht gibt es viel mehr Bedarf an Stärkung des regionalen Menschenrechtssystems und da tut sich auch einiges, allerdings auch in die falsche Richtung. Beim Europarat verlieren möglicherweise in den nächsten Tagen 144 Millionen Menschen den Zugang zum Europäischen Gerichtshof für Menschenrechte. Kosovo ist immer noch nicht dabei. EU – Lieferketten-Richtlinie – Deutschland ist schon schneller gewesen, aber hier wird ein ganz neuer Bereich aufgemacht, der Menschenrechte und Nachhaltigkeit verbindet. OSZE – letzte Woche gab es die dritte Anrufung des Moskauer Mechanismus innerhalb von vier Jahren. Dann gehe ich auf die Ebene des allgemeinen Menschenrechtsschutzes. An-Na'im hat letztes Jahr ein Buch herausgebracht: „Decolonizing Human Rights". Hier ist noch sehr viel zu tun und wir könnten das in Göttingen vielleicht auch vertiefen. Die Anliegen des Südens zum Menschenrechtsschutz sind immer noch zu wenig gewährleistet. Gestern wurde im wirtschaftlichen Kontext von Dominanz gesprochen. Hier kann man im menschenrechtlichen Kontext immer noch von Dominanz des Nordens sprechen. Samuel Moyn hat zum Beispiel das Buch veröffentlicht „Not Enough", wo er darauf hinweist, dass im Hinblick auf wirtschaftliche, soziale, kulturelle Rechte das liberale Modell noch zu wenig geliefert hat. Das nur als ein Hinweis. Letztlich wurde in Graz – Menschenrechtsstadt seit 2001 – letztes Jahr ein neues UNESCO-Zentrum für Menschrechte auf lokaler und regionaler Ebene eröffnet. Auf dieser Ebene tut sich derzeit auch sehr viel und das schließt an die Schlussfolgerung von Christina Binder an – Kultur der Menschenrechte und Menschenrechtsbildung. Ich weiß nicht, ob bekannt ist, dass Heidelberg der Sitz einer ECCAR (European Coalition of Cities against Racism)-Initiative ist. Da geht es um Rassismus, anti-islamischer Rassismus und so weiter. Städte können im Bereich der Menschenrechte sehr viel leisten, auch gerade in Ländern, wo der Trend bzw. der Wind gegen die Menschenrechte bläst, und darauf will ich hier hinweisen. Danke.

Frau Seibert-Fohr: Vielen Dank. Andreas Paulus, bitte.

Herr Paulus: Vielen Dank. Mein Anliegen ist etwas parochialer. Du hattest in Deinem schönen Referat im Zusammenhang mit dem *Görgülü*-Beschluss über das Bundesverfassungsgericht gesprochen. Nun ist *Görgülü* schon eine Zeit her. Außerdem wurde die Rechtsprechung des EGMR durch das Bundesverfassungsgericht auch durchgesetzt, und das Urteil zur Sicherungsverwahrung hat eine Abweichung von Entscheidungen des EGMR auf Verfassungsgründe beschränkt, die den Entscheidungen des EGMR entgegenstehen. Das ist eine wichtige Einschränkung. Vor allem aber wollte ich auf die Begründungspflicht für Fachgerichte hinweisen. Das wird häufig abgetan, als ob es heiße, dass diese ohne Weiteres abweichen könnten. Für Fachgerichte ist es jedoch fast unmöglich, eine Begründung zu verfassen, von einer EGMR-Entscheidung abzuweichen. Das läuft de facto in den allermeisten Fällen auf eine Befolgungspflicht hinaus, weil die Fachgerichte gar nicht die Zeit und die Möglichkeiten zu einer ausführlichen Gegenbegründung haben, auch wenn sie eigentlich abweichen wollen. Das ist also eine Hürde, die sehr hoch liegt, und es müssen verfassungsrechtliche Gründe sein. Insgesamt hat da doch der Dialog mit der internationalen Ebene, sowohl mit Straßburg als auch mit den Vertragsorganen, sehr stark zugenommen. Bei den Vertragsorganen haben beide Senate gesagt, wir haben keine Befolgungspflicht. Es muss keine verfassungsrechtlichen Gründe geben, um abzuweichen, aber es gibt immerhin eine Begründungspflicht auch für Fachgerichte. Auch das sollte man als Hürde nicht unterschätzen. Auch um auf Stefanie Schmahl zu antworten, der Dialog heißt nicht, dass das Ergebnis feststeht, sondern vielmehr, dass man aufeinander eingehen muss. Schließlich kann man das Urteil zum Beamtenstreik auch verstehen als eine Einladung dazu, als eine Vorwegnahme des Dialogs und Aufzeigen von Stoppsignalen. Es ist nicht immer so, dass nationale Gerichte die Entscheidungen des EGMR umsetzen können. Im Fall des Beamtenstreiks hat der Zweite Senat des BVerfG darauf hingewiesen, dass wenn man dessen Verbot ändern wollte, nicht nur der Gesetzgeber, sondern der verfassungsändernde Gesetzgeber ranmüsste. Das ist keine Einmischung in das Revier des EGMR. Der EGMR entscheidet, was die Menschenrechtskonvention verlangt, und dann müssen die Vertragsstaaten sehen, auf welchem Wege sie das Urteil umsetzen. Nicht immer liegt eine Nichtumsetzung an den nationalen Gerichten, sondern manchmal sind Gesetzes- oder Verfassungsänderungen erforderlich, und dann sind andere Organe adressiert. Ich glaube schon sagen zu können, dieser Dialog findet statt. Es ist ein Dialog, der gelegentlich auch auf härtere Gesetzes- oder Rechtsgrundlagen verweist, aber doch ein Dialog, der in wechselseitigen Beziehungen durchaus auch neue und menschenrechtsfördernde Ergebnisse erzielen kann. Vielen Dank.

Frau Seibert-Fohr: Vielen Dank, Andreas. Als nächstes Dirk Hanschel.

Herr Hanschel: Vielen Dank für die spannenden Referate. Liebe Christina, eine Frage an Dich mit Blick auf das Recht auf eine gesunde Umwelt. Würdest Du das für eine Überdehnung halten oder vielleicht eher für eine sinnvolle Weiterentwicklung oder ein Weiterdenken des bestehenden Menschenrechtsschutzes? Nicht immer ist übrigens Gegenwind ein Zeichen dafür, dass die Menschenrechte überdehnt werden. Man könnte sogar fast sagen, Gegenwind ist den Menschenrechten inhärent. Das ist vielleicht auch nochmal ein wichtiger Punkt.

Frau Seibert-Fohr: Vielen Dank. Marten Breuer, bitte.

Herr Breuer: Vielen Dank für das unglaublich reichhaltige Panorama, das Du uns aufgezeigt hast, Christina. Ich habe noch einmal eine kurze Rückfrage und Anmerkung zur Prozeduralisierung der *margin-of-appreciation*-Doktrin. Ich halte das im Prinzip für ein sinnvolles Instrumentarium, weil es dazu führen kann, dass die internationale und die nationale Ebene miteinander in Dialog treten. Je stärker sich die nationalen Gerichte mit der EMRK und der Spruchpraxis des EGMR auseinandergesetzt haben, umso eher ist der EGMR bereit, seine *margin of appreciation*, seine Kontrolle, zurückzunehmen. Du hast in Antwort auf die Frage von Herrn Hofmann gesagt, dass das bei den etablierten demokratischen Staaten dann zu einer Stärkung der Legitimität führen kann. Ich sehe – ähnlich wie Eckart Klein – aber auch eine gewisse Gefahr, dass bei denjenigen Staaten, die schlecht dabei wegkommen, das dann ein Argument hervorruft: Bei Deutschland schaut ihr nicht so genau hin, aber bei uns wird ganz genau nachgeprüft, und dass daraus wiederum ein politisches Argument gezogen wird, die Legitimität des EGMR und seine Urteile zu unterlaufen. Ganz kurz noch eine Anmerkung, auch weil Du das russische Verfassungsgericht mit dem Fall *Anchugov* und *Gladkov* mehrfach erwähnt hast. In dem Fall war es ja so, dass relativ klare (soweit ich das aus der englischen Übersetzung entnehmen konnte) Verfassungsbestimmungen dem EGMR entgegengehalten worden sind. Das, was aktuell das polnische Verfassungsgericht macht, halte ich ehrlich gesagt für wesentlich gefährlicher. Dies hat erst gestern wieder entschieden, dass alle Entscheidungen des EGMR, die sich mit dem Status der polnischen Richter befassen, *ultra vires* sind. Hierzu noch einmal in Anknüpfung an Andreas Paulus: Da ist das Ende des Dialogs erreicht. Da sagen diese, dass eure Urteile ein rechtliches Nullum sind, und wozu führt das? Zu einer Flut von Beschwerden in Straßburg. Das halte ich für eine ganz problematische Entwicklung. Danke.

Frau Seibert-Fohr: Vielen Dank. Jetzt ist uns noch Matthias Hartwig online zugeschaltet.

Herr Hartwig: Vielen Dank. Drei kurze Anmerkungen. Standardsetzung wurde erwähnt. Da ist natürlich der Europäische Menschenrechtsgerichtshof nicht immer geschickt. Ich möchte darauf aufmerksam machen, dass in dem eben zitierten Urteil *Anchugov* und *Gladkov*, wo es ja um das Wahlrecht von Strafgefangenen geht, zwar Rechtsprechung des südafrikanischen Gerichtshofs und des kanadischen Gerichtshofs angeführt wurde. Es wurde aber nicht die Situation in den USA erwähnt, wo fünf Millionen Wähler von der Teilnahme an den Wahlen ausgeschlossen wurden, weil sie im Gefängnis sitzen beziehungsweise gesessen haben. Das ist keine saubere Form der Standardsetzung und da merkt man gewissermaßen die Absicht und ist verstimmt. Punkt zwei: Ich halte es für eine gefährliche Entwicklung, dass der Europäische Menschenrechtsgerichtshof ein europäisches Verfassungsgericht wird. Hier möchte ich nur ein Beispiel nennen: der Fall *Baka gegen Ungarn*. Mir ist bis zum heutigen Tag nicht verständlich, wie ein Präsident eines obersten Gerichtshofs in seiner Funktion als solcher Meinungsfreiheit genießen kann. Nachher kommen wir dahin, ich wollte sagen, dass unser Pressesprecher der Regierung eine Meinungsfreiheit genießt. Ich glaube, das geht relativ weit über das hinaus, was in der Konvention steht. Dritter Punkt: Die Reaktion auf Russland. Ich halte sie für verhängnisvoll. Sie war schon nach der Krim sehr problematisch. Es gibt ein Gutachten des Europarates, demzufolge der Ausschluss der russischen Vertreter vom Stimmrecht rechtswidrig gewesen sei; ich weiß nicht, ob es diesmal besser begründet ist. Klar ist, die Russen können den Europarat und den Europäischen Menschenrechtsgerichtshof nicht sabotieren, dazu haben sie nicht genug Stimmen. Von daher kann man auch sagen, insofern gibt es keinen Grund, sie auszuschließen. Wer verliert, sind die russischen Bürger, die sich natürlich immer wieder und in großer Zahl wie wir wissen an den Europäischen Menschenrechtsgerichtshof wenden. Man soll auch nicht unterschätzen, bei aller Kritik an Russland, dass nach wie vor auch beim russischen Verfassungsgericht die Europäische Menschenrechtskonvention und der Europäische Menschenrechtsgerichtshof ein starker Bezugspunkt sind. Da muss man sich mal die Entscheidung genauer angucken. Von daher gesehen halte ich es tatsächlich für verhängnisvoll, dass man hier Sanktionen zu Lasten des Menschenrechtsschutzes verhängt. Vielen Dank.

Frau Seibert-Fohr: Der nächste auf meiner Liste ist Herr Uerpmann-Wittzack. Zum Schluss Herr Hafner.

Herr Hafner: Ich danke herzlich. Nur ein ganz kurzer Kommentar zum Vortrag von Frau Kollegin Binder. Die Diskussion insbesondere in den osteuropäischen Staaten zeigt, dass hier ein ganz anderer Ansatz zum Recht besteht. Das Recht, und dabei insbesondere der Menschenrechtsschutz, gilt nicht mehr in seiner Funktion zur Kontrolle der Verwaltung, sondern umgekehrt: Die Verwaltung kontrolliert das Recht, denn das Recht gilt als der Verwaltung unterworfen. Dabei kommt es dann in diesen Staaten zu einer Einschränkung der Gewaltenteilung und das ist eben die große Gefahr. Und wie dieses Problem von diesen Staaten gelöst werden kann, zeigt gestern die Mitteilung der Russischen Föderation, die die Mitwirkung im Europarat einstellt. In dieser Hinsicht zeigt sich auch, dass die Frage der Überdehnung der Menschenrechte nicht objektiv beantwortet werden kann, denn diese Staaten stellen selbst fest, wann eine Überdehnung stattfindet. Das heißt, wir haben hier lediglich einen subjektiven Begriff der Überdehnung. Danke sehr herzlich.

Frau Seibert-Fohr: Wie gesagt, aufgrund der großen Anzahl der Fragen und der großen Bandbreite wird es Frau Binder nicht möglich sein, en detail auf jede Frage einzugehen. Es waren ja auch verschiedentlich eher Kommentare. Ich überlasse Dir hier nun vielleicht einfach das Schlusswort.

Frau Binder: Wirklich in aller Kürze. Zunächst zu Wolfgang Benedeks Hinweis betreffend die Bedeutung der lokalen und regionalen Ebene und insbesondere der Rolle der Städte beim Menschenrechtsschutz. Ich stimme zu. Hier tut sich sehr viel, Städte nehmen eine immer wichtigere Rolle ein, etwa bei der Realisierung sozialer Rechte, durch Digitalisierungsinitiativen – Stichwort: „Smart Cities" – und beim Klimaschutz. Da bin ich ganz bei Dir, absolut.

Zu Andreas [Paulus]: Vielen Dank. In der Tat, die *Görgülü*-Entscheidung liegt schon etwas zurück. Ich habe in meinem Vortrag vor allem wegen der so prägnanten Aussage des „letzten Wortes der deutschen Verfassung" auf die Entscheidung verwiesen; eben mit dem ausdrücklichen Hinweis, dass es sich um eine dem EGMR aufgezeigte abstrakt-theoretische Grenze gehandelt hat. Das EGMR-Urteil wurde ja letztlich umgesetzt. Der Dialog zwischen deutschen Gerichten und dem EGMR findet statt, das ist mir bewusst. Dass ich mich in meinem Vortrag auf die Rolle nationaler Gerichte beschränkt habe, hatte übrigens dramaturgische und zeitliche Gründe. Natürlich spielen auch der Gesetzgeber und die Exekutive eine Rolle bei der Umsetzung. Ich habe diese allerdings einfach aus Zeitgründen ausgespart und mich auf Gerichte beschränkt.

Zu Dirk [Hanschel]: Ich würde das Recht auf eine gesunde Umwelt als sinnvolle Weiterentwicklung und nicht als Überdehnung des bestehenden Menschenrechtsschutzes sehen. Hier tut sich ja einiges, gerade in den regionalen Menschenrechtsschutzsystemen im afrikanischen und im interamerikanischen Raum. Für den afrikanischen Raum verankert die Banjul-Charta ja ausdrücklich ein Recht auf gesunde Umwelt. Dieses wurde auch von der afrikanischen Menschenrechtskommission etwa in *Ogoni* (*SERAC gegen Nigerien*) und *Endorois gegen Kenia* entsprechend konkretisiert. Im interamerikanischen Raum setzt der Interamerikanische Menschenrechtsgerichtshof entsprechende Standards betreffend das Recht auf eine gesunde Umwelt, indem er über den „Umweg" des Artikels 26 der Amerikanischen Menschenrechtskonvention auf Artikel 11 des Protokolls von San Salvador, das eben auch ein Recht auf gesunde Umwelt enthält, verweist. In Europa sind wir hier eigentlich noch einen Schritt zurück. Dies hat mit den in der Europäischen Menschenrechtskonvention verankerten Rechten, von denen sich eigentlich nur das Recht auf Privatleben (Artikel 8) und, in schwersten Fällen, das Recht auf Leben (Artikel 2) für eine entsprechende Auslegung anbieten, und auch mit der großen Zurückhaltung des Europäischen Menschenrechtsgerichtshof zu tun, was eine Interpretation der EMRK mit Blick auf das Recht auf eine gesunde Umwelt anbelangt. Hier gibt es also noch Aufholbedarf. Zusammenfassend würde ich aber, gerade mit Blick auf die erwähnten Judikaturentwicklungen im afrikanischen und im interamerikanischen Menschenrechtssystem meinen, dass es sich beim Recht auf eine gesunde Umwelt um keine Überdehnung, sondern um eine sinnvolle Weiterentwicklung des Menschenrechtsschutzes handelt.

Zu Marten Breuers Frage, ob die Prozeduralisierung der *margin-of-appreciation*-Doktrin auch zu einer Politisierung des Menschenrechtsschutzes führen kann, und zum Vorwurf, unterschiedliche Standards (*double standards*) bei verschiedenen Staaten anzulegen. Diese Gefahr besteht absolut, da bin ich bei Dir. Das kann auch zu weiteren *backlash*-Tendenzen führen. Genau deswegen hatte ich auf die Schwierigkeit der Operationalisierung der Doktrin des prozeduralen Beurteilungsspielraums hingewiesen. Dabei würde ich aber grundsätzlich zwischen verschiedenen innerstaatlichen Institutionen, etwa nationalen Gerichten und Parlamenten unterscheiden. So ist der prozedurale Beurteilungsspielraum, der ja auf das gute Funktionieren innerstaatlicher Institutionen abstellt, vergleichsweise leichter zu beurteilen, wenn es klare Standards gibt. Bei Gerichten wäre das etwa die richterliche Unabhängigkeit, das Recht auf ein faires Verfahren und auf eine wirksame Beschwerde (*effective remedy*), die ja in der Europäischen Menschenrechtskonvention verankert sind. Aufgrund der erwähnten klaren Standards ist der Vorwurf der *double standards* also bei nationalen Gerichten leichter in den Griff kriegen und zu entkräften als bei der Beurteilung des Funktionierens beispielsweise von nationalen Parlamenten. Da bei letzteren die Standards konventionsrechtlich weit weniger klar vorgegeben sind, setzt man sich hier leichter dem Vorwurf der *double standards* aus. Vom EGMR gemachte Unterschiede, etwa zwischen dem aserbaidschanischen Parlament und dem französischen Parlament, sind schwieriger zu argumentieren. Gerade bei *SAS gegen Frankreich* – zur Erinnerung, es ging um das französische Verbot des „full face coverage", das vor allem muslimische vollverschleierte Frauen traf – erlebten wir die Schwierigkeit des EGMR, einen parlamentarischen Gesetzgebungsprozess zu beurteilen. Hier gibt es also wirklich Schwierigkeiten, die wir beim prozeduralen Beurteilungsspielraum im Blick behalten müssen. Ich meine, der EGMR bewegt sich noch auf dem vergleichsweise sichersten Boden, wenn er die Doktrin des prozeduralen Beurteilungsspielraum auf das Funktionieren nationaler Gerichte anwendet. Dies wie gesagt eben deswegen, weil es hier klare Standards gibt, an denen das Funktionieren der Gerichte zu messen ist.

Schließlich zu den letzten beiden Wortmeldungen von Gerhard Hafner und Matthias Hartwig: Ich würde diese tatsächlich als Kommentare begreifen und sie, auch mit Blick auf die Mittagspause, so stehen lassen. Es bleibt, mich herzlich zu bedanken.

Frau Seibert-Fohr: Ich danke unseren beiden Referentinnen für zwei wunderbare Vorträge, aber auch für Ihre sehr interessanten Antworten, die im Prinzip die Breite dieses Themas abgedeckt haben. Ich möchte Ihnen auch danken für die zahlreichen Fragen, die es mir ermöglicht haben, nicht persönlich Stellung zu nehmen. Ich wünsche Ihnen eine schöne Mittagspause und das Programm geht dann wie geplant weiter.

Krise und Zukunft der staatlichen Gerichtsbarkeit als Instrument der Streitbeilegung im internationalen Handel

von Prof. Dr. Michael Stürner, M.Jur (Oxford), Konstanz

I. Bestandsaufnahme

Das Generalthema unserer Tagung: „Abkehr vom Multilateralismus – Internationales Recht in Gefahr?" befasst sich mit den gegenwärtig weltweit zu beobachtenden Tendenzen abnehmenden Vertrauens in supranationale Strukturen. Das mir zugedachte Thema kreist aber nicht um die Krise internationaler Streitschlichtungsmechanismen im Bereich des globalen Handels, etwa der Schiedsgerichtsbarkeit. Vielmehr soll nachgedacht werden über die Rolle der nationalen Gerichtsbarkeit und ihre Bedeutung im Rahmen der Beilegung internationaler Handelsstreitigkeiten. Der Vorstand der Vereinigung hat dabei jedenfalls nach meiner Lesart eine entscheidende Weichenstellung bereits vorgegeben: Die Krise der staatlichen Gerichtsbarkeit soll als Prämisse zugrunde gelegt werden.

Hierfür spricht in der Tat einiges. Indizien sind etwa der anhaltende Rückgang der Eingangszahlen in Zivilverfahren, die schleppend voranschreitende Digitalisierung der Justiz oder ihre zunehmende Überforderung mit Legal-Tech-gesteuerten Massenklagen wie aktuell in der Folge des Dieselskandals. Im Bereich des internationalen Handels dominiert jedenfalls gefühlt die Schiedsgerichtsbarkeit; für die Justiz bleiben, so herrscht der Eindruck vor, meist nur die Brosamen der „satellite litigation", etwa bei Streit um die Gültigkeit oder Reichweite einer Schiedsklausel, und ein paar wenige Verfahren zur Vollstreckbarerklärung der meist ausländischen Schiedssprüche.

Doch soll es auch – und gerade – um die Zukunft der staatlichen Gerichtsbarkeit als Streitschlichtungsmechanismus für grenzüberschreitende Rechtssachen gehen. Mit einiger dramaturgischer Zuspitzung lässt sich ein Dilemma erkennen: Die Justiz könnte sich durchaus an die Bedürfnisse des internationalen Rechtsverkehrs anpassen, doch müsste dazu die Axt an einige ihrer ehernen Prinzipien gelegt werden, etwa den gesetzlichen Richter oder die Öffentlichkeit des Verfahrens. Oder aber man ändert die bestehenden Strukturen nicht, dann werden staatliche Gerichte im globalen Wettbewerb nicht bestehen können und müssen sich mit kleinteiligen Verfahren aus dem Miet- und Verbraucherrecht begnügen, ohne ihrer Aufgabe der Rechtsfortbildung durchgehend gerecht werden zu können. Der nachfolgende Beitrag unternimmt den Versuch einer Taxonomie der Krise der Justiz und zeigt anschließend auf, wie staatliche „Commercial Courts" in der Zukunft aussehen könnten.

II. Krise?

1. Mögliche Indikatoren

Der Begriff der Krise wird in medialen Debatten geradezu inflationär verwendet. Jede noch so banale Funktionsstörung, jedwedes Ausbleiben eines Erfolges ist eine Krise. Eine Fußballmannschaft ist in einer Krise, wenn sie dreimal in Folge verliert, eine Regierung beim zweiten verpatzten Gesetzesvorhaben. Doch wird man ernsthaft erst von einer Krise sprechen können, wenn ein soziales System über einen länger andauernden Zeitraum deutliche Dysfunktionalitäten aufweist.

Hierfür lassen sich bei der Justiz durchaus Anzeichen finden. Ein erstes Narrativ, das immer wieder in einen semantischen Zusammenhang mit dem Befund einer Krise gebracht wird, ist die schleppend voranschreitende Digitalisierung der Verwaltung, die auch die Justiz betrifft. Die e-Akte, eines der Großprojekte zur Modernisierung der Gerichtsbarkeit, ist zwar vielenorts bereits Realität, doch lassen sich Klagen und Schriftsätze noch immer nicht per E-Mail,[1] wohl aber weiterhin per Fax einreichen. Echte Online-Verfahren gibt es nach wie vor nicht.[2]

Auch die Richterschaft selbst scheint in einer Krise zu sein. Der Präsidentin des Bundesgerichtshofs, *Bettina Limperg*, kommt die deutsche Justiz „nach vielen Sparrunden und unzureichenden Versuchen der Entrümpelung von Prozessordnungen in weiten Teilen erschöpft vor".[3] Die Klagewelle nach dem „Diesel-Skandal" hat ein Übriges dazu getan, ganze Kammern und Senate mittelfristig lahmzulegen.[4] Festzustellen ist hier eine zunehmende Asymmetrie der Verhandlungsstärke – aber nicht zwischen den Parteien, sondern zwischen den Parteien und dem Gericht: Während Kläger- wie Beklagtenseite mit teils immensem personellem Aufwand und unter Zuhilfenahme von Legal Tech agieren, sind die Gerichte ganz weitgehend auf sich alleine gestellt: Entlastung könnte allenfalls der zufällig der Kammer zugewiesene Rechtsreferendar bringen. Der Eindruck einer „erschöpften Justiz" wird offenbar von weiten Teilen der Öffentlichkeit geteilt: Etwa drei Viertel der deutschen Bevölkerung hält die Justiz für überlastet, wie der Roland Rechtsreport 2022 zeigt; die Zahl ist seit Jahren konstant hoch.[5]

Paradoxerweise kontrastiert dieser Befund mit einem Rückgang der Eingangszahlen in der Zivilgerichtsbarkeit. Seit etwa 20 Jahren sinken die Fallzahlen stetig. Mit gut 50 % fällt der Rückgang der Eingangszahlen gerade in Bezug auf größere Handelsstreitigkeiten besonders deutlich aus, die vor den Kammern für Handelssachen verhandelt werden können: Dort ist zwischen 1995 und 2013 ein Minus von 45,7 % zu verzeichnen; betrachtet man die Zeit zwischen 2004 und 2017, so ist ein Rückgang der erledigten Verfahren von über 50 % zu verzeichnen.[6] Ein erneuter Anstieg in den letzten Jahren

---

1 Wohl aber über das besondere elektronische Anwaltspostfach (beA): Seit dem 1.1.2022 sind nach § 130d ZPO insbesondere vorbereitende Schriftsätze und deren Anlagen als elektronisches Dokument zu übermitteln; diese Pflicht trifft Rechtsanwälte, Behörden und juristische Personen des öffentlichen Rechts.

2 Dem steht § 128a ZPO im Weg, wonach das Gericht den Parteien gestatten kann, der Sitzung an einem anderen Ort unter Nutzung von Bild- und Tonübertragung beizuwohnen. Das Gericht muss dabei, so ergibt sich im Umkehrschluss, im Sitzungszimmer sein. Während der Corona-Pandemie gab es diesbezüglich Ausnahmen in der Sozial- und Arbeitsgerichtsbarkeit: Hier durfte ein ehrenamtlicher Richter per Videoschaltung an der mündlichen Verhandlung teilnehmen, „wenn es für ihn aufgrund der epidemischen Lage unzumutbar ist, persönlich an der Gerichtsstelle zu erscheinen" (§ 114 ArbGG, § 211 SGG; Geltung von 29.5. bis 31.12.2020). Zu Reformüberlegungen *Michael Stürner*, Der digitale Zivilprozess, ZZP 135 (2022), 369–400 (385 ff.).

3 *Bettina Limperg*, Editorial NJW Heft 34/2018.

4 *Peter Jacob*, Dieselskandal und Hilfsspruchkörper – die Justiz zwischen Kollaps und Verfassungsverstoß, NJW 74 (2021), 2708–2714.

5 75 %, Roland Rechtsreport 2022, S. 16; siehe www.roland-rechtsschutz.de/media/roland-rechtsschutz/pdf-rr/042-presse-pressemitteilungen/roland-rechtsreport/roland_rechtsreport_2022.pdf (alle zitierten Webseiten wurden zuletzt abgerufen am 28.3.2022). 2019 waren es noch 83 % (a. a. O., S. 17). Eine Reaktion der Politik ist bereits erfolgt: Im „Pakt für den Rechtsstaat" von 2019 haben sich Bund und Länder darauf geeinigt, auf Landesebene 2000 neue Richterstellen zu schaffen; der Bund steuerte dazu 220 Mio. Euro bei, siehe www.bmj.de/SharedDocs/Artikel/DE/2021/0610_Rechtsstaat.html. Ob dies die erhoffte Entlastung bringt, wird sich erst zeigen müssen.

6 2004: 52477 Erledigungen, 2017: 26959 Erledigungen. Dies entspricht einem Rückgang von 51,37 %. Zwischen 1995 und 2013 war ein Rückgang um 45,7 % zu verzeichnen, siehe *Christian Wolf*, Zivilprozess versus außergerichtliche Konfliktlösung – Wandel der Streitkultur in Zahlen, NJW 68 (2015), 1656–1661; nach *Marie Luise Graf-Schlicker*, Der Zivilprozess vor dem Aus?, AnwBl 2014, 573 (575) sind die Erledigungszahlen zwischen 2004 und 2012 um 32,4 % gesunken.

– fast 20 % mehr Eingänge bei den Landgerichten seit 2017[7] – dürfte vor allem auf die zig-tausenden Dieselverfahren zurückzuführen sein.[8] Die Kammern für Handelssachen waren von diesem „Boom" nicht betroffen sondern hatten weiterhin rückläufige Erledigungszahlen.[9]

Als einer der Gründe für den Rückgang der Eingangszahlen wird immer wieder das vermehrte Aufkommen alternativer Streitschlichtungsmechanismen genannt.[10] Doch ist deren absolute Zahl vergleichsweise gering. Es ist nicht von der Hand zu weisen, dass im Bereich komplexer Wirtschaftsstreitigkeiten die internationale Handelsschiedsgerichtsbarkeit eine gewisse Dominanz entfaltet, auch wenn es natürlich keine genauen empirischen Daten über die absolute Anzahl solcher Streitigkeiten und die jeweiligen Wege zu ihrer Auflösung gibt. Allerdings fehlen statistische Erhebungen, die auf einen Zusammenhang zwischen dem Verfahrensrückgang einerseits und der Streitlösung durch Schiedsgerichte andererseits schließen ließen. Im Gegenteil: Vor der Deutschen Institution für Schiedsgerichtsbarkeit (DIS) werden jährlich nur gut 150 Fälle verhandelt.[11] Im Jahre 2020 gab es vor den großen Schiedsinstitutionen weltweit gerade einmal rund 3500 neue Verfahren.[12] Das ist nur ein Bruchteil der handelsrechtlichen Verfahren, die vor staatlichen Gerichten allein in Deutschland verhandelt werden.[13]

Doch diese vergleichsweise wenigen Fälle sind geeignet, gesamte Rechtsbereiche zu prägen. Das zeigt etwa das Recht des Unternehmenskaufes, der M&A-Transaktionen, das in besonderer Weise durch einen internationalen Markt geprägt ist[14] und in dem sich das Spannungsverhältnis zwischen staatlichem und privatautonomem Recht prototypisch zeigt. In M&A-Deals sind alternative Streitschlichtungsmechanismen sehr verbreitet,[15] so dass Streitigkeiten im Zusammenhang mit Unternehmenskäufen die

---

7 Eingänge bei den Landgerichten: 307.718 (2017); 366.296 (2020). Bei den Amtsgerichten sind die Eingänge im gleichen Zeitraum rückläufig: 936.979 (2017); 852.907 (2020), d. h. ein Rückgang um fast 10 %. Quelle: www.bundesjustizamt.de/DE/Themen/Buergerdienste/Justizstatistik/Geschaeftsbelastungen/Uebersicht_node.html.

8 2021 waren allein am Landgericht Stuttgart mehr als 15.000 Diesel-Klagen gegen VW und Daimler anhängig, s. LTO, 13.8.2021, www.lto.de/recht/justiz/j/justiz-lg-stuttgart-massenverfahren-abgasskandal-vw-organisierte-kriminalitaet/.

9 26.959 (2017); 22.502 (2020), s. Statistisches Bundesamt, Fachserie 10 Reihe 2.1 „Zivilgerichte", 2020. Dort werden in der Zeitreihe für die KfH keine Eingangszahlen, sondern nur die Erledigungszahlen ausgewiesen.

10 So etwa *Hermann Hoffmann*, Schiedsgerichte als Gewinner der Globalisierung? – Eine empirische Analyse zur Bedeutung staatlicher und privater Gerichtsbarkeit für den internationalen Handel, SchiedsVZ 2010, 96–101; *Gralf-Peter Calliess*, Der Richter im Zivilprozess – Sind ZPO und GVG noch zeitgemäß?, Gutachten A für den 70. Deutschen Juristentag, 2014, S. 24 ff.

11 2019: 151; 2020: 165, vgl. www.disarb.org/ueber-uns/unsere-arbeit-in-zahlen.

12 LCIA: 444, ICC: 946, HKIAC: 318; SIAC: über 1000, CIETAC: 739 (ohne rein nationale Verfahren), vgl. www.faegredrinker.com/en/insights/publications/2021/6/2020-a-record-breaking-year-for-international-commercial-arbitration. Für 2012 berichtet *C. Wolf*, NJW 2015, 1656 (1657) von 1322 Fällen; s. auch *Reinhard Gaier*, Schlichtung, Schiedsgericht, staatliche Justiz – Drei Akteure in einem System institutioneller Rechtsverwirklichung, NJW 69 (2016), 1367–1371.

13 So entsprechen die 1322 für 2012 ermittelten Fälle gerade 3,5 % aller handelsrechtlichen Streitigkeiten, s. *C. Wolf*, NJW 2015, 1656 (1657); s. auch *Christian Tombrink*, Der deutsche Zivilprozess – „alternativlos"?, IWRZ 2018, 275 (278).

14 Vgl. etwa *Harm Peter Westermann*, in: Münchener Kommentar zum BGB/, 8. Aufl., München: C. H. Beck 2019, § 453 Rn. 18.

15 Dazu *Thomas Meyding/Steffen Sorg*, Rechtstatsachen zur Gestaltung von Unternehmenskaufverträgen in Deutschland unter besonderer Berücksichtigung der Schiedsverfahren, in: Rüdiger Wilhelmi/Michael Stürner (Hrsg.), Post M&A-Schiedsverfahren. Recht und Rechtsfindung jenseits gesetzlichen Rechts, Cham: Springer 2019, S. 11–51; vgl. weiter *Ulrich Büdenbender*, in: NomosKommentar-BGB,

staatlichen Gerichte nur relativ selten erreichen.[16] Es droht eine Verkümmerung der Rechtsfortbildungsfunktion der staatlichen Gerichte, wenn ganze Rechtsbereiche außerhalb des Instanzenzuges verhandelt werden und allenfalls noch aus der Ex-post-Perspektive und mit sehr eingeschränktem Prüfungsmaßstab beurteilt werden können, wenn es um die Anerkennung eines Schiedsspruchs geht.

Die mangelnde Nachfrage des rechtssuchenden Publikums könnte als Zeichen dafür gedeutet werden, dass die nachgefragte Rechtsdienstleistung nicht attraktiv genug ist. Doch geht es bei der staatlichen Gerichtsbarkeit um ein System, das im Wettbewerb steht? Gibt es Kunden, für die entsprechende Leistungen angeboten werden müssen? In Rede stehen schließlich nicht wirtschaftliche Aktivitäten oder die Förderung der heimischen Industrie, sondern ein Grundelement des demokratischen Rechtsstaates.

2. Wettbewerb der Streitschlichtungsanbieter

Von einem Wettbewerb kann man sprechen, wenn mehrere Beteiligte nach demselben Ziel streben, aber nicht alle dieses gleichermaßen erreichen können. In ökonomischen Kategorien ausgedrückt setzt dies einen Markt für Streitbeilegung voraus, der wiederum sowohl auf der Seite der Anbieter als auch der Nachfrager mehrere Teilnehmer kennt, die sich nicht kooperativ verhalten, sondern antagonistisch.[17]

Dies wird vielfach für den Bereich der staatlichen Justiz bejaht.[18] Die Streitschlichtung lässt sich aus dieser Perspektive als Marktsegment sehen,[19] eine Dienstleistung der Justiz, wie dies auch in anderen staatlichen Bereichen der Fall ist, etwa bei der Energieversorgung oder dem Personentransport. Bei dieser Rechtsdienstleistung handelt es sich aus Sicht der Nachfragerseite insoweit um ein fungibles Gut, als wohl weltweit Parteien über Gerichtsstandsvereinbarungen ihren Streit verschiedenen Gerichten unterstellen und damit faktisch unterschiedliche Anbieter wählen können. Mehr noch: Die nachgefragte Dienstleistung wird auch im privaten Sektor angeboten, von einer Vielzahl institutioneller oder nicht-institutioneller Anbieter im Bereich der Schiedsgerichtsbarkeit, der Adjudikation oder der Mediation. Über Schiedsvereinbarungen lässt sich die Zuständigkeit staatlicher Gerichte weitgehend derogieren.

Es ist nicht zu übersehen, dass auch die Anbieterseite diesen Wettbewerb annimmt. Davon zeugt etwa das 2008 ins Leben gerufene „Bündnis für das deutsche Recht", mit dem das Bundesministerium der Justiz und die Berufsorganisationen[20] das Ziel verfol-

---

3. Aufl., Baden-Baden: Nomos 2015, Anh. II zu §§ 433–480 Rn. 133. Zu Post M&A-Disputes auch *Siegfried Elsing/Margaretha Kramer*, Post M&A Disputes under German Law, in: Rolf A. Schütze (Hrsg.), Fairness Justice Equity, Festschrift für Reinhold Geimer zum 80. Geburtstag, München: C. H. Beck 2017, S. 67–80.

16 Siehe etwa zur Mängelgewährleistung: BGH NJW 2019, 145.

17 Zu diese Definition *Andreas Suchanek*, Stichwort „Wettbewerb", in: Gabler Wirtschaftslexikon, 19. Aufl., Cham: Springer 2018.

18 *Gerhard Wagner*, Rechtsstandort Deutschland im Wettbewerb. Impulse für Justiz und Schiedsgerichtsbarkeit, 2017; *Alexander Wolf*, Ist der „Justizstandort Deutschland" international wettbewerbsfähig?, RIW 2019, 258–272; *Bernhard Klose*, Justiz als Wirtschaftsfaktor. Rechtsfindung im Spannungsfeld von Effizienz und Planbarkeit, Baden-Baden: Nomos 2020, S. 239; *Selina Domhan*, Internationale private Streitschlichtung. Impulse für die Errichtung eines Europäischen Handelsgerichts, Berlin: Duncker&Humblot 2022, S. 16 ff.; *Nicole Grohmann*, Internationalisierung der Handelsgerichtsbarkeit. Eine Frage des Managements, Tübingen: Mohr Siebeck 2022, S. 2 ff.

19 *Horst Eidenmüller*, Recht als Produkt, JZ 2009, 641–653 (646).

20 Deutscher Anwaltverein (DAV), Bundesrechtsanwaltskammer (BRAK), Deutscher Notarverein (DNotV), Bundesnotarkammer (BNotK), Deutscher Richterbund (DRiB) und Deutscher Juristinnen-

gen, „Deutschland international als Rechtsstandort zu stärken und das deutsche Recht im Ausland zu bewerben".[21] Die aus dem Bündnis hervorgegangene Broschüre „Law Made in Germany" nimmt bereits im Titel bewusst den Wettbewerbsgedanken auf, beschränkt ihn allerdings auf die Konkurrenz zwischen deutschen und ausländischen Institutionen: Staatliche Gerichte und Schiedsgerichte werden hier gleichermaßen als deutsche Qualitätsprodukte angepriesen.[22] Dabei entfaltete sich legislatorische Tätigkeit im Bereich der Schiedsgerichtsbarkeit stets zum Zwecke der Steigerung der Attraktivität heimischer Schiedsverfahren.[23] Erst jüngst hat das BMJV eine Untersuchung in Auftrag gegeben, in der die Schiedsfreundlichkeit, Neutralität und Effizienz des nationalen Rechtssystems empirisch untersucht werden sollte.[24] Diese von *Reinmar Wolff* verfasste Studie stützt sich auf eine Analyse der einschlägigen oberlandesgerichtlichen Rechtsprechung zur Vollstreckbarerklärung von in- wie ausländischen Schiedssprüchen (§ 1062 Abs. 1 Nr. 4 ZPO) im Zeitraum zwischen 2012 und 2016.[25] Sie kommt zum Ergebnis, dass die Herangehensweise der deutschen Gerichte überaus schiedsfreundlich ist und der Rechtsprechung des als besonders schiedsaffin bekannten schweizerischen Bundesgerichts in nichts nachsteht.[26]

Zwischen den einschlägigen Akteuren scheint ein weitgehender Konsens zu herrschen, dass der Justizstandort Deutschland wieder „fit gemacht werden" müsse.[27] Die Anwaltschaft – insbesondere die global agierenden Großkanzleien – verspricht sich durch eine höhere Attraktivität deutscher Gerichte neue Mandate und lukrative Betätigungsfelder.[28] Der Präsident des Landgerichts Stuttgart, *Andreas Singer*, hat stellvertretend für andere den Anspruch formuliert: „Natürlich will jedes größere Gericht auch große Verfahren an sich ziehen." Sein eigenes Gericht sieht er durch die Nähe zum BGH-Standort Karls-

---

bund (DJB). Später sind auch der Deutsche Industrie- und Handelskammertag (DIHK) sowie der Bundesverband der Deutschen Industrie (BDI) dem Bündnis beigetreten.

21 Siehe www.bmj.de/DE/Themen/EuropaUndInternationaleZusammenarbeit/BuendnisDeutschesRecht/BuendnisDeutschesRecht_node.html.

22 Kritisch zu dieser Initiative *Alexander F. Peter*, Warum die Initiative „Law – Made in Germany" bislang zum Scheitern verurteilt ist, JZ 2011, 939–946.

23 So heißt es in der Begründung des RegE eines Gesetzes zur Neuregelung des Schiedsverfahrensrechts vom 12.7.1996, BT-Drucks. 13/5274, S. 1: „Ein zeitgemäßes und den internationalen Rahmenbedingungen angepaßtes Recht soll das Ansehen der Bundesrepublik Deutschland als Austragungsort internationaler Schiedsstreitigkeiten fördern." Auch die Begründung des RegE eines Zweiten Gesetzes zur Änderung des Gesetzes zur vorläufigen Regelung des Rechts der Industrie-und Handelskammern vom 9.3.2021, BT-Drucks. 19/27452, S. 26 unten, spricht von der Stärkung des Schiedsstandorts Deutschland im internationalen Vergleich.

24 *Reinmar Wolff*, Schiedsstandort Deutschland – Eine Erhebung zur Schiedsgerichtsbarkeit und zur Spruchpraxis der Gerichte, München: C. H. Beck 2023 (im Erscheinen); *ders.*, Die deutsche Justiz im Wettbewerb der Schiedsstandorte: eine Erhebung zur Spruchpraxis der Gerichte, SchiedsVZ 2021, 328–339.

25 Zur Methodik *Wolff*, SchiedsVZ 2021, 328 (329 f.).

26 Zusammenfassend *Wolff*, SchiedsVZ 2021, 328 (330 ff.).

27 *Luidger Röckrath/Simon Fischer*, Suche nach einer Alternative zu London: Justizstandort Deutschland macht sich fit für den Brexit, Legal Tribune Online, 16.3.2018, www.lto.de/persistent/a_id/27591/; *A. Wolf*, RIW 2019, 258.

28 *Jan Curschmann*, Justizstandort Deutschland stärken!, IWRZ 2018, 241–242 (der Autor ist Vorsitzender des Geschäftsführenden Ausschusses der DAV-Arbeitsgemeinschaft Internationales Wirtschaftsrecht). Nur vereinzelt ist Kritik zu hören: So schreibt etwa *Walter Zimmermann*, ehemaliger Vizepräsident des Landgerichts Passau: „Jedenfalls ist es nicht Aufgabe des Rechts, für einige Rechtsanwälte von Großkanzleien aus Geschäftsgründen einen ‚Gerichtsstandort Deutschland' zu schaffen." *Walter Zimmermann*, in: Münchener Kommentar zur ZPO, 5. Aufl., München: C. H. Beck 2017, § 184 GVG Rn. 12. In der 6. Aufl. 2022 (neuer Autor: *Steffen Pabst*) findet sich diese Aussage freilich nicht mehr.

ruhe „gewissermaßen in der Poleposition für Grundsatzverfahren, die voraussichtlich in die höchste Instanz gehen werden".[29] *Robert Papst*, Vorsitzender Richter einer jüngst neu geschaffenen „M&A-Kammer" am Landgericht Düsseldorf, hält diese der Schiedsgerichtsbarkeit für absolut ebenbürtig.[30]

Gleichermaßen denkt auch die Rechtspolitik – jedenfalls diejenige einiger Bundesländer. Der nordrhein-westfälische Justizminister *Peter Biesenbach* möchte Nordrhein-Westfalen nach dem Brexit als wichtigsten Gerichtsstandort für internationale Wirtschaftsstreitigkeiten in Stellung bringen und London nach dem Austritt Großbritanniens aus der EU als Gerichtsstandort Nummer eins für zivile Wirtschaftsverfahren ablösen.[31] Hierzu dient ein Maßnahmenpaket, mit dem unter dem Titel „QualityLaw NRW" mit Wirkung vom 1. Januar 2022 an den Landgerichten Düsseldorf, Köln, Essen und Bielefeld sogenannte Kompetenzzentren für bestimmte Rechtsstreitigkeiten, u. a. die bereits erwähnten Unternehmenskäufe, eingerichtet wurden.[32] Hierfür könnten schlicht fiskalische Interessen sprechen. Große Streitwerte bringen hohe Gebühren, die wiederum Verfahren mit kleineren Streitwerten quersubventionieren. Ein Justizsystem ist letztlich auf solche Transfers angewiesen, da es sonst nicht annähernd kostendeckend arbeiten kann. Damit einher geht ein wirtschaftspolitisches Interesse. Um die Justiz herum bilden sich ganze Wirtschaftszweige; die Anwaltschaft an erster Stelle, aber auch Infrastruktur, Versicherungen, Beratergesellschaften, Hotels und dergleichen mehr. Die Erhöhung der Attraktivität deutscher Gerichte für internationale Großverfahren wäre also ein Stück weit auch Strukturpolitik.[33]

Der Bund schien bisher diese Einschätzung nicht mit dem notwendigen Enthusiasmus mitzutragen.[34] Dies ist ein Stück weit sicherlich der Tatsache geschuldet, dass die Justiz in die Zuständigkeit der Länder fällt. Der Koalitionsvertrag der Ampelkoalition vom 24. November 2021 nimmt sich der Thematik immerhin an, wenn auch nur sehr vorsichtig. Dort heißt es:[35] „Wir ermöglichen englischsprachige Spezialkammern für internationale Handels- und Wirtschaftsstreitigkeiten." Fest steht damit, dass sich die maßgeblichen Akteure in einem (weltweiten) Wettbewerb *sehen* und sich entsprechend *verhalten*.

---

29 JUVE-Interview vom 31.10.2018, www.juve.de/nachrichten/namenundnachrichten/nachrichtrecht/2018/10/interview-ein-monat-rechtsfrieden-ist-guenstiger-als-eine-kinokarte.

30 JUVE-Interview, 7.2.2022, www.juve.de/verfahren/wir-stehen-den-schiedsgerichten-in-nichts-nach/; siehe auch *www.lto.de/persistent/a_id/47553/.*

31 Internationale Wirtschaftsstreitigkeiten: NRW will London als Top-Justizstandort ablösen, Legal Tribune Online, 28.3.2018, www.lto.de/persistent/a_id/27775/.

32 Durch die Verordnung über die gerichtliche Zuständigkeit für Streitigkeiten aus den Bereichen der Unternehmenstransaktionen (Mergers & Acquisitions), der Informationstechnologie und Medientechnik sowie der Erneuerbaren Energien vom 22.11.2021, GV. NRW Nr. 83 vom 9.12.2021, S. 1337.

33 Siehe am Beispiel der Patentgerichte *Stefan Bechtold/Jens Frankenreiter/Daniel Klerman*, Forum Selling Abroad, 92(3) Southern California Law Review (2019) 487–556 (519 f.); s. dazu auch *Klose* (Fn. 18), S. 15 ff.

34 Siehe JUVE 3/2019: „Wer springt ein, wenn London schwächelt?" Siehe www.juve.de/nachrichten/verfahren/2019/03/internationale-wirtschaftsprozesse-wer-springtein-wenn-london-schwaechelt.

35 Koalitionsvertrag 2021–2025 zwischen der Sozialdemokratischen Partei Deutschlands (SPD), BÜNDNIS 90 / DIE GRÜNEN und den Freien Demokraten (FDP), Mehr Fortschritt wagen. Bündnis für Freiheit, Gerechtigkeit und Nachhaltigkeit, S. 106 (abrufbar hier: www.bundesregierung.de/breg-de/service/gesetzesvorhaben/koalitionsvertrag-2021–1990800).

3. Verfassungsrechtliche Mindestvorgaben

Damit ist jedoch nicht gesagt, dass sie dies auch *müssten*. Welches Streitschlichtungsangebot der Staat bereithalten muss, ergibt sich in erster Linie aus dem Verfassungsrecht. In einem Rechtsstaat müssen auch für zivilrechtliche Streitigkeiten staatliche Streitschlichtungsmechanismen bestehen. Dies wird mit dem Justizgewährungsanspruch umschrieben, der sich aus dem Rechtsstaatsprinzip (Art. 20 Abs. 3 GG) ergibt und eine notwendige Konsequenz des staatlichen Gewaltmonopols bzw. des Verbots der Selbstjustiz darstellt.[36] Auch das Prinzip des fairen Verfahrens aus Art. 6 Abs. 1 EMRK (und gleichlautend Art. 47 Abs. 1 GR-Charta) schreibt einen wirksamen Zugang zu staatlichen Gerichten vor.[37] Nach der Rechtsprechung des BVerfG umfasst die grundgesetzliche Garantie des Rechtsschutzes den Zugang zu den Gerichten, die Prüfung des Streitbegehrens in einem förmlichen Verfahren sowie die verbindliche gerichtliche Entscheidung.[38] Dieser Zugang darf nicht übermäßig erschwert sein;[39] eine Entscheidung muss innerhalb angemessener Zeit erfolgen.[40] Bei der Ausgestaltung des Verfahrens hat der Gesetzgeber einen weiten Ermessensspielraum; das rechtsuchende Publikum hat kein subjektiv-öffentliches Recht auf ein in bestimmter Weise ausgestaltetes[41] und schon gar nicht auf das im weltweiten Vergleich am besten funktionierende Zivilverfahren.[42]

Legt man diesen Maßstab an das Zivilverfahren vor deutschen Gerichten an, so kann man beileibe nicht von einer Krise sprechen, im Gegenteil: Der deutsche Zivilprozess genießt weltweit einen hervorragenden Ruf, insbesondere hinsichtlich der Zugänglichkeit der Gerichte, der Qualität deren Entscheidungen, der Verfahrensdauer, der Diskriminierungsfreiheit und der Abwesenheit von Korruption. Unter Einbeziehung dieser und anderer Faktoren führt der Rule of Law Index 2021 des World Justice Project[43] Deutschland hinsichtlich der Rechtsstaatlichkeit insgesamt weltweit auf Rang fünf;[44] die Ziviljustiz schnitt mit Rang drei sogar noch besser ab.[45] Es bestünde verfassungsrechtlich kein Anlass, die deutsche Justiz in einem Wettbewerb der internationalen Streitschlichtung „besser aufzustellen". Dies gilt umso mehr, als auch Verfahren ohne Beteiligung deutscher Parteien in Rede stehen, was bei internationalen Handelsstreitigkeiten durchaus vorkommen kann.

Dass der faktische Verlust der Rechtsfortbildungsfunktion für bestimmte Bereiche, etwa im Recht des Unternehmenskaufes, das Rechtsstaatsprinzip herausfordert, erscheint unmittelbar einsichtig. Und doch mag man bei ganz technisch-formaler Betrachtung

---

36 BVerfGE 93, 99 (107); BVerfGE 107, 395 (401); BVerfGE 119, 202 (296 f.); BVerfGE 122, 248 (271).

37 St. Rspr. des EuGMR seit *Golder / UK*, A/18, 12 ff.) (§§ 26 ff.) = EuGRZ 1975, 91. Auch Länder ohne geschriebene Verfassung erkennen ein Recht auf Access to Justice an, so für England *Bremer Vulkan v. South India Shipping Corporation Ltd.* [1981] AC 909 (917).

38 BVerfGE 107, 395 (401).

39 BVerfGE 54, 277 (292 f.).

40 Zum Ganzen *Bernd Grzeszick*, in: Günter Dürig/Roman Herzog/Rupert Scholz (Hrsg.), Grundgesetz-Kommentar, München: C. H. Beck, 95. EL Juli 2021, Art. 20 Rn. 134 ff.

41 Etwa BVerfGE 88, 118 (124).

42 So plastisch *Sebastian Martens*, Die Förderung des Justizstandortes als juristisches Argument bei der Auslegung, in: Dörte Poelzig/Boris Paal/Oliver Fehrenbacher (Hrsg.), Deutsches, Europäisches und vergleichendes Wirtschaftsrecht, Festschrift für Werner Ebke, München: C. H. Beck 2021, S. 643–652 (644 f.).

43 Siehe https://worldjusticeproject.org/our-work/research-and-data/wjp-rule-law-index-2021.

44 Rule of Law Index 2021, S. 10, 22.

45 Rule of Law Index 2021, S. 34.

Zweifel haben: Aus Sicht des BVerfG folgt aus dem Justizgewährungsanspruch jedenfalls kein subjektiv-öffentliches Recht auf ein Rechtsmittel,[46] so dass die Verfassung danach den Zugang zu dem in erster Linie mit der Rechtsfortbildung betrauten BGH gerade nicht garantiert. Immerhin ergibt sich aus Art. 95 GG, der die Einrichtung der obersten Gerichtshöfe des Bundes vorsieht, dass der einfache Gesetzgeber für deren Funktionsfähigkeit sorgen muss.[47] Es muss auch inhaltlich ein Kernbereich an sachlicher Zuständigkeit verbleiben; verfassungsrechtlich unzulässig wäre es, wenn einzelne Sachgebiete durch Zuständigkeitsverlagerungen „austrocknen" würden.[48] Derartiges steht jedoch gewiss nicht zu besorgen. Dass nur wenige M&A-Verfahren den BGH erreichen, berührt wohl nicht die institutionelle Garantie des Art. 95 GG.

Aus verfassungsrechtlicher Sicht besteht angesichts dieses Befundes mithin kein zwingender Grund, staatlicherseits in einen Wettbewerb der Justizsysteme eintreten zu müssen. Umgekehrt steht das Rechtsstaatsprinzip aber auch nicht grundsätzlich Bestrebungen entgegen, die Justiz gerade für internationale Wirtschaftsverfahren attraktiver zu machen. Dies dürfte jedenfalls so lange gelten, wie keine völlig einseitige Förderung solcher Verfahren zu Lasten des gerichtlichen Normalbetriebs erfolgt.

4. Ein weltweites Phänomen

Dies mag in anderen Verfassungen ähnlich sein. Und doch fällt auf, dass sich auch andere Staaten in einem Wettbewerb der Justizsysteme sehen und entsprechend agieren. Dies gilt insbesondere für England, die Niederlande, Frankreich und Singapur. Dort lassen sich verstärkte Anstrengungen ausmachen, als attraktiv angesehene Wirtschaftsstreitigkeiten an die lokalen Commercial Courts zu holen. Ob dies stets auch mit einer Krise der Gerichtsbarkeit zusammenhängt, ist nicht immer klar. So befindet sich etwa die englische Ziviljustiz seit über 20 Jahren in einer Dauerreformschleife; sie gilt nach wie vor als sehr teuer, langsam und ineffizient.[49] Doch genießt der London Commercial Court weltweit einen hervorragenden Ruf und gilt als attraktives Forum für high end litigation. Gewissermaßen als Kopie hiervon lässt sich der 2015 errichtete Singapore Commercial Court sehen.[50] Auch hier ist nicht bekannt, dass dessen Errichtung eine Reaktion auf die Krise der dortigen Gerichtsbarkeit zurückzuführen gewesen wäre. Vielmehr geht es schlicht um die Sicherung von Marktanteilen im internationalen Litigation Business.[51]

---

46 BVerfGE 107, 395, 402. Siehe zum Problemkreis *Andreas Voßkuhle*, Rechtsschutz gegen den Richter, München: C. H. Beck 1993; *Michael Stürner*, Die Anfechtung von Zivilurteilen, München: C. H. Beck 2002, S. 60 ff.

47 *Monika Jachmann-Michel*, in: Dürig/Herzog/Scholz (Fn. 40), Art. 95 Rn. 65 ff.

48 *Andreas Voßkuhle*, in: Hermann v. Mangoldt/Friedrich Klein/Christian Starck, Grundgesetz, 7. Aufl., München: C. H. Beck 2018, Art. 95 Rn. 22.

49 *Adrian Zuckerman* (Hrsg.), Civil Justice in Crisis, Oxford: OUP 1999; *Michael Stürner*, „...What so exhausts finances, patience, courage, hope..." – Zur Reform des englischen Zivilprozeßrechts, ZVglR-Wiss 99 (2000), 310–337.

50 Dazu *Domhan* (Fn. 18), S. 65 ff.; *Man Yip*, The Singapore International Commercial Court: The Future of Litigation?, Erasmus Law Review 2019, 82–97; *Johannes Landbrecht*, The Singapore International Commercial Court (SICC) – an Alternative to International Arbitration?, ASA Bulletin 2016, 112.

51 Vgl. den Report of the Singapore International Commercial Court Committee, November 2013, Rn. 10 (abrufbar unter www.sicc.gov.sg/about-the-sicc/establishment-of-the-sicc): „Singapore's existing institutional advantages and reputation as a centre for international arbitration allows the SICC to position herself as the premium forum for court-based commercial dispute resolution both within and beyond Asia."

5. Vergleich mit der Schiedsgerichtsbarkeit

Bei all diesen Anstrengungen dient die internationale private Schiedsgerichtsbarkeit als Vorbild. Sie gilt als Muster an Flexibilität, Sachkunde und Vertraulichkeit. Eine gewisse Ironie liegt in der Tatsache, dass die Stärkung der Schiedsgerichtsbarkeit durch eine vergleichsweise liberale Regulierung gerade auch der Entlastung der Justiz dienen sollte.[52] Bei aller Freiheit und Regelungsautonomie, die dort herrschen, sollte doch betont werden, dass die entscheidenden Parameter staatlicherseits gesetzt wurden: Das wegweisende New Yorker Übereinkommen über die Anerkennung und Vollstreckung ausländischer Schiedssprüche von 1958 (UNÜ) wurde von 169 Staaten ratifiziert[53] und ist damit so erfolgreich wie kaum ein anderes vergleichbares Abkommen. Dem liegt ein überaus liberaler und schiedsfreundlicher Ansatz zugrunde. Im gleichen Geiste ist das UNCITRAL-Modellgesetz zur internationalen Handelsschiedsgerichtsbarkeit vom 21. Juni 1985 verfasst. Es dient mittlerweile 85 Staaten, darunter Deutschland, ganz oder teilweise als Vorbild für ihre nationalen Schiedsrechte.[54]

Doch wie sieht sich „die Schiedsgerichtsbarkeit" selbst in diesem Wettbewerb? Bei allem Selbstbewusstsein mehren sich auch innerhalb der „Arbitration Community" Stimmen, die einen Verlust ihrer Stellung als primäre Anlaufstation bei hochwertigen internationalen Wirtschaftsstreitigkeiten befürchten. Es wird eine zunehmende Unzufriedenheit der Nachfragerseite mit den Schiedsverfahren registriert, die als teuer und teils ineffizient gelten.[55] Die verstärkten Anstrengungen der staatlichen Justiz, in einen Wettbewerb um lukrative Großverfahren zu treten,[56] werden durchaus mit Sorge wahrgenommen[57] und lösen ihrerseits Maßnahmen zur Steigerung der Attraktivität der Schiedsgerichtsbarkeit aus.

6. Zwischenfazit

So lässt sich vorläufig zusammenfassen: Bei strenger Betrachtung kann man nicht von einem echten Wettbewerb sprechen, wenn der Staat letztlich für sämtliche Streitschlichtungsmechanismen verantwortlich zeichnet und damit die Rahmenbedingungen setzt, die dort jeweils gelten. Ein Wettbewerb der Justizsysteme mag ökonomisch gesehen bestehen; auch wird er faktisch von den beteiligten Akteuren akzeptiert. Doch ließe sich

---

52 So ausdrücklich die Begründung des RegE eines Gesetzes zur Neuregelung des Schiedsverfahrensrechts vom 12.7.1996, BT-Drucks. 13/5274, S. 1: „Ferner bietet [ein zeitgemäßes und den internationalen Rahmenbedingungen angepaßtes Recht] einen Anreiz, auch bei nationalen Streitigkeiten verstärkt von der Schiedsgerichtsbarkeit Gebrauch zu machen und damit die staatlichen Gerichte zu entlasten.".

53 Stand: März 2022, siehe https://uncitral.un.org/en/texts/arbitration/conventions/foreign_arbitral_awards/status2.

54 Stand: März 2022, siehe https://uncitral.un.org/en/texts/arbitration/modellaw/commercial_arbitration/status.

55 *Quentin Loh*, The Rise of International Commercial Courts – A Threat to Arbitration?, in: Rolf A. Schütze/Thomas Klötzel/Martin Gebauer (Hrsg.), Usus atque Scientia, Festschrift für Roderich C. Thümmel, Berlin: De Gruyter 2020, S. 501–514 (502): „rising dissatisfaction with International Arbitration".

56 Siehe dazu *Horst Eidenmüller*, Competition between State Courts and Private Tribunals, in: FS Thümmel (Fn. 55), S. 126–142.

57 *Dorothee Ruckteschler/Tanja Stooß*, International Commercial Courts: A Superior Alternative to Arbitration?, Journal of International Arbitration 36/4 (2019), 431–450. In einer Umfrage von 2020 zur Anwendung des CISG werden in 70 % der Fälle staatliche Gerichte vereinbart und nur in 30 % Schiedsgerichte, s. *Cornelia Lehnert/Peter Schäfer*, Die Rechtswahl bei internationalen Kaufverträgen – ein empirischer Befund aus 2020, IHR 2021, 145–149.

ohne weiteres der Standpunkt einnehmen, ein Staat könne sich diesem Wettbewerb in erster Linie oder auch ausschließlich durch Förderung privater Streitbeilegungsmechanismen stellen. Eine solche Funktionsdifferenzierung hätte durchaus Vorteile, zumal verfassungsrechtlich kein unmittelbarer Handlungszwang besteht, bestimmte Verfahren gerade vor staatliche Gerichte zu holen.[58] Möchte man aber gerade die staatlichen Gerichte im Wettbewerb positionieren, ließe sich das auch durch eine restriktivere Haltung in Bezug auf die Akzeptanz von Schiedsklauseln, eine stärkere Regulierung der Schiedsverfahren oder durch Einschränkungen bei der Anerkennung von Schiedssprüchen erreichen. Dass eine solche Herangehensweise eklatant dem völkerrechtlichen Rahmen widerspricht und daher von vornherein ausscheiden muss, erscheint offensichtlich. Insofern kann man konstatieren, dass jedenfalls faktisch die Krise der Justiz als relevanter Akteur auf dem globalen Markt der Streitschlichtung staatlicherseits als solche anerkannt wird und man sich einem Wettbewerb um internationale Großverfahren stellt.

III. Der Brexit als Katalysator

Es ist nun Zeit für einen Perspektivenwechsel von der Krise der staatlichen Gerichtsbarkeit auf ihre Zukunft. Dessen Auslöser ist der Brexit, der gleichsam als Katalysator für bereits anlaufende Reformprozesse diente. Seit Jahrzehnten galt der bereits seit 1895 als Abteilung des High Court bestehende London Commercial Court als der Rolls Royce unter den staatlichen Streitschlichtungsinstitutionen.[59] Das Brexit-Referendum vom Juni 2016 und der in der Folge vom Vereinigten Königreich erklärte Austritt aus der Europäischen Union führt jedenfalls insoweit eine Änderung herbei, als die unionsweite Vollstreckbarkeit seiner Urteile – seit 2015 sogar ohne Exequatur-Verfahren – nunmehr nicht mehr möglich ist.[60]

Die Tatsache, dass auch die Brüssel Ia-VO kraft autonomer Gesetzgebung im European Union (Withdrawal) Act 2018 als „retained EU law" fortgilt, verschafft den Urteilen britischer Gerichte die erwünschte Wirkungserstreckung selbstverständlich nicht. Zwar wurde diskutiert, ob nach Außerkrafttreten der Brüssel Ia-VO im Verhältnis zwischen den EU-27 und dem Vereinigten Königreich nunmehr das EuGVÜ wiederaufleben

---

58 Dezidiert für ein solches „Laisser-faire" *Tombrink*, IWRZ 2018, 275 (277 f.).

59 Dazu *Marta Requejo Isidro*, International Commercial Courts in the Litigation Market, Int. J. Proc. Law 2019, 4; *William Blair*, The New Litigation Landscape: International Commercial Courts and Procedural Innovations, Int. J. Proc. Law 2019, 212–234 (223 f.); *Domhan* (Fn. 18), S. 62 ff.; *Grohmann* (Fn. 18), S. 110 ff.

60 Zu den Konsequenzen des Austritts Großbritanniens aus der EU für die Anerkennung und Vollstreckung von Entscheidungen dortiger Gerichte etwa *Burkhard Hess*, Back to the Past: BREXIT und das europäische internationale Privat- und Verfahrensrecht, IPRax 2016, 409–418; *Gisela Rühl*, Die Wahl englischen Rechts und englischer Gerichte nach dem Brexit, JZ 2017, 72–82 (80 f.); *Michael Sonnentag*, Die Konsequenzen des Brexits für das Internationale Privat- und Zivilverfahrensrecht, Tübingen: Mohr Siebeck 2017, S. 107 ff.; *Adrian Briggs*, Brexit and Private International Law: An English Perspective, Riv. int. dir. priv. proc 2019, 261; *C. E. Tuo*, The Consequences of Brexit for Recognition and Enforcement of Judgments in Civil and Commercial Matters: Some Remarks, Riv. int. dir. priv. proc 2019, 302; *Johannes Ungerer*, Brexit von Brüssel und den anderen EU-Verordnungen zum Internationalen Zivilverfahrens- und Privatrecht, in: Malte Kramme/Christian Baldus/Martin Schmidt-Kessel (Hrsg.), Brexit. Privat- und wirtschaftsrechtliche Folgen, 2. Aufl., Baden-Baden: Nomos 2020, S. 605 (608 ff.).

könnte.[61] Das dürfte im Ergebnis jedoch abzulehnen sein. Dies sah auch die britische Regierung so, unternahm sie doch Anstrengungen, dem Übereinkommen von Lugano von 2007 beizutreten[62] und hat am 8. April 2020 einen Antrag auf Neubeitritt gestellt.[63] Die Europäische Union hat jedoch im Juni 2021 mitgeteilt, dass sie nicht in der Lage sei, ihre Zustimmung zu erteilen. Da der Brexit-Handelspakt vom 24. Dezember 2020 keine näheren Regelungen für den Bereich der justiziellen Zusammenarbeit in Zivilsachen enthält, sind Urteile britischer Gerichte, insbesondere also auch diejenigen des London Commercial Court, wie Urteile von Drittstaaten zu behandeln und genießen als solche keinerlei Freizügigkeit. Für diejenigen Parteien, die Wert auf eine mögliche Durchsetzung des Urteils in anderen EU-Staaten legen, muss dieser Umstand in die Risiko- und Kostenabwägung mit einbezogen werden.

Folgerichtig löste der Brexit ein regelrechtes Feuerwerk an Aktivitäten in einer Reihe von Mitgliedstaaten aus, neben Deutschland insbesondere in Frankreich, den Niederlanden und in Belgien, interessanterweise daneben auch in der Schweiz, das als Vertragsstaat des Lugano-Übereinkommens an der europaweiten Titelfreizügigkeit teilnimmt. Ziel dieser Initiativen war die Schaffung herausgehobener Commercial Courts, um das in London womöglich wegbrechende Litigation Business auf den Kontinent zu holen.[64] Ob es allerdings allein deswegen zu einer spürbaren Verlagerung großer Streitigkeiten hin zu kontinentalen Commercial Courts kommt, bleibt eher fraglich.[65] Schließlich beruht die Attraktivität der Londoner Gerichte gerade auch auf der besonderen Expertise und Autorität der dort tätigen Richter. Es wird also nicht damit getan sein, ein paar besonders modern ausgestattete Gerichtssäle als „Commercial Court" zu bezeichnen und die Richterbänke mit hinreichend der englischen Sprache mächtigen Richterinnen und Richtern zu besetzen. Um im Wettbewerb zu bestehen, bedarf es ganz grundlegender Reformen.

---

61 Dafür *Andrew Dickinson*, Back to the future: the UK's EU exit and the conflict of laws, JPrivIntL 12 (2016), 195 (205); *Matthias Lehmann/Dirk Zetzsche*, Die Auswirkungen des Brexit auf das Zivil- und Wirtschaftsrecht, JZ 2017, 62–71 (70); dagegen *Hess*, IPRax 2016, 409 (413); *Rühl*, JZ 2017, 72 (77); *Rolf Wagner*, Justizielle Zusammenarbeit in Zivilsache nach dem Brexit, IPRax 2021, 2–15 (8).

62 Zu den Voraussetzungen *Burkhard Hess*, Das Lugano-Übereinkommen und der Brexit, in: Burkhard Hess/Erik Jayme/Heinz-Peter Mansel (Hrsg.), Europa als Rechts- und Lebensraum, Liber Amicorum für Christian Kohler, Bielefeld: Gieseking 2018, S. 179–192; *Christian Kohler*, Ein europäischer Justizraum in Zivilsachen ohne das Vereinigte Königreich?, ZEuP 2021, 781–791.

63 Siehe www.eda.admin.ch/dam/eda/fr/documents/aussenpolitik/voelkerrecht/autresconventions/Lugano2 und dazu *R. Wagner*, IPRax 2021, 2, 7 f. sowie eingehend *Eva Lein*, Verhältnis zu Drittstaaten, in: Enzyklopädie des Europarechts, Band 3: Europäisches Rechtsschutz- und Verfahrensrecht, 2. Aufl., Baden-Baden: Nomos 2021, § 34 Rn. 33 ff.

64 *Röckrath/Fischer*, Legal Tribune Online, 16.3.2018, www.lto.de/persistent/a_id/27591/; *Horst Eidenmüller*, Collateral Damage: Brexit's Negative Effects on Regulatory Competition and Legal Innovation in Private Law, ZEuP 2018, 868–891 (875 ff.). Siehe zur europäischen Entwicklung *Requejo Isidro*, Int. J.Proc.Law 2019, 4; *Xandra Kramer/John Sorabji* (Hrsg.), International Business Courts: A European and Global Perspective, Den Haag: Eleven 2019.

65 So auch *Hermann Hoffmann*, Von „Law – Made in Germany" zu „Commercial Litigation in Germany". Impulse für eine Verbesserung der Justiz im internationalen Handelsrecht, IWRZ 2018, 58–62 (59).

IV. Zukunft: Commercial Courts

Ich komme nun zu den aktuellen Versuchen der Krisenbewältigung und damit gleichzeitig zur Zukunft der staatlichen Gerichtsbarkeit als Instrument der Streitschlichtung, die nunmehr – dem Londoner Vorbild folgend – im Gewande der Commercial Courts auftreten wird.[66]

1. Die Herausbildung von Commercial Courts

In der vergleichenden Zusammenschau zeigt sich, dass es kein einheitliches Vorgehen bei der Errichtung von Commercial Courts gibt. Teils sind sie lokal organisiert, teils regional oder auch national. Denkbar, ja sogar besonders konsequent, wäre auch die Schaffung eines supranationalen Handelsgerichts.

a) Zentralisierte Commercial Courts

Ähnlich wie das Londoner Rollenmodell agieren etwa Frankreich mit der seit Anfang 2018 bestehenden International Chamber of the Paris Court of Appeal und die Niederlande mit dem seit 1. Januar 2019[67] bestehenden Netherlands Commercial Court, einer Abteilung des Gerichtshofs Amsterdam. Ebenso waren die Planungen bezüglich des belgischen Brussels International Business Court, der zum 1. Januar 2020 eingerichtet sein sollte; indessen wurde das entsprechende Gesetzesvorhaben mangels politischer Unterstützung nicht weiterverfolgt.[68] Diese Commercial Courts genießen eine Art nationales Monopol, haben jedenfalls landesweit keine direkte Konkurrenz. Gleichzeitig sind sie in der jeweiligen Kapitale des Landes angesiedelt, wo eine entsprechende juristische Infrastruktur vorhanden ist.

b) Lokale und regionale Spezialkammern

Ganz anders der Ansatz in Deutschland. Berlin verfügt weder über eine besondere Reputation als Justizstandort, noch kommt der Hauptstadt eine herausgehobene wirtschaftliche Bedeutung zu.[69] So verwundert es nicht, dass Pilotprojekte mit englischsprachiger Verhandlung nicht etwa in Berlin, sondern seit 2010 in Bonn, Köln und

---

66 Die nachfolgenden Ausführungen unter IV. beruhen auf *Michael Stürner*, Deutsche Commercial Courts?, JZ 2019, 1122–1130 (1124 ff.).

67 Dazu *Harry Duintjer Tebbens*, Une justice internationale néerlandaise à la sauce anglaise, in: Burkhard Hess/Erik Jayme/Heinz-Peter Mansel (Hrsg.), Europa als Rechts- und Lebensraum, Liber Amicorum für Christian Kohler, Bielefeld: Gieseking, 2018, S. 39–50; *Friederike Henke*, Netherlands Commercial Court – englischsprachige Gerichtsverfahren in den Niederlanden, RIW 2019, 273–279.

68 *Xandra Kramer*, www.conflictoflaws.net v. 27.3.2019; *Blair*, Int. J. Proc. Law 2019, 212 (220). Der Gesetzentwurf wurde auf Anweisung des belgischen Premierministers zurückgezogen, vgl. http://cew-law.be/problems-for-the-brussels-international-business-court/.

69 Dies lässt sich mutatis mutandis auch für die Schweiz sagen: Der Bundeshauptstadt Bern kommt gegenüber den Finanz- und Wirtschaftsmetropolen Zürich, Basel und Genf allenfalls untergeordnete Bedeutung zu. Eine Gesetzesinitiative zur Änderung der Schweizerischen Zivilprozessordnung (Verbesserung der Praxistauglichkeit und der Rechtsdurchsetzung) vom 26.2.2020 (Botschaft BBl 2020, S. 2697) schlug die Schaffung der bundesrechtlichen Grundlagen für eine zukünftige Einrichtung besonderer internationaler Handelsgerichte in den Kantonen vor. Dadurch solle „nicht nur der exzellente Ruf der Schweiz als neutraler und kompetenter «Rechtshub» weiter stimuliert werden, sondern auch ein sinnvoller Beitrag zum Justizdienstleistungsplatz Schweiz geleistet werden". Dies ging vor allem auf Initiativen der Kantone Zürich und Genf zurück (a. a. O., S. 2718, 2729).

Aachen liefen. Eine große Nachfrage war hier freilich nicht zu verzeichnen.[70] Dass aber regional oder gar lokal operierende Gerichte durchaus Erfolg zu haben vermögen, zeigt das Patentrecht. Hier haben sich die entsprechenden Spezialkammern der Landgerichte Düsseldorf, Mannheim und auch München einen sehr guten Ruf erarbeitet. Die Patentkammern des LG Düsseldorf bearbeiten gut zwei Drittel der deutschen Patentsachen und ein Drittel aller Patentsachen in Europa.[71] Durchaus anerkennend wurde dies im Schrifttum als Musterbeispiel für „Forum selling abroad" bezeichnet.[72] Auch insofern überrascht es nicht, dass die Herausbildung von Commercial Courts in Deutschland ebenfalls dezentral, d. h. auf Länderebene verfolgt wird.

Auf legislativer Ebene ist bisher kein Erfolg zu vermelden: Eine von einigen Ländern wiederholt über den Bundesrat eingebrachte Gesetzesinitiative zur Schaffung von Kammern für internationale Handelssachen[73] hat es in über zehn Jahren nicht in das Bundesgesetzblatt geschafft. Auch der 70. Deutsche Juristentag 2014 hatte entsprechende Forderungen nach größerer Spezialisierung befürwortet.[74] Durch eine häufigere Befassung mit einer bestimmten Materie soll eine Qualitätssteigerung erreicht werden.[75] Immerhin wurden vom Gesetzgeber mit Wirkung vom 1. Januar 2018 für bestimmte Materien obligatorische Fachkammern und -senate an Landgerichten und Oberlandesgerichten eingeführt.[76] Nach dem neuen § 72a GVG werden bei den Landgerichten – obligatorisch – eine Zivilkammer oder mehrere Zivilkammern für Streitigkeiten aus Bank- und Finanzgeschäften, aus Bau- und Architektenverträgen sowie aus Ingenieurverträgen, soweit sie im Zusammenhang mit Bauleistungen stehen, über Ansprüche aus Heilbehandlungen und aus Versicherungsvertragsverhältnissen eingerichtet. Daneben können fakultativ – wie bisher auch – weitere Spezialkammern gebildet werden. Parallel dazu werden auch bei den Oberlandesgerichten nach § 119a GVG obligatorische Spezialsenate mit entsprechender Sachzuständigkeit gebildet.

In der Folge bildeten sich regionale Initiativen,[77] prominent die Justizinitiative Frankfurt,[78] die Stuttgart und Mannheim Commercial Courts sowie entsprechende Kammern

---

70 *Matthias Lehmann*, 'Law Made in Germany': The Export Engine Stutters, in: International Business Courts (Fn. 64), S. 83 (86) (zwei Fälle).

71 S. www.juve.de/markt-und-management/patentprozesse-duesseldorf-hat-die-nase-vorn/.

72 *Bechtold/Frankenreiter/Klerman*, 92(3) Southern California Law Review (2019) 487 (497 ff.). Die Autoren sehen eine Klägerfreundlichkeit der Gerichte als Hauptursache und machen dies vor allem an drei Faktoren fest: Qualität, Vorhersehbarkeit und Schnelligkeit der Entscheidung, die Zurückhaltung bei der Einholung von Sachverständigengutachten sowie die nur seltene Verfahrensaussetzung zugunsten paralleler Patentnichtigkeitsverfahren.

73 BT-Drucks. 17/2163 vom 10.6.2010. Der Entwurf fiel der Diskontinuität zum Opfer und wurde praktisch unverändert als BT-Drucks. 18/1287 vom 30.4.2014 wieder eingebracht, dann wieder als BT-Drucks. 19/1717 vom 18.4.2018.

74 70. Deutscher Juristentag 2014, Bd. II/2, Sitzungsberichte und Beschlussfassung, Abteilung Prozessrecht, I 211, Beschluss I.1., angenommen: 62:10:1. Vorausgegangen war das Gutachten von *Calliess*, Gutachten A zum 70. Deutschen Juristentag 2014, S. 96 ff.

75 Allgemein zu Vor- und Nachteilen einer Spezialisierung von Gerichten *Holger Fleischer*, Spezialisierte Gerichte: Eine Einführung, RabelsZ 81 (2017), 497–509 (502 ff.); zum ausländischen Recht *Michael Stürner*, Wie kann der Zugang zu ausländischem Recht in Zivilverfahren verbessert werden?, ZVglRWiss 117 (2018) 1–23 (21 ff.); *A. Wolf*, RIW 2019, 258 (270 f.).

76 Durch das Gesetz zur Reform des Bauvertragsrechts, zur Änderung der kaufrechtlichen Mängelhaftung, zur Stärkung des zivilprozessualen Rechtsschutzes und zum maschinellen Siegel im Grundbuch- und Schiffsregisterverfahren vom 28. April 2017, BGBl. I, S. 969.

77 Dazu *Domhan* (Fn. 18), S. 47 ff.

78 *Thomas Pfeiffer*, BB 2017, Heft 50, 1.

in Hamburg, Düsseldorf und auch Berlin.[79] Ihnen allen liegen sehr ähnliche Konzepte zugrunde, die sich auf der Grundlage des derzeit geltenden Rechts realisieren lassen sollen. Sie operieren in den Regelungsspielräumen und Grauzonen, die ZPO und GVG ihnen lassen. Ob sie eine echte Konkurrenz zu den global agierenden Schiedsgerichten oder den zentral platzierten Commercial Courts anderer Ländern darstellen können, oder ob sie aufgrund ihrer regionalen Einbettung viel zu wenig wahrgenommen werden, wird noch zu diskutieren sein.

Der Entwurf eines Gesetzes zur Stärkung der Gerichte in Wirtschaftsstreitigkeiten, den die Länder NRW und Hamburg im Frühjahr 2021 in den Bundesrat eingebracht hatten,[80] ist ebenfalls der parlamentarischen Diskontinuität zum Opfer gefallen. Doch wurde er im April 2022 praktisch unverändert wieder eingebracht.[81] Dieser Vorschlag sieht in § 119b GVG-E eine Ermächtigung der Landesregierungen vor, einen Senat oder mehrere Senate bei einem Oberlandesgericht einzurichten, vor denen Handelssachen mit internationalem Bezug mit einem Streitwert über zwei Millionen Euro im ersten Rechtszug verhandelt werden können; der Entwurf definiert diese ausdrücklich als „Commercial Courts". Dieser Vorschlag hat einiges für sich, etwa die Verkürzung des Rechtsmittelzuges.[82] Doch auch er belässt es bei einem regional orientierten Ansatz, der im Vergleich zu den zentralisierten Vorbildern in London, Paris oder Amsterdam deutlich weniger sichtbar sein dürfte.

c) Ein europäischer Commercial Court?

Aus diesem Blickwinkel verspräche möglicherweise ein ganz anderer Ansatz Erfolg: die Schaffung eines supranationalen Commercial Court. Insbesondere das EU-Parlament hat bereits die Frage diskutiert, ob ein europäisches Handelsgericht etabliert werden soll.[83] Freilich stellen sich zahlreiche, teils recht gravierende Probleme. Da wäre zunächst die Kompetenzfrage. Da sowohl Art. 257 AEUV, der die Schaffung von dem EuGH beigeordneten Fachgerichte vorsieht, als auch der Bereich der justiziellen Zusammenarbeit des Art. 81 AEUV aus offensichtlichen Gründen nicht in Betracht kommen, und auch der Abschluss eines völkerrechtlichen Abkommens i. S. d. Art. 216 AEUV mangels Drittstaatenbeteiligung ausscheidet, bliebe nur die intergouvernementale Zusammenarbeit. Der mühevolle Weg zum Einheitlichen Patentgericht[84] zeigt, wie anspruchsvoll dieses Unterfangen wäre. Heikel wäre auch das Verhältnis eines auf

---

79 S. die Pressemitteilung der Berliner Senatsverwaltung für Justiz, Verbraucherschutz und Antidiskriminierung vom 18.12.2020, www.berlin.de/sen/justva/presse/pressemitteilungen/2020/pressemitteilung.1032738.php.

80 BR-Drucks. 219/21 v. 17.3.2021.

81 BT-Drucks. 20/1549 v. 27.4.2022.

82 So auch *Wagner* (Fn. 18), S. 228 ff.; zuvor bereits *Graf-Peter Calliess/Hermann Hoffmann*, Justizstandort Deutschland im globalen Wettbewerb, AnwBl 2009, 52 f.; weitere Nachweise bei *Peter*, JZ 2011, 939 (941) mit Fn. 24.

83 Entschließung des Europäischen Parlaments vom 13.12.2018 mit Empfehlungen an die Kommission zur beschleunigten Beilegung von Handelsstreitigkeiten (2018/2079(INL)), Anlage sub III. 3. S. *Gisela Rühl*, Building Competence in Commercial Law in the Member States, Study for the JURI Committee of the European Parliament, September 2018, S. 58 ff. (abrufbar unter www.europarl.europa.eu/RegData/etudes/STUD/2018/604980/IPOL_STU(2018)604980_EN.pdf); zusammenfassend auch *dies.*, Auf dem Weg zu einem europäischen Handelsgericht? Zum Wettbewerb der Justizstandorte in Zeiten des Brexit, JZ 2018, 1073–1082 (1079). Siehe zuvor bereits *Thomas Pfeiffer*, Ein europäischer Handelsgerichtshof und die Entwicklung des europäischen Privatrechts, ZEuP 2016, 795–800. Eingehend zur Struktur eines solchen Gerichts *Domhan* (Fn. 18), S. 116 ff.

84 Übereinkommen über ein Einheitliches Patentgericht, ABl. EU C 175 v. 20.6.2013, S. 1.

der Grundlage eines solchen zwischenstaatlichen Abkommens errichteten Handelsgerichts zum Unionsrecht. Hier kann es zu Konflikten mit der Zuständigkeitsordnung der Brüssel Ia-VO kommen, die mit einer Öffnungsklausel nach dem Vorbild des Art. 71a Brüssel Ia-VO gelöst werden müssten.

Noch problematischer erscheint das Verhältnis zum EuGH. Zentrale Bedeutung kommt im europäischen Gerichtssystem der Vorlagepflicht nach Art. 267 AEUV zu: Über sie wird die Einheitlichkeit der Auslegung und Anwendung von Unionsrecht sichergestellt. Es erscheint offensichtlich, dass auch und gerade ein europäisches Handelsgericht hiervon nicht ausgenommen sein darf: Aus der Rechtsprechung des EuGH erhellt, dass der Autonomie des Unionsrechts höchste Bedeutung zukommt, und dass diese ohne eine Vorlageberechtigung unterminiert würde, wenn und soweit vor einem solchen Gericht jedenfalls auch Unionsrecht zur Anwendung käme.[85] Diese Vorlageberechtigung wäre freilich nicht einfach zu begründen. Eine vertragliche Lösung nach dem Vorbild des Art. 21 EPGÜ dürfte ausscheiden, so dass es darauf ankommt, ob auch ein europäisches Handelsgericht als „Gericht eines Mitgliedstaates" i. S. d. Art. 267 AEUV anzusehen ist. In Abgrenzung zur Schiedsgerichtsbarkeit verlangt der EuGH diesbezüglich eine obligatorische Gerichtsbarkeit. Geht man aber davon aus, dass die Zuständigkeit des Handelsgerichts gerade auf Parteivereinbarung beruhen sollte, wäre dies zumindest nicht selbstverständlich. Doch letztlich greifen diese Bedenken nicht durch: Entscheidend ist die Tatsache, dass auch das Handelsgericht Teil der obligatorischen staatlichen Gerichtsbarkeit wäre. Kein Hinderungsgrund entstünde auch aus dem Umstand, dass mehrere Mitgliedstaaten gleichermaßen ein solches Gericht errichteten. Der EuGH verlangt diesbezüglich eine Eingliederung in die mitgliedstaatliche Gerichtsorganisation.[86] Das Einheitliche Patentgericht erfüllt diese Voraussetzung nicht. Für ein europäisches Handelsgericht wäre daher zu fordern, dass es in irgendeiner Form in den jeweiligen Instanzenzug eines mitgliedstaatlichen Gerichts eingegliedert würde.[87]

Ob diese Idee politisch so viel Unterstützung bekommt, dass sie trotz dieser strukturellen Probleme dereinst verwirklicht wird, lässt sich derzeit kaum abschätzen. Dass ein dahingehendes Desiderat besteht, lässt sich in der Logik des Wettbewerbsgedankens durchaus begründen. Da die Schaffung eines europäischen Handelsgerichts nicht notwendig auch zur Abschaffung (oder Fusion) der nationalen Commercial Courts führen würde,[88] käme es zu einem weiteren Konkurrenzverhältnis und einer möglichen Verschärfung des Wettbewerbs, der bis hin zu einer Kannibalisierung führen könnte. In ihrer Reaktion auf den Vorstoß des EU-Parlaments hat sich die EU-Kommission denn auch reserviert gezeigt; es sei zunächst abzuwarten, wie sich die verschiedenen Initiativen in den Mitgliedstaaten entwickeln würden.[89]

2. Strukturfragen

Dies bringt mich zu der zentralen Strukturfrage: Wie müssen Commercial Courts ausgestaltet werden, um erfolgreich zu sein?[90]

---

85 EuGH, 30.4.2019, Gutachten 1/17 – *CETA*, ECLI:EU:C:2019:341.
86 Vgl. EuGH, 6.3.2018, Rs. C-284/16 – *Achmea*, ECLI:EU:C:2018:158 (Rn. 50 ff.).
87 Zu Einzelheiten *Domhan* (Fn. 18), S. 144 ff.
88 Zutreffend *Domhan* (Fn. 18), S. 116: europäisches Handelsgericht als „flankierende Maßnahme".
89 Follow-up to the European Parliament non-legislative resolution with recommendations to the Commission on expedited settlement of commercial disputes, SP(2019)129–0, S. 3.
90 Dazu auch *Grohmann* (Fn. 18), S. 374 ff.; *Domhan* (Fn. 18), S. 83 ff.

a) Zugang

Zunächst stellt sich die Frage des Zugangs zu diesem spezialisierten Gericht. Hier sollte nach dem Vorbild der Schiedsgerichtsbarkeit eine möglichst große Parteiautonomie bestehen. In erster Linie sollte daher eine Prorogation die Zuständigkeit begründen. Denkbar ist etwa eine Beschränkung auf grenzüberschreitende Wirtschaftsstreitigkeiten oder – wie das im Rahmen der Gesetzesinitiative „QualityLaw NRW" der Fall ist – noch spezieller auf M&A-Streitigkeiten.[91] Auch eine Streitwertuntergrenze lässt sich vorstellen,[92] auch wenn ihr stets etwas Arbiträres anhaftet und angesichts des Anliegens, mehr Fallmaterial für die Rechtsfortbildung zu generieren, durchaus kontraproduktiv wirkt. Prohibitiv wirken dürfte es jedenfalls für potentielle Parteien, wenn die Begründung der Zuständigkeit von dem Geschäftsverteilungsplan des jeweiligen Gerichts abhängt:[93] Da die Prorogation regelmäßig mit der Überantwortung des Streits an den Commercial Court – und nur an diesen – steht und fällt, wäre es vorzugswürdig, wenn eine direkte Prorogation dieses Spruchkörpers möglich wäre. Die wohl herrschende Meinung möchte das bislang nicht zulassen[94] und geht insoweit außerhalb expliziter gesetzlicher Regelungen von einem Vorrang der gerichtsorganisatorischen Zuweisungsmechanismen aus.[95]

Der Entwurf eines Gesetzes zur Einführung von Kammern für internationale Handelssachen (KfiHG) vom 20. Februar 2018[96] sah schlicht eine Ankoppelung an die bereits bisher bestehende Zuständigkeit der Kammer für Handelssachen vor: Diese sollte dann zur Kammer für internationale Handelssachen werden, wenn ein internationaler Bezug besteht und das Verfahren nach dem übereinstimmenden Willen der Parteien in englischer Sprache durchgeführt werden soll (§ 114b S. 1 GVG-E). Vor diesem Hintergrund wäre den Parteien anzuraten, zusätzlich zur Prorogation im Rahmen eines Prozessvertrags auch bindend die Abgabe der Sache an die Kammer für internationale Handelssachen zu vereinbaren. Diese Unwägbarkeiten vermeidet der begrüßenswerte Entwurf eines Gesetzes zur Stärkung der Gerichte in Wirtschaftsstreitigkeiten:[97] Danach soll eine entsprechende Vereinbarung der Parteien direkt die Zuständigkeit des Commercial Court begründen (§ 119b Abs. 2 S. 1 GVG-E).

---

91 Siehe § 2 Abs. 1 der Verordnung über die gerichtliche Zuständigkeit für Streitigkeiten aus den Bereichen der Unternehmenstransaktionen (Mergers & Acquisitions), der Informationstechnologie und Medientechnik sowie der Erneuerbaren Energien vom 22.11.2021.

92 Siehe vorige Fußnote.

93 Zumal die Online-Veröffentlichung der Geschäftsverteilungspläne nicht durchweg gängige Praxis ist, s. *Jan-Hendrik Labusga/Marc Petit*, Die Veröffentlichung gerichtlicher Geschäftsverteilungspläne im Internet, NJW 75 (2022), 300–304.

94 *Gerhard Lüke*, Unorthodoxe Gedanken zur Verkürzung der Prozeßdauer und Entlastung der Zivilgerichte, in: Hanns Prütting (Hrsg.), Festschrift für Gottfried Baumgärtel, Köln: Heymann 1990, S. 349 (352); *Reinhard Bork*, in: Stein/Jonas, ZPO, 23. Aufl., Tübingen: Mohr Siebeck 2014, § 23 Rn. 2; *Hendik Schultzky*, in: Zöller, ZPO, 34. Aufl., Köln: Otto Schmidt 2022, § 38 Rn. 3; für entsprechende Prorogationsbefugnis aber *Gerhard Wagner*, Prozeßverträge. Privatautonomie im Verfahrensrecht, Tübingen: Mohr Siebeck 1998, S. 570 ff.; *Eberhard Schilken*, Zur Zulässigkeit von Zuständigkeitsvereinbarungen bei Beteiligung von Nichtkaufleuten (§§ 38 Abs. 3, 40 ZPO), in: Christian Heinrich (Hrsg.), Festschrift für Hans-Joachim Musielak, 2004, S. 439 (450).

95 Stein/Jonas/*Roth* (Fn. 94), § 1 Rn. 60; Zöller/*Lückemann* (Fn. 94), vor § 93 GVG Rn. 4 (arg. § 98 Abs. 4 GVG).

96 BR-Drucks. 53/18. Es handelt sich dabei um eine Wiedervorlage des Gesetzesantrags aus BR-Drucks. 93/14.

97 BT-Drucks. 20/1549 v. 27.4.2022.

b) Sprachenfrage

Recht einfach scheint bei erstem Zugriff die Sprachenfrage. Praktisch weltweit werden internationale Wirtschaftsstreitigkeiten in englischer Sprache geführt. Es scheint auf der Hand zu liegen, dass auch vor deutschen Commercial Courts auf Englisch verhandelt wird.[98] Dies ist letztlich auch der Kern der bereits seit 2010 laufenden Pilotverfahren vor den Landgerichten in Aachen, Bonn und Köln. Sämtliche der seit 2017 in Deutschland laufenden Initiativen, etwa die Justizinitiative Frankfurt – und ebenso die internationale Konkurrenz in Brüssel, Paris und Amsterdam – sehen als Verfahrenssprache Englisch vor.[99] Dagegen ist an sich nichts einzuwenden, hat sich doch Englisch als „Weltsprache des Rechts" seit geraumer Zeit durchgesetzt.[100] Doch wäre zumindest zu überlegen, ob die Verfahren zwingend auf Englisch durchzuführen sind, oder ob bei entsprechender Parteivereinbarung auch davon abgewichen werden kann. Vor einem europäischen Handelsgericht jedenfalls erschiene dies nachgerade unausweichlich, da die Sprachenvielfalt zur DNA des europäischen Rechts gehört.

Nun ist Gerichtssprache nach § 184 S. 1 GVG – zwingend – deutsch.[101] Wird unter Beteiligung von Personen verhandelt, die der deutschen Sprache nicht mächtig sind, werden Dolmetscher hinzugezogen (§ 185 Abs. 1 S. 1 GVG). Sind die Parteien jedoch sämtlich der fremden Sprache mächtig, können sie gem. § 185 Abs. 2 GVG übereinkommen, auf Dolmetscher zu verzichten. In einer recht großzügigen Auslegung dieser Bestimmung, die damit von der Ausnahme zur Regel wird, kommt man so in der Praxis zur englischen Verhandlungsführung.[102] Für das deutsche Recht wäre aber eine Änderung von GVG und ZPO sinnvoll und notwendig, um die komplette Verfahrensführung einschließlich der Schriftsätze – und nicht nur die Verhandlungsführung selbst – in englischer Sprache zu ermöglichen.[103] Der bereits erwähnte Entwurf eines Gesetzes zur Stärkung der Gerichte in Wirtschaftsstreitigkeiten[104] sieht genau dies vor. Er lässt die Verfahrensführung in englischer Sprache nach entsprechender Parteivereinbarung sowohl für die erste als auch für die zweite Instanz zu (§ 184 Abs. 2 S. 1 GVG-E). Doch kann das Gericht anordnen, dass ein Dolmetscher zugezogen wird (§ 184 Abs. 2 S. 4 GVG-E).[105] Der Bundesgerichtshof als Revisions- bzw. Rechtsbeschwerdeinstanz wird von diesem Automatismus ausgenommen: Hier *kann* in internationalen Handelssachen das Verfahren in englischer Sprache geführt werden (§ 184 Abs. 4 GVG-E).

---

98 Eindringlich *Andreas Remmert*, Englisch als Gerichtssprache: Nothing ventured, nothing gained, ZIP 2010, 1579–1583.

99 Einzige Ausnahme scheint das LG Berlin zu sein: Dort kann auch auf Französisch verhandelt werden, s. www.berlin.de/sen/justva/presse/pressemitteilungen/2020/pressemitteilung.1032738.php.

100 Siehe den Entwurf eines Gesetzes zur Einführung von Kammern für internationale Handelssachen (KfiHG), BR-Drs. 53/18, S. 1: englische Sprache „als ,lingua franca' des internationalen Wirtschaftsverkehrs".

101 MüKo-ZPO/*Pabst* (Fn. 28), § 184 GVG Rn. 1.

102 MüKo-ZPO/*Pabst* (Fn. 28), § 184 GVG Rn. 16; *Patrick Meier*, Fremdsprachige Verhandlung vor deutschen Gerichten?, WM 2018, 1827–1832.

103 Siehe bereits *Wolfgang Hau*, Fremdsprachengebrauch durch deutsche Zivilgerichte – vom Schutz legitimer Parteiinteressen zum Wettbewerb der Justizstandorte, in: Ralf Michaels/Dennis Solomon (Hrsg.), Liber Amicorum Klaus Schurig, München: Sellier 2012, S. 49.

104 BT-Drucks. 20/1549 v. 27.4.2022.

105 Weniger konsequent noch der Entwurf eines Gesetzes zur Einführung von Kammern für internationale Handelssachen (KfiHG): Danach sollte das Gericht die Fortführung des Verfahrens in deutscher Sprache anordnen können, sollte sich während des Verfahrens erweisen, dass das Verfahren oder einzelne Verfahrensteile nicht für die Durchführung in englischer Sprache geeignet sind, so die Begründung des Entwurfs, BR-Drucks. 53/18, S. 19.

Die Gesetzesbegründung legt offen, dass es sich dabei nur um eine Übergangsregelung handelt, bis auch am BGH die Voraussetzungen für eine rein englische Verfahrensführung vorliegen.[106]

c) Infrastruktur

Es erscheint selbstverständlich, dass ein Commercial Court mit moderner Kommunikationstechnik ausgestattet ist, so dass Verhandlungen oder Zeugenvernehmungen im Rahmen rechtlicher Zulässigkeit auch per Video durchgeführt werden können. Einschlägige Hochglanzbroschüren geizen auch nicht mit entsprechend inszeniertem Bildmaterial.[107]

d) Besetzung der Richterbank

Für die Attraktivität von Schiedsverfahren wird immer wieder angeführt, dass die Parteien dort die Richterbank weitgehend selbst zusammenstellen können. Entscheidend sind die Sachkunde und die Autorität des Entscheidungsgremiums. Die juristische und außerjuristische Qualifikation der Entscheidungsträger, aber auch ihre Persönlichkeit, tragen wohl maßgeblich zu einer Akzeptanz von Verfahren und Entscheidung bei. Die staatliche Justiz hingegen erlaubt keine derartige Bestimmung der Entscheider. Hier trägt allein die Autorität der Institution. Die einzelnen Richterinnen und Richter treten – von Ausnahmen abgesehen – als Individuen kaum in Erscheinung.

aa) Auswahl durch die Parteien?

Wäre nun vor diesem Hintergrund eine stärkere Einflussnahmemöglichkeit der Parteien auf die Zusammensetzung des Gerichts im Falle der Commercial Courts angezeigt? Hierzu ist zunächst das Verfassungsrecht zu befragen: Nach Art. 101 Abs. 1 S. 2 GG darf niemand seinem gesetzlichen Richter entzogen werden. Diese Vorschrift, die bewusst abstrakt formuliert wurde, dient der Verhinderung politischer Übergriffe auf die Justiz[108] und stärkt so das Vertrauen der Rechtsuchenden und auch der Öffentlichkeit in die Unparteilichkeit und Sachlichkeit der Gerichte.[109] Daraus folgt die Notwendigkeit der Einhaltung einer abstrakten gesetzlichen Zuständigkeitsordnung.[110] Die hieraus resultierenden gerichtlichen Geschäftsverteilungspläne, die jährlich im Rahmen der gerichtlichen Eigenverwaltung aufgestellt werden und bei größeren Gerichten teils mehrere hundert Seiten umfassen, legen davon ein beredtes Zeugnis ab. Solch strenge Maßstäbe stellt wohl kein anderes europäisches Land auf;[111] auch die Garantie eines

---

106 BT-Drucks. 20/1549, S. 21. Auch hier war der Vorgängerentwurf konzilianter: Er begründete die „Kann"-Regelung einerseits damit, dass solche Verfahren selten den Bundesgerichtshof erreichen werden und andererseits in der Revisionsverhandlung regelmäßig nur die jeweiligen Prozessvertreter und nicht die möglicherweise sprachunkundigen Parteien zugegen sein werden, s. BR-Drucks. 53/18, S. 20.

107 Siehe etwa die Webseite der Commercial Courts in Stuttgart und Mannheim: www.commercial-court. de/. Zu diesen beiden Kammern auch *Diekmann*, Commercial Courts – ein Beitrag zur Stärkung des Rechtsstandorts Deutschland, Der Wirtschaftsführer 2021, 45.

108 *Helmuth Schulze-Fielitz*, in: Horst Dreier (Hrsg.), GG, Band 3, 3. Aufl., Tübingen: Mohr Siebeck 2018, Art. 101 Rn. 14.

109 BVerfGE 4, 412 (416); BVerfGE 95, 322 (327).

110 BVerfGE 3, 359 (364).

111 Eingehend *Christoph Kern*, Der gesetzliche Richter – Verfassungsprinzip oder Ermessensfrage? Teil I, ZZP 130 (2017), 91–130 (102 ff.); *Michael Lotz*, Flexibilisierung des Richtereinsatzes, in: Beate Czer-

fairen Verfahrens aus Art. 6 Abs. 1 EMRK fordert keine derart exakt bestimmte Zusammensetzung des Gerichts.[112] Doch stünde eine parteiliche Richterauswahl jedenfalls in Deutschland der Garantie des gesetzlichen Richters so diametral entgegen, dass eine verfassungsrechtliche Rechtfertigung ausgeschlossen scheint.[113] Immerhin wäre eine gewisse Flexibilisierung des Richtereinsatzes denkbar, etwa dahin, dass eine Fallzuweisung in sachlich begründeten Ausnahmefällen auch abweichend vom Geschäftsverteilungsplan vorgenommen werden kann.[114]

Besondere Bedeutung käme der flexiblen Richterwahl im Kontext eines europäischen Handelsgerichts zu. Denkbar wäre hier – in Anlehnung an die Regelung des Singapore International Commercial Court – die Einrichtung eines Richterpools, der sich aus allen teilnehmenden Mitgliedstaaten zusammensetzt. Die betreffenden Spruchkörper könnten nach ihrer Expertise für den jeweiligen Fall gebildet werden.[115]

bb) Sachkunde des gesetzlichen Richters

Möglich ist es aber, zwar nicht die Auswahl des Richters durch die Parteien zuzulassen, wohl aber diejenigen Richter, die am Commercial Court arbeiten, von vornherein so auszuwählen, dass den Anforderungen der Praxis in größtmöglichem Umfang entsprochen wird. Diese umfassen: eine exzellente Kenntnis der englischen Rechtssprache, Erfahrung im Umgang mit grenzüberschreitenden Rechtsstreitigkeiten, Verständnis für wirtschaftliche Interessen und Zusammenhänge sowie nötigenfalls auch für technische Fragen, man denke nur an komplexe Bauverträge oder umfängliche M&A-Deals.

Indessen darf bezweifelt werden, ob sich all dies auch in einer langjährigen rein richterlichen Praxis aneignen lässt. Nach dem Vorbild anderer Länder wäre daher eine höhere Durchlässigkeit der Richterschaft zu empfehlen. Das bisherige System erschwert den Quereinstieg in die Justiz – sieht man einmal vom Bundesverfassungsgericht ab, wo dies eher die Regel ist – in einem Maße, dass überspitzt formuliert von Abschottung gesprochen werden kann. Wer es mit 35 Jahren noch nicht auf die Richterbank geschafft hat, wird mit sehr hoher Wahrscheinlichkeit die Karriere außerhalb der Justiz beenden. Warum sollte nicht eine zehnjährige Erfahrung in der Anwaltschaft ein Vorteil bei der Bewerbung um eine Richterstelle sein?[116] Soll es wirklich die im Verhältnis zur voraussichtlichen Lebensarbeitszeit bei solchen Quereinsteigern höhere Pensionslast sein, die derartige Berufswechsel verhindern? Ein ganz anderes Thema ist es, wie man den juristischen Nachwuchs auf die Realitäten einer globalisierten Streitschlichtungskultur vorbereitet. Eine stärkere Betonung internationaler Bezüge im Pflichtfachcurriculum

---

wenka/Matthias Korte/ Bruno M. Kübler (Hrsg.), Festschrift zu Ehren von Marie Luise Graf-Schlicker, Köln: RWS 2018, S. 73 (81 ff.).

112 Siehe etwa *Gerd Morgenthaler*, in: Volker Epping/Christian Hillgruber (Hrsg.), BeckOK-GG, München: C. H. Beck, 49. Edition, Stand: 15.11.2021, Art. 101 Rn. 3.1.; *Lotz*, in: FS Graf-Schlicker, 2018, S. 73 (79 ff.).

113 *Christoph Kern*, Der gesetzliche Richter – Verfassungsprinzip oder Ermessensfrage? Teil II, ZZP 130 (2017), 137–179 (169 ff.).

114 Zur Flexibilisierung des Richtereinsatzes, etwa bei langandauernden Verfahren, *Lotz*, in: FS Graf-Schlicker, 2018, S. 73; speziell zur Kammer für Handelssachen *Rupprecht Podszun/Tristan Rohner*, Die Zukunft der Kammern für Handelssachen, NJW 2019, 131–136 (133 f.). In diese Richtung geht auch der Beschluss Nr. 8 der Abteilung Prozessrecht des 70. Deutschen Juristentages 2014. Abgelehnt wurden hingegen die Möglichkeit zur Verfahrenszuweisung auf einseitigen (Beschluss Nr. 9) oder einverständlichen Parteiantrag (Beschluss Nr. 10).

115 *Domhan* (Fn. 18), S. 174 f.

116 In diese Richtung auch *Lehmann*, in: International Business Courts (Fn. 64), S. 83 (105).

268

anzumahnen, hieße auf einer Tagung der Deutschen Gesellschaft für Internationales Recht Eulen nach Athen zu tragen.[117] Ohne dies relativieren zu wollen, muss man doch gleichermaßen feststellen, dass gerade der spezifische Kontext der großvolumigen Wirtschaftsverfahren auch zukünftig nur von einer sehr kleinen Personengruppe ernsthaft bespielt werden wird. Insofern wird der Kern des Studiums weiterhin dem nationalen Recht vorbehalten sein; eine entsprechende Spezialisierung ist dem Schwerpunktstudium vorbehalten.[118]

Möchte man das bisherige System der Richterlaufbahn nicht verändern, so muss der Sachverstand der einschlägigen Rechtspraxis in Form von Beisitzern mit auf die Richterbank geholt werden. Hier gilt es, die derzeit recht unterschiedliche Berufungspraxis an den Kammern für Handelssachen energisch und nachhaltig anhand der oben genannten Kriterien auszurichten. Für die Berufsrichter müsste ein höheres Prestige der Berufung in die Kammer für Handelssachen gewährt sein.[119] Dies sind alles eher langfristige Maßnahmen. Doch wären sie im besten Falle geeignet, das Prestige der Commercial Courts entscheidend zu verbessern. Bei der Besetzung der bisher bestehenden Kammern der Commercial Courts in Frankfurt, Stuttgart oder Düsseldorf wurde jedenfalls sehr stark auf einen entsprechenden Track Record geachtet. Die diesen zugewiesenen Richterinnen und Richter verfügen meist über einen ausländischen Studienabschluss, sehr gute Englischkenntnisse und teils auch anwaltliche Erfahrung im Transaktionsgeschäft oder die Qualifikation zum Steuerberater.[120] Teilweise müssen aber auch Referendarstationen als Beleg von Unternehmenskompetenz herhalten.[121] Ob die Praxis dies als ausreichend akzeptiert, wird sich zeigen müssen. Die Erfahrung zeigt, dass der Aufbau entsprechender Reputation viele Jahre benötigt.

e) Öffentlichkeit

Zentrale Bedeutung kommt der Frage der Öffentlichkeit des Verfahrens zu. Einer der wesentlichen Vorzüge der privaten Schiedsgerichtsbarkeit im Vergleich zu staatlichen Gerichten liegt aus Parteisicht in der Vertraulichkeit des Schiedsverfahrens. Dies steht in diametralem Gegensatz zum GVG: Danach ist die Verhandlung vor dem erkennen-

---

117 Siehe den Diskussionsbeitrag von *Stephan Schill*, S. 358 (in diesem Band). Die DGIR hat dem Thema eine eigene Tagung gewidmet, vgl. *Stephan Hobe/Thilo Marauhn* (Hrsg.), Lehre des internationalen Rechts – zeitgemäß?, Berichte der Deutschen Gesellschaft für Internationales Recht, Band 48 (2018). Siehe weiter etwa *Marc-Philippe Weller*, Internationalisierung und Grundlagenorientierung – Zu den Kernempfehlungen des Wissenschaftsrates an die Rechtswissenschaft, ZEuP 2014, 463–466; *ders.*, Internationales Privatrecht im Studium – eine unterbewertete Königsdisziplin?, StudZR 2016, III; Heinz-Peter *Mansel/Jan von Hein/Marc-Philippe Weller*, Reform der Juristenausbildung: Staatsexamen ohne internationales Privatrecht?, JZ 2016, 855; *Schulze/Groß*, Juristenausbildung und Transnationalität, AnwBl 2016, 710; *Michael Stürner*, Zwölf Thesen zur Internationalisierung der Juristenausbildung, in: Cordula Stumpf/Friedemann Kainer/Christian Baldus (Hrsg.), Privatrecht, Wirtschaftsrecht, Verfassungsrecht: Privatinitiative und Gemeinwohlhorizonte in der europäischen Integration, Festschrift für Peter-Christian Müller-Graff, Baden-Baden: Nomos 2015, S. 1476–1483; *ders.*, Vom Nutzen des Internationalen Privatrechts in der juristischen Ausbildung, JURA 2018, 349–353; *Felix Wilke*, Internationales Privatrecht unterrichten, ZDRW 2021, 132.
118 Dazu bereits *Stürner*, in: FS Müller-Graff, 2015, S. 1476.
119 Vgl. dazu *Michael Lotz*, in: Verhandlungen des 70. Deutschen Juristentages, Band II/1, 2015, S. 111 (115 f.); ähnlich *Holger Fleischer/Nadja Danninger*, Die Kammer für Handelssachen: Entwicklungslinien und Zukunftsperspektiven, ZIP 2017, 205–214.
120 JUVE-Interview mit *Dr. Robert Papst*, 7.2.2022, www.juve.de/verfahren/wir-stehen-den-schiedsgerichten-in-nichts-nach/; siehe auch *www.lto.de/persistent/a_id/47553/*.
121 Siehe etwa hier: https://commercial-court.de/richter.

den Gericht einschließlich der Verkündung der Urteile und Beschlüsse öffentlich (§ 169 Abs. 1 S. 1 GVG). Ausnahmen werden nur in sehr engem Umfang zugelassen, etwa in Familiensachen und in Angelegenheiten der freiwilligen Gerichtsbarkeit (§ 170 Abs. 1 GVG). Zwar kann die Öffentlichkeit auch zur Wahrung des Geheimnisschutzes ausgeschlossen werden (§ 172 Nr. 2 GVG), was auch Geschäftsgeheimnisse einschließt, doch müssen diese so wichtig sein, dass ihnen mehr Gewicht zukommt als die Öffentlichkeitsinteressen.[122] Dahinter steht das auch verfassungsrechtlich abgesicherte Kontrollinteresse, das dem Ruch einer Geheimjustiz entgegentreten soll. Indirekt stärkt dies die richterliche Unabhängigkeit und ganz generell das Vertrauen der Allgemeinheit in die Justiz als dritter Gewalt.[123]

Zu bedenken ist auch, dass bereits die englische Verfahrensführung als solche das Öffentlichkeitsprinzip zu schwächen geeignet ist. Schließlich erscheinen die englischen Sprachfertigkeiten von weiten Teilen der Bevölkerung als nicht ausreichend, um einem Commercial Court Hearing folgen zu können.[124] Das spricht angesichts des rechtspolitischen Anliegens, dass solche Prozess überhaupt vor deutschen Gerichten geführt werden, nicht grundsätzlich gegen englische Verfahren, ist aber doch in die Interessenabwägung mit einzubeziehen.[125] Auch wenn die Öffentlichkeit meist überhaupt kein Interesse an der Verfolgung gerichtlicher Verfahren hat – dies gilt insbesondere für Zivilverfahren –, und dessen Inhalt letztlich auch ohne Kenntnis des Akteninhalts regelmäßig kaum verständlich sein dürfte,[126] so erschiene es doch problematisch, die Öffentlichkeit für bestimmte Handelsstreitigkeiten generell auszuschließen. Dass dies nicht nur ein verfassungsrechtliches Problem ist, sondern auch die Akzeptanz in der Bevölkerung beeinflussen kann, hat die Diskussion um die Investor-Staat-Schiedsgerichte im Rahmen des TTIP gezeigt: Hier wurden massive Vorwürfe gegen diese Art der Streitschlichtung laut; die Überschriften „Paralleljustiz im Interesse der Unternehmen?"[127] oder „Justitia verzieht sich ins Hinterzimmer"[128] gehörten wohl noch zu den weniger drastisch formulierten Schlagzeilen. Möglich erschiene allenfalls ein Kompromiss dahin, dass in Verfahren vor den Commercial Courts die grundsätzlich bestehende Öffentlichkeit bei überwiegenden Parteiinteressen ausgeschlossen werden kann. Dafür dürfte jedenfalls nicht genügen, dass die Parteien den Rechtsstreit als solchen aus wirtschaftlichen Erwägungen gerne geheim halten möchten – dies liefe auf einen rechtsstaatlich problematischen Automatismus zulasten der Öffentlichkeit des Verfahrens hinaus. Auch an dieser Stelle müsste sich zeigen, ob die Parteien bereit sein würden, das Risiko des Scheiterns eines Antrags auf Ausschluss der Öffentlichkeit einzugehen.

---

122 MüKo-ZPO/*Pabst* (Fn. 28), § 172 GVG Rn. 7.
123 EGMR, Urteil v. 8.12.1983, No. 3/1982/49/78, NJW 1986, 2177 (Rn. 21).
124 Dazu, dass die englische Verhandlungsführung den Grundsatz der Öffentlichkeit zu beeinträchtigen vermag, etwa *Tobias Handschell*, Die Vereinbarkeit von Englisch als Gerichtssprache mit dem Grundgesetz und europäischem Recht, DRiZ 2010, 395–399; MüKo-ZPO/*Pabst* (Fn. 28), § 184 GVG Rn. 15. Anders aber Zöller/*Lückemann* (Fn. 94), § 185 GVG Rn. 4 mit der bemerkenswerten Aussage, eine Verhandlung in englischer Sprache sei für breite Kreise der Bevölkerung mindestens ebenso verständlich wie eine Verhandlung in einer deutschen Mundart.
125 Zum Diskussionsstand *Lehmann*, in: International Business Courts (Fn. 64), S. 83, 95 ff.
126 Zutreffend Zöller/*Lückemann* (Fn. 94), § 185 GVG Rn. 4.
127 Meldung von foodwatch, 10.2.2015, www.foodwatch.org/de/informieren/freihandelsabkommen/mehr-zum-thema/private-schiedsgerichte/.
128 Wirtschaftswoche vom 3.5.2013.

Der Entwurf eines Gesetzes zur Stärkung der Gerichte in Wirtschaftsstreitigkeiten formuliert nun ganz offen einen Zielkonflikt zwischen dem Öffentlichkeitsgrundsatz und dem Interesse der Justiz, einschlägige Verfahren „zurückzugewinnen".[129] Hierbei überwiege letzteres, denn der Öffentlichkeitsgrundsatz führe faktisch dazu, dass die Parteien sich der staatlichen Justiz vollständig entzögen.[130] Vor diesem Hintergrund soll das Gericht auf Antrag einer Partei streitgegenständliche Informationen ganz oder teilweise als geheimhaltungsbedürftig einstufen können, wenn diese ein Geschäftsgeheimnis im Sinne des Gesetzes zum Schutz von Geschäftsgeheimnissen vom 18. April 2019[131] sein können (§ 510 Abs. 5 ZPO-E). Das Verfahren kann in Anwendung dieses Gesetzes auch nichtöffentlich geführt werden. Um das Desiderat der Rechtsfortbildung hinreichend zu stützen, sieht der Entwurf auch in solchen Verfahren eine anonymisierte Veröffentlichung der Entscheidung vor (§ 510 Abs. 6 ZPO-E). Durch derartige „vertrauliche Verfahrensangebote in einem eng begrenzten Bereich", wie der Entwurf formuliert, werde Rechtsprechung in Bereichen wie dem Recht der Unternehmenskaufverträge, die „der staatlichen Justiz nahezu vollständig verschlossen bleiben" möglich, „ohne in der Breite den Grundsatz der Öffentlichkeit anzutasten oder einzuschränken".[132] Auch wenn in einer freiheitlichen Rechtsordnung keine Rede davon sein kann, dass sich Parteien staatlichen Verfahren „entziehen", so bietet der Entwurf doch die Grundlage für eine vernünftige Abwägung zwischen Geheimnisschutz und Öffentlichkeitsinteressen.[133]

3. Verfahrensfragen

a) Parteiautonomie

Der Ausgestaltung des Verfahrens kommt zentrale Bedeutung für die Attraktivität eines Commercial Court zu.[134] Wie aus der Schiedsgerichtsbarkeit bekannt ist, betrifft dies nicht so sehr den Ort, an dem die mündliche Verhandlung stattfindet. Dies soll nicht verdecken, dass es den Parteien entgegenkommen kann, gerade bei grenzüberschreitenden Verfahren den Verhandlungsort nach ganz praktischen Kriterien zu wählen, etwa in der Nähe eines internationalen Flughafens. Viel wichtiger ist aber, dass

---

129 So wörtlich BT-Drucks. 20/1549, S. 24.

130 Auch dazu BT-Drucks. 20/1549, S. 24.

131 BGBl. I, S. 466.

132 BT-Drucks. 20/1549, S. 24.

133 Für eine auf rechtsvergleichender Basis erarbeitete Regelung siehe die ELI-UNIDROIT Model European Rules of Civil Procedure. From Transnational Principle to European Rules of Civil Procedure, 2021 (dazu noch unten bei Fn. 145). Art. 18 Model European Rules of Civil Procedure sieht hier Folgendes vor:
(1) Hearings and court decisions, including their reasoning, must, as a general rule, be public.
(2) The court may order the proceedings, or parts thereof, especially oral hearings and the taking of evidence, to be in private (in camera) for reasons of public policy, including national security, privacy, or professional secrets, including business confidentiality, or in the interests of the administration of justice. Where necessary the court may make suitable protective orders to maintain the privacy or confidentiality of hearings held or evidence taken in private.
(3) Judgments and their reasoning shall be accessible to the public to the extent that proceedings are open to the public. When hearings have been in private, publicity of the judgment may be limited to its operative part.
(4) [...].

134 *Thomas Pfeiffer*, Justiz neu denken – Brauchen wir einen Commercial Court?, IWRZ 2020, 51–57 (53 ff.).

der Verfahrensablauf den Parteiinteressen an einer effizienten und zügigen Erledigung entgegenkommt.[135]

aa) Flexibilisierung der Verfahrensregeln

Staatliche Gerichte haben Verfahrensordnungen, etwa die ZPO, die im Kern nicht disponibel sind. Die verfahrensrechtliche Parteiautonomie beschränkt sich im Wesentlichen auf die Wahl des Gerichtsortes. Selbstverständlich bleiben die Parteien dispositionsbefugt über den Streitgegenstand; sie können etwa das Verfahren ruhend stellen, einen Vergleich schließen oder das Verfahren auf sonstige Weise einvernehmlich beenden. Die Verfahrensvorschriften selbst sind hingegen im Ausgangspunkt nicht abänderbar. Ganz anders hingegen die Schiedsgerichtsbarkeit. Hier gibt es praktisch kein zwingendes Verfahrensrecht. Schiedsinstitutionen wie die DIS, der LCIA oder der ICC Court of Arbitration haben zwar allesamt Verfahrensordnungen, die mit einer entsprechenden Schiedsklausel als vereinbart gelten. Doch liegt es hier in der Hand der Parteien, eine maßgeschneiderte Verfahrensordnung zu entwerfen, die ihren Bedürfnissen entgegen kommt. Indessen stehen dem recht hohe Transaktionskosten entgegen, deren Investition sich wohl nur bei sehr hohen Streitwerten lohnt. Regelmäßig wird man sich mit den Standardverfahrensregeln zufrieden geben und allenfalls punktuell eingreifen, etwa hinsichtlich der prozessualen Fristen. Hier liegt es am Schiedsgericht, zusammen mit den Parteien einen Zeitplan zu erarbeiten und für jeden Verfahrensschritt Fristen und möglicherweise auch Sanktionen für den Fall der Nichteinhaltung festzulegen.

In staatlichen Verfahren ist das im Ausgangspunkt jedenfalls in Deutschland nicht so. Hier liegt die formelle (und materielle) Prozessleitung beim Gericht.[136] Eine Case Management Conference nach dem Vorbild der englischen Civil Procedure Rules[137] und anderen Rechtsordnungen[138] ist in der ZPO nicht vorgesehen. Danach setzt der Richter schlicht einen frühen ersten Termin oder ordnet ein schriftliches Vorverfahren an (§ 272 Abs. 2 ZPO). Dann nimmt das Verfahren seinen Lauf. Die Einflussnahmemöglichkeit der Parteien ist eher gering. Sie können zur Sache vortragen und Beweiserhebung beantragen. Setzt das Gericht Fristen, so dürfte es dem Normalfall entsprechen, dass sie auf parteilichen Antrag hin mindestens einmal verlängert werden. Die Routinebegründung „Jahresurlaub des alleinigen Sachbearbeiters" müsste man in den hier einschlägigen Verfahrenskonstellationen nicht einmal bemühen: Regelmäßig erfordert eine Rücksprache mit im Ausland ansässiger Mandantschaft erhebliche zeitliche Ressourcen. Die Präklusionsvorschriften, die einst zur Verfahrensbeschleunigung in die ZPO eingefügt und verschärft wurden (v. a. § 296 ZPO), werden vergleichsweise selten zur Anwendung gebracht. Zu groß ist die Sorge, dass darin eine Verkürzung des rechtlichen Gehörs liegen könnte, die möglicherweise eine Aufhebung des Urteils in der Rechtsmittelinstanz nach sich zieht.[139]

---

135 Dazu auch *Grohmann* (Fn. 18), S. 412 ff.

136 § 139 ZPO; siehe dazu *Leo Rosenberg/Karl Heinz Schwab/Peter Gottwald*, Zivilprozessrecht, 18. Aufl., München: C. H. Beck 2018, § 77 Rn. 17 ff., § 78 Rn. 24 ff.

137 Vergleich zwischen ZPO und CPR aus Sicht der Rechtspraxis bei *Dimitri Schneider*, Die ZPO und die englischen Civil Procedure Rules – Gemeinsamkeiten und Unterschiede, IWZR 2018, 195–199.

138 Dazu aus vergleichender Perspektive *Peter C. H. Chan/Remco van Rhee* (Hrsg.), Civil Case Management in the Twenty-First Century: Court Structures Still Matter, Singapur: Springer 2021.

139 Siehe dazu nur *Zöller/Greger* (Fn. 94), § 296 Rn. 2.

In den Verfahren vor den deutschen Commercial Courts setzt man durchweg auf ein Case Management auf der Grundlage der ZPO. Diese erlaubt im Rahmen der formellen (§ 136 ZPO) und materiellen (§ 139 ZPO) Prozessleitung selbstverständlich vorausschauende prozessleitende Verfügungen und erst recht eine im Konsens mit den Parteien festgelegte Planung der einzelnen Prozessschritte im Rahmen eines „frühzeitigen Organisationstermins zur Strukturierung der weiteren Verfahrensführung", der sog. case management conference.[140] Eine regelrechte discovery of documents, wie sie in Schiedsverfahren teilweise üblich ist, wäre indessen nicht möglich. Der Gesetzgeber hat mit dem zum 1. Januar 2020 neu eingefügten § 139 Abs. 1 S. 3 ZPO[141] noch einmal betont, dass das Gericht durch Maßnahmen der Prozessleitung das Verfahren strukturieren und den Streitstoff abschichten kann. Die Vorschrift dient dazu, die Richter zu aktiverer Verfahrensleitung anzuhalten.[142] Letztlich wird damit eine Selbstverständlichkeit wiedergegeben, die bereits nach bis dahin geltenden Recht möglich war.[143]

Der Entwurf eines Gesetzes zur Stärkung der Gerichte in Wirtschaftsstreitigkeiten wird diesbezüglich noch deutlicher. Für das Verfahren vor den Commercial Courts sieht er vor, dass das Gericht mit den Parteien in einem Organisationstermin – der case management conference – Vereinbarungen über die Organisation und den Ablauf des Verfahrens treffen kann, die das Gericht binden, sofern keine sachlichen oder organisatorischen Gründe entgegenstehen (§ 510 Abs. 3 ZPO-E). Dies dient nicht nur der Verfahrensstrukturierung, sondern auch der Identifizierung der streitigen und beweisbedürftigen Punkte.[144]

bb) Das Verfahrensrecht eines europäischen Handelsgerichts

Wollte man die Idee eines europäischen Handelsgerichts weiterverfolgen, so müsste hierfür eine neue Verfahrensordnung geschaffen werden. Die Verfahrensordnung des Einheitlichen Patentgerichts könnte dabei ein Stück weit als Vorbild dienen. Doch auch für rein nationale Commercial Courts wäre zu überlegen, inwieweit man sich für modernere, flexiblere Verfahrensregeln entscheidet. In Belgien etwa sollte das Verfahren vor dem Brussels International Business Court nach den Regeln des UNCITRAL Modellgesetzes für die internationale Handelsschiedsgerichtsbarkeit von 1985 ablaufen, die bekanntlich auch dem deutschen Schiedsrecht im 10. Buch der ZPO zugrunde liegen. Auch darin kommt ein gerüttelt Maß an institutionellem Konkurrenzdenken zum Ausdruck. Doch muss man gar nicht so weit gehen, denn es gibt Alternativen in Form von modernen Modellgesetzen, die gerade für Gerichtsverfahren maßgeschneidert wurden. Jüngst wurden unter der Ägide des European Law Institute und von

---

140 So die Beschreibung auf der Webseite der Commercial Courts Stuttgart und Mannheim, https://commercial-court.de/commercial-court. Der Sache nach handelt es sich um einen frühen ersten Termin, s. *Reinhard Gaier*, Erweiterte Prozessleitung im zivilgerichtlichen Verfahren. Strukturierung und Abschichtung nach § 139 I 3 ZPO, NJW 73 (2020), 177–182 (181 f.).

141 Durch das Gesetz zur Regelung der Wertgrenze für die Nichtzulassungsbeschwerde in Zivilsachen, zum Ausbau der Spezialisierung bei den Gerichten sowie zur Änderung weiterer prozessrechtlicher Vorschriften vom 12. Dezember 2019, BGBl. I, 2633.

142 BT-Drucks. 19/13828, S. 32.

143 So auch *Gaier*, NJW 2020, 177; *Florian Diekmann*, Commercial Courts – Innovative Verfahrensführung trotz traditioneller Prozessordnung?, NJW 74 (2021), 605–609 (607); *Astrid Stadler*, in: Hans-Joachim Musielak/Wolfgang Voit, ZPO, 19. Aufl., München: Vahlen 2022, § 139 Rn. 2. Siehe zum „aktiv gestaltenden case-management" bereits *Hartmut Schneider*, Case-management – Optionen bei der Verfahrensgestaltung im Zivilprozess, SchlHA 2007, 49–50.

144 BT-Drucks. 20/1549, S. 23.

UNIDROIT Model European Rules of Civil Procedure veröffentlicht.[145] Sie beruhen auf rechtsvergleichender Grundlage, verstehen sich aber nicht nur als ein Kompromiss zwischen Common Law und den verschiedenen Prozessmodellen des Civil Law oder als Restatement des status quo in Europa. Vielmehr haben sie den Anspruch, ein modernes, effizientes Regelwerk zu schaffen, das im Sinne einer best practise die weitere Entwicklung beeinflussen kann.[146] Die Model European Rules of Civil Procedure könnten letztlich ohne größere Transformation in einem europäischen Handelsgericht Geltung erlangen.[147] Auch auf nationaler Ebene könnte ihnen jedenfalls bei Einrichtung eines gesonderten Commercial Court Vorbildfunktion für eine hierfür zu schaffende Verfahrensordnung zukommen.

b) Kosten

Die deutschen Commercial Courts werben mit „moderaten Gerichtsgebühren".[148] ZPO und GKG sehen bislang keine Sonderregelung für einschlägige Verfahren vor. Derzeit besteht für Gerichtsgebühren eine Obergrenze bei einem Streitwert von 30 Mio. Euro (§ 39 Abs. 2 GKG): Alle darüber liegenden Streitwerte schlagen mit derselben Gebühr zu Buche. Das RVG vollzieht dies hinsichtlich der anwaltlichen Gebührenabrechnung im Grundsatz nach.[149] Diese Vorschrift betrifft dem Wortlaut nach zwar nur die Zusammenrechnung verschiedener Streitgegenstände. Erreicht aber schon einer von mehreren Streitgegenständen diesen Höchstwert, so findet keine Erhöhung mehr statt.[150] Ein Verfassungsverstoß liegt in dieser Deckelung nicht.[151] Doch erscheint es angesichts von durchaus vorkommenden Streitwerten in mehrfacher Milliardenhöhe kaum nachvollziehbar, wenn unabhängig davon stets dieselbe Gebühr nach GKG und RVG anfiele. Hinzuweisen ist noch darauf, dass sowohl vor dem Netherlands Commercial Court in Amsterdam als auch nach dem Konzept des Brussels International Business Court im Verhältnis zu vergleichbaren „Normalverfahren" deutlich höhere Gerichtsgebühren anfallen. Derartige Ansätze finden sich im Entwurf eines Gesetzes zur Stärkung der Gerichte in Wirtschaftsstreitigkeiten[152] nicht. Immerhin schlägt er eine Erhöhung der Streitwerthöchstgrenze auf 50 Millionen Euro vor, da es „schlicht nicht vertretbar sei, für ein bestimmtes Streitsegment besonders leistungsfähige Strukturen anzubieten und dies dann zusätzlich durch eine zu niedrig bemessene Gebührendeckelung zu privilegieren".[153]

---

145 ELI-UNIDROIT Model European Rules of Civil Procedure. From Transnational Principle to European Rules of Civil Procedure, 2021. An dieser Stelle darf der Hinweis nicht fehlen, dass der *Verf.* dieses Beitrags Mitglied der Working Group on Access to Information and Evidence war. Siehe dazu *Fernando Gascón Inchausti/Michael Stürner*, Access to Information and Evidence in the ELI/UNIDROIT European Rules on Civil Procedure: Some fundamental Aspects, Unif. L. Rev. 2019, 14–41.

146 *Rolf Stürner*, Principles of European civil procedure or a European model code? Some considerations on the joint ELI–Unidroit project, Unif. L. Rev. 2014, 322–328 (324).

147 Ebenso *Rühl*, JZ 2018, 1073 (1082).

148 Siehe für Stuttgart und Mannheim https://commercial-court.de/commercial-court.

149 §§ 22 Abs. 2 S. 1, 23 Abs. 1 RVG. Sind in derselben Angelegenheit mehrere Personen wegen verschiedener Gegenstände Auftraggeber, beträgt der Wert nach § 22 Abs. 2 S. 2 RVG für jede Person höchstens 30 Millionen Euro, insgesamt jedoch nicht mehr als 100 Millionen Euro.

150 BGH BeckRS 2010, 9771.

151 BVerfG NJW 2007, 2098: keine Beeinträchtigung der anwaltlichen Berufsfreiheit oder des Gleichheitssatzes.

152 BT-Drucks. 20/1549 v. 27.4.2022.

153 BT-Drucks. 20/1549, S. 25.

c) EuGH-Vorlage

Ein weiterer „Wettbewerbsnachteil" gegenüber Schiedsgerichten und nunmehr auch gegenüber dem London Commercial Court liegt im Vorabentscheidungsverfahren nach Art. 267 AEUV. Für alle Gerichte der EU besteht jedenfalls in der jeweils letzten Instanz ggf. eine Pflicht des Gerichts zur Vorlage klärungsbedürftiger Rechtsfragen zum EuGH. Dass dieses zu beträchtlichen Verzögerungen führen kann, ist hinlänglich bekannt. Für Schiedsgerichte hingegen besteht eine Vorlageverpflichtung nicht; sie fallen als private Streitschlichtungsmechanismen nicht unter den Begriff des „Gerichts" im Sinne des Art. 267 AEUV. Zwar wurde vorgeschlagen, dass die Vorlagepflicht indirekt dadurch auf Schiedsgerichte ausgedehnt werden sollte, indem diese bei Rechtsfragen mit grundsätzlicher Bedeutung den Bundesgerichtshof anrufen könnten; dieser wiederum könnte die Frage ggf. an den EuGH weiterreichen.[154] Doch so anerkennenswert das dahinter stehende Desiderat einer größeren Verschränkung gerichtlicher und außergerichtlicher Streitentscheidung im Hinblick auf eine Einheitlichkeit der Rechtsordnung wäre, so läge es doch kaum im Interesse der Schiedsparteien, das Verfahren auszusetzen und viele Monate oder gar Jahre auf die Beantwortung der Vorlagefrage zu warten.[155] Insofern bliebe die Vorlageverpflichtung der Commercial Courts ökonomisch gesprochen ein Standortnachteil, der sich auch durch anderweitige Vorteile nur schwer ausgleichen ließe.

d) Wortprotokoll

Ein scheinbare Petitesse ist schließlich die Forderung nach Erstellung eines Wortprotokolls.[156] In der derzeitigen Zivilgerichtspraxis in Deutschland gibt es dies nicht. Vielmehr wird vom Vorsitzenden ein Sitzungsprotokoll verfasst, das den Inhalt der mündlichen Verhandlung einschließlich der Beweisaufnahme (§ 159 ff. ZPO) kondensiert – vielfach in wenig aussagekräftigen Standardsätzen wie „Die Parteien verhandeln streitig zur Sache". Dieses allein dient dem Beweis der für die Verhandlung vorgeschriebenen Förmlichkeiten (§ 165 ZPO), vor allem aber ist es das einzige Mittel, unrichtige Feststellungen zum mündlichen Parteivortrag und allgemein zum Parteivorbringen im Tatbestand eines Urteils zu widerlegen (§ 314 S. 2 ZPO), was sich nicht zuletzt in den Rechtsmittelinstanzen deutlich zeigt, für die das Protokoll den maßgeblichen Tatsachenvortrag festlegt (§ 559 Abs. 1 S. 1 ZPO für die Revision). Die Notwendigkeit, während der Verhandlung oder Beweisaufnahme das Protokoll zu diktieren, stört den Verhandlungsfluss und ist fehleranfällig. Möglich erschiene die Ersetzung des Sitzungsprotokolls durch eine Videoaufzeichnung,[157] wie das etwa in Spanien bereits üblich ist.[158] Wem das aus unterschiedlichen Gründen zu weit geht, mag Sympathie für ein Wortprotokoll haben, das mithilfe von computergestützter Spracherkennung angefertigt wird.[159]

---

154 So insbesondere *Gaier*, NJW 2016, 1367 (1371) sowie *ders.*, Schiedsgerichtsbarkeit vs. staatliche Justiz, in: Post M&A-Schiedsverfahren (Fn. 15), S. 61 (69 f.).

155 Siehe die Kritik von *Reinmar Wolff*, Staatliches Gericht und Schiedsgericht: Freund oder Feind? Über Wettbewerb und Zusammenwirken auf materiellrechtlichem und prozessualem Gebiet, in: Post M&A-Schiedsverfahren (Fn. 15), S. 73 (83 ff.).

156 Siehe bereits *Peter*, JZ 2011, 939 (942).

157 S. den Antrag der FDP-Fraktion vom 16.10.2019, BT-Drs. 19/14037, S. 3.

158 Siehe Art. 147 Ley 1/2000, de 7 de enero, de Enjuiciamiento Civil.

159 Vorgeschlagen bereits von *Johannes Stürner*, Protokollierung von Aussagen im deutschen Zivilverfahren, JZ 2016, 137–142 (142).

Der Entwurf eines Gesetzes zur Stärkung der Gerichte in Wirtschaftsstreitigkeiten sieht eine Verpflichtung des Gerichts vor, auf übereinstimmenden Antrag der Parteien hin ein Wortprotokoll von der mündlichen Verhandlung und jeder Beweisaufnahme zu führen (§ 510 Abs. 4 ZPO-E). Im Regelfall wird dies durch Zuziehung einer externen Protokollperson bewirkt, die wie eine Sachverständige zu behandeln ist.[160] Ein Wortprotokoll sollte jedenfalls auf Antrag einer Partei angefertigt werden können. Dieser sollte auch nach der mündlichen Verhandlung gestellt werden können. Dies könnte in Verbindung mit einer entsprechenden technischen Ausstattung so realisiert werden, dass von jeder mündlichen Verhandlung stets eine Audiodatei angefertigt wird, die aber nur auf parteilichen Antrag hin Grundlage für die Erstellung eines förmlichen Wortprotokolls ist und dann der Begründung einer Protokollrüge dienen kann. Maßgeblich bliebe wie bisher das richterliche Protokoll, das ggf. mithilfe des Wortprotokolls i. S. d. § 164 ZPO ergänzt oder berichtigt werden kann.[161] Bei den deutschen Commercial Courts scheint die Möglichkeit der Wortprotokollierung durch die Parteivertreter jedenfalls zu bestehen und auch praktiziert zu werden.[162]

4. Fragen des anwendbaren Rechts

In Bezug auf das in der Sache anwendbare Recht sind die Unterschiede zwischen Schiedsgerichten und staatlichen Gerichten augenscheinlich nicht so groß wie hinsichtlich des Verfahrens. Doch fällt die strikte Bindung an Recht und Gesetz, die Art. 20 Abs. 3 GG der rechtsprechenden Gewalt im Sinne des Art. 92 GG verordnet, hinsichtlich der privaten Schiedsgerichte weniger streng aus.[163] So kann das Schiedsgericht nach § 1051 Abs. 3 ZPO bei entsprechender Ermächtigung der Parteien sogar ex aequo et bono entscheiden. Solche Fälle dürften jedoch eher selten sein.[164] An vier weiteren Punkten zeigt sich die Divergenz zwischen staatlichen Gerichten und Schiedsgerichten: bei der Geltung des IPR, bei der als zu streng empfundenen AGB-Kontrolle, bei der Anwendung nichtstaatlichen Rechts sowie vor allem hinsichtlich der Berücksichtigung von Eingriffsnormen.

a) IPR – fakultativ oder zwingend?

Die Frage des anwendbaren Rechts richtet sich hinsichtlich der für Wirtschaftsstreitigkeiten oft streitgegenständlichen schuldrechtlichen Ansprüchen nach den europäischen Verordnungen Rom I und Rom II. Beide beruhen auf dem Grundsatz der Parteiautonomie: Danach können die Parteien in weitem Umfang das in der Sache anwendbare Recht durch entsprechende Vereinbarung bestimmen (Art. 3 Rom I-VO, Art. 14 Rom II-VO). Über die Geltung dieses Kollisionsrechtsregimes in Schiedsverfahren besteht angesichts der Bereichsausnahme für Schieds- und Gerichtsstandsvereinbarungen in Art. 1 Abs. 2 lit. e Rom I-VO Streit: Verbreitet wird die Geltung der Rom-Verordnun-

---

160 BT-Drucks. 20/1549, S. 23.
161 Siehe dazu *Michael Stürner*, Chancen und Risiken einer virtuellen Verhandlung. Von den besonderen Schwierigkeiten der Verfahren mit Auslandsbezug – Und: Kommt das Wortprotokoll?, AnwBl online 2021, 167–169 (169); *ders.*, ZZP 135 (2022), 369 (391 ff.).
162 S. etwa *Diekmann*, NJW 2021, 605 (606 f.).
163 Doch wird die private Schiedsgerichtsbarkeit von Art. 92 GG jedenfalls nicht ausgeschlossen, siehe *Christian Hillgruber*, in: Dürig/Herzog/Scholz (Fn. 40), Art. 92 Rn. 90 ff.
164 *Stephan Wilske*, Post-M&A-Schiedsverfahren und Fragen zur Bindung an Recht und Gesetz und Rechtsfindung jenseits gesetzlichen Rechts in der Schiedsgerichtsbarkeit – Ketzerische Anmerkungen eines Praktikers, in: Post M&A-Schiedsverfahren (Fn. 15), S. 145 (153).

gen abgelehnt.[165] Richtig ist, dass § 1051 ZPO eine besondere Kollisionsnorm enthält, die den Parteien eine noch größere Freiheit bei der Bestimmung des anwendbaren Rechts gibt.[166] Doch erscheint eine enge, nur auf das Schiedsvereinbarungsstatut bezogene Lesart der genannten Bereichsausnahme in der Rom I-VO vorzugswürdig, so dass Sonderkollisionsnormen des autonomen nationalen Kollisionsrechts wie § 1051 ZPO insoweit verdrängt wären.[167] Auch wenn die Unterschiede im praktischen Ergebnis kaum spürbar sein dürften, so könnte doch das etwas strengere IPR-Regime, das vor staatlichen Gerichten gilt, als Nachteil der Commercial Courts wahrgenommen werden. Ändern lässt sich das jedenfalls für Deutschland allein nicht.

b) Sachrecht

aa) Mangelnde Attraktivität des Sachrechts „Made in Germany"?

Die Rechtswahlfreiheit zieht auf der Seite der Nachfrager einen Wettbewerb der Rechtsordnungen nach sich. Auch die Prorogation deutscher Gerichte ändert daran nichts: Ein zwingender Gleichlauf von internationaler Zuständigkeit und anwendbarem Recht besteht gerade nicht. Allerdings entspricht es regelmäßig einem sinnvollen kautelarjuristischen Vorgehen, eine Gerichtsstandsvereinbarung mit der Vereinbarung der betreffenden lex fori prorogati zu kombinieren. Insofern kann auch die Anwendbarkeit deutschen Rechts ein Faktor sein, der gegen die Vereinbarung der internationalen Zuständigkeit deutscher Gerichte spricht. Insbesondere wird seitens der Wirtschaftsvertreter immer wieder die im internationalen Vergleich recht hohe Kontrolldichte im Bereich von AGB auch außerhalb des Verbraucherrechts moniert, etwa hinsichtlich der Unzulässigkeit von Haftungsbegrenzungsklauseln. Dies geht so weit, dass zur Abwahl deutscher Gerichte geraten wird;[168] das einschlägige Schrifttum diskutiert vor allem die „Umgehung" der strengen Klauselkontrolle durch Abschluss einer Schiedsvereinbarung[169] oder rät gleich zur „Flucht" in das Schweizer Recht.[170] Auf die seit einigen Jahren laufenden Anstrengungen zur Reform des deutschen AGB-Rechts kann an dieser

---

165 Siehe nur *Jan von Hein*, Bindung an Recht und Gesetz in der Schiedsgerichtsbarkeit: Geltung des IPR; Anwendung nicht-staatlichen Rechts, in: Post M&A-Schiedsverfahren (Fn. 15), S. 121; *Reinmar Wolff*, Das vom Schiedsgericht anzuwendende Recht – eine *responsio*, in: Susanne Gössl e. a. (Hrsg.), Politik und Internationales Privatrecht, Tübingen: Mohr Siebeck 2017, S. 53.

166 Zur Regelung der Frage des anwendbaren Rechts in der DIS-SchGO *Thomas Pfeiffer*, Parteiautonomie und Internationalisierung in der DIS-SchGO 2018. Neues IPR in DIS-Schiedsverfahren, IWRZ 2018, 213.

167 *Peter Mankowski*, Interessenpolitik und europäisches Kollisionsrecht, Baden-Baden: Nomos 2011, S. 60 ff.; *Masud Ulfat*, Zwischen entfesselten Schiedsgerichten und europäischer Harmonisierung. Die Rom I Verordnung und die Schiedsgerichtsbarkeit, in: Gössl (Fn. 165), S. 37.

168 Deutlich etwa *Georg Maier-Reimer*, AGB-Recht im unternehmerischen Rechtsverkehr – Der BGH überdreht die Schraube, NJW 70 (2017), 1–6.

169 Zur Möglichkeit der „Abwahl" des deutschen AGB-Rechts in reinen Binnensachverhalten *Jörg Kondring*, Flucht vor dem deutschen AGB-Recht bei Inlandsverträgen, RIW 2010, 184–191; in Kombination mit Schiedsverfahren *Thomas Pfeiffer*, Die Abwahl des deutschen AGB-Rechts in Inlandsfällen bei Vereinbarung eines Schiedsverfahrens, NJW 2012, 1169–1174; *Karl Pörnbacher/Bastian Zahn*, Die Wahl deutschen Rechts unter Ausschluss der AGB-Kontrolle: Lösungsansätze für die Praxis aus der schiedsrechtlichen Perspektive, in: FS Thümmel (Fn. 55), S. 617–632.

170 Dazu etwa *Thomas Pfeiffer*, Flucht ins schweizerische Recht?, in: Hans Schulte-Nölke/F. Christian Genzow/Barbara Grunewald (Hrsg.), Zwischen Vertragsfreiheit und Verbraucherschutz. Festschrift für Friedrich Graf von Westphalen, München: C. H. Beck 2010, S. 555–568; *Wagner* (Fn. 18), S. 178; *Giesela Rühl*, Mehr Freiheit wagen im Vertragsrecht. Zur AGB-Kontrolle im unternehmerischen Geschäftsverkehr, in: Anatol Dutta/Christian Heinze (Hrsg.), „Mehr Freiheit wagen", Tübingen: Mohr Siebeck 2018, S. 33–54.

Stelle nicht eingegangen werden.[171] Neuere Untersuchungen kommen jedenfalls zum Ergebnis, dass die Dimension der zwischen dem als besonders streng empfundenen deutschen und dem weithin als recht liberal eingeschätzten schweizerischen Recht bestehenden Unterschiede allgemein wohl etwas überschätzt wird.[172]

bb) Wahl nichtstaatlichen Rechts?

Stützt man sich auf § 1051 ZPO, so kann vor Schiedsgerichten auch nichtstaatliches Recht wie etwa die UNIDROIT Principles of International Commercial Contracts (2016) oder internationale Handelsbräuche, die sog. lex mercatoria, Anwendung finden. Hierfür spricht ein Erst-recht-Schluss aus § 1051 Abs. 3 ZPO, der den Schiedsspruch nach Billigkeit erlaubt, so dass umso mehr die Vereinbarung nichtstaatlichen Rechts möglich sein muss.[173] Anders vor staatlichen Gerichten: Allgemein wird die Rom I-VO dahin ausgelegt, dass sie die Wahl nichtstaatlichen Rechts gerade nicht erlaubt.[174] Doch ist dies in praktischer Hinsicht kaum je erheblich: Mag es auch sein, dass einzelne Schiedsgerichte etwa die UNIDROIT Principles angewandt haben, so bleibt dies doch eher selten, da dem regelmäßig das Parteiinteresse entgegen steht.[175] Und selbstverständlich kann auch vor staatlichen Gerichten eine materiellrechtliche Rechtswahl dieser Prinzipien erfolgen; zwingendes Recht dürfte dem im Bereich des Handels- und Wirtschaftsrechts ohnehin nur selten entgegenstehen.

cc) Die Geltung von Eingriffsnormen

Viel heikler als dieser vielleicht eher akademische Punkt ist schließlich die Frage der Geltung von vorrangigen Eingriffsnormen. Dabei handelt es sich um zwingende Vorschriften, deren Einhaltung von einem Staat als so entscheidend für die Wahrung seines öffentlichen Interesses, insbesondere seiner politischen, sozialen oder wirtschaftlichen Organisation, angesehen werden, dass sie stets Vorrang vor dem Vertragsstatut haben (Art. 9 Abs. 1 Rom I-VO). Dem Recht des Gerichtsstaates entstammende Eingriffsnormen sind stets beachtlich; daneben können auch drittstaatliche Eingriffsnormen, etwa Embargovorschriften, Berücksichtigung finden. Für Schiedsverfahren wird die strikte Geltung solcher Eingriffsnormen verbreitet abgelehnt.[176] Generell bestehe nur ein Ermessen des Schiedsgerichts zur Anwendung von Eingriffsrecht, in Einzelfällen eine Verpflichtung; letzteres etwa dann, wenn aus der Nichtbeachtung von Eingriffsnormen des Embargostaates in Bezug auf den Schiedsspruch ein Anerkennungshindernis in jenem Staat folgen würde (Art. V Abs. 2 lit. b UNÜ – ordre public). Denn es besteht eine vertragliche Verpflichtung des Schiedsgerichts, einen Schiedsspruch zu erlassen, dessen Vollstreckung keine Hindernisse entgegenstehen. Auch die Berücksichtigung von Eingriffsnormen bringt den Commercial Courts damit im Ergebnis keinen entscheidenden Wettbewerbsnachteil. Doch ebenso wie bei der Parallelproblematik hinsichtlich

---

171 Zur Entwicklung *Antonia Sommerfeld*, AGB-Reform und Rechtsflucht. Bedeutung der Rechtsflucht für die AGB-Reformdebatte im unternehmerischen Rechtsverkehr, Tübingen: Mohr Siebeck 2021, S. 44 ff.

172 Eingehende Analyse bei *Sommerfeld* (Fn. 171), S. 243 ff., 299 ff., 336.

173 Siehe *von Hein*, in: Post M&A-Schiedsverfahren (Fn. 15), S. 121 (144).

174 Eingehend *von Hein*, in: Post M&A-Schiedsverfahren (Fn. 15), S. 121 (138 ff.).

175 *Wilske*, in: Post M&A-Schiedsverfahren (Fn. 15), S. 145 (151 ff.); Zahlen unter www.unilex.info/ principles/cases/date/all (zu beachten ist freilich, dass hier nur veröffentlichte Schiedssprüche berücksichtigt werden konnten).

176 Siehe *von Hein*, in: Post M&A-Schiedsverfahren (Fn. 15), S. 121 (129 ff.).

des IPR könnte auch hier aus Sicht der Parteien der Eindruck überwiegen, dass die Freiheitsräume geringer sind als sie dies vor Schiedsgerichten wären.

5. Urteil und Rechtsmittel

Wird kein Vergleich geschlossen oder das Verfahren auf andere Weise beendet, so ergeht ein Urteil. Dieses wird vor den Commercial Courts konsequent auf Englisch abzufassen sein, wie dies auch der Entwurf eines Gesetzes zur Stärkung der Gerichte in Wirtschaftsstreitigkeiten[177] vorsieht (§ 184 Abs. 2 S. 2 GVG-E). Eine deutsche Übersetzung ist allenfalls für die Zwecke der Zwangsvollstreckung im Inland notwendig.[178] Bedeutsamer für die Attraktivität der Commercial Courts ist indessen ein anderer Faktor. Schiedsverfahren kommen regelmäßig ohne eine Rechtsmittelinstanz aus. Sieht man einmal von den nur bedingt zweistufig ausgestalteten Modellen wie dem ICC Court of Arbitration ab, bei dem der Schiedsspruch des Schiedsgerichts durch den Schiedsgerichtshof überprüft und ggf. modifiziert wird (etwa Art. 34 ICC Rules), so soll das Verfahren in einer Stufe endgültig und verbindlich abgeschlossen werden. Ein normalerweise dreistufiger Instanzenzug, wie ihn das deutsche Recht vorsieht, entspräche keinesfalls dem Parteiinteresse an einer zügigen Lösung des Konflikts. Dagegen kennt das niederländische Modell mit dem Netherlands Commercial Court of Appeal nur eine Rechtsmittelinstanz; der belgische Vorschlag sah mit dem Brussels International Business Court gar überhaupt nur eine einzige Instanz ohne jede Möglichkeit der Urteilsanfechtung vor. Selbstverständlich können sich die Parteien auch in Deutschland auf einen Rechtsmittelverzicht einigen. Doch wäre es von erheblicher Signalwirkung, wenn das Verfahren von vornherein nur zweistufig ausgestaltet wäre. Eben diesen Weg geht der Entwurf eines Gesetzes zur Stärkung der Gerichte in Wirtschaftsstreitigkeiten, indem die Commercial Courts von vornherein bei den Oberlandesgerichten angesiedelt werden. Verfassungsrechtlich wäre das unproblematisch, da ein dreistufiger Instanzenzug nicht garantiert ist.[179]

6. Vollstreckung

Zuletzt ist noch die Vollstreckung einer titulierten Forderung zu thematisieren. Die grenzüberschreitende Durchsetzung von Entscheidungen der Commercial Courts richtet sich in erster Linie nach der Brüssel Ia-VO. Auch für ein europäisches Handelsgericht müsste gewährleistet werden, dass dessen Urteile unter die Brüssel Ia-VO fallen.[180] Dies bedeutet, dass die Entscheidung im gesamten Binnenmarkt anerkannt und vollstreckt wird. Hier bestehen in der Sache nur geringe Unterschiede zur Schiedsgerichtsbarkeit. Dort richtet sich die Anerkennung und Vollstreckung nach dem New Yorker UN-Übereinkommen über die Anerkennung und Vollstreckung ausländischer Schiedssprüche von 1958, das sehr anerkennungsfreundlich ist. Allerdings ist die Durchführung eines Exequaturverfahrens zwingend erforderlich. Verschiedentlich nutzen die unterlegenen Parteien internationaler Schiedsverfahren dieses Verfahrensstadium zur Erhebung von inhaltlichen Einwänden gegen den Schiedsspruch. Damit wird zwar die Funktion die-

---

177 BT-Drucks. 20/1549 v. 27.4.2022.

178 So antragsbasiert auch § 184 Abs. 2 S. 5 GVG-E im Entwurf eines Gesetzes zur Stärkung der Gerichte in Wirtschaftsstreitigkeiten, BT-Drucks. 20/1549.

179 S. oben bei Fußnote 46. Auch ein einstufiges Verfahren ließe sich verfassungsrechtlich durchaus rechtfertigen, dazu näher *Stürner*, Die Anfechtung von Zivilurteilen (Fn. 46), S. 78 ff.

180 So auch *Rühl*, JZ 2018, 1073 (1082).

ses Vollstreckbarerklärungsverfahrens verkannt, bei dem es – jenseits der seltenen Fälle von Verstößen gegen den Anerkennungs-ordre-public (Art. V Abs. 2 lit. b des New Yorker Übereinkommens) – gerade keine Nachprüfung des Schiedsspruchs in der Sache mehr geben darf: Es gilt das Verbot der révision au fond.[181] Doch lässt sich jedenfalls die Vollstreckung hinauszögern und damit Zeit gewinnen.

Innerhalb des europäischen Justizraumes besteht insoweit ein Vorteil für die staatliche Gerichtsbarkeit, als deren Entscheidungen im Brüssel-System kein Exequatur-Verfahren durchlaufen müssen. Zwar steht dem Schuldner ein Rechtsbehelf im Vollstreckungsstaat offen, mit dem er etwa gravierende Verfahrensfehler im Ausgangsverfahren rügen kann (Art. 46 ff. Brüssel Ia-VO). Doch kommen diese Verfahren vergleichsweise selten vor. Geht es allerdings um die Vollstreckung in Drittstaaten, ist der oft mühsame Weg über das nach diesem Recht erforderliche Vollstreckbarerklärungsverfahren zu gehen. Demgegenüber ist das New Yorker UN-Übereinkommen regelmäßig deutlich anerkennungsfreundlicher.

V. Ausblick

Eine Prognose darüber, ob sich die deutschen Commercial Courts durchsetzen werden, erscheint schwierig. Sollte eine Gesetzesinitiative wie zuletzt der Entwurf eines Gesetzes zur Stärkung der Gerichte in Wirtschaftsstreitigkeiten Gesetz werden, so dürften sich die Rahmenbedingungen des Verfahrens vor deutschen Commercial Courts ein gutes Stück denjenigen von institutionellen Schiedsgerichten annähern. Viele der wesentlichen Desiderate der Praxis würden damit bedient. Es wird aber auch dann von Zufälligkeiten abhängen und jedenfalls einige Zeit dauern, bis sich diese Gerichte die notwendige Reputation erarbeitet haben, die man benötigt, um in die verschiedenen Anwaltshandbücher und Vertragsklauselwerke vorzudringen. Ohnehin erscheint fraglich, woran man den Erfolg oder Misserfolg der Commercial Courts messen wird. Geht es um Eingangs- oder Erledigungszahlen, um aggregierte Streitwerte? Sind es besonderes prominente Verfahren, die vor einem Commercial Court verhandelt wurde, obwohl auch andere Foren und Streitschlichtungsinstitutionen in Frage gekommen wären?

Bei alledem muss sich auch weisen, ob die Sonderstellung der Commercial Courts in der Justizarchitektur nicht insgesamt zu Verwerfungen führt, die etwa durch großzügiger bemessene richterliche Deputate oder Streitwertuntergrenzen verursacht werden könnten. Auch der Entwurf eines Gesetzes zur Stärkung der Gerichte in Wirtschaftsstreitigkeiten sieht die Gefahr einer „Zwei-Klassen-Justiz" durchaus, wendet das Bild aber ins Positive: Die Bearbeitung der großvolumigen Streitigkeiten vor den Commercial Courts führten schließlich zu einer Entlastung der regulären Zivilkammern, was dort auch der reibungsloseren Bearbeitung „normaler" [sic] Fälle diene.[182] Letztlich ist es nur konsequent, wenn für besonders komplexe Verfahren auch besondere Rahmenbedingungen geschaffen werden. Am unteren Ende der Skala ist das ja schon seit langem der Fall: Hier gibt es das Mahnverfahren, den Urkundsprozess oder das Verfahren nach billigem Ermessen nach § 495a ZPO.[183]

---

181 S. nur MüKo-ZPO/*Adolphsen* (Fn. 28), Art. 5 UNÜ Rn. 68 m. N.
182 BT-Drucks. 20/1549, S. 17 unter Verweis auf *Wagner* (Fn. 18), S. 236 f.
183 Zu Bestrebungen, ein beschleunigtes Online-Verfahren einzuführen s. *Stürner*, ZZP 135 (2022), 369 (378 ff.).

Ob sich das übergeordnete Ziel der Sicherung der Rechtsfortbildungsfunktion der Justiz damit wirklich erreichen lässt, mag man allerdings bezweifeln:[184] Die Praxis setzt mittlerweile vermehrt auf Streitvermeidung; etwa in Unternehmenskaufverträgen finden sich Eskalationsklauseln, die bei aufkommenden Meinungsverschiedenheiten zunächst eine Verhandlungsverpflichtung statuieren, die mit einer befristeten Friedenspflicht untermauert ist. Bei deren Scheitern folgt die Einschaltung eines Dritten als Schiedsgutachter (§ 317 BGB). Erst in letzter Konsequenz sehen diese Klauseln die Anrufung eines Gerichts oder Schiedsgerichts vor.[185] Studien haben übrigens ergeben, dass nicht einmal die Hälfte aller Unternehmenskaufverträge in Deutschland Schiedsklauseln enthalten; in England und in den USA liegen die Zahlen noch deutlich darunter.[186] Bei alledem unterstehen einschlägige Rechtsstreitigkeiten nicht selten ohnehin ausländischem Recht, und hier sieht sich der BGH ja ohnehin – aus meiner Sicht zu Unrecht – nicht zur Rechtsfortbildung berufen: Ausländisches Recht soll von vornherein nicht revisibel sein.[187] Und schließlich enden auch gerichtlich ausgefochtene Post-M&A-Streitigkeiten beileibe nicht immer durch Endurteil.

Bleibt eine gesetzgeberische Unterstützung allerdings aus, wird die Prognose wenig optimistisch ausfallen. Es dürfte kaum möglich sein, langfristig eine ernsthafte Konkurrenz zur Schiedsgerichtsbarkeit aufzubauen oder fortschrittlicheren Justizstandorten in anderen Ländern Fälle abspenstig zu machen. Rechtsstaatlich ist das jedenfalls so lange akzeptabel, wie es nicht zu einem regelrechten Austrocknen staatlicher Streitschlichtung führt: Die Schiedsgerichtsbarkeit ist bei aller Freiheit doch nicht völlig losgelöst von der Justizarchitektur: Schiedssprüche bedürfen der staatlichen Anerkennung, bevor sie vollstreckt werden (§§ 1060, 1061 ZPO). Auch bemühen sich die Schiedsinstitutionen seit einiger Zeit um eine breitere Veröffentlichungspraxis.[188] Das ersetzt zwar nicht die gerichtliche Rechtsfortbildung, gibt der Praxis aber immerhin eine gewisse Orientierung. Und nicht zuletzt bildet die internationale Schiedsgerichtsbarkeit auf der Grundlage des New Yorker Übereikommens ein gutes Beispiel für einen funktionierenden Multilateralismus.

---

184 Zur Sicherung der Rechtsfortbildungsfunktion der (Höchst-)Gerichte werden denn auch andere Maßnahmen diskutiert, etwa die Zulassung einer Revisionsentscheidung trotz Verfahrensbeendigung oder die Einführung eines Vorlageverfahrens zum BGH (dazu etwa *Julian Rapp*, Die ‚saisine pour avis' zum BGH – ein Zukunftsmodell für den Zivilprozess?, JZ 2020, 296–302; *Sophia Schwemmer*, Präjudizvermeidung im Zivilprozess – Problematik und Gegenstrategien, ZfPW 2022, 41–55). Wie drängend das Problem ist, zeigt die Veröffentlichung eines sehr ausführlichen und rechtsgrundsätzlichen Hinweisbeschlusses des BGH in einem der ersten Dieselverfahren (BGH NJW 2019, 1133) – die Revision war hier zurückgenommen worden. Kritisch dazu etwa *Voß*, Publikation von Hinweisbeschlüssen und vorläufigen Rechtseinschätzungen der Gerichte – praeter legem oder contra legem?, JZ 2020, 286.
185 *Roderich C. Thümmel*, Eskalationsmechanismen bei der Bestimmung des endgültigen Kaufpreises in Unternehmenskaufverträgen, in: Post-M&A-Schiedsverfahren (Fn. 15), S. 201 (210 ff.).
186 *Meyding/Sorg*, in: Post-M&A-Schiedsverfahren (Fn. 15), S. 11 (14 ff.); von höheren Zahlen geht indessen *Joachim Drude*, Post-M&A Arbitration and Joinder: Process and Drafting Considerations for M&A Transactions, SchiedsVZ 2017, 224–236 (225) aus.
187 BGHZ 198, 14; BGH NJW-RR 2017, 902.
188 Siehe *Philip Wimalasena*, Die Veröffentlichung von Schiedssprüchen als Beitrag zur Normbildung, Tübingen: Mohr Siebeck 2016, S. 48; *James Menz*, M&A-Schiedsverfahren aus institutioneller Sicht – Herausbildung einer ständigen schiedsgerichtlichen Rechtsprechung im Bereich Unternehmenskauf?, in: Post-M&A-Schiedsverfahren (Fn. 15), S. 49 (52).

Thesen[189]

zum Referat von Prof. Dr. Michael Stürner, M.Jur (Oxford), Konstanz

1. Ein Staat muss ein funktionierendes Gerichtssystem zur Verfügung stellen, das so ausgestaltet ist, dass es für das gesamte Spektrum privater Rechtsstreitigkeiten wirksamen und zugänglichen Rechtsschutz bereithält.

2. Die Justizsysteme stehen weltweit in einem faktischen Wettbewerb. Ob sich Deutschland dem stellt, ist eine primär rechtspolitische Frage. Der Brexit ist jedenfalls geeignet, die Attraktivität Londons als Gerichtsstandort für transnationale Streitigkeiten zu schmälern.

3. Deutsche Commercial Courts stehen im weltweiten Wettbewerb mit anderen spezialisierten Gerichten und Schiedsgerichten. Sie gewännen umso größere Attraktivität, je herausgehobener ihre Stellung in der Justizlandschaft wäre.

4. Die Verfahrensregeln der ZPO bedürfen der Flexibilisierung, um in Konkurrenz mit Schiedsverfahren treten zu können.

5. Die Führung des Verfahrens in englischer Sprache entspricht einem verbreiteten Parteiinteresse. Eine entsprechende Änderung des GVG wäre zu begrüßen.

6. Die Öffentlichkeit des Verfahrens ist von so großer Bedeutung, dass ihr Ausschluss jedenfalls nicht mit dem generellen Interesse der Parteien einer Handelsstreitigkeit an einer nicht-öffentlichen Verhandlung gerechtfertigt werden kann.

7. Das Prestige eines Commercial Court hängt zu großen Teilen von der dort tätigen Richterschaft ab. Eine parteiliche Richterwahl dürfte mit dem deutschen Verfassungsrecht nicht in Einklang stehen. Daher ist auf größtmögliche Sachkunde bei der Besetzung der entsprechenden Spruchkörper zu achten. Quereinstiege in die Justiz sind mehr als bisher zu fördern.

8. In Schiedsverfahren besteht nach verbreiteter, aber nicht unbestrittener Ansicht eine größere Freiheit hinsichtlich des anwendbaren Rechts. Dies gilt einerseits für das IPR selbst, andererseits auch für die Geltung nichtstaatlicher Regelwerke und schließlich für die Anwendung von Eingriffsnormen. Ein Regelungsspielraum hinsichtlich deutscher Commercial Courts besteht insoweit wegen der zwingenden Geltung der Rom-Verordnungen nicht.

---

189 Siehe bereits *Stürner*, JZ 2019, 1122 (1130).

Summary

Crisis and Future of State Courts as an Instrument of Dispute Resolution
in International Trade

by Prof. Dr. Michael Stürner, M.Jur (Oxford), Konstanz

(1)   A state must provide a functioning court system that is designed to provide effective and accessible legal protection for the full range of private disputes.

(2)   Judicial systems around the world are in de facto competition with each other. Whether Germany will face up to this is primarily a question of legal policy. In any case, Brexit may diminish London's attractiveness as a forum for transnational disputes.

(3)   German commercial courts are in global competition with other specialised courts and arbitral tribunals. The more prominent their position in the judicial landscape, the more attractive they would become for potential litigants.

(4)   The German rules of civil procedure rules (Zivilprozessordnung – ZPO) need to be given more flexibility in order to be able to compete with arbitration proceedings.

(5)   The conduct of proceedings in English corresponds to a widespread interest of the parties. An amendment to the Courts Constitution Act (Gerichtsverfassungsgesetz – GVG) would be advisable.

(6)   The publicity of the proceedings is of such importance that its unconditional exclusion cannot be justified by the general interest of the parties to a commercial dispute to conduct the hearing ex parte.

(7)   The prestige of a commercial court largely depends on the reputation of the judges sitting on the bench. A partisan selection of judges would probably not be in line with German constitutional law. Therefore, the judges appointed to those courts must be chosen with a view to their commercial expertise. Given the present focus on career judges, it would be advisable to open up the judiciary to lawyers with different backgrounds.

(8)   According to a widespread, but not undisputed, view, in arbitration proceedings there is greater freedom with regard to the applicable law. This applies to the conflict of laws rules themselves, but also to the choice of non-state law rules and to the application of overriding mandatory rules. In this respect, there is no regulatory leeway with regard to German commercial courts as the Rome Regulations are mandatory.

Reform der Schiedsgerichtsbarkeit aus völkerrechtlicher Sicht

von Prof. Dr. Hans-Georg Dederer, Passau

I. Einleitung

„Abkehr vom Multilateralismus – Internationales Recht in Gefahr?" Gilt das auch für das Internationale Wirtschaftsrecht? Mit Blick auf das Welthandelsrecht ist man geneigt, die Frage zu bejahen. Die Welthandelsorganisation (WTO), Ausdruck des welthandelsrechtlichen Multilateralismus schlechthin, befindet sich mit der Blockade des Appellate Body in einer markanten Krise.[1] Verschärft wird diese Schwächung der WTO durch die Vielzahl regionaler Freihandelsabkommen, wie sie in jüngerer Zeit

---

[1] Hierzu *Peter Van den Bossche/Werner Zdouc*, The Law and Policy of the World Trade Organization, 5. Aufl., Cambridge: Cambridge University Press 2022, 319.

vermehrt abgeschlossen worden sind.[2] Die darin liegende Fragmentierung des Welthan-delsrechts[3] ist uns aus einem anderen Gebiet des Internationalen Wirtschaftsrechts nur zu gut bekannt: dem Internationalen Investitionsrecht. Dieses Rechtsgebiet ist seit jeher in unzählige Verträge geradezu zerfasert: 2.794 bilaterale Investitionsschutzverträge (BITs) und zusätzlich weitere 424, meist multilaterale Verträge, die in unterschiedli-chem Umfang unter anderem investitionsschutzbezogene Regeln enthalten. Zusammen: 3.218 internationale Investitionsabkommen, von welchen 2.558 in Kraft sind.[4] Hinzu kommt die fehlende institutionelle Verklammerung dieser Verträge. Das gilt insbeson-dere für die Streitbeilegung. Vor allem über Investor-Staat-Streitigkeiten aus diesen Verträgen entscheiden *Ad-hoc*-Schiedsgerichte. Mangels *stare decisis*-Doktrin[5] und in-folge fehlender Berufungsinstanz[6] sieht sich die investitionsschiedsgerichtliche Spruch-praxis dem Vorwurf ausgesetzt, inkohärent zu sein und damit die ohnehin bestehende Fragmentierung weiter zu verschärfen. Angesichts des bröckelnden welthandelsrecht-lichen, in der WTO verkörperten Multilateralismus entbehrt es nicht einer gewissen Ironie, dass ausgerechnet für die internationale Investor-Staat-Schiedsgerichtsbarkeit eine multilaterale Lösung gefordert wird.[7] Namentlich die EU versucht seit einigen Jahren unermüdlich (mit freundlicher Unterstützung aus dem einschlägig interessierten Schrifttum),[8] der Staatengemeinschaft in Abkehr vom System der *Ad-hoc*-Schiedsge-richte einen Multilateralen Investitionsgerichtshofs (MIC)[9] schmackhaft zu machen[10] – womit wir bei meinem Thema angelangt wären: der Reform der Schiedsgerichts-barkeit. Dabei werde ich der Themenstellung gemäß eine völkerrechtliche, genauer eine investitionsvölkerrechtliche Perspektive einnehmen und mich insoweit ganz der schiedsgerichtlichen Investor-Staat-Streitbeilegung (ISDS) zuwenden.[11]

---

2 Siehe hierzu *Markus Krajewski*, Wirtschaftsvölkerrecht, 5. Aufl., Heidelberg: C.F. Müller 2021, Rn. 1000, 1004.

3 Hierzu etwa *Peter-Tobias Stoll*, Mega-Regionals: Challenges, Opportunities and Research Questions, in: Thilo Rensmann (Hrsg.), Mega-Regional Trade Agreements, Cham: Springer 2017, 3–26 (Ab-schnitt 5.2).

4 Zu allen diesen Zahlen <https://investmentpolicy.unctad.org/international-investment-agreements> (zuletzt aufgerufen am 20.4.2022).

5 Dazu etwa *Krista Nadakavukaren Schefer*, International Investment Law: Text, Cases and Materials, 2. Aufl., Cheltenham u.a.: Edward Elgar 2016, 64.

6 Hierzu z.B. *Rudolf Dolzer/Christoph Schreuer*, Principles of International Investment Law, 2. Aufl., Oxford: Oxford University Press 2012, 300.

7 Gleichsinnig bereits *Jaemin Lee*, What Can We Learn from Our Struggling Cousin?: Recent Discus-sions on Reform of International Investment Law and Investment Dispute Settlement Proceedings, in: Meredith Kolsky Lewis/Junji Nakagawa/Rostam J. Neuwirth/Colin B. Picker/Peter-Tobias Stoll (Hrsg.), A Post-WTO International Legal Order: Utopian, Dystopian and Other Scenarios, Cham: Springer 2020, 149–166 (151, 164).

8 Etwa *Marc Bungenberg/August Reinisch*, From Bilateral Tribunals and Investment Courts to a Multi-lateral Investment Court: Options Regarding the Institutionalization of Investor-State Dispute Settle-ment, Cham: Springer 2018.

9 Siehe hierzu *Marc Bungenberg/August Reinisch*, Draft Statute of the Multilateral Investment Court, Baden-Baden: Nomos 2021.

10 Siehe hierzu <https://policy.trade.ec.europa.eu/enforcement-and-protection/multilateral-investment-court-project_en> (zuletzt aufgerufen am 21.4.2022) sowie die Verhandlungsleitlinien des Rates der EU vom 1.3.2018: Council of the European Union, Negotiating directives for a Convention establishing a multilateral court for the settlement of investment disputes, 12981/17 ADD 1 DCL 1 vom 20.3.2018.

11 Anders als im Fall der schiedsgerichtlichen Investor-Staat-Streitbeilegung findet auf dem Gebiet der zwischenstaatlichen Schiedsgerichtsbarkeit keine Reformdebatte statt. Vgl. *Maurice Mendelson*, In-ter-State Arbitration: Current Issues and Contemporary Challenges, in: C.L. Lim (Hrsg.), The Cam-bridge Companion to International Arbitration, Cambridge: Cambridge University Press 2021, 326–348 (326).

II. Investor-Staat-Schiedsgerichtsbarkeit in der Kritik

Dieser Fokus auf die Investitionsschiedsgerichtsbarkeit liegt darin begründet, dass spezifisch für die schiedsgerichtliche Form der Investor-Staat-Streitbeilegung schon geraume Zeit[12] eine „Legitimitätskrise" behauptet wird.[13] Ob das gegenwärtig praktizierte System der Investor-Staat-Schiedsgerichtsbarkeit wirklich ein Legitimitätsproblem hat, wird nachdrücklich bestritten.[14] Dass die Investor-Staat-Streitbeilegung in Gestalt der *Ad-hoc*-Schiedsgerichtsbarkeit indes massiv in die Kritik und deshalb unter erheblichen politischen Rechtfertigungsdruck geraten ist, lässt sich jedenfalls nicht ernstlich bestreiten. Die aus Kreisen der Rechts- und Wirtschaftswissenschaften[15] wie der Zivilgesellschaft, aber auch der Politik[16] befeuerte Kritik an der Investitionsschiedsgerichtsbarkeit[17] hat am Ende eine solche Eigendynamik entfacht, dass sich die Staaten, die EU eingeschlossen, einem rechtspolitischen Reformdiskurs nicht mehr zu verschließen vermochten.[18]

1. Argumente der ISDS-Kritiker

Die gegen die schiedsgerichtliche Investor-Staat-Streitbeilegung vorgetragenen Kritikpunkte sind nicht nur äußerst vielfältig, sondern zugleich eng ineinander verwoben.[19] Das erschwert eine klare Systematisierung.[20] Die Kritik an der Investor-Staat-Schiedsgerichtsbarkeit in ihrer aktuellen Form lässt sich jedenfalls wie folgt zusammenfassen:

---

12 *Chin Leng Lim/Jean Ho/Martins Paparinskis*, International Investment Law and Arbitration: Commentary, Awards and Other Materials, 2. Aufl., Cambridge: Cambridge University Press 2021, 581, datieren den Beginn des „Global Backlash" auf das Jahr 2007. Schon früh hierzu der Sammelband von Michael Waibel/Asha Kaushal/Kyo-Hwa Chung (Hrsg.), The Backlash Against Investment Arbitration: Perceptions and Reality, Alphen aan den Rijn: Wolters Kluwer 2010.

13 Siehe nur UNCTAD, World Investment Report 2015: Reforming International Investment Governance, Geneva: United Nations 2015, 128.

14 Prominent hierzu etwa *Charles N. Brower/Jawad Ahmat*, Why the „Demolition Derby" That Seeks to Destroy Investor-State Arbitration, Southern California Law Review 91 (2018), 1139–1196.

15 Siehe etwa den an Mitglieder des US-amerikanischen Kongresses gerichteten, offenen Brief von *Laurence H. Tribe, Joseph Stiglitz* und anderen vom 7.9.2016: 220+ Law and Economics Professors Urge Congress to Reject the TPP and Other Prospective Deals that Include Investor-State Dispute Settlement (ISDS) (abrufbar unter <https://scholarship.law.columbia.edu/cgi/viewcontent.cgi?article=1183&context=sustainable_investment_staffpubs>, zuletzt aufgerufen am 20.4.2022).

16 Ebenso *Mmiselo Freedom Qumba*, Assessing African Regional Investment Instruments and Investor-State Dispute Settlement, International and Comparative Law Quarterly 70 (2021), 197–232 (198–199).

17 Zur Genese dieser Kritik stark gerafft *Gabrielle Kaufmann-Kohler/Michele Potestà*, Can the Mauritius Convention serve as a model for the reform of investor-State arbitration in connection with the introduction of a permanent investment tribunal or an appeal mechanism?: Analysis and roadmap, 2016, 9–10 (abrufbar unter < www.cids.ch/images/Documents/CIDS_First_Report_ISDS_2015.pdf>, zuletzt aufgerufen am 20.4.2022).

18 Siehe *Dominic Npoanlari Dagbanja*, Hegemony in Investor State Dispute Settlement: How African States Need to Approach Reforms – A Response, Afronomicslaw v. 8.9.2020, 1–2 <www.afronomicslaw.org/2020/09/08/hegemony-in-investor-state-dispute-settlement-how-african-states-need-to-approach-reforms-a-response> (zuletzt aufgerufen am 20.4.2022).

19 Ebenso *Kaufmann-Kohler/Potestà* (Fn. 17), 11.

20 Siehe aber den Systematisierungsversuch von *José E. Alvarez*, The Public International Law Regime Governing International Investment, The Hague: Hague Academy of International Law 2011, 75–93.

Zunächst sei sie an der klassischen Handelsschiedsgerichtsbarkeit orientiert,[21] die jedoch nicht als Vorbild für die völkerrechtliche Investor-Staat-Streitbeilegung tauge.[22] Denn auf der Beklagtenseite stehe der Staat, der im Gemeinwohlinteresse handeln müsse.[23] Die Schiedsrichter bräuchten daher eine entsprechende, letztlich öffentlich-rechtliche Qualifikation, um eine methodisch angeleitete Abwägung der im Einzelfall betroffenen öffentlichen und privaten Belange zu gewährleisten.[24] Zugleich müssten die Schiedsrichter auch völkerrechtlich ausgewiesen sein.[25] Denn die Rechtsgrundlagen der Investor-Staat-Streitbeilegung seien völkerrechtlicher, insbesondere völkervertraglicher Natur, deren Auslegung wiederum vom Völkerrecht methodisch angeleitet werde. Die staatliche Beteiligung und die Betroffenheit öffentlicher Belange begründeten außerdem ein erhöhtes Interesse der Öffentlichkeit an Investor-Staat-Schiedsverfahren. Deshalb müssten Transparenz gesichert und Partizipation ermöglicht werden.[26]

Problematisch sei außerdem, dass die auf dem Gebiet der Investor-Staat-Streitbeilegung praktizierenden Schiedsrichter eine vergleichsweise kleine Gruppe bildeten,[27] deren Diversität erheblich zu wünschen übrig lasse, nicht nur wegen der geringen Anzahl an Frauen, sondern auch weil eine angemessene geographische und damit auch rechtskulturelle Repräsentativität fehle.[28] Der *numerus clausus* an Schiedsrichtern führe vor allem schnell zu möglichen Interessenkonflikten in der Person einzelner Schiedsrichter im Einzelfall einer Investor-Staat-Streitbeilegung, weil jene auf dem finanziell attraktiven Markt der Rechtsdienstleistungen für Auslandsinvestitionen als um Mandate konkurrierende Akteure aufträten, d.h. nicht nur als parteiernannte Schiedsrichter, sondern z.B. auch als Prozessvertreter oder Berater derselben Parteien in anderen Verfahren (sog. „double hatting").[29] Das könne mögliche Interessenkonflikte dergestalt begründen, dass Schiedsrichter im Verhältnis zu bestimmten Investoren nicht einmal mehr den Schein der Unparteilichkeit und Unabhängigkeit wahren könnten.[30] Der Blick auf Investoren als potentielle Mandanten fördere außerdem die Tendenz der Schiedsrichter, investorenfreundlich zu entscheiden.[31]

---

21 UNCTAD (Fn. 13), 128.

22 Vgl. auch *Burkhard Hess*, Die Legitimationskrise der Investitionsschiedsgerichtsbarkeit, in: Christian Calliess (Hrsg.), Herausforderungen an Staat und Verfassung: Völkerrecht, Europarecht, Menschenrechte: Liber Amicorum für Torsten Stein zum 70. Geburtstag, Baden-Baden: Nomos 2015, 163–175 (171).

23 Vgl. auch *Kaufmann-Kohler/Potestà* (Fn. 17), 23.

24 Vgl. zum „commercial law background" vieler Schiedsrichter auch in der Investitionsschiedsgerichtsbarkeit etwa *Kriton Dionysiou*, CETA's Investment Chapter: A Rule of Law Perspective, Cham: Springer 2021, 29.

25 Vgl. *Muthucumaraswamy Sornarajah*, The Case Against a Regime on International Investment Law, in: Leon E. Trakman/Nicola W. Ranieri (Hrsg.), Regionalism in International Investment Law, Oxford: Oxford University Press 2013, 475–498 (482–483).

26 Vgl. etwa *Hess* (Fn. 22), 169, 171.

27 *Robert Howse*, International Investment Law and Arbitration: A Conceptual Framework, in: Hélène Ruiz Fabri (Hrsg.), International Law and Litigation: A Look into Procedure, Baden-Baden: Nomos 2019, 366–445 (429).

28 Vgl. *Howse* (Fn. 27), 430–431.

29 *Gus Van Harten/Martin Loughlin*, Investment Treaty Arbitration as a Species of Global Administrative Law, European Journal of International Law 17 (2006), 121–150 (147–148).

30 Vgl. *Kaufmann-Kohler/Potestà* (Fn. 17), 11–12. Eingehende kasuistische Darstellung hierzu von *Oliver Froitzheim*, Die Ablehnung von Schiedsrichtern wegen Befangenheit in der internationalen Schiedsgerichtsbarkeit: Internationale Standards und Kasuistik, Köln: Carl Heymanns Verlag 2016, 208–225.

31 *Van Harten/Loughlin* (Fn. 29), 148.

Ermöglicht werde die investorengeneigte Entscheidungstendenz durch die in hohem Maße unbestimmten Rechtsbegriffe und -konzepte in den völkervertraglichen Grundlagen der Investor-Staat-Streitbeilegung.[32] Sie hätten die Tür zu einer geradezu expansiven Auslegung der materiellen Investitionsschutzstandards zu Lasten der Gaststaaten geöffnet.[33] Zugleich hätten die Schiedsgerichte den klagenden Auslandsinvestoren vielfach exorbitante Schadenssummen zugesprochen, die vor allem für Entwicklungsländer in hohem Maße budgetrelevant gewesen seien.[34] In der Folge komme es seitdem zum sog. „regulatory chill", also dazu, dass Gaststaaten, zumal Entwicklungsländer, aus Sorge vor Investor-Staat-Schiedsverfahren von hoheitlichen Regelungen absähen, auch wenn jene aus Gründen des Gemeinwohls dringend angezeigt wären.[35] Der investorenfreundliche Kurs der Schiedsgerichte führe außerdem zu „moral hazard" auf Seiten der Investoren, die es fortan riskieren könnten, sich zum Nachteil der Gaststaaten und ihrer Bevölkerungen umwelt- oder gesundheitsschädlich zu verhalten.[36] Praktisch werde völkervertraglicher Investitionsschutz denn auch vornehmlich für solche Auslandsinvestitionen im Wege der Investor-Staat-Streitbeilegung in Anspruch genommen, welche der Umwelt oder Gesundheit abträglich seien, wie namentlich im Rohstoffsektor.[37]

Auch das Kostenrecht verstärke solche Fehlanreize auf Investorenseite. Danach müsse prinzipiell jede Partei ihre eigenen Kosten der Rechtsverfolgung tragen.[38] Für die meisten Entwicklungsländer seien bereits jene Kosten für sich allein genommen prohibitiv, d. h. hinderten die betreffenden Staaten an der prozessualen Wahrnehmung ihrer Interessen,[39] und zwar selbst dann, wenn die Schiedsklage des Investors aller Voraussicht nach abgewiesen werden dürfte. In der Folge unterließen Gaststaaten von Anfang an dem Umwelt- oder Gesundheitsschutz dienende Maßnahmen, um schiedsgerichtliche Auseinandersetzungen mit ausländischen Investoren von vornherein zu vermeiden.[40] Um sich diese Freiheiten nehmen und Gaststaaten durch schikanöse Klagen unter Druck setzen zu können, nutzten Investoren außerdem das „forum shopping" bzw. „treaty shopping".[41] Durch entsprechende gesellschaftsrechtliche Umstrukturierung kleideten sich Investoren in das Gewand eines ausländischen Investors unter dem für sie günstigsten Investitionsschutzvertrag.[42] Begünstigt werde die Einleitung von Investor-Staat-Schiedsverfahren überdies durch Third-Party-Funding. Auslandsinvestoren

---

32 Vgl. *Sergio Puig/Gregory Shaffer*, Imperfect Alternatives: Institutional Choice and the Reform of Investment Law, American Journal of International Law 112 (2018), 361–409 (366).
33 Vgl. auch *Kaufmann-Kohler/Potestà* (Fn. 17), 10–11.
34 *Howse* (Fn. 27), 363–364.
35 Vgl. *Howse* (Fn. 27), 364.
36 *Howse* (Fn. 27), 398–390.
37 Vgl. *Howse* (Fn. 27), 380. Ein weiteres, neues Narrativ ist, dass der internationale Investitionsschutz dem Kampf gegen den Klimawandel entgegenstehe. Siehe hierzu etwa *Nathalie Bernasconi-Osterwalder/Martin Dietrich Brauch*, Redesigning the Energy Charter Treaty to Advance the Low-Carbon Transition, TDM 1 (2019), 4, 7–8 und *passim* (abrufbar unter: <www.transnational-dispute-management.com/article.asp?key=2632>, zuletzt aufgerufen am 9.7.2022); *Kyla Tienhaara/Rachel Thrasher/B. Alexander Simmons/Kevin P. Gallagher*, Investor-state disputes threaten the global green energy transition, Science 376 (2022), 701–703.
38 Siehe zu dieser überkommenen Kostenregel auch in Investitionsschiedsverfahren etwa *Schefer* (Fn. 5), 518.
39 Vgl. *Kaufmann-Kohler/Potestà* (Fn. 17), 13–14.
40 Vgl. *Hess* (Fn. 22), 164.
41 Vgl. *Hess* (Fn. 22), 167.
42 Vgl. *Van Harten/Loughlin* (Fn. 29), 137–139.

könnten so das eigene Kostenrisiko minimieren, die Drittmittelgeber wiederum die übernommenen finanziellen Risiken poolen und dadurch streuen.[43]

Einen Anreiz zur Schiedsklage seitens der Investoren und zur vorschnellen Akzeptanz eines Vergleichs seitens der Staaten bilde außerdem die wenig kohärente schiedsgerichtliche Spruchpraxis.[44] Der Verfahrensausgang sei damit zwar für beide Seiten ungewiss. Diese Unvorhersehbarkeit begünstige indes auf Investorenseite das mutwillige Betreiben eines Schiedsverfahrens, auf Seiten der Gaststaaten hingegen das übereilte Einlenken im Wege des Prozessvergleichs.[45] Der hierfür mitursächliche Mangel an Kohärenz beruhe zum einen auf dem Fehlen einer Berufungsinstanz, etwa nach dem Vorbild des WTO-Appellate Body, zum anderen aber auch auf der vielfachen rechtlichen und institutionellen Fragmentierung des internationalen Investitionsschutzes.[46]

Wesentlich weitergehend sind fundamentale Angriffe auf das Prinzip der schiedsgerichtlichen Investor-Staat-Streitbeilegung, die letztlich keinen Raum für Korrekturen lassen, sondern auf die Verabschiedung dieser Form der Investor-Staat-Streitbeilegung hinauslaufen. Hierzu gehört der Vorwurf, Investor-Staat-Schiedsverfahren wie überhaupt das gesamte völkervertragliche Investitionsschutzrecht hätten ihren eigentlichen Zweck, Auslandsinvestitionen zu fördern, noch zu keinem Zeitpunkt erfüllt.[47] Auch aus jenem Grunde entbehre es jeder Rechtfertigung, Auslandsinvestoren eine gegenüber inländischen Investoren bevorzugte Rechtsstellung zu verschaffen.[48] Diese Privilegierung liege darin, dass Investor-Staat-Streitigkeiten durch die Eröffnung des Rechtswegs unmittelbar zur völkerrechtlichen Investitionsschiedsgerichtsbarkeit dem nationalen Recht wie der nationalen Gerichtsbarkeit des Gaststaates entzogen würden.[49] Weil und soweit der völkervertragliche Investitionsschutz infolge investorenfreundlicher Auslegung zum „regulatory chill" führe, sei er überdies dem Grunde nach demokratiefeindlich.[50] Außerdem enthebe der völkervertragliche Investitionsschutz die Auslandsinvestoren der Notwendigkeit, ihre Investitionen durch einen Investor-Staat-Vertrag oder über Versicherungen abzusichern, welche ausreichenden Investitionsschutz gewährleisteten.[51]

2. Gegenargumente der ISDS-Befürworter

Über alle Kritikpunkte ließe sich trefflich streiten. Womöglich gäbe es überhaupt keinen Anlass, über die Reform der Schiedsgerichtsbarkeit aus völkerrechtlicher Sicht nachzudenken, wäre die Entkräftung aller vorerwähnten Kritikpunkte auf allgemeine Zustimmung gestoßen.

Beispielsweise verlangen Versicherer von Auslandsinvestitionen unter Umständen die „Verfügbarkeit einer gerechten und angemessenen Behandlung und eines Rechtsschut-

---

43 *Howse* (Fn. 27), 424.
44 *Howse* (Fn. 27), 425.
45 *Howse* (Fn. 27), 425.
46 *Howse* (Fn. 27), 425.
47 *Howse* (Fn. 27), 374, 378, 384, 390–391, 396.
48 Vgl. UNCTAD (Fn. 13), 128.
49 *Fabio Morosini/Michelle Ratton Sanchez Badin*, Reconceptualizing International Investment Law from the Global South, in: dies. (Hrsg.), Reconceptualizing International Investment Law from the Global South, Cambridge: Cambridge University Press 2018, 1–46 (12).
50 Vor allem hierauf hebt die scharfe ISDS-Kritik US-amerikanischer Rechts- und Wirtschaftswissenschaftler (Fn. 15) ab; ebenso *Howse* (Fn. 27), 388–389.
51 *Howse* (Fn. 27), 375, 381–382, 387, 394–395.

zes für Investoren".[52] Liegt für den betreffenden Gaststaat ein die konkrete Investition und den konkreten Investor erfassender BIT mit Schiedsklausel vor, ist diese Voraussetzung einer Versicherungsgarantie regelmäßig ohne jeden weiteren Prüfaufwand erfüllt. Dem Verweis des Investors auf den innerstaatlichen Rechtsweg könnte mit dem Argument begegnet werden, dass staatliche Gerichte einem „institutional bias" folgend tendenziell zugunsten des Gaststaates zu entscheiden geneigt sein könnten[53] und dass einer Vielzahl von Gaststaaten die Einhaltung rechtsstaatlicher Mindeststandards nach wie vor gewaltig schwer fällt.[54]

Die Kohärenzproblematik wiederum werde dadurch aufgefangen, dass sich einzelne Schiedssprüche durchaus zu Leitentscheidungen entwickelt hätten[55] und Schiedsgerichte zur Verstärkung der Überzeugungskraft ihrer Entscheidungsgründe auf andere, frühere Schiedsverfahren Bezug nähmen.[56] Außerdem könnte argumentiert werden, gerade die vergleichsweise geringe Zahl der weltweit auf dem Gebiet der Investor-Staat-Streitbeilegung praktizierenden Schiedsrichter begünstige, dass sich das internationale Investitionsrecht über die Spruchpraxis dieses Zirkels zu einem allmählich in sich stimmigen Rechtsgebiet forme.[57]

Die Möglichkeit des Third-Party-Funding trage ferner keineswegs zu vermehrten, *ab initio* wenig Erfolg versprechenden Schiedsanträgen bei. Vielmehr filtere der Drittfinanzierer gerade umgekehrt die mit hoher Wahrscheinlichkeit erfolgreichen Schiedsklagen heraus.[58] Für kleine und mittlere Investoren ermögliche die Drittfinanzierung überdies Waffengleichheit oder überhaupt erst den Zugang zu einem effektiven Rechtsschutz.[59]

Angesichts der im Weltmaßstab geringen Zahl an Investor-Staat-Schiedsverfahren und ihres für Investoren oftmals ungünstigen Ausgangs sei ferner nicht belegt, dass das internationale Investitionsrecht materiell- oder prozessrechtlich Fehlanreize zur Erhebung von Schiedsklagen setze.[60] Von 1.104 Verfahren weltweit seien 294 anhängig. Von den 797 abgeschlossenen Schiedsverfahren seien 298 zugunsten der Staaten, lediglich 227 zugunsten der Investoren entschieden, 155 Verfahren im Vergleichswege beigelegt und 98 Verfahren eingestellt worden. 19 Verfahren gälten als im Ausgang „unentschie-

---

52 So der Wortlaut von Art. 12 *lit.* d Ziff. iv) des Übereinkommens zur Errichtung der Multilateralen Investitions-Garantie-Agentur v. 11.10.1985 (MIGA-Übereinkommen, BGBl. II 1987, 455).

53 *Ilias Bantekas*, An Introduction to International Arbitration, Cambridge: Cambridge University Press 2015, 280.

54 *Dolzer/Schreuer* (Fn. 6), 235.

55 *Anthea Roberts/Taylor St John*, Complex Designers and Emergent Design: Reforming the Investment Treaty System, American Journal of International Law 116 (2022), 96–149 (115).

56 Vgl. *Taylor St. John/Yulia Chernykh*, Déjà vu? Investment Court Proposals from 1960 and Today, EJIL Talk! v. 15.5.2018, 2 (abrufbar unter: <https://pdf.printfriendly.com/downloads/pdf_1658161343_b222b1A4.pdf>; zuletzt aufgerufen am 18.7.2022).

57 Siehe auch *Roberts/St. John* (Fn. 55), 115.

58 *Jonathan Barnett/Lucas Macedo/Jacob Henze*, Third-Party Funding Finds its Place in the New ICC Rules, Kluwer Arbitration Blog v. 5.1.2021, 2 (abrufbar unter <http://arbitrationblog.kluwerarbitration.com/2021/01/05/third-party-funding-finds-its-place-in-the-new-icc-rules/>, zuletzt aufgerufen am 23.4.2022); *Kirstin Dodge/Jonathan Barnett/Lucas Macedo/Patryk Kulig/Maria Victoria Gomez*, Can Third-Party Funding Find the Right Place in Investment Arbitration Rules?, Kluwer Arbitration Blog v. 31.1.2022, 5 (abrufbar unter <http://arbitrationblog.kluwerarbitration.com/2022/01/31/can-third-party-funding-find-the-right-place-in-investment-arbitration-rules/?output=pdf>, zuletzt aufgerufen am 23.4.2022).

59 Vgl. etwa *Louise Barrington*, Third-Party Funding and the International Arbitrator, in: Patricia Louise Shaughnessy/Sherlin Tung (Hrsg.), The Powers and Duties of an Arbitrator: Liber Amicorum Pierre A. Karrer, Alphen aan den Rijn: Wolters Kluwer 2017, 15–24 (16).

60 Vgl. *Hess* (Fn. 22), 164.

den", d. h. trotz festgestellten Rechtsverstoßes des Gaststaates sei dem Investor kein Schadensersatz zugesprochen worden.[61] Dass die Gaststaaten im Fall eines Schiedsspruchs eher obsiegen, dürfte die Behauptung stützen, für eine systemimmanente Tendenz hin zu „regulatory chill" oder überzogener Begrenzung des gaststaatlichen „right to regulate" gebe es keine empirischen Belege jenseits solcher allenfalls anekdotischer Art.[62] Letztlich, so ließe sich argumentieren, verhindere gerade das Selbst- und Systemerhaltungsinteresse der an der schiedsgerichtlichen Investor-Staat-Streitbeilegung als Schiedsrichter, Parteivertreter oder Berater beteiligten Kreise, den gaststaatlichen Spielraum zur gemeinwohlorientierten Regelung unangemessen zu verkürzen. Jenes Interesse am Selbst- und Systemerhalt egalisiere außerdem etwaige aus „double hatting" resultierende Interessenkonflikte und eine daraus möglicherweise resultierende Voreingenommenheit zugunsten von Auslandsinvestoren. Denn schließlich müssten sich die Schiedsrichter die Staaten gewogen halten, von welchen allein der Fortbestand des Systems schiedsgerichtlicher Investor-Staat-Streitbeilegung abhänge.[63]

Abgesehen davon könne das Interessenkonflikte heraufbeschwörende Problem des „double hatting" bei staatlich ernannten Schiedsrichtern ebenso auftreten.[64] Für tendenziell oder auch nur vereinzelt auftretende Parteilichkeit der Schiedsrichter zugunsten der Investoren fehle es überhaupt an Belegen.[65] Tatsächlich müsse eher vom Gegenteil ausgegangen werden, nachdem die allermeisten Schiedssprüche einstimmig ergingen.[66] Überdies könnten mit kaum geringerer Plausibilität Zweifel an der Unparteilichkeit staatlich ernannter Richter eines ständigen internationalen Investitionsgerichtshofs behauptet werden.[67] In jedem Fall sei es eine Tatsache, dass sich die Richterernennung durch Staaten in hohem Maße politisieren lasse.[68] Hierzu biete die Besetzung offener

---

61 Zu allen diesen Zahlen <https://investmentpolicy.unctad.org/investment-dispute-settlement> (zuletzt aufgerufen am 20.4.2022).

62 *Piero Bernardini*, Reforming Investor–State Dispute Settlement: The Need to Balance Both Parties' Interests, ICSID Review 32 (2017), 38–57 (50–53). Siehe aber zum (anekdotischen) Fall Indonesiens *Wenny Setiawati*, ICS from South East Asia Perspective, in: Julien Chaisse/Leïla Choukroune/Sufian Jusoh (Hrsg.), Handbook of International Investment Law and Policy, Singapur: Springer 2021, 2539–2559 (2546, 2554). Zu weiteren (Einzel-)Fällen aus jüngerer Zeit *Tanaya Thakur*, Reforming the investor-state dispute settlement mechanism and the host state's right to regulate: a critical assessment, Indian Journal of International Law 49 (2021), 173–208 (185–188). Zur schiedsgerichtlichen Praxis der Beachtung des „right to regulate" siehe *Yulia Levashova*, The Right of States to Regulate in International Investment Law: The Search for Balance Between Public Interest and Fair and Equitable Treatment, Alphen aan den Rijn u. a.: Wolters Kluwer 2019, 173–236.

63 Vgl. *Puig/Shaffer* (Fn. 32), 373.

64 Vgl. *Michelle Wiesner-Lameth*, Overcoming the Legitimacy Crisis in Investment Treaty Arbitration: Merit of the EU Reform Proposal vis-à-vis the Standard of Judicial Independence and Impartiality, 2018, 183–186 (abrufbar unter: <https://docserv.uni-duesseldorf.de/servlets/DerivateServlet/Derivate-49665/Doktorarbeit%2020.07.2018%20final.pdf>, zuletzt aufgerufen am 15.7.2022).

65 *Howse* (Fn. 27), 366–367.

66 Vgl. hierzu *Brower/Ahmat* (Fn. 14), 1174.

67 Etwa *Stephen M. Schwebel*, The Proposals of the European Commission for Investment Protection and an Investment Court System: Remarks by Judge Stephen M. Schwebel of May 17, 2016, 7–8 (abrufbar unter <http://isdsblog.com/wp-content/uploads/sites/2/2016/05/THEPROPOSALSOFTHEEUROPEANCOMMISSION.pdf>, zuletzt aufgerufen am 23.4.2022). Zum Grundverdacht, dass von den Streitbeteiligten ernannte Schiedsrichter *per se* parteiisch sein könnten, *Siegfried H. Elsing/Alexander Shchavelev*, The Role of Party-Appointed Arbitrators, in: Patricia Louise Shaughnessy/Sherlin Tung (Hrsg.), The Powers and Duties of an Arbitrator: Liber Amicorum Pierre A. Karrer, Alphen aan den Rijn: Wolters Kluwer 2017, 65–78 (68–69).

68 *Gabrielle Kaufmann-Kohler/Michele Potestà*, The Composition of a Multilateral Investment Court and of an Appeal Mechanism for Investment Awards: CIDS Supplemental Report, 2017 (abrufbar unter

Richterstellen etwa am Internationalen Gerichtshof (IGH) exemplarische Anschauung.[69] Noch viel dramatischer zeige sich die reale Möglichkeit unilateraler Politisierung justizieller Vertragsorgane in Gestalt des WTO-Appellate Body, der durch mangelnde Mitwirkung der USA bei der Ernennung neuer Mitglieder schlicht funktionsunfähig geworden ist.[70] Ein weniger beachtetes, aber nicht minder eindringliches Beispiel bilde das SADC Tribunal, also der Gerichtshof der Southern African Development Community, der durch die SADC-Staaten gleichfalls kalt gestellt worden ist.[71]

Außerdem seien zahlreiche wesentliche Kritikpunkte bereits durch Rechtsänderungen entschärft worden, sei es im Wege der Überarbeitung von Schiedsordnungen,[72] sei es in Gestalt des Abschlusses von BITs der „zweiten Generation"[73] oder von neueren Freihandelsabkommen mit entsprechend modernen Investitionsschutzkapiteln. In diesen jüngeren völkervertraglichen Grundlagen des internationalen Investitionsschutzes werde (wie schon zuvor durch die Spruchpraxis der Schiedsgerichte)[74] dem „right to regulate" der Gaststaaten vielfältig Rechnung getragen, und zwar nicht nur durch programmatische Bekenntnisse in Präambeln, sondern durch konkretisierende, die Gewichte merklich zu Lasten der Investoren verschiebende Ausformulierungen derjenigen Investitionsschutzstandards, deren als allzu großzügig wahrgenommene Handhabung den Sturm auf das internationale Investitionsrecht und die Investitionsschiedsgerichtsbarkeit heraufbeschworen haben.[75] Auch die Möglichkeit des „forum shopping" bzw. „treaty shopping" sei durch entsprechende definitorische Klarstellungen,[76] besondere Vertragsklauseln[77] oder die auf einen Missbrauch prozessualer Rechte abstellende schiedsgerichtliche Praxis[78] erheblich behindert worden. Ebenso bemühten sich internationale Schiedsinstitutionen, z.B. die geographische und damit rechtskulturelle Diversität von Investor-Staat-Schiedsgerichten zu erhöhen.[79]

<https://lk-k.com/wp-content/uploads/2017/11/CIDS_Supplemental_Report.pdf>, zuletzt aufgerufen am 23.4.2022), 61–62.

69 *Brower/Ahmat* (Fn. 14), 1182.

70 Siehe hierzu oben in und bei Fn. 1.

71 *Mmiselo Freedom Qumba*, Africa and investor-state dispute settlement: Mixed reactions, uncertainties and the way forward, South African Journal of International Affairs 28 (2021), 47–70 (59).

72 Zu ICSID siehe sogleich unten unter III.2.

73 Gemeint sind damit BITs, die dem „right to regulate" der Gaststaaten stärker als die tradierten BITs Rechnung tragen. Zu diesen besser ausbalancierten BITs siehe etwa *M. Sornarajah*, The International Law on Foreign Investment, 5. Aufl., Cambridge: Cambridge University Press 2021, 271–288.

74 *August Reinisch*, The European Union and Investor-State Dispute Settlement: From Investor-State Arbitration to a Permanent Investment Court, in: Armand de Mestral (Hrsg.), Second Thoughts: Investor-State Arbitration between Developed Democracies, Waterloo: Centre for International Governance Innovation 2017, 333–375 (341).

75 Vgl. nur exemplarisch Präambel Abs. 6 und 8, Art. 8.7, 8.9, 8.10, 8.12, Anhang 8-A des Umfassenden Wirtschafts- und Handelsabkommens [CETA] zwischen Kanada einerseits und der Europäischen Union und ihren Mitgliedstaaten andererseits v. 30.10.2016 (Comprehensive Economic and Trade Agreement – CETA; ABl 2017 L 11/23).

76 Indem beispielsweise die Legaldefinition des „Investors" verlangt, dass die betreffende Person „wesentliche Geschäftstätigkeiten" im Gebiet derjenigen Vertragspartei, der sie angehört, entfaltet (paradigmatisch Art. 8.1 CETA).

77 Indem beispielsweise über eine „denial of benefits"-Klausel den Vertragsparteien vorbehalten bleibt, die vertraglichen Investitionsschutzstandards solchen Unternehmen vorzuenthalten, die von Drittstaatsangehörigen kontrolliert werden und im Gebiet der Vertragspartei, der sie angehören, keine „nennenswerte Geschäftstätigkeit" entfalten (paradigmatisch Art. 17 Abs. 1 des Vertrags über die Energiecharta v. 17.12.1994 [Energiecharta-Vertrags – ECV], ABl. 1994 L 380/24).

78 *Bernardini* (Fn. 62), 54–55.

79 Siehe *Qumba* (Fn. 71), 51.

Schließlich werde etwa von afrikanischen Entwicklungsländern weiterhin die Notwendigkeit gesehen, dringend benötigte Auslandsinvestitionen durch Instrumente des völkervertraglichen Investitionsschutzes abzusichern und dadurch anzuwerben.[80] Deren vollständige Beseitigung oder auch lediglich die des bewährten Systems der Investor-Staat-Schiedsverfahren laufe nicht nur diesen Ambitionen zuwider, sondern könne auch gar nicht ausschließen, dass sich Investitionsschiedsgerichtsgerichtsbarkeit auf Grundlage internationalisierter Investor-Staat-Verträge fortsetze.[81]

Mag man danach die Kritik an der schiedsgerichtlichen Investor-Staat-Streitbeilegung vollständig oder weitgehend widerlegt oder zumindest aufgewogen sehen, noch so viele und überzeugende Gegenargumente vermögen nichts am Gesamteindruck zu ändern, dass die Investitionsschiedsgerichtsbarkeit politisch in ein schiefes Licht geraten ist und sich die Staaten bzw. ihre Regierungen infolgedessen veranlasst sehen mussten, sich auf eine Reformdebatte einzulassen.

III. Multilaterale Reformbemühungen

Dies mündete in multilaterale Reformbemühungen im institutionellen Rahmen ganz unterschiedlicher zwischenstaatlicher Foren. Auf der globalen Ebene zu nennen sind insoweit UNCITRAL, ICSID und UNCTAD. Während sich UNCTAD vornehmlich der Modernisierung der völkervertraglichen Investitionsschutzstandards widmet,[82] also sozusagen eher dem materiellen Recht, bilden UNCITRAL und ICSID die maßgeblichen Plattformen für die prozessrechtliche Reformagenda.

1. UNCITRAL

Konkret die UNCITRAL hat ihre Arbeitsgruppe III im Jahr 2017 mit der Reform der Investor-Staat-Streitbelegung mandatiert.[83] Nach einer umfänglichen Bestandsaufnahme der Kritik am aktuell praktizierten System der Investor-Staat-Streitbeilegung beschloss die Arbeitsgruppe im Jahr 2019, mehrere Reformoptionen gleichzeitig zu entwickeln.[84] Jene spiegeln zum einen die bereits angesprochenen Kritikpunkte wider, zum anderen reflektieren sie die keineswegs einheitlichen Vorstellungen der in der Reformdebatte besonders engagierten Staaten oder Staatengruppen. Angesprochen werden insoweit sieben Themenkomplexe.[85] Themenkomplex A betrifft (Schieds-)Gerichte und deren Ausformung als *ad hoc*- oder ständige multilaterale Einrichtungen. Behandelt werden sollen dabei drei Varianten: ein multilaterales Beratungszentrum, ein für sich alleine stehender Überprüfungs- oder Berufungsmechanismus sowie ein ständiges Gericht mit zweigliedrigem Instanzenzug und hauptamtlichen Richtern. Im Themenkomplex B geht es um Fragen der Ernennung und Ethik von (Schieds-)Richtern, insbe-

80 Vgl. *Makane Moïse Mbengue*, 'Somethin' ELSE': African Discourses on ICSID and on ISDS – An Introduction, ICSID Review 34 (2019), 259–269 (260–261).
81 Vgl. *Brower/Ahmat* (Fn. 14), 1195.
82 Siehe hierzu UNCTAD, Investment Policy Framework for Sustainable Development, 2015, 71–121.
83 Report of the United Nations Commission on International Trade Law, Fiftieth session (3.-21.7.2017), UN-Dok. A/72/17, Rn. 264.
84 Report of Working Group III (Investor-State Dispute Settlement Reform) on the work of its thirty-seventh session (New York, 1.-5.4.2019), UN-Dok. A/CN.9/970, Rn. 81.
85 Possible reform of investor-State dispute settlement (ISDS), Note by the Secretariat, Addendum, 30.7.2019, UN-Dok. A/CN.9/WG.III/WP.166/Add.1.

sondere um deren Auswahl, Ernennung und Ablehnung sowie einen Verhaltenskodex. Der Einfluss der Vertragsparteien sowie mögliche Mechanismen zur Kontrolle der Vertragsauslegung bilden die Gegenstände des Themenkomplexes C. Verhandelt werden soll, wie sich die Kontrolle der Vertragsparteien über ihre Instrumente verbessern und die Einbeziehung staatlicher Behörden stärken lassen könnte. Themenkomplex D ist der Streitverhinderung und -entschärfung gewidmet. Zur Diskussion stehen dabei alternative Mittel der Streitbeilegung wie namentlich Ombudseinrichtungen oder Mediation, das Erfordernis nationaler Rechtswegerschöpfung, Verfahren zur Behandlung leichtfertig erhobener Klagen, das Problem von Parallelverfahren sowie Widerklagen der Gaststaaten. Themenkomplex E betrifft das Kostenmanagement und darauf bezogene Verfahren. Insoweit geht es um beschleunigte oder sonst verschlankte, dadurch die Kosten begrenzende Verfahren, um Grundsätze bzw. Leitlinien für die Kostenverteilung sowie um Sicherheitsleistung z. B. für den Fall der Kostenerstattungspflicht. Im Themenkomplex F soll das Problem der Drittfinanzierung einer Lösung zugeführt werden. Der letzte Themenkomplex G dient der praktisch wichtigen Frage, wie sich die Reformoptionen rechtsinstrumentell umsetzen lassen könnten. Zur Debatte steht eine Opt-in-Konvention nach dem Vorbild etwa der Mauritius-Konvention von 2014.[86]

Eine genauere Aufschlüsselung der Themen, Standpunkte und Debatten möchte ich den Leserinnen und Lesern und mir an dieser Stelle ersparen, zumal die Verhandlungen in der UNCITRAL-Arbeitsgruppe noch lange nicht vor dem Abschluss stehen.

2. ICSID

Demgegenüber hat ICSID kürzlich die vierte und umfangreichste Revision seiner Regelwerke abgeschlossen. Dem Verwaltungsrat, also dem ICSID-Plenarorgan,[87] lagen die aktualisierten Regelwerke nach einem über fünf Jahre dauernden Beratungsprozess ab dem 20.1.2022 zur Annahme bis zum 21.3.2022 vor. Nachdem die Vertragsstaaten den Änderungen zwischenzeitlich zugestimmt haben, sind die überarbeiteten Regelungen am 1.7.2022 in Kraft getreten.[88] ICSID hat damit einmal mehr seine Schrittmacherfunktion in Fragen der Modernisierung der Investor-Staat-Streitbeilegung bewiesen,[89] indem die überarbeiteten Regeln die seit Jahren propagierte Kritik an der tradierten Investitionsschiedsgerichtsbarkeit jedenfalls in Teilen aufgreift[90] und Lösungen zuführt.

---

86 United Nations Convention on Transparency in Treaty-based Investor-State Arbitration v. 10.12.2014 (authentische Fassung abrufbar unter https://treaties.un.org/doc/Treaties/2014/12/20141210 %2011–52 %20AM/CH_XXII_3.pdf, zuletzt aufgerufen am 25.4.2022). Deutschland gehört zu deren Unterzeichnern, hat das Abkommen aber noch nicht ratifiziert (siehe https://uncitral.un.org/en/texts/arbitration/conventions/transparency/status, zuletzt aufgerufen am 25.4.2022).

87 Art. 4 Abs. 1 Satz 1 des Übereinkommens zur Beilegung von Investitionsstreitigkeiten zwischen Staaten und Angehörigen anderer Staaten v. 18.3.1965 (ICSID-Konvention, BGBl. II 1969, 371).

88 <Https://icsid.worldbank.org/news-and-events/communiques/icsid-releases-2022-versions-its-rules-and-regulations> (zuletzt aufgerufen am 22.7.2022).

89 Siehe https://icsid.worldbank.org/resources/rules-and-regulations/amendments/about (zuletzt aufgerufen am 25.4.2022).

90 *Maria José Alarcon*, ICSID Reform: Balancing the Scales?, Kluwer Arbitration Blog v. 28.1.2022 (abrufbar unter <http://arbitrationblog.kluwerarbitration.com/2022/01/28/icsid-reform-balancing-the-scales/>, zuletzt aufgerufen am 25.4.2022).

Zu den wesentlichen Inhalten der Modernisierung des ICSID-Regelwerks,[91] namentlich der Schiedsverfahrensregeln,[92] gehören zunächst Transparenzvorschriften. Danach werden insbesondere die Schiedssprüche veröffentlicht, wenn innerhalb von 60 Tagen nach ihrer Versendung keine der Parteien widerspricht.[93] Ferner muss jede Partei eine etwaige Drittfinanzierung offenlegen.[94] Diese Offenlegungspflicht erstreckt sich für den Fall, dass Drittmittelgeber eine juristische Person ist, auf die Namen derjenigen Personen oder Stellen, welche die juristische Person kontrollieren.[95] Das Schiedsgericht kann die Offenlegung weitergehender Informationen über den Zuwendungsvertrag und den Dritten anordnen.[96] Die schon bislang eingerichteten und geregelten besonderen Verfahren[97] werden präzisiert.[98] Das gilt für das Verfahren über die *A-limine*-Abweisung wegen offensichtlicher Unbegründetheit,[99] das Verfahren für vorab zu behandelnde Rechtsfragen,[100] das nicht mehr wie bislang im Wesentlichen auf Vorfragen zur Zuständigkeit beschränkt ist,[101] das Verfahren über eben solche Zuständigkeitsfragen[102] sowie Verfahren über den Erlass vorläufiger Maßnahmen.[103] Neu hinzugekommen sind Sondervorschriften über die Durchführung eines beschleunigten Schiedsverfahrens.[104] Präzisiert und erweitert werden ferner die Möglichkeiten einer Beteiligung von Nicht-Streitparteien.[105] Genauer gefasst sind die Regeln über das für die Ablehnung von Schiedsrichtern geltende Verfahren.[106] Eingehender als bisher wird das Kostenrecht geregelt.[107] Der Kosteneinsparung dienen könnten Vorschriften, welche den Schriftverkehr im Grundsatz auf elektronische Form umstellen,[108] sowie die Festlegung von Verfahrensfristen.[109] Hinsichtlich der überarbeiteten ICSID-Additional Facility-Regeln

---

91 Abrufbar ist das Reformpaket unter <https://icsid.worldbank.org/resources/rules-amendments>, zuletzt aufgerufen am 25.4.2022.

92 ICSID-Schiedsverfahrensregeln 2022 (ICSID Arbitration Rules 2022; abrufbar unter <https://icsid.worldbank.org/sites/default/files/Arbitration_Rules.pdf>, zuletzt aufgerufen am 22.7.2022).

93 Regel 62 Abs. 1 und 2 ICSID-Schiedsverfahrensregeln 2022. Bislang galt gemäß Regel 48 Abs. 4 Satz 1 ICSID-Schiedsverfahrensregeln 2006, dass ICSID einen Schiedsspruch ohne Zustimmung der Parteien nicht veröffentlichen darf.

94 Regel 14 Abs. 1 Satz 1 ICSID-Schiedsverfahrensregeln 2022.

95 Regel 14 Abs. 1 Satz 2 ICSID-Schiedsverfahrensregeln 2022.

96 Regel 14 Abs. 4 ICSID-Schiedsverfahrensregeln 2022.

97 Kapitel V ICSID-Schiedsverfahrensregeln 2006.

98 Kapitel VI ICSID-Schiedsverfahrensregeln 2022.

99 Regel 41 ICSID-Schiedsverfahrensregeln 2022. Bislang: Regel 41 Abs. 5 ICSID-Schiedsverfahrensregeln 2006.

100 Regel 42 ICSID-Schiedsverfahrensregeln 2022.

101 Art. 41 Abs. 2 ICSID-Konvention; Regel 41 Abs. 3 ICSID-Schiedsverfahrensregeln 2006. Siehe Regel 42 Abs. 2, Regel 43 Abs. 4 und Regel 44 ICSID-Schiedsverfahrensregeln 2022.

102 Regel 42 Abs. 2, Regel 43 Abs. 4 und Regel 44 ICSID-Schiedsverfahrensregeln 2022; Art. 41 Abs. 2 ICSID-Konvention. Bislang: Regel 41 Abs. 3 ICSID-Schiedsverfahrensregeln 2006; Art. 41 Abs. 2 ICSID-Konvention.

103 Regel 47 ICSID-Schiedsverfahrensregeln 2022; Art. 47 ICSID-Konvention. Bislang: Regel 39 ICSID-Schiedsverfahrensregeln 2006; Art. 47 ICSID-Konvention.

104 Kapitel XII ICSID-Schiedsverfahrensregeln 2022.

105 Regeln 67 und 68 ICSID-Schiedsverfahrensregeln 2022. Bislang Regel 37 Abs. 2 ICSID-Schiedsverfahrensregeln 2006.

106 Regeln 22 und 23 ICSID-Schiedsverfahrensregeln 2022. Bislang Regel 9 ICSID-Schiedsverfahrensregeln 2006.

107 Kapitel VII ICSID-Schiedsverfahrensregeln 2022; Art. 61 Abs. 2 ICSID-Konvention. Bislang Regel 28 ICSID-Schiedsverfahrensregeln 2006; Art. 61 Abs. 2 ICSID-Konvention.

108 Regel 4 Abs. 2 Satz 1 ICSID-Schiedsverfahrensregeln 2022.

109 Siehe z.B. Regel 58 Abs. 1 ICSID-Schiedsverfahrensregeln 2022. Auch an vielen anderen Stellen wurden Verfahren durch Fristvorgaben eng getaktet.

ist zu erwähnen, dass jene nunmehr auch auf Investitionsschiedsverfahren unter Beteiligung einer Organisation der regionalen Wirtschaftsorganisation Anwendung finden können,[110] was namentlich für Schiedsklagen unter Beteiligung der EU als Streitpartei von Bedeutung ist. Schließlich ist noch erwähnenswert, dass die ICSID-Novelle eigene Regelwerke für (auf Tatsachenfeststellung beschränkte) Untersuchungsverfahren[111] und für Mediationsverfahren[112] einführen wird, die eigenständig neben den Schieds- und den Vergleichsverfahren[113] stehen werden.

Man darf annehmen, dass sich hinsichtlich der von ICSID vorgeschlagenen und am 1.7.2022 in Kraft getretenen Lösungen auch Konsens in UNCITRAL erzielen lassen dürfte, soweit sie dort ebenso diskutiert werden. Das UNCITRAL-Mandat für Arbeitsgruppe III ist aber thematisch ungleich breiter angelegt, die Verhandlungen deshalb von ungleich höherer, wohl nur äußerst schwer auflösbarer Komplexität.

IV. Kontextualisierung als Grundlegung für Reformansätze

Die Vielfalt und Vielschichtigkeit der Reformansätze spiegelt lediglich die Vielfalt und Vielschichtigkeit der Kritik am aktuellen System der Investor-Staat-Schiedsgerichtsbarkeit wider. Eine ins Einzelne gehende Auseinandersetzung mit jedem Kritikpunkt und aller darauf jeweils bezogenen, möglichen Reformoption würde gänzlich ins Uferlose abdriften. Stattdessen soll nachfolgend der Versuch unternommen werden, von einer breiteren konzeptionellen Basis aus die Kritik an der Investitionsschiedsgerichtsbarkeit ins Positive zu wenden, d. h. einer aus hiesiger Sicht idealen Lösung zuzuführen. Zu diesem Zwecke möchte ich die Debatte um die Zukunft bzw. zukünftige Ausrichtung der Investor-Staats-Schiedsgerichtsbarkeit kontextualisieren, d. h. in rechtstheoretische und rechtsdogmatische Zusammenhänge stellen, um spezifisch von diesen Grundlegungen aus Reformüberlegungen zu entwickeln. Es wird sich zeigen, dass zahlreiche momentan diskutierte Reformoptionen nicht lediglich dem Bedürfnis nach erhöhter Legitimität des Investor-Staat-Schiedsgerichtsbarkeit geschuldet sind, sondern sich rechtsdogmatisch oder rechtstheoretisch fundieren und ableiten lassen.

1. Internationaler Menschenrechtsschutz

Zentral hierfür ist zuvörderst das Verständnis, dass das internationale Investitionsrecht in einem engen, inneren Zusammenhang mit dem internationalen Menschenrechtsschutz steht: Internationaler Investitionsschutz ist besonderer Menschenrechtsschutz.[114]

---

110 Art. 2 Abs. 1 ICSID-Additional-Facility-Regeln 2022.

111 ICSID Fact-Finding Rules und ICSID Fact-Finding Administrative and Financial Regulations (abrufbar unter: <https://icsid.worldbank.org/sites/default/files/documents/ICSID_Fact-Finding.pdf>; zuletzt aufgerufen am 22.7.2022).

112 ICSID Mediation Rules und ICSID Mediation Administrative and Financial Regulations (abrufbar unter: <https://icsid.worldbank.org/sites/default/files/documents/ICSID_Mediation.pdf>; zuletzt aufgerufen am 22.7.2022).

113 Hierfür gelten aktuell neben den ICSID Arbitration Rules (Fn. 92) die ICSID Institution Rules und die ICSID Conciliation Rules sowie die ICSID Administrative and Financial Regulations (alle abgedruckt in ICSID [Fn. 92]).

114 Hiergegen lässt sich nicht einwenden, Investoren könnten keine Träger von Menschenrechten sein. Siehe exemplarisch Art. 34 Satz 1 der Konvention zum Schutze der Menschenrechte und Grundfreiheiten v. 4.11.1950 (Europäische Menschenrechtskonvention – EMRK, BGBl. II 1952, 685, 953)

Mit dem Menschenrechtsschutz hat das Völkerrecht eine eigene Art der Durchgriffswirkung erhalten, indem der Einzelne als völkerrechtsunmittelbarer Träger dieser Rechte aus der rein innerstaatlichen Subjektion unter die staatliche Hoheitsgewalt herausgelöst und dem Staat als eigenes, partielles Völkerrechtssubjekt gegenüber gestellt wird.[115] Am augenfälligsten wird dies z. B. im Verfahren der Individualbeschwerde vor dem EGMR,[116] im Rahmen derer der Einzelne seine, ihm eigenen Rechte aus der EMRK nicht etwa als innerstaatlich geltende,[117] sondern allein als unmittelbar im Völkerrecht begründete subjektiv-rechtliche Rechtspositionen geltend macht.[118]

Funktional nicht anders hat das internationale Investitionsrecht den Investor zum Träger von subjektiven, in den materiellen Investitionsschutzstandards enthaltenen Rechtspositionen gemacht und damit gleichfalls in den Rang eines partiellen Völkerrechtssubjekts gegenüber dem Gaststaat erhoben, gegen den er diese Rechte im Investor-Staat-Schiedsverfahren geltend machen kann.[119] Bemerkenswert ist dabei, dass der Investitionsschutz dem Menschenrechtsschutz – eindeutig jedenfalls auf der universellen Ebene – um Meilen vorausgegangen ist. Insoweit lässt sich die These aufstellen, dass der internationale Investitionsschutz einen bis dahin weithin fehlenden Individualrechtsschutz völkerrechtlich etabliert hat. Gerade in ihrem zeitlichen Ursprung im Jahr 1959[120] bildeten völkervertragliche Investitionsschutzstandards das funktional äquivalente Substitut zu den seinerzeit auf universeller Ebene (wie auch auf regionaler Ebene)[121] noch völlig un-

_____

und Art. 1 Satz 1 des Zusatzprotokolls zur Konvention zu Schutze der Menschenrechte und Grundfreiheiten v. 20.3.1952 (1. ZP-EMRK; BGBl. II 1956, 1880). Wie hier bereits *Moshe Hirsch*, Investment Tribunals and Human Rights: Divergent Paths, in; Pierre-Marie Dupuy (Hrsg.), Human Rights in International Investment Law and Arbitration, Oxford: Oxford University Press 2009, 97–114 (107–108); *Anne Peters*, Beyond Human Rights: The Legal Status of the Individual in International Law, Cambridge: Cambridge University Press 2016, 318. Unzutreffend insoweit dagegen *Kabir A. N. Duggal/Nicholas J. Diamond*, Regime Interaction in Investment Arbitration: Crowded Streets; Are Human Rights Law and International Investment Law Good Neighbors?, Kluwer Arbitration Blog v. 12.1.2022, 2 (abrufbar unter: <http://arbitrationblog.kluwerarbitration.com/2022/01/12/regime-interaction-in-investment-arbitration-crowded-streets-are-human-rights-law-and-international-investment-law-good-neighbors/?output=pdf>, zuletzt aufgerufen am 18.7.2022).

115 Siehe hierzu nur *Walter Kälin/Jörg Künzli*, Universeller Menschenrechtsschutz: Der Schutz des Individuums auf globaler und regionaler Ebene, 4. Aufl., Basel: Helbing Lichtenhahn 2019, 16–17.
116 Art. 34 EMRK.
117 Zur innerstaatlichen Geltung der EMRK in Deutschland auf der einfachgesetzlichen Ebene BVerfGE 111, 307 (316).
118 Art. 34 Satz 1 EMRK.
119 Sehr deutlich z. B. ICSID, *Suez, Sociedad General de Aguas de Barcelona, S. A. and Interagua Servicios Integrales de Agua S. A. v. Argentine Republic*, Decision on Jurisdiction v. 16.5.2006, Case No. ARB/03/17, Rn. 37. Siehe zum Meinungsstreit, ob internationale Investitionsabkommen Auslandsinvestoren (wie hier vertreten) eigene oder nur abgeleitete Rechtspositionen vermitteln, *Anastasios Gourgourinis*, Investors' Rights *qua* Human Rights? Revisiting the 'Direct'/'Derivative' Rights Debate, in: Malgosia Fitzmaurice/Panos Merkouris (Hrsg.), The Interpretation and Application of the European Convention of Human Rights: Legal and Practical Implications, Leiden u. a.: Martinus Nijhoff Publishers 2013, 147–182 (149–159).
120 Den weltweit ersten BIT bildet der Vertrag zwischen der Bundesrepublik Deutschland und Pakistan zur Förderung und zum Schutz von Kapitalanlagen v. 25.11.1959 (BIT Deutschland-Pakistan 1959; BGBl. II 1961, 794). Hierzu *John Merrills/Eric De Brabandere*, Merrills' International Dispute Settlement, 7. Aufl., Cambridge: Cambridge University Press 2022, 173.
121 Die EMRK war zwar schon am 3.9.1953 in Kraft getreten. Das Recht des Einzelnen, Individualbeschwerde zu erheben, wurde von den Vertragsstaaten aber in den Folgejahren nur äußerst zögerlich anerkannt. Hierzu *Christoph Grabenwarter/Katharina Pabel*, Europäische Menschenrechtskonvention, 6. Aufl., München: C. H. Beck 2016, § 1 Rn. 3. Zu den zeitlich verzögerten Entwicklungen des Menschenrechtsschutzes in Amerika und Afrika etwa *Thomas Buergenthal/Daniel Thürer*, Menschenrechte: Ideale, Instrumente, Institutionen, Zürich u. a.: Dike 2010, 297–336.

zulänglichen Menschenrechtsgewährleistungen. Als die ersten BITs ab 1959 in die Welt gesetzt wurden, war alles andere als gewiss, ob es auf globaler Ebene überhaupt jemals gelingen würde, die Allgemeine Erklärung der Menschenrechte von 1948 (AEMR)[122] in die verbindliche Form eines oder mehrerer universeller Menschenrechtsverträge zu gießen.[123] Als die ersten BITs mit Schiedsklausel Ende der 1960er-Jahre das Licht der Welt erblickten,[124] waren die beiden UN-Pakte gerade eben, im Jahr 1966,[125] abgeschlossen worden, aber noch lange nicht in Kraft getreten.[126] Von einem gerichtlichen oder wenigstens *ad-hoc*-schiedsgerichtlichen Mechanismus zur individuellen Durchsetzung der universellen Menschenrechte ist bis heute nichts bekannt.[127]

Der internationale Menschenrechtsschutz hat den internationalen Investitionsschutz deshalb keineswegs überholt oder gar auf den Standstreifen abgedrängt. Zwar sind die Mechanismen der Durchsetzung auf der regionalen Ebene mit den Menschenrechtsgerichtshöfen in Afrika, Amerika und Europa von vergleichsweise hoher, wenngleich jeweils unterschiedlicher praktischer Wirksamkeit geprägt.[128] Indes ist der arabische Menschenrechtsgerichtshof noch nicht errichtet worden,[129] und im asiatischen Raum fehlt es zwar nicht vollständig, aber weithin überhaupt an regionalen Menschenrechtsverträgen.[130] Vor allem finden der Eigentumsschutz und das damit zusammenhängende rechtsstaatliche Konzept des Vertrauensschutzes nur unzureichende Ausprägung auf der universellen Ebene des internationalen Menschenrechtsschutzes.[131] Darüber hinaus

---

122 UN, GV Resolution 217 A (III), 10.12.1948.

123 Zur Bedeutung des Kalten Krieges für diese Verzögerung siehe etwa *Ilias Bantekas/Lutz Otte*, International Human Rights Law and Practice, 3. Aufl., Cambridge: Cambridge University Press 2020, 19.

124 *Ingo Venzke/Philipp Günther*, Völkerrechtlicher Investitionsschutz made in Germany? Zur Genese und Gestalt des ersten BIT zwischen Deutschland und Pakistan (1959), ZaöRV 2022, 73–120 (116).

125 Internationaler Pakt über wirtschaftliche, soziale und kulturelle Rechte v. 9.12.1966 (IPwskR, BGBl. II 1973, 1570); Internationaler Pakt über bürgerliche und politische Recht v. 19.12.1966 (IPbpR, BGBl. II 1973, 1534).

126 Der IPwskR ist am 3.1.1976 (siehe <https://treaties.un.org/pages/showDetails.aspx?objid=08000002800 2b6ed>, zuletzt aufgerufen am 28.4.2022), der IPbpR am 23.3.1967 (siehe <https://treaties.un.org/pages/showdetails.aspx?objid=0800000280004bf5>, zuletzt aufgerufen am 28.4.2022) in Kraft getreten.

127 Vgl. *Kälin/Künzli* (Fn. 115), 231–232.

128 Siehe hierzu etwa *Olivier De Schutter*, International Human Rights Law: Cases, Materials, Commentary, 3. Aufl., Cambridge: Cambridge University Press 2019, 992–1018, 1026–1048, 1054–1060.

129 Nachdem sein Statut (abrufbar unter <https://acihl.org/texts.htm?article_id=44&lang=ar-SA>, zuletzt aufgerufen am 29.4.2022) mangels hinreichender Zahl an Ratifikationen noch nicht in Kraft getreten ist. Näher hierzu *Ahmed Almutawa*, The Failure of the Arab Court of Human Rights and the Conflicting Logics of Legitimacy, Sovereignty, Orientalism and Cultural Relativism, Netherlands International Law Review 68 (2021), 479–500.

130 Hierzu *Thomas Buergenthal/Dinah Shelton/David P. Stewart/Carlos M. Vázquez*, International Human Rights: in a nutshell, 5. Aufl., St. Paul: West 2017, 408–414.

131 Anders als in der AEMR (siehe dort Art. 17) enthalten die beiden UN-Pakte, IPbpR und IPwskR, keine Eigentumsgarantie. In den sonstigen UN-Menschenrechtsverträgen finden sich Eigentumsgewährleistungen nur höchst vereinzelt: Art. 5 *lit.* d Ziff. v des Internationalen Übereinkommens zur Beseitigung jeder Form der Rassendiskriminierung v. 7.3.1966 (BGBl. II 1969, 962), Art. 16 Abs. 1 *lit.* h des Übereinkommens zur Beseitigung jeder Form von Diskriminierung der Frau v. 18.12.1979 (BGBl. II 1985, 648). Hintergrund hierfür könnten vielfältige ideologische und kulturelle Differenzen hinsichtlich Konzept und Funktion von Eigentum sein (siehe *Sornarajah* [Fn. 25], 487–488). Auf regionaler Ebene wird das Eigentum in Art. 1 des Zusatzprotokolls zur Konvention zu Schutze der Menschenrechte und Grundfreiheiten v. 20.3.1952 (1. ZP-EMRK; BGBl. II 1956, 1880), Art. 21 der Amerikanischen Menschenrechtskonvention v. 22.11.1969 (AMRK), Art. 14 der Afrikanischen Charta der Menschenrechte und Recht der Völker v. 26.6.1981 (Banjul-Charta) sowie Art. 31 der Arabischen Charta der Menschenrechte v. 22.5.2004 gewährleistet (Übersetzungen der drei zuletzt

sind die Aussichten des Einzelnen, in Verfahren vor den Vertragsorganen des internationalen Menschenrechtsschutzes Schadensersatz bzw. Entschädigung für Menschenrechtsverletzungen zu erhalten, regelmäßig sehr begrenzt, teils inexistent.[132] Völlig unzulänglich ausgeprägt ist im internationalen Menschenrechtsschutz die zwangsweise Vollstreckung aus Urteilen der regionalen Menschenrechtsgerichtshöfe.[133]

Ausgehend von der hier angenommenen funktionalen Äquivalenz von internationalem Investitionsschutz und internationalem Menschenrechtsschutz[134] lassen sich Struktur, Funktion und Zuständigkeit eines internationalen Investitionsgerichtshofs zumindest teilweise begründen und entwickeln.

2. „Global Administrative Law" (GAL)

Die Lehre vom „Global Administrative Law" antwortet aus einer rechtswissenschaftlichen Perspektive auf ein Phänomen, das als „Global Governance" beschrieben worden ist.[135] Ausgangspunkt ist die Beobachtung, dass globale Problemlagen seit geraumer Zeit nicht mehr allein durch überkommene völkerrechtliche Instrumente, Mechanismen und Akteure bewältigt werden. Vielmehr findet auf mehreren Ebenen ein Zusammenspiel verschiedener Instrumente und Mechanismen des kooperativen, formalen wie informalen Handelns einer großen Vielfalt staatlicher wie nicht-staatlicher Akteure statt.[136] Dabei kommt es im Zuge derart verstandener „Global Governance" zu organisatorischen und prozeduralen Phänomenen, die nicht nur ihrem äußeren Erscheinungsbild, sondern ihrem inneren, funktionalen Wesen nach an Verwaltungshandeln

---

genannten Verträge ins Deutsche bzw. Englische in: Menschenrechte: Ihr internationaler Schutz, hrsg. v. *Bruno Simma/Ulrich Fastenrath*, 6. Aufl., München: C. H. Beck 2010, 637–686).

132 *Van Harten/Loughlin* (Fn. 29), 131–133. Zur Rechtsprechung des EGMR *Christian Tomuschat*, The European Court of Human Rights and Investment Protection, in: Christina Binder/Ursula Kriebaum/ August Reinisch/Stephan Wittich (Hrsg.), International Investment Law for the 21st Century: Essays in Honour of Christoph Schreuer, Oxford: Oxford University Press 2009, 636–656 (652–655).

133 Ganz anders im internationalen Investitionsschutz. Siehe etwa *Tomuschat* (Fn. 132), 655.

134 Die funktionale Äquivalenz von Menschenrechts- und Investitionsschutz wird nicht dadurch in Frage gestellt, dass sich im internationalen Investitionsschutz ein tendenziell höheres Niveau des Individualschutzes jedenfalls insofern durchgesetzt hat, als die Investitionsschutzstandards praktisch effektiv schiedsgerichtlich durchgesetzt werden können, indem Schiedsgerichte nicht nur angerufen werden können, sondern jene über die Feststellung der Rechtsverletzung hinaus Schadensersatz in vollstreckbaren Schiedssprüchen zusprechen können. Die richtige Folgerung hieraus kann mit Blick auf die funktionale Äquivalenz von Menschenrechts- und Investitionsschutz nicht sein, das Schutzniveau für Auslandsinvestoren zu senken. Vielmehr muss die richtige Folgerung lauten, das Schutzniveau auf dem Gebiet des allgemeinen Menschenrechtsschutzes zu erhöhen.
Ebenso wenig lässt sich argumentieren, dass es im Fall von Auslandsinvestoren der „grundrechtstypischen Gefährdungslage" (zu diesem Topos BVerfGE 45, 63 [79]) ermangele, sich also ausländischer Investor und Gaststaat einander nicht im Verhältnis der menschenrechtstypischen Machtasymmetrie gegenüber stünden. Selbst das wirtschaftlich-sozial mächtigste Unternehmen steht einer jeden Staatsmacht, auch noch der eines der am wenigsten entwickelten Länder, am Ende schutzlos gegenüber. Der längere Hebel liegt immer bei der Staatsgewalt, soweit und solange jene nicht menschen- oder investitionsschutzrechtlich diszipliniert wird. In der Sache wie hier bereits *Hirsch* (Fn. 114), 98–99, 107; *Peters* (Fn. 114), 318; a. A. aber offenbar *Howse* (Fn. 27), 405.

135 *Lorenzo Casini*, Beyond drip-painting? Ten years of GAL and the emergence of a global administration, I•CON 13 (2015), 473–477 (473).

136 Zu diesem Hintergrund von GAL *Benedict Kingsbury/Nico Krisch/Richard B. Stewart*, The Emergence of Global Administrative Law, Law and Contemporary Problems 68 (2005), 15–61 (16). Näher und aufschlussreich zum Konzept der „Global Governance" Our Global Neighbourhood: The Report of the Commission on Global Governance, Oxford: Oxford University Press 1995, 2–7.

300

durch Verwaltungsorgane im Rahmen von Verwaltungsverfahren erinnern.[137] Das ist wiederum der Anknüpfungspunkt für die Lehre vom Global Administrative Law,[138] also gleichsam das Verwaltungsrecht der Global Governance.[139] Ihr geht es darum, das Handeln globaler Verwaltungsstellen an verwaltungsrechtliche Grundsätze zu binden. Zu jenen Grundsätzen zählt die Lehre vom Global Administrative Law: Transparenz, Partizipation, Begründung, Gesetzmäßigkeit und Kontrolle.[140]

Die Investor-Staat-Streitbeilegung bildet allerdings nach der ursprünglichen Konzeption der Lehre vom Global Administrative Law kein von ihr erfasstes (globales) Verwaltungshandeln.[141] Denn sie definiert (globales) Verwaltungshandeln doppelt negativ als ein erstens nicht rechtsetzendes, d. h. Rechtsquellen hervorbringendes Handeln und zweitens nicht reine Streitbeilegung darstellendes Handeln.[142]

Deshalb lassen sich konkrete Strukturprinzipien für eine internationale (schieds-)gerichtsförmige Investor-Staat-Streitbeilegung nicht unmittelbar aus der Lehre vom Global Administrative Law herleiten. Ganz anderes gilt hingegen für die Lehre von der „internationalen öffentlichen Gewalt":

3. „Internationale öffentliche Gewalt"

Die Lehre von der „internationalen öffentlichen Gewalt" (International Public Authority) greift über die Lehre vom Global Administrative Law deutlich hinaus und wählt einen fundamentaleren Ansatz. Global Governance, wie sie soeben beschrieben worden ist,[143] geht vielfach von solchen internationalen Institutionen aus, deren Legitimität von der internationalen Öffentlichkeit bezweifelt wird.[144] Mit den überkommenen Konzepten des klassischen Völkerrechts ist diesen Legitimitätszweifeln nicht mehr beizukommen. Soweit das Handeln bestimmter internationaler Institutionen rechtsakt- oder rechtssatzähnliche Qualität hat, lässt es sich mit dem positivistischen Kanon der anerkannten Rechtsquellen bisweilen nicht mehr erfassen. Die Souveränität der Staaten kann das Handeln einiger dieser internationalen Institutionen faktisch nicht abwehren, ein von staatlicher Souveränität geleiteter Akt der Zustimmung lässt sich kaum belegen.[145]

Begreift man allerdings bestimmtes Handeln internationaler Institutionen als Ausübung internationaler öffentlicher Gewalt, lassen sich für deren Begründung wie Begrenzung Strukturen fruchtbar machen, die aus dem Verfassungsrecht bzw. allgemeiner aus dem öffentlichen Recht hinlänglich bekannt sind. Die Legitimitätszweifel lassen sich so

---

137 Umfassende und systematisierende Beschreibung der Formen und Subjekte von „Global Administration" bei *Kingsbury/Krisch/Stewart* (Fn. 136), 20–25.

138 *Nico Krisch/Benedict Kingsbury*, Introduction: Global Governance and Global Administrative Law in the International Legal Order, The European Journal of International Law 17 (2006), 1–13 (2).

139 *Kingsbury/Krisch/Stewart* (Fn. 136), 15.

140 *Kingsbury/Krisch/Stewart* (Fn. 136), 29, 37–40; ferner *Richard B. Stewart*, The normative dimensions and performance of global administrative law, I•CON 13 (2015), 499–506 (499–500, 502).

141 Anders *Van Harten/Loughlin* (Fn. 29), 122, 149.

142 *Kingsbury/Krisch/Stewart* (Fn. 136), 17; *Krisch/Kingsbury* (Fn. 138), 3.

143 Unter IV.2.

144 *Armin von Bogdandy/Matthias Goldmann/Ingo Venzke*, From Public International to International Public Law: Translating World Public Opinion into International Public Authority, The European Journal of International Law 28 (2017), 115–145 (115–116).

145 *Von Bogdandy/Goldmann/Venzke* (Fn. 144), 116–117, 122, 125.

in öffentlich-rechtliche Rechtsfragen übersetzen.[146] Die Lehre von der internationalen öffentlichen Gewalt mündet in der Konsequenz in den Anspruch, ein (nicht kollisions-rechtlich zu verstehendes) internationales öffentliches Recht zu begründen.[147]

Die Funktion des Konzepts der internationalen öffentlichen Gewalt besteht darin, das-jenige Verhalten internationaler Institutionen zu identifizieren, das öffentlich-rechtlich erfasst werden sollte, weil es Gemeininteressen dergestalt verfolgt, dass Freiheit be-rührt wird.[148] Dementsprechend wird internationale öffentliche Gewalt definiert als: Verhalten, das individuelle oder politische Freiheit im Dienste eines Gemeininteresses berührt (und eben deshalb öffentlich-rechtlich erfasst werden soll).[149] Es liegt nachge-rade auf der Hand, Investor-Staat-Schiedsgerichtsbarkeit als internationale öffentliche Gewalt zu begreifen.[150] Die schiedsgerichtliche Investor-Staat-Streitbeilegung ist zu-nächst „internationale" Gewalt, weil sie ihre Rechtsgrundlage im Völkerrecht hat.[151] Sie ist „öffentliche" Gewalt, da sie nicht nur die Sphäre der Privatinteressen, sondern regelmäßig auch diejenige der Allgemeininteressen betrifft, z. B. in Gestalt von Um-weltschutz, Menschenrechtsschutz, Armutsbekämpfung oder wirtschaftlicher und fi-nanzieller Stabilität.[152] Schließlich stellt die Investitionsschiedsgerichtsbarkeit „Gewalt" dar, weil und soweit sie bei Abweisung der Schiedsklage auf individuelle Freiheit, bei Stattgabe dagegen auf politische Freiheit einwirkt, z. B. durch die Auferlegung staat-licher Ersatzleistungen oder durch zumindest *de facto* als Präzedenzfälle wirkende Entscheidungen.[153]

Ist danach internationale Investor-Staat-Gerichtsbarkeit bzw. -Schiedsgerichtsbarkeit als internationale öffentliche Gewalt zu begreifen, dann muss sie bestimmten öffent-lich-rechtlichen Grundkategorien genügen, auf die gleich noch einzugehen sein wird.[154] Erkenntnisse für die Reform der Investor-Staat-Schiedsgerichtsbarkeit liefert daneben die postkoloniale Kritik des modernen Völkerrechts:

4. Postkoloniale Völkerrechtskritik

Die postkoloniale Kritik des modernen Völkerrechts findet ihre allgemeine Ausprä-gung in den Third World Approaches to International Law.[155] Diese unter dem Ak-ronym TWAIL zusammengefassten Ansätze gehen im Prinzip einheitlich von einer Grundthese aus, nämlich der These, Herrschende hätten schon immer versucht, ihre Herrschaft als legitim darzustellen. Instrument hierzu sei damals wie heute das Recht.

---

146 *Von Bogdandy/Goldmann/Venzke* (Fn. 144), 123, 125.
147 *Von Bogdandy/Goldmann/Venzke* (Fn. 144), 116.
148 *Von Bogdandy/Goldmann/Venzke* (Fn. 144), 133.
149 *Von Bogdandy/Goldmann/Venzke* (Fn. 144), 117, 132–133, 139–140; *Armin von Bogdandy/Ingo Venzke*, In Whose Name?: A Public Law Theory of International Adjudication, Oxford: Oxford Uni-versity Press 2014, 17.
150 *Von Bogdandy/Goldmann/Venzke* (Fn. 144), 116–117, 141; *Howse* (Fn. 27), 422; *Ingo Venzke*, Inves-tor-State Dispute Settlement in TTIP from the Perspective of a Public Law Theory of International Adjudication, The Journal of World Investment and Trade 17 (2016) 374–400 (376). Allgemein zur Qualifizierung internationaler richterlicher Streitbeilegung als Ausübung internationaler öffentlicher Gewalt *von Bogdandy/Venzke* (Fn. 149), 17–18.
151 *Von Bogdandy/Goldmann/Venzke* (Fn. 144), 133.
152 *Von Bogdandy/Goldmann/Venzke* (Fn. 144), 138.
153 *Von Bogdandy/Goldmann/Venzke* (Fn. 144), 139–140, 141, 142–143; *Venzke* (Fn. 150), 376–377, 386.
154 Unten unter V.2.a).
155 Hierzu etwa *Makau Mutua*, What is TWAIL?, Proceedings of the ASIL Annual Meeting 94 (2000), 31–38.

Für das Völkerrecht gelte nichts anderes. Es sei bis heute das Instrument der mächtigen, fremde Völker beherrschenden Staaten. Hierzu seien Ideen, Konzepte, Instrumente und Mechanismen, welche der eigenen Machtstellung sowie ihrer Erhaltung und Ausübung dienlich gewesen seien und jene sicherten und rechtfertigten, im Völkerrecht implementiert worden.[156]

Wird dementsprechend das moderne Völkerrecht so gedeutet, dass es seinen Ursprung darin hat, den imperialen Kolonialismus zu sichern und zu rechtfertigen, dann liegt auf der Hand, dass auch die Geschichte des völkerrechtlichen Investitionsschutzes eine postkoloniale ist: Das internationale Investitionsrecht diene nur dazu, asymmetrische, im Kolonialismus begründete ökonomische Beziehungen postkolonial beibehalten zu können.[157]

Bei alledem handelt es sich gewiss, schon von den Grundannahmen her, um eine wesentlich rechtstheoretische, je nach Autor zusätzlich um eine mehr oder weniger politisch-ideologisch gefärbte Perspektive.[158] Allerdings prägen solche Sichtweisen den völkerrechtlichen wie den internationalen politischen Diskurs und konkurrieren damit, heute mehr denn je, auch um die Deutungshoheit darüber, was universeller Rechtsüberzeugung entspricht. Im Widerstreit zwischen *Calvo*-Doktrin[159] und *Hull*-Formel[160] wurde das ebenso deutlich[161] wie in den Bemühungen der Entwicklungsländer, ihre Perspektive in Resolutionen der Generalversammlung der Vereinten Nationen zur Geltung zu bringen. Paradigmatisch drückt sich in den Konzepten der dauerhaften Souveränität über natürliche Ressourcen,[162] der Neuen Weltwirtschaftsordnung[163] und der Charta der wirtschaftlichen Rechte und Pflichten der Staaten[164] der Versuch des Globalen Südens aus, die geltende Völkerrechtslage und die mit ihr verbundenen Beherrschungsverhältnisse zu wandeln.[165]

Der postkolonialen Völkerrechtskritik kann es nach alledem eigentlich nicht um eine Reform der Investor-Staat-Schiedsgerichtsbarkeit, sondern primär nur um deren Abschaffung gehen.[166] Auch wenn man sich diesem Ansinnen verschließen will (und sollte), kann man sich nicht völlig des Gedankens erwehren, dass die postkoloniale Kritik womöglich doch nicht ganz neben der Sache liegt – jetzt, wo sich der völkerrechtliche Investitionsschutz mehr und mehr gegen die industrialisierten, westlichen

---

156 *B. S. Chimni*, Third World Approaches to International Law: A Manifesto, International Community Law Review 8 (2006), 3–27 (3, 15–19, 26).

157 *Dagbanja* (Fn. 18), 2–3. Zum internationalen Investitionsschutz als Ausbeutungsinstrument *B. S. Chimni*, Capitalism, Imperialism, and International Law in the Twenty-First Century, Oregon Review of International Law 14 (2012), 17–46 (30).

158 Das gilt namentlich für *B. S. Chimni*, der eine marxistische Völkerrechtstheorie vertritt: *B. S. Chimni*, International Law and World Order: A Critique of Contemporary Approaches, 2. Aufl., Cambridge: Cambridge University Press 2017, 440–550.

159 Benannt nach dem argentinischen Völkerrechtler *Carlos Calvo* (1824–1906). Zur *Calvo*-Doktrin *Patrick Juillard*, Calvo Doctrine/Calvo Clause (2007), in: Anne Peters (Hrsg.), Max Planck Encyclopedia of Public International Law, Rn. 3.

160 Benannt nach dem US-amerikanischen Außenminister *Cordell Hull* (1871–1955). Zitat der *Hull*-Formel bei *Sornarajah* (Fn. 73), 51.

161 Siehe hierzu auch *Sornarajah* (Fn. 25), 479.

162 UN, GV Resolution 1803 (XVII) v. 14.12.1962.

163 UN, GV Resolution 3201 (S-VI) v. 1.5.1974.

164 UN, GV Resolution 3281 (XXIX) v. 12.12.1974.

165 Vgl. *Giorgio Sacerdoti*, New International Economic Order (NIEO) (2015), in: Anne Peters (Hrsg.), Max Planck Encyclopedia of Public International Law, Rn. 1–2, 5–6, 8.

166 Vgl. hierzu *Sornarajah* (Fn. 25), 476–478, 484, 497.

Staaten selbst wendet,[167] wir also dieses Machtinstrument selbst zu spüren bekommen.[168] Während man sich ob dieser Vorgänge noch die Augen reibt, hilft die postkolonial-kritische Sicht durchaus beim Öffnen der Augen, und das Aufsetzen der *Calvo*-Brille schärft zusätzlich den Blick – nämlich dafür, dass uns eine investitionsvölkerrechtliche Justizgewährleistung, welche Auslandsinvestoren gegenüber anderen in- und ausländischen Wirtschaftsakteuren privilegiert, keineswegs als selbstverständlich zu erscheinen braucht.[169] Zugleich sensibilisiert die postkoloniale Kritik des Völkerrechts dafür, dass es im internationalen Investitionsschutz – der Sache nach nicht anders als im bereits in Bezug genommenen internationalen Menschenrechtsschutz – eigentlich immer auch darum gehen muss, die richtige Balance zwischen staatlicher Souveränität einerseits und Schutzbelangen des Einzelnen, des ausländischen Investors, andererseits zu finden.[170]

Es zeugt allerdings durchaus von einem gewissen Pragmatismus der Entwicklungsländer, dass sie sich von der postkolonialen Kritik nicht dazu verführen lassen, die völlige Abschaffung der Investor-Staat-Schiedsgerichtsbarkeit zu fordern.

5. Nachhaltige Entwicklung

Denn mangels ausreichender eigener Mittel sind es vor allem die Entwicklungsländer, die auf gewaltige Investitionsströme aus dem Ausland angewiesen sind,[171] insbesondere wo es um die Verwirklichung der UN-Ziele für nachhaltige Entwicklung geht.[172] Für die reicheren Industrieländer gilt aber gleichfalls, dass sie sich für die Umstellung auf eine nachhaltige Lebens- und Wirtschaftsweise auf Kapitalflüsse aus dem Ausland verlassen müssen.

Damit ist die Frage aufgeworfen, ob und inwieweit der internationale Investitionsschutz, insbesondere durch die Gewährleistung von Investor-Staat-Schiedsgerichtsbarkeit, einen Faktor darstellt, der für die Entscheidung, in einem bestimmten fremden Land Investitionen vorzunehmen, wichtig oder sogar ausschlaggebend sein kann. So formuliert ist die Frage richtig gestellt. Sie wird aber vielfach falsch gestellt, indem danach gefragt wird, ob der völkervertragliche Investitionsschutz – quasi monokausal – Auslandsinvestitionen fördere.[173] Es liegt auf der Hand, dass auf die wissenschaftliche Verifizierung dieser Monokausalhypothese gerichtete, ökonomisch-empirische

---

167 Siehe *Michael Reisman*, The Future of International Investment Arbitration, in: C. L. Lim (Hrsg.), The Cambridge Companion to International Arbitration, Cambridge: Cambridge University Press 2021, 292–306 (299).

168 Verwiesen sei nur auf die gegen Deutschland initiierten ICSID-Verfahren „Vattenfall I" (ICSID Case No. ARB/09/6) und „Vattenfall II" (ICSID Case No. ARB/12/12) sowie aus jüngerer Zeit „Strabag SE" (ICSID Case No. ARB/19/29) und jüngst „Mainstream Renewable Power Ltd." (ICSID Case No. ARB/21/26).

169 Siehe *Juillard* (Fn. 159), Rn. 4.

170 Vgl. *Morosini/Ratton Sanchez Badin* (Fn. 49), 33.

171 *Morosini/Ratton Sanchez Badin* (Fn. 49), 33.

172 Näher hierzu *Stefanie Schacherer*, Die Finanzierung der Nachhaltigkeitsziele: Welche Rolle spielen ausländische Investitionen und internationale Investitionsabkommen?, Nachhaltigkeitsrecht 1 (2021), 443–451 (443–444).

173 Woran sich, bejahendenfalls, die Frage anschließen mag, ob der völkervertragliche Investitionsschutz dann auch die Entwicklung, insbesondere die nachhaltige Entwicklung in dem betreffenden Gaststaat voranbringe. So die Fragen etwa von *Schacherer* (Fn. 172), 444–445.

Untersuchungen zu keinen brauchbaren Ergebnissen führen können.[174] Denn welcher vernünftige Unternehmer wird spezifisch und nur deshalb eine Auslandsinvestition tätigen, weil sie gerade völkervertraglich z. B. durch einen BIT rechtlich abgesichert ist? Das rechtliche Umfeld ist immer ein wichtiger, unter Umständen sehr wichtiger, vereinzelt ausschlaggebender Faktor für eine Standortentscheidung.[175] Aber eine Investitionsentscheidung wird nie allein und ausschließlich durch den geltenden Rechtsrahmen veranlasst.[176]

Dessen ungeachtet wird die Reformdebatte um das internationale Investitionsrecht zusehends auch vom Ziel, spezifisch der nachhaltigen Entwicklung dienliche Investitionen zu fördern und zu stärken,[177] beeinflusst.[178] Freilich betrifft dies zunächst primär die materiell-rechtliche Seite des völkervertraglichen Investitionsschutzes. Hierzu kann beispielsweise die Definition geschützter Investitionen auf solche verengt werden, die nachhaltig bzw. der nachhaltigen Entwicklung förderlich sind.[179] Ferner kann das „right to regulate" der Staaten gestärkt werden, indem sie verpflichtet werden, auch gegenüber (Auslands-)Investoren die Ziele nachhaltiger Entwicklung zur Geltung zu bringen. Flankierend hierzu können staatliche Regelungen, welche der Erfüllung von Nachhaltigkeitszielen dienen, dadurch gegen Investor-Staat-Streitbeilegung immunisiert werden, dass materielle Investitionsschutzstandards einschränkend formuliert oder einschlägige Ausnahmeklauseln eingeführt werden. Gedacht wird auch daran, Investorenpflichten einzuführen, welche die ausländischen Investoren auf Ziele nachhaltiger Entwicklung verpflichten.[180] Mittelbar können sich solche materiell-rechtlichen Reformen freilich prozessual auswirken, also auf die Investor-Staat-Streitbeilegung durchschlagen. Denn der z. B. völkervertraglich definierte Investitionsbegriff kann im Einzelfall einer streitbefangenen Investition bereits die schiedsgerichtliche Zuständigkeit oder zumindest die Anwendbarkeit eines materiellen Investitionsschutzstandards mangels vertragsgemäßer

---

174 Siehe die Studienlage, die *Howse* (Fn. 27), 378, 384, 390–391, 396–397, und *Schacherer* (Fn. 172), 445, zitieren. Zutreffend dazu, dass entsprechende Hypothesen *ab initio* unrealistisch sind, *Dolzer/Schreuer* (Fn. 6), 23.

175 Zur herausragenden Bedeutung des Rechtsschutzes für Auslandsinvestoren im betreffenden Gaststaat aus Sicht von Darlehens- und Risikokapitalgebern *Ulrich Klemm*, Die Bedeutung des Investitionsschutzrechts bei der Planung und Strukturierung eines Auslandsvorhabens, in: Christian Tietje (Hrsg.), International Investment Protection and Arbitration: Theoretical and Practical Perspectives, Berlin: Berliner Wissenschaftsverlag 2008, 161–170 (163–165).

176 Zutreffend *Dolzer/Schreuer* (Fn. 6), 23.

177 In diesem Kontext ist auch die neue sog. „EU-Taxonomie" zu sehen. Siehe Erwägungsgrund 9 Satz 1 und Art. 1 Abs. 1 der Verordnung (EU) 2020/852 des Europäischen Parlaments und des Rates vom 18. Juni 2020 über die Einrichtung eines Rahmens zur Erleichterung nachhaltiger Investitionen und zur Änderung der Verordnung (EU) 2019/2088, ABl. 2020 L 198/13.

178 Vgl. hierzu auch den Überblick bei *Fahira Brodlija/Nevena Jevremović/Amina Hasanović*, The Intersection of International Arbitration and Sustainable Development: Perspectives from Sarajevo, Kluwer Arbitration Blog v. 8.6.2022 (abrufbar unter <http://arbitrationblog.kluwerarbitration.com/2022/06/08/the-intersection-of-international-arbitration-and-sustainable-development-perspectives-from-sarajevo/>, zuletzt aufgerufen am 22.7.2022).

179 Siehe hierzu im Kontext der Novellierung des ECV den Vorschlag der EU in European Union text proposal for the modernisation of the Energy Charter Treaty, S. 2–3 (abrufbar unter: <https://trade.ec.europa.eu/doclib/docs/2021/february/tradoc_159436.pdf>, zuletzt aufgerufen am 30.4.2022).

180 Umfassende Zusammenstellung dieser und einer Vielzahl weiterer Optionen zur Ausrichtung von internationalen Investitionsabkommen am Ziel der nachhaltigen Entwicklung UNCTAD (Fn. 82), 92–114.

„Investition" ausschließen.[181] Investorenpflichten könnten wiederum durch Widerklagen des Gaststaates gegen den klagenden Investor in Stellung gebracht werden.[182]

Wegen ihres gewaltigen Investitionsbedarfs auch zur Erreichung der UN-Nachhaltigkeitsziele anerkennen wieder zunehmend mehr Entwicklungsländer, zumal in Afrika, dass internationale Investitionsverträge mit Streitbeilegungsklausel ausländischen Investoren das notwendige Maß an Rechtssicherheit vermitteln können, um das Wagnis einer Auslandsinvestition einzugehen.

6. Regionalisierung

Versucht man, solche regionalen Entwicklungen wie z. B. in Afrika für das Thema der Reform der Investor-Staat-Schiedsgerichtsbarkeit fruchtbar zu machen, so könnte das allerdings am Ende doch eher entmutigen. Weder geopolitische Konstrukte wie der „Globale Süden" oder die „Dritte Welt" noch geografische Regionen wie „Lateinamerika", „Südostasien" oder „Afrika" treten einem insoweit als wenigstens halbwegs monolithische Blöcke entgegen.[183] Vielmehr müssen die verschiedenen Weltregionen als experimentierfreudige Reallabore[184] für Reformen auf dem Gebiet des völkervertraglichen Investitionsschutzes und namentlich der Investor-Staat-Gerichtsbarkeit bzw. -Schiedsgerichtsbarkeit aufgefasst werden.

Ein erstes Beispiel bildet die EU. Im Innenverhältnis hat der EuGH die Intra-EU-Investor-Staat-Schiedsgerichtsbarkeit für unionsrechtswidrig erachtet[185] und damit ausgeschlossen. Dagegen hat der Gerichtshof eine gerichtliche Investor-Staat-Streitbeilegung im Außenverhältnis der EU zu Drittstaaten unter bestimmten Kautelen für unionsrechtskonform erachtet.[186] Für diese Extra-EU-Investor-Staat-Streitigkeiten hat die EU ein besonderes Modell, nämlich das Investitionsgerichtshof-System (ICS), entwickelt und in ihren jüngsten Freihandelsabkommen bzw. Investitionsschutzabkommen mit Kanada,[187] Singapur,[188] Vietnam[189] und Mexiko[190] fixiert. Zentrale Elemente dieses Systems einer Investor-Staat-Gerichtsbarkeit sind ein zweigliedriger, aus einem ständigen

---

181 Allgemein hierzu nur *Dolzer/Schreuer* (Fn. 6), 60–61, 248.

182 Zu Widerklagen nochmals unten 2. b) bb) aaa).

183 So auch die Beobachtung von *Roberts/St. John* (Fn. 55), 107, zu den aktuellen Verhandlungen in der UNCITRAL Working Group III.

184 Zum globalen Süden als einem Laboratorium für Rechtsinnovationen auf dem Gebiet des Investitionsschutzes *Morosini/Ratton Sanchez Badin* (Fn. 49), 1.

185 Weil und soweit die jeweilige zugrunde liegende Streitbeilegungsklausel, sei sie in einem Intra-EU-BIT (EuGH, C-284/16, *Achmea*, ECLI:EU:C:2018:158, Rn. 60), sei sie in einem sonstigen internationalen Investitionsabkommen, an dem die EU und ihre Mitgliedstaaten beteiligt sind (EuGH, C-741/19, *République de Moldavie*, ECLI:EU:C:2021:655, Rn. 66 zu Art. 26 Abs. 2 lit. c ECV), sei sie in einer *Ad-hoc*-Schiedsvereinbarung (EuGH, C-109/20, *PL Holdings*, ECLI:EU:C:2021:875, Rn. 56) enthalten, eine Streitigkeit erfasst, welche die Auslegung und Anwendung von Unionsrecht betreffen kann bzw. könnte.

186 Siehe EuGH, Gutachten 1/17, *CETA EU-Kanada*, ECLI:EU:C:2019:341, Rn. 119.

187 CETA.

188 Investitionsschutzabkommen zwischen der Europäischen Union und ihren Mitgliedstaaten einerseits und der Republik Singapur andererseits v. 18./19.10.2018 (EU Singapore Investment Protection Agreement – EUSIPA), COM(2018) 194 final.

189 Investitionsschutzabkommen zwischen der Europäischen Union und ihren Mitgliedstaaten einerseits und der Sozialistischen Republik Vietnam andererseits v. 30.6.2019 (EU Vietnam Investment Protection Agreement – EUVIPA), COM(2018) 693 final.

190 EU-Mexiko-Handelsabkommen (EU Mexico Trade Agreement – EUMTA), das allerdings bislang nur als Abkommen „in principle" existiert. Das im Grundsatz konsentierte Investitionsschutzkapitel ist

Gericht und einem Berufungsgericht bestehender Instanzenzug mit von der EU bzw. den Drittstaaten im Vorhinein, d. h. nicht *ad hoc* aus Anlass eines Streitfalls ernannten Richtern.[191] In Gestalt eines Multilateralen Investitionsgerichtshofs (MIC)[192] soll dieses Investitionsgerichtshofsystem nun nur noch für die universelle Ebene quasi geklont und so ein multilaterales, globales Forum für Investor-Staat-Gerichtsverfahren geschaffen werden. Daher werden die Vorschriften über die Investor-Staat-Streitbeilegung in den eben erwähnten EU-Freihandelsabkommen durch eine Klausel ergänzt, mit der sich die Vertragsparteien verpflichten, gemeinsam auf globaler Ebene auf die Errichtung eines Multilateralen Investitionsgerichtshofs hinzuwirken.[193]

Dieses Gerichtshofmodell scheint in anderen Weltregionen noch nicht Fuß gefasst zu haben. Andererseits lässt sich für die hier untersuchten Weltregionen (Afrika, Asien, Lateinamerika) auch kein einheitliches Lagebild präsentieren. Festzustellen ist vielmehr eine beachtliche Spreizung des Spektrums politischer Einstellungen zur Investor-Staat-Streitbeilegung und darauf beruhender Rechtsentwicklungen innerhalb der verschiedenen Regionen. Hintergrund hierfür dürften die bisweilen erheblichen Unterschiede hinsichtlich des wirtschaftlichen Entwicklungsstands, des Maßes und Verhältnisses von Kapitalimport und -export sowie der historischen Erfahrungen mit Verlauf und Ausgang von Investor-Staat-Schiedsverfahren sein.[194]

Für Lateinamerika und Asien können immerhin bestimmte Lager hinsichtlich ihrer Haltung zur tradierten Investor-Staat-Schiedsgerichtsbarkeit identifiziert werden.[195] Unterscheiden lassen sich Staaten, welche die Investor-Staat-Schiedsgerichtsbarkeit prinzipiell akzeptieren (Chile, China, Japan, Korea, Malaysia, Singapur, Thailand), von

abrufbar unter <https://trade.ec.europa.eu/doclib/docs/2018/april/tradoc_156814.pdf>, zuletzt aufgerufen am 30.4.2022.

191 Art. 8.27, 8.28 CETA; Art. 3.9, 3.10 EUSIPA; Art. 3.38, 3.39 EUVIPA; Art. 11, 12 EUMTA. Zur darin liegenden „Justizialisierung" der Investor-Staat-Streitbeilegung etwa *Angelos Dimopoulos*, EU Investment Agreements: A New Model for the Future, in: Julien Chaisse/Leïla Choukroune/Sufian Jusoh (Hrsg.), Handbook of International Investment Law and Policy, Singapore: Springer 2021, 2263–2284 (2280–2282).

192 Zum MIC oben in und bei Fn. 9-10.

193 Art. 8.29 CETA; Art. 3.12 EUSIPA; Art. 3.41 EUVIPA; Art. 14 EUMTA.

194 Siehe hierzu etwa *Vivienne Bath/Luke Nottage*, International Investment Agreements and Investor-State Arbitration in Asia, in: Julien Chaisse/Leïla Choukroune/Sufian Jusoh (Hrsg.), Handbook of International Investment Law and Policy, Singapore: Springer 2021, 2561–2596 (2562); siehe auch *Karen L. Remmer*, Investment Treaty Arbitration in Latin America, Latin American Research Review 54 (2019), 795–811 (806–807).

195 Die nachfolgende Einteilung stützt sich auf *Morosini/Ratton Sanchez Badin* (Fn. 49), 18–24, 37, 39; *Rodrigo Polanco Lazo/Anqi Wang*, Intra-Latin America Investor-State Dispute Settlement, in: Julien Chaisse/Leïla Choukroune/Sufian Jusoh (Hrsg.), Handbook of International Investment Law and Policy, Singapore: Springer 2021, 2677–2707, zum lateinamerikanischen Raum und auf *Bath/Nottage* (Fn. 194); *Ming Du/Wei Shen*, The Future of Investor-State Dispute Settlement: Exploring China's Changing Attitude, in: Julien Chaisse/Leïla Choukroune/Sufian Jusoh (Hrsg.), Handbook of International Investment Law and Policy, Singapur: Springer 2021, 2483–2506; *Tarciso Gazzini*, Second Generation IIAs: Japanese Perspective, Kluwer Arbitration Blog v. 12.3.2022 (abrufbar unter: <http://arbitrationblog.kluwerarbitration.com/2022/03/12/second-generation-iias-japanese-perspective/>, zuletzt aufgerufen am 14.7.2022), 4; *Setiawati* (Fn. 62), 2539–2559; *Makane Moïse Mbengue/Stefanie Schacherer*, Evolution of International Investment Agreements in Africa: Features and Challenges of Investment Law „Africanization", in: Julien Chaisse/Leïla Choukroune/Sufian Jusoh (Hrsg.), Handbook of International Investment Law and Policy, Singapur: Springer 2021, 2597–2618 (2601, 2603); *Morosini/Ratton Sanchez Badin* (Fn. 49), 16–21, 35–38; *Qumba* (Fn. 16), 201–202; *Heng Wang/Lu Wang*, China's Bilateral Investment Treaties, in: Julien Chaisse/Leïla Choukroune/Sufian Jusoh (Hrsg.), Handbook of International Investment Law and Policy, Singapur: Springer 2021, 2375–2394, zum asiatischen Raum.

solchen, welche sie tendenziell ablehnen (Bolivien, Brasilien, Ecuador, Indonesien, Südafrika, Venezuela), und solchen, die eine zurückhaltende, gewissermaßen mittlere Position einnehmen (Indien, Vietnam), etwa in dem Sinne, dass sie besonderen Wert auf das Prinzip der vorherigen Erschöpfung des nationalen Rechtswegs legen.[196]

Sollte man mit Rücksicht auf die *Calvo*-Doktrin annehmen, dass die lateinamerikanische Welt internationale Investor-Staat-Schiedsgerichtsbarkeit prinzipiell ablehnt,[197] so gilt das ganz eindeutig nur für Brasilien, das sich z. B. einer ICSID-Mitgliedschaft durchgehend verschlossen hat.[198] Bolivien, Ecuador und Venezuela haben ihrer Aversion gegen die internationale Investor-Staat-Schiedsgerichtsbarkeit freilich durch die Kündigung der ICSID-Konvention[199] und nachfolgend auch ihrer BITs Luft gemacht.[200] Chile hat dagegen durchgehend an der Investor-Staat-Schiedsgerichtsbarkeit festgehalten.[201] Überhaupt enthalten selbst die Intra-Lateinamerika-BITs Investor-Staat-Schiedsklauseln, und zwar nicht nur die BITs der ersten Generation.[202]

Darüber hinaus unterscheiden sich die lateinamerikanischen und asiatischen Staaten hinsichtlich ihrer Haltung zum EU-Vorschlag eines Multilateralen Investitionsgerichtshofs.[203] Argentinien,[204] Brasilien,[205] China,[206] Indien,[207] Indonesien[208] und Japan[209] und Korea[210] scheinen der EU keine Gefolgschaft leisten zu wollen. China kann sich aber immerhin ein ständiges Berufungsgremium vorstellen.[211]

Völlig unterbelichtet bleibt in der Reformdebatte leider oftmals Afrika, obwohl sich Stimmen der afrikanischen Völkerrechtswissenschaft mit großem Nachdruck Gehör zu verschaffen versuchen. Vereinzelt gipfelt das leicht überbordend in der kühnen These, ebenso wie Afrika Wiege der Menschheit gewesen sei, so sei es jetzt auch Wiege ei-

---

196 Wie namentlich Indien (;*Abhisar Vidyarthi*, Revisiting India's Position to Not Join the ICSID Convention, Kluwer Arbitration Blog v. 2.8.2020, 4 [abrufbar unter <http://arbitrationblog.kluwerarbitration.com/2020/08/02/revisiting-indias-position-to-not-join-the-icsid-convention/>, zuletzt aufgerufen am 2.5.2022).

197 Oben in und bei Fn. 159.

198 Und das sich auf der Grundlage von Abkommen über Zusammenarbeit und Investitionserleichterung nur auf alternative Streitbeilegung z. B. vor „National Focal Points" oder Ombudspersonen, allenfalls als *ultima ratio* auf zwischenstaatliche Streitbeilegung einlässt. Siehe hierzu Art. 18, 23 und 24 des Modellvertrags von 2015 (abrufbar unter <https://investmentpolicy.unctad.org/international-investment-agreements/treaty-files/4786/download>, zuletzt aufgerufen am 2.5.2022). Hierzu etwa *Katia Fach Gómez/Catharine Titi*, International Investment Law and ISDS: Mapping Contemporary Latin America, Journal of World Investment & Trade 17 (2016), 515–535 (522–524).

199 Wobei Ecuador der ICSID-Konvention im Jahr 2021 schon wieder beigetreten ist. Siehe <https://icsid.worldbank.org/about/member-states>, zuletzt ausgerufen am 2.5.2022.

200 *Polanco Lazo/Wang* (Fn. 198), 2681–2682, 2685–2687.

201 *Morosini/Ratton Sanchez Badin* (Fn. 49), 5, 21–24, 37, 40.

202 Siehe *Polanco Lazo/Wang* (Fn. 195), 2683–2685. Dazu, dass Investor-Staat-Streitbeilegung in Lateinamerika fest verankert ist, *Lluis Paradell/Santiago Gatica*, ISDS landscape in Latin America for 2022, Kluwer Arbitration Blog v. 19.4.2022 (abrufbar unter: <http://arbitrationblog.kluwerarbitration.com/2022/04/19/isds-landscape-in-latin-america-for-2022/>, zuletzt aufgerufen am 16.7.2022).

203 Siehe *Brower/Ahmat* (Fn. 14), 1155–1156.

204 *Setiawati* (Fn. 62), 2548.

205 *Setiawati* (Fn. 62), 2548.

206 *Wang/Wang* (Fn. 195), 2392.

207 *Setiawati* (Fn. 62), 2548.

208 *Setiawati* (Fn. 62), 2554–2558.

209 *Bath/Nottage* (Fn. 194), 2598.

210 *Bath/Nottage* (Fn. 194), 2591.

211 Siehe etwa *Anthea Roberts*, Incremental, Systemic, and Paradigmatic Reform of Investor-State Arbitration, American Journal of International Law 112 (2018), 410–432 (422–423).

ner neuen Ära der Investor-Staat-Streitbeilegung[212] – was heißen soll: die Welt erfährt die entscheidenden evolutionären Impulse für die zukünftige Spezies der (schieds-) gerichtsförmigen Investor-Staat-Streitbeilegung durch Afrika.

Das recht offen zur Schau getragene Selbstverständnis, zu den zentralen Akteuren auf dem Gebiet des internationalen Investitionsrechts und zumal der schiedsgerichtlichen Investor-Staat-Streitbeilegung zu gehören, hat durchaus eine gewisse Berechtigung. Zum einen spielten die afrikanischen Staaten eine bedeutende, aktive Rolle bei den Verhandlungen über die ICSID-Konvention.[213] Auch heute noch sind von 156 ICSID-Vertragsstaaten 46 Staaten vom afrikanischen Kontinent (bei 55 Mitgliedstaaten der Afrikanischen Union).[214] Zum anderen haben die afrikanischen Staaten zu wegweisenden Entwicklungsschritten des internationalen Investitionsrechts beigetragen, und zwar sowohl im Bereich der Rechtsetzung wie der Rechtsprechung.[215] Die prinzipielle Offenheit der allermeisten afrikanischen Staaten für die völkerrechtliche Investor-Staat-Schiedsgerichtsbarkeit beruht auf der ganz pragmatischen und zutreffenden Einsicht, dass eine nachhaltige wirtschaftliche und soziale Entwicklung aus eigener Kraft ohne ausländische Investitionen nicht zu stemmen ist.[216] BITs bzw. Freihandelsabkommen mit Investor-Staat-Schiedsklauseln sollen den ausländischen Investoren rechtlichen Flankenschutz geben.[217]

Tatsächlich entfalten die afrikanischen Staaten momentan eine hohe, primär nach innen gewendete, intra-afrikanische Regulierungsaktivität auf bilateraler, regionaler wie kontinentaler Ebene[218] und bringen dabei die Investor-Staat-Streitbeilegung in verschiedenster Form zur Geltung. Speziell im Kontext der Reformdebatte um das internationale Investitionsrecht und die internationale Investor-Staat-Schiedsgerichtsbarkeit ist deshalb nicht zu Unrecht auch von der „Afrikanisierung" des Investitionsvölkerrechts die Rede.[219]

Dies zeigt sich einerseits in BITs der jüngsten Zeit, welchen Modellcharakter für einen modernen völkervertraglichen Investitionsschutz zugeschrieben wird. Kennzeichnend sind dabei das prinzipielle Festhalten am Institut der schiedsgerichtlichen Investor-Staat-Streitbeilegung sowie die konsequente Ausrichtung des völkervertraglichen Investitionsrechts am Ziel der nachhaltigen Entwicklung.[220] Insbesondere soll das intra-afrikanische internationale Investitionsrecht stärker an den Bedürfnissen wirtschaftlicher und sozialer Entwicklung der afrikanischen Staaten ausgerichtet werden.[221] Zu

---

212 *Mbengue* (Fn. 80), 269.
213 *Anne Hankings-Evans*, The Africanization of International Investment Disputes – from Past to Present, VerfBlog v. 23.7.2020, 2–3 (abrufbar unter <https://verfassungsblog.de/the-africanization-of-in­ternational-investment-disputes-frompast-to-present/>, zuletzt aufgerufen am 29.4.2022); *Mbengue* (Fn. 80), 263–264, 267–268.
214 Ebenso die Zählung von *Hankings-Evans* (Fn. 213), 2.
215 *Qumba* (Fn. 71), 49–51.
216 *Qumba* (Fn. 71), 52.
217 Skeptisch dagegen *Dagbanja* (Fn. 18), 3–4.
218 *Qumba* (Fn. 16), 204.
219 *Mbengue/Schacherer* (Fn. 195), 2598, 2615.
220 *Qumba* (Fn. 71), 55.
221 Vgl. *Mbengue* (Fn. 80), 266–267. Hierbei spielt das „right to regulate" (auch) insofern eine besondere Rolle, als es afrikanischen Staaten „affirmative action"-Maßnahmen ermöglichen soll, um historisches Unrecht der Rassendiskriminierung wiedergutzumachen. Zu diesem Aspekt etwa *Meredith A. Strike*, Investor-State Dispute Settlement in Sub-Saharan Africa: Suggestions for Reform, African Journal of International and Comparative Law 27 (2019), 150–160 (156).

diesem Zweck soll die Investor-Staat-Streitbeilegung auch vorzugsweise vor afrikanischen Schiedsinstitutionen stattfinden.[222] Dabei wird auch an einen afrikanischen Investitionsgerichtshof gedacht.[223] Letztlich sind es im Wesentlichen nur die südlichsten Staaten Afrikas, nämlich Südafrika[224] und die mit ihm in der Entwicklungsgemeinschaft für das südliche Afrika (SADC) zusammengeschlossenen Staaten, die sich einstweilen von der Investor-Staat-Schiedsgerichtsbarkeit verabschiedet haben.[225]

Namentliche exemplarische Erwähnung findet stets der zwischen Nigeria und Marokko im Jahr 2016 abgeschlossene, in der Tat sehr moderne BIT.[226] Andererseits haben auch die regionalen Wirtschaftsgemeinschaften Afrikas eigene Investitionsschutzinstrumente hervorgebracht.[227] Besonders bemerkenswert ist, dass nach jenen regionalen Instrumenten die Gemeinschaftsgerichtshöfe für die Investor-Staat-Streitbeilegung zuständig sein sollen, sofern kein anders Forum gewählt wird.[228]

Darüber hinaus bestehen ehrgeizige Bestrebungen, einen einheitlichen, kontinentalweiten Rechtsrahmen für den internationalen Investitionsschutz zu schaffen. Hierzu zählt der Panafrikanische Investitionskodex (PAIC), der allerdings rechtlich unverbindlich ist. Nach ihm sind Investor-Staat-Schiedsverfahren außerdem nicht als Regelfall der Investor-Staat-Streitbeilegung vorgesehen.[229] Rechtlich bindend wäre dagegen voraussichtlich das im Moment im Rahmen der Afrikanischen kontinentalen Freihandelszone (AfCFTA) verhandelte Investitionsprotokoll. Ob jenes allerdings den Zugang zu Investor-Staat-Schiedsverfahren vorsehen wird, scheint nach gegenwärtigem Stand nicht gesichert.[230]

Dieser Streifzug durch einige Regionen dieser Welt vermag keine letzte Klarheit zu vermitteln, in welche Richtung sich die Reform der Investor-Staat-Schiedsgerichtsbarkeit bewegen wird. Deutlich wird aber nach alledem, dass ein globaler „wind of change" weht. Doch wohin wird oder soll er tragen?

---

222 Siehe (allerdings hierzu auch sehr kritisch) *Qumba* (Fn. 16), 203, 229–231.
223 *Qumba* (Fn. 71), 55.
224 *Qumba* (Fn. 71), 48, 52.
225 *Qumba* (Fn. 71), 52, 58–60.
226 *Hankings-Evans* (Fn. 213), 4.
227 *Mbengue/Schacherer* (Fn. 195), 2607–26013.
228 Siehe z. B. Art. 36 Abs. 1 des Investment Agreement for the COMESA Common Investment Area, COMESA Official Gazette 21 (2018), 95–120 (abrufbar unter <www.comesa.int/wp-content/uploads/2019/04/COMESA-Gazette-Volume-21-Final_upload_web.pdf>, zuletzt aufgerufen am 7.5.2022); Art. 54 Abs. 2 des Code des investissements de la CEDEAO (ECOWIC) v. 2018 (abrufbar unter <https://wacomp.projects.ecowas.int/wp-content/uploads/2020/03/ECOWAS-COMMON-IN-VESTMENT-CODEFRENCH.pdf>, zuletzt aufgerufen am 7.5.2022). Allerdings sind diese Instrumente offenbar noch nicht in Kraft getreten, siehe *Théobald Naud/Ben Sanderson/Maxime Desplats*, Investment Arbitration in Africa, Global Arbitration Review v. 26.5.2021 (bei Fn. 40) (abrufbar unter <https://globalarbitrationreview.com/review/the-middle-eastern-and-african-arbitration-review/2021/article/investment-arbitration-in-africa>, zuletzt aufgerufen am 7.5.2022).
229 *Qumba* (Fn. 16), 203–205, 212.
230 *Ibukunoluwa Owa*, To What Extent Will the AfCFTA Impact the Number of ISDS Cases Involving African States? Kluwer Arbitration Blog v. 14.3.2021, 4 (abrufbar unter <http://arbitrationblog.kluwerarbitration.com/2021/03/14/to-what-extent-will-the-afcfta-impact-the-number-of-isds-cases-involving-african-states/>, zuletzt aufgerufen am 7.5.2022).

V. Folgerungen

1. Beibehaltung einer internationalen (schieds-)gerichtsförmigen Investor-Staat-Streitbeilegung

a) Abschaffung als Schwächung der Völkerrechtsordnung

Die völlige Abschaffung einer internationalen (schieds-)gerichtsförmigen Investor-Staat-Streitbeilegung kann nicht ernstlich zur Debatte stehen. Sie würde die moderne, zumal menschenrechtsgeprägte Völkerrechtsordnung normativ erheblich zurückwerfen. Sie käme einem zivilisatorischen Rückschritt des modernen Völkerrechts gleich. Denn der gänzliche Wegfall einer völkerrechtlichen Investor-Staat-Gerichtsbarkeit würde die partielle Völkerrechtsfähigkeit des Auslandsinvestors drastisch schwächen.

Zu den zentralen Errungenschaften des modernen Völkerrechts nach 1945 gehört die Entwicklung des internationalen Menschenrechtsschutzes.[231] Die Staaten haben im hoheitlichen Zusammenwirken ihre innerstaatlichen Hoheitsbeziehungen zum Einzelnen dem Völkerrecht unterworfen, sich in dieser Weise rechtlich diszipliniert und die internationale Gemeinschaft damit auf ein neues Niveau menschlicher Zivilisiertheit gehoben. Kraft ihrer völkerrechtlichen Rechtsetzungsgewalt haben die Staaten dem Einzelnen völkerrechtsunmittelbare Rechte verliehen, den Einzelnen damit zum partiellen Völkerrechtssubjekt erhoben und insoweit den Einzelnen aus seiner innerstaatlichen Unterworfenheit unter die staatliche Hoheitsgewalt herausgelöst.[232] Diese völkerrechtlich geregelte Rechtsbeziehung zwischen Einzelnem und Staat bedeutet zugleich, dass sie dem nationalen Recht insoweit entzogen, vom nationalen Recht insoweit gelöst (abstrahiert) ist, als der Staat sie nicht mehr beliebig mithilfe seines nationalen Rechts abweichend gestalten kann.[233]

Genau genommen bildet das internationale Investitionsschutzrecht nur eine Sonderausprägung des internationalen Menschenrechtsschutzes[234] für eine bestimmte Situation, nämlich die Lage des Auslandsinvestors im Gaststaat, welcher durch das internationale Investitionsrecht aus seiner innerstaatlichen Unterworfenheit unter die gaststaatliche Hoheitsgewalt herausgelöst wird.[235] Dabei scheinen die Entwicklungen der beiden Rechtsgebiete, des internationalen Menschenrechtsschutzes einerseits und des internationalen Investitionsschutzes andererseits, nur vordergründig unabhängig voneinander zu verlaufen.[236] Dass sich zwei rechtliche (hier: die Rechtsstellung des Einzelnen ge-

---

231 Hierzu *Dinah Shelton*, Advanced Introduction to International Human Rights Law, 2. Aufl., Cheltenham u. a.: Edward Elgar 2020, 15–43.

232 Dazu schon oben in und bei Fn. 115-118.

233 Allgemein hierzu etwa *Malcolm N. Shaw*, International Law, 9. Aufl., Cambridge: Cambridge University Press 2021, 114–118.

234 Anders aber *Peters* (Fn. 114), S. 318–321; siehe ferner *Hirsch* (Fn. 114), 107–113, dessen Begründungsansatz einer ‚public/private divide' allerdings im Lichte jüngerer rechtlicher, rechtswissenschaftlicher und rechtspolitischer Entwicklungen auf dem Gebiet des internationalen Investitionsrechts jedenfalls heute als antiquiert erscheint. Gegen eine „(quasi-)menschenrechtliche" Rechtsstellung der Auslandsinvestoren außerdem *Gourgourinis* (Fn. 119), S. 159–182.

235 Siehe schon oben in und bei Fn. 119-127.

236 Das Narrativ, das alle Darstellungen zur Entstehung des internationalen Investitionsrechts durchzieht, ist, dass der völkerrechtliche Schutz des Auslandsinvestors auf einer Linie mit dem Fremdenrecht liegt. Siehe z. B. *David Collins*, An Introduction to International Investment Law, Cambridge: Cambridge University Press 2017, 6–18. Interessanterweise wird das Fremdenrecht auch in die historischen

genüber dem Staat betreffende) Entwicklungsschienen mit zeitlich versetzten Entwicklungsschüben gebildet haben, liegt an der Kontingenz jeder, nicht nur völkerrechtlicher Rechtsentwicklung.

Das zentrale Wesenselement, welches den internationalen Investitionsschutz mit dem internationalen Menschenrechtsschutz wesensmäßig koppelt, ist die Reaktion des Rechts auf typische, historisch-empirisch belegbare, schwere Unrechtserfahrungen des Einzelnen,[237] zumal in seiner Stellung als Ausländer: Enteignung,[238] Diskriminierung,[239] physische Gewalt,[240] „déni de justice",[241] sonstige Willkür.[242] Genau hierauf reagieren die primär völkervertraglichen Investitionsschutzstandards.[243]

Zwar würde mit der Beseitigung der (schieds-)gerichtlichen Investor-Staat-Streitbeilegung nicht zugleich das materielle internationale Investitionsrecht aufgehoben, d. h. die dem Investor subjektiv-rechtliche Rechtspositionen vermittelnden Investitionsschutzstandards[244] blieben erhalten. Der Rückschritt hinter den erreichten Stand des modernen Völkerrechts[245] wäre gleichwohl immens. Denn ebenso wie die (schieds-)gerichtsförmige Investor-Staat-Streitbeilegung die Subjektstellung des einzelnen Investors effektuiert, würde deren Beseitigung die partielle Völkerrechtsfähigkeit des Auslandsinvestors zumindest massiv schwächen. Außerdem lässt sich nicht ausschließen, dass damit ein schwerwiegender Kollateralschaden auch für die internationale, (schieds-) gerichtsförmige Durchsetzung der Menschenrechte verbunden sein könnte. Denn die regionalen Menschenrechtsgerichtshöfe ziehen ohnehin immer wieder scharfe Kritik

---

Entwicklungslinien hin zum internationalen Menschenrechtsschutz gestellt. Siehe z. B. *Buergenthal/ Thürer* (Fn. 119), 12–13. Trotz dieses gemeinsamen entwicklungsgeschichtlichen Bezugspunkts (so auch *Peters* [Fn. 114], S. 318) wird die spezifische Nähe des internationalen Menschenrechtsschutzes zum internationalen Investitionsrecht nicht gesehen bzw. anerkannt.

237 Vgl. insoweit zum internationalen Menschenrechtsschutz *Christian Tomuschat*, Human Rights: Between Idealism and Realism, 3. Aufl., Oxford: Oxford University Press 2014, 12–13, 27–28. Spezifisch diese materiale Perspektive ermöglicht es, sich von der Vorstellung (etwa *Peters* [Fn. 114], S. 319 unter Bezugnahme auf *Gourgourinis* [Fn. 119], S. 171; ähnlich *Hirsch* [Fn. 114], 109–110) zu lösen, investitionsvölkervertraglicher Individualschutz sei mit der synallagmatischen Natur internationaler Investitionsabkommen dergestalt unauflöslich verknüpft, dass er hinter dem weit mehr als bloß reziproken, nämlich objektiven Versprechen der Menschenrechtsverträge wesensmäßig zurückbleibe.

238 Schutz gewähren Enteignungsklauseln. Siehe z. B. Art. 4 Abs. 2 des Vertrags zwischen der Bundesrepublik Deutschland und dem Königreich Bahrain über die Förderung und den gegenseitigen Schutz von Kapitalanlagen v. 5.2.2007 (BIT Deutschland-Bahrain; BGBl. II 2008, 494).

239 Schutz gewähren Klauseln über die Meistbegünstigung und die Inländerbehandlung sowie über das Verbot willkürlicher oder diskriminierender Maßnahmen. Siehe z. B. Art. 2 Abs. 2, Art. 3 Abs. 1 und 2, Art. 4 Abs. 3 Satz 1 und Abs. 4 BIT Deutschland-Bahrain.

240 Schutz gewähren Klauseln über vollen Schutz und volle Sicherheit und über gerechte und billige Behandlung. Siehe z. B. Art. 2 Abs. 1 Satz 2, Art. 4 Abs. 1 BIT Deutschland-Bahrain. Vgl. hierzu *Dolzer/Schreuer* (Fn. 6), 159–160, 162–163.

241 Schutz gewährt etwa die Klausel über gerechte und billige Behandlung, ggf. auch über vollen Schutz und volle Sicherheit. Siehe z. B. Art. 2 Abs. 1 Satz 2, Art. 4 Abs. 1 BIT Deutschland-Bahrain. Vgl. hierzu *Dolzer/Schreuer* (Fn. 6), 154–156, 163–165, 178–182.

242 Schutz gewährt etwa die Klausel über gerechte und billige Behandlung und über das Verbot willkürlicher oder diskriminierender Maßnahmen. Siehe z. B. Art. 2 Abs. 1 Satz 2, Abs. 2 BIT Deutschland-Bahrain. Vgl. hierzu *Dolzer/Schreuer* (Fn. 6), 145–152, 156–158, 191–195.

243 Siehe auch *Van Harten/Loughlin* (Fn. 29), 130.

244 Dazu oben in und bei Fn. 119.

245 Zu den seltenen Fällen, in welchen dem Einzelnen direkter Zugang zu internationalen, letztlich immer nur *ad hoc*, typischerweise aus Anlass von Kriegen oder revolutionären Ereignissen errichteten, deshalb *ratione temporis*, *ratione loci*, *ratione materiae* und *ratione personae* immer nur eng begrenzt mandatierten (Schieds-)Gerichten, sog. Claims Commissions, gewährt wurde *Van Harten/Loughlin* (Fn. 29), 129.

auf sich, zumal Kritik der vom Vorwurf der Menschenrechtsverletzung betroffenen Staaten.[246]

Darüber hinaus würde die Abschaffung einer (schieds-)gerichtsförmigen Investor-Staat-Streitbeilegung der „rule of law" zuwiderlaufen.[247] Herrschaft des Rechts manifestiert sich maßgeblich im Wege gerichtlicher Rechtsdurchsetzung.[248] Vor allem obligatorische Gerichtsbarkeit ermöglicht, in praktisch wirksamer Weise um das Recht zu kämpfen. Und es ist erst dieser Kampf ums Recht, in welcher sich das Recht bewährt und so im kollektiven Bewusstsein als gemeinsame Vorstellung für ein zivilisiertes Zusammenleben erhalten bleibt.[249]

Im Kontext des internationalen Investitionsrechts und namentlich der Investor-Staat-Streitbeilegung wird die „rule of law" allzu oft primär auf die nationale Ebene vornehmlich des Gaststaates bezogen.[250] Selbstverständlich vermag das durch eine (schieds-)gerichtsförmige Investor-Staat-Streitbeilegung effektuierte völkervertragliche Investitionsschutzrecht die Rechtsstaatlichkeit in den Gaststaaten zu stärken oder überhaupt erst auszuformen.[251] Nicht minder wichtig ist aber die Verwirklichung von „rule of law" auf der internationalen Ebene als Idee einer Herrschaft des Völkerrechts. Die nach geltendem völkervertraglichem Investitionsschutzrecht errichtete Investor-Staat-Schiedsgerichtsbarkeit, die regelmäßig eine für den Gaststaat obligatorische völkerrechtliche Gerichtsbarkeit ist, bedeutet dementsprechend einen elementaren Baustein der Herrschaft des Völkerrechts.[252]

b) Keine gleichwertigen Alternativen

Gleichwertige Alternativen, welche an die Stelle einer internationalen (schieds-)gerichtsförmigen Investor-Staat-Streitbeilegung treten könnten, sind nicht ersichtlich. Diese Feststellung gilt für den internationalen Menschenrechtsschutz ebenso wie für den diplomatischen Schutz und den Versicherungsschutz, den Schutz durch Investor-Staat-Vertrag wie den Schutz durch Formen der sog. Alternative Dispute Resolution (ADR).

---

246 Siehe hierzu etwa *Shelton* (Fn. 231), 291–297.

247 Besondere Prominenz hat das „rule of law"-Prinzip auf der völkerrechtlichen Ebene vor allem durch die „Declaration of the high-level meeting of the General Assembly on the rule of law at the national and international levels" (UN, GV Resolution 67/1, 30.11.2012, A/RES/67/1) erhalten. Siehe aber auch schon zuvor UN, GV Resolution 61/39, 18.12.2006, A/RES/61/39.

248 So auch für die „rule of law" im Völkerrecht *Robert McCorquodale*, Defining the International Rule of Law: Defying Gravity? International and Comparative Law Quarterly 65 (2016), 277–304 (296).

249 Hierzu *Rudolf von Jhering*, Der Kampf ums Recht, 1872.

250 *Howse* (Fn. 27), 397–402.

251 Siehe hierzu die sich aus den Investitionsschutzstandards ergebenden Anforderungen oben in und bei Fn. 238-242.

252 In diesem Sinne auch schon *Velimir Živković*, International Rule of Law through International Investment Law – Strengths, Challenges and Opportunities, KFG Working Paper Series, Nr. 16, Berlin: Berlin Potsdam Research Group „The International Rule of Law – Rise or Decline?" 2018, 16. Vgl. auch *Christian Tietje*, Investor-State arbitration as part of the international rule of law, Völkerrechtsblog v. 4.7.2016 (abrufbar unter <https://voelkerrechtsblog.org/de/investor-state-arbitration-as-part-of-the-international-rule-of-law/>, zuletzt aufgerufen am 7.5.2022).

aa) Menschenrechtsschutz

Der internationale Menschenrechtsschutz entbehrt auf universeller Ebene einer gerichtlichen Form der Streitbeilegung, die vom betroffenen Einzelnen selbst gegen den jeweiligen Staat eingeleitet werden kann. Regionale Menschenrechtsgerichtshöfe existieren nur für Afrika, Amerika und Europa.[253] Dabei kann nicht jeder der regionalen Menschenrechtsgerichtshöfe unmittelbar vom Einzelnen im Wege einer Individualbeschwerde angerufen werden.[254] Vor allem aber scheitert ein dem internationalen Investitionsrecht äquivalenter Schutz daran, dass bereits auf der Ebene des materiellen Rechts die für einen menschenrechtlichen Investitionsschutz notwendigen Rechtsgrundlagen fehlen oder unzureichend sind.[255]

bb) Diplomatischer Schutz

Auch der diplomatische Schutz vermag die (schieds-)gerichtsförmige Investor-Staat-Streitbeilegung nicht zu ersetzen.[256] Selbstverständlich könnte der Heimatstaat die Verletzung völkervertraglicher materieller Investitionsschutzstandards in der Person des Investors gegenüber dem Gaststaat geltend machen.[257] Dabei könnte jener zwischenstaatliche Streit – je nach Vorliegen und Inhalt einer etwaigen völkervertraglichen Schiedsklausel oder Ad-hoc-Schiedsabrede – auch vor einem internationalen (Schieds-)Gericht ausgetragen werden.[258] Allerdings hat der Investor in dieser Konstellation nicht die Stellung eines Verfahrensbeteiligten und kann völkerrechtlich weder die Einleitung noch den Gang des rein zwischenstaatlichen Verfahrens beeinflussen.[259] Das wirkt sich ferner dahingehend aus, dass ein etwaiger Anspruch auf Schadensersatz nur dem Heimatstaat zustehen würde und deshalb nur jenem (schieds-)gerichtlich zugesprochen werden könnte.[260] Ob der Investor gegen seinen Heimatstaat einen Anspruch auf Auskehrung der gaststaatlichen Ersatzleistung hätte, ist ebenso allein vom innerstaatlichen Recht abhängig[261] wie die Frage, ob der Investor die Ausübung diplomatischen

---

253 Oben in und bei Fn. 128-129.

254 Vgl. Art. 34 EMRK, Art. 44, 61 AMRK, Art. 29, 30 des Statuts des Afrikanischen Gerichtshofs für Gerechtigkeit und Menschenrechte v. 1.7.2008 (abrufbar unter <https://au.int/en/treaties/protocol-statute-african-court-justice-and-human-rights>, zuletzt aufgerufen am 9.5.2022) und Art. 5 Abs. 3, 34 Abs. 6 des Protokolls zur Banjul-Charta über die Errichtung eines Afrikanischen Gerichtshofs für Menschenrechte und Rechte der Völker v. 10.6.1998 (abrufbar unter: <www.achpr.org/public/Document/file/English/achpr_instr_proto_court_eng.pdf>, zuletzt aufgerufen am 25.7.2022).

255 Oben in und bei Fn. 131. Dazu, dass der internationale Menschenrechtsschutz selbst unter der EMRK den internationalen Investitionsschutz nicht entbehrlich macht, *Tomuschat* (Fn. 132), 655–656.

256 Anders wohl die Einschätzung von *Sornarajah* (Fn. 73), 613.

257 Grundlegend StIGH, *Mavrommatis (Greece v. UK)*, Urt. v. 30.8.1924, Series A No. 2, 12.

258 So hatte der IGH bereits in mehreren, wenngleich an Zahl wenigen Auslandsinvestitionsfällen zu entscheiden, so in IGH, *Anglo-Iranian Oil Co. (United Kingdom v. Iran)*, Urt. v. 22.7.1952, ICJ Reports 1952, 93; IGH, *Nottebohm (Liechtenstein v. Guatemala)*, Second Phase, Urt. v. 6.4.1955, ICJ Reports 1955, 4; IGH, *Barcelona Traction (Belgium v. Spain)*, Second Phase, Urt. v. 5.2.1970, ICJ Reports 1970, 3; IGH, *ELSI (USA v. Italy)*, Urt. v. 20.7.1989, ICJ Reports 1989, 15; IGH, *Ahmadou Sadio Diallo (Guinea v. DRC)*, Merits, Urt. v. 30.11.2010, ICJ Reports 2010, 639.

259 Siehe *Yannick Radi*, Rules and Practices of International Investment Law and Arbitration, Cambridge: Cambridge University Press 2020, 252.

260 Was den IGH im Fall IGH, *Ahmadou Sadio Diallo (Guinea v. DRC)*, Compensation, Urt. v. 19.6.2012, ICJ Reports 2012, 324 (Rn. 57), nicht ohne Grund zu der Feststellung veranlasste: „The Court recalls that the sum awarded to Guinea in the exercise of diplomatic protection of Mr. Diallo is intended to provide reparation for the latter's injury."

261 Vgl. auch *Radi* (Fn. 259), 252.

Schutzes durch seine Heimatstadt erzwingen könnte.[262] Zumindest nach allgemeinem Völkerrecht steht es jedenfalls im Grundsatz im freien Ermessen des Heimatstaates, diplomatischen Schutz wahrzunehmen.[263] Bei dieser Ermessensausübung wird sich der Heimatstaat stets von vielerlei außenpolitischen Überlegungen leiten lassen.[264] Nicht nur unter diesem Aspekt trägt eine (schieds-)gerichtsförmige Investor-Staat-Streitbeilegung ganz erheblich zur Entpolitisierung der Streitbeilegung bei.[265] Denn darüber hinaus begegnen sich Investor und Gaststaat im Fall völkerrechtsbasierter (schieds-) gerichtlicher Streitbeilegung gleichsam auf „neutralem" Grund.[266] Das internationale Investitionsschutzrecht ist ebenso wie das internationale Streitbeilegungsrecht der jederzeitigen, gewillkürten Abänderbarkeit des Gaststaates entzogen.[267]

cc) Nationaler Rechtsschutz

Nachdem sich der ausländische Investor bewusst dafür entschieden hat, sich unter eine fremde Rechtsordnung, nämlich diejenige des Gaststaates, zu begeben, wäre es an sich folgerichtig, den Investor auf den nationalen Rechtsweg vor den gaststaatlichen Gerichten zu verweisen.[268] Geht es dem Investor allerdings spezifisch darum, eine Verletzung der in einem BIT oder Freihandelsabkommen vereinbarten materiellen Investitionsschutzstandards geltend zu machen, stellt sich das Problem, ob und inwieweit die einschlägigen Vertragsklauseln innerstaatlich gelten und gerichtlich anwendbar sind.[269] Werden ferner vom nationalen Recht losgelöste, völkervertragliche subjektiv-rechtliche Schutzstandards speziell festgelegt, spricht außerdem viel dafür, sie vom nationalen Recht und das heißt auch prinzipiell[270] vom nationalen Rechtsweg losgelöst durchsetzen zu können.[271]

Darüber hinaus können durchgreifende Zweifel an der Unabhängigkeit und Unparteilichkeit der gaststaatlichen Gerichte bestehen, die über Rechtsbehelfe eines ausländischen Investors zu entscheiden haben. Das gilt zum einen von vornherein in solchen Staaten, deren rechtsstaatliche Bilanz ohnehin prekär ist. Ferner könnten nationale Gerichte dem „institutional bias" ausgesetzt sein,[272] wonach sie tendenziell, unter Umständen auch unter dem Eindruck von Protesten der einheimischen Bevölkerung, dazu

---

262 Art. 19 der ILC-Artikel über diplomatischen Schutz v. 2006 (UN, GV Official Reports, Sixty-first session, Supplement No. 10 [A/61/10]: Report of the International Law Commission Fifty-eighth session [1.5.-9.6., 3.7.-11.8.2006], 16–21 [21]) versucht, die Position des Einzelnen zu stärken, ohne ihm allerdings subjektiv-rechtliche Rechtspositionen einzuräumen.

263 IGH, *Barcelona Traction (Belgium v. Spain)*, Second Phase, Urt. v. 5.2.1970, ICJ Reports 1970, 3 (Rn. 78–79).

264 Das würde erst recht gelten, sollte der Heimatstaat erwägen, einseitige Maßnahmen der Rechtsdurchsetzung wie Retorsion oder Repressalie zu ergreifen.

265 Zu dieser Idee (einer „Depolitisierung") schon oben in Fn. 53.

266 Vgl. *Brower/Ahmat* (Fn. 14), 1149.

267 Vgl. auch hierzu schon oben in und bei Fn. 233.

268 Zumal jene Gerichte in der Regel auch die engste Verbindung zur konkreten Investor-Staat-Streitigkeit haben. Siehe hierzu *Collins* (Fn. 236), 217.

269 Vgl. *Jeswald W. Salacuse*, The Law of Investment Treaties, Oxford: Oxford University Press 2010, 358.

270 Vorbehaltlich z. B. einer „local remedies rule" (vgl. im internationalen Menschenrechtsschutz etwa Art. 35 Abs. 1 EMRK, Art. 2 des ersten Fakultativprotokolls zu dem Internationalen Pakt über bürgerliche und politische Rechte v. 19.12.1966 [1. FP-IPbpR]; BGBl. II 1992, 1247).

271 Exemplarisch kann hierfür wiederum auf den internationalen Menschenrechtsschutz verwiesen werden. Siehe etwa die Möglichkeit der Individualbeschwerden zum EGMR (Art. 34 Satz 1 EMRK) oder zum UN-Menschenrechtsausschuss (Art. 1 Satz 1, Art. 3 1. FP-IPbpR).

272 Siehe schon oben in und bei Fn. 53.

neigen könnten, zugunsten des eigenen Staates zu entscheiden.[273] Von diesen Bedenken könnten selbst auf Investitionsrecht spezialisierte nationale Spruchkörper[274] nicht befreien, und zwar auch dann nicht, wenn jene völkervertragliche materielle Investitionsschutzstandards unmittelbar anzuwenden hätten. Den „neutralen" Grund für die Streitbeilegung bildet ein völkerrechtsbasiertes, den Streit völkerrechtlich entscheidendes internationales (Schieds-)Gericht.[275]

dd) Versicherungsschutz

Denkbar wäre, den ausländischen Investor auf Versicherungsschutz zu verweisen.[276] Tatsächlich lassen sich Auslandsinvestitionen gegen wirtschaftliche wie auch politische Risiken versichern.[277] Allerdings stellt sich nicht nur die Frage, ob und in welchem Umfang und hinsichtlich welcher Risiken der Investor überhaupt Versicherungsschutz erhalten kann,[278] sondern auch, ob und inwieweit die abgeschlossene Versicherung den tatsächlich eingetretenen Schadensfall erfasst. Etwaige Lücken im Versicherungsschutz[279] müssten gegebenenfalls überbrückt werden. Die Möglichkeit, ein völkerrechtliches, (schieds-)gerichtsförmiges Verfahren der Investor-Staat-Streitbeilegung einzuleiten, böte dem Auslandsinvestor quasi eine Form lückenfüllender „Rückversicherung".[280]

Vor allem aber legen Versicherer unter Umständen ihrerseits Wert darauf, dass die Auslandsinvestition rechtlich, insbesondere durch Möglichkeiten des gerichtlichen Rechtsschutzes abgesichert ist.[281] Das war sogar der primäre Sinn und Zweck des weltweit ersten BIT, abgeschlossen im Jahr 1959 zwischen Deutschland und Pakistan.[282] Denn der Bundesfinanzminister war haushaltsgesetzlich ermächtigt worden, Bürgschaften, Garantien oder sonstige Gewährleistungen für private deutsche Auslandsinvestitionen zu übernehmen, aber nur unter der Voraussetzung, dass „zwischen der Bundesrepublik Deutschland und dem Land, in dem das Kapital angelegt wird, eine Vereinbarung über die Behandlung von Kapitalanlagen besteht, oder, solange dies nicht der Fall ist, durch die Rechtsordnung des betreffenden Landes oder in sonstiger Weise ein ausreichender Schutz der Kapitalanlage gewährleistet erscheint."[283] Der deutsch-pakistanische BIT stellte insofern „in sich bereits die rechtliche Voraussetzung für die Gewährung einer Garantie im Sinne [der Haushaltsgesetze] dar mit der Wirkung, daß im Falle einer

---

273 Zu allen diesen Problemen *Salacuse* (Fn. 269), 358.

274 Dazu, dass Richter der staatlichen Gerichte oftmals kaum oder keine Expertise im internationalen Investitionsschutz sowie allgemeiner in der Auslegung völkerrechtlicher Verträge haben, etwa *Collins* (Fn. 236), 217.

275 Siehe schon oben in und bei Fn. 266.

276 Hierfür vor allem *Howse* (Fn. 27), 375, 391, 402.

277 Näher etwa *Dolzer/Schreuer* (Fn. 6), 228–231.

278 Unter Umständen können auch die Versicherungsprämien für manche Investoren schlicht zu hoch sein. Vgl. auch *Puig/Shaffer* (Fn. 32), 386–387.

279 Die indes *Howse* (Fn. 27), 375–376, 382 prinzipiell nicht sieht, ausgenommen die von ihm sog. „hold-up scenarios", in welchen der Gaststaat die in seinem Gebiet versenkte Investition gleichsam kapert, z. B. durch Enteignung.

280 Gegen eine solche Notwendigkeit *Howse* (Fn. 27), 375, 391, 402.

281 Was wiederum der Grund dafür sein könnte oder dürfte, dass Versicherer wie die MIGA letztlich selten einspringen müssen. *Howse* (Fn. 27), 380, 382, führt diesen Umstand dagegen im Fall der MIGA darauf zurück, dass die Agentur Investitionsvorhaben vor Gewährung einer Garantie im Hinblick auf ihre gesellschaftlichen und Umweltfolgen abschätze (vgl. hierzu auch Art. 12 *lit.* d Ziff. i]-iii] MIGA-Übereinkommen).

282 Oben in Fn. 120.

283 BT-Drs. 3/2495, 13. Hierzu auch *Venzke/Günther* (Fn. 124), 101–102.

Garantiegewährung in der Regel nicht mehr zu prüfen sein wird, ob durch die Rechtsordnung Pakistans oder in sonstiger Weise ein ausreichender Schutz der Kapitalanlage gegeben ist.“[284] In gleicher Weise kann die MIGA, die Multilaterale Investitions-Garantie-Agentur, ein Blick in einen BIT oder ein Freihandelsabkommen bei der Prüfung entlasten, ob der Gaststaat hinreichenden Investitionsschutz bietet. Denn die MIGA muss sich bei der Übernahme einer Garantie für eine Auslandsinvestition davon vergewissern, dass die „Verfügbarkeit einer gerechten und angemessenen Behandlung und eines Rechtsschutzes für die Investitionen“ im Gastland vorliegt.[285] Es gilt insofern gerade kein Prinzip des gegenseitigen Vertrauens in die rechtsstaatliche Behandlung des Investors. Das notwendige Vertrauen, auch in die Verfügbarkeit effektiven Rechtsschutzes, wird durch einen BIT oder ein sonstiges internationales Investitionsabkommen transparent und rechtssicher hergestellt, zumal solche völkerrechtlichen Verträge für den Gaststaat anders als dessen nationales Recht nicht jederzeit abänderbar und damit beliebig disponibel sind.

Versicherungsschutz macht also die Möglichkeit des Investors, (schieds-)gerichtliche Investor-Staat-Streitbeilegung effektiv in Anspruch nehmen zu können, gerade nicht entbehrlich, sondern setzt sie umgekehrt voraus: ohne effektiven Rechtsschutz für die Investition keine Versicherung.[286] Es geht auch nicht darum, dass der Versicherungsmarkt Lücken beließe oder belassen könnte, die im Wege völkervertraglichen Investitionsschutzes zu schließen wären oder geschlossen werden sollten.[287] Es verhält sich genau umgekehrt: Das zu versichernde Risiko wird kalkulierbarer und damit zugleich zu vertretbaren Prämien versicherbar, wenn BITs, Freihandelsabkommen oder sonstige internationale Investitionsabkommen vorliegen. Mithin determiniert völkervertraglicher Investitionsschutz nicht nur ob, sondern auch inwieweit Versicherungsschutz gewährt wird.

Vervollständigt wird dieses Konzept durch die in BITs oder anderen internationalen Investitionsabkommen vorgesehenen Subrogationsklauseln.[288] Danach gehen die Rechte des Investors auf seinen Heimatstaat für den Fall über, dass er vom Investor aus Bürgschaften, Garantien oder sonstige Gewährleistungen in Anspruch genommen wird. Besonders effektiv wird dieser Rechtsübergang, wenn der Heimatstaat auch in die prozessualen Rechtspositionen des Investors einrücken kann.[289]

ee) Durch Investor-Staat-Vertrag begründete Schiedsverfahren

Bisweilen wird schließlich die Auffassung vertreten, völkervertragliche Investor-Staat-Streitbeilegung eröffnende Schiedsklauseln in internationalen Investitionsabkommen seien deshalb entbehrlich, weil sich Investor und Gaststaat in einem Investor-Staat-Vertrag verabreden könnten, etwaige Streitigkeiten aus jenem Vertrag oder im Zusammenhang mit der Investition einem *ad hoc* zu errichtenden Schiedsgericht

---

284 BT-Drs. 3/2495, 13. Der Sache nach verfährt der Bund auch heute noch so (näher *Tilman Prechtl*, Die Absicherung von Investitionsprojekten, in: Christian Tietje [Hrsg.], International Investment Protection and Arbitration: Theoretical and Practical Perspectives, Berlin: Berliner Wissenschaftsverlag 2008, 179–186 [182]).

285 Art. 12 *lit*. d Ziff. iv) MIGA-Übereinkommen.

286 Das wird von *Howse* (Fn. 27) völlig verkannt.

287 Vgl. *Howse* (Fn. 27), 375.

288 Exemplarisch nur Art. 5 BIT Deutschland-Pakistan 1959, Art. 6 BIT Deutschland-Bahrain.

289 Hierzu etwa *Arnaud de Nanteuil*, International Investment Law, Cheltenham u. a.: Edward Elgar 2020, Rn. 10.06.

vorzulegen.[290] Tatsächlich könnte die ICSID-Konvention ursprünglich in erster Linie auf solche, auf einem Investor-Staat-Vertrag beruhende Investitionsschiedsverfahren zugeschnitten worden sein.[291]

Ob allerdings überhaupt ein Investor-Staat-Vertrag zustande kommt und gegebenenfalls mit welchem Inhalt, hängt in hohem Maße von der Verhandlungsstärke der beiden Parteien ab.[292] Das gilt auch für die Aufnahme einer Schiedsklausel und deren konkrete Ausgestaltung, ebenso z. B. für die vertragliche Fixierung von Stabilisierungsklauseln. Derartiger Klauseln bedarf es deshalb, weil nicht nur die im Gaststaat „versenkte" Investition, sondern auch deren wesentliche rechtliche Grundlage, der Investor-Staat-Vertrag, grundsätzlich dem Recht des Gaststaates unterworfen ist.[293] Ob Stabilisierungsklauseln die nationale Rechtslage im Zeitpunkt des Vertragsschlusses zumindest für den konkreten Investor einzufrieren vermögen (in der Weise, dass diese Rechtslage quasi als in den Investor-Staat-Vertrag inkorporiert gilt) oder (als Unberührbarkeits- oder Unverletzlichkeitsklausel) Rechtsänderungen wenigstens nicht auf den Investor-Staat-Vertrag durchschlagen lassen und ob es als Internationalisierungsklauseln formulierten Stabilisierungsklauseln gelingt, den Investor-Staat-Vertrag im Streitfall dem Völkerrecht zu unterstellen,[294] lässt sich angesichts der äußerst vielfältigen Vertrags- und schiedsgerichtlichen Praxis zur Formulierung und Auslegung solcher Klauseln nur schwer vorhersagen.

Abgesehen davon dürften Schiedsverfahren, die auf der Schiedsklausel eines Investor-Staat-Vertrags beruhen, tendenziell dem Modell der klassischen Handelsschiedsgerichtsbarkeit[295] folgen – von welcher die Investitionsschiedsgerichtsbarkeit durch die seit Jahren diskutierten Reformen gerade distanziert werden soll.[296]

ff) Alternative Investor-Staat-Streitbelegung

Auch Formen der Alternative Dispute Resolution wie z. B. Verhandlungs-, Mediations- oder Vergleichsverfahren sind eben, wie der Name sagt, nur alternativ zur (schieds-) gerichtlichen Investor-Staat-Streitbeilegung, jener aber nicht äquivalent. Sie mögen im Einzelfall gute Dienste leisten, vor allem im Wege gütlicher Einigung eine gedeihliche Fortsetzung der Investitionstätigkeit in einem wieder angenehmen Investitionsklima ermöglichen.[297]

Die Schwäche dieser Verfahren ist aber ihre Intransparenz[298] und Unverbindlichkeit.[299] Vor allem setzen die Formate der alternativen Streitbeilegung voraus, dass sich beide

---

290 So zumindest der Sache nach *Howse* (Fn. 27), 390, 421, 433.

291 So *Howse* (Fn. 27), 390.

292 Vgl. *Dolzer/Schreuer* (Fn. 6), 79, 81. Ganz abgesehen davon, dass es für den Auslandsinvestor mit Blick auf die konkrete Investition überhaupt keinen Anlass geben mag, mit dem Gaststaat einen Investor-Staat-Vertrag abzuschließen (zutreffend *Alvarez* [Fn. 20], 130–131).

293 Vgl. *de Nanteuil* (Fn. 289), Rn. 1.049, 1.052.

294 Instruktiv zu diesen Versionen von Stabilisierungsklauseln *Dolzer/Schreuer* (Fn. 6), 83–85. Ausführlich zur Internationalisierung von Investor-Staat-Verträgen *Lim/Ho/Paparinskis* (Fn. 12), 39–52.

295 Zu deren charakteristischen Merkmalen eingehend *Van Harten/Loughlin* (Fn. 29), 140–141, 142–143.

296 Siehe hierzu die ISDS-Kritik oben in und bei Fn. 21-26.

297 Siehe *Collins* (Fn. 236), 220.

298 Weshalb über den Erfolg dieser Methoden jedenfalls im internationalen Investitionsschutz wenig bekannt ist (*Salacuse* [Fn. 269], 357, 363–364). Ferner wird die Intransparenz der schiedsgerichtlichen Investor-Staat-Streitbeilegung gerade zum Vorwurf gemacht (vgl. oben in und bei Fn. 26).

299 Weshalb diese Methoden jedenfalls im Vergleich zu Schiedsverfahren tatsächlich eher selten in Anspruch genommen werden dürften (*Dolzer/Schreuer* [Fn. 6], 237). Beispielsweise stehen nach

Seiten, Investor und Gaststaat, auf Augenhöhe begegnen. Wo sich Investor und Gaststaat in einer Machtasymmetrie gegenüber stehen, braucht der Investor die Rückversicherung durch das Recht und die Möglichkeit rechtsverbindlicher Streitentscheidung durch (Schieds-)Gerichte. Denn das ist gerade die Funktion des Rechts: Wahrung des inneren und äußeren Friedens durch Schutz des Schwachen. Der Starke braucht das Recht nicht. Damit sich das Recht auch hinsichtlich seiner Funktion bewähren kann, muss der Kampf ums Recht gestattet, müssen also praktisch wirksame, letztlich (schieds-)gerichtliche Rechtsbehelfe vorgesehen werden.[300]

c) Generelle Entbehrlichkeit völkervertraglichen Investitionsschutzes?

Bisweilen wird argumentiert, völkervertraglicher Investitionsschutz verfehle durchgehend seine selbst gesetzten Zwecke. Auslandsinvestitionen leisteten oftmals keinerlei, allenfalls schädliche Beiträge zur wirtschaftlichen Entwicklung des Gaststaates. Ohnehin fehlten Nachweise, dass internationale Investitionsabkommen Auslandsinvestitionen förderten.[301]

Folgerichtig müssten solche völkerrechtlichen Verträge eigentlich beseitigt werden. Damit entfiele zugleich die Notwendigkeit einer völkervertragsbasierten, (schieds-)gerichtsförmigen Investor-Staat-Streitbeilegung überhaupt.

Tatsächlich wird der völkervertragliche Investitionsschutz mit einer Fülle von hehren Zielen aufgeladen, die sich freilich regelmäßig auch in den Präambeln der betreffenden Verträge positiviert wiederfinden.[302] Nicht nur förderten BITs, Freihandelsabkommen oder sonstige internationale Investitionsabkommen Auslandsinvestitionen und trügen so zur wirtschaftlichen und sozialen Entwicklung des Gaststaates bei.[303] Vorangebracht würden außerdem „good governance" und „rule of law" in den Gaststaaten,[304] der unzulängliche gewohnheitsrechtliche Fremdenschutz werde auf ein höheres Niveau angehoben,[305] und ökonomische Ineffizienzen würden vermieden.[306]

Alle diese Finalitäten gehen aber daran vorbei, dass die primäre Leistung von internationalen Investitionsabkommen darin besteht, den Standortfaktor Recht zu stärken. Der unbestrittene Kapitalbedarf aller Volkswirtschaften, vor allem derjenigen der Entwicklungsländer, kommt ohne ausländisches Kapital, wie es namentlich in Gestalt von Auslandsinvestitionen zugeführt werden kann, nicht aus.[307] Für die Standortentscheidung eines Investors sind solche Faktoren wesentlich, welche einen wirtschaftlichen Erfolg der Auslandsinvestition erwarten lassen. Einer dieser Faktoren ist völlig unbestritten das Recht am Investitionsstandort,[308] d. h. die Rechts- und Rechtsdurchsetzungsord-

---

den amtlichen Statistiken von ICSID 856 Schiedsverfahren (= 98,5 %) nur 13 Vergleichsverfahren (= 1,3 %) gegenüber (ICSID, The ICSID Caseload-Statistics, Issue 2022–1, 9; abrufbar unter <https://icsid.worldbank.org/sites/default/files/documents/The_ICSID_Caseload_Statistics.1_Edition_ENG.pdf>, zuletzt aufgerufen am 13.05.2022).

300 Zum Kampf ums Recht schon oben und bei Fn. 248-249.
301 Eingehend hierzu, dabei diese Auffassungen vertretend, *Howse* (Fn. 27), 376–385.
302 Siehe nur exemplarisch Präambel Abs. 2 und 3 des BIT Deutschland-Bahrain.
303 Vgl. *Salacuse* (Fn. 269), 110–115.
304 *Dolzer/Schreuer* (Fn. 6). Kritisch etwa *Sornarajah* (Fn. 73), 229.
305 *Dolzer/Schreuer* (Fn. 6), 22.
306 Vgl. z. B. *Puig/Shaffer* (Fn. 32), 368–375.
307 Siehe auch zur Bedeutung von Auslandsinvestitionen für das außenwirtschaftliche Gleichgewicht von Staaten *Collins* (Fn. 236), 24.
308 Vgl. *Dolzer/Schreuer* (Fn. 6), 23.

nung im Gaststaat, also: das materielle Recht, das Prozessrecht, die Gerichtsbarkeit. Der völkervertragliche Investitionsschutz kann insoweit etwaige Defizite auffangen. Mit einem BIT oder einem sonstigen internationalen Investitionsabkommen, das eine (schieds-)gerichtliche, internationale Investor-Staat-Streitbeilegung vorsieht, hat der Investor einen Faktor für seine Standortentscheidung gleichsam fix: Das Recht als Standortfaktor wird in begrenztem, aber für die Investitionsentscheidung bedeutsamem Umfang von einer (oftmals unbekannten oder schwer aufklärbaren) Variablen zu einer fixen (bekannten oder jedenfalls abschätzbaren) Größe, was die Berechenbarkeit des wirtschaftlichen Erfolgs der Investition wesentlich erleichtert.[309]

Darüber hinaus kann völkervertraglicher Investitionsschutz auch dazu dienen, nationales privates Auslandsvermögen für den Fall eines Konflikts, namentlich eines bewaffneten Konflikts, zwischen Heimat- und Gaststaat vor dem Zugriff des Gaststaates z. B. zu Zwecken wirtschaftlicher Kriegsführung oder zu Reparationszwecken zu schützen.[310] Zu diesem Zweck sollte das betreffende internationale Investitionsabkommen freilich idealerweise eine Konfliktklausel enthalten wie der zwischen Deutschland und Pakistan abgeschlossene BIT von 1959.[311]

2. Strukturprinzipien einer internationalen Investor-Staat-Gerichtsbarkeit

a) Folgerungen aus der Einordnung als „internationale öffentliche Gewalt"

Die Ausgestaltung der mithin beizubehaltenden internationalen (schieds-)gerichtsförmigen Investor-Staat-Streitbeilegung wird maßgeblich dadurch angeleitet, dass sie als „internationale öffentliche Gewalt" begriffen wird. Die Charakterisierung der völkervertraglichen, (schieds-)gerichtsförmigen Investor-Staat-Streitbeilegung als „internationale öffentliche Gewalt" führt deshalb zu weitreichenden Folgerungen in der Reformdebatte.[312] Neben der bereits oben geleisteten Begründung dafür, warum die völkervertragliche Investor-Staat-(Schieds-)Gerichtsbarkeit „internationale öffentliche Gewalt" darstellt,[313] lassen sich für diese Einordnung an dieser Stelle noch weitere Gründe anführen:

Die rechtsprechende Gewalt, die von internationaler Investor-Staat-(Schieds-)Gerichtsbarkeit ausgeht, hat ihren Grund in einem völkerrechtlichen Vertrag, sei es ein BIT, sei es ein Freihandelsabkommen oder sei es ein sonstiges internationales Investitionsabkommen. In der völkervertraglichen Schiedsklausel haben sich die Vertragsparteien der internationalen Investor-Staat-(Schieds-)Gerichtsbarkeit unterworfen und im Umfang dieser Unterwerfung dem (Schieds-)Gericht rechtsprechende Gewalt, mithin hoheit-

---

309 Vgl. hierzu auch oben in und bei Fn. 281-285 zur Bedeutung von internationalen Investitionsabkommen für die Gewährung von Versicherungsschutz.

310 Zu dieser Problematik *Hans-Georg Dederer*, Enemy Property (2015), in: Anne Peters (Hrsg.), Max Planck Encyclopedia of Public International Law, Rn. 47.

311 Art. 12 BIT Deutschland-Pakistan 1959. Siehe hierzu auch die Überlegungen von *Hermann Josef Abs* hinsichtlich des mangelnden Schutzes deutschen Auslandsvermögens nach dem Zweiten Weltkrieg bei *Venzke/Günther* (Fn. 124), 92–93.

312 Führt aber nicht zur Annahme der Verfassungswidrigkeit internationaler (schieds-)gerichtlicher Investor-Staat-Streitbeilegung. Das Grundgesetz verbietet nicht, dass sich die Bundesrepublik fremder öffentlicher Gewalt unterwirft (s. Art. 23 Abs. 1 Satz 2, 24 Abs. 1 und Abs. 3 GG), zieht aber einer solchen Unterwerfung bestimmte Grenzen (vgl. Art. 23 Abs. 1 Satz 3, Art. 79 Abs. 3, Art. 20 Abs. 1 bis 3, Art. 1 Abs. 3 GG).

313 Oben unter IV.3.

liche Gewalt übertragen.[314] Die Vertragsparteien haben daher (wie ohnehin bei jedem völkerrechtlichen Vertragsschluss) in Ausübung ihrer hoheitlichen Gewalt gehandelt, sich insbesondere spezifisch in ihrer Funktion als Hoheitsträger der internationalen Investor-Staat-(Schieds-)Gerichtsbarkeit unterworfen.[315] Die völkervertragliche Zustimmung zu dieser Unterwerfung unter eine solche Investor-Staat-(Schieds-)Gerichtsbarkeit ist damit kein Ausfluss von Privatautonomie,[316] denn der Staat hat insoweit nicht fiskalisch, sondern hoheitlich gehandelt.[317] Er entzieht abstrakt-generell[318] bestimmte, ihrer Natur nach öffentlich-rechtliche Streitigkeiten seiner eigenen staatlichen Gerichtsbarkeit[319] und ermächtigt das jeweilige internationale (Schieds-)Gericht zur Ausübung rechtsprechender, d. h. hoheitlicher Gewalt.[320]

Ihrem Wesen nach erinnert die Investor-Staat-(Schieds-)Gerichtsbarkeit in der Tat an Verwaltungsgerichtsbarkeit[321] bzw. noch mehr an Verfassungsgerichtsbarkeit.[322] Denn sie beurteilt die Rechtmäßigkeit staatlichen, regelmäßig hoheitlichen Handelns anhand eines öffentlich-rechtlichen Prüfungsmaßstabs, nämlich anhand der völkervertraglich vereinbarten materiellen Investitionsschutzstandards.[323] Jene haben wiederum einen menschen- bzw. grundrechtlichen Charakterzug. Sie knüpfen an typische Unrechtserfahrungen des Einzelnen zumal als Ausländer an[324] und werden deshalb als Garantien gegen den Staat und dabei tatbestandlich weit und vergleichsweise unbestimmt formuliert.

Diese Charakterisierung der völkervertraglichen Investor-Staat-(Schieds-)Gerichtsbarkeit als internationale öffentliche, insbesondere rechtsprechende Gewalt trägt bereits

---

314 Dazu, dass auch Schiedsgerichtsbarkeit rechtsprechende Gewalt ist, indem sie Rechtsstreitigkeiten aufgrund Tatsachenfeststellung und Rechtsanwendung begründet und verbindlich entscheidet, *Chittharanjan F. Amerasinghe*, International Arbitration: A Judicial Function?, in: Rüdiger Wolfrum/Maja Seršić/Trpimir M. Šošić (Hrsg.), Contemporary Developments in International Law: FS für Budislav Vukas, Leiden u. a.: Brill Nijhoff 2016, 677–689 (681, 687–689 zur zwischenstaatlichen Schiedsgerichtsbarkeit).

315 Dazu, dass in der völkervertraglichen Schiedsklausel das Angebot des (Gast-)Staates auf Abschluss einer Schiedsabrede gesehen wird, etwa *Bantekas* (Fn. 53), 302–303.

316 Gleichsinnig EuGH, Urteil v. 6.3.2018, Rs. C-284/16, ECLI:EU:C:2018:158, Rn. 55 – *Achmea*; EuGH, Urteil v. 2.9.2021, Rs. C-741/19, ECLI:EU:C:2021:655, Rn. 59 – *République de Moldavie*.

317 Weshalb die vielfach anzutreffende Rede von „privaten" Schiedsgerichten jedenfalls insoweit, hinsichtlich der Rechtsgrundlage für die Zuständigkeit der internationalen Investitionsschiedsgerichte, nicht zutrifft. Wie hier schon *Van Harten/Loughlin* (Fn. 29), 140, 141–142, 143–144. Was dagegen „privat" bzw. privatisiert" ist, das sind die Schiedsrichter selbst, die aus ihrem Status als private (Wirtschafts-)Akteure heraus zu Schiedsrichtern ernannt werden und nach Abschluss des Schiedsverfahrens wieder in diesen Status zurückkehren. Ebenso sind die Rechtsbeziehungen der Schiedsrichter zu den Streitparteien wie ggf. zu einer Schiedsinstitution auch im Fall der Investor-Staat-Streitbeilegung prinzipiell privatrechtlicher Natur. Hierzu *Bantekas* (Fn. 53), 118–119.

318 Ebenso *Van Harten/Loughlin* (Fn. 29), 128, 143.

319 In diesem Sinne letztlich auch EuGH, *Achmea* (Fn. 316), Rn. 55; EuGH, *République de Moldavie* (Fn. 316), Rn. 59.

320 So auch *Van Harten/Loughlin* (Fn. 29), 126, 145.

321 *Dolzer/Schreuer* (Fn. 6), 237.

322 *Stephan W. Schill/Geraldo Vidigal*, Cutting the Gordian Knot: Investment Dispute Settlement à la Carte, International Centre for Trade and Sustainable Development 2018, 3 (abrufbar unter www.ictsd.org/sites/default/files/research/rta_exchange_-_investment_dispute_settlement_-_schill_and_vidigal.pdf, zuletzt aufgerufen am 13.5.2022). Hiergegen allerdings *Sornarajah* (Fn. 25), 493–496.

323 Siehe auch zum „'public law approach' to investor-state dispute settlement" *Stephan W. Schill*, The European Commission's Proposal of an „Investment Court System" for TTIP: Stepping Stone or Stumbling Block for Multilateralizing International Investment Law?, ASIL Insights v. 22.4.2016 (abrufbar unter <www.asil.org/insights/volume/20/issue/9/european-commissions-proposal-investment-court-system-ttip-stepping>, zuletzt aufgerufen am 13.5.2022).

324 Oben in und bei Fn. 237-242.

eine Fülle der in der Reformdebatte erhobenen Forderungen. Letztlich finden denn auch zahlreiche Vorbehalte gegen das aktuelle System der *ad-hoc*-schiedsgerichtlichen Form der Investor-Staat-Streitbeilegung ihren wahren Grund in Anforderungen, die wir an die Begründung und Begrenzung öffentlicher Gewalt stellen.[325]

aa) *Legitimation*

Öffentliche Gewalt muss zunächst legitimiert sein.[326] Diese Legitimation muss von demjenigen ausgehen, der die öffentliche Gewalt eingesetzt hat, von dem sie also ausgeht.[327] Auf der völkerrechtlichen Ebene sind das prinzipiell die Staaten.[328] Sie können internationale öffentliche Gewalt z. B. auf der Grundlage eines völkerrechtlichen Vertrags schaffen.[329]

Deren Ausübung muss sich auf sie, die Staaten bzw. Vertragsparteien, zurückführen und in diesem Sinne legitimieren lassen.[330] Konkret bezogen auf (schieds-)gerichtsförmige Investor-Staat-Streitbeilegung wird die Legitimation in sachlich-inhaltlicher sowie organisatorisch-institutioneller Hinsicht bereits durch das jeweilige internationale Investitionsabkommen geleistet, soweit jenes neben Investitionsschutzstandards[331] auch eine Streitbeilegungsklausel enthält, die z. B. auf bestimmte Schiedsordnungen verweist, nach welchen sich die Schiedsgerichte konstituieren.[332]

Das Legitimationserfordernis spricht dafür, dass die Ausübung rechtsprechender internationaler öffentlicher Gewalt auch der personellen Legitimation bedarf. Muss die Legitimation von den Vertragsparteien als den ursprünglichen Inhabern von Hoheitsgewalt ausgehen, so spricht dies für die Einsetzung der (Schieds-)Richter primär durch

---

325 Und der Lehre von der internationalen öffentlichen Gewalt geht es gerade darum, ein internationales öffentliches Recht zu etablieren, das in sich Konzepte, Instrumente und Mechanismen der Begründung und Begrenzung öffentlicher Gewalt aufnimmt, wie sie im Ausgangspunkt aus dem nationalen öffentlichen Recht bekannt sind. Hierzu oben in und bei Fn. 146-147.

326 Speziell zu internationaler öffentlicher Gewalt *von Bogdandy/Venzke* (Fn. 149), 18.

327 Recht weitgehend fordert *Venzke* (Fn. 150), 377–378, „demokratische Legitimation", weist aber darauf hin, dass „demokratische Legitimation" nach seiner Konzeption nicht nations- bzw. nationalstaatszentriert sei, sondern auch jenseits des (National-)Staates vermittelt werden könne. Ausführlicher zu dieser Konzeption demokratischer Legitimation *von Bogdandy/Venzke* (Fn. 149), 135–155.

328 Ausnahmsweise bestimmte, von ihren Mitgliedstaaten mit Hoheitsgewalt ausgestattete internationale Organisationen.

329 Beispiele bilden namentlich die Unionsverträge EUV und AEUV, ferner die Verträge, die internationale Gerichtshöfe wie den IGH (Art. 7 Abs. 1 UN-Charta), den Internationalen Strafgerichtshof (Art. 1 Satz 1 des Römischen Statuts des Internationalen Strafgerichtshofs v. 17.7.1998, BGBl. II 2000, 1394) oder den EGMR (Art. 19 Satz 1 EMRK) errichten.

330 Nachfolgend wird letztlich das Modell demokratischer Legitimation, wie es von *Ernst-Wolfgang Böckenförde*, Demokratie als Verfassungsprinzip, in: Josef Isensee/Paul Kirchhof (Hrsg.), Handbuch des Staatsrechts, Bd. 2, 3. Aufl., Heidelberg: C. F. Müller 2004, § 24, Rn. 14–25, entwickelt und (unter dessen Einfluss) vom deutschen Bundesverfassungsgericht (namentlich BVerfGE 83, 60 [72]; BVerfGE 93, 37 [67], st.Rspr.) übernommen worden ist. Für die Heranziehung dieses Modells spricht, dass jede Hoheitsgewalt ihren Ausgang bei einem Inhaber der Hoheitsgewalt nimmt, auf den sich ihre Ausübung zurückführen lassen muss, um in einem rechtlichen Sinne legitimiert zu sein. Diese Rückbindung muss unter allen Dimensionen der Hoheitsgewalt erfolgen, d. h. in funktioneller, organisatorischer, personeller, prozeduraler und inhaltlicher Hinsicht (hierzu *Hans-Georg Dederer*, Korporative Staatsgewalt: Integration privat organisierter Interessen in die Ausübung von Staatsfunktionen. Zugleich eine Rekonstruktion der Legitimationsdogmatik, Tübingen: Mohr Siebeck 2004, 149–153).

331 Welche die schiedsgerichtliche Streitbeilegung sachlich-inhaltlich anleiten. Siehe z. B. Art. 2–5, 7–8 BIT Deutschland-Bahrain.

332 Und so die schiedsgerichtliche Streitbeilegung institutionell-organisatorisch legitimieren sowie prozedural anleiten. Siehe z. B. Art. 12 BIT Deutschland-Bahrain.

die Vertragsparteien. Für Zwecke der personellen Legitimation müssen die (Schieds-) Richter nicht zwingend vorab in größerer Zahl ernannt und dann für den konkreten Streitfall z. B. nach dem Zufallsprinzip aus einer Liste ausgewählt werden.[333] Denkbar ist vielmehr auch, dass die betroffenen Staaten die (Schieds-)Richter *ad hoc* aus Anlass der konkreten Investor-Staat-Streitbeilegung benennen.

bb) Richtigkeit

Öffentliche Gewalt muss außerdem möglichst sachlich richtig ausgeübt werden.[334] Es entspricht historisch gewachsener Überzeugung, dass für die sachliche Richtigkeit gerichtlicher Entscheidungen[335] die Unparteilichkeit und Unabhängigkeit der Richter *conditio sine qua non*[336] und dementsprechend streng gegen Interessenkonflikte abzusichern ist.[337] Schon der „böse Schein" der Voreingenommenheit oder Weisungsabhängigkeit der Richter etwa infolge besonderer Näheverhältnisse zu einer der Streitparteien muss vermieden werden.[338]

Dies bedeutet etwa, dass (Schieds-)Richter für einen bestimmten längeren Zeitraum nicht im unmittelbaren oder mittelbaren Interesse einer der Streitparteien als Prozessvertreter aufgetreten sind oder als Berater fungiert haben.[339] Elaborate Verhaltenskodizes wie die Leitlinien der International Bar Association weisen diesbezüglich, d. h. hinsichtlich der Vermeidung eines „conflict of interest", in die richtige Richtung.[340]

Hier ist auch das Problem des Third-Party-Funding zu verorten.[341] Das eigentliche Problem liegt auch in diesem Fall in möglichen Interessenkonflikten der Richter, sofern jene z. B. als Berater in einer besonderen Nähebeziehung zu dem Drittmittelgeber ste-

---

333 Vgl. hierzu z. B. Art. 8.27 Abs. 2 und 7 CETA.

334 Vgl. BVerfGE 95, 1 (15).

335 Vgl. dazu, dass es für die sachliche Richtigkeit der Ausübung von Hoheitsgewalt unabdingbar ist, dass die zuständigen Organe „dafür nach ihrer Organisation, Zusammensetzung, Funktion und Verfahrensweise über die besten Voraussetzungen verfügen", BVerfGE 95, 1 (15).

336 In der Regel werden die Garantien der richterlichen Unabhängigkeit und Unparteilichkeit an den Grundsatz des effektiven gerichtlichen Rechtsschutzes geknüpft (siehe nur EuGH, Urteil v. 24.6.2019, C-619/18, ECLI:EU:C:2019:531, Rn. 49 – *Kommission / Polen* [*Unabhängigkeit des Obersten Gerichts*]; st.Rspr.). Praktisch wirksam ist gerichtlicher Rechtsschutz freilich nur dann, wenn (auch) die Sachentscheidung möglichst richtig getroffen wird.

337 Zur Bedeutung von richterlicher Unabhängigkeit und Unparteilichkeit in der internationalen Schiedsgerichtsbarkeit *Sophie-Isabelle Horst*, Das Spannungsverhältnis zwischen Schiedsrichter und Parteivertreter in der internationalen Schiedsgerichtsbarkeit: Insbesondere unter den IBA Guidelines on Party Representation in International Arbitration, Tübingen: Mohr Siebeck 2017, 7–12; ferner *Chiara Giorgetti/Steven Ratner/Jeffrey Dunhoff/Shotaro Hamamoto/Luke Nottage/Stephan W. Schill/Michael Waibel*, Independence and Impartiality of Adjudicators in Investment Dispute Settlement: Assessing Challenges and Reform Options, Journal of World Investment & Trade 21 (2020), 441–474 (444).

338 Die Verantwortlichkeit gegenüber dem Legitimationssubjekt wird dementsprechend darauf reduziert, dass sich der Richter strikt in den Grenzen des vom Legitimationssubjekt gesetzten materiellen und prozeduralen Rechtsrahmens bewegt.

339 Umfassende Aufarbeitung (auf dem Stand von 2012) der ICSID- und UNCITRAL-Regelungen zur Sicherung von Unabhängigkeit und Unparteilichkeit der Schiedsrichter bei *Saskia Klatte*, Unabhängigkeit und Unparteilichkeit von Schiedsrichtern in zwischenstaatlichen und gemischten Verfahren, München: Herbert Utz 2014, 97–223.

340 IBA Guidelines on Conflicts of Interest in International Arbitration v. 23.10.2014 (abrufbar unter <www.ibanet.org/MediaHandler?id=e2fe5e72-eb14-4bba-b10d-d33dafee8918>, zuletzt aufgerufen am 14.5.2022). Hierzu etwa *John-Patrick Bischoff*, Unabhängigkeit und Unparteilichkeit von Schiedsrichtern nach deutschem und englischem Recht. Unter Berücksichtigung der IBA-Guidelines on Conflict of Interest in International Arbitration, Frankfurt am Main: Peter Lang 2013, 177–196.

341 Hierzu nochmals unten unter b) bb) fff).

hen. Aus diesem Grund muss eine Drittfinanzierung von der betreffenden Streitpartei offengelegt werden.

Dass staatlich ernannte (Schieds-)Richter eines internationalen Investitionsgerichtshofes zugunsten der Staaten voreingenommen sein, also einem Bias zum Nachteil der Investoren unterliegen könnten, dürfte auszuschließen sein. Denn vernünftigerweise ist davon auszugehen, dass jeder Staat auch ein Interesse am Schutz seiner Investoren hat. D. h. ein staatlich benannter (Schieds-)Richter, sei er *ad hoc* ernannt, sei er auf einer Auswahlliste des Gerichtshofs verzeichnet, muss nicht notwendig in der Vorstellung judizieren, er sollte dem jeweils staatlich artikulierten öffentlichen Interesse tunlichst entgegenkommen.[342]

Für die sachliche Richtigkeit (schieds-)gerichtlicher Entscheidungen ist die allgemeine juristische Befähigung der (Schieds-)Richter ebenso wie deren fachlicher Ausweis in dem betreffenden Rechtsgebiet von grundlegender Bedeutung. Die betreffenden Personen müssen daher allgemein juristisch hervorragend qualifiziert und auf den Gebieten des Völkerrechts und insbesondere des internationalen Investitionsrechts fachlich exzellent sein.

cc) Öffentlichkeit

Öffentliche Gewalt muss im Grundsatz transparent ausgeübt werden. Für die internationale öffentliche Gewalt gilt nichts anderes.[343] Dabei ist Transparenz nicht sogleich mit Öffentlichkeit gleichzusetzen, sondern bedeutet zunächst einfach nur Offenheit.[344] Das Erfordernis der Transparenz formt sich deshalb auch im innerstaatlichen Bereich ganz unterschiedlich aus, je nachdem ob es um gesetzgebende,[345] vollziehende[346] oder rechtsprechende[347] Gewalt geht. Bestimmte Vorgänge unterliegen sogar strikter Vertraulichkeit, die dem Transparenzgebot unüberwindliche Grenzen setzen kann.[348] Speziell für den Bereich der rechtsprechenden Gewalt hat sich freilich das Öffentlichkeitsprinzip durchgesetzt.[349] Öffentlichkeit dient hier vor allem der Kontrolle der richterlichen Tätigkeit.[350]

Das Minimum an gebotener Öffentlichkeit bildet danach die mündliche Verhandlung vor dem internationalen Investor-Staat-(Schieds-)Gericht.[351] In Fällen der Investor-Staat-Streitbeilegung spricht viel dafür, dass auch Schiedssprüche bzw. Gerichtsurteile samt ihrer Gründe veröffentlicht werden.[352] Erst dadurch entsteht der Verant-

---

342 In diesem Sinne *Anthea Roberts*, Would a Multilateral Investment Court be Biased?: Shifting to a treaty party framework of analysis, EJIL Talk! v. 28.4.2017, 1–2 (abrufbar unter: <https:// https://pdf. printfriendly.com/downloads/pdf_1658161451_e7d123A4.pdf/>; zuletzt aufgerufen am 18.7.2022).

343 Vgl. *Venzke* (Fn. 150), 394.

344 Zum Erfordernis der „Offenheit" als Element „Guten Regierens" Europäisches Regieren – Ein Weißbuch, KOM(2001) 428 endgültig, ABl. 2001 C 287/1, 7.

345 Vgl. Art. 42 Abs. 1 Satz 1 GG; Art. 22 Abs. 1 Satz 1 BV.

346 Vgl. § 3 BauGB; im Bereich der kommunalen Selbstverwaltung etwa Art. 52 bayGO.

347 Dazu sogleich unten im Text ab Fn. 349.

348 Speziell dazu, dass in Investor-Staat-Schiedsverfahren keine allgemeine Verpflichtung zur Vertraulichkeit besteht, *Christian M. Leisinger*, Vertraulichkeit in internationalen Schiedsverfahren, Baden-Baden-Nomos 2012, 169, 179.

349 In Deutschland § 169 Abs. 1 Satz 1 GVG; im Unionsrecht Art. 47 Satz 2 EUGrCh; im Völkerrecht etwa Art. 6 Abs. 1 Satz 1 EMRK, Art. 14 Abs. 1 Satz 2 IPbpR.

350 BVerfGE 133, 168 (217).

351 Siehe Art. 6 Abs. 1 UNCITRAL Rules on Transparency in Treaty-based Investor-State Arbitration.

352 Vgl. Regeln 62–63 ICSID-Schiedsverfahrensregeln 2022.

wortlichkeitszusammenhang zwischen den unabhängig gestellten Richtern einerseits und den Staaten (sowie ihrer Öffentlichkeit) andererseits. Ferner ist die vollständige Veröffentlichung der (schieds-)gerichtlichen Streitentscheidungen wegen deren herausragender Bedeutung für die Allgemeinheit geboten. Sie liegt zum einen in den meist erheblichen Streitwerten begründet, weshalb für den Fall des Obsiegens des Investors mit beträchtlichen Belastungen des Staatshaushalts zu rechnen sein kann, was wiederum die Verwirklichung von Gemeinwohlzielen des betreffenden Staates ebenso beeinträchtigen kann wie überhaupt das Budgetrecht des Parlaments.[353] Ferner entscheiden Investor-Staat-(Schieds-)Gerichte darüber, ob und inwieweit sich öffentliche Interessen des Gaststaates gegen private Belange des Investors durchsetzen.[354]

Nicht geboten ist demgegenüber die umfassende oder auch nur teilweise Veröffentlichung von Schriftsätzen und Beweismaterial (wie Zeugenaussagen, Sachverständigengutachten, Urkunden oder Protokollen z. B. über Inaugenscheinnahmen).[355] Das (Schieds-)Gericht wird die wesentlichen, vor allem die entscheidungsrelevanten Inhalte solcher Dokumente in seinen zu veröffentlichenden Entscheidungen zusammenfassend oder ins Einzelne gehend darstellen, um die Nachvollziehbarkeit und Plausibilität seiner Entscheidungsgründe zu gewährleisten. Auf eine allgemeine Publizität von Schriftsätzen und Beweismaterial dürfte es nur dann ankommen, wenn interessierten Teilen der Öffentlichkeit, namentlich Nichtregierungsorganisationen (NGOs), die Möglichkeit einer irgendwie gearteten Verfahrensbeteiligung eingeräumt wird.[356] Wohl durchgesetzt hat sich in dieser Hinsicht die mögliche Einbringung als *amicus curiae*.[357]

Dieses Institut ist allerdings ganz abzulehnen.[358] Seine Berechtigung dürfte es allenfalls in Verfahren haben, die strikt „adversatorisch" geführt werden,[359] in denen also das (Schieds-)Gericht strikt passiv bleibt, den Parteien das Feld insbesondere hinsichtlich Vortrag und Beweis von Tatsachen überlässt, ohne selbst („inquisitorisch") auf die Aufklärung des wahren Sachverhalts aktiv hinzuwirken.[360] Hier können Dritte dem (Schieds-)Gericht mit eigenen Stellungnahmen ein „Freund und Helfer" bei der Feststellung des Sachverhalts, aber auch der Rechtsfindung sein.[361] Im Rahmen der

---

353 Vgl. *Leisinger* (Fn. 348),##

354 Wie hier etwa *Leisinger* (Fn. 348),##.

355 Siehe aber Art. 3 UNCITRAL Rules on Transparency in Treaty-based Investor-State Arbitration. Weniger weitgehend Regeln 64 Abs. 1-neu, 65 Abs. 3 ICSID-Schiedsverfahrensregeln 2022.

356 In diesem Sinne auch *Julia Carolin Sackmann*, Transparenz im völkerrechtlichen Investitionsschiedsverfahren: Gewährleistungen der ICSID-Konvention, der UNCITRAL-Schiedsregeln sowie völker- und unionsrechtliche Maßgaben, Baden-Baden: Nomos 2012, 196.

357 Siehe Regel 67 ICSID-Schiedsverfahrensregeln 2022; Art. 4 UNCITRAL Rules on Transparency in Treaty-based Investor-State Arbitration.

358 Zu mit *amici curiae* verbundenen Vertraulichkeits- und Fairnessproblemen in WTO-Verfahren *Christian Tietje*, The Law Governing the Settlement of International Investment Disputes: Structures and some Recent Developments, in: ders. (Hrsg.), International Investment Protection and Arbitration: Theoretical and Practical Perspectives, Berlin: Berliner Wissenschaftsverlag 2008, 17–33 (31). Dazu, dass das *amicus curiae*-Institut selbst die Transparenz von Investitionsschiedsverfahren noch nicht erhöht, *Sackmann* (Fn. 356), 195–196; a. A. offenbar *Strike* (Fn. 221), 159. Für weitgehende Zulassung des *amicus curiae*-Instituts in Investor-Staat-Verfahren etwa *Dionysiou* (Fn. 24), 121–124, 161–165.

359 Siehe hierzu *Ulrich Kühne*, Amicus Curiae: Richterliche Informationsbeschaffung durch Beteiligung Dritter, Tübingen: Mohr Siebeck 2015, 10–12, 18–21, 85–87, 92–95; *Astrid Wiik*, Amicus Curiae before International Courts and Tribunals, Baden-Baden: Nomos 2018, 77–78, 84–85, 90.

360 Seiner Herkunft nach ist das *amicus-curiae*-Institut im englischen und US-amerikanischen Prozessrecht zu verorten. Hierzu *Wiik* (Fn. 359), 76–86. Umfassende Aufarbeitung bei *Kühne* (Fn. 359), 7–25, 34–138.

361 Zu den vielfältigen Vor- und Nachteilen von *amici curiae* eingehend *Wiik* (Fn. 359), 43–72.

geltenden Schiedsordnungen für Investor-Staat-Schiedsverfahren gibt es aber nicht den geringsten Anlass für solche Gerichtshelfer.[362] Denn jene Schiedsordnungen erlauben, wie z. B. die ICSID-Schiedsverfahrensregeln, den Schiedsgerichten, die Parteien zur Vorlage von Urkunden und Benennung von Zeugen und Sachverständigen aufzufordern sowie jeden mit dem Streit in Zusammenhang stehenden Ort aufzusuchen oder dort Untersuchungen durchzuführen.[363] Insofern ist nicht leicht einzusehen, welchen substantiellen Beitrag Dritte zur Aufbereitung der Sach- und Rechtslage leisten könnten.[364] Das (Schieds-)Gericht sollte allenfalls die Möglichkeit haben, den Begriff der Sachverständigen[365] so weit fassen zu dürfen, dass darunter auch z. B. bestimmte sachkundige NGOs fallen.[366] Vor allem aber stört die Partizipation von *amici curiae* den Legitimationszusammenhang, weil einzelne Gruppen und die in ihnen organisierten Interessen selektiv bevorzugten Einfluss auf das Gericht erhalten, anders als die breite, nicht in Interessengruppen organisierte Öffentlichkeit eines Staates.[367]

dd) Vorhersehbarkeit

Öffentliche Gewalt muss überdies nach Möglichkeit vorhersehbar, berechenbar sein.[368] Diese Forderung zu erfüllen, fällt dann besonders schwer, wenn das anzuwendende Recht viele in hohem Maße unbestimmte Rechtsbegriffe enthält, so wie es sich beispielsweise mit den völkervertraglichen Investitionsschutzstandards verhält.[369] Abhilfe können insoweit Vertragsänderungen oder die Neuverhandlung von Verträgen schaf-

---

362 Ganz abgesehen davon, dass sich manche Dritte als „Feinde" des Gerichts entpuppen wie exemplarisch die Europäische Kommission, die seit langem versucht, Investitionsschiedsgerichten in Intra-EU-Streitigkeiten den Boden zu entziehen, indem sie deren Unzuständigkeit behauptet (beispielhaft im Fall *Foresight Luxembourg Solar v. Spain* vom 3. Mai 2019; abrufbar unter: <https://ec.europa.eu/competition-policy/system/files/2021–04/foresight_amicus_curiae_2019_US_district_court_newyork_observation_en.pdf>, zuletzt aufgerufen am 1.7.2022). Vgl. hierzu auch *Olga Gerlich*, More Than a Friend? The European Commission's Amicus Curiae Participation in Investor-State Arbitration, in: Giovanna Adinolfi/Freya Baetens/José Caiado/Angela Lupone/Anna G. Micara (Hrsg.), International Economic Law: Contemporary Issues, Cham: Springer 2017, 253–269.

363 Regeln 36 Abs. 3, 39 Abs. 1, 40 Abs. 1 ICSID-Schiedsverfahrensregeln 2022. Instruktiv und allgemeiner hierzu *Jennifer Kirby*, How Far Should an Arbitrator Go to Get it Right? in: Patricia Louise Shaughnessy/Sherlin Tung (Hrsg.), The Powers and Duties of an Arbitrator: Liber Amicorum Pierre A. Karrer, Alphen aan den Rijn: Wolters Kluwer 2017, 193–200 (195–196).

364 Siehe aber zur Bedeutung von *amicus curiae*-Eingaben in Fällen von Menschenrechtsverletzungen *Dionysiou* (Fn. 24), 121–124; *Ursula Kriebaum*, Foreign Investments and Human Rights: The Actors and Their Different Roles, in: N. Jansen Calamita/David Earnest/Markus Burgstaller (Hrsg.), The future of ICSID and the place of investment treaties in international law, London: British Institute of International and Comparative Law 2013, 45–59 (53–54); diesbezüglich deutlich zurückhaltender *Eric De Brabandere*, Human Rights Considerations in International Investment Arbitration, in: Malgosia Fitzmaurice/Panos Merkouris (Hrsg.), The Interpretation and Application of the European Convention of Human Rights: Legal and Practical Implications, Leiden u. a.: Martinus Nijhoff Publishers 2013, 183–215 (214).

365 Beispielsweise in Regeln 38 Abs. 7 und 8, 39 ICSID-Schiedsverfahrensregeln 2022.

366 Ebenso bleibt es den Parteien regelmäßig unbenommen, ihren Tatsachenvortrag oder ihre Rechtsauffassung durch Vorlage von z. B. Gutachten oder Stellungnahmen Dritter zu untermauern.

367 Zur Problematik des Sondereinflusses privat organisierter Interessen auf die Ausübung von Staatsgewalt vgl. auch *Dederer* (Fn. 330), 288–290, 349–352.

368 Zu diesem rechtsstaatlichen Gebot BVerfGE 110, 33 (53–54).

369 Nur exemplarisch im BIT Deutschland-Bahrain: „gerecht und billig behandeln" (Art. 2 Abs. 1 Satz 2), „durch willkürliche oder diskriminierende Maßnahmen beeinträchtigen" (Art. 2 Abs. 2), „vollen Schutz und volle Sicherheit" (Art. 4 Abs. 1).

fen,[370] aber auch bindende Vertragsauslegungen durch die Vertragsparteien.[371] Allerdings widersprechen jene gerade dann der Vorhersehbarkeit und Berechenbarkeit, wenn sie *ad hoc* aus Anlass und mit Wirkung für eine gerade anhängige (schieds-)gerichtliche Investor-Staat-Streitbeilegung vereinbart werden.[372]

Die Vorhersehbarkeit und Berechenbarkeit speziell rechtsprechender Gewalt kann ferner durch eine über die konkret entschiedene Streitigkeit hinausreichende, zumindest *de facto* eintretende Bindungswirkung gerichtlicher Entscheidungen bewirkt werden. Mangels *stare decisis*-Doktrin[373] lässt sich eine zumindest *de facto* eintretende Bindungswirkung dadurch erzielen, dass eine Berufungsinstanz geschaffen wird. Im Interesse der erstinstanzlichen (Schieds-)Gerichte am Bestand der eigenen Entscheidungen, aber auch im rechtsdogmatischen und insoweit allgemeinen Interesse kohärenter Entwicklung des Rechtssystems werden sich die (Schieds-)Richter aller Erfahrung nach an Berufungsentscheidungen orientieren.

Speziell aus Gründen der vielfach thematisierten und problematisierten Kohärenz (schieds-)gerichtlicher Entscheidungen in Investor-Staat-Streitbeilegungsverfahren bedarf es aber nicht zwingend einer Berufungsinstanz. Entscheidet beispielsweise ein internationaler Investitionsgerichtshof in Kammern, ist zu erwarten, dass die Kammern, die im jeweiligen Streitfall ja stets den Gerichtshof darstellen, die bisherige Spruchpraxis anderer Kammern berücksichtigen und in kohärenter, systembildender Weise weiterentwickeln. Abgesichert werden könnte ein solches Rechtsprechungsverhalten durch eine Verfahrensregel, nach der Kammern, die von früheren Kammerentscheidungen abweichen wollen, das Plenum oder die Große Kammer des Gerichtshofs im Wege einer Divergenzvorlage anrufen müssen.[374]

Das Kohärenzargument sollte freilich ohnehin nicht überstrapaziert werden. Zwar wirken widersprüchliche Gerichtsentscheidungen auf die Rechtsordnung delegitimierend, vor allem dann, wenn der Widerspruch nicht z.B. durch Entscheidungen höherer Gerichtsinstanzen beseitigt und die Rechtslage dadurch bereinigt und konsolidiert werden kann. Insofern ist in der Tat prekär, wenn *Ad-hoc*-Schiedsgerichte auf im Wesentlichen identischer Rechts- und Tatsachengrundlage in erheblichem Maße divergierend entscheiden.[375] Indes zeigt sich gerade daran, dass das Kohärenzerfordernis eines Bezugspunktes bedarf, hinsichtlich dessen Kohärenz herzustellen ist. Das kann im Fall der internationalen Investor-Staat-(Schieds-)Gerichtsbarkeit nicht das internationale Investitionsrecht als solches sein. Bestenfalls im Wege wirklichkeitsfremder Fiktion ließe sich postulieren, dass es sich dabei um eine in sich geschlossene, auf untereinander abgestimmten Rechtsgrundlagen beruhende Materie handele. Kohärenz kann immer nur in Bezug auf ein und denselben Rechtsrahmen eingefordert werden, z.B. in Bezug auf einen bestimmten BIT oder ein bestimmtes Freihandelsabkommen.

---

370 Siehe z.B. die Präzisierungen der Standards „gerechte und billige Behandlung" sowie „voller Schutz und volle Sicherheit" in Art. 8.10 CETA.

371 Die beispielsweise in einem speziell errichteten Vertragsorgan vertreten sind. Siehe z.B. den Gemischten CETA-Ausschuss und dessen Befugnis zur für CETA-Gerichte bindenden Vertragsauslegung gemäß Art. 26.1 Abs. 1 Satz 1, Abs. 5 *lit.* e CETA.

372 Siehe hierzu nochmals unten b) bb) bbb).

373 Oben in und bei Fn. 5.

374 Hierzu auch sowie zu einem weiteren, informalen Prozedere der Abstimmung unter den Richtern (analog dem Vorgehen im WTO Appellate Body; dazu *Van den Bossche/Zdouc* [Fn. 1], 254) *Kaufmann-Kohler/Potestà* (Fn. 17), 50–52.

375 Exemplarisch hierfür stehen die gegen Argentinien ergangenen Schiedssprüche. Siehe hierzu ausführlich *Alvarez* (Fn. 20), 247–284, 352–366.

Deshalb wäre mit einem multilateralen Investitionsgerichtshof, der für alle Investor-Staat-Streitigkeiten zuständig wäre, auf welcher Grundlage jene auch immer zu entscheiden wären, keine oder zumindest keine nennenswerte Kohärenz zu erreichen.[376] Ein solcher Gerichtshof müsste notwendig die je unterschiedlich formulierten, völkervertraglichen materiellen Investitionsschutzstandards zur Kenntnis nehmen und könnte deren divergierende Tatbestände nicht uniformierend über alle BITs bzw. Freihandelsabkommen hinweg einheitlich auslegen.[377] Das zeigt sich z. B. an den ganz unterschiedlich formulierte Standards über gerechte und billige Behandlung („fair and equitable treatment" – FET). Diese Klauseln beschränken sich bisweilen auf den schlichten Wortlaut (z. B. „gerecht und billig behandeln"),[378] während andere die gerechte und billige Behandlung in einen Kontext mit dem Völkergewohnheitsrecht stellen[379] und wieder andere Regelbeispiele für eine „ungerechte oder unbillige Behandlung" normieren.[380] Erst recht müsste der multilaterale Investitionsgerichtshof die unterschiedlichen Interpretationsvorgaben der für das jeweilige internationale Investitionsabkommen eingesetzten Vertragsorgane beachten.[381] Wirklich kohärente Spruchpraxis etwa nach dem Vorbild des WTO-Appellate Body ließe sich nach alledem durch einen multilateralen Investitionsgerichtshof nur bei gleichzeitiger materieller Rechtsvereinheitlichung[382] effektiv erreichen.

ee) Korrigierbarkeit

Öffentliche Gewalt muss schließlich korrigierbar sein. Die Notwendigkeit einer zweiten Instanz[383] ergibt sich erst unter diesem Gesichtspunkt, lässt sich dagegen nicht mit dem Kohärenzerfordernis begründen.[384] Der Grundsatz der Korrigierbarkeit steht in engem Zusammenhang mit dem Prinzip der sachlichen Richtigkeit.[385] Prinzipiell muss auch um der Herrschaft des Rechts willen eine in rechtlicher Hinsicht unrichtige (schieds-) gerichtliche Entscheidung korrigiert werden können. Eine echte, vollwertige, die Tatsachenfeststellung wie die Rechtsanwendung umfassend überprüfende Berufung gegen erstinstanzliche (schieds-)gerichtliche Entscheidungen ist insoweit nicht zwingend, aber naheliegend. Eine auf reine Rechtskontrolle beschränkte Revisionsinstanz wäre andererseits ausreichend.[386]

---

376 Das müssen letztlich z. B. auch *Stephan W. Schill/Geraldo Vidigal*, Designing Investment Dispute Settlement à la Carte: Insights from Comparative Institutional Design, The Law and Practice of International Courts and Tribunals 18 (2019), 314–344 (322), zugestehen.

377 Darüber könnte auch eine rechtlich verbindliche Handlungsanweisung (z. B. „shall secure uniform and consistent interpretation of the law"), wie sie *Bungenberg/Reinisch* (Fn. 9), 32–33, 62, für den MIC vorschlagen, nicht hinweghelfen.

378 Art. 2 Abs. 1 Satz 2 BIT Deutschland-Bahrain.

379 So die Interpretation von Art. 1105 Abs. 1 NAFTA durch die NAFTA Free Trade Commission in ihren bindenden Interpretationsanmerkungen vom 31.7.2001 (abrufbar unter: <https://files.pca-cpa.org/pcadocs/bi-c/2.%20Canada/4.%20Legal%20Authorities/RA-49%20-%20NAFTA%20FTC,%20Notes%20of%20Interpretation%20(July%2031,%202001).pdf>, zuletzt aufgerufen am 1.7.2022).

380 Art. 8.10 Abs. 2 CETA.

381 Wie z. B. des Gemischten CETA-Ausschusses Art. 26.1 Abs. 5 *lit.* e CETA. Wie hier *Kaufmann-Kohler/Potestà* (Fn. 17), 68.

382 Die ein völlig unwahrscheinliches Szenario darstellt.

383 Siehe auch *Kaufmann-Kohler/Potestà* (Fn. 17), 43–44.

384 Oben unter dd).

385 Oben unter bb).

386 Vgl. ergänzend die eingehende Diskussion, ob Korrekturen nur in einem Aufhebungsverfahren (z. B. nach Art von Art. 52 ICSID-Konvention) oder in einem Berufungs- oder Revisionsverfahren ermöglicht werden sollten, bei *Kaufmann-Kohler/Potestà* (Fn. 17), 44–48.

b) Folgerungen aus der Notwendigkeit einer Re-Balancierung

Weitere Strukturprinzipien ergeben sich aus der Notwendigkeit, gaststaatliche Souveränität und Investorenschutz neu auszubalancieren.[387] Ein erstes Element der Re-Balancierung bildet das Erfordernis vorheriger Erschöpfung des nationalen Rechtswegs.[388]

aa) Nationale Rechtswegerschöpfung

Die Stärkung der innerstaatlichen Rechtswegerschöpfung[389] ist nach hier vertretener Auffassung prinzipiell stets sachgerecht.[390] Sie entspricht der funktionalen Äquivalenz von internationalem Investitionsschutz und internationalem Menschenrechtsschutz.[391] Soweit völkervertraglich garantierte Menschenrechte vor einem Vertragsorgan, z. B. einem Ausschuss oder einem Gerichtshof, geltend gemacht werden können, setzen die betreffenden Verfahrensregeln typischerweise voraus, dass der Beschwerdeführer zuvor den innerstaatlichen Rechtsweg erschöpft haben muss.[392] Die Inanspruchnahme internationaler (schieds-)gerichtsförmiger Investor-Staat-Streitbeilegung bildet danach einen außerordentlichen Rechtsbehelf. Dieser Subsidiarität[393] korrespondiert zugleich die verfassungsrechtsartige Natur der völkervertraglich normierten Investitionsschutzstandards. Sie wölben sich, nicht anders als die Menschenrechte, in quasi-konstitutioneller Weise über die gaststaatliche Staatsgewalt.

Mit der Stärkung der innerstaatlichen Rechtswegerschöpfung wird nur dem ersten Augenschein nach die Souveränität des Gaststaates gestärkt, indem seine Gerichte primär zur Investor-Staat-Streitbeilegung berufen sind. Tatsächlich wird dem Gaststaat damit – souveränitätswahrend – die Möglichkeit zur Selbstkorrektur gegeben.[394] Umgekehrt, sollten die nationalen Gerichte die betreffenden, den ausländischen Investor belastenden Maßnahmen aufrechterhalten, würde der Gaststaat seine Position bekräftigen.[395]

Zugleich werden mit einer solchen „local remedies rule" aber auch die nationalen Gerichte in die Pflicht genommen. Rechtsstaatliche Defizite ihrer eigenen Verfahrensführung können nämlich ihrerseits den völkervertraglichen Investitionsschutz erst auslösen,[396] z. B. wegen Verstoßes gegen gerechte und billige Behandlung.[397]

Das Erfordernis der innerstaatlichen Rechtswegerschöpfung führt ferner zu einer Vielzahl von Folgefragen. Das betrifft zunächst die Reichweite der (schieds-)gerichtlichen Kontrolle. Deren Gegenstand ist nicht mehr nur die den Investor nachteilig treffende

---

387 Hierzu oben in und bei Fn. 170. Hierin zeigt sich erneut eine funktionale Parallele zwischen internationalem Menschenrechtsschutz und internationalem Investitionsschutz (hierzu schon oben unter IV.1.). Im internationalen Investitionsschutz bedarf es nicht anders als im internationalen Menschenrechtsschutz des Ausgleichs zwischen staatlicher Souveränität und Individualschutz.

388 Nach *Qumba* (Fn. 71), 54, vielleicht der Mechanismus mit dem größten Potential eines neu austarierten Investor-Staat-Streitbeilegungssystems.

389 Hierfür etwa *Dagbanja* (Fn. 18), 5. Siehe zu Entwicklungen in Afrika *Qumba* (Fn. 71), 52–53.

390 Selbstverständlich steht es den Vertragsparteien frei, vom Erfordernis der innerstaatlichen Rechtswegerschöpfung abzusehen.

391 Dazu oben unter IV.1.

392 Für den UN-Menschenrechtsausschuss Art. 2 1. FP-IPbpR; für den EGMR Art. 35 Abs. 1 EMRK. Siehe auch *Grabenwarter/Pabel* (Fn. 121), § 13 Rn. 24.

393 Explizit so auch *Puig/Shaffer* (Fn. 32), 403.

394 *Van Harten/Loughlin* (Fn. 29), 130.

395 *Van Harten/Loughlin* (Fn. 29), 130.

396 *Dolzer/Schreuer* (Fn. 6), 235.

397 Siehe hierzu etwa die Fallgruppenbildung bei *Dolzer/Schreuer* (Fn. 6), 154–156.

staatliche Maßnahme, sondern jene Maßnahme im Lichte des letztinstanzlichen inländischen Gerichtsurteils. Die (schieds-)gerichtliche Prüfung bezieht sich demgemäß darauf, ob erstens die ursprüngliche staatliche Maßnahme einen völkervertraglich vorgesehenen Investitionsschutzstandard verletzt hat und zweitens diese Verletzung fortbesteht, weil ihr durch das letztinstanzliche Urteil nicht oder nur unzureichend abgeholfen wurde.[398]

Die Aussicht, dass am Ende ein internationales (Schieds-)Gericht entscheiden könnte, dürfte für die nationalen Gerichte (freilich in Abhängigkeit von der nationalen Rechtsdogmatik zur innerstaatlichen Geltung, Anwendbarkeit und Wirkung von Völkerrecht)[399] den Anreiz bieten, die völkervertraglichen materiellen Investitionsschutzstandards unmittelbar oder mittelbar zu berücksichtigen.[400] Wird für Zwecke der internationalen Investor-Staat-Streitbeilegung nicht der Rechtsweg zu *Ad-hoc*-Schiedsgerichten, sondern zu einem durch das jeweilige internationale Investitionsabkommen oder sonst errichteten, ständigen Investitionsgerichtshof eröffnet, dann lässt sich außerdem ein Vorlageverfahren einrichten, das es den nationalen Gerichten ermöglicht, Fragen der Interpretation von vertraglichen Investitionsschutzklauseln vorab an den Investitionsgerichtshof zu richten.[401]

Freilich kann das Beschreiten des nationalen Rechtswegs für den ausländischen Investor beschwerlich sein. Ist die Rechtsverfolgung vor den nationalen Gerichten unzumutbar,[402] muss dem Investor der Zugang zur internationalen (schieds-)gerichtlichen Investor-Staat-Streitbeilegung eröffnet sein, ohne den Rechtsweg erschöpft zu haben. Darüber hinaus kann ein Investor mit übermäßig langen Verfahrensdauern zu kämpfen haben. Diesbezüglich wäre daran zu denken, dass ein Investor zur Anrufung eines internationalen Investor-Staat-(Schieds-)Gerichts nach Ablauf einer mehrjährigen Frist von z. B. fünf Jahren[403] ab erstinstanzlicher Klageerhebung berechtigt ist.[404] Umgekehrt kann für die Einleitung einer (schieds-)gerichtlichen Investor-Staat-Streitbeilegung von

---

398 Die Begrenzung der internationalen (schieds-)gerichtlichen Kontrolle auf „egregious instances of injustice" (*Sornarajah* [Fn. 73], 607, siehe auch a. a. O. 614) erscheint demgegenüber als wenig interessengerecht ausbalancierter Vorschlag.

399 Allgemein sowie rechtsvergleichend hierzu *Shaw* (Fn. 233), 110–178.

400 Siehe *Puig/Shaffer* (Fn. 32), 397, 403. Vgl. aber auch *Dolzer/Schreuer* (Fn. 6), 235.

401 Zu solchen Ansätzen auch *Kaufmann-Kohler/Potestà* (Fn.#), 48–50; *Puig/Shaffer* (Fn. 12), 404, 406; *Schill/Vidigal* (Fn. 376), 334–336.

402 Vgl. zu dieser Problemstellung auch *Grabenwarter/Pabel* (Fn. 121), § 13 Rn. 25, 28–31.

403 Eine entsprechende 5-Jahre-Frist ist etwa in Art. 15.2 des Model Text for the Indian Bilateral Investment Treaty (India Model BIT; abrufbar unter: <https://dea.gov.in/sites/default/files/Model-BIT_Annex_0.pdf>, zuletzt aufgerufen am 18.7.2022) vorgesehen. Im United States-Mexico-Canada Agreement (USMCA; abrufbar unter: <https://ustr.gov/trade-agreements/free-trade-agreements/united-states-mexico-canada-agreement/agreement-between>, zuletzt aufgerufen am 23.7.2022) sind beispielsweise nur 30 Monate normiert (Art. 14.D.5 Abs. 1 *lit.* b). Faktoren für die normative Bestimmung einer Frist, nach deren Ablauf die Erschöpfung des nationalen Rechtswegs fingiert wird, könnten z. B. einerseits normale, durchschnittliche Verfahrensdauern eines verwaltungsgerichtlichen Instanzenzugs, andererseits überlange, bereits als rechtsstaatswidrig geltende Verfahrensdauern sein.

404 Mit gleicher Zielrichtung könnte auch daran gedacht werden, dass für die nationalen Gerichte feste Verfahrensfristen vorgegeben werden, deren Nichteinhaltung mit der Einleitung einer internationalen (schieds-)gerichtlichen Investor-Staat-Streitbeilegung sanktioniert werden kann. – Alternativ wäre denkbar, dass das Recht zum diplomatischen Schutz des Heimatstaates des Investors gestärkt wird, wenn nach bestimmter Frist von z. B. fünf Jahren immer noch nicht letztinstanzlich über das Begehren des Investors entschieden worden ist (ohne dass dem Investor nach Fristablauf zusätzlich bereits der Rechtsweg zu einer (schieds-)gerichtsförmigen internationalen Investor-Staat-Streitbeilegung eröffnet wäre). Freilich ist diese Lösung mit den oben bereits thematisierten Unzulänglichkeiten diplomatischen Schutzes (unter V.1.b) bb)) behaftet.

der Wahrung einer Rechtsbehelfsfrist von z. B. drei Monaten ab letztinstanzlichem Urteil abhängig gemacht werden.[405]

Wird die „local remedies rule" eingeführt, ergeben einem späteren (schieds-)gericht-lichen Investor-Staat-Verfahren vorgeschaltete Verhandlungs-, Mediations- oder Ver-gleichsverfahren[406] keinen Sinn. Auf solche zusätzlichen prozessualen Zulässigkeitshür-den muss dementsprechend verzichtet werden.[407]

bb) Weitere Aspekte einer Re-Balancierung

aaa) Widerklagen des Gaststaates

Einen weiteren Aspekt der Re-Balancierung des Verhältnisses von gaststaatlicher Sou-veränität und Investorenschutz bilden Widerklagen des Gaststaates,[408] die im Verfahren einer (schieds-)gerichtsförmigen Investor-Staat-Streitbeilegung prinzipiell zulässig sein sollten.[409] Freilich sollten für Widerklagen enge Zulässigkeitsvoraussetzungen gelten.[410] So sollten sie unmittelbar mit dem Streitgegenstand zusammenhängen.[411] Davon wäre jedenfalls dann auszugehen, wenn mit der Widerklage aus demselben Rechtsverhältnis heraus geklagt wird.[412] Das darzulegen gelingt dem Gaststaat freilich dann nicht, wenn das dem Streit zugrunde Rechtsverhältnis ein internationales Investitionsabkommen ist, dort aber keine Pflichten des Investors geregelt sind, deren Verletzung der Gaststaat im Widerklagewege geltend machen könnte.[413] In diesem Umstand liegt auch der eigentli-che Grund des Anliegens, internationale Investitionsabkommen mit Investorenpflichten aufzuladen.[414] Eine andere Variante wäre, in den internationalen Investitionsabkommen

---

405 Vgl. auch *Puig/Shaffer* (Fn. 32), 405.
406 Vgl. hierzu *Dolzer/Schreuer* (Fn. 6), 268–270.
407 Anders indes z. B. Art. 15.4 des India Model BIT.
408 Vorbild für das Instrument der Widerklage ist die entsprechende Regelung über Nebenanträge und Widerklagen in der ICSID-Konvention (Art. 46) in Verbindung mit den ICSID-Schiedsverfahrensre-geln 2022 (Regel 48).
409 Dazu, dass die gehäufte Zulassung von Widerklagen die Dynamik des Verfahrens der Inves-tor-Staat-Streitbeilegung erheblich verändert, *de Nanteuil* (Fn. 289), Rn. 6.107. Zu Widerklagen als Instrument einer Korrektur der vielfach behaupteten Asymmetrie von Investor-Staat-Streitbeile-gungsverfahren *Crina Baltag/Ylli Dautaj*, Regime Interaction in Investment Arbitration: Counterc-laims, Kluwer Arbitration Blog v.11.1.2022, 3–4 (abrufbar unter: <http://arbitrationblog.kluwerar-bitration.com/2022/01/11/regime-interaction-in-investment-arbitration-counterclaims/?output=pdf>; zuletzt aufgerufen am 18.7.2022). Noch weitergehend sind Vorschläge zur Zulassung von Klagen von Gaststaatsbürgern gegen Auslandsinvestoren. Hierzu *Martin Jarrett*, A New Frontier in International Investment Law: Adjudication of Host Citizen-Investor Disputes?, ZaöRV 2021, 969–1000.
410 Denn die Zulassung von Widerklagen soll der Verfahrensökonomie dienen (siehe etwa *Christoph Schreuer/Loretta Malintoppi/August Reinisch/Anthnoy Sinclair*, The ICSID Convention: A Commen-tary, 2. Aufl., Cambridge: Cambridge University Press 2009, Article 46 Rn. 1) und deshalb dem Gaststaat nicht die Verschleppung der Streitbeilegung ermöglichen. Deshalb müssen Widerklagen hinreichend eng mit dem Streitgegenstand zusammenhängen und von der Zuständigkeit des interna-tionalen (Schieds-)Gerichts gedeckt sein.
411 Siehe Art. 46 ICSID-Konvention; Regel 48 Abs. 1 ICSID-Schiedsverfahrensregeln 2022. Dazu, dass nicht alle Schiedsregeln diese Zulässigkeitsvoraussetzung kennen, *de Nanteuil* (Fn. 289), Rn. 6.109. Siehe z. B. Art. 21 Abs. 3 UNCITRAL-Schiedsverfahrensregeln.
412 Dazu, dass die Frage eines unmittelbaren Zusammenhangs in sowohl tatsächlicher als auch recht-licher Hinsicht zu beurteilen ist, IGH, *Armed Activities on the Territory of the Congo (Democratic Republic of the Congo v. Uganda)*, Beschluss v. 29.11.2001, ICJ Reports 2001, 660 (Rn. 36).
413 Zu diesem Problem auch *de Nanteuil* (Fn. 289), Rn. 6.110.
414 Vgl. *Molly Anning*, Counterclaims Admissibility in Investment Arbitration: The Case of Environmen-tal Disputes, in: Julien Chaisse/Leïla Choukroune/Sufian Jusoh (Hrsg.), Handbook of International Investment Law and Policy, Singapur: Springer 2021, 1277–1325 (1323). Siehe auch *Patrick Abel*,

Schirmklauseln dergestalt vorzusehen, dass Investoren jede vertragliche oder gesetzliche Verpflichtung in Bezug auf ihre Investition einhalten müssen. Auf diesem Wege könnten Verstöße des Investors gegen nationales Recht des Gaststaates zu Verstößen gegen das jeweilige internationale Investitionsabkommen „hochgezont" werden.[415]

Zu den weiteren engen Zulässigkeitsvoraussetzungen von Widerklagen gehört regelmäßig, dass sie von der Zuständigkeit des jeweiligen internationalen (Schieds-)Gerichts für die Entscheidung des konkret anhängigen Investor-Staat-Verfahrens gedeckt sein müssen.[416] Dass das angerufene (Schieds-)Gericht auch für die Widerklage zuständig sein muss, erscheint unabdingbar. Nur in dem Umfang, in dem das konkret zur Entscheidung über die (Schieds-)Klage des Investors berufene (Schieds-)Gericht zuständig ist, kann das (Schieds-)Gericht auch über Widerklagen des Gaststaates entscheiden. D. h. das Instrument der Widerklage kann nicht dazu genutzt werden, die spezifisch für die Entscheidung des Investor-Staat-Streits begründete, auf wechselseitiger Zustimmung beruhende Zuständigkeit des (Schieds-)Gerichts einseitig zu erweitern. Hier würde sich anbieten, die Streitbeilegungsklauseln in internationalen Investitionsabkommen so zu formulieren, dass die vom Investor angerufenen (Schieds-)Gerichte stets auch für Widerklagen des Gaststaates zuständig sind.[417]

bbb) Verbindliche Vertragsauslegung

Vertragsparteien eines internationalen Investitionsabkommens können ihre staatliche Souveränität wechselseitig dadurch schützen, dass sie im Interesse der Wahrung ihrer staatlichen Regelungshoheit vereinbaren, wie bestimmte Vertragsklauseln auszulegen sind. Von der Möglichkeit derartiger Übereinkünfte geht auch die WVK aus, die allerdings nur verlangt, dass solche zwischen den Vertragsparteien getroffenen Interpretationsvereinbarungen bei der Auslegung „berücksichtig[t]" werden.[418] Demgegenüber kann ein internationales Investitionsabkommen weitergehend vorsehen, dass eine Auslegungsübereinkunft der Vertragsparteien – oder ein Auslegungsbeschluss eines von den Vertragsparteien z. B. paritätisch besetzten Vertragsorgans – von internationalen (Schieds-)Gerichten nicht nur zu berücksichtigen, sondern jenen gegenüber unmittelbar verbindlich sein soll.[419] Die Grenze liegt dort, wo solche Vereinbarungen oder Beschlüsse nicht mehr nur den Vertrag auslegen oder fortbilden, sondern ändern.[420] Von einer vertragsändernden Wirkung ist insbesondere dann auszugehen, wenn sich eine

---

Counterclaims Based on International Human Rights Obligations of Investors in International Arbitration: Fallacies and Potentials of the 2016 ICSID *Urbaser v. Argentina* Award, Brill Open Law (2018), 1–30 (15–19, 23) (abrufbar unter: <https://brill.com/view/journals/bol/1/1/article-p61_61.xml?language=en&ebody=pdf-49903>, zuletzt aufgerufen am 9.7.2022). Eingehend zu Investorenpflichten *Patrick Abel*, International Investor Obligations. Towards Individual Responsibility for the Public Interest in International Investment Law, Baden-Baden: Nomos 2022.

415 *Anning* (Fn. 414), 1323.
416 Siehe Art. 46 ICSID-Konvention; Regel 48 Abs. 1 ICSID-Schiedsverfahrensregeln 2022.
417 Vgl. *Anning* (Fn. 414), 1323. Wird freilich die ICSID-Zuständigkeit vereinbart, dann lässt sich argumentieren, hierin liege die Zustimmung beider Streitparteien zur Erhebung von Widerklagen gemäß Art. 46 ICSID-Konvention (siehe *Radi* [Fn. 259], 301).
418 Art. 31 Abs. 3 *lit.* a WVK.
419 Beispiel: Art. 26.1 Abs. 5 *lit.* e CETA.
420 Zur notwendigen Differenzierung zwischen Vertragsauslegung und Vertragsänderung BVerfGE 89, 155 (210). Im Ergebnis wie hier schon etwa *Bungenberg/Reinisch* (Fn. 8), 123.

entsprechende Auslegung als interpretationsmethodisch schlechterdings unvertretbar und daher als objektiv willkürlich darstellen würde.[421]

Unzulässig ist eine Auslegungsvereinbarung (oder entsprechend ein Auslegungsbeschluss) außerdem dann, wenn sie *ad hoc* aus Anlass und dabei zugleich mit Wirkung für ein bereits anhängiges Investor-Staat-Verfahren gelten soll.[422] Das gilt jedenfalls für den Fall, dass die Auslegung *conditio sine qua non* für den Misserfolg der (Schieds-) Klage sein wird, die Auslegung also das weitere (schieds-)gerichtliche Verfahren darauf gleichsam programmiert, dass die (Schieds-)Klage des Investors ganz oder teilweise unzulässig oder unbegründet sein wird. Selbstverständlich kann kein Investor als (Schieds-)Kläger darauf vertrauen, dass das angerufene (Schieds-)Gericht gerade diese, nachträglich von den Vertragsparteien verbindlich gemachte Auslegung, weil und soweit sie methodisch vertretbar ist, nicht gewählt hätte. Allerdings durfte er darauf vertrauen, dass das (Schieds-)Gericht alle methodisch vertretbaren Auslegungen in den Blick nehmen und sich mit guten Gründen aus eigenem Urteilsvermögen heraus für eine der möglichen Auslegungen entscheiden wird. Dieses Vertrauen wird durch die Festlegung des (Schieds-)Gerichts auf exakt eine Auslegung nicht nur enttäuscht. Vielmehr werden dem Investor als Kläger auch alle Möglichkeiten genommen, seine Stellung als Verfahrensbeteiligter zu nutzen, um das (Schieds-)Gericht durch schriftlichen oder mündlichen Vortrag argumentativ auf seine Seite zu ziehen. Demgegenüber nimmt der verklagte Gaststaat im Verein mit dem Heimatstaat (gegebenenfalls über ihre Repräsentanten in dem zur autoritativen Auslegung berufenen Vertragsorgan) einseitiges hoheitliches Handeln in Anspruch, um das (Schieds-)Gericht und damit den Verfahrensausgang in eine bestimmte Richtung zu steuern. Darin liegt ein schwerwiegender Verstoß gegen das Prinzip der Waffengleichheit und damit gegen das Recht auf effektiven Rechtsschutz.[423]

ccc) Beratung und Unterstützung

Nach dem Vorbild des Advisory Centre on WTO Law (ACWL) mit Sitz in Genf könnte an die Errichtung eines Advisory Centre on International Investment Law (ACIIL) gedacht werden.[424] Aufgabe dieses Zentrums wäre die Beratung vor allem von Entwicklungsländern, die sich umfassend auf die Verhandlung von internationalen Investitionsabkommen, die Auslegung und Anwendung von völkervertraglichen Investitionsschutzstandards und die Prozessführung in Verfahren der (schieds-)gerichtlichen Investor-Staat-Streitbeilegung beziehen könnte.[425]

ddd) *A-limine*-Abweisung offensichtlich erfolgloser (Schieds-)Klagen

Für die Neujustierung des Verhältnisses von staatlicher Souveränität und Investitionsschutz ist auch die Möglichkeit der *A-limine*-Abweisung offensichtlich erfolgloser (Schieds-)Klagen in den Blick zu nehmen, also die Abweisung von Klagen die von

---

421 Zu diesen Kriterien BVerfGE 154, 17 (95–96).
422 Vom Ergebnis her ebenso schon *Bungenberg/Reinisch* (Fn. 8), 124; *Dionysiou* (Fn. 24), 93–94, 96.
423 Gleichsinnig EuGH, Gutachten v. 30.4.2019, 1/17, ECLI:EU:C:2019:341, Rn. 237 – *CETA EU-Kanada*.
424 Zu dieser Überlegung bereits *Schill/Vidigal* (Fn. 376), 339–341. Zum Vorschlag eines „Investment Advisory Centre" *Bungenberg/Reinisch* (Fn. 9), 19, 27–28.
425 Siehe zu diesen Funktionen *Schill/Vidigal* (Fn. 376), 340; ferner <www.acwl.ch/>, zuletzt aufgerufen am 2.7.2022.

vornherein unzulässig oder eindeutig und nach jeder Betrachtungsweise unbegründet sind.[426]

Mit der zügigen Abweisung derartiger offenkundig aussichtsloser (Schieds-)Klagen soll verhindert werden, dass Investoren das Instrument der (schieds-)gerichtsförmigen Investor-Staat-Streitbeilegung missbräuchlich dazu nutzen, den Gaststaat unter Druck zu setzen. Denn tatsächlich bindet ein laufendes (schieds-)gerichtliches Verfahren der Investor-Staat-Streitbeilegung erhebliche personelle, vor allem aber finanzielle Ressourcen des Gaststaates. Deshalb liegt eine frühzeitige Beendigung offensichtlich erfolgloser, vom Investor unter Umständen bewusst missbräuchlich eingeleiteter (Schieds-)Klagen im Interesse des Gaststaates.[427]

Tatsächlich werden derartige *A-limine*-Abweisungen von (Schieds-)Klagen bereits praktiziert.[428] Bisweilen fehlen hierfür aber klare Rechtsgrundlagen in den Schiedsordnungen[429] oder in den internationalen Investitionsabkommen.[430]

eee) Begrenzung von Schadensersatz

Bisweilen wird gefordert, dass der von internationalen (Schieds-)Gerichten in Investor-Staat-Verfahren als Wiedergutmachung zugesprochene Schadensersatz begrenzt werden müsse.[431] Hierfür lassen sich vereinzelt legitime Gründe anführen. Beispielsweise könnte Schadensersatz mangels objektiver Zurechenbarkeit zum Gaststaat dann vollständig ausgeschlossen werden, wenn der vom Investor erlittene Schaden auf bestimmten, von niemandem beherrschbaren Ereignissen beruht wie z. B. auf „Kriegshandlung, Feindseligkeiten, Bürgerkrieg, Aufstand oder ein[em] außergewöhnliche[n], unvermeidliche[n] und unabwendbare[n] Naturereignis".[432] Ebenso ist denkbar, dass in solchen Fällen das Prinzip der Inländerbehandlung gilt, d. h. der ausländische Investor hinsichtlich etwaiger vom Gaststaat gewährter Ersatzleistungen nicht ungünstiger als inländische Investoren gestellt werden darf.[433] Das kann z. B. darauf hinauslaufen, dass sich der Investor mit bestimmten Sachleistungen, Pauschalbeträgen, gesondert zu beantragenden Wiederaufbauhilfen o. ä. zufrieden geben muss. Ferner kann bei der Bemessung von Schadensersatz z. B. ein Mitverschulden des Investors berücksichtigt werden.[434]

---

426 Vgl. Art. 36 Abs. 3 ICSID-Konvention; Regel 41 Abs. 1 ICSID-Schiedsverfahrensregeln 2022.

427 Zur Problematik etwa *Lukas Stifter*, in: Marc Bungenberg/August Reinisch (Hrsg.), CETA Investment Law: Article-by-Article Commentary, Baden-Baden: Nomos 2022, Art. 8.32 Rn. 4–7; *André von Walter/Maria Luisa Andrisini*, Resolution of Investment Disputes, in: Makane Moïse Mbengue/Stefanie Schacherer (Hrsg.), Foreign Investment Under the Comprehensive Economic and Trade Agreement (CETA), Cham: Springer 2019, 185–206 (194–195).

428 Siehe aber zu den Grenzen einer *A-limine*-Abweisung, insbesondere in Fällen, wo eine Verletzung der FET-Klausel oder Entschädigung wegen indirekter Enteignung im Raum steht, *Oskari Vaaranmaa*, The Energy Charter Treaty, Frivolous Claims and the Looming Threat of Investor-state Dispute Settlement: Any Hope from the EU's Modernisation Proposal?, Groningen Journal of International Law 8 (2021), 270–287 (282–287).

429 Anders aber: Art. 36 Abs. 3 ICSID-Konvention; Regel 41 Abs. 1 ICSID-Schiedsverfahrensregeln 2022.

430 Anders aber: Art. 8.32, 8.33 CETA.

431 Vgl. *Howse* (Fn. 27), 414–415.

432 Art. III Abs. 2 *lit.* a Internationales Übereinkommen über die zivilrechtliche Haftung für Ölverschmutzungsschäden v. 27.11.1992 (Haftungsübereinkommen; BGBl. II 1996, 671).

433 Vgl. Art. 4 Abs. 3 Satz 1 BIT Deutschland-Bahrain.

434 Siehe *Dolzer/Schreuer* (Fn. 6), 295–296. Vgl. zu einer solchen Regel im nationalen Recht etwa § 254 BGB, im Völkerrecht etwa Art. III Abs. 3 Haftungsübereinkommen und Art. 39 der ILC-Artikel

Ebenso könnte daran gedacht werden, das der *Hull*-Formel entsprechende Prinzip der Entschädigung zum vollen „fairen" Verkehrswert[435] grundsätzlich auf Fälle der direkten (*de iure*) Enteignung zu beschränken.[436] In anderen Fällen der Eigentumsbeeinträchtigung könnte differenziert werden: Ergibt sich die *de facto* enteignende Wirkung aus einer (u. U. rein tatsächlichen) Einzelfallmaßnahme, die konkret-individuell nur den Investor betrifft, dann dürfte er in der Regel so zu stellen sein, wie er bei regulärer, direkter (*de iure*) Enteignung stehen würde, d. h. er wäre regelmäßig in Höhe des vollen „fairen" Verkehrswerts zu entschädigen. Handelt es sich dagegen um abstrakt-generell regelnde Maßnahmen, sog. „general regulatory measures",[437] die aber derart belastend sind, dass sie ohne Entschädigung unverhältnismäßig wären, dann sollte die Entschädigung auf das zur Herstellung von Verhältnismäßigkeit notwendige Maß beschränkt werden,[438] es sei denn, die Unverhältnismäßigkeit der Maßnahme ist derart exzessiv, dass die betreffende Regelung in eine *de facto*-Enteignung umschlägt.[439] In jenem letzteren Falle wäre wiederum eine Entschädigung in Höhe des vollen „fairen" Verkehrswerts zu gewähren. Wegen der Verletzung sonstiger Investitionsschutzstandards sollte dagegen auf die Rechtsfolgen analog den Regeln über die Staatenverantwortlichkeit wegen völkerrechtswidrigen Verhaltens (ASR) abgestellt werden, d. h. *restitutio in integrum* hätte Vorrang vor Schadensersatz.[440] Dabei müsste freilich gewährleistet sein, dass das (Schieds-)Gericht die Folgenbeseitigung, d. h. die Wiederherstellung des *status quo ante*, gemäß dem je einschlägigen internationalen Investitionsabkommen anordnen darf.[441]

Nicht haltbar ist jedenfalls die These, es gebe keinen ökonomischen Grund für Entschädigung bei bloßen Rechtsänderungen.[442] Diese Auffassung übersieht, dass ihren Zielen nach legitime Rechtsänderungen derart massiv in die Investition eingreifen können, dass sie den Investor nur dann noch verhältnismäßig belasten, wenn ihm in gewisser Höhe, unter Umständen volle, dem Verkehrswert entsprechende, „faire" Entschädigung gewährt wird. Bei der Beurteilung der (Un-)Verhältnismäßigkeit spielt der Vertrauensschutz des Investors eine wesentliche Rolle. Insbesondere kann das Vertrauen in den Fortbestand einer Rechtslage ein derartiges Gewicht annehmen, dass die Rechtsänderung ohne Entschädigung unzumutbar erscheint.

über die Verantwortlichkeit der Staaten für völkerrechtswidrige Handlungen v. 12.12.2001 (ILC-Artikel über Staatenverantwortlichkeit – ASR; Anlage zu UN, GV Resolution 56/83, 28.1.2002, A/RES/56/83). Insoweit dürfte wohl ein allgemeiner Rechtsgrundsatz anzunehmen sein.

435 Oben in und bei Fn. 160.

436 Zur Differenzierung zwischen direkter und indirekter Enteignung etwa *Schefer* (Fn. 5), 190–275. Legal definiert z. B. in Anhang 8-A Nr. 1 CETA.

437 Dazu, dass allgemeine Regelungsmaßnahmen (*general regulatory measures*) keine *de facto*-Enteignung darstellen, sofern sie ein legitimes Ziel in nichtdiskriminierender Weise verfolgen, *Dolzer/Schreuer* (Fn. 6), 120–123; vgl. ferner Anhang 8-A Nr. 3 CETA.

438 Vgl. hierzu auch *Tomuschat* (Fn. 132), 653, zur Rechtsprechung des EGMR.

439 Das Problem der hier vertretenen Auffassung ist freilich, dass sich unverhältnismäßige, aber noch nicht *de facto*-enteignend wirkende abstrakt-generelle Eigentumsnutzungsregelungen nur schwer unter die materiellen Investitionsschutzstandards einordnen lassen.

440 Siehe Art. 35–36 ASR.

441 Siehe z. B. Art. 8.39 Abs. 1 CETA und instruktiv zur Problematik *Irmgard Marboe*, in: Marc Bungenberg/August Reinisch (Hrsg.), CETA Investment Law: Article-by-Article Commentary, Baden-Baden: Nomos 2022, Art. 8.39 Rn. 32–39.

442 *Howse* (Fn. 27), 375, 433.

fff) Offenlegung von Third-Party-Funding

Unbestritten dürfte die Prozessfinanzierung seitens Dritter im Fall von (schieds-)gerichtsförmigen Investor-Staat-Streitbeilegungsverfahren primär dem Investor zugutekommen, selten dem auf Beklagtenseite stehenden Gaststaat.[443] Denn selbst im Falle des Obsiegens des Gaststaates bestünde keine Möglichkeit der Gewinnbeteiligung des Drittmittelgebers.[444] Allerdings spricht dieser Umstand für sich genommen noch nicht gegen ein Third-Party-Funding.[445]

Gegen die Zulassung einer Prozessfinanzierung durch Dritte wird deshalb vorgetragen, sie leiste mutwilligen, unter Umständen sogar missbräuchlichen (Schieds-)Klagen von Investoren Vorschub.[446] Diesem Problem kann aber zum einen mit der *A-limine*-Abweisung offensichtlich erfolgloser (Schieds-)Klagen begegnet werden.[447] Zum anderen würde von solchen Klagen eine Kostenregel abschrecken, die der unterlegenen Partei nicht nur die Kosten des Verfahrens, sondern auch die der Gegenseite entstandenen Kosten der Rechtsverfolgung auferlegen würde.[448] Vor allem aber steht die These, Third-Party-Funding begünstige missbräuchliches Klägerverhalten, ohnehin auf tönernen Füßen. Sie lässt sich nicht einmal damit begründen, dass Prozessfinanzierer das Risiko eines Prozessverlusts eher tragen könnten, weil sie über ein Portfolio an Klagen verfügten und über diese Diversifizierung das Risiko poolen könnten.[449] Denn ein Drittmittelgeber kann nicht beliebig viele ersichtlich aussichtslose (Schieds-)Klagen finanzieren, weil sein Portfolio ansonsten aus zu vielen „faulen", d. h. mit einem hohen (Total-)Ausfallrisiko behafteten Klagen bestünde. Das Geschäftsmodell des Third-Party-Funding würde sich dann als allzu spekulativ erweisen. Richtigerweise wird ein Drittmittelgeber darauf achten, dass die Erfolgswahrscheinlichkeit hinreichend hoch ist und eine Gewinnbeteiligung erlaubt.[450]

Das eigentliche Problem der Prozessfinanzierung durch Dritte liegt deshalb in etwaigen Interessenkonflikten der (Schieds-)Richter.[451] Sofern jene z. B. als Berater in einer Nähebeziehung zu dem Drittmittelgeber stehen, bestünde zumindest der „böse Schein", dass sie zugunsten der von jenem Dritten finanzierten Streitpartei, also in der Regel zugunsten des Investors zu entscheiden geneigt sein könnten, mithin mangelnde Unparteilichkeit zu besorgen wäre.[452]

---

443 *Lisa Bench-Nieuwveld/Victoria Shannon Sahani*, Third-Party Funding in International Arbitration, 2. Aufl., Alphen aan den Rijn: Wolters Kluwer 2017, 259. Siehe aber zur Drittfinanzierung von Staaten in Verfahren der Investor-Staat-Streitbeilegung *Carolyn B. Lamm/Eckhard R. Hellbeck*, Third-Party Funding in Investor-State Arbitration: Introduction and Overview, in: Bernardo M. Cremades/Antonias C. Dimolitsa (Hrsg.), Third-Party Funding in International Arbitration (ICC Dossier), Paris: International Chamber of Commerce 2013, 101–114 (103).

444 So *Howse* (Fn. 27), 424. Das könnte aber ohnehin nur für den Fall angenommen, dass die Klage des Investors abgewiesen wird und der Gaststaat keine erfolgreiche Widerklage gegen den Investor z. B. auf Schadensersatz wegen Schäden aus Verletzung von umweltbezogenen Pflichten erhoben hat.

445 Kritisch offenbar *Hess* (Fn. 22), 173.

446 Zumindest in diese Richtung weisend die Ausführungen bei *Howse* (Fn. 27), 424. Gegen diesen Vorwurf *Barnett/Macedo/Henze* (Fn. 58), 2.

447 Dazu oben unter ddd).

448 Im Prinzip für diese Grundregel für die Kostenverteilung auch *Bungenberg/Reinisch* (Fn. 8), 88, hinsichtlich des MIC.

449 So aber *Howse* (Fn. 27), 424.

450 Zur rigorosen Prüfung der Erfolgsaussichten einer Klage durch Drittmittelgeber *Barnett/Macedo/Henze* (Fn. 58), 2.

451 Hierzu auch schon oben in und bei Fn. 341.

452 Siehe *Barrington* (Fn. 59), 19.

Aus diesem Grund müssen eine Drittfinanzierung und insoweit der Drittmittelgeber namentlich offengelegt werden,[453] damit etwaige Interessenkonflikte aufgedeckt werden, um so Unparteilichkeit und Unabhängigkeit der Schiedsrichter zu gewährleisten.[454] Mitgeteilt werden sollte für den Fall, dass es sich beim Drittmittelgeber um eine juristische Person handelt, außerdem, wer die Person kontrolliert oder ihr wirtschaftlicher Eigentümer ist.[455] Weitergehender Offenlegung etwa der Inhalte der Vertragsbeziehung zwischen Streitpartei und Prozessfinanzierer bedarf es zum Schutz vor Interessenkonflikten in der Regel nicht.[456]

3. Empfehlungen

a) Modellierung: ständiger internationaler Investitionsgerichtshof

Aus den vorangegangenen Überlegungen lässt sich – im Sinne einer Zusammenfassung in neuen Punkten – die ideale Gestaltung internationaler (schieds-)gerichtsförmiger Investor-Staat-Streitbeilegung wie folgt umreißen:[457]

Erstens: Der ausländische Investor sollte selbst Zugang zu einem internationalen Gericht haben,[458] bei dem es sich um einen ständigen internationalen Investitionsgerichtshof handeln sollte,[459] der in Kammern entscheidet.[460] Die Korrigierbarkeit des von einer Kammer erlassenen Urteils muss dem Grunde nach gewährleistet sein, d. h. es bedarf einer zweiten Instanz,[461] die in einer Großen Kammer bestehen und sich im Sinne einer Revisionsinstanz auf die Überprüfung von Rechtsfehlern beschränken sollte.[462]

---

453 So auch Art. 8.26 Abs. 1 CETA; Regel 14 Abs. 1 Satz 1 ICSID-Schiedsverfahrensregeln 2022.

454 Umfassende Darstellung zur diesbezüglichen investitionsschiedsgerichtlichen Spruchpraxis bei *Bench-Nieuwveld/Shannon Sahani* (Fn. 443), 260–263.

455 Ebenso Regel 14 Abs. 1 Satz 2 ICSID-Schiedsverfahrensregeln 2022. Hiergegen allerdings *Dodge/Barnett/Macedo/Kulig/Gom* (Fn. 58), 4–5.

456 Siehe aber Regel 14 Abs. 4 ICSID-Schiedsverfahrensregeln 2022. Überzeugend gegen eine Offenlegung des Finanzierungsvertrags etwa *Barnett/Macedo/Henze* (Fn. 58), 3; a. A. aber z. B. *Dionysiou* (Fn. 24), 169–170. Zur Problematik auch *Maxi Scherer*, Third-Party Funding in International Arbitration: Towards Mandatory Disclosure of Funding Agreements?, in: Bernardo M. Cremades/Antonias C. Dimolitsa (Hrsg.), Third-Party Funding in International Arbitration (ICC Dossier), Paris: International Chamber of Commerce 2013, 95–100 (99). Dazu, dass klagende Investoren bisweilen freiwillig den Vertrag mit dem Prozessfinanzierer offenlegen, *Angelynn Meya*, Third-Party Funding in International Investment Arbitration: The Elephant in the Room, in: Bernardo M. Cremades/Antonias C. Dimolitsa (Hrsg.), Third-Party Funding in International Arbitration (ICC Dossier), Paris: International Chamber of Commerce 2013, 122–133 (131–132).

457 Freilich hat jeder institutionelle Lösungsansatz zum Schutz von Auslandsinvestitionen seine „trade-offs". Hierzu eingehend und instruktiv *Puig/Shaffer* (Fn. 32), 383–408.

458 Diese prozessuale Subjektstellung entspricht überdies der funktionalen Äquivalenz von internationalem Investitionsschutz und internationalem Menschenrechtsschutz.

459 Dies ist allein dem Kohärenzgedanken geschuldet, nicht dagegen Vorstellungen von höherer Professionalität und Integrität haupt- oder nebenamtlich an einem ständigen Gericht angestellter Richter.

460 Sofern der Gerichtshof in Kammern entscheidet, lässt sich dem Kohärenzerfordernis dadurch Rechnung tragen, dass z. B. das Abweichen einer Kammer von der bisherigen Rechtsprechung einer oder mehrerer anderer Kammern die vorherige Anrufung des Gerichtsplenums oder einer Großen Kammer bedarf. Kohärente Spruchpraxis kann ferner z. B. durch Verfahrensverbindung mehrerer Klagen gegen denselben Gaststaat bei einer Kammer bewirkt werden (vgl. hierzu auch Art. 8.43 CETA; *Bungenberg/Reinisch* [Fn. 8], 102–103; *Schill/Vidigal* [Fn. 322], 8–9).

461 Jene ist dagegen nicht aus Gründen der Kohärenz geboten, wenn dem hier vorgeschlagenen Modell eines aus Kammern und Großer Kammer sowie gegebenenfalls Plenum bestehenden Gerichtshofs gefolgt wird.

462 Hinsichtlich des MIC für eine echte, d. h. Tatsachenfeststellung und Rechtsanwendung überprüfende Berufungsinstanz *Bungenberg/Reinisch* (Fn. 9), 31. Demgegenüber dürfte nach dem hier vorgeschla-

Zweitens: Die Richter sollten von den Staaten, die den Investitionsgerichtshof völker-vertraglich errichtet haben, in bestimmter Zahl für eine bestimmte Amtszeit bestellt werden, und zwar als nebenamtliche, ggf. aber auch als hauptamtliche Richter.[463] Der Präsident des Internationalen Gerichtshofs (IGH) sollte ermächtigt sein, offene Rich-terpositionen zu besetzen.[464] Die zu berufenden Richter sollten fachlich hervorragend qualifiziert, insbesondere allgemein im Völkerrecht und möglichst auch speziell im in-ternationalen Investitionsrecht ausgewiesen sein.[465] Außerdem sollten die Richter jeder-zeit die uneingeschränkte Gewähr für Unparteilichkeit und Unabhängigkeit bieten. Zu diesem Zweck sollten die Richter auf einen Verhaltenskodex verpflichtet werden, der Interessenkonflikten durch Offenlegungspflichten vorbeugen sollte.[466] Zur Vermeidung von Interessenkonflikten der Richter sollten die Streitparteien ihrerseits zur Offenle-gung einer Prozessfinanzierung durch Dritte verpflichtet sein.[467]

Drittens: Der Investor sollte die Klage im Grundsatz erst nach Erschöpfung des inner-staatlichen Rechtswegs erheben dürfen,[468] es sei denn, das Beschreiten des nationalen Rechtswegs oder dessen Erschöpfung ist dem Investor unzumutbar. Als unzumutbar gelten sollte die Erschöpfung des Rechtswegs, wenn seit dem Einlegen des ersten ge-richtlichen oder außergerichtlichen innerstaatlichen Rechtsbehelfs geraume Zeit, z. B. fünf Jahre, vergangen sind. Über das Erfordernis der Rechtswegerschöpfung hinaus sollte der Zugang zum Investitionsgerichtshof nicht durch weitere prozessuale Hürden erschwert werden. Allerdings sollte der Investor seine Klage zum Investitionsgerichts-hof binnen einer Frist von z. B. drei Monaten[469] ab Rechtskraft der letztinstanzlichen nationalen Gerichtsentscheidung erheben müssen.[470]

---

genen Modell eine bloße Rechtskontrolle ausreichen. Denn wegen des Erfordernisses nationaler Rechtswegerschöpfung sollte es dem nachgelagerten internationalen Investitionsgerichtshofs in erster Instanz möglich sein, vor dem Hintergrund der gerichtlichen Tatsachenfeststellungen der nationalen Gerichte die Tatsachengrundlagen nunmehr jenseits vernünftiger Zweifel abschließend festzustellen.

463 Hiergegen z. B. *Klatte* (Fn. 339), 230–232. Das Modell eines ständigen internationalen Investitions-gerichtshofs muss jedenfalls nicht zwingend mit der Vorstellung ausschließlich hauptamtlicher Rich-ter verbunden werden. Die gewollte Rechtsprechungskohärenz lässt sich mit dem vorgeschlagenen Kammer-Große Kammer/Plenum-Modell auch dann erreichen, wenn die Kammern aus z. B. von Heimat- und Gaststaat *ad hoc* bestellten Richtern bestehen. Zu erinnern ist außerdem an das Modell des WTO-Appellate Body, d. h. an eine Besetzung mit nebenamtlichen Richtern (vgl. Art. 17 Abs. 3 Satz 4 DSU; ähnlich *Bungenberg/Reinisch* [Fn. 8], 39, 45–46).

464 Dadurch ließe sich die Politisierung von Verfahren der Richterbenennung verhindern. Zur Problema-tik auch *Kaufmann-Kohler/Potestà* (Fn. 17), 60–61.

465 Ergänzend könnte gefordert werden, dass die Richter verwaltungs- und verfassungsrechtlichen Sach-verstand mitbringen (so *Bungenberg/Reinisch* [Fn. 8], 40).

466 Siehe auch die vertiefenden Überlegungen zur Zusammensetzung eines ständigen internationalen In-vestitionsgerichts von *Kaufmann-Kohler/Potestà* (Fn. 68), 17–93. Siehe außerdem den ausgearbeiteten Entwurf für den von der EU favorisierten MIC bei *Bungenberg/Reinisch* (Fn. 9), 20–26, 30.

467 Soweit es sich bei dem Drittmittelgeber um eine juristische Person, z. B. eine Gesellschaft, handelt, sollte sich die Offenlegungspflicht auch darauf erstrecken, wer die Gesellschaft kontrolliert bzw. wer deren Eigentümer ist.

468 Den Gegenstand der Klage bildet die staatliche Maßnahme, die nach der Behauptung des Klägers Investitionsschutzstandards verletzt haben könnte, insoweit, als ihr nicht im nationalen Rechtsweg ab-geholfen wurde. Auch die nationalen Gerichtsentscheidungen können selbständige Klagegegenstände sein.

469 *Bungenberg/Reinisch* (Fn. 8), 80, votieren für ein Jahr.

470 All diese Kauteln zugrunde legend gibt es aus einer völkerrechtlichen Perspektive keinen überzeu-genden Grund dafür, den ausländischen Investor gegenüber inländischen Investoren oder anderen ausländischen Wirtschaftsakteuren dadurch zu bevorzugen, dass er am nationalen Rechtsweg vorbei unmittelbar ein internationales Gericht anrufen kann, das nur noch anhand völkerrechtlicher, das nationale Recht verfassungsartig überwölbender Prüfungsmaßstäbe entscheidet.

Viertens: Die nationalen Gerichte sollten Vorabentscheidungsersuchen zu Fragen der Interpretation des jeweiligen internationalen Investitionsabkommens an den Investitionsgerichtshof richten können. Dessen Auslegungen sollten bindend sein.

Fünftens: Der Investitionsgerichtshof sollte offensichtlich erfolglose Klagen[471] auch *proprio motu* in einem Annahmeverfahren abweisen können,[472] im Rahmen dessen er auch umgekehrt zulässigen und offenkundig begründeten Klagen stattgeben können sollte.[473]

Sechstens: Das Verfahren vor dem Investitionsgerichtshof sollte in der Weise „entnationalisiert" sein, dass staatliche Einflussnahme jenseits der eigentlichen Prozessbeteiligung verboten ist.[474] Eine auf zwischenstaatlicher Übereinkunft beruhende, verbindliche Auslegung der völkervertraglichen Rechtsgrundlagen der Investor-Staat-Streitigkeit, also in erster Linie des jeweiligen internationalen Investitionsübereinkommens, sollte zwar möglich sein, allerdings Bindungswirkung immer nur *pro futuro* entfalten, d. h. keine Wirkung für eine anhängige Klage haben. Das sollte jedenfalls für den Fall gelten, dass die Auslegung das weitere Verfahren gleichsam auf einen Misserfolg der Klage hin programmiert. Die „Entnationalisierung" sollte sich in der Weise fortsetzen, dass die Vollstreckung aus einem Urteil des Investitionsgerichtshofs nicht der Anerkennung durch nationale Gerichte oder Behörden derjenigen Staaten bedarf, welche den Investitionsgerichtshof errichtet haben.[475] Die Urteile sollten also in dem Sinne supranationaler Natur sein, dass sie den rechtskräftigen Urteilen der innerstaatlichen Gerichte aller dieser Staaten gleichgestellt sind.[476]

Siebtens: Widerklagen, die mit dem Streitgegenstand der erhobenen Klage in unmittelbarem Zusammenhang stehen, sollten zulässig sein.[477]

Achtens: Die mündlichen Verhandlungen des Investitionsgerichtshofs sollten öffentlich sein, dessen Entscheidungen vollständig veröffentlicht werden, soweit es um der Klage stattgebende oder um klagabweisende Endurteile geht oder um Zwischenurteile zur Zuständigkeit des Gerichtshofs bzw. zur Zulässigkeit der Klage.[478] Von einer weiter-

---

471 Also von vornherein unzulässige oder eindeutig und nach jeder Betrachtungsweise unbegründete Klagen.

472 So wohl auch *Bungenberg/Reinisch* (Fn. 8), 65–66, 79–80, zum MIC.

473 Denn schließlich ist es auch dem Investor aus Zeit- und Kostengründen unzumutbar, in eigentlich eindeutig gelagerten Fällen lange Verfahrensdauern in Kauf nehmen zu müssen.

474 Beispielsweise darf kein nationales Gericht den Investor im Wege einstweiliger Verfügung daran hindern, den internationalen Rechtsweg zu beschreiten.

475 In diesem Sinne auch der Vorschlag von *Bungenberg/Reinisch* (Fn. 9), 35, in Bezug auf MIC-Entscheidungen.

476 Ein besonderes Problem bildet die Vollstreckbarkeit unter dem Übereinkommen über die Anerkennung und Vollstreckung ausländischer Schiedssprüche v. 10.6.1958 (New Yorker Übereinkommen; BGBl. II 1961, 122). Hier kommt es darauf an, ob die Urteile des Investitionsgerichtshofs „arbitral awards" sind, wobei es sich auch um Entscheidungen von „permanent arbitral bodies" handeln kann (vgl. Art. 1 Abs. 1 Satz 1 und Abs. 2 New Yorker Übereinkommen). Zu den hierfür maßgeblichen Kriterien *Marc Bungenberg/Anna Holzer*, in: Marc Bungenberg/August Reinisch (Hrsg.), CETA Investment Law: Article-by-Article Commentary, Baden-Baden: Nomos 2022, Art. 8.41 Rn. 86.

477 Schon die Streitbeilegungsklausel des internationalen Investitionsabkommens sollte dabei so weit gefasst sein, dass sie Widerklagen, die mit dem Streitgegenstand der erhobenen Klage in unmittelbarem Zusammenhang stehen, zulässt.

478 Einer Anonymisierung hinsichtlich der Kläger- oder Beklagtenseite bedarf es nicht. Anders mag es sich z. B. bei Sachverständigen, Zeugen oder sonstigen namentlich genannten Personen verhalten.

gehenden Publizität, insbesondere von einer Öffentlichkeitsbeteiligung in Gestalt von „amici curiae“ sollte in jedem Fall abgesehen werden.[479]

Neuntens: Der Investitionsgerichtshof sollte Rechtsverletzungen feststellen und Schadensersatz bzw. Entschädigung zusprechen können.[480] Ausnahmsweise sollte er den Gaststaat aber auch zu einem bestimmten Verhalten im Sinne einer restitutio in integrum (z. B. zur Eigentumsrückgabe) verpflichten können.

b) Implementierung: Opt-in-Konvention

Nun bliebe eigentlich nur noch, diese Konzeption in völkervertragliche Form zu gießen. Hier beginnen indes die rechtsinstrumentellen Probleme der Reformimplementierung.

Schaut man sich allein die Diversität und Heterogenität der von den Staaten und der EU in die UNCITRAL-Arbeitsgruppe III eingebrachten Vorstellungen an,[481] dann wird klar, dass das hier vorgestellte Modell[482] wahrscheinlich kaum das Ergebnis multilateraler Reformanstrengungen sein wird.[483]

Vor allem aber wird eine Lösung allein auf prozessrechtlicher Ebene die Kritik an der bislang praktizierten Investor-Staat-Schiedsgerichtsbarkeit kaum zum Verstummen bringen.[484] Denn eine noch so perfekte institutionelle, organisatorische, personelle und prozedurale Reform hätte immer noch nicht das Problem bewältigt, dass eine enorme Vielfalt materiell-rechtlicher Prüfungsmaßstäbe fortbestünde. Erst deren Vereinheitlichung würde die unverdrossen eingeforderte Kohärenz der (schieds-)gerichtlichen Judikatur gewährleisten können. Ein zentralisiertes, multilaterales, gerichtliches System der Investor-Staat-Streitbeilegung kann aus rechtsmethodischen Gründen unmöglich die in internationalen Investitionsabkommen bisweilen höchst unterschiedlich formulierten Investitionsschutzklauseln aus Gründen der Kohärenz interpretativ einebnen. Müssen demnach die Tausende von völkervertraglichen Klauseln zu gerechter und billiger Behandlung, vollem Schutz und voller Sicherheit, direkter und indirekter Enteignung, Inländerbehandlung oder Meistbegünstigung, um nur die zentralsten zu nennen, mit Blick vor allem auf ihren jeweiligen Wortlaut und ihre jeweilige Systematik sowie die jeweilige Interessenlage der Vertragsparteien und mit Rücksicht auf bindende Interpretationsübereinkünfte ausgelegt werden,[485] dann wird auch deutlich, dass ein weiteres Problem fortbesteht, nämlich die Weite und Unbestimmtheit vieler Klauseln, die auch für die angeblich allzu investorenfreundliche Spruchpraxis der Investor-Staat-Schiedsgerichte verantwortlich gemacht wird.[486]

---

479 Weitergehende Transparenz fordern dagegen *Bungenberg/Reinisch* (Fn. 8), 128–130 für den MIC.

480 Insoweit ebenso *Bungenberg/Reinisch* (Fn. 9), 34.

481 Vgl. hierzu oben unter III.1. sowie z. B. die von Staaten eingebrachten Vorschläge in Possible reform of investor-State dispute settlement (ISDS), Note by the Secretariat, Addendum, 30 July 2019, UN-Dok. A/CN.9/WG.III/WP.166/Add.1.

482 Oben unter a).

483 Ebenso *Schill/Vidigal* (Fn. 376), 319–320 zum EU-Vorschlag eines MIC.

484 Siehe die Kritik von *Sornarajah* (Fn. 73), 608–609, 613, an den lediglich prozessrechtlichen Reformansätzen.

485 Hierzu und zum Vorstehenden schon oben in und bei Fn. 376-382.

486 Andererseits scheint die schiedsgerichtliche Praxis der jüngeren Zeit dahin zu tendieren, dass neuere materiell-rechtliche Investitionsschutzstandards in modernen, besser austarierten internationalen Investitionsabkommen auch zu keinen prinzipiell anderen Ergebnissen führen als tradierte materielle Investitionsschutzstandards. Hierzu *Wolfgang Alschner*, From a Backlash Against Investment Arbitration to a Backlash by Investment Arbitrators?, Kluwer Arbitration Blog v. 4.7.2022 (abrufbar unter

Angezeigt erscheinen würde daher eigentlich der ganz große Wurf: ein multilateraler Investitionsschutzvertrag mit einheitlichen materiellen Schutzstandards und einheitlichem, (schieds-)gerichtsförmigem Investor-Staat-Streitbeilegungssystem. Die multilateralen Bemühungen um einen solchen universellen, materielles und formelles Recht umfassenden völkervertraglichen Investitionsschutzrahmen sind bekanntlich schon in den 1960er Jahren gescheitert.[487] Damit wäre auch heute zu rechnen.[488] Überdies scheint kein „acquis universelle" des internationalen Investitionsrechts in der Weise auf, dass sich darauf ein ganz bestimmtes Modell aufbauen ließe, wie z. B. der von der EU vorgeschlagene Multilaterale Investitionsgerichtshof.[489] Das wird schon an Afrika deutlich, das seinen (pointiert mit dem Begriff der „Afrikanisierung" beschriebenen) eigenen, spezifisch afrikanischen Weg sucht,[490] das dabei aber seinerseits die Grenzen eines lediglich regionalen Multilateralismus erkennen musste: Im rechtlich nicht bindenden Panafrikanischen Investitionskodex (PAIC) vermochten sich die Staaten der AU nicht sämtlich auf das Prinzip (schieds-)gerichtlicher internationaler Investor-Staat-Streitbeilegung festzulegen.[491] Auch die Verhandlungen um eine Reform des Energiecharta-Vertrags deuten nicht darauf hin,[492] dass sich dort beispielsweise das von der EU erarbeitete und eingebrachte Konzept eines Multilateralen Investitionsgerichtshofs durchsetzen könnte, und sei es nur in der Form, dass der Multilaterale Investitionsgerichtshof lediglich als eine weitere Streitbelegungsvariante in den Vertrag eingeht.[493]

Zur materiell-rechtlichen wie prozessrechtlichen Fragmentierung des geltenden internationalen Investitionsrechts tritt eine Fragmentierung der Lösungsansätze in der Debatte um die Reform der Investor-Staat-(Schieds-)Gerichtsbarkeit. Während einige Staaten das bestehende System der *Ad-hoc*-Investor-Staat-Schiedsgerichtsbarkeit nur mehr oder weniger stark modifizieren wollen, setzen andere Staaten auf rein zwischenstaatliche Formen der Streitbeilegung und befürworten wieder andere Staaten und namentlich die EU einen ständigen internationalen Investitionsgerichtshof mit Instanzenzug. Hinzukommen Ansätze zu Formen der einem internationalen (Schieds-)Gerichtsverfahren vorgeschalteten Investor-Staat-Streitbeilegung sowie zu Formen einer *Ad-hoc*-Investor-Staat-Schiedsverfahren nachgeschalteten Rechtsmittelinstanz. Hinsichtlich der vorgeschalteten Verfahren konkurrieren Modelle, welche die nationale Gerichtsbarkeit stärken wollen, mit solchen, die, ggf. ergänzend, auf alternative Mechanismen der Streitbeilegung setzen.[494]

Das völkervertragliche Design für die Einführung einer reformierten internationalen (schieds-)gerichtsförmigen Investor-Staat-Streitbeilegung muss diesen erheblich diver-

---

<http://arbitrationblog.kluwerarbitration.com/2022/07/04/from-a-backlash-against-investment-arbitration-to-a-backlash-by-investment-arbitrators/>, zuletzt aufgerufen am 23.7.2022).

487 *Dolzer/Schreuer* (Fn. 6), 8–9. Eingehender *Venzke/Günther* (Fn. 124), 94–97.
488 Gleichsinnig etwa *Alvarez* (Fn. 20), 403–404.
489 Ebenso und ausführlicher *Schill/Vidigal* (Fn. 322), 12–17.
490 Dazu oben in und bei Fn. 219.
491 Näher oben in und bei Fn. 229.
492 Die Public Communication Explaining the Main Changes Contained in the Agreement in Principle v. 24.6.2022 (abrufbar unter: <www.energychartertreaty.org/modernisation-of-the-treaty/>, zuletzt aufgerufen am 7.7.2022) enthält insoweit keinerlei Andeutung.
493 EU text proposal for the modernisation of the Energy Charter Treaty (ECT), Mai 2020, 15–16 (abrufbar unter: <https://trade.ec.europa.eu/doclib/docs/2020/may/tradoc_158754.pdf>, zuletzt aufgerufen am 7.7.2022).
494 Siehe hierzu die Übersicht bei Possible reform of investor-State dispute settlement (ISDS), Note by the Secretariat, Addendum, 30 July 2019, UN-Dok. A/CN.9/WG.III/WP.166/Add.1, sowie oben unter IV.6.; *Roberts* (Fn. 211), 414–418.

gierenden Reformvorstellungen der Staaten gerecht werden und sollte zugleich eine individuelle Änderung jedes der zahllosen internationalen Investitionsabkommen entbehrlich machen.[495] Gangbar erscheint hierfür der in der Reformdebatte bereits vorgeschlagene Weg einer Opt-in-Konvention nach dem Vorbild der Mauritius-Konvention von 2014.[496] Das Prinzip der Opt-in-Konvention hat eben den Vorteil, dass sie den vorhandenen Rechtsbestand nicht unmittelbar antastet.[497]

Eine Opt-in-Konvention könnte z. B. drei Optionen vorsehen, in die sich die Vertragsparteien alternativ oder kumulativ einklinken könnten:[498]

(1) Option 1: der Multilaterale Investitionsgerichtshof nach dem MIC-Modell der EU;

(2) Option 2: eine bloße Rechtsmittelinstanz für *Ad-hoc*-Schiedsverfahren;[499]

(3) Option 3: ein Investitionsgerichtshof z. B. nach dem hier erwogenen Modell (mit Kammern und Großer Kammer und ggf. Plenum), d. h. insbesondere mit dem Erfordernis nationaler Rechtswegerschöpfung.[500]

Diese drei Optionen könnten hinsichtlich personeller Besetzung und Verfahrensordnungen jeweils strikt getrennt, z. B. in drei separaten Statuten, geregelt oder aber auch in Gestalt einheitlicher Richterschaft und ggf. sogar einheitlicher Verfahrensordnungen verklammert werden.

Ferner könnten zu den vorgenannten drei Optionen gleichsam quer liegende, horizontale Institutionen und Verfahren vorgesehen werden. Denkbar wäre etwa ein Beratungszentrum nach Art des Advisory Centre on WTO Law (ACWL), das insbesondere Entwicklungs- und den am wenigsten entwickelten Ländern rechtsberatend und den Kapazitätsaufbau fördernd, ggf. auch Prozesskostenhilfe leistend zur Seite steht.[501] Außerdem könnte an Untersuchungs-, Mediations- oder Vergleichskommissionen gedacht werden.[502] Überdies wäre auch an einen Katalog von Modellklauseln zu denken, auf welchen die Vertragsparteien für den Fall der Neuverhandlung ihrer internationalen Investitionsabkommen zurückgreifen könnten. Denn die häufig beklagte Inkohärenz der *ad-hoc*-schiedsgerichtlichen Spruchpraxis lässt sich nur dadurch wirklich beseitigen, dass die materiellen Investitionsschutzstandards, also die gerichtlichen Prüfungsmaßstäbe, vereinheitlicht werden.[503]

---

495 Vgl. *Kaufmann-Kohler/Potestà* (Fn. 17), 31, 75–76.

496 Oben in und bei Fn. 86. Wegweisende Überlegungen hierzu von *Kaufmann-Kohler/Potestà* (Fn. 17), 27–93; *Schill/Vidigal* (Fn. 322), 17–20; *Schill/Vidigal* (Fn. 376), 318–342; ferner *Bungenberg/Reinisch* (Fn. 8), 177–178.

497 Eingehend zur Frage, wie sich die Opt-in-Konvention vertragsrechtlich zu bereits bestehenden internationalen Investitionsabkommen verhält, *Kaufmann-Kohler/Potestà* (Fn. 17), 77–82. Dazu, dass der Opt-in-Ansatz auch Raum für Experimente lässt, *Roberts/St. John* (Fn. 55), 130.

498 Vgl. auch *Kaufmann-Kohler/Potestà* (Fn. 17), 76. Zur Idee einer „à la carte"-Lösung bereits *Schill/Vidigal* (Fn. 376), 321–322, 326–327; *Schill/Vidigal* (Fn. 322), 18–19.

499 Dazu, wie eine solche Rechtsmittelinstanz aussehen könnte, *Bungenberg/Reinisch* (Fn. 8), 189–205; *Kaufmann-Kohler/Potestà* (Fn. 17), 68–75.

500 Speziell zur Einhaltung der „local remedies rule" *Schill/Vidigal* (Fn. 376), 329–330.

501 Siehe schon oben in und bei Fn. 424.

502 Siehe *Schill/Vidigal* (Fn. 376), 338–339.

503 Ähnliche Stoßrichtung in der Sache, aber hierbei einen anderen institutionell-organisatorischen Ansatz verfolgend, *Schill/Vidigal* (Fn. 376), 341–342.

Dieses Konventionssystem könnte und müsste durch bekannte Instrumente wie Vorbehalte, Erklärungen oder Positiv- bzw. Negativlisten weiter verfeinert werden,[504] um der Vielzahl divergierender staatlicher Vorstellungen entgegen zu kommen – und so einen breiten Ratifikationsstand zu erreichen. Mit Hilfe solcher Instrumente könnten die Vertragsparteien die konkret gewählten Optionen beschränken bzw. erweitern,[505] z. B. hinsichtlich einer Zuständigkeit nur für Investor-Staat- oder auch für Staat-Staat-Streitbeilegung[506] oder z. B. hinsichtlich einer Vorabentscheidungszuständigkeit für Auslegungsfragen nationaler Gerichte[507] oder z. B. hinsichtlich der Vorschaltung von Mediations- oder Vergleichsverfahren vor Klageerhebung[508] oder z. B. hinsichtlich der Begrenzung der gerichtlichen Zuständigkeit (etwa begrenzt auf Enteignungsfragen) oder z. B. hinsichtlich der gerichtlichen Entscheidungsmacht (etwa begrenzt auf die Feststellung von Rechtsverletzungen)[509] oder z. B. hinsichtlich einer Qualifizierung der Rechtsmittelinstanz als Berufungsinstanz oder bloßer Revisionsinstanz.[510]

Am Ende würde eine multilaterale, wenngleich erheblich fragmentierte Lösung stehen, kurz: „fragmentierter Multilateralismus“[511] – aber Multilateralismus immerhin.

---

504 Ebenso schon der Ansatz von *Kaufmann-Kohler/Potestà* (Fn. 17), 77, 88–91. Ebenso der „à la carte“-Ansatz von *Schill/Vidigal* (Fn. 376), *passim*.

505 Vgl. auch die in internationalen Investitionsabkommen bereits vielfach vorgesehenen „Carve-outs“ bei *Schill/Vidigal* (Fn. 322), 5–6.

506 Siehe auch *Schill/Vidigal* (Fn. 376), 326–327.

507 Hierzu auch *Schill/Vidigal* (Fn. 376), 334–335.

508 Vgl. *Schill/Vidigal* (Fn. 376), 338–339.

509 Dazu auch *Schill/Vidigal* (Fn. 376), 330.

510 Vgl. auch *Schill/Vidigal* (Fn. 376), 331–333.

511 Zu anders konzipierten Ansätzen eines „differenzierten Multilateralismus“ *Lars Brozus/Lieneh Modalal/Daniel Voelsen*, Globale Fragen 2022: Prioritäten, Konfliktstrukturen und Ideen für die Zukunft des Multilateralismus, Berlin: Stiftung Wissenschaft und Politik 2022, 15–16.

Thesen

zum Referat von Hans-Georg Dederer
Universität Passau

I. Einleitung

1. Angesichts des bröckelnden Multilateralismus entbehrt es nicht einer gewissen Ironie, dass für die Investor-Staat-Schiedsgerichtsbarkeit eine multilaterale Lösung gesucht wird.

II. Investor-Staat-Schiedsgerichtsbarkeit in der Kritik

2. Die vielfach kolportierte These von der „Legitimitätskrise" der Investor-Staat-Schiedsgerichtsbarkeit hat eine solche Eigendynamik entfacht, dass sich die Staaten einem multilateralen Reformdiskurs nicht mehr zu verschließen vermochten.

III. Multilaterale Reformbemühungen

3. Die momentan diskutierten Reformoptionen in der UNCITRAL-Arbeitsgruppe III spiegeln sowohl die Kritik am gegenwärtigen System der Investor-Staat-Schiedsgerichtsbarkeit als auch die divergierenden Reformvorstellungen der Staaten wider.

4. Die ICSID-Regelwerke wurden bereits umfassend aktualisiert und sind am 1. Juli 2022 in Kraft getreten.

IV. Kontextualisierung als Grundlegung für Reformansätze

1. Internationaler Menschenrechtsschutz

5. Internationaler Investitionsschutz ist besonderer Menschenrechtsschutz. Ausgehend von der funktionalen Äquivalenz von internationalem Investitionsschutz und internationalem Menschenrechtsschutz lassen sich Struktur, Funktion und Zuständigkeit eines internationalen Investitionsgerichtshofs jedenfalls teilweise begründen und entwickeln.

2. „Internationale öffentliche Gewalt"

6. Internationale Investor-Staat-(Schieds-)Gerichtsbarkeit ist als „internationale öffentliche Gewalt" zu begreifen und muss dementsprechend bestimmten öffentlich-rechtlichen Strukturprinzipien genügen.

3. Postkoloniale Völkerrechtskritik

7. Die postkoloniale Kritik des modernen Völkerrechts öffnet den Blick dafür, dass uns eine investitionsvölkerrechtliche Justizgewährleistung, welche Auslandsinvestoren gegenüber anderen in- und ausländischen Wirtschaftsakteuren privilegiert, keineswegs als selbstverständlich zu erscheinen braucht.

8. Zugleich sensibilisiert die postkoloniale Kritik des Völkerrechts dafür, dass es im internationalen Investitionsschutz – der Sache nach nicht anders als im internationalen Menschenrechtsschutz – immer auch um die richtige Balance zwischen staatlicher Souveränität und berechtigten Schutzbelangen des ausländischen Investors gehen muss.

344

4. Nachhaltige Entwicklung

9. Zur Verwirklichung der UN-Ziele für nachhaltige Entwicklung sind vor allem die Entwicklungsländer auf gewaltige Investitionsströme aus dem Ausland angewiesen. Deshalb anerkennen wieder zunehmend mehr Entwicklungsländer, zumal in Afrika, dass internationale Investitionsverträge mit Streitbeilegungsklausel ausländischen Investoren das notwendige Maß an Rechtssicherheit vermitteln können, um das Wagnis einer Auslandsinvestition einzugehen.

5. Regionalisierung

10. Die verschiedenen Weltregionen müssen als experimentierfreudige Reallabore für Reformen auf dem Gebiet des völkervertraglichen Investitionsschutzes und namentlich der Investor-Staat-(Schieds-)Gerichtsbarkeit begriffen werden.

V. Folgerungen

1. Beibehaltung einer internationalen (schieds-)gerichtsförmigen Investor-Staat-Streitbeilegung

11. Die Abschaffung einer internationalen (schieds-)gerichtsförmigen Investor-Staat-Streitbeilegung würde die moderne, zumal menschenrechtsgeprägte Völkerrechtsordnung normativ erheblich schwächen.

2. Strukturprinzipien einer internationalen Investor-Staat-Gerichtsbarkeit
a) Folgerungen aus der Einordnung als „internationale öffentliche Gewalt"

12. Öffentliche Gewalt muss legitimiert sein. Auf der völkerrechtlichen Ebene können grundsätzlich nur die Staaten internationaler öffentlicher Gewalt Legitimation verschaffen, weshalb im Sinne personeller Legitimation die Richter durch die Staaten einzusetzen sind.

13. Öffentliche Gewalt muss sachlich richtig ausgeübt werden. Es entspricht historisch gewachsener Überzeugung, dass für die sachliche Richtigkeit gerichtlicher Entscheidungen die Unparteilichkeit und Unabhängigkeit der Richter unabdingbar und dementsprechend streng gegen Interessenkonflikte abzusichern sind. Hier ist auch das Problem des Third-Party-Funding zu verorten.

14. Öffentliche Gewalt muss transparent ausgeübt werden. In Fällen der (schieds-)gerichtsförmigen Investor-Staat-Streitbeilegung sind nur die Öffentlichkeit der Gerichtsverhandlung sowie die Veröffentlichung der Entscheidungen geboten. Das Institut des *„amicus curiae"* ist prinzipiell abzulehnen.

15. Öffentliche Gewalt muss vorhersehbar sein. Der Vorhersehbarkeit speziell rechtsprechender Gewalt können bindende Auslegungsvereinbarungen ebenso dienen wie eine über die konkrete Streitigkeit hinausreichende, zumindest *de facto* eintretende Bindungswirkung gerichtlicher Entscheidungen.

16. Öffentliche Gewalt muss korrigierbar sein. Daraus ergibt sich die Notwendigkeit einer zweiten Instanz, die nicht zwingend als echte Berufungsinstanz ausgestaltet sein muss.

b) Folgerungen aus der Notwendigkeit einer Re-Balancierung

17. Die Inanspruchnahme internationaler (schieds-)gerichtsförmiger Investor-Staat-Streitbeilegung bildet einen außerordentlichen Rechtsbehelf und setzt dementsprechend die vorherige Erschöpfung des nationalen Rechtswegs voraus.

18. Im Verfahren der (schieds-)gerichtsförmigen Investor-Staat-Streitbeilegung sollten Widerklagen prinzipiell zulässig sein.

3. Empfehlungen

a) Modellierung: ständiger internationaler Investitionsgerichtshof

19. Der ausländische Investor sollte Zugang zu einem ständigen internationalen Investitionsgerichtshof haben, der – hier nur in Stichworten – folgender Gestaltung folgen könnte: Kammern; Große Kammer als zweite Instanz mit Revisionszuständigkeit; staatliche befristete Bestellung der neben-, ggf. auch hauptamtlichen Richter; Erschöpfung des nationalen Rechtswegs, aber Zulässigkeit der Klageerhebung spätestens nach fünf Jahren; Zulässigkeit einer Prozessfinanzierung durch Dritte unter Beachtung der Offenlegungspflicht; Vorabentscheidung über Auslegungsfragen der nationalen Gerichte; Bindungswirkung von Vertragsauslegungen der Vertragsparteien, aber nur *pro futuro*; Zulässigkeit von Widerklagen; Öffentlichkeit der mündlichen Verhandlungen; vollständige Veröffentlichung (nur) der gerichtlichen Entscheidungen; keine *Amicus-curiae*-Beteiligung; gerichtliche Feststellung von Rechtsverletzungen, Verurteilung zu Schadensersatz; Vollstreckbarkeit von Endurteilen gleichwie innerstaatliche Urteile.

b) Implementierung: Opt-in-Konvention

20. Das völkervertragliche Design für die Einführung einer reformierten internationalen (schieds-)gerichtsförmigen Investor-Staat-Streitbeilegung muss den divergierenden Reformvorstellungen der Staaten gerecht werden und sollte zugleich eine individuelle Änderung der existierenden internationalen Investitionsabkommen entbehrlich machen. Gangbar erscheint hierfür der in der Reformdebatte bereits vorgeschlagene Weg einer Opt-in-Konvention.

21. Eine solche Opt-in-Konvention könnte z. B. drei Optionen vorsehen, in welche sich die Vertragsparteien einklinken können: (1) Investitionsgerichtshof nach dem Modell der EU; (2) Rechtsmittelinstanz für *Ad-hoc*-Schiedsverfahren; (3) Investitionsgerichtshof z. B. nach dem hier erwogenen Modell, d. h. insbesondere mit dem Erfordernis nationaler Rechtswegerschöpfung. Dieses Konventionssystem könnte und müsste durch Instrumente wie Vorbehalte, Erklärungen oder Positiv- bzw. Negativlisten weiter verfeinert werden.

22. Am Ende würde eine multilaterale, wenngleich – nicht zuletzt auch hinsichtlich der materiell-rechtlichen Prüfungsmaßstäbe – erheblich fragmentierte Lösung stehen, kurz: „fragmentierter Multilateralismus".

Summary

Arbitration Reform from an International Law Perspective
by Hans-Georg Dederer, University of Passau

I. Introduction

1. As multilateralism crumbles, there is a certain irony to the fact that states are in search of multilateral solutions for investor-state arbitration.

II. Investor-State Arbitration Under Criticism

2. The mainstream narrative of a „legitimacy crisis" in investor-state arbitration has created a dynamic that states could not but participate in the multilateral reform debate.

III. Multilateral Reform Efforts

3. The reform options presently discussed within UNCITRAL Working Group III mirror both the criticism of the current system of investor-state arbitration and the diverging reform ideas of states.

4. ICSID rules and regulations were already comprehensively updated and entered into force on 1 July 2022.

IV. Contextualisation as a Basis for Reform Concepts

1. International Human Rights Law
5. International investment law is a *lex specialis* of international human rights law. Based on the functional equivalence of international investment law and international human rights law, the structure, function, and jurisdiction of an international investment court can be substantiated and developed.

2. „International Public Authority"
6. International investor-state arbitration or court proceedings must be understood as „international public authority". Accordingly, they must conform to certain structural principles derived from public law.

3. Post-Colonial Critique of Public International Law
7. The post-colonial critique of modern public international law offers the perspective that the guarantee of an effective judicial remedy under international investment law, which privileges foreign investors over other domestic or foreign economic actors, should by no means be taken for granted.

8. At the same time, the post-colonial critique of public international law creates a sensitivity for the fact that – effectively no different from international human rights law – international investment law must also always strike a fair balance between state sovereignty and legitimate concerns of foreign investors regarding their protection.

4. Sustainable Development
9. In order to achieve the UN Sustainable Development Goals, developing countries, in particular, depend on enormous investment flows from abroad. Therefore, more and more developing countries, especially in Africa, recognize that it is international

investment agreements which include a dispute settlement clause that provide foreign investors with the legal certainty required to assume the risk of foreign investment.

5. Regionalisation

10.   The different regions of the world must be conceived as keen experimental living labs for reforms of international investment law and, in particular, of investor-state arbitration or court proceedings respectively.

V. Conclusions

1. Perpetuation of International Arbitral or Court-Based Investor-State Dispute Settlement

11.   Abolishing international arbitral or court-based investor-state dispute settlement would weaken the modern international legal order shaped by human rights considerations significantly from a rule-based perspective.

2. Structural Principles of International Investor-State Arbitration or Court Proceedings

a) Consequences Arising from the Qualification as „International Public Authority"

12.   Public authority must be grounded in legitimacy. At the level of public international law, as a rule, only states can give legitimacy to international public authority. Therefore, with a view to personal legitimacy, judges must be appointed by states.

13.   Public authority must be exercised in a substantively correct way. It reflects historically evolved beliefs that impartiality and independence of judges are indispensable for the substantive correctness of judicial decisions. Therefore, they must be safeguarded against conflicts of interests. This is also where the problem of third-party funding lies.

14.   Public authority must be exercised in a transparent way. In the case of arbitral or court-based investor-state dispute settlement, the publicity of court hearings and the publication of decisions alone are required. As a matter of principle, the concept of „amicus curiae" should be dismissed.

15.   Public authority must be predictable. The predictability especially of the judicial authority can be facilitated through binding interpretative agreements as well as through judicial decisions which have, at least *de facto*, a binding effect also on future disputes.

16.   Public authority must be subject to review. It follows that a second instance is imperative even though there is no compelling need to structure it in the form of a genuine appellate body.

b) Consequences Arising from the Necessity of a Re-Balancing

17.   Recourse to international arbitral or court-based investor-state dispute settlement constitutes an exceptional judicial remedy and, therefore, requires the prior exhaustion of local remedies.

18.   Within arbitral or court-based investor-state dispute settlement proceedings, counterclaims should be permissible in principle.

3. Recommendations

a) Model: Permanent International Investment Court

19.   The foreign investor should have access to a permanent international investment court which could be designed – only sketching it out here – as follows: chambers; grand chamber as second instance with appellate jurisdiction on points of law only; state-appointed part-time or full-time judges with fixed terms; exhaustion of local remedies but admissibility of claims after five years at the latest; permissibility of third-party funding subject to a disclosure obligation; preliminary references by domestic courts on questions of interpretation; binding effect of treaty interpretations by the treaty parties, *pro futuro* only, though; admissibility of counterclaims; public oral hearings; complete publication of court decisions (only); no participation of *amici curiae*; judicial declaration of breaches of the law, award of damages; enforceability of final judgments just like domestic judgments.

b) Implementation: Opt-In Convention

20.   The international treaty design for the introduction of a reformed international arbitral or court-based investor-state dispute settlement must satisfy the diverging reform aspirations of states. At the same time, it should render individual amendments to the existing international investment agreements unnecessary. To this effect, a viable option may be an opt-in convention which has already been proposed in the reform debate.

21.   Such an opt-in convention could, *e. g.*, provide three options which the treaty parties could sign on to: (1) an investment court following the EU model; (2) an appellate court for *ad hoc* arbitral proceedings; (3) an investment court based, *e. g.*, on the model envisaged in this contribution, *i. e.* including, in particular, the local remedies rule. This convention system could and should be further refined via instruments such as reservations, declarations, or positive or negative lists respectively.

22.   The end result would be a multilateral, albeit – not least with a view to the substantive standards of review – highly fragmented solution, in short: „fragmented multilateralism".

Diskussion

zu den Referaten Stürner und Dederer

Herr Marc-Philippe Weller: Ich begrüße Sie alle wieder im Saal. Nach diesen zwei sehr schönen Vorträgen haben wir dementsprechend auch große Resonanz bei den Fragen. Wir haben insgesamt elf Fragen bekommen für die Abschlussrunde. Ich darf alle Fragenden bitten – da kommt noch die zwölfte, wunderbar –, ich darf alle Fragenden bitten, sich knapp zu halten, damit wir nicht nach hinten überziehen, weil einige noch zum Zug oder zu öffentlichen Verkehrsmitteln müssen.

Und wir beginnen zunächst mit dem Block zu Herrn Dederer und danach die Fragen zu Michael Stürner, die teilweise auch gemeinsam sind. Ich fange an mit Christian Tams hier im Saal, anschließend Herr Cottier aus Bern.

Herr Tams: Vielen Dank an beide Referenten. Herr Dederer, ich habe eine Frage zu den Aspekten des Multilateralismus und der Fragmentierung, die Sie zum Anfang und zum Schluss Ihres Referats angesprochen haben. Das Konventions-Projekt, das Sie vorgestellt haben, zielt auf eine Multilateralisierung ab, so haben Sie das ja auch geschildert. Ich frage mich, ob es einen relevanten Schritt nach vorne markiert? Sie haben den Opt-in-Charakter betont und hervorgehoben, es sei ja nur ein Teil des Ganzen. Meine Frage lautet: Wie verhält sich die vorgeschlagene Konvention zum bestehenden System ICSID, auch das ja ein multilaterales Verfahrensmodell? Was ist der tatsächliche Schritt nach vorne, hin zu mehr Multilateralismus, jenseits der Organisation einzelner Verfahren? Bleiben nicht eigentlich die Grundkonstanten so bestehen, wie wir sie kennen: also bilaterale BITs einerseits, multilateraler Rahmen der Streitbeilegung andererseits?

Eine zweite Frage betrifft Ihre Ausführungen zum Verhältnis Investitionsschutz und Menschenrechtsschutz. Sie haben von einem 'funktionalen Äquivalent' zwischen Investitionsschutz und Menschenrechtsschutz gesprochen und daraus, wenn ich Sie richtig verstanden habe, sehr viel abgeleitet, einschließlich zur Bedeutung der *local remedies rule*. Ist das eigentlich abgesichert? Natürlich haben die beiden Rechtsschutzmechanismen eine ähnliche Funktion, aber sofern Sie für eine Übertragung der *local remedies rule* eintreten, brächte ihre Reform eine starke Veränderung des Status quo mit sich. Reicht es, diese Veränderung auf die Behauptung einer funktionellen Äquivalenz zu stützen? Vielen Dank!

Herr Marc-Philippe Weller: Vielen Dank, Herr Tams! Jetzt Thomas Cottier aus Bern bitte und danach wird zugeschaltet Axel Kämmerer.

Herr Cottier: Ich möchte mich herzlich bedanken für die beiden interessanten Vorträge und würde gerne einige Bemerkungen zum Vortrag von Herrn Dederer machen und Fragen aufwerfen. Sie gehen ja eigentlich davon aus, dass es der richtige Weg sei, ein neues Spezialgericht zu errichten und im Rahmen der *Global Governance* auszustatten, womit die bisherigen Mängel vielleicht behoben werden können. Und Sie gehen eigentlich von einem, wenn ich das richtig verstanden habe, klassischen Begriff des Investitionsschutzrechts aus, wie wir es heute kennen: Mit *Private-State-Arbitration*, FET, *Regulatory Taking* und so weiter. Worauf ich hinweisen möchte, ist, dass heute die Diskussionen um das Investitionsrecht viel breiter sind. Die *Investment Promotion and Faciliation* treten in den Vordergrund des Interesses und der heutigen Bemühungen. Die Entwicklungsländer wollen, dass man auch die Seite der Förderung und Erleichterung der Investitionen stärker berücksichtigt, was ja früher auch das eigentliche Anliegen des Investitionsschutzes war, etwa im Deutsch-Pakistanischen Abkommen von 1959, das aber heute erweitert werden muss. Und wir sehen ja auch, dass die *home states* immer stärker einbezogen werden, zum Beispiel jetzt mit dem Lieferkettengesetz, wo die einseitige Verpflichtung des Empfängerstaates eigentlich überwunden wird. Und dann kommt dazu: Ganz wesentliche Teile des WTO-Rechts sind Investitionsrecht. Das ganze geistige Eigentum ist sowohl Handels- wie Investitionsrecht. Das Recht über die Dienstleistungen ist sowohl Handels- wie Investitionsschutzrecht. Und eben jetzt kommt dort in der WTO dazu, dass wir über Investitions-*promotion* verhandeln. Und daher meine Frage: Wäre es auch denkbar, eine Lösung im Rahmen der WTO anzustreben? Sie haben die WTO ganz kurz erwähnt. Es stimmt, das der *Appellate Body* derzeit dysfunktional ist. Er wurde personell nicht erneuert. Aber man hat in der Zwischenzeit unter Führung von der Europäischen Union das sogenannte *Multi Party Interim Arbitration Arrangement* geschaffen: Dort sind 53 Länder dabei, also ein Drittel der ganzen Mitgliedschaft und diese *appeal arbitrators*, die sind eigentlich jetzt bereit, die Arbeit aufzunehmen. Wir rechnen mit ersten Fällen später im Jahre 2022. Aber wichtig ist auch, dass, seitdem der *Appellate Body* lahmgelegt wurde, insgesamt 36 neue Fälle eingereicht wurden. Also die erste Stufe, die erstinstanzliche Streitbeilegung, die funktioniert nach wie vor eigentlich uneingeschränkt in der WTO. Meine Frage geht dahin, ob Sie sich auch vorstellen könnten, dass man die entsprechenden Grundlagen in der WTO schafft, und zwar so, dass dann auffällige Verletzungen dieses Rechts in den Mitgliedsstaaten über den Weg der zwischenstaatlichen Streitbeilegung über die WTO abgewickelt werden können. Die Grundfrage ist also: Genügt der Ansatz mit einem Spezialgericht dem heutigen weiteren Begriff des Investitionsschutzrechts und zweitens, ist es sinnvoll, ein weiteres Spezialgericht zu schaffen und das Völkerrecht weiter zu fragmentieren, oder sollte man das Ganze zusammenbringen, weil die Querbezüge doch in den einzelnen Gebieten sehr stark sind? Danke.

Herr Marc-Philippe Weller: Danke, Herr Cottier. Jetzt schalten wir virtuell zu Herrn Axel Kämmerer und danach wieder zurück in den Saal zu Herrn Robert Uerpmann-Wittzack.

Herr Kämmerer: Vielen Dank für zwei sehr inspirierende Vorträge. Meine Anmerkung betrifft den Vortrag von Hans-Georg Dederer und seinen Vorschlag für die Einrichtung eines multilateralen Investitionsschutzgerichts vor dem Hintergrund der funktionalen Äquivalenz mit dem Menschenrechtsschutz. Das Ziel eines Investitionsschutzgerichts ist ja die Defragmentierung und sollte, wie Du es selbst sagtest, prozessual auch nicht auf die Spitze getrieben werden. Und, ja, es gibt einige Elefanten im Raum, die auch schon genannt worden sind, ICSID, auch den EuGH. Aber ich möchte etwas anderes ansprechen, nämlich das materielle Recht: Es bleibt ja, auch bei einer solchen Vereinheitlichung im prozessualen Bereich, relativ stark fragmentiert und die Staaten legen auch Wert auf eine jeweils auf sie zugeschnittene Lösung. Und wir haben relativ wenig an gemeinsamen Nennern jenseits des Hull-Standards. Insofern ist meine Frage, wie das Gericht denn mehr als nur Kohärenz erreichen würde bei der Anwendung dieser doch relativ wenig vereinheitlichten Standards? Wie kann das Gericht hier einen menschenrechtsadäquaten Schutz tatsächlich herstellen, wenn die Basis, insbesondere die gewohnheitsrechtliche, relativ dünn ist?

Und die zweite, hieran anschließende Frage lautet: Ist dem Menschenrechtsschutz insgesamt mit einem solchen Gericht denn wirklich am Ende gedient? Wird der Investitionsschutz nicht menschenrechtlich doch zu stark überhöht, wenn wir eine sehr starke Privilegierung im Bereich des Investitionsschutzes haben und wenn im Übrigen kaum gerichtliche Instanzen auf internationaler Ebene bereitstehen, multilateral jedenfalls, mit denen Menschenrechte durchgesetzt werden können? Und riskieren wir dann nicht eine gewisse Fragmentierung im Bereich des Menschenrechtsschutzes, vielleicht materiell, vielleicht auch prozessual? Danke.

Herr Marc-Philippe Weller: Danke, Herr Kämmerer. Hier im Saal geht es weiter mit Herrn Uerpmann-Wittzack, auch zum Verhältnis Menschenrechtsschutz und Investitionsschutz. Und anschließend Anne Peters.

Herr Uerpmann-Wittzack: Vielen Dank. Die Frage nach der Parallele zum Menschenrechtsschutz wirft auch die Frage nach dem Schutzzweck des Investitionsschutzrechts auf. Geht es hier wirklich um den Schutz von Investoren? Die Investoren werden ja regelmäßig keine natürlichen Personen sein, sondern juristische Personen. Muss man, wenn es sich um Menschenrechtsschutz handelt, auf die jeweils dahinterstehenden Menschen abstellen oder geht es darum, dass juristische Personen als solche schutzwürdig sind? Wenn es um Menschenrechtsschutz geht, müsste man, jedenfalls bei einem traditionellen Verständnis, gerade auch Investoren vor dem eigenen Staat schützen. Das ist hier aber nicht der Fall. Müsste man dann den Investitionsschutz ausdehnen? Oder geht es um ganz etwas anderes, nämlich um den Schutz von Staaten oder die Interessen von Staaten, die Investitionen anziehen müssen und die deswegen Investoren mit einem entsprechenden Schutz locken? Das hätte Auswirkungen auf die Ausgestaltung des Investitionsschutzes, denn dann würde es reichen, das zu gewähren, was nötig ist, um Investitionen zu bekommen. Und um es nicht zu einem Investitions- oder Überbietungswettlauf um Investitionen kommen zu lassen, könnte man dann multilaterale Lösungen finden, um ein Minimum an Schutz zu gewähren, was hinreichend Investitionsbereitschaft fördert. Danke.

Herr Marc-Philippe Weller: Vielen Dank, Herr Uerpmann-Wittzack, jetzt Anne Peters auch zu diesem Verhältnis Investitionsschutz-Menschenrechtsschutz. Und anschließend würden wir noch zwei Fragen zum *amicus curiae* dazu nehmen, einmal von Herrn Frowein und dann von August Reinisch.

Frau Peters: Meine Frage schließt an diejenigen von Christian Tams und Robert Uerpmann-Wittzack an. Was Sie vorschlagen, wäre ein massiver Paradigmenwechsel, weg von Schiedsgerichten als *Alternative* zu den staatlichen Gerichten, auch der Gaststaaten, hin zur *Subsidiarität*. Ihre Parallelisierung mit dem Menschenrechtsschutz scheint mir konträr zu laufen zu der breiteren Diskussion, die insgesamt starken Investorenrechten (den prozeduralen und den materiellen) kritisch gegenübersteht. Die Forderung nach Investitionsschutzgerichten statt Schiedsgerichten bezweckt, den Investoren mehr Pflichten und Obliegenheiten aufzuerlegen und die Menschenrechte in den Gaststaaten, etwa von betroffenen indigenen Völkern, zu stärken. Daher ist mir nicht klar, in welche Richtung Ihr Vorschlag gehen soll. Ich persönlich würde, wie Robert Uerpmann-Wittzack, beachten, dass die Investoren in aller Regel, mit ganz wenigen Ausnahmen, juristische Personen sind. Zwar ist das Eigentumsrecht im Spiel, aber viele Aspekte, etwa des *fair and equitable treatment*, sind aus meiner Sicht besser als Investorenrechte zu konzeptualisieren. Also nicht als Menschenrechte, sondern als eine eigene Art von materiellen Rechten, die die Investoren unter Umständen aus den Investitionsschutzverträgen herleiten können. Vielfach wird auch gesagt (vom Bundesverfassungsgericht und von Schiedsgerichten), dass die Investoren nur Begünstigte und gar keine Rechtsträger sind. Ich meine, das ist eine Auslegungssache, aber dazu würde ich gerne Ihre Meinung hören.

Herr Marc-Philippe Weller: Vielen Dank, Anne. Jetzt noch Herr Frowein und anschließend August Reinisch. Sodann machen wir eine erste Antwortrunde.

Herr Frowein: Ich würde gerne noch mal etwas weiter zu dem Verhältnis zum IC-SID-System fragen und zur Berechtigung, warum von grundsätzlichen Dingen abgewichen wird. Und in diesem Zusammenhang eben auch, warum ein generelles Verbot von *amici curiae* sinnvoll erscheint.

Herr Marc-Philippe Weller: Vielen Dank, Herr Frowein. Jetzt August Reinisch.

Herr Reinisch: Herzlichen Dank. Ich möchte mich auch für beide Vorträge bedanken. Vielleicht noch ganz kurz: Herr Stürner hat über die Krise der staatlichen Gerichtsbarkeit gesprochen und auch, falls Sie das erst später beantworten wollen: Ich kann mich erinnern, vor vielen Jahren – ich glaube es war hier in Heidelberg – einen Vortrag einer Richterin des BGH gehört zu haben. Diese hat die Handelsschiedsgerichtsbarkeit vehement kritisiert. Und zwar mit Argumenten, die wir aus der Investitionsschiedsgerichtsbarkeit nicht so sehr kennen. Eher mit dem Hinweis darauf, dass den staatlichen Gerichten die Rechtsfortbildung in einem zentralen Bereich entzogen wird. Und hier ist dann schon eine Parallele zu dem zu sehen, was in den letzten Jahren im Verhältnis EuGH/Schiedsgerichtsbarkeit geschehen ist. Ich würde das jetzt – ganz pauschal – als eine Art institutionellen Neid bezeichnen: Wer denn in diesen Bereichen überhaupt etwas zu sagen hat? Vielleicht könnten Sie dazu etwas ausführen, durchaus mit dem Schwerpunkt Handelsschiedsgerichtsbarkeit – nationale Gerichte.

Meine Frage an Hans Georg Dederer, *amicus curiae*, einer der Punkte, die in der Reformdiskussion immer wieder vorkommen und die in der Regel positiv besetzt sind, wenn man sagt, das ist eines der Instrumente neben vielen anderen, *counterclaims*, Investorenpflichten, etc., die wohl dazu dienen könnten, eine Schräglage einseitiger Investoreninteressen auszugleichen. Daher auch meine Frage: Ich habe das als relativ apodiktische Ablehnung interpretiert in Ihrem Vortrag, die, wenn ich mich recht erinnere, damit begründet war, dass es eben nur einzelnen organisierten Gruppen möglich wäre. Aber das liegt wohl in der Figur eines *amicus curiae*, dass diejenigen, die sich in irgendeiner Art und Weise betroffen fühlen, auch organisieren müssen. Vielleicht können Sie dazu noch etwas ausführen?

Herr Marc-Philippe Weller: Ja, vielen Dank. Herr Dederer, jetzt dürfen Sie antworten. Sie können gerne summarisch antworten, ohne auf jede Kurve einzugehen. Nach dieser Antwortrunde machen wir dann weiter mit Martin Gebauer.

Herr Dederer: Vielen Dank, Herr Weller, für diesen Dispens. Ich versuche natürlich trotzdem auf möglichst viel einzugehen, aber auch auf die Zeit zu achten. Man kann sicherlich einige der Kommentare und Fragen, für die ich sehr herzlich danke, auch zusammenfassen. Also beispielsweise: Was bringt das von mir vorgeschlagene System mehr im Vergleich zum gegenwärtigen System, wo wir etwa ICSID haben. Das war eine Frage, die bei Herrn Frowein auftauchte, ebenso bei Herrn Tams.

Zunächst einmal bliebe das ICSID-System natürlich neben dem Modell, das ich vorgeschlagen habe, bzw. neben der Opt-in-Konvention bestehen. ICSID könnte etwa eine Rolle spielen bei der Option 2 des Opt-in-Konvention-Modells, wie ich es vorgeschlagen habe. Denn die Option 2 sieht vor, dass die neue Gerichtsinstitution letztlich nur Rechtsmittelinstanz ist. Daher bleibt es in der ersten Instanz bei den *Ad-hoc*-Schiedsgerichten, die weiterhin nach ICSID-Regeln verfahren können. Dann haben wir natürlich ein Spezialproblem, das weiß ich. ICSID sieht eigentlich keine Rechtsmittelinstanz vor, abgesehen von den *Ad-hoc*-Ausschüssen, die einen Schiedsspruch nur aufheben können. Das ist ein besonderes Problem, das man wahrscheinlich völkervertragsrechtlich lösen kann im Wege einer *Inter-se*-Modifikation. Darauf gehe ich jetzt nicht näher ein.

Was bringt all das aber mehr? Prinzipiell ist richtig, dass die ICSID-Schiedsgerichtsbarkeit eigentlich ganz ordentlich funktioniert, eigentlich sehr wirkungsvoll funktioniert, muss man sagen. Auch wegen der Vollstreckbarkeit. Aber das ändert nichts am Problem, dass wir die Kritik im Raum haben, und diese wird auch mit dem kürzlich reformierten ICSID-Verfahren bestehen bleiben. Ein wesentlicher Punkt ist etwa die Ernennung der Richter. Um zu diesem Problem einen Zugang zu finden, hat sich für mich angeboten, auf die Lehre von der „Internationalen Öffentlichen Gewalt" zurückzugreifen, weil mir diese hier sehr einleuchtend erscheint. Auch in ihrer ganzen Konzeption scheint sie für die Investor-Staat-Schiedsgerichtsbarkeit gerade sehr passend zu sein. Der Gedanke, dass öffentliche Gewalt begründet und begrenzt und auch legitimiert sein muss, führt dazu, dass die Staaten im Sinne personeller Legitimation letztlich die Schiedsrichter zu ernennen haben.

Sie hatten auch noch zur funktionalen Äquivalenz des internationalen Menschenrechtsschutzes und des internationalen Investitionsschutzes gefragt, ob man daraus so viel ableiten kann, gerade auch die *local remedies rule*. Für mich ist das ein wesentlicher Schlüssel zum Vorankommen in der Reform, dass nämlich „Internationale Öffentliche Gewalt" legitimiert sein muss. Die Idee mit der *local remedies rule* kommt aber nicht nur daher, dass ich diese Parallelisierung vorgenommen habe – auf die ich gleich nochmals eingehen werde –, vielmehr geht es natürlich auch um eine Neubalancierung, die Neubalancierung des Verhältnisses von gaststaatlicher Souveränität und Investorenschutz. Es ist wesentlich, dass zunächst einmal der Gaststaat mit seinen Gerichten die Möglichkeit der Selbstkorrektur hat. Und im Rahmen dieser Korrektur kann es ja auch vorkommen, dass der Gaststaat umgekehrt bestätigt, dass die betreffende Maßnahme rechtmäßig ist. Dann hat man auch einen klaren Anknüpfungspunkt für die völkerrechtliche Verantwortlichkeit, weil man anschließend sicher sagen kann, dass ein Verstoß beispielsweise gegen bestimmte Investitionsschutzstandards vorliegt.

Dann kamen noch weitere Punkte zum Menschenrechtsschutz. Auch von Frau Peters kam nochmals der Einwand sowie von Herrn Uerpmann-Wittzack: meine Parallele zum internationalen Menschenrechtsschutz. Natürlich haben Sie Recht, wenn Sie sagen, Investoren sind überwiegend juristische Personen, aber das schließt ja die Rechtsträgerschaft nicht aus, weder im Völkerrecht noch im nationalen Recht, und schließt deshalb gerade auch nicht aus, dass eine juristische Person Träger von internationalen Menschenrechten sein kann. Insofern würde ich nicht sagen, die Parallele trägt deshalb nicht, weil Investoren im Wesentlichen juristische Personen sind. Denn der entscheidende Gesichtspunkt ist nach wie vor der, dass der Investor sich ins Ausland begibt, also sich einer fremden Staatsgewalt unterwirft, aber er wird eben auch von ihr unterworfen. Wenn er dort erst einmal sein Kapital „versenkt" hat, ist er völlig der fremden Staatsgewalt ausgeliefert. Das führt dann auch zur Überlegung oder These von Frau Peters. Wir haben es mit Investoren zu tun, und man denkt deshalb, sie sind besonders stark, sie sind es, die wir eigentlich zähmen müssen. Das ist natürlich auch richtig, aber ich würde sagen, am längeren Hebel sitzt immer der Staat. Der kann von einem auf den anderen Tag beschließen, wir steigen aus der Atomenergie aus. Genauso gut kann der Staat mittels seiner Hoheitsgewalt enteignen. Ich möchte nicht gleich behaupten, dass es eine *De-facto*-Enteignung ist, wenn der Staat dem Betreiber von Nord Stream 2 mitteilt: Wir treiben das Zertifizierungsverfahren einfach nicht fort. Oder der Staat sagt, wir leiten kein Gas durch die Pipeline. Kraft seiner Hoheitsgewalt ist der Staat jedenfalls immer am längeren Hebel, auch gegenüber einem noch so starken Investor. Und das spricht meines Erachtens gerade nicht gegen die Idee der Parallelisierung. Investorenschutz ist eigentlich besonderer Menschenrechtsschutz. Der Investorenschutz, auch Frau Peters hat es, glaube ich, erwähnt, gewährt zwar schon spezielle Rechte. Gleichwohl sage ich, das ist besonderer Menschenrechtsschutz, insofern ein *Lex-specialis*-Regime, gerechtfertigt durch die Überlegung, dass auch der Investor letztlich bestimmten Unrechtserfahrungen ausgesetzt ist. Das betrifft Enteignung und auch physische Gewalt, weshalb wir z. B. die *full protection and security*-Klauseln, Diskriminierung und staatliche Willkür haben. Also all das, was wir sonst auch als menschenrechtliche Unrechtserfahrung kennen. Dies, meine ich, trägt dann doch meine Annahme funktionaler Äquivalenz.

Ich komme gleich nochmals zu Herrn Cottier. Jetzt gehe ich erstmal auf das „*amicus curiae*"-Institut ein. Das ist richtig, Herr Reinisch und Herr Frowein, warum sollte man eigentlich auf dieses Instrument verzichten? Meines Erachtens ist das eine große Konzession an die NGOs, vor allem an jene, die sich kritisch zum Investitionsschutz und zur Investor-Staat-Schiedsgerichtsbarkeit äußern. Ich habe gesagt, recht apodiktisch, da haben Sie Recht, Herr Reinisch, für mich verhält es sich so, dass sie als Interessengruppen eine Sonderrolle bekommen. Das stört den Legitimationszusammenhang, wenn Gruppen, die nur gewisse Interessen vertreten, sich letztlich einbringen und die Ausübung öffentlicher Gewalt beeinflussen können. Ganz anders als die breite, nicht in Interessensgruppen organisierte Öffentlichkeit. Der Begriff des „*amicus*" ist ja manchmal auch zwiespältig: „Freund des Gerichts". Wenn man einmal an die Europäische Kommission denkt, die auch ständig als *amicus curiae* auftaucht, sobald es um Intra-EU-Streitigkeiten geht, und dabei versucht klar zu machen, dass das Schiedsgericht gar keine Zuständigkeit hat. Da ist sie ja gar kein „Freund" des Gerichts, sondern ein „Feind" des Gerichts. Sie versucht, dem Schiedsgericht den Boden unter den Füßen wegzuziehen; eigentlich müsste man „*inimicus curiae*" sagen. Also, ich habe so ein Problem mit den *amici*. Das ist der Grund, warum ich relativ apodiktisch dagegen bin. Diese Partizipation wird oft als demokratische Partizipation hochgehalten, hat aber gerade dort gar keinen Platz. Ich kann nicht sehen, wo der Mehrwehrt liegt, den die *amici* bringen könnten. Die Streitparteien, Staat und relativ starker Investor, sind ja stark genug; sie werden doch wohl alles vortragen können, was relevant ist. Sie haben doch tolle Prozessvertreter. Die Schiedsgerichte selbst, und so würde ich das auch für die Gerichte in dem Modell, das wir hier diskutieren, vorsehen wollen, haben nach dem geltenden Recht schon die Möglichkeit anzuordnen, dass Zeugen benannt werden, Sachverständige benannt werden, Dokumente vorgelegt werden, und sie können auch Inaugenscheinnahme anordnen und selbst Untersuchungen vornehmen. Wir haben kein System, wo sich ein Richter einfach passiv anhört, was die Parteien vortragen. In einem solchen Fall würde man sagen: Nicht schlecht, wenn jemand Drittes auch noch

Sachverstand beifügt. Also ich sehe keinen Bedarf nach *amici curiae*, das ist mehr eine Konzession an bestimmte Gruppen.

Zugegebenermaßen, Herr Kämmerer, materielles Recht bleibt, da haben Sie vollkommen recht. Die Kohärenz, die oft gefordert wird, bekommt man auch mit diesem System, wie ich es vorgeschlagen habe, letztlich nicht. Sie erhalten Kohärenz nur innerhalb ein und desselben Rechtsrahmens, also zum Beispiel innerhalb eines Investitionsabkommens, aber nicht über alle Investitionsabkommen hinweg. Wir würden von jedem Gericht erwarten, dass es Investitionsschutzklauseln eines Vertrags gerade auch in Abgrenzung von deren Formulierungen in anderen Investitionsschutzabkommen interpretiert. Das heißt, Kohärenz ist nicht über alles hinweg, für das gesamte Rechtsgebiet des Investitionsschutzrechts, zu erreichen, sondern immer nur für das eine Investitionsschutzabkommen.

Und jetzt darf ich noch zu Herrn Cottier kommen. Ja, man kann in der Tat darüber nachdenken, ob man nicht innerhalb der WTO ein solches System etabliert. Aber dazu muss man schon sagen, dass die Verhandlungen innerhalb der WTO seit 1994 ja doch oft stecken geblieben sind. Aktuell haben wir Verhandlungen über *investment facilitation* oder *promotion*. Es geht um Förderung von Investitionen. Auch Handelsliberalisierung, vor allem Dienstleistungsliberalisierung fördert natürlich Investitionen, also die Ansiedlung von Investitionen. Aber Investitionsschutz geht ja weiter. Der beginnt dann, wenn die Investition vom Staat angezogen und dort „versenkt" worden ist. Dann erst braucht man Investitionsschutz. Davon ist die WTO, meine ich, doch sehr weit entfernt, von Sonderkonstellationen wie Schutz von geistigem Eigentum einmal abgesehen. Ich würde fast sagen, reiner Investitionsschutz innerhalb der WTO ist eigentlich ein Fremdkörper. Der *Interim-appeal*-Mechanismus, das ist richtig, hat einen gewissen Erfolg mit 50 oder knapp über 50 Teilnehmern, aber diese bilden am Ende dann doch nur ein Drittel der WTO-Mitglieder. Der Mechanismus hat anscheinend noch nicht alle überzeugt.

Herr Marc-Philippe Weller: Vielen Dank, Herr Dederer, für diese erste Antwortrunde. Jetzt kommen wir zu Fragen, die Michael Stürner oder beide betreffen. Beginnen wird Martin Gebauer, anschließend Stephan Schill.

Herr Gebauer: Ganz herzlichen Dank für zwei hochinteressante Referate. Zunächst in der Tat eine Frage an Herrn Dederer, und sie betrifft auch das „Weg" von der Alternativität und „Hin" zu einer Subsidiarität, *local remedies*. Denn Sie möchten ja, wenn ich das richtig verstanden habe, den nationalen Rechtsweg beibehalten. Sie wollen, dass er erschöpft wird, und dann erst anschließend eine Entscheidung des Investitionsgerichts draufsetzen, und zwar mit zwei Instanzen, eine Tatsacheninstanz und eine Rechtsmittelinstanz innerhalb des Investitionsgerichts. Meine Frage betrifft das Verhältnis der Entscheidungen zueinander und auch letztlich die Dauer der Verfahren. Wenn ich zunächst den nationalen Rechtsweg erschöpfe, mit mehreren Instanzen vermutlich, ist das natürlich schon etwas anderes als ein Schiedsverfahren. Und dann ergeht obendrein eine rechtskräftige Entscheidung, Sie sagen maximal fünf Jahre. Aber dann fängt gewissermaßen das Zweite erst an, mit einer, wenn ich es richtig verstanden habe, neuen Tatsacheninstanz, die die Rechtskraft, dann wahrscheinlich die nationale, überwinden würde, und dann nochmals eine Rechtsmittelinstanz. Deswegen die Frage: Führt dies nicht eventuell zu Effizienzverlusten und verlängert und verkompliziert es nicht vielleicht das Verfahren viel mehr, als man das bisher kannte?

Dann meine Frage an Michael Stürner nach dem Verhältnis von Krise und Zukunft. Fragt man nach den eigentlichen Unterschieden, nach den Vorteilen und Nachteilen, dann gibt es natürlich jeweils ein paar, die unabweisbar sind. Das ist zum einen die Vertraulichkeit. Wer die Vertraulichkeit bevorzugt, wählt das Schiedsgericht. Anerkennung ist ein starkes Argument. Man kann auch in Drittstaaten vollstrecken. Auf der anderen Seite ist, wenn ich einen europäischen *Commercial Code* habe, der gesamte Brüssel-Ia-Bereich eröffnet, ergibt sich also eine sehr starke Freizügigkeit des Titels. Der Instanzenzug ist ein weiterer wesentlicher Unterschied. Meine Frage ist zum einen die Bedeutung der Prorogation nach Art. 25, denn wir laden ja tatsächlich die ganze Welt ein seit dem Inkrafttreten der Brüssel-Ia-VO. Nicht eine Partei muss mehr aus der Union stammen und dennoch haben wir die Zuständigkeit eines europäischen Gerichts und damit auch eines *Commercial Code* eröffnet und wir erschließen den Parteien damit sozusagen die gesamte Union. Ist das ein deutlicher Attraktionsfaktor? Auch die Rechtsfortbildungschance ist doch enorm und sie ist völlig anders als bei einem Schiedsverfahren. Deswegen kann man auch unter den Aspekten von Rechtsfortbildung und Transparenz vielleicht unter dem Strich weniger Krise ausmachen als doch eine ganz enorme Chance für die Zukunft. Würdest Du das auch so beurteilen? Mehr Chance als Krise?

Herr Marc-Philippe Weller: Vielen Dank für diese optimistischen Töne aus Tübingen. Jetzt kommt Stephan Schill, anschließend Markus Krajewski.

Herr Schill: Herzlichen Dank. Die Vorträge zeigen, dass die Schiedsgerichtbarkeit die Öffentlichrechtler und internationalen Privatrechtler zusammenbringt und eine gewisse Klammer bildet. Zum Referat von Herrn Dederer nur zwei kurze Anmerkungen. Erstens: Investitionsrecht und Menschenrechte als äquivalent zu sehen, finde ich attraktiv. Aber die Reformüberlegungen sollten rechtvergleichend abgestützt werden. Vielleicht würde dies auch zu einer positiveren Einschätzung von *amici curiae* führen, weil dies ja breit akzeptierte, prozessrechtliche Instrumente sind, die wir aus anderen Rechtsordnungen kennen, gerade in Amerika. Zweitens: Ich glaube, man muss sich auch der Gefahren bewusst sein, die ein multilateraler Investitionsgerichtshof schafft. Da wäre einmal eine sehr viel höhere Autorität, die ein multilateraler Gerichtshof über Staaten ausüben kann, mit der Gefahr, dass die Rechtsprechung in eine falsche Richtung läuft, was wir in der Schiedsgerichtsbarkeit so vielleicht nicht haben. Auf der anderen Seite würde ein multilateraler Investitionsgerichtshof auch ein System schaffen, welches viel weniger resilient und Zerstörung gegenüber sehr viel anfälliger ist, wenn man nur schaut, wie einfach es doch war, den WTO *Appellate Body* zu zerstören.

Zu Herrn Stürner. Sie haben viel über den internationalen Wettbewerb geredet. Das finde ich auch sehr richtig, und zwar Wettbewerb einmal zwischen staatlichen Gerichten und den neuen *Commercial Courts*, aber auch Wettbewerb mit der Schiedsgerichtbarkeit. Sie haben viel darüber geredet, welche Strukturanforderungen diese *Commercial Courts* hierzulande erfüllen müssen, um im Wettbewerb erfolgreich zu sein. Ich frage mich aber, ob die von Ihnen angesprochenen notwendigen Erfordernisse wirklich ausschlaggebend sind, um Erfolg in diesem Wettbewerb zu haben. Der Wettbewerb ist doch international und spielt wahrscheinlich weniger zwischen Frankfurt, Amsterdam und Paris eine Rolle als zwischen London, Katar, Dubai und Singapur. Und wer entscheidet, welche Jurisdiktionen hier erfolgreich sind? Sind das nicht vielmehr die globalen Anwaltschaften, die beraten und ihren Mandanten sagen, da und da sind Gerichtsstandklauseln oder Schiedsvereinbarungen zu schließen? Wenn das richtig ist,

ist unsere Juristenausbildung in Deutschland eigentlich darauf vorbereitet, Juristen auszubilden, die in diesem internationalen Wettbewerb der Rechtsberater und Anwälte bestehen können? Und wenn nein, was muss sich in der Juristenausbildung vielleicht ändern, damit wir in diesem Wettbewerb am Ende wirklich erfolgreich sind? Danke.

Herr Marc-Philippe Weller: Vielen Dank für diese spannende Frage, Stephan Schill. Jetzt Herr Krajewski und anschließend Andreas Paulus.

Herr Krajewski: Ja, vielen Dank. Ich danke auch für zwei hervorragende, lehrreiche Referate und möchte an den Verklammerungsansatz von Stephan Schill anschließen. Ich muss dazu allerdings zunächst zwei Dinge tun. Ich unterdrücke das Bedürfnis, Michael Stürner ganz viele Wissensnachfragen zu stellen und unterdrücke das Bedürfnis, einigen der Grundthesen, die dem Referat von Hans-Georg Dederer zu Grunde lagen, zu widersprechen.

Stattdessen möchte ich beide Referenten einladen über das jeweilige Grundnarrativ des anderen Vortrages nachzudenken. Ich frage: Haben wir nicht zwei grundsätzlich gegenläufige Erzählungen gehört? Die *Commercial Courts* werden zumindest ein Stück weit als eine Art Verschiedsgerichtlichung von nationalen Gerichten gesehen. Zumindest werden sie ein Stück weit, so habe ich Dich verstanden Michael, an der Folie von Schiedsgerichten gemessen. Das umgekehrte Narrativ ist natürlich das Narrativ der Investor-Staat-Schiedsgerichtbarkeit, die nunmehr an der Folie der staatlichen Gerichtsbarkeit gemessen wird. Wenn das zwei verschiedene Narrative sind, würde mich interessieren, was passiert, wenn man sie gemeinsam betrachtet. Sind das dann Entwicklungen, die gemeinsam zu einer höheren Entwicklung beitragen, oder haben diese beiden Bewegungen einen gemeinsamen *common ground*, der auf einer höheren Ebene ist? Sind es zwei Entwicklungen, die aufeinander zurasen, oder sind es, um ein anderes Bild zu missbrauchen, zwei Pendel, die wie Schiffe in der Nacht aneinander vorbeischwingen, ohne voneinander Kenntnis zu nehmen. Vielen Dank.

Herr Marc-Philippe Weller: Jetzt Andreas Paulus. Die letzte Frage dann Armin von Bogdandy.

Herr Paulus: Ja, ganz herzlichen Dank für zwei fulminante Referate. Ich möchte an beide Referenten die gleiche Frage stellen mit etwas anderem Hintergrund. Warum sollen wir als staatliche Gemeinschaft, als Bürgerinnen und Bürger, diese Entwicklungen bewerten und warum sollen wir das wollen, was Sie, Herr Dederer, da als Konstrukt aufgebaut haben?

Bei Herrn Stürner würde ich fragen: Ist nicht das eigentliche Problem, dass nicht die staatliche Gerichtsbarkeit zu wenige Aufgaben hat? Sie beschwert sich ja sowieso, dass sie zu viele Fälle hat, und könnte mit ein paar weniger Fällen gut leben. Aber ist nicht das eigentliche Problem, dass die Weiterentwicklung des Rechts behindert wird, wenn wir überwiegend Schiedsgerichtsentscheidungen haben, die das Handelsrecht auslegen? Wo bleibt dann die Rechtsentwicklung? Das ist ja gerade der Vorteil der nationalen Gerichtbarkeit. Erst durch die Rechtsprechung entwickelt sich nationales Recht fort. Geht nicht diese Dimension der Gerichte verloren? Sollten wir nicht doch dafür plädieren, dass wenigstens im Grundsatz wichtige Fragen wie Handels- und Gesellschaftsrecht von staatlichen Gerichten entschieden wird, mit Transparenz und öffentlicher Kontrolle und allem was daran hängt?

Das bringt mich erneut zu Herrn Dederer. Ich würde noch ein bisschen weiterspinnen, was der Kollege Kämmerer gerade gesagt hat. Wir haben doch Erfahrung mit der

Unterscheidung zwischen dem, was der EuGH aus einer sehr ähnlichen materiellen Rechtsbasis gemacht hat im Vergleich zum alten GATT, das ja zum Teil im EWG-Vertrag abgeschrieben wurde. Doch kam etwas ganz anderes dabei heraus, weil wir in Europa auch schon vor der Grundrechtecharta einen viel größeren Teil an Gemeinsamkeiten haben, nicht nur von harten Rechtstexten, sondern auch von dahinterstehenden Wertevorstellungen. Gibt es das international? Wir haben heute Morgen gehört, dass die Zeit nicht reif ist für einen internationalen Menschenrechtsgerichtshof – wir kämpfen ja gerade darum, den Europäischen Gerichtshof für Menschenrechte zu erhalten und zu sichern. Ist dann aber die Zeit reif ausgerechnet für ein internationales Eigentumsgericht? Wo es der Eigentumsschutz doch in die Allgemeine Erklärung, aber mangels Einigung nicht einmal in die beiden UN-Pakte geschafft hat. Und dann nicht einmal wenigstens der Versuch, mit *amici* die öffentlichen Interessen einzubringen, die gerade deswegen global ein bisschen notleidend sind, weil wir keine Parlamente haben. Also all die Fragen, die Armin von Bogdandy und Ingo Venzke gestellt haben, in wessen Namen soll eigentlich dieses internationale Investitionsgericht urteilen?

Herr Marc-Philippe Weller: Danke, Andreas Paulus. Und abschließend die Schlussfrage: Armin von Bogdandy.

Herr von Bogdandy: Ich habe aus beiden Vorträgen viel mitgenommen und möchte einem jeden eine Frage stellen. Die erste Frage geht an Michael Stürner und knüpft an Stephan Schill an. In den Golfstaaten, in Singapur, in Kasachstan, gibt es Versuche, die erfolgreicher als der deutsche sind. In meiner Wahrnehmung liegt das vor allem daran, dass die Verträge, die dort verhandelt werden, englischem Recht unterliegen und die Richter im englischen Recht ausgebildet sind. Solange wir in Deutschland keine Richter und Richterinnen haben, die über hohe Autorität im Umgang mit dem englischen Recht verfügen, solange kann ich mir nicht vorstellen, dass der deutsche Versuch erfolgreich ist. Das ist meine Frage: Ist der Schlüssel zum Erfolg nicht die Expertise im englischen Recht?

Meine Frage an Hans-Georg Dederer bringt mich zum Generalthema dieser Konferenz. Meine Frage lautet: Ist das internationale Investitionsschutzrecht nicht vielleicht zu Recht in Gefahr? Sie haben das Rechtsgebiet mit dem Ansatz *international public authority* vorgestellt, der auch für mich viel Plausibilität hat. Dieser Ansatz hat für viele Referenzbereiche des Völkerrechts ein stark rekonstruktives Moment. In zwei Bereichen entfaltet er zudem einen besonders kritischen Blick, und einer ist das internationale Investitionsschutzrecht. Wenn man es öffentlich-rechtlich durcharbeitet, dann erscheint eine Reihe von Defiziten. Entsprechend gelangen Sie zu Reformvorschlägen, die ja implizit enorme Defizite feststellen. Das nun als Frage: Verstehe ich Sie richtig, dass es im internationalen Investitionsschutzrecht enorme Defizite gibt, so dass der Gegenwind bzw. die Gefahr, in der sich dieses Rechtsgebiet befindet, vielleicht berechtigter ist als in allen Rechtsgebieten, die wir uns auf dieser Tagung angeschaut haben?

Und das führt mich zu unserem Namen: Als wir vor einigen Jahren unsere Umbenennung diskutierten, war auch Deutsche Gesellschaft für transnationales Recht im Gespräch. Das wäre breiter, inklusiver gewesen. Wir haben uns anders entschieden, und unser Thema heute zeigt, zu Recht. Denn der Begriff transnationales Recht wird oft genutzt, um die Unterscheidung öffentlich und privat als altertümlich und altbacken zu verwerfen. Was sind die Felder, die die Kollegen des transnationalen Rechtes zumeist anführen, um die Trennung zwischen öffentlich und privat zu hinterfragen? Das sind das internationale Investitionsschutzrecht und das ist das transnationale Sportrecht. Das sind nun aber zwei Gebiete, die aus unserer Sicht zu Recht besonders viel Gegenwind bekommen, weil da eben – wie von Hans-Georg Dederer vorgeführt – eine ganze Menge im Argen liegt. Vor diesem Hintergrund meine Frage wiederholt: Trifft das internationale Investitionsschutzrecht nicht zu Recht auf Gegenwind?

Herr Marc-Philippe Weller: Vielen Dank, Armin, für die beiden Fragen und die Rückführung auf den Generaltitel unserer Tagung. Michael, Du darfst die Antwortrunde eröffnen, auch gerne wieder summarisch.

Herr Stürner: Vielen Dank! Ich verstehe das als Aufforderung und gleichzeitig als Dispens.

Ich beginne mit Herrn Reinisch und letztlich auch mit Herrn Paulus. Herr Reinisch, Sie haben vom Entzug von Fallmaterial gesprochen. Das ist ein Narrativ, das wir immer wieder hören. Das klingt so nach Diebstahl, das klingt nach *property rights*. Die Justiz habe einen Anspruch auf gewisse Fälle und zwar zugespitzt darauf, dass diese Fälle den BGH erreichen mögen, sodass der BGH darüber ein Judikat ausfertigen kann. Das gibt es nicht. Es gibt keinen Anspruch der Justiz, dass der Bürger seine Fälle vor Gericht bringt. Das ist freiwillig und die Bürger können frei darüber entscheiden, ob und wo sie klagen. Das Bundesverfassungsgericht hat sogar einmal gesagt, es sei in einem demokratischen Rechtsstaat vorzugswürdig, dass man sich außergerichtlich einigt und letztlich erst als *ultima ratio* vor die Gerichte geht. Mit dem im Hinterkopf ist es irgendwie ein bisschen hypertroph, wenn wir uns beklagen, dass das Fallmaterial fehlt. Es ist auch keine Eigenheit von diesem Bereich, dass dann eben die Schiedsgerichtsbarkeit – um im Narrativ zu bleiben – „wildert", sondern wir haben das relativ häufig. Wir hatten jetzt vor ein paar Jahren die erste Diesel-Entscheidung des BGH. Das war kein Urteil, das war ein Hinweisbeschluss. Diesen hat der BGH veröffentlicht, weil die Revision zurückgenommen wurde. Diese war tot, diese gab es nicht. Der BGH wollte aber diese Rechtsansicht in die Welt setzen und hat den Hinweisbeschluss veröffentlicht. Das kann man machen, aber man sieht, das ist kein Problem letztlich unseres Bereichs der internationalen Handelsstreitigkeiten, sondern das ist ein Bereich, in dem das ganze Prozessrecht berufen ist, nach Lösungen zu suchen. Da könnte man jetzt sehr ins Detail gehen. Etwa könnte man Verbände ermächtigen, dass sie die Klagen dann weiterführen, dann hätte man die größere Chance auf ein Urteil. Man könnte Gerichte wie in England oder in China ermächtigen, dass sie *practice statements* veröffentlichen, die dann eine gewisse Autorität haben, dann hätte man auch eine Art von Rechtsfortbildung. Das liegt natürlich quer zu dem, wie wir uns den Prozess vorstellen, und das liegt quer zu von Jherings Kampf ums Recht, aber es wäre eine Möglichkeit, diese Lücke, die da hin und wieder entsteht, zu füllen und das Recht, das nicht fortgebildet werden kann, auf andere sinnvolle Weise zu schaffen.

Es gibt auch – ich habe mit Herrn Cottier vorhin gesprochen – Rechtsordnungen wie die der Schweiz, die voll auf die Schiedsgerichtsbarkeit setzen. Da gibt es praktisch keine Anstrengungen, wenn ich das richtig sehe, dass man internationale Streitigkeiten privater Natur vor die staatlichen Gerichte holt. Da gibt es die Schiedsgerichtsbarkeit, die in der Schweiz extrem erfolgreich ist, und das ist aus Sicht der Schweiz auch gut so.

Zu Martin Gebauer, die Krise als Chance, mehr Chance als Krise. Ich habe ja am Schluss versucht, die Prämisse zu legen, wenn der Gesetzgeber bereit ist, wie das jetzt im letzten Anlauf der Länder vorgeschlagen wurde, die Weichen tatsächlich so zu stellen, damit wir ein Verfahren haben, das für die Parteien attraktiv ist. Dann haben wir eine große Chance, glaube ich, dass die Zahl der Verfahren vor staatlichen Gerichten steigt. Die Frage ist, was dann daraus wird, und damit komme ich zu Herrn von Bogdandy.

In der Tat, dann kommen die Verfahren, aber die Parteien wählen eben oft schweizerisches Recht oder englisches Recht und dann haben wir das deutsche Recht erst recht nicht fortgebildet. Die Gerichtshöfe, die *Commercial Courts*, in Katar, in Singapur, die kaufen sich englische Richter, oder im englischen Recht gebildete Richter ein, das sind oft ehemalige oder aktuelle Schiedsrichter, da geht es nicht um Rechtsfortbildung, da geht es um Business. Und dann stellt sich tatsächlich die Frage, ob wir dafür unsere Prozessordnung ändern wollen, dass wir Business machen. Es gibt ein schönes Statement von Walter Zimmermann, ehemaliger Vizepräsident des Landgerichts Passau, der sagte, es sei nicht die Aufgabe des Rechtsstaats, für einige Großkanzleien neue Geschäftsfelder zu erschließen, indem man das GVG, die ZPO ändert. Das kann man so sehen, das ist zugespitzt, aber das kann man so sehen.

Zu Markus Krajewski, wenn man die Narrative des jeweils anderen Referates betrachtet, *ships passing in the night*. Ich glaube für meinen Bereich sagen zu können, dass man sich sehr wohl beobachtet, sogar beäugt, kritisch beäugt, ja, was machen die denn jetzt, ich hatte es versucht anzudeuten. Ich glaube in dem Stadium, in dem wir uns befinden, ist es eher ein *race-to-the-top*, also beide versuchen, jeweils von den anderen zu lernen. Die Schiedsgerichtsinstitutionen, etwa die DIS oder auch der ICC *Court of Arbitration*, veröffentlichen oder versuchen zu veröffentlichen, was sie nur können, also Transparenz soll hergestellt werden. Ich glaube, da war das TTIP eine Zeitenwende. Es gab ja, was mich persönlich extrem erstaunt hat, damals Demos gegen das TTIP. Und was haben die Leute aufgespießt? Die Geheimjustiz, die Paralleljustiz. Das war mir völlig schleierhaft, warum das denn ausgerechnet? Aber offenbar ist es etwas, was die Leute bewegt, das hat auch die Schiedsgerichts-Community gemerkt und hat versucht, aus dieser Heimlichtuerei-Ecke herauszukommen. Und die staatliche Gerichtsbarkeit nähert sich der Schiedsgerichtsbarkeit an. In dem Umfang, wie es jetzt passiert und vorgeschlagen wird, halte ich das für positiv, um das auch mal zu sagen.

Und zu Herrn Schill. Ja, in der Tat, wir haben wahrscheinlich eine ganz kleine, ich sage jetzt nicht Kaste, aber so ähnlich ist es, von hochspezialisierten Anwälten aus internationalen Großkanzleien, die das können. Die können Schiedsverfahren führen, die sind darin fit, und das ist eine eigene Welt. Und wenn wir uns entscheiden, dass wir in diesem Rennen wirklich mitlaufen wollen, müssen wir unsere Leute dahingehend besser ausbilden, das sehe ich auch so. Jetzt ist allerdings die Frage, ob wir für die drei Prozent, oder zwei Prozent unserer Jurastudentinnen und -studenten, die später diesen Job ausüben, die ganze Ausbildung umstellen auf UN-Kaufrecht, Rechtsvergleichung, IPR, Investitionsschiedsgerichtsbarkeit, oder ob wir nicht lieber für die 97 Prozent ausbilden, die tatsächlich dann vor den normalen Gerichten auftreten oder auch auf der Richterbank sitzen; das ist eine offene Frage. Ich glaube, dass bereits bisher die Möglichkeiten, etwa im Vis Moot Court sich zu profilieren, bestehen, und dass man das Meiste ohnehin *on the job* lernt. Ich selber bin *qua* Amtes sehr für Internationalisierung, auch der Juristenausbildung, das möge man mir bitte glauben, aber man muss auch sehen, dass man mindestens 95 Prozent der Juristinnen und Juristen für den deutschen Markt ausbildet und deswegen auch die Ausbildung im nationalen Recht wichtig ist. Vielen Dank.

Herr Marc-Philippe Weller: Ja, vielen Dank Michael. Jetzt ganz kurz nochmal Herr Dederer, bevor wir dann noch drei kurze Schlussworte beziehungsweise Ankündigungen hören, einmal von Andreas Paulus, dann von unserer Organisatorin Anne Peters und vom Dienstältesten, Jochen Frowein. Herr Dederer, ganz kurz.

Herr Dederer: Ja, vielen Dank. Zu den Fragen von Herrn Gebauer: Diesem internationalen Investitionsgerichtshof vorgelegt würden die nationalen Maßnahmen, soweit ihnen im nationalen Rechtsweg nicht abgeholfen wurde. Aber auch die letztinstanzliche Gerichtsentscheidung kann Gegenstand der Prüfung dieses internationalen Investitionsgerichtshofes sein, also nicht anders als etwa bei einem Menschenrechtsgerichtshof. Und geprüft würde dann nur noch am Maßstab der internationalen Investitionsschutzstandards. Man müsste aus meiner Sicht nicht notwendig den Sachverhalt, die Tatsachen, nochmals von Grund auf insgesamt ermitteln. Es geht nur noch darum, die Tatsachen insoweit festzustellen, wie es notwendig ist, um am Rechtsmaßstab der Investitionsschutzstandards prüfen zu können. Insoweit findet schon nochmals eine Feststellung des wahren Sachverhalts statt. Wichtig ist vielleicht an diesem Punkt nochmals das, was für die Einführung der nationalen Rechtswegerschöpfung spricht: Es kann ja der investitionsschutzrechtlich relevante Fehler erst vor den nationalen Gerichten eintreten. Das zeigt, dass die Idee der Erschöpfung des nationalen Rechtswegs die nationalen Gerichte in die Pflicht nimmt und insoweit die *rule of law* auch innerstaatlich stärken kann. Denn zum einen können die nationalen Gerichte selbst Fehler machen und stehen dann unter dem Damoklesschwert, dass das Verfahren kein *fair and equitable treatment* mehr gewesen sein könnte, weil gewisse Rechtsschutzdefizite eben erst im gerichtlichen Rechtsweg eingetreten sind. Also auch hier eigentlich eine Stärkung des Rechts, indem die nationalen Gerichte verschärft auf bestimmte Standards achten müssen, die erst vom Völkerrecht her kommen und vielleicht für die nationalen Gerichte sogar völlig neu sind. Ein anderer Punkt ist, dass die Gerichte vielleicht auch ihre nationale Dogmatik ändern müssen. Denn es ist ja nicht immer gesichert, dass Investitionsschutzstandards, also Völkerrecht, innerstaatliche Geltung und Anwendbarkeit haben. Das kann erst die Gerichte dazu führen einzusehen: Wir müssen den Einfluss des Völkerrechts beachten, bevor die Sache zu einem internationalen Gerichtshof geht, das wollen wir möglichst vermeiden; wir wollen eigentlich in unserem nationalen Rechtsweg bleiben und vermeiden, dass später noch der internationale Investitionsgerichtshof eingeschaltet wird. Ferner es geht auch nicht um Rechtskraftüberwindung. Das letztinstanzliche Urteil bleibt rechtskräftig, wie im Verfahren vor dem EGMR auch, der die Rechtskraft auch nicht durchbrechen kann.

Dann, Herr Schill, nochmals zur Rechtsvergleichung hinsichtlich *amicus curiae*. Ja, ich kenne das Institut auch nur aus anderen Rechtsordnungen, vorzugsweise aus der US-amerikanischen Rechtsordnung. Aber das ist gerade das Problem, dass das Institut dort auch eine gewisse rechtskulturelle Verankerung hat, in dortigen Gerichtsverfahren, wie sie dort geführt werden. Man kann über die Rechtsvergleichung vieles importieren. Aber wir würden in Deutschland auch nicht sagen, wir brauchen, weil die US-Amerikaner das so machen, einen *jury trial*. Wir kommen ganz gut damit klar, dass ein oder drei Richter entscheiden, ohne dass eine Zahl von um die zwanzig Geschworenen noch dabeisitzt. Das ist für einen Amerikaner völlig fremd, aber für uns ist das völlig rechtsstaatlich und *fair trial*. Ich komme gleich nochmals zu Herrn Paulus, Sie hatten den Punkt auch angesprochen. Dann die erhöhte Gefahr, dass das reformierte System weniger resilient ist. Das ist natürlich richtig, das kennen wir vom WTO *Appellate Body*, dessen Blockade hatte ich erwähnt. Auch beim IGH sieht man, dass Richterwahlen politisiert sein können. Auch das Tribunal der Südafrikanischen Entwicklungsgemeinschaft ist in einer Weise politisiert worden, dass es praktisch funktionslos geworden ist.

Man muss dagegen Vorsorge treffen. Wenn ich nochmals an die WTO beispielsweise denke: Man muss natürlich ein Verfahren haben, das sicherstellt, dass dann, wenn Richterpositionen infolge von Blockadehaltungen nicht besetzt werden können, eine Autorität da ist, die einen Richter einsetzt. Wir wissen auch von anderen Institutionen, dass es eine solche Autorität gibt, etwa bei ICSID, wo dem Weltbankpräsident diese Funktion zukommt. Man kann eine solche Funktion etwa dem IGH-Präsidenten übertragen, der dann offene Richterpositionen anhand einer Richterliste besetzt.

Dann zu Markus Krajewski: Also ich glaube, ich sehe es eher so wie Herr Stürner. Wenn man schon uns beiden Narrative unterstellt, sind sie eher wechselseitig verstärkend in dem Sinne, dass es in Richtung einer institutionalisierten Gerichtsbarkeit geht, also etwa bei Herrn Stürner die *Commercial Courts*, wenn ich das richtig in Erinnerung habe. Insofern ist es eher ein *race to the top*, den wir beide von verschiedenen Perspektiven aus hier betreiben, es geht weniger um gegenläufige Narrative.

Dann zu Herrn Paulus: „Warum sollen wir das wollen?", war glaube ich die Frage. Ich sage: auch der Befriedung wegen. Wir haben nun einmal die Diskussion: *backlash, legitimacy crisis* der Investor-Staat-Schiedsgerichtsbarkeit in ihrer klassischen Form. Und das Recht muss hier seiner Funktion gerecht werden oder seinem eigentlichen Zweck, Frieden zu stiften. Zur Not muss man das Recht dafür eben zunächst einmal schaffen. Also es ist die Befriedungsfunktion des Rechts, warum wir an dieser Stelle weiterkommen müssen, und das ist auch der Grund, warum die EU, die Kommission, eben dieses Investitionsgerichtshofsystem vorgeschlagen hat.

Dann haben Sie gefragt: „Ist die Zeit reif für ein Eigentumsgericht?". Genau das ist der Punkt. Deshalb habe ich auch gesagt, es geht um besonderen Menschenrechtsschutz. Eigentumsschutz ist dagegen viel zu schwach auf universeller Ebene. Innerhalb der EMRK, kann man sagen, ist er gar nicht schlecht und dogmatisch sogar gut ausgeformt. Andererseits, wenn man die Yukos-Fälle miteinander vergleicht, wurde ein und derselbe Fall völlig unterschiedlich beurteilt. Das Schiedsgericht, das PCA-Tribunal, hat angenommen, es lag *de facto expropriation* vor, und hat dann zu 50 Milliarden Dollar verurteilt. Der EGMR nahm ganz im Gegenteil an: Das war nur eine Eigentumsbeeinträchtigung, dafür sprach er nur 2 Milliarden Euro, deutlich weniger, zu. Daran sieht man, der menschenrechtliche Eigentumsschutz ist einfach nicht so stark ausgeprägt, weshalb ich gerade dafür plädieren würde, dass wir hohen Schutz wenigstens beim Investorenschutz haben. Das kann am Ende auch einen *spill-over*-Effekt haben, so dass wir irgendwann mehr Eigentumsschutz insgesamt auf der völkerrechtlichen Ebene haben. Daher ich würde nie sagen: Investorenschutz geht weiter als universeller Menschenrechtsschutz, weshalb man den Investorenschutz runterfahren könne. Im Gegenteil, das Argument muss anders herum lauten: Man muss den Menschenrechtsschutz auf die Höhe des Investorenschutzes hochfahren.

Dann nochmals zu den *amici*: Dass sie die Interessen der Öffentlichkeit vertreten, wird oft behauptet. Aber sie haben eben auch ihre Mitglieder, die sie finanzieren. Und gegenüber denen sind sie verantwortlich und müssen zeigen, dass sie was tun. Natürlich vertreten sie Umweltschutzinteressen und andere öffentliche Interessen, zum Beispiel Menschenrechtsinteressen. Aber ich frage mich immer, gerade im Investor-Staat-Schiedsgerichtsverfahren oder in einem Investor-Staat-Gerichtsverfahren: Wir haben auf der einen Seite den Gaststaat, der vertritt das öffentliche Interesse und der kann das doch wohl alleine, der hat auch super Anwälte, die Bundesregierung hat sich auch immer die tollsten Anwälte besorgt. Also warum brauchen wir die *amici*? Vor allem bringen die eine Art Waffen*un*gleichheit rein. Denn auf Seiten des Investors muss man ja in der Regel nicht viel öffentliches Interesse ins Spiel bringen. Die Intervention von *amici curiae* geht daher immer zugunsten des Gaststaates aus. Man könnte natürlich sagen, das dient der auch von mir gewollten Rebalancierung. Das wäre vielleicht noch ein Argument für die Zulassung von *amici curiae*.

Ja, zum Schluss Herr von Bogdandy, Sie kamen zurück auf das Thema der Tagung und damit ist der Kreis auch geschlossen. Was ist hier in Gefahr? Ist das Investitionsschutzrecht in Gefahr? Habe ich das implizit angenommen? Implizit vielleicht schon, wo es um das internationale Investitionsrecht geht im Hinblick auf die Streitbeilegung. Aber selbst da, würde ich sagen, herrscht zwar Gegenwind, aber nicht wirklich Gefahr. Wenn man in die Weltregionen schaut, dann tut sich dort ja einiges, und ich kenne keine Weltregion, von der man prinzipiell sagen würde, dort hat man sich verabschiedet vom Investitionsschutz. Im Gegenteil. In Afrika sind es eigentlich nur Südafrika und die dortige Südafrikanische Entwicklungsgemeinschaft. Alle anderen afrikanischen Staaten sind eigentlich für Investitionsschutz, haben dann aber unterschiedliche Vorstellungen, wie er gerichtlich, vor allem schiedsgerichtlich durchsetzbar sein soll. Das gilt für alle anderen Weltregionen ebenso. In Südamerika ist es nur Brasilien, das sagt, wir wollen lediglich Staat-Staat-Gerichtsbarkeit. Chile tickt schon wieder ganz anders. Es heißt immer, Bolivien, Ecuador, Venezuela hätten sich verabschiedet, aber Ecuador ist der ICSID-Konvention letztes Jahr schon wieder beigetreten. Ich sehe schon Gegenwind, aber nicht so, dass es ein Sturm ist, der das Schiff in Gefahr bringt. Und mit einem Modell, wie ich es vorgeschlagen habe – übrigens muss ich nun natürlich doch noch darauf hinweisen, dass Herr Schill Vorarbeit für die Opt-in-Konvention in einem Aufsatz von 2019 geleistet hat –, mit so einem Modell kann man, glaube ich, einigen Gegenwind in Fahrtwind umwandeln. Vielen Dank!

Herr Marc-Philippe Weller: Vielen Dank für die schönen Antworten. Nochmal Applaus für die beiden Referenten.

Frau Peters: Vielen Dank. Die Forderung nach einem vermehrten Eigentumsschutz auf globaler Ebene wird in Göttingen sicher aufgegriffen werden, eventuell unter anderen Vorzeichen. Ich möchte gerne Andreas Paulus dazu das Wort erteilen.

Herr Paulus: Anne, ganz herzlichen Dank. Wir haben nicht nur gerade zwei fulminante Vorträge gehört, sondern eine fulminante Zweijahreskonferenz gehabt, wenn auch ein Jahr später als geplant. Wir gehen zurück in den Turnus, und ich wage nach dieser wunderbaren, toll organisierten Konferenz – selbst das Wetter war hier in Heidelberg mitbestellt, das kann ich nicht versprechen – die Völkerrechtlerinnen und Völkerrechtler Deutschlands einzuladen in das schöne Göttingen, in die Universität der Aufklärung, und zwar zu dem schönen und auch hoffentlich aufklärerischen Thema „Koloniale Kontinuitäten im Internationalen Recht". Wir haben auf dieser Tagung den Boden dafür bereitet und ich bin gespannt auf die Vorträge, die wir dann in einem Jahr in Göttingen hören werden. Bleiben Sie so lange gesund und kommen Sie nach Göttingen. Ich freue mich auf Sie! Vielen Dank.

Herr Marc-Philippe Weller: Ja, vielen Dank und zu guter Letzt sozusagen Jochen Frowein als Tagungsdoyen.

Herr Frowein: Es kommt mir zu, hier noch ganz wenige Worte zu sagen, denn wir haben ja schon sehr viel gehört. Diese Tagung hier in Heidelberg war aus einer Reihe von Gründen ein wirklich ungewöhnlicher Neuanfang, wenn man das so sagen will: Wir hatten das erste Mal einen Vorstand, der überwiegend weiblich zusammengesetzt ist, und dieser hat mit großem Erfolg die Tagung in vielem neu gestaltet. Er hat eine aktuelle Diskussion am Anfang angesetzt, die uns, glaube ich, allen sehr imponiert hat. Und er hat dann sehr interessante Themen hier aufs Parkett gebracht, mit exzellenten Referentinnen und Referenten, und deswegen großer Dank an den Vorstand, an alle Referenten, an all diejenigen, die dafür gearbeitet haben, und das sind natürlich sehr viele im Hintergrund an anderen Stellen. Nochmal sehr herzlichen Dank.

Frau Peters: Vielen Dank, Jochen, als Doyen. Jetzt freue ich mich, möglichst viele von Ihnen in der Friedrich-Ebert-Gedenkstätte zu einem Sektempfang zu treffen. Einlasskontrolle ist dort schon ab 17:45 Uhr. Das heißt, man kann eigentlich nahtlos zu Getränken übergehen. Die Gedenkstätte befindet sich in Fußentfernung – es steht im Plan. Der offizielle Teil der Tagung ist beendet.

Vorstand und Rat der
Deutschen Gesellschaft für Internationales Recht e.V.
im März 2022

Vorstand

Professorin Dr. Anne Peters
Max-Planck-Institut für ausländisches öffentliches Recht und Völkerrecht
Im Neuenheimer Feld 535
69120 Heidelberg
Tel: +49 6221 482-307
E-Mail: apeters-office@mpil.de

Professor Dr. Dr. h. c. Stephan Hobe, LL.M. (McGill)
E-Mail: stephan.hobe@uni-koeln.de

Professorin Dr. Eva-Maria Kieninger
E-Mail: kieninger@jura.uni-wuerzburg.de

Rat

Professor Dr. Andreas von Arnauld
Professor Dr. Dr. h.c. Jürgen Basedow, LL.M.
Professor Dr. Wolfgang Benedek
Professorin Dr. Dagmar Coester-Waltjen, LL.M.
Professorin Dr. Nina Dethloff, LL.M.
Professor Dr. Oliver Diggelmann, LL.M. (Cambridge)
Professor Dr. Burkhard Hess
Professor Dr. Dr. Rainer Hofmann
Professorin Dr. Heike Krieger
Professor Dr. Heinz-Peter Mansel
Professor Dr. iur. Thilo Marauhn, M.Phil.
Professor Dr. Georg Nolte
Professor Dr. Stefan Oeter
Professor Dr. Andreas L. Paulus
Professor MMag. Dr. August Reinisch, LL.M. (NYU)
Professorin Dr. Kirsten Schmalenbach
Professorin Dr. Astrid Stadler
Professor Dr. Christian J. Tams, LL.M.
Professor Dr. Karsten Thorn, LL.M.
Professor Dr. Christian Tietje
Professor Dr. Christian Walter
Professor Dr. Marc-Philippe Weller
Professor Dr. Andreas R. Ziegler, LL.M.
Professor Dr. Andreas Zimmermann, LL.M. (Harvard)

– Die Deutsche Gesellschaft für Internationales Recht im Internet:
http://dgfir.de –